文成天縱

刘乃和

百年诞辰纪念专辑

· 上册 ·

1918

/

2018

邱瑞中

编

广西师范大学出版社
GUANGXI NORMAL UNIVERSITY PRESS
· 桂林 ·

LIU NAIHE BAINIAN DANCHEN JINIAN ZHUANJI

项目统筹：汤文辉　乔祥飞
项目策划：内蒙古传文启智文化传媒有限公司
责任编辑：肖爱景
责任校对：张　佳
责任技编：余吐艳　郭　鹏
书籍设计：林　林

图书在版编目（CIP）数据

刘乃和百年诞辰纪念专辑 ：1918—2018：全 2 册 / 邱瑞中编．—桂林：广西师范大学出版社，2018. 5
ISBN 978-7-5598-0846-2

Ⅰ．①刘… Ⅱ．①邱… Ⅲ．①刘乃和（1918-1998）—纪念文集 Ⅳ．①K825.81-53

中国版本图书馆 CIP 数据核字（2018）第 083180 号

广西师范大学出版社出版发行
（广西桂林市五里店路 9 号　邮政编码：541004
网址：http://www.bbtpress.com）
出版人：张艺兵
全国新华书店经销
广西广大印务有限责任公司印刷
（桂林市临桂区秧塘工业园西城大道北侧广西师范大学出版社集团有限公司创意产业园内　邮政编码：541100）
开本：787 mm × 1 092 mm　1/12
印张：84 $\frac{4}{12}$　　插页：2　　字数：1014 千字
2018 年 5 月第 1 版　　2018 年 5 月第 1 次印刷
定价：398.00 元（上下册）

史記

余從東海遊長揖安期子赤棗如丹雲招攜
白雲裏探囊置之懷袖間卻採芙蓉江
上還歸來一吸逢黃綺贈尔高山鶴髮
之童顏
鄞江全祖望

默默地奉献　执着的追求

——记刘乃和教授

在解放前，国内史学界有南陈北陈之说，南陈为修水陈寅恪先生，北陈为新会陈垣先生，二人被当时史学界奉为泰山北斗。陈垣先生（以下称陈老）的道德学问及对史学和教育的巨大贡献，更为后人称道。每当人们提起陈老，总会自然而然地想起作为他学生、助手和同事达三十一年之久的刘乃和先生，想起刘先生在工作、学术和生活上为陈老做的许许多多工作。

一

刘乃和先生 1918 年生，出身于书香门第，祖父曾点翰林。刘先生幼承家学，喜好文史，1939 年考入北京辅仁大学历史系。1943 年毕业，同年考入辅仁大学史学研究所，导师即为当时任辅仁大学校长的陈老。1947 年毕业，获史学硕士学位，毕业后留校任教。1952 年院系调整，辅仁大学同北京师范大学合并，遂一直在北京师范大学任教。为北京师范大学古籍研究所教授、陈垣研究室主任，并兼任中国历史文献研究会会长、全国妇联妇女历史资料编委会委员等多项社会职务。近年来被剑桥国际传记中心列入《世界名人录》《世界 5000 名人录》及《世界妇女名人录》，为中国学者赢得了声誉，为中国妇女增添了光彩。

刘先生 1939 年入辅仁大学学习时始结识陈老，从此一直在陈老身边学习和工作，直至 1971 年陈老逝世。刘先生在生活、工作和学术上对陈老的照顾和帮助是很多人都知道的。她在大学读书期间，正值抗日战争的艰难岁月，当时北平沦陷，日寇强暴，汉奸横行，许多学人离开北平去了大后方，而陈老则独处孤城，苦撑辅仁局面，坚持民族气节，不与敌伪合作。其时精神极度压抑，生活困苦不堪，再加敌伪威胁恐吓，可以说处于最困难、最黑暗的时期。在这种情况下，只有刘先生常在陈老身边，帮助照顾陈老，陈老有事也多同刘先生商量。由于战事日紧，生活困难，刘先生就千方百计搞一点青菜和食品给陈老送去，要知道当时搞一点青菜和食品是多么难呀！

院系调整后，陈老任北京师范大学校长，组织上派刘先生做他的秘书，从此刘先生正式成为陈老的助手，帮助照顾陈老的一切。

首先是照顾陈老日常生活起居。当时陈老已年逾古稀，日常生活如穿衣吃饭之类需要人帮助，这些工作就自然而然地落在刘先生身上。为了照顾陈老，刘先生放弃了家庭的天伦之乐，每年除夕都同陈老在一起，没有在自己家里度过一次，对于刘先生的照顾，陈老非常感动，曾说过“今生得一知己则无憾事”的话，后来又多次动情地对刘先生说：“没有你我活不到这么大岁数！”古往今来师生情谊之笃深无逾于此！

其次是承担陈老的大量日常工作。陈老原为辅仁大学校长，院校调整后又任师大校长，并兼任科学院史学二所所长和人大常委等职务，日常工作和社会活动都非常繁重，作为助手，刘先生承担了其中绝大部分工作。陈老的许多讲话、文章都由刘先生起草，这在北京师大已是公开的秘密。陈老发表的许多文章，如《党使我获得新的生命》《教师工作使我永远年青》等，皆为刘先生代笔，其中《教师工作使我永远年青》教育了整整一代人。其他一些学术文章如《影印明本册府元龟序》等，也为刘先生代笔。

二

陈老是著名的史学大师，要成为他合格的助手，仅能照顾生活、胜任日常工作是远远不够的，还必须具备扎实的学术功底，熟悉他的研究领域，并对他的研究有所帮助。能够三者具备的大概也只有刘乃和先生了。刘先生长期跟从陈老学习，继承了他的学术。是门下得意弟子之一，并在学术上逐渐形成了自己的特色和风格。刘先生治学范围甚广，其中主要有中国古代史、历史文献学、中国妇女史和陈垣研究等几个方面。

在中国古代史方面，刘先生早年致力于三国研究。三国时期人才鼎盛，武勇智术极富传奇色彩，两晋南北朝以降，有关三国的事迹物语已为世人津津乐道，历代说话人又多取材于三国，故元代乃有《三国志平话》刻本。罗贯中厘正《平话》诸多有乖史实之处，写成《三国演义》，被称为四大奇书之一，流行于世。刘先生自幼喜读《三国演义》，其中人物事迹最为熟稔，读书之余常与诸弟作三国战戏，并开始思考其中人物事迹是否合于史实。1942 年夏，在陈老指导下，刘先生开始了三国史事的考证工作，以《〈三国演义〉与正史》为题，以《演义》为主，按其事物，求诸正史，探其史源。后考证范围扩大，引书繁富，不限于正史，乃改名为《〈三国演义〉史征》，直至 1947 年才大致完成。《三国演义》影响甚大，在中国妇孺皆知，自问世以来已有许多学人注意其中与史实不合之处，民国以来学者讨论亦多。但其中多就《演义》而言《演义》，或增删事迹，整齐回目，如毛宗岗等；或删节改写，如蔡东藩、陈友琴、周振甫等，或续编续写，如遇安、吕抚等。有关考证之书只有 1922 年东方图书馆刊印的《考证〈三国演义〉》，作者为吴县王非。虽言考证，但只于每回后附陈寿《三国志》原文，实未考证，且疏简多误。真正全面、系统、完整地考证《三国演义》的史事、史实之渊源，所依据的原始材料及取材的发展衍变，刘先生为第一人，只可惜此书迄今未出版，实乃三国史研究和《三国演义》研究的一大缺憾，但愿此书能早日问世，以嘉惠学林。刘先生曾于 1947 年在《益世报》天津版《人文周刊》上撰有《〈三国演义史征〉缘起》一文，对《三国演义》的源流和发展，以及后人的研究作了简明论述，并介绍了写作此书的一些情况，读者从中可以窥见此书的基本结构和宏大规模。后来刘先生又陆续写作了一些有关三国研究的文章，如发表在《光明日报》上的《三国两孔明》一文，曾引起人们的广泛兴趣。在三国时期，除了神机妙算的诸葛孔明外，还有一位以书法著名的高士胡昭字孔明。刘先生在此文中旁征博引，对胡孔明的出处、行谊、言论、书法、年岁作了详细考证，纠正了前人的诸多谬误，庾子山《哀江南赋》开头有一句“河南有胡书之碣”，千百年来不得确解。在刘先生此文发表后，苑峰(著名学者张政烺先生的笔名)也在《光明日报》上发表文章，借助刘先生的考证，指出“胡书”当指胡孔明之书法，从而得出了令人信服的解释。

刘先生中国古代史研究的第二个方面是五代史。建国后，国家古籍整理的重点项目是点校《二十四史》。1961 年，国务院古籍整理出版规划小组把校点新、旧《五代史》的任务交给陈老，由柴德赓先生和刘乃和先生协助陈老工作。柴先生负责《新五代史》，刘先生负责《旧五代史》。当时陈老已年届八旬，不可能做更多的具体工作。作为助手，在陈老指导下，刘先生投入相当多的精力和时间，承担了大部分任务。在正式校点之前，柴先生和刘先生作了大量准备工作，编撰了《新五代史不列传人名索引》《旧五代史不列传人名索引》《五代史地名索引》，又作了《册府元龟五代部分人名索引》《通鉴五代部分人名索引》《历代五代史论著书名录》《五代十国详细年表》等工具书，这些都是具有重要价值的研究成果。在《二十四史》中，新、旧《五代史》的校点难度比较大，因为《旧五代史》是唯一一部经辑佚成书、而非原本流传的书，其中问题颇为复杂，有许多其他正史所没有的特殊情况。刘先生在编撰完所需工具书后，接着将薛史的熊本、刘本分别与殿本校对一过，又将刘本、熊本互校，并列出各本的异同表。通过这些准备工作，正式点校时非常顺手，遇到疑难就利用索引检查，几本书一对照，或本书前后对照，并据此考证，问题往往迎刃而解。这就是利用了陈老在《校勘学释例》中提出的"校勘四法"。又由于工具书是自己编的，因此便于查找，且能保证所查材料确切可信，这样还能掌握全书情况，矛盾、谬误、脱衍、颠倒之处可以很快校出。不但薛史、欧史本书前后，就连薛史与欧史之间，薛史、欧史与《通鉴》及其他书之间的记载异同、相互矛盾、详简繁略等，亦能做到心中有数。至于地名、年月、官职、事迹等，都可按图索骥。刘先生自己有一套同文本《五代史》，在每一页的天头地脚上密密麻麻地写有各种注释、勘误及二史异同的比较，这是刘先生为校点《五代史》付出精力、心血的记录。尽管刘先生他们日以继夜的工作，准备工作做得精密、细致、周到，但到"文革"时校点工作仍未能全部完成，不过基本段落已划分清楚，地名、人名等的专名线也已经标出，并粗点了一遍。可惜的是，运动中全部书稿、资料和底本都被造反派抄走，终未抵于成，刘先生常以此为憾。后来有人为刘先生他们打抱不平，说你为这项工作付出了那么多心血，最后什么也没得到，刘先生对此只是淡然一笑，认为学术研究的意义在学术研究本身，不在于名利。不过许多先生都了解在校点两史过程中陈老、柴先生和刘先生付出的辛勤劳动，所以在校点本再版时加上了他们的名字。

在《二十四史》校点过程中，刘先生经常代陈老出席中华书局组织的有关工作会议，转达陈老及校点组的意见，并提出自己在校点工作中的体会和看法。1962 年，刘先生应中华书局之约在《人民日报》上发表《前四史及其新校点本》一文，对前四史的基本情况，及新校点本所依据的版本作了介绍，并纠正了《三国志》校点说明的一处失误。

刘先生是《资治通鉴》研究专家。司马光的《资治通鉴》294 卷，380 万字，将一千三百六十二年中的史事剪裁、考证、排比，纪年精确，文笔生动，在中国史学史上占有重要地位，后世学习、借鉴、模仿、续作改作者甚夥，渐成一专门学问——"通鉴学"。宋末元初，胡三省作《资治通鉴音注》，将《通鉴》中的疑难、前人未注出的典章制度、地理等加以注释，并纠正前人释文之误，书中寄托了这位大宋遗民的爱国情思。陈老于抗日战争中重读《通鉴胡注》，感慨颇多，遂作《通鉴胡注表微》，将胡三省的爱国思想揭橥于世。借他人杯酒，浇自己心中块垒，陈老的政治见解、爱国精神和民族气节，也通过此书充分表现出来。刘先生当时作为陈老的研究生，了解此书的写作过程和写作时的思想状况，提出过意见并承担了全部印行校对工作。解放后重印《通鉴胡注表微》，由刘先生全面负责，书中的史料和观点，特别是观点，都作了不少变动，这些变动多出自刘先生手笔。如果把此书解放前后的版本加以对照，可以清楚地看出各种修改的痕迹。正由于刘先生在《通鉴》和《胡注》研究上有深厚造诣，才协助陈老完成了《通鉴胡注表微》的修订。这部书是陈老"学识的里程碑"，也是陈老爱国思想的见证，更是研究《通鉴》和《胡注》的重要参考书，就是对一般史学研究也有重要参考价值，历来为学林所重。陈老逝世后，刘先生就《通鉴》《胡注》和《表微》写有一系列文章，如《中国史学史上的骄傲——〈资治通鉴〉成书九百年》《〈通鉴〉、〈胡注〉和〈表微〉》《重读〈通鉴胡注表微〉札记》等，对《通鉴》的编纂方法和史学成就，对胡三省的学术贡献和《表微》所体现的爱国思想，作了多视角、全方位的探讨，为“通鉴学”研究做出了贡献。刘先生在陈老生前曾向他表示要为《表微》作《表微之表微》，但迄今未能动笔。其实刘先生对此书的贡献和为陈老所做的一切，已经用实际行动圆满地完成了这一工作。

历史文献学是一个正在建设中的学科，陈老在目录、校勘、年代、避讳等方面，为这门学科的建立做了开创性的工作，奠定了坚实的基础。就历史文献学学科体系而言，自陈老奠定基础后，直到七十年代末、八十年代初，才引起学术界的广泛重视和深入探讨，许多专著、文章都是从此时才开始问世的。刘先生七十年代末就在北京师范大学历史系开设历史文献学课程，是国内最早一批从事这一学科研究的学者。1982 年白寿彝先生主编《史学概论》，刘先生撰写了其中的《历史文献》部分。文中论述了历史文献的源流、类别、目录、版本、校勘、辑佚、辨伪、注释和考证等历史文献学上的成就，历史文献学的作用和理论指导，为历史文献学体系构建了基本框架。同时，刘先生在历史文献学的一些具体方面，如目录学、校勘学、避讳学、年代学等，全面继承了陈老的学术，并且又进行了深入探讨和拓展，为这门学科的丰富和充实做出了重要贡献。

目录、校勘方面，刘先生用功甚深，在协助陈老校点新、旧《五代史》过程中，无论是做准备工作还是正式点校，亲自编制多种目录索引资料，全面利用“校勘四法”进行校勘实践，取得了不少重要成果。其他如对《四库全书》及其《总目》、《四库全书荟要》、《册府元龟》等丛书、类书，都进行了广泛而又深入的研究，撰写的一系列文章大部分收入刘先生的文集《励耘承学录》中。

在避讳学和年代学方面，刘先生的研究更为全面而深入。

在中国古代避讳是个大问题。在古代文献中，因避讳改变前人的姓名、官名、地名、书名、年号等的地方甚多，给读书治学带来很多困难，正因为如此，唐宋以来许多学者逐渐注意到这一问题。清乾嘉时期，一些学者开始研究避讳，总结其中一般规律，如钱大昕等；还有一些人开始收集避讳资料，如周广业等。但他们所做的工作都很零散，不成体系，陈老有鉴于此，撰写了《史讳举例》一书。这是有关避讳研究的集大成之作，“为避讳史作一总结束，而使考史者多一门路一钥匙也”（《史讳举例·序》）。陈老治学一向谨严，但由于此书写作时间过于仓促，书中引用材料多未写明出处，且间有错误，关于这一点陈老自己也曾谈及。在重印此书时，由刘先生重新修订，对存在的问题一一做了补充和纠正，现在通行的版本就是刘先生的校本。刘先生在大学开设“中国文化史专题”课，其中有一部分专门讲授避讳学，深受广大师生欢迎。另外，刘先生还发表许多有关避讳的专论和文章，对避讳史、避讳的种类和方法、避讳的利用等方面进行了深入探讨，促进了这一学科的研究。

历史年代学是历史文献学的一个方面，是考史的重要工具，关于历史年代学，陈老早年有《二十史朔闰表》和《中西回史日历》二书，分别于 1925 年、1926 年出版，为研究中西交通史和中西回三历的换算提供了可靠的工具，其中也纠正了不少前人在年代考证方面的错误。陈老两书有筚路蓝缕之功，对历史年代学贡献甚大。刘先生在继承陈老这一方面学术的同时，也为这一学科的发展做出了重要贡献。1956 年古籍出版社出版《二十史朔闰表》时，采纳了刘先生等人的意见修改了七处。刘先生又为此书作了《阴阳历规》及《历规说明》，准备附在书后印行，但因当时印刷技术的关系而未能做到。1962 年中华书局影印两书时，除续增六十年外，刘先生对两书进行了全面校阅，通过两书互校，及与其他历法书籍核对推算，校出二书推算之误和排印之误五十余处，经陈老同意，都在中华书局影印时改正过来。陈老两书泽被学界几十年，此次经刘先生全面校阅和修订，更是锦上添花，深受文史工作者的欢迎。

除两书之外，陈老有关历史年代学的专门文章不多，刘先生在陈老开创的基础上更进一步，进行了新的探讨和开拓。1983年至1984年，刘先生在《文献》杂志17、18、19三辑上，发表了4万5千余字的长文《中国历史上的纪年》。全文分三部分：第一部分是关于中国历史上干支纪年、纪月、纪日、纪时，以及岁首异建、动物纪年的源流和发展；第二部分是关于年号纪年的历史沿革、改元的各种情况以及与社会政治的关系；第三部分为中历与西历比较对照诸问题。文章不仅全面、系统地介绍了中国历史上纪年的各种情况，而且强调利用历史年代学知识考证史事、考订文献，并把纪年问题置于整个社会文化背景和政治背景之下进行研究，拓宽了历史年代研究的视野。此文还纠正了前人在纪年方面的一些错误和模糊认识。这是刘先生历史年代学研究的代表作，也是这一领域的重要文献。

为了满足广大学生和青年教师学习的愿望，普及年代学知识，让更多的人掌握这门工具，刘先生应邀讲学大江南北，多次讲授有关知识和自己的心得，把自己的研究成果无保留地献给广大青年师生，其中一些同志听过刘先生讲课后，对历史年代学产生了浓厚兴趣，转而从事这方面研究，有的还写出了专著。

刘先生是妇女史专家，对中国妇女史有深入研究，撰写了许多有关文章，并整理了女才子王贞仪的文集《德风堂集》。除自己研究外，还大声呼吁全社会重视妇女史的研究，早在1984年刘先生就在《光明日报》上发表文章，提出了自己的想法和观点，并建议有关领导在高校开设妇女史课程。近些年妇女研究蓬勃开展，渐为社会所重视，许多研究妇女史的学者都尊刘先生为元老，并请她指导工作，但刘先生抱着"但开风气不为师"的态度，不以元老自居，而对从事妇女研究的同志却是不遗余力的鼓励和帮助。

近十多年来，刘先生用去很多时间和精力从事陈垣研究。陈垣在中国近现代史上是有一定地位的。他生于1880年，青年时代参加过科举考试，后来在广州办学办报，从事反清反帝活动。民国建立后，他以革命报人的身份被推举为众议员。来到北京后，又一度担任过北洋政府的教育次长。后来看到政治黑暗，不愿同流合污，遂投身于文史研究和教育工作之中，成为著名的史学大师和教育家。抗日战争时期坚持民族气节，不与敌伪合作，解放战争时又毅然选择了新生政权。从陈老的经历、政治态度及对学术研究、教育工作的贡献来看，是非常值得今人深入研究的。刘先生随陈老多年，对陈老最熟悉，是陈垣研究的开拓者。十余年来陆续撰写了一系列文章，对陈老的学术特点、治学态度、教学实践、史学贡献、爱国精神、思想发展和工作生活，进行了全面阐述和发挥，取得了许多重要成果，并主编了三部纪念陈老的论文集和一本纪念画册。其中纪念画册中的二百余张照片几乎都是刘先生提供的，许多具有珍贵的历史价值。刘先生的文集《励耘承学录》已由北京师范大学出版社出版，并获得全国优秀图书奖，其中大部分是有关陈垣研究的论述。在刘先生的大力提倡和组织推动下，陈垣研究已引起学术界的广泛重视，所取得的成果对研究中国现代史、现代教育史和现代史学史多有裨益，对当代学者读书治学也起到了很好的借鉴作用。

刘先生在科举、谥法及《史记》研究等方面亦有深厚造诣，限于篇幅，不再细述。

刘先生除学术研究之外，还工于书，长于诗。陈老书法宗米芾，造诣颇深，刘先生作为陈老的助手，仿陈老笔体几可乱真，常替陈老书写字幅，以满足社会各界之索求。现不少学者家中藏有陈老晚年墨宝，其中哪些为刘先生所书，哪些为陈老亲书，恐怕只有刘先生本人才辨认得出。刘先生家学渊源，于书法别有天资，受陈老影响，尤喜米芾书法，临写揣摩多年不知疲倦，不仅得米书之形，而且传米书之神，形神兼备，韵致天成。曾仿董其昌临米芾名帖《天马赋》，为当代书法珍品，由北京师范大学出版社影印出版。自陈老逝世后，刘先生不再仿陈老书体，只写楷书，规整秀丽，自成风格，虽不以书名，但向为书林所重。

刘先生长于诗，并常自谦说写诗只是为了自娱。其实不然，刘先生的诗多有感而发，娱中含情，娱中寓教，信口而成，略加打磨即成佳作。刘先生熟悉韵律，精于诗法，已达到了“随心所欲不逾矩”之境地。刘先生今存诗数百首，有不少在同好、朋友和弟子中流传。1992 年教师节，江泽民总书记来北京师范大学看望师生，刘先生即席发言，其中吟诵了自己旧作“为师忧道不忧贫”诗句。江总书记在讲话中引用了这句诗，给予很高评价。后来应《中国教育报》之约，刘先生书写后刊出全诗，并加了编者按，在全国教育界引起较大反响，许多教师写信谈感想，正应了古人“诗教”这句话，绝不仅仅是自娱。刘先生虽不以诗名，却有能诗之声。

三

刘先生奉献了自己最美好的时光，为陈老做了许许多多事情，自己又在学术研究中取得了那么多成绩，但她从不宣传自己，不谈自己的付出，不讲自己的成就，只是默默地奉献，执着地追求。这是一个真正学者的本色，体现了中国知识分子的优秀品质和高尚情操。

刘先生热爱教育事业，讲求教学质量和教学方法，除先后在辅仁大学、北京师范大学授课外，还应邀在北京大学、复旦大学、云南大学、苏州大学等校讲学，每当上课之时，教室常常爆满，可谓“人满为患”，有时不得不换更大的教室。同学们被刘先生渊博的学识和生动幽默的语言所感染，总觉得一节课过得太快。刘先生乐于与同学们在一起，常说：“我教了一辈子书，现在还没教够。”刘先生性格随和，平易近人，古道热肠。提携青年，不遗余力；帮助他人，尽力而为；深受广大青年学子的尊敬和爱戴。每逢新年，海内外的上百张贺年卡如雪片般飞进刘先生的补拙书室，学生们的问候是对奉献了一生的老先生的最大慰藉。

刘先生虽年逾古稀，仍精神矍铄，工作起来日以继夜，不减当年。刘先生有一首《生辰自咏》诗曾登在《中国老年报》上，从中可以看出她的胸怀和气度。诗云：“独茗独坐，独起独卧。独行独止，独忧独乐。人生过隙白驹，转眼七十已过。忙忙碌碌半生，赚得孑然一个。三餐因陋就简，穿着缝补旧破。有时引吭高歌，有时赋诗吟哦。有时满座高朋，有时孤单寂寞。有时埋首撰著，有时挑灯备课。对坐四壁图书，兴来挥毫翰墨。千里求师来访，仍能登坛上课。廿载腰腿疼痛，运转尚超负荷。虽说精力渐衰，且喜勤而不惰。待人接物以诚，办事言而必诺。际遇风风雨雨，工作有成有挫。八宝山头已近，莫做匆匆过客。珍惜桑榆晚景，岂能白白度过。”“老骥伏枥，志在千里”，刘先生就像一枝燃烧的蜡烛，无私地奉献出全部光和热。

邓瑞全
1994 年撰

目　录

一　家世

(一)父　系

刘乃和有家谱(印本)传世。

始祖刘怀。

祖学谦,字益斋,一字地山,号追庵,室名“补拙书室”。天津杨柳青人。清增广生,光绪壬午(八年,1882)进士,翰林院庶吉士(点翰林),翰林院编修,国史馆协修。做过乡试、会试考官,礼科给事中,工科掌印给事中,管理五城街道,直隶全省禁烟局总办。二品顶戴,赏戴花翎。民国五年(1916)三月十四日卒,年五十五。子四:毓瑚、毓瑶、毓瑛、毓玑,女二:毓瑄、毓理。

父毓瑶,光绪十四年戊子(1888)生。字贡扬,清京师大学堂预科毕业,举人。吏部补用司务,邮传部补用七品小京官,花翎五品衔,候补主事。民国两浙盐务稽核所科员,政事堂司务所主事,国务院秘书厅主事,大总统府秘书厅办事员、荐任职升用、石岛统税局局长。大元帅府秘书、五等嘉禾章。

配徐氏,光绪十四年戊子生,名锺英,字蕣芝。山东临清县人。徐父,坊公(清授资政大夫、太子少保衔,毓庆宫行走,谥“忠勤”)次女。

子三:乃桐、乃松、乃崇。女一:乃和。

《刘乃中艺事丛脞——履迹》(吉林美术出版社,2011 年)第 18 页:“二伯父叫刘毓瑶,字贡扬,毕业于京师大学堂,曾经在北洋政府的国务院当过小职员,后来又在北京市的官产处工作,都没担任过什么重要职务。刘毓瑶喜欢金石书法,当时的北京琉璃厂都对他很熟悉。那时北京有两位写篆书很著名的,被称为‘南刘北徐’,‘南刘’就是他,另一位是徐世襄。徐世襄人称徐八爷,是徐世昌的堂弟,他在北京厂桥住,属于北城;刘毓瑶住在南城,所以这两位名家被这样称呼。”

我仔细读过徐世襄的九册日记,以西历为序,每日下方记中历月日。时间从民国八年(1919)到二十四年(1935)。第九册包括 1934 年八月到 1935 年一月农历除夕这天。以上日记,从民国九年(1920)起,用上等宣纸,朱丝栏,半页八行的清秘阁造笺装订成册,白绢包角,十分讲究。每年分作二册。每册封面标起迄时间,亦有本册专名。全部日记,约五十册,我听说,中国书店有若干册。下面是各册起始时间与刘乃和年龄对照表。

册数	日记各册起始时间	刘乃和年龄	备注
1	民国八年(1919)八月	1 岁	
2	民国九年(1920)九月	2 岁	贡扬始出现
3	民国十二年(1923)	5 岁	以下每册均有贡扬
4	民国十三年(1924)八月	6 岁	
5	民国十六年(1927)二月	9 岁	

续表

册数	日记各册起始时间	刘乃和年龄	备注
6	民国十八年(1929)二月	11岁	
7	民国十九年(1930)八月	12岁	
8	民国二十年(1931)一月	13岁	
9	民国二十三年(1934)八月十日起	16岁	
10	民国二十四年(1935)二月四日止	17岁	

9和10为一册,即农历甲戌年七月初一起,到是年除夕止。本册封面题:护寿堂日记,甲戌第二册,总第卅六册。

徐世襄实为徐世昌堂弟,大排行,世昌居长,世襄行八。二人关系至密,世昌任大总统期间,世襄在总统府任职。此间,贡扬先生亦任小职员。

徐世襄日记第一册,起于1919年,记录了“五四运动”,火烧赵家楼,学生被抓。

第二册起于1920年,22日记:“昨晚贡扬购碑帖数份。”这是所见第一次记录。贡扬与徐世襄过从甚密,连日相见,同逛琉璃厂,共赴津门,探讨碑拓,硾拓钟鼎彝器,相约赴会,九册日记,所见贡扬超过五十天。1934年2月4日,星期日——农历甲戌年初夕,徐世襄记:“贡扬来借廿元而去。”

除夕出门借钱,足见刘毓瑶家生活窘迫。是年刘乃和先生17岁。她高中毕业后两年,才投考辅仁大学。她告诉我,因家庭生活困难,辅仁学费昂贵,失学在家。大弟乃松投八路军,改名文华。二弟亦辍学,跟她沿街摆小摊,散卖纸张笔墨,以补生活开支。她们经常被警察追跑。

徐世襄日记,内容极丰富。有哥萨克中传唱的成吉思汗军歌,有徐世昌大总统对外蒙古发布的统一文告,有李大钊被捕、军阀混战、溥仪出宫、大内失火、周氏昆仲、米价和文物价格,等等。甚至连启功被辅仁中学校长辞退,做家庭教师,都写到了。这里所选,全部来自第九册。

我读过的徐世襄日记。

1911年，家族合影。父亲刘毓珙(中盘膝者)与大伯刘毓瑚(右二)、二伯刘毓瑶(左三)、三伯刘毓珣(右三)、五叔刘毓琬(左二)、六叔刘毓玑(左四)、大哥乃桐(怀中者)合影。——刘乃中

1935年,二伯父刘毓瑶与乃正、乃崇、乃松、乃中、乃隆、乃元兄弟合影。——刘乃中

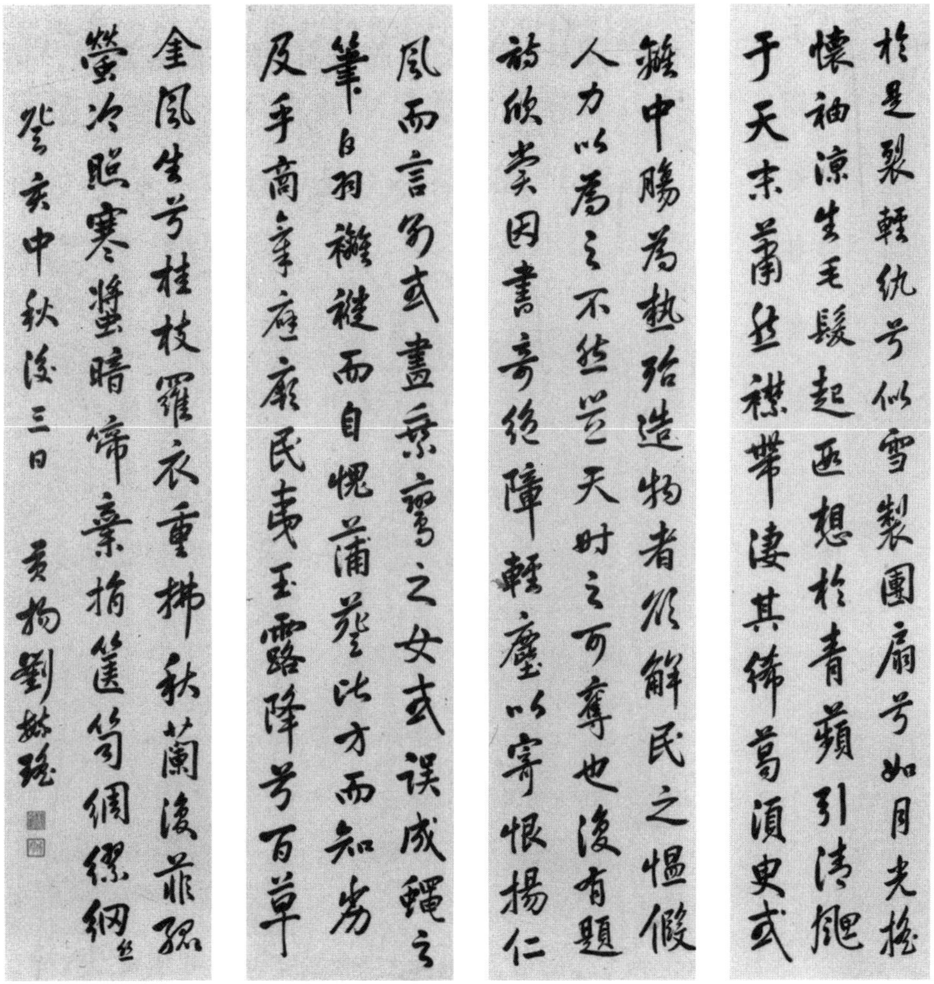

贡扬公刘毓瑶节录《纨扇赋》四条屏。——刘乃中

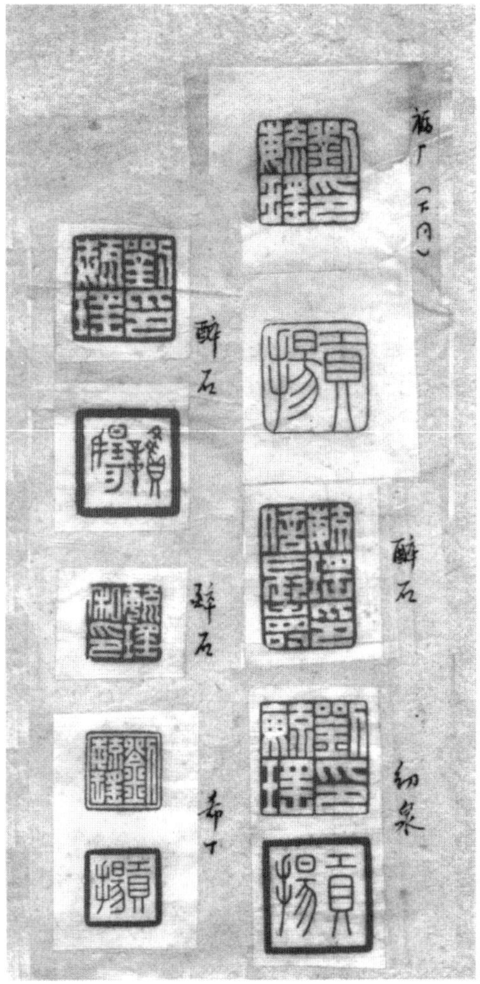

贡扬公刘毓瑶常用印，皆出自名家之手。

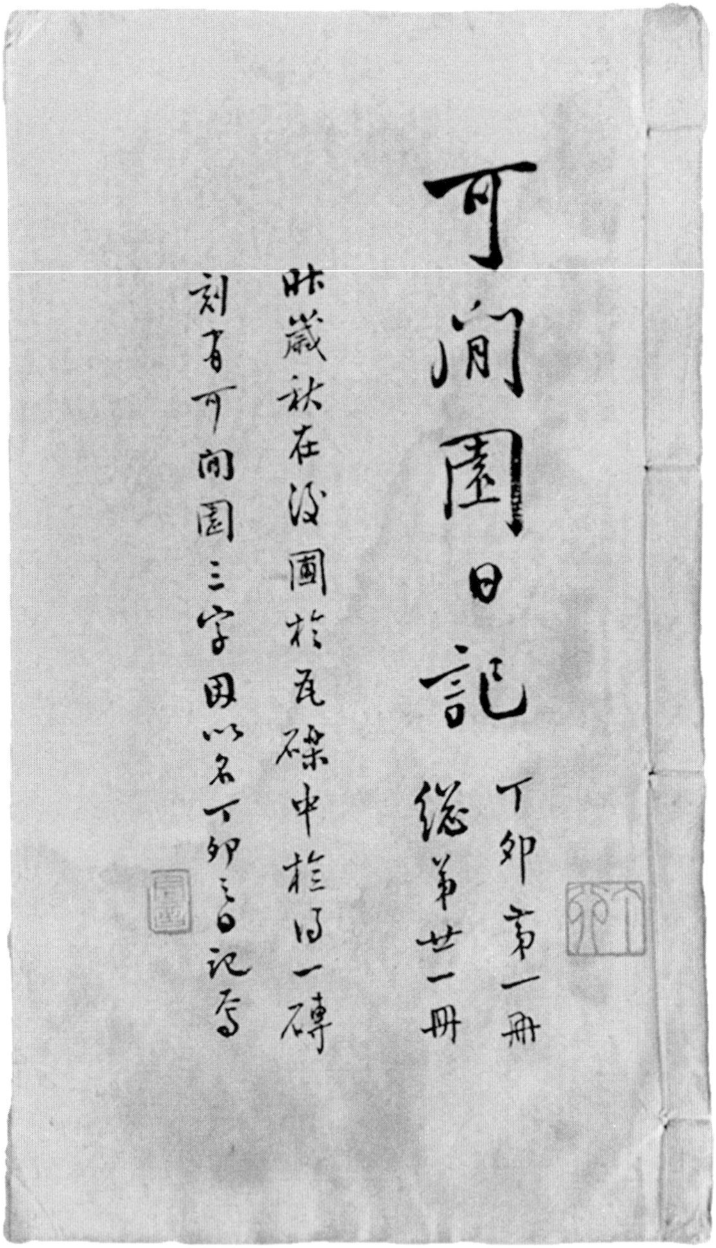

1927 年日记。

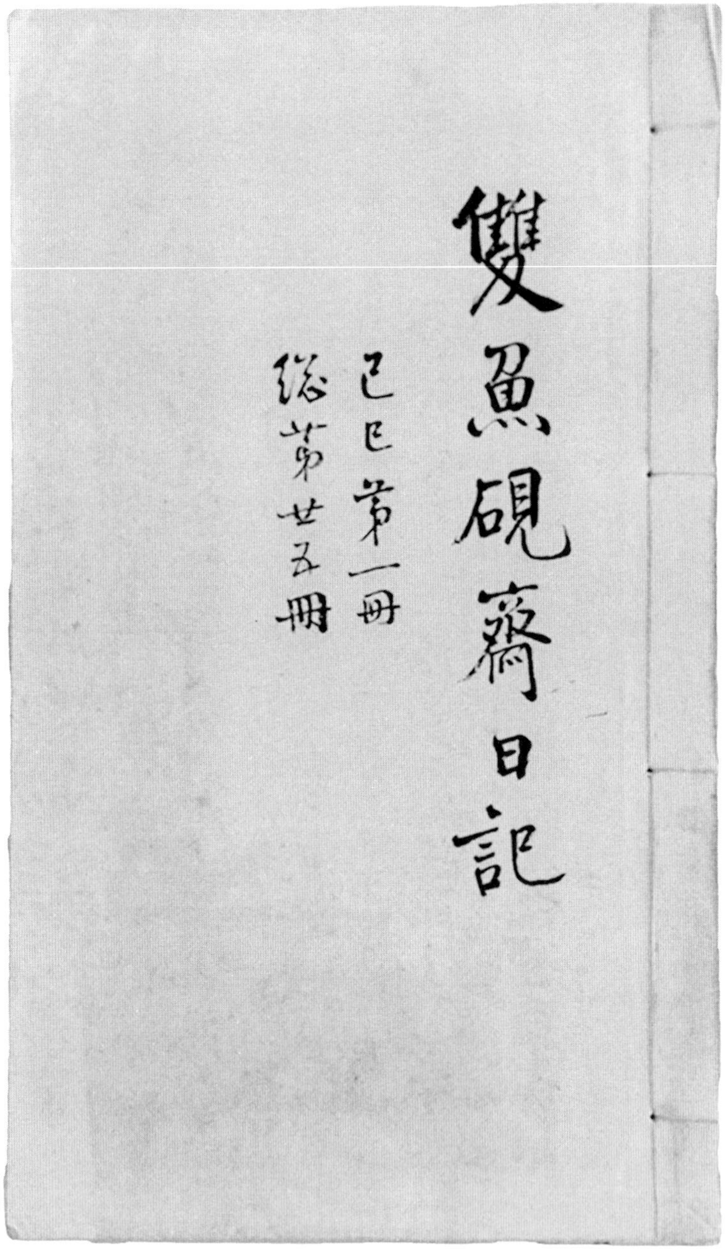

1929 年日记。

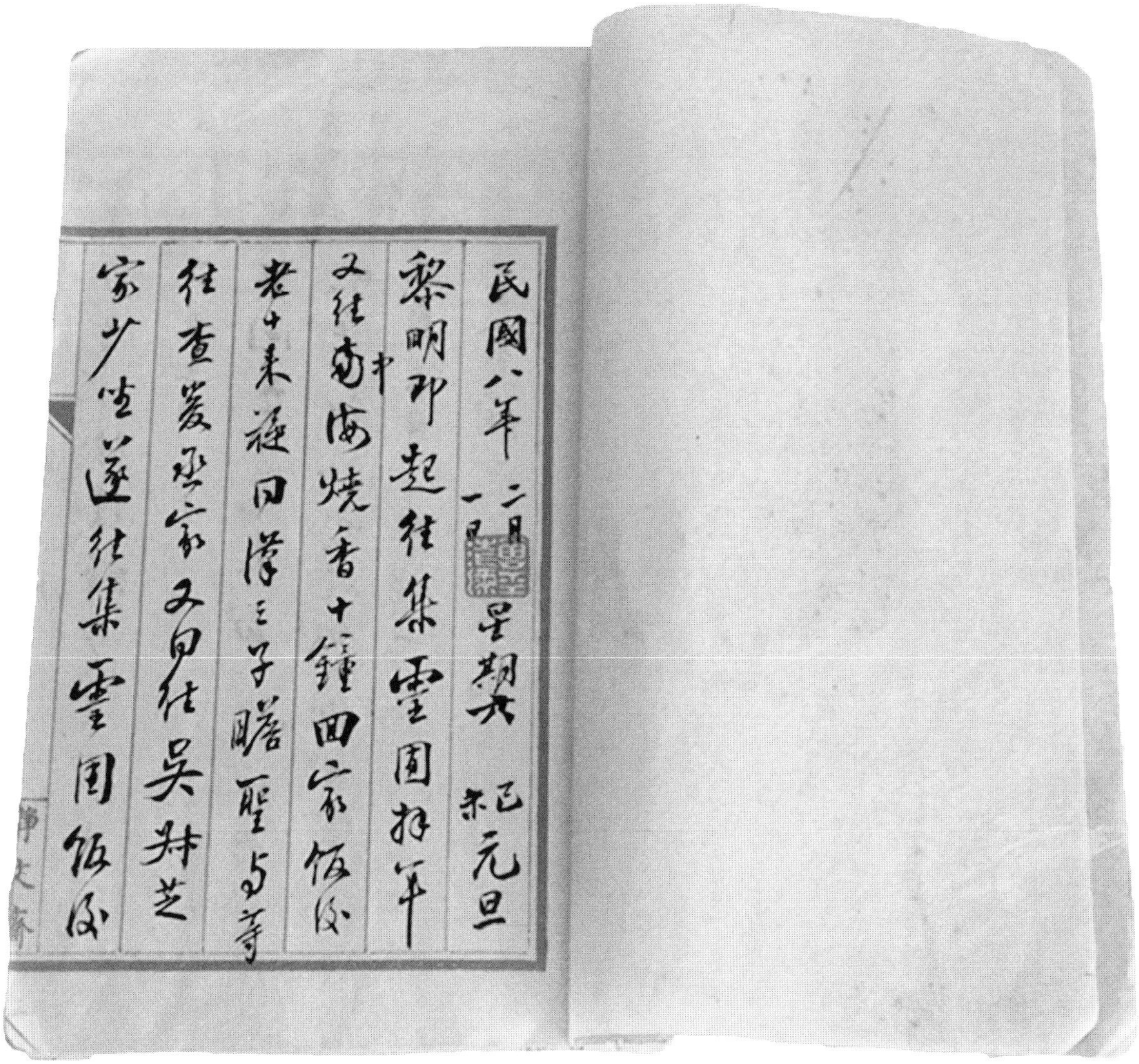

1919年日记。

“三月一日……译蒙古军歌。拔都西征，播以入俄，迨今哥萨克兵无不知诵云者。可汗如太阳，高高坐东方。威德之所被，煜为天下光。部属如草木，小丑如冰霜。草木日以长，冰霜日消亡。太阳有出波，可汗寿无量。惟我大可汗，手把旌与旗。下不见江海，上不见云霓。天亦无修罗，地亦无灵祇。上天与下地，俯伏肃以齐。何物蠢小丑，而敢当马蹄。狮子夜吞月，可汗朝点兵。（此为一节，还有两节。）

五月四日。星期日。己未。四月初五……今日北京学界约有四千余人，手执白旗，上书卖国贼曹、陆、章等，又书驱逐倭奴，因青岛问题游行各处后，至曹汝霖住寓，用砖石掷入，后见章宗祥出，来众即用武，将章殴伤。曹避入地窖。旋见火起，消防队来，已烧去十余间矣。晚间长兄明饬军警各长官，维持地面秩序。然军警已当场逮捕学生廿余人，押禁官署。此事恐不易了。今晚谨慎起见，遂传饬府中戒严。十二钟余，到各处查巡一次。一钟始睡。”

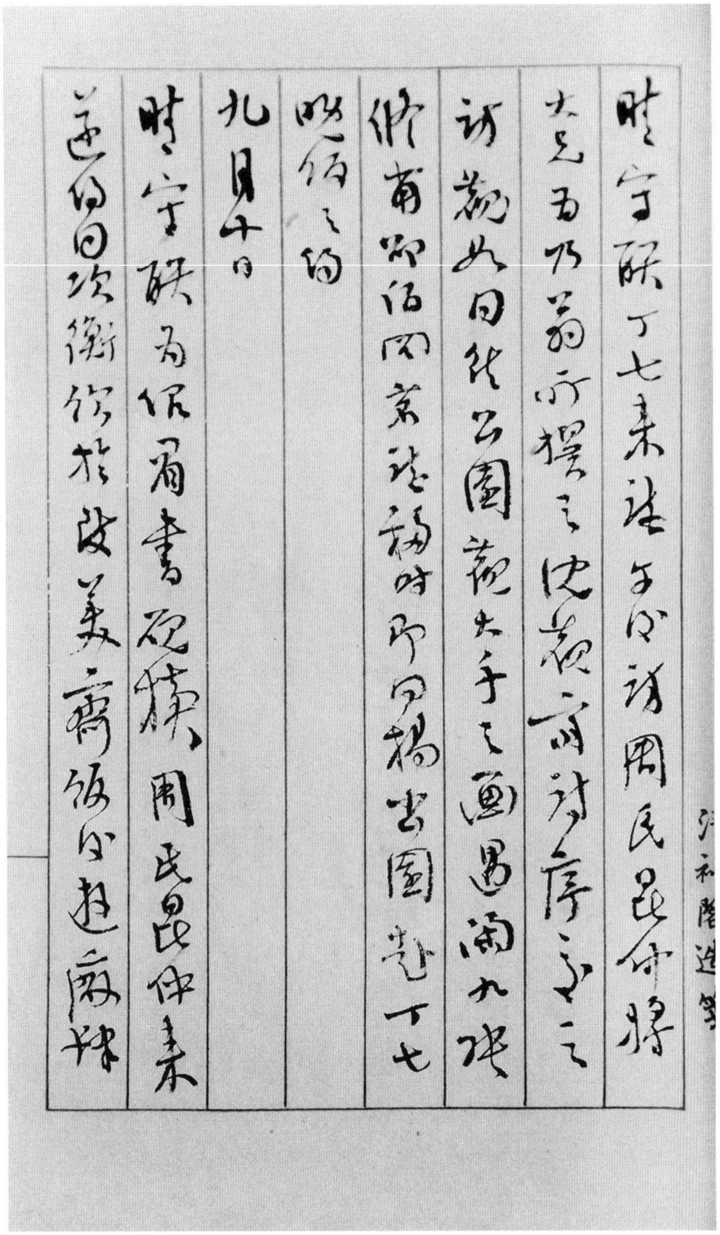

1934 年日记。

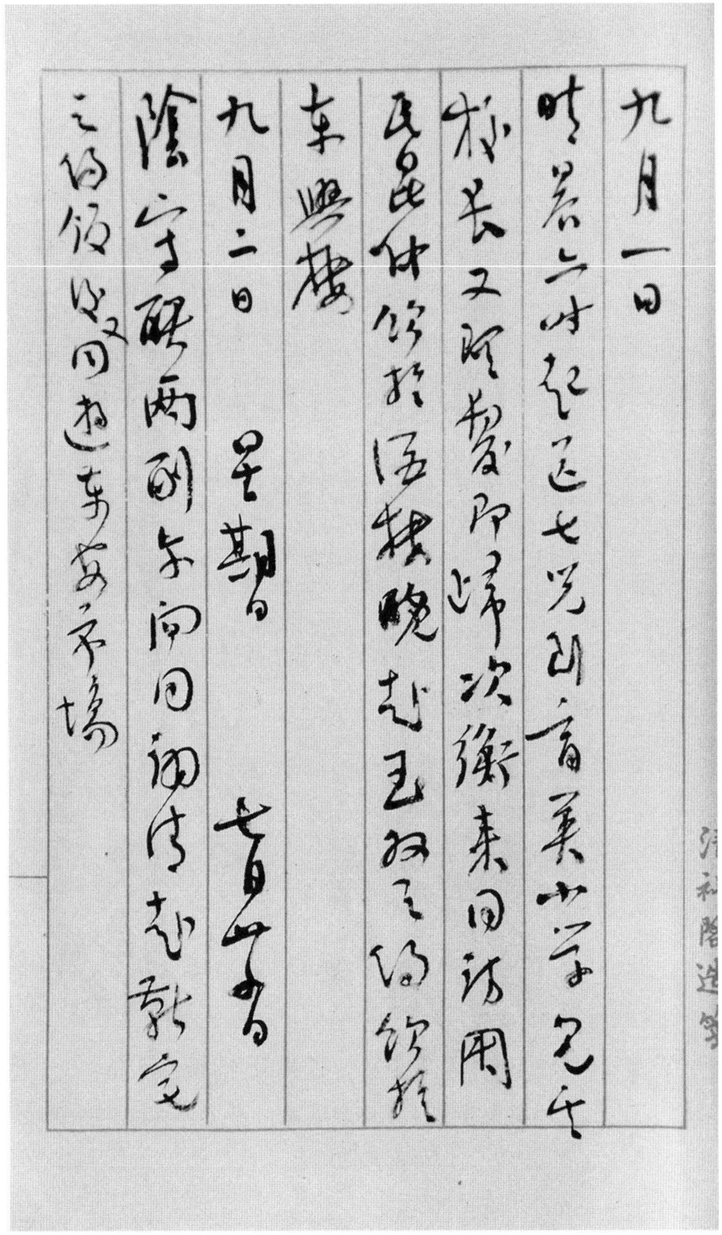

1934 年日记。

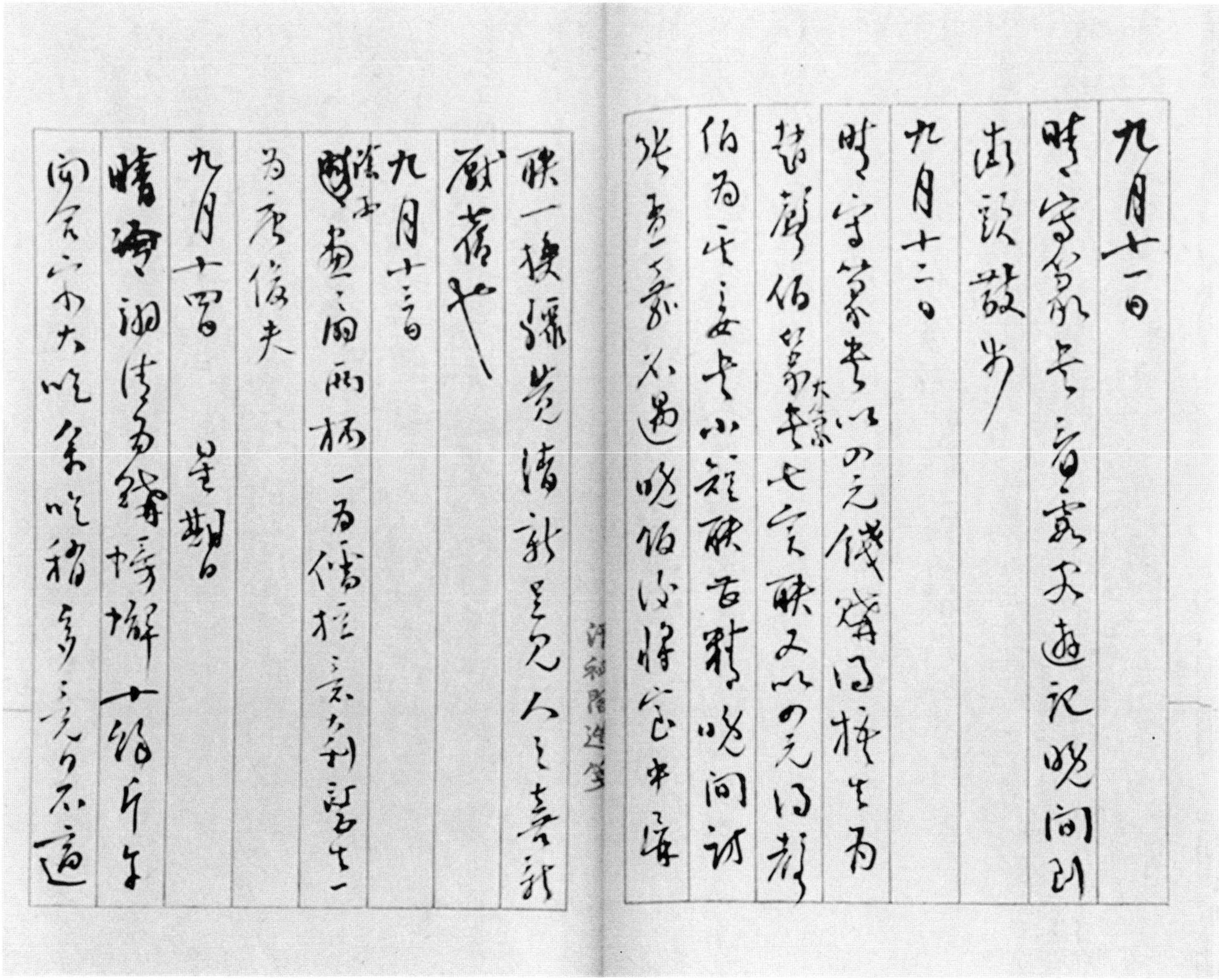

1930 年购徐坊(梧生)书联。

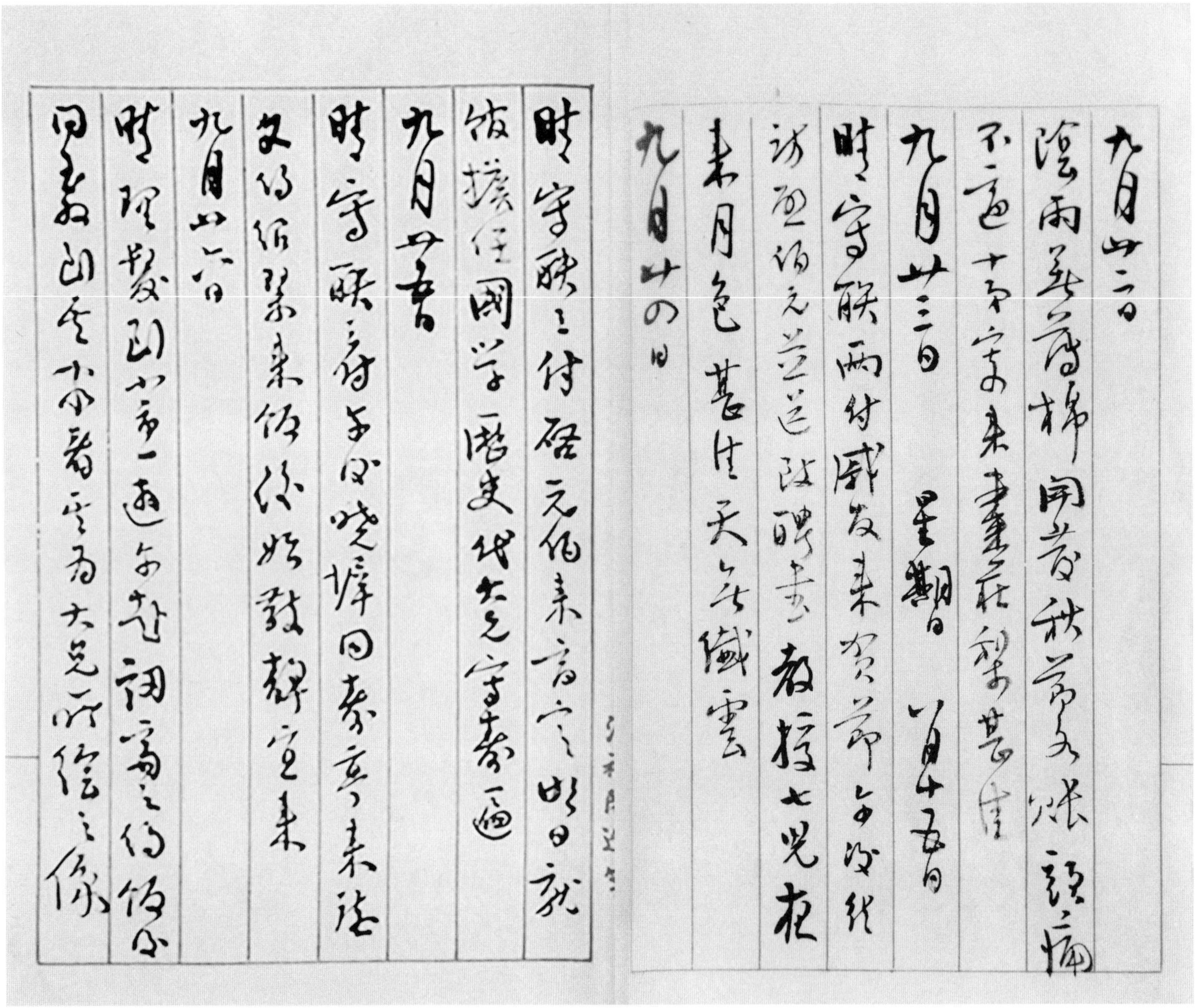

1934 年日记。

“1933 年，元白先生二十二岁（按照中国习惯说法），陈援庵先生安排先生到辅仁附中教初中一年级国文，教学效果很好，但被分管附中的教育学院领导刷掉，理由是学历不合要求，中学生没有毕业，怎能教中学。”——李修生《元白先生说诗》

这是启功先生被辅仁中学辞退后，为生计找的“饭碗”吧。去辅仁教书，是傅增湘推荐。这次来徐世襄这里做家教，也应该是傅氏推荐。傅经常出现在徐世襄的日记中。没有傅增湘做荐头，焉能食得徐八爷家束脩！

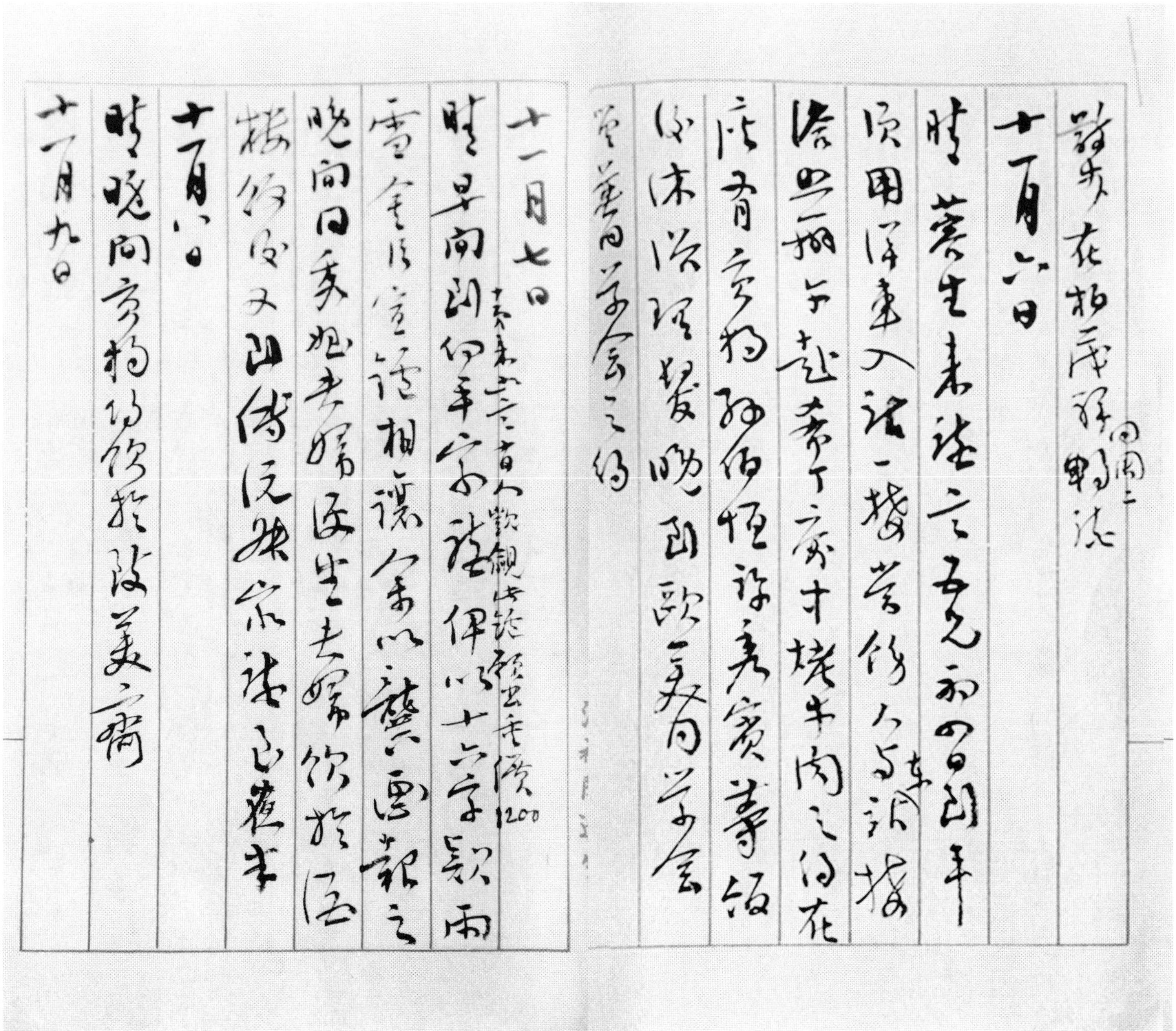

1934 年日记。

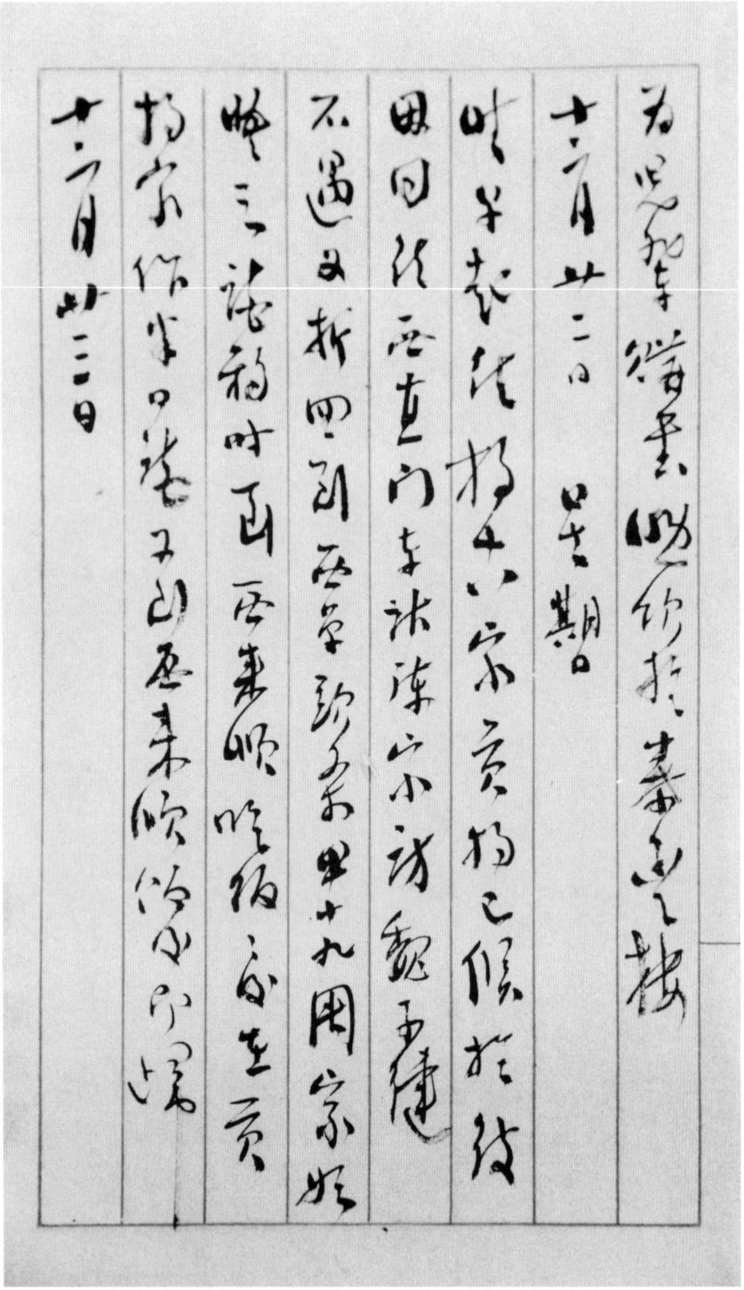

1934 年日记。

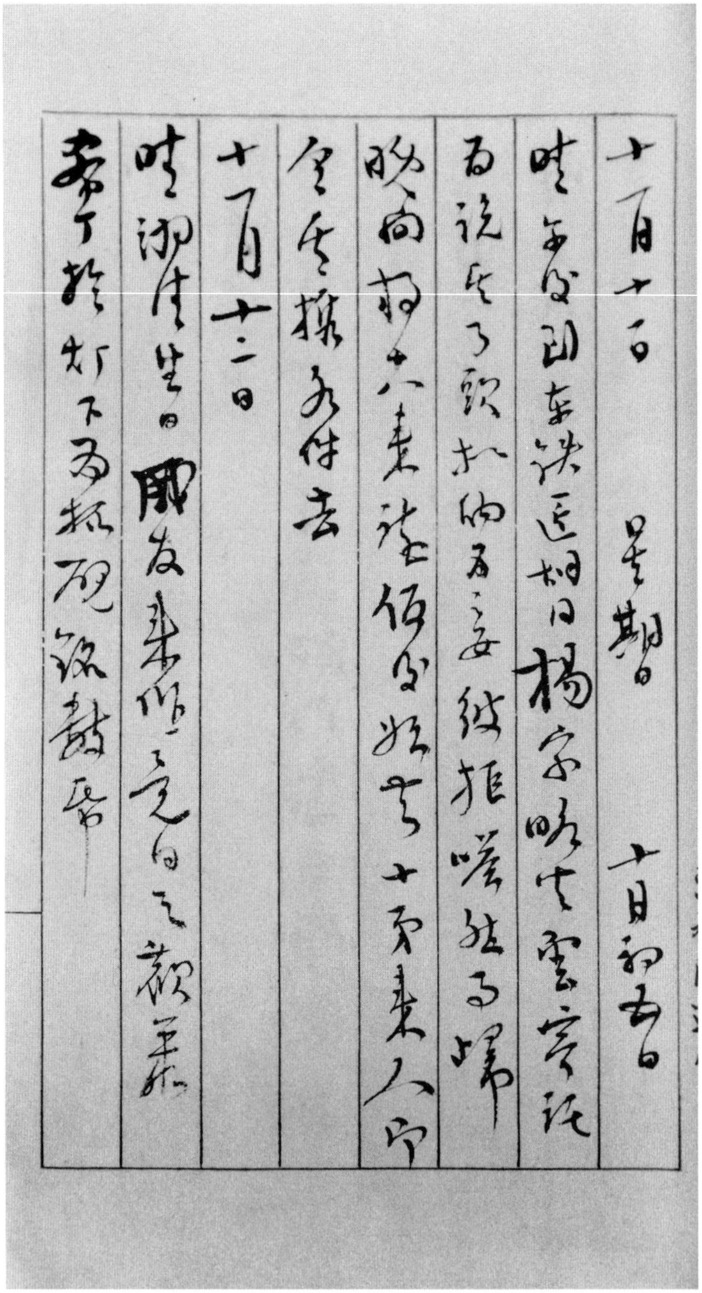

1934 年日记。

兄弟姐妹大排行，左三刘乃和。她有“刘三”之印，启功戏称“三姐”。右上乃桐。

右为刘乃和,10 岁。左当为刘乃和的亲姐姐。她在小学玩滑梯时肺受伤,得病死。这件事是刘乃和告诉我的。

左一刘乃和。

左一刘乃和。

(二)母　系

刘乃和曾外祖徐延旭。二子:坊、埴。

外祖坊,字梧生、士言,号矩庵,山东临清人。历官京师图书馆副监督、国子丞、溥仪师傅,谥“忠勤”。富藏书善鉴定,号“归朴堂”。有《徐忠勤公遗诗》。配鹿氏,大学士定兴鹿传霖女。生一子:锺葳,三女:锺□、锺英、锺芬。

刘学谦与柯劭忞、徐世昌同科进士,故刘徐姻娅,与柯、徐相关,徐世昌是证婚人。徐世昌与徐坊关系至密,戊戌政变,徐坊无意竟成为历史见证人。见徐定茂《辛亥前后的徐世昌日记》。

清史稿卷四百五十八

列傳二百四十五

徐延旭　唐炯　何璟　張兆棟

徐延旭，字曉山，山東臨清人。咸豐十年進士，出知廣西容縣。師克潯州，與有功，累晉知府。同治九年，除知梧州。光緒三年，遷安襄荆鄖道。八年，晉廣西布政使，命督辦海防，得專奏事。時法人謀占全越，巡撫張之洞、侍讀張佩綸先後疏薦堪軍事。會南定陷，朝命出鎮南關，與提督黃桂蘭、道員趙沃籌防，未行，越官劉永福戰勝懷德府紙橋，狀其績以上。

九年，出關，至北寧而還，頓龍州，被命爲巡撫，敕趣永福規河內。延旭上部署防守狀，略云：「固廣西邊疆，必守北寧，固雲南邊疆，必守山西。左軍前鋒分駐北寧、涌球，去城止十二里。一旦有事，援之則無辭於法，聽之則有慙於越。不如徙軍入城，城固我儲糧屯戍

曾外祖徐延旭传。

所也。並簡銳扼浪泊湖北岸，爲山西聲援；別募勇百人扼月德江，與陸軍相表裏。」附請吏部主事唐景崧留軍。

初，法人犯順安，越未敗，遽乞和。延旭奏言：「越人倉卒議和，或謂因故君未葬，冀緩須臾；或謂因廢立嫌疑，朋興黨禍。越臣黃佐炎等錄寄和約，越誠無以保社稷，中國又何以固藩籬？劉永福現駐山西，法人擬益師往攻，請毋撤兵，用警戎備。」越王阮福昇嗣位，遣使告哀，並懇允其詣闕乞封；復具和約二十七條及黃佐炎稟，上之樞府。左宗棠檄前布政使王德榜募勇扼桂邊，朝命受延旭節度。

其冬，力疾再出關，駐諒山，趣軍進取，分襲海陽、嘉林綴敵勢；並請撥船嚴扼海口，斷其出入。諭仍力守北寧。於是令左軍黃桂蘭、右軍趙沃協防其地。適山西陷，延旭猶慮兵力薄，復遣使入關募勇，通舊五十餘營，厚集於此。隨令廣間諜，安地營，禁擾民，嚴冒餉；然沃等皆寡識，桂蘭尤侈汰，與越官張登壇日事宴樂。登壇故通法，嗣以有郤洩其事。上命延旭罷登壇，或因而殺之，延旭以力不能制而止。日唯籌軍火濟師，以爲兵力厚，可恃以無恐。桂蘭復希風指，侈談部下能戰，延旭益信之，遂六上書請戰。上不許，敕保守未失陷地，毋貪功。

十年，法軍陷扶良，三路攻北寧，桂蘭潰奔太原。李鴻章電奏失守，延旭猶上言：「西聯滇軍，東防江口，北寧斷無他虞。」上責其飾詞。會岑毓英抵保勝，部署邊外各軍，遂命延旭軍屬之。初，延旭之任西撫也，未及兩月，亦知桂蘭等未可恃。嗣以臨敵易將，操之急，易生變，以故諄誡備至；而桂蘭等且縱兵剽奪，越民不堪命，怨滋甚。是役也，羣反噬，城迺陷。延旭上其欺飾狀，並自糾請治罪。上怒，詔革職留任。

法軍乘勝入芹驛關，復命力扞之，毋再失。延旭以景崧護軍收殘兵，更約束，令駐屯梅。時諒江、朗山、狼甲相繼屠潰，諒山敎民且蠢焉思動。延旭鑒覆轍，嚴禁防軍向越官索夫米，有伐一草一木者斬，越民仍不知感。適德榜至，勸延旭勉自支振，圖再舉。於是更嚴勒粵軍，仿楚勇制，力求後效。而逮問之命下，吏議斬監候，改戍新疆。追論舉主，之洞、佩綸，均被訶責。延旭未出都，病卒。子坊，自有傳。

唐炯，字鄂生，貴州遵義人。道光二十九年舉人，訓方子。訓方督師金口，炯馳數千里省視。越夕難作，倉皇奉遺疏謁曾國藩，得代奏。武昌復，求遺骸歸葬。桐梓亂民起，治鄉團禦之。服闋，入貲爲知縣，銓四川。

咸豐六年，署南溪。值滇寇李永和蠢動，藍朝柱應之，陷敍州，吏士皆恐。炯迺訓練兵壯，晨夜徼循，人心稍靖。有爲寇所獲者，縱之還，曰：「爲我語唐青天，決不犯南溪一草一天恩」。詔訶責，引疾乞退。兩宮升遐，奔赴哭臨，越日卽行，時之洞在樞垣，不一往謁也。明年，聞之洞喪，親送葬南皮。

及武昌事起，再入都，用直隸總督陳夔龍薦，以三品京堂候補。旋奉廣東宣慰使之命，粵中已大亂，道梗不得達，遂病嘔血。兩至梁格莊叩謁景皇帝暫安之殿，露宿寢殿旁，瞻仰流涕。及孝定景皇后升遐，奉安崇陵，恭送如禮，自願留守陵寢，遂命管理崇陵種樹事。旋命在毓慶宮行走。丁巳復辟，已臥病，强起周旋。事變憂甚，逾年卒，謚文忠。

徐坊，字梧生，山東臨清州人，巡撫延煦子。少納貲爲戶部主事。光緒十年，法陷諒山，延煦逮問，下刑部獄。坊侍至京師，入則慰母，出則省延煦於獄，橐饘之事，皆自任之，布衣蔬食，言輒流涕。延煦戍新疆，未出都卒，坊扶柩歸葬，徒行泥淖中，道路歎爲孝子。二十六年，奔赴西安行在。明年，扈駕返，以尙書榮慶薦，超擢國子丞。鄂變起，連上五封事，俱不報。遜位詔下，遂棄官。旋命行走毓慶宮，坊已久病，力疾入直。未幾，卒，謚忠勤。

勞乃宣，字玉初，浙江桐鄉人。同治十年進士，以知縣分直隸。查淶水禮王府圈地，力請減租蘇民困。光緒五年，初任臨榆，日晨起坐堂皇治官書，啓重門，民有呼籲者，立親訊

列傳二百五十九　梁鼎芬　勞乃宣　　一二八二三

外祖徐坊传。

刘乃和谈徐坊——这实为徐家自己的“私评”，主要代表刘先生母亲的想法。如下：

徐坊，《清史稿》有传，附梁鼎芬后。父徐延旭，《清史稿》有传。徐坊死于民国，一生未做官，只做一任国子丞。他不仕，是认为大清冤枉了他家。因为徐延旭是广西巡抚，正赶上中法战争。徐延旭首当其冲。他是文人，不会打仗，但必须去打，大败。黑七刘有谅山之战。以后回来问罪。我母亲说，当时有很多人聪明，说受伤（轻伤），但他没报，说没伤，就下狱了。监狱很黑暗，受罪，就花了很多钱，才能探监。徐家有钱。后来判了，是斩监侯。当时不告诉，拉出去了，吓得够呛，身心受到很大伤害。以后发配新疆，儿子徐坊同行，花钱才能同行。得行，家中又困难，徐坊毁家赴难。徐延旭未出河北，死了。

徐坊是长子，次子埴（坊长埴十几岁）。坊名梧生，次子榕生。坊特别懊丧，他以为父亲有功于清，却落此下场，是冤枉。他自认为父亲是忠臣，反成囚徒，故立志不做清朝官，只做了国子丞（大学校长）。但他内心忠于大清，他要让大清感到对不起他。清亡，陈师傅死，给宣统当师傅。他与徐世昌、缪小山都是朋友，藏书很丰富，只读不写。听我母亲说，家里鸡血石一筐箩一筐箩的。藏书非常多，但不写跋，所以现在谁都知道缪小山，却不知道他。缪荃孙是京师图书馆馆长，我外祖父是副馆长。“外祖昔年始建旌，援师几度掌书城”（贺北京图书馆建馆80周年）。我这诗是有意写的，因为北京图书馆在写简介时，没有说……我母亲结婚，柯劭忞和徐世昌作介绍人，柯凤孙与我姥爷熟，但柯为人心计厉害。柯有个儿子，与我舅舅熟。我舅舅是家中一个独子，姐仨。舅舅是独子，所以特别享受，也就不懂事。有好多人，我姥爷的朋友，就把他架起来了。我舅舅字写得好，很多人架着他，吃喝玩乐，捧大鼓、京戏，一来二去，家就败了。外祖父去世后，闹家产。女婿小儿子都要分财产。我父亲窝囊，说不好话。我母亲不让去外祖父家。……徐延旭活着的时候，家未垮。

你看缪荃孙、傅增湘的书，总提到史吉甫（大女婿）。

1900年，西太后西巡，徐坊侍从，我母亲十三岁，也随着去，故母亲（行二）到过西安。我母亲见过大雁塔。故我有诗：“八二年前母入秦，长安暂住返都门。识高时蹇难伸志，教子事亲范永存。儿久牺牲成壮烈，女勤执教忘晨昏。依依回首慈恩寺，雁塔长怀慈母恩。”（1982年8月作）我的诗没有多少典故，合平仄，分诗韵，不离格，但都是有感而发。……我牺牲的弟弟乃松（又名文华），“一二·九”运动以后出去，1936年入党。抗战胜利以后，积劳成疾，死了，埋在石家庄烈士陵园。抗战胜利后，还回北平一趟。听说有个孩子（女儿）。他聪明极了。

——录自刘乃和谈话（1995年12月11日）

徐坊与夫人鹿氏合影，摄于河北定兴鹿家花园园林。

——出自《潍坊晚报》2015 年 6 月 1 日《潍上四贤》专栏中《徐坊喜藏书珍本颇丰》

中间徐坊夫人鹿氏(坐)，其右为长女，中间为儿子，左边次女、三女。

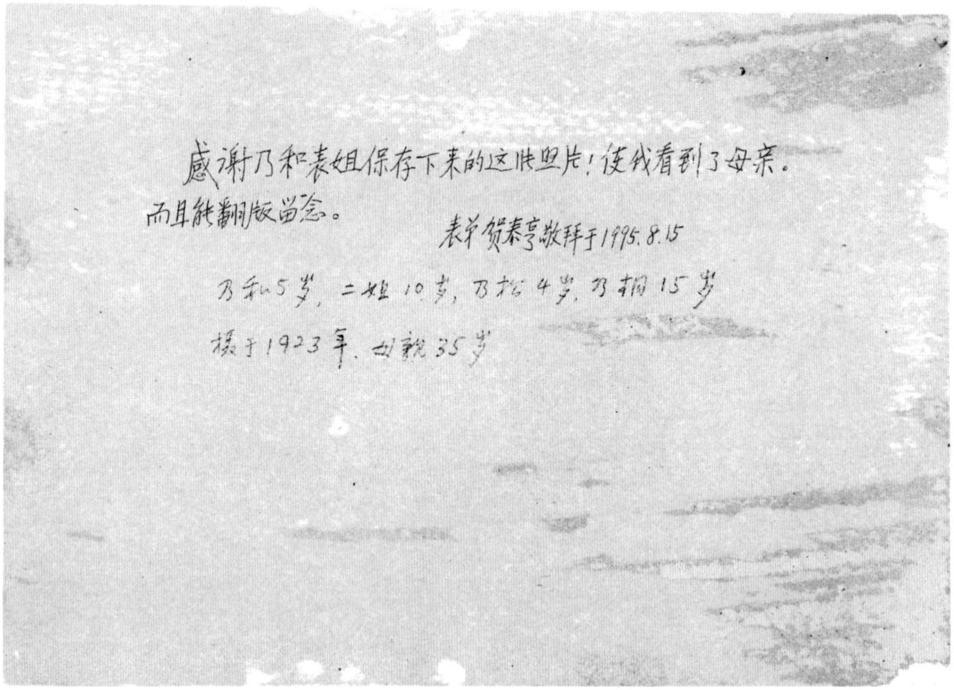

贺泰亨，徐坊三女之子。母亲产后病故。下边两行是刘乃和字。

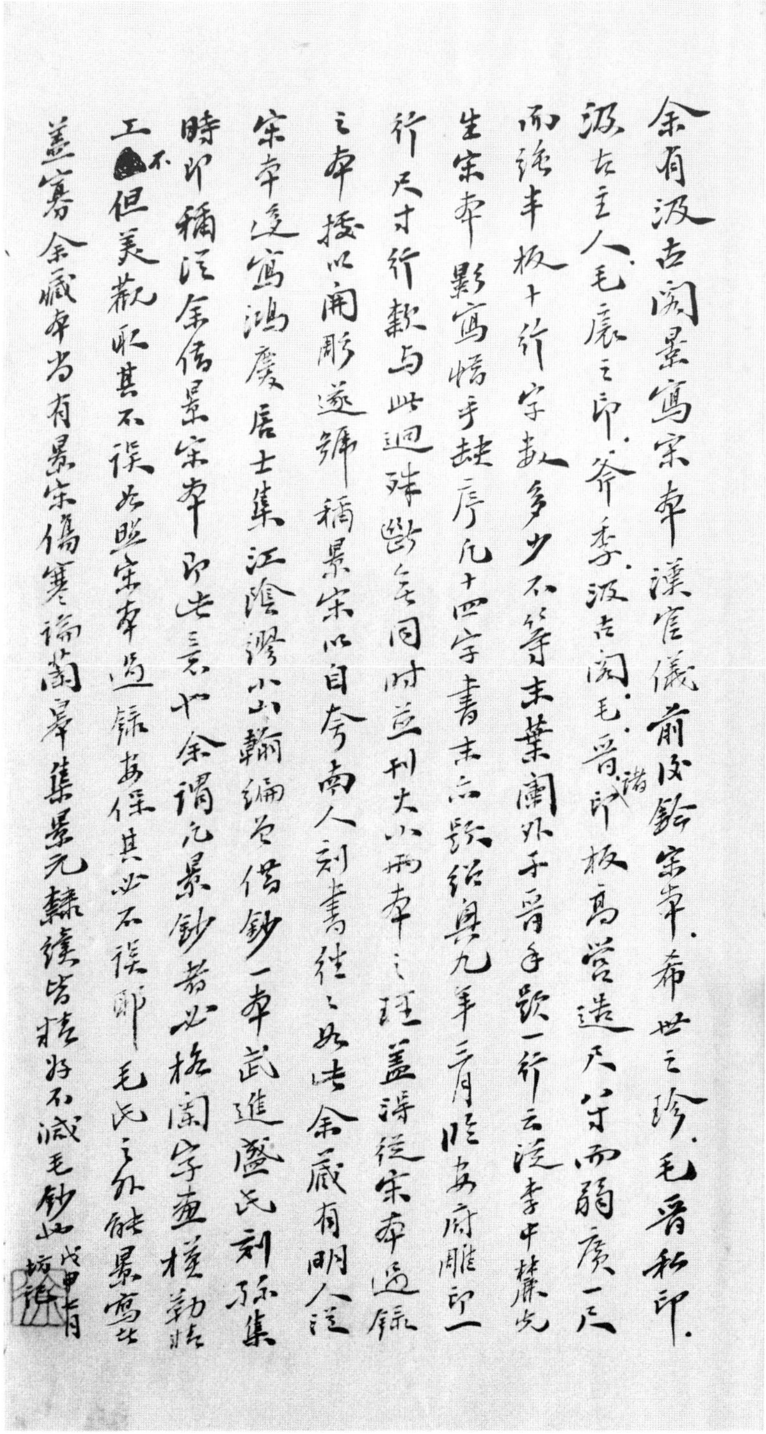

余有汲古閣影寫宋本漢官儀前後鈐宋本、希世之珍、毛晉私印、
汲古主人、毛扆之印、斧季、汲古閣、毛晉諸印。板高營造尺八寸而弱廣一尺
而強半板十行字數多少不等末葉闌外毛晉手跋一行云從李中麓先
生宋本影寫惜乎缺序凡十四字書末亦跋紹興九年三月臨安府雕印一
行尺寸行款與此迥殊斷爲同時並刊大小兩本之理蓋得從宋本過錄
之本據以開彫遂號稱影宋以自夸南人刻書往往如此余藏有明人從
宋本過寫鴻慶居士集江陰繆小山翰編借鈔一本武進盛氏刻孫集
時即稱從余借影宋本即此意也余謂凡影鈔者必格闌字畫模勒精
工不但美觀取其不誤如照宋本過錄安保其必不誤耶毛氏之外能影寫者
蓋寡余藏本尚有影宋傳寫孫蘭皋集景元隸續皆精好不減毛鈔也
戊申七月 坊記

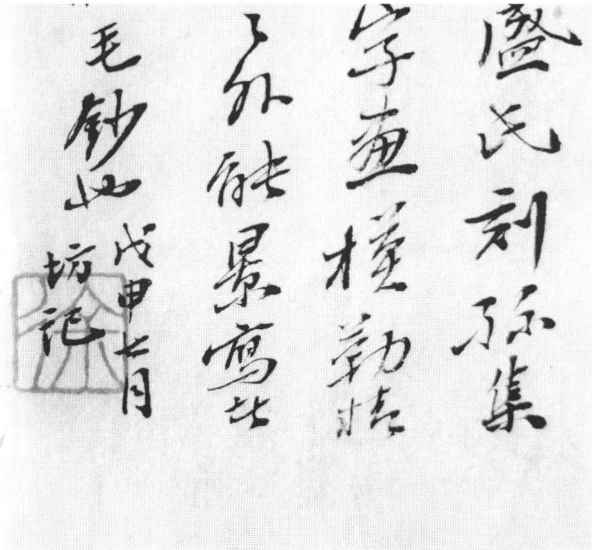

盛氏刻孫集
字畫模勒精
之外能影寫者
毛鈔也 戊申七月 坊記

徐坊字。

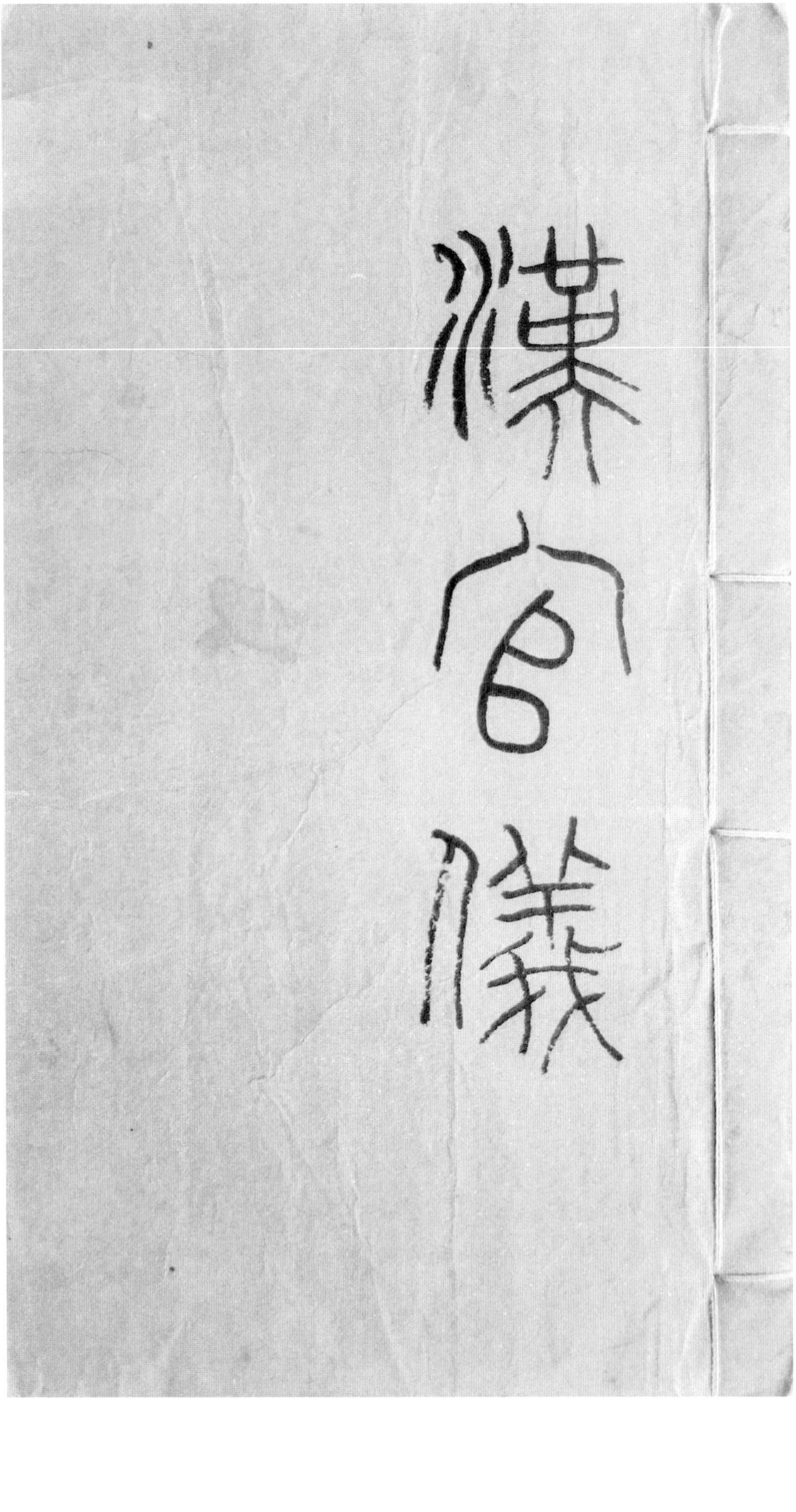

徐坊藏书。

序

漢官儀二卷影宋寫本不著撰人名氏以後序推之蓋劉貢父先生作也貢父先生精史漢學爲兩宋之絶故託諸游戲猶彬雅絶特如此所謂資之深而逢其原也今之學者其于讀書也粗窺卷篇不務精熟自謂纂言提要而其實掩卷茫然豈復有解剥貫串之趣哉先生以其緒餘流示於游藝學者誠就其最聚處尋循其所用心者固讀書之航筏尤讀漢書者之機鑰也傳本絶少兹本爲儀徵汪徵士全謀得於吳中歙縣鮑君崇城爲刊而廣之志古之士或有取焉豈第賢于博弈而已道光四年秋七月陽湖李兆洛序

漢官儀 一

堂印

舉賢良對策擢爲上第拜諫大夫 五十

十二 以治春秋爲博士 三十

十一 舉署

十 以明經射策甲科爲右署侍郎 十五

九 以父任爲右署郎中 十

八 以貲爲左署郎中 十

七 以父子洗

以六郡良家子補羽林郎 五

五 辟公府掾

四 以鄉有秩補太守卒史

三 太常擇儀狀端正以補博士弟子

二

報聞罷 納二十

已罷再入盆乃得復選

博士弟子

堂印

上書言事天下異其文拜謁者 五

十二 秀才異等太常以名聞詔拜左署侍郎 五

十一 射策甲科爲左署郎中 五

十 射策乙科爲太子舍人 三

九 八 射策兩科爲郡文學

七 六 能通一藝補太常掌故

五 四 三 守

二 一 下材不事學不能通一藝罷歸出局 納十

相府

凡爲王相國尚公主傳以爲仙並復其筭
三師丞相及致仕並減筭
凡秩中二千石及增秩各一擲升一采去官
乃止貶秩者降采亦如之
凡三采無異事同上
凡以武入仕者不入文學光祿大夫條
凡以爲庶人贖爲庶人並入免條
凡加官位秩雖遷加官如故不爲朝廷官者乃罷
凡以貲爲郎者先輸一筭入粟贖者同

凡下蠶室者許以一筭自贖爲升采

紹興九年三月臨安府雕印

揚州穆西堂刊

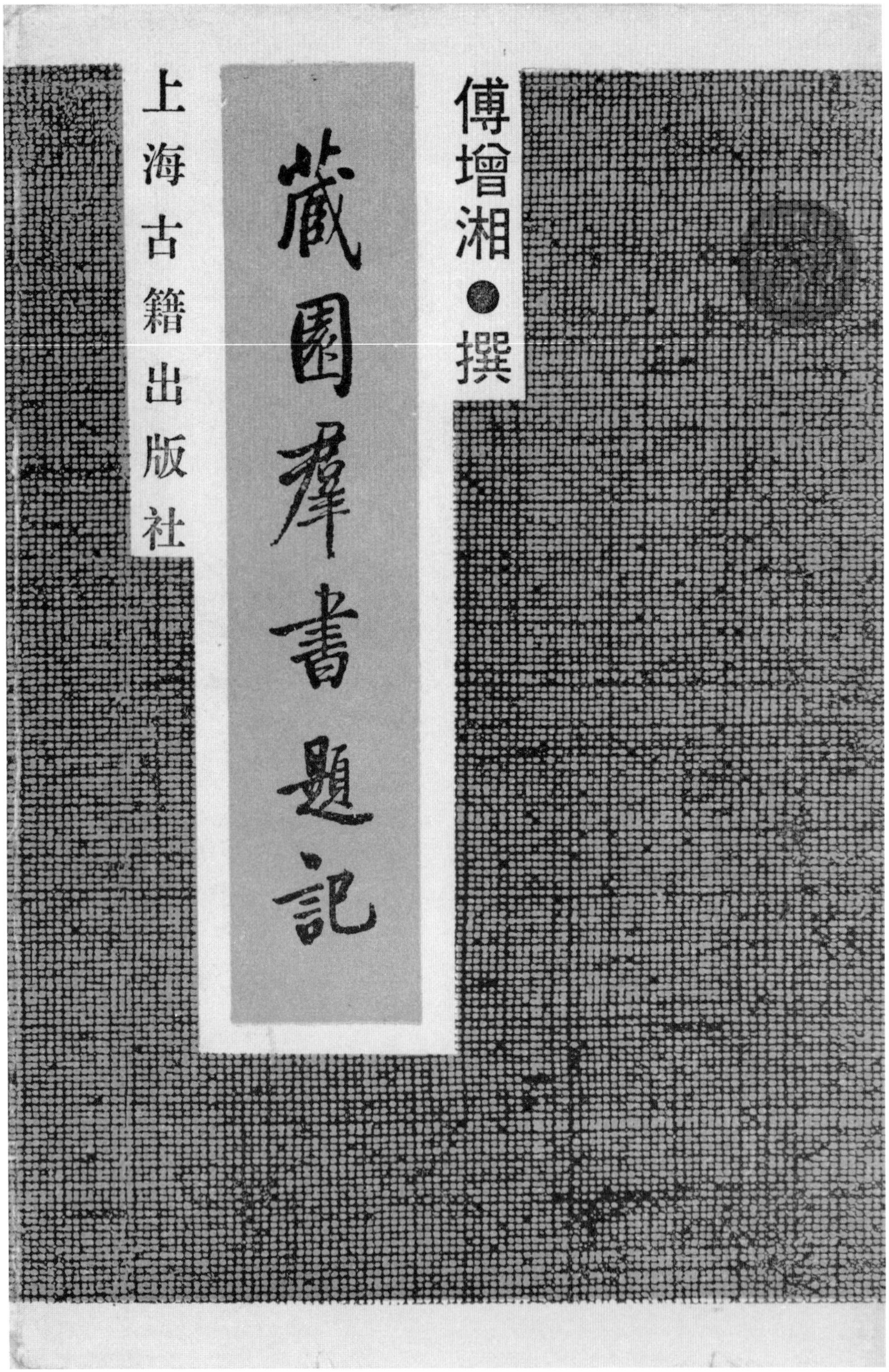

傅增湘谈徐坊藏书。

得，留此影本，緘之篋中。匆匆數年，世事遷移，風飛雨散，原書流失，渺不可追。爰屬陶君蘭泉覆板行世，而諉余記其顛末。得已見書如逢故人，益不勝中郎虎賁之感矣。

考《景定建康志·書籍門》載五經正文有四：曰監本，曰建本，曰蜀本，曰婺本。歸安陸氏剛甫得世行小帙，即斷爲婺州刊本，謂與婺本重意《尚書》、《周禮》相似。今此本結體方峭，筆鋒犀鋭，是閩工本色，決爲建本無疑。明靖江本即據以覆木，而加上闌焉，故行格同，尺寸同，避諱之字亦無不同。至秦氏刻《九經》則改爲半葉十八行，而面目迥異矣。此巾箱本諸經正文相傳遞邅之大略，願與海内識者共證之。丙寅十月，鳳阿丙舍書。

易類

宋監本周易正義跋※

群經注疏以單疏本爲最古，八行注疏本次之。顧單疏刊於北宋，覆於南宋，流傳乃絶罕。就余所見者，《尚書正義》二十卷，藏日本帝國圖書寮；《毛詩正義》四十卷，藏日本内藤湖南家；《禮記正義》殘本四卷，藏日本身延山久遠寺；《公羊疏》殘本九卷，藏上海涵芬樓；《爾雅疏》十卷，二部，一藏烏程王國維《五代兩宋監本考》中云："北宋刊諸經疏有今存者，臨清徐氏有《周易正義》……"。見王全集卷七之二一九頁。

蔣氏孟蘋家，一藏日本靜嘉堂文庫，又殘本五卷，藏寶應劉氏食舊德齋；《儀禮疏》舊藏汪閬源家，今不知何往；合《周易》計之，存於天壤間者，衹此七經而已。《易》單疏本自清初以來，惟傳有錢孫保校宋本，然其書藏於誰氏，則不可知。後閱程春海侍郎集，乃知徐星伯家有之。嗣歸道州何氏，最後爲臨清徐監丞梧生所得。監丞藏書夙富，然嚴扃深鐍，祕不示人。同時嗜古如繆藝風，窮經如柯鳳蓀，與監丞號爲石交，亦未得寓目。監丞逝世，遺書漸出。余偶訪令子聖與，幸獲一覩，驚爲曠世奇寶，時時往來於懷。旋聞其書業已易主，廉君南湖曾爲作緣，以未能諧價而罷。昨歲殘臘，聞有人求之甚急，議垂成而中輟，然其懸價高奇，殊駭物聽。余詗知怦然心動，遂鋭意舉債收之，雖古人之割一莊以易《漢書》，無此豪舉也。雙鑑樓中藏書三萬卷，宋刊祕籍亦踰百種，一旦異寶來歸，遂巍然爲群經之弁冕，私衷寵幸，如膺九錫。顧竊自維念，此書自端拱奏進，紹興覆雕，傳世本稀，沿及今兹，更成孤帙。若復私諸帳秘，使昔賢留貽之經訓，前代守護之遺編，將自我而沈霾，何以告古人，更何以慰來者？爰郵致東瀛，選集良工，精摹影印，板式若一，點畫無訛，紙幅標題，咸存舊蹟，庶與東邦覆印《書疏》聯爲雙璧，且俾數百年孤行之祕籍，化爲百本，流播無窮。此區區傳布之苦心，當爲海内外人士所同鑑乎！

按：《易疏》世行少善本，阮氏校刻《十三經注疏》，論者以《易經》爲最劣，《瞿氏書目》嘗深訾之。緣其所據爲十行《兼義》本，書屬晚印，補版已多，訛奪在所難免。自陳仲魚得八行注疏本，撰有跋文，臚舉勝異，斷爲注、疏合刻之祖本，其佳處自遠出閩中、北監、汲古各本之上。今其書藏常熟瞿四字」，今以宋本勘之，補文字十四行，正記紹興二年王年三十歲事。若如新刊本，則紹興元年後即接以紹興三年，讀者亦習焉不察，豈知脱去一年中事蹟耶。

其後搜求宋刻殘本，存卷一至十四，補卷十第十葉貼黄七十四字，《措置虔賊奏》一百十二字，《審虔州賊首奏》三十三字，補卷十二第四、五葉二百三十九字，第十二葉二百九字。嗣於廠市得見鉏經堂重録宋本全帙，補卷二十六第十二葉三百十六字，續編補卷八第八葉一百七十七字，補卷十九第七葉二百六十三字，補卷二十四末葉劉光祖跋一百二十九字，而其餘缺葉未能補者尚數十番，蓋倪氏所録宋本亦非初印，刻板已多刓敝矣。然各卷單詞隻句賴以填補者，尚不下數十事。

考倦翁成書奏進爲嘉定戊寅，其初鋟版於嘉禾，續刊於南徐，端平元年又刊小字本於家塾。下逮至正癸卯，甫一百四十六年，而求其初版完帙已不可得。更越百餘年，迄於嘉靖，則殘佚益以甚矣。通檢前後二編，缺失三十葉，頻年遍搜宋刊舊鈔各本，可補者凡十一葉，其不能補者尚餘二十二葉，而行間缺字更不可數計。嗚呼！以王之精忠大節，横被冤酷，幸得賢孫網羅沈佚，裒然成編，正論表暴於當時，偉烈震耀於來世，乃曾不逾時，而朽編蠹簡，零落難尋，撫覽遺文，爲之三歎。竊意宋槧完書，未宜斷種，官私藏弆，必可尋求。倘得拾遺補闕，俾還舊觀，固勝於崇祠脩祀、伐石表墓之爲功尤偉也。並世有其人乎？余將載筆從之矣。

宋本忠文王紀事實録書後

1182字.

為要之提

損浥

而爲要之提」云云，知當時編輯純取材於《金佗粹編》明矣。今以本書與《粹編》對勘，則所録《高宗宸翰》、《行實紀年》與夫《行實拾遺》，其文字同，次第同，第其稱謂改「先臣」爲「王」耳。然取浙刻《粹編》本逐卷細校，則訂譌補佚幾於不可勝計，蓋近刻《粹編》皆祖明嘉靖本，其所據宋元舊本以年深板蝕，字多損浥，且展轉散佚，闕板至數十番之多。余頻歲游杭，仰瞻祠墓，追念孤忠，因有校訂《粹編》之志，遂尋求宋元古刻，雖殘篇斷卷亦所不遺，而所補闕文曾不及半。兹取《實録》參校，凡《粹編》自卷一至卷九所有奪文訛字，訂正一清。舉其犖犖大者述之，如卷四《行實編年》，「崇寧二年」下脱王初歲遺事一葉二百八十字；「宣和六年三月賊」下脱「首張超」三十二字。卷五「紹興元年十二月陞神武副軍都統制」下脱紹興二年壬子歲事實一葉二百六十三字；紹興三年「撫勞再三」句下脱二十字；「沿江制使」下脱六十四字。卷六「紹興五年窺覦上流程」下脱一葉二百四十七字。卷七紹興七年「此皆宣撫岳飛」下脱三十六字。卷九《遺事》中「一時名人才士」下脱一百七字；《秦國夫人遺事》脱八十字；《諸子遺事》脱六十七字；《昭雪廟謚門》「皆悲感歎服」下脱六十八字；《追封張憲告詞》下脱三十二字，咸賴以補完，通得一千一百八十二字，而追封忠文牒文、告詞及妻子家屬故將封告之詞，爲他書不見者，又二千餘言。噫，可謂夥矣！

此書傳世最稀，罕祕特甚，偏檢古今書目皆未入録。明徐階之《岳廟誌》、徐縉芳之《精忠實録》亦未述及。其書以官牘紙印行，細審紙背字迹，有洪武九年嵊縣申文、洪武十一年紹興府册籍，知明初其板尚存於浙中。是此書刻於宋季，印於明初，經錫山安氏之珍藏，不知何時乃歸於內府。

至乾隆五十四年己酉，始出以賜河間紀文達公。光緒以來，文達遺書稍稍散佚，此書爲臨清徐梧生監丞所獲。迨共和八九年間，徐氏藏書又出，余乃於内城帶經書坊獲之。其流傳大略可考見者如此。

夫景定至今越六百七十餘年，此書經歷四代，若存若亡。至乾隆時，幸出塵霾，上邀宸覽，然深鎖禁庭，未得登名祕閣。蓋高宗頻事南廵，諸臣多獻祕籍，及迴鑾以後，多付重裝，遂皆別庋。余掌故宫書庫，時見古書綴有簽題，多出《天禄琳瑯》之外，此書宜亦類是。及文達拜賜之時，則《四庫全書》告成已近十年，無由補録，其沈埋湮没又百餘年，遲至今日，乃藉余手表而出之，抑何幸歟！夫孤本祕册已自足珍，矧其告詞可考史籍之遺，其文字可補故書之闕，天假奇緣，錫兹瓌寶，不僅珍之什襲，更將傳之萬本。爰詳考始末，以質方雅，且冀當世嗜學好古之士謀所以廣其流傳，爲此書續命，則匪獨余一人之私幸已也。歲在己卯七月中浣，傅增湘識於瓊島北岸之抱素書屋。

題宋牧仲迎鑾日記稿本※

日前廠估攜《西陂類稿》寫本殘帙來售，檢視之，則詩文奏稿多不完，惟第四十至四十二各卷獨全，即《迎鑾日記》初二三原稿也。取刻本比勘，文字粗有移易芟改之處，凡語涉至尊，提行空格，咸詳加訂正，斯敬慎之至矣。

犖爲宋文康子，家世鼎貴，年十三，世祖召入侍衛，以門蔭選黄州府通判，王漁洋晚年寄牧仲詩云：「尚

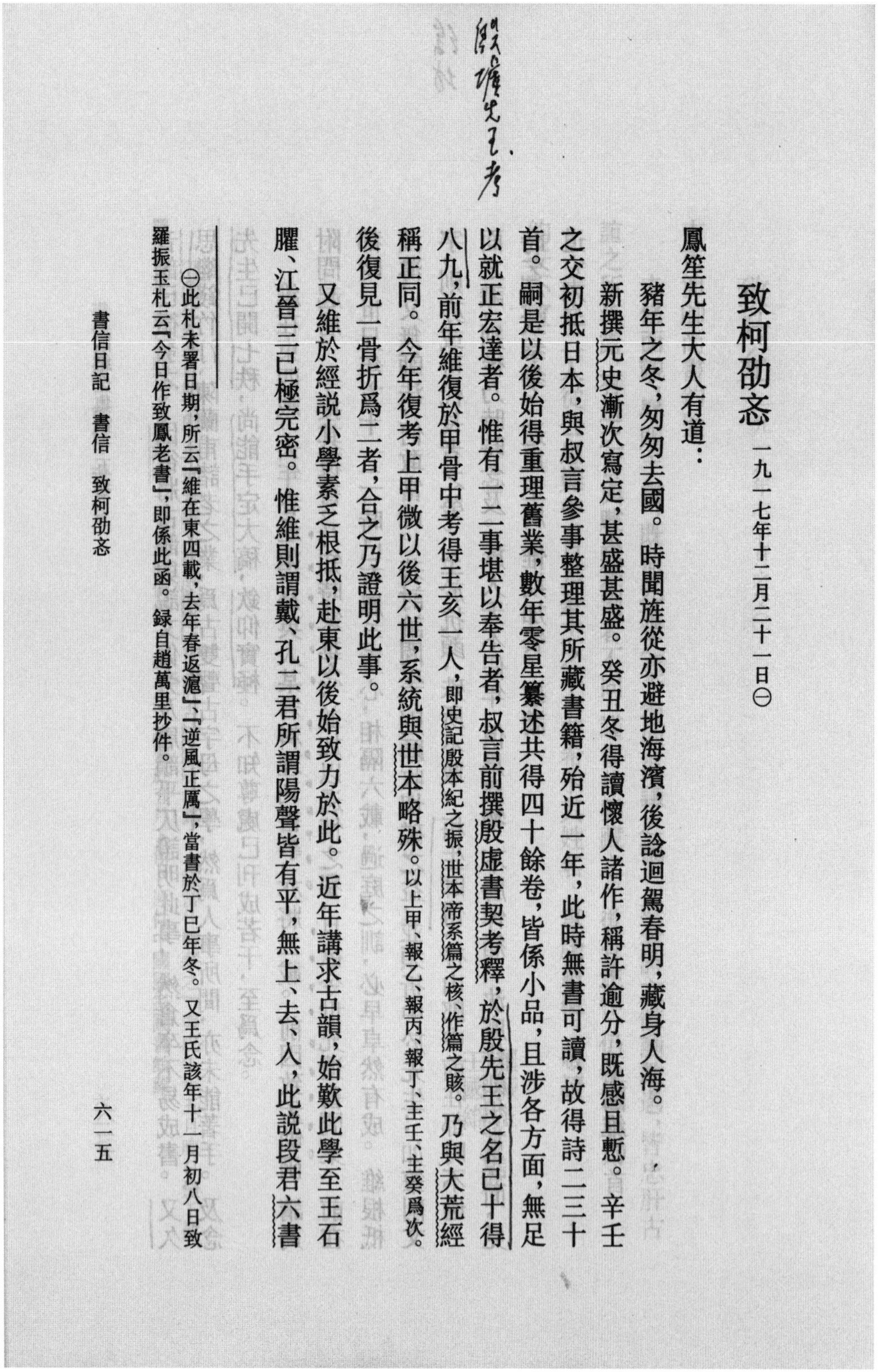

致柯劭忞 一九一七年十二月二十一日㊀

鳳笙先生大人有道：

豬年之冬，匆匆去國。時聞旌從亦避地海濱，後諗迴駕春明，藏身人海。新撰元史漸次寫定，甚盛甚盛。癸丑冬得讀懷人諸作，稱許逾分，既感且慙。辛壬之交初抵日本，與叔言參事整理其所藏書籍，殆近一年，此時無書可讀，故得詩二三十首。嗣是以後始得重理舊業，數年零星纂述共得四十餘卷，皆係小品，且涉各方面，無足以就正宏達者。惟有一二事堪以奉告者，叔言前撰殷虚書契考釋，於殷先王之名已十得八九，前年維復於甲骨中考得王亥一人，即史記殷本紀之振，世本帝系篇之核，作篇之眩。乃與大荒經稱正同。今年復考上甲微以後六世，系統與世本略殊。以上甲、報乙、報丙、報丁、主壬、主癸爲次。後復見一骨折爲二者，合之乃證明此事。

又維於經説小學素乏根抵，赴東以後始致力於此。近年講求古韻，始歎此學至王石臞、江晉三已極完密。惟維則謂戴、孔二君所謂陽聲皆有平，無上、去、入，此説段君六書

㊀此札未署日期，所云『維在東四載，去年春返滬』、『逆風正厲』，當書於丁巳年冬。又王氏該年十二月初八日致羅振玉札云『今日作致鳳老書』，即係此函。録自趙萬里抄件。

王国维谈徐坊。

音韻已微發之。因欲將古韻與說文偏旁及唐韻平仄證明此事，然倉卒不易成書。又久思繼錢竹汀、陳蘭甫諸老之業，爲古雙聲古字母之學，然爲人事所間，亦未能著手。及念先生已開七秩，尚能手定大稿，欽仰實極。不知尊處已刊成若干，至爲念。

維在東四載，去年春返滬，爲英人某君料理刊書事，亦將二載。前因致孟劬函，請爲附問起居。今接其覆書，乃知時蒙垂念，並加以過情之譽，且欲令世兄遺書問業。前在都時，世兄年方十一二，時已有鳳毛重心，相隔六載，過庭之訓，必早卓然有成。維根柢淺薄，又無師法，何敢當此。若討論問學，則願收切磋之益，並須折中於先生；如筆削文字，則亦或可代長者之勞。至於抗顏，殊所不敢。梧生師傅、梓山郎中前在都時不過一面之識，別後乃時時念及。族人天不假年，俱爲異物，不勝悼痛。沈庵侍郎想常謀面，見時乞代致拳拳。逆風正厲，惟期加餐。敬請

道安不一　王國維頓首

读辛亥前后的
徐世昌日记
北京市政协文史和学习委员会 编
北京出版集团公司
北 京 出 版 社

徐定茂,1949 年生。

《读辛亥前后的徐世昌日记》记载了戊戌变法(1898)前后袁世凯觐见光绪皇帝的活动情况。徐世昌曾孙徐定茂,根据时间推算,说“如果袁世凯八月初五先去见光绪皇帝,后再回到天津,即便赶到荣禄处去告密,也只能是夜间了。……荣禄在八月初五日夜间根本不可能赶到北京,而慈禧实行训政是在初六日上午,故将慈禧训政归于袁世凯的告密说法恐怕难以成立。”(见该书 40 页。)

徐世昌作为袁世凯亲信,随袁世凯之后进京,他住在宣南之徐坊家。徐坊与徐世昌关系至密切,徐世昌日记多处可见“梧生”。刘乃和父母姻娅,柯劭忞和徐世昌是介绍人。

一手拿着手枪，一手拿着一本簿子，请大人在簿子上签名。大人开始有为难的样子，最后还是签了。那人走了以后，大人就匆匆去某亲王处。后来才听说，那天晚上来的那个人就是谭嗣同。”

另有一种说法则与袁到天津主动告密大相径庭。袁世凯写给其兄世勋的书札中云：“……事机不密，为康、梁所探悉，急奏皇上，降密旨命余提兵围颐和园，将太后软禁，荣禄一帮奸党一律逮捕监禁。弟接旨后颇觉进退两难，不奉诏是欺君逆旨；若提兵软禁太后，是助君为不孝；逮捕荣相，是以怨报德。自问天良，弟无荣相特保，安有今日之势位？若派他人杀之囚之，弟可不问；由我督兵捕之，天理人情均嫌不合。此中委曲，后世明眼人自能谅之。弟彷徨终夜，此种重大机密又不能与幕友磋商，直至天明，决意提兵入京，见机而行。及抵京师，屯兵城外，孑身入宫，面见皇上。授予密诏，捕拿太后羽党，荣相列首名。余只得唯唯而退。行近宫门，正遇荣相入宫，拦路问余带兵来此何事。弟被迫辞穷，只得以实情详告。荣相立带弟入颐和园面奏太后。此非弟卖君求荣，实缘荣禄是余恩师，遂使忠君之心，而被天良所战胜，断送维新六君子之命，弟之过也……”

这段时期先祖记述的是：

七月　廿六日　晨起。写信。办公。会客。到冯华符（甫）处。午后校书。办公。会客。晚慰廷自津来德律风，约明日赴津……

廿七日　慰廷约赴津，黎明冒雨行，道路泥泞。乘车行三十余里，骑马行三十余里，日西到。与慰廷谈……夜归又与慰廷谈。嘱明日赴京。

廿八日　……上火车，申刻到京，宿梧生宅中，出门访数友。

廿九日　叔峤、钱念劬来谈，敬孚约早饭，又看数友。慰廷到京，住法华寺。往看，天晚，遂宿城内。

三十日　出城到敬孚处早饭，午后……又访数客。

八月　朔日　梧生约早饭。之后到敬孚处。午后看数客。　梧生

初二日　到城内，住法华寺。

初三日　出城，料理回津。晚又进城。闻有英船进口。　梧生

初四日　出城，到梧生宅，束装而行。上火车，申刻到津。

初五日　访范孙[1]久谈……慰廷出京到津。闻英船已开走。晚与慰廷谈。

初六日　策马回营。各统领营务处来。

先祖关于这几天的记述的确比较简单，如初三日，也只是出城后又进城，并没有留下去哪里、见到了什么人的一丝痕迹。后有学者研究提出：由于袁世凯赴北京是应光绪皇帝的召见，出于维新派的引荐，故有召见和升官之命。袁世凯认识到要和维新派打交道，特地把徐世昌从小站找到天津，并要徐先期赴京联络。徐到京宿梧生宅，梧生宅在城外，此时徐世昌所访数友，很可能有维新派在内。当第二天袁世凯来到北京后，徐世昌就进到城内，与袁同住法华寺。法华寺在东城报房胡同，属内城；康有为住南海会馆，在宣武门南，属外城。八月初一日袁世凯去颐和园觐见皇帝，住在了海淀，徐世昌则在外城活动。八月初二日袁见过皇帝后返回法华寺，徐世昌也立刻来此同住。而八月初三日，徐世昌出城，料理回津，晚又进城，其实是应维新派之约，从法华寺出城，到南海会馆看到了光绪的密诏，共商举兵救光绪之策。晚间又匆匆进城来到法华寺，其实是和谭嗣同一起来找袁世凯的。谭嗣同亦非不速之客，当是徐世昌携来。袁世凯和谭嗣同对话之前应该对事态发展和谭的来意已然一清二楚，而徐世昌又是谭嗣同、袁世凯谈话的参与者。事后梁启超说，当谭嗣同与袁世凯面谈杀荣禄、围园劫太后时，谭问袁："荣禄遇足下素厚，足下何以　梧生宅外城

---

[1] 严修　字范孙，进士出身，翰林院编修，近代教育家。

待之？”袁笑而不言。这时有一位幕友插话述说荣禄和袁世凯之间的矛盾，并说：“荣贼心计险极巧极之处，慰帅岂不知之？”梁启超未言明此幕友是何人，但有资历、有条件参与这次秘密谈话的人，必是徐世昌无疑①。

从先祖的记述看，袁世凯的确是在八月初五日，即公元 1898 年 9 月 20 日由北京回到了天津。据先祖丁酉年间赶赴小站时的记载，尽管火车作为当时京津两地最快的交通工具，从丰台到天津运行时间尚需 7 个小时左右：

丁酉　五月　三十日　……至看丹登火轮车，午正后开车，戌初刻即抵里门，住同善堂。

由此推算，如果袁世凯八月初五日先去见光绪皇帝后再回到天津，即便赶到荣禄处去告密，也只能是夜间了。荣禄则万难当夜进京把消息向慈禧反馈。当时火车开通时间不长，只能白昼运行，没有夜车调度安排，也没有夜间行车的设备、经验及技术。所以荣禄在八月初五日夜间根本不可能赶到北京，而慈禧实行训政是在初六日上午，故将慈禧训政归于袁世凯的告密说法恐怕难以成立。只不过随着慈禧由间道入西直门，回到宫内宣布重新垂帘听政而将光绪囚于南海瀛台后，袁世凯的的确确捞取了政治资本。

先祖记述：

戊戌　八月　初十日　……德律风传，慰廷代理北洋大臣。

十一日　黎明赴津，午刻到。晚与慰廷谈有顷。

十二日　访刘延年，问病，久谈。王甫山自德州奉差至此，来访。晚，慰廷约至督署，谈有顷。

---

① 这段文字可参见戴逸先生文章《戊戌年袁世凯告密和袁和维新派之关系》。

政变风波过后，小站复归平静，转眼便到了戊戌年末。先祖与全军上下一起，在小站军营迎来了己亥年新春佳节。只是当日有暴风雪，袁世凯因此小染风寒，卧床不起了。

先祖记述：

己亥 元旦 丑刻，合营团拜，为慰廷拜年……是日风雪。

初六日 晨起。到操场祭旗，开操，慰廷感冒，为代祭。到慰家久坐。午后回营。写信。看书。灯下又看书。

己亥年到了。

2011.1

辛亥① 元旦′ 未明起。大雪。敬神。入直。到甚早。秉烛独坐军机处，作诗一首。辰正后，随庆邸同僚四人在西太门内见摄政王②，巳初召见，巳初一刻散。同琴轩③到摄政王府暨庆邸各处拜年。午初刻后回家，祖宗堂前行礼拜年，合家拜年。午后小憩，恭阅实录。晚，祀祖。

初二日 未明起。入直。巳初一刻散。到实录馆开馆，拜客数家。回家，请回乡九人。午后散，小憩。晚，祀祖。灯下恭阅实录。本日，蒙恩赏神肉。

初三日 未明起。入直。巳正散。拜客，回家，小憩。会客，恭阅实录。晚，祀祖。

初四日 未明起。入直。巳正散，拜年数家。到津浦铁路公所，全所人员相见。午后回家，小憩，会客。恭阅实录。晚，祀祖。

初五日 未明起。入直。巳初一刻散。到摄政王府拜寿。拜年数家，回家。午后小憩。恭阅实录。晚，祀祖。

初六日 未明起。入直。巳正散。拜客，在梧生宅坐，谈良久。赴同乡京官十一人之约。午后良久始散。回家，小憩。恭阅实录，灯下看公事。

梧生
孙习和先生
的外祖父
四

初七日 未明起。入直。巳正三刻散。回家。作诗一首。午后小憩。恭阅实录。光绪元年、二年，恭阅本毕，恭阅一递。本日，蒙恩赏春饼并饼菜一桌、盒子一个。又蒙恩赏海参、虾干、粳米各样二盒，酱菜二瓶。系寿皇殿外供经赏。

初八日 未明起。诣大他坦谢恩。入直。巳初二刻散。拜年数家。回家。午后写字，小憩，会客。出门拜年数家。本日，蒙恩赏加宽绛色江绸一件、加宽驼色江绸一件、加宽二蓝江绸一件、加宽茶色江绸一件。

---

① 辛亥，宣统三年，公元1911年。
② 载沣 醇亲王，清摄政王，溥仪生父。
③ 那桐 字琴轩，叶赫那拉氏，满洲镶黄旗人，1911年为内阁协理大臣。

徐世昌日记中多处可见“梧生”(徐坊字)。如第51、53、57、63页等。

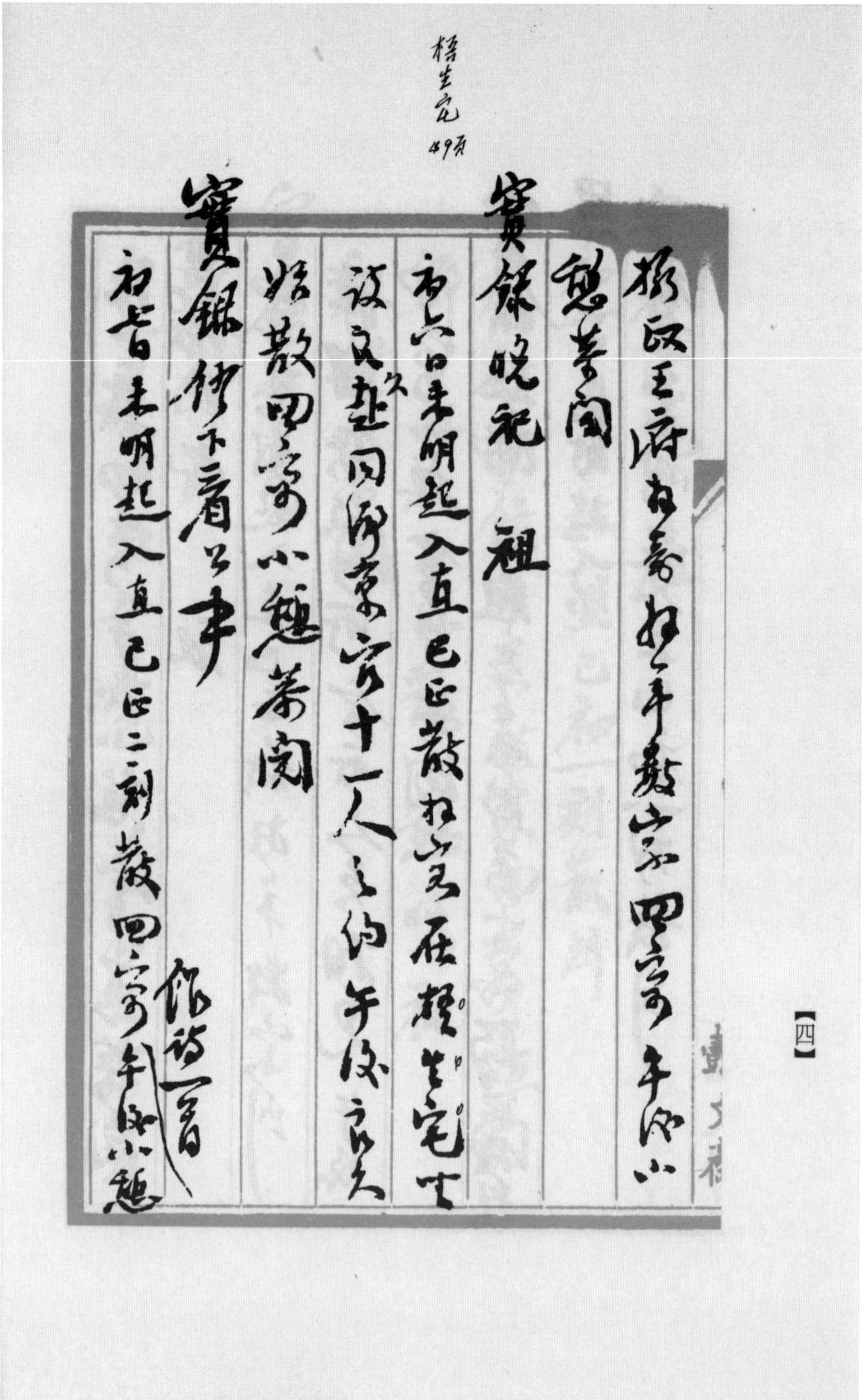

【四】

徐世昌日记手稿。

二　小学—中学—大学

82年5月9日

第　　页共　　页

刘乃和简历

1931—1934	北京师范大学附属中学(琉璃厂) 初中
1934—1937	北京第一女子中学高中
1937—1939	北京沦陷，未上学，在家家务劳动
1939—1943	辅仁大学历史系
1943—1947	辅仁大学文史研究院 兼历史系兼任助教
1947—1949	辅仁大学历史系专任助教
1949—1952	辅仁大学历史系讲师，其中1950年2—12月在人民革命大学学习
1952—1979	院系调整后，改为北京师范大学历史系讲师。其中1952年兼校长办公室付主任，又兼文书科科长，又兼陈垣校长秘书。陈垣秘书职务至1971年陈校长逝世。
1979—	北京师范大学历史系副教授。自1980年8月任中国历史文献教研室主任。

北京市电车公司印刷厂出品 八一·二

(1458) 20×20=400

(一)小　学

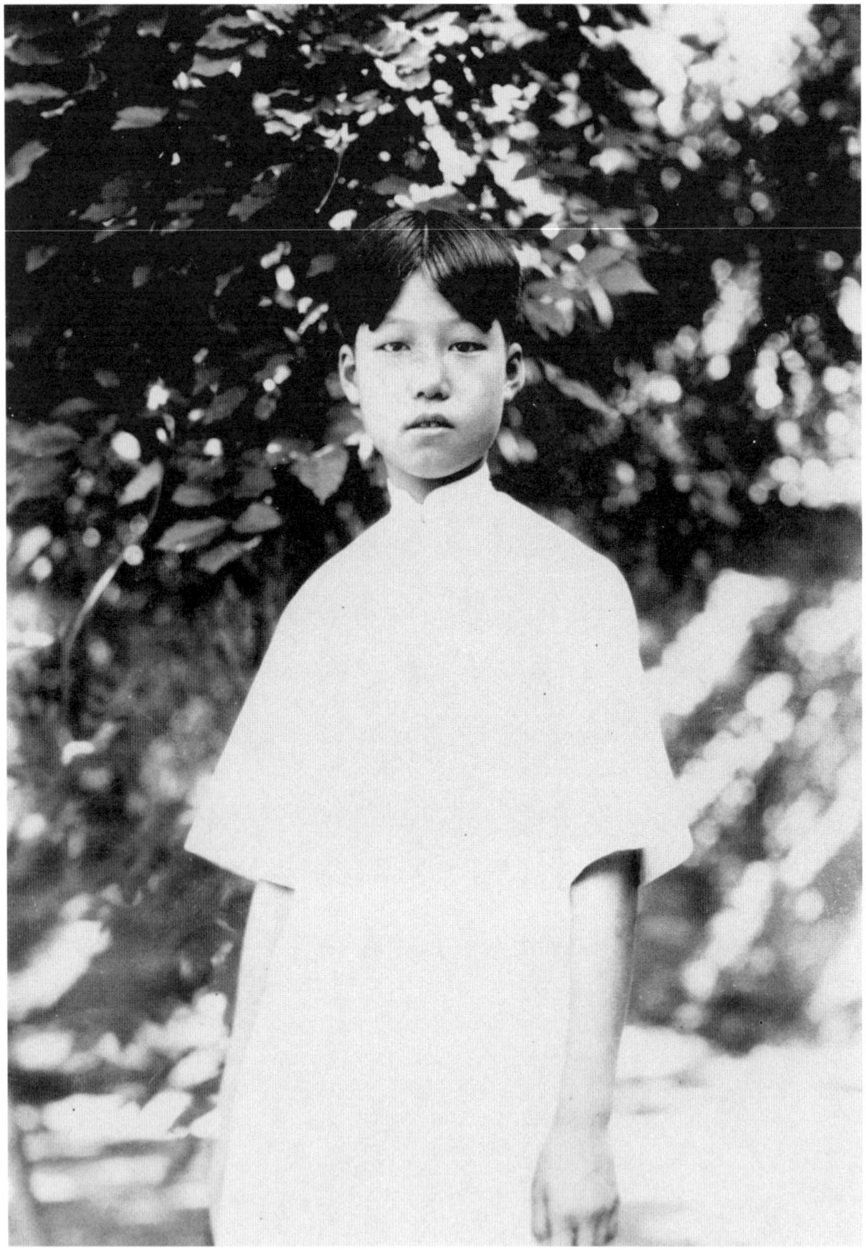

小学。

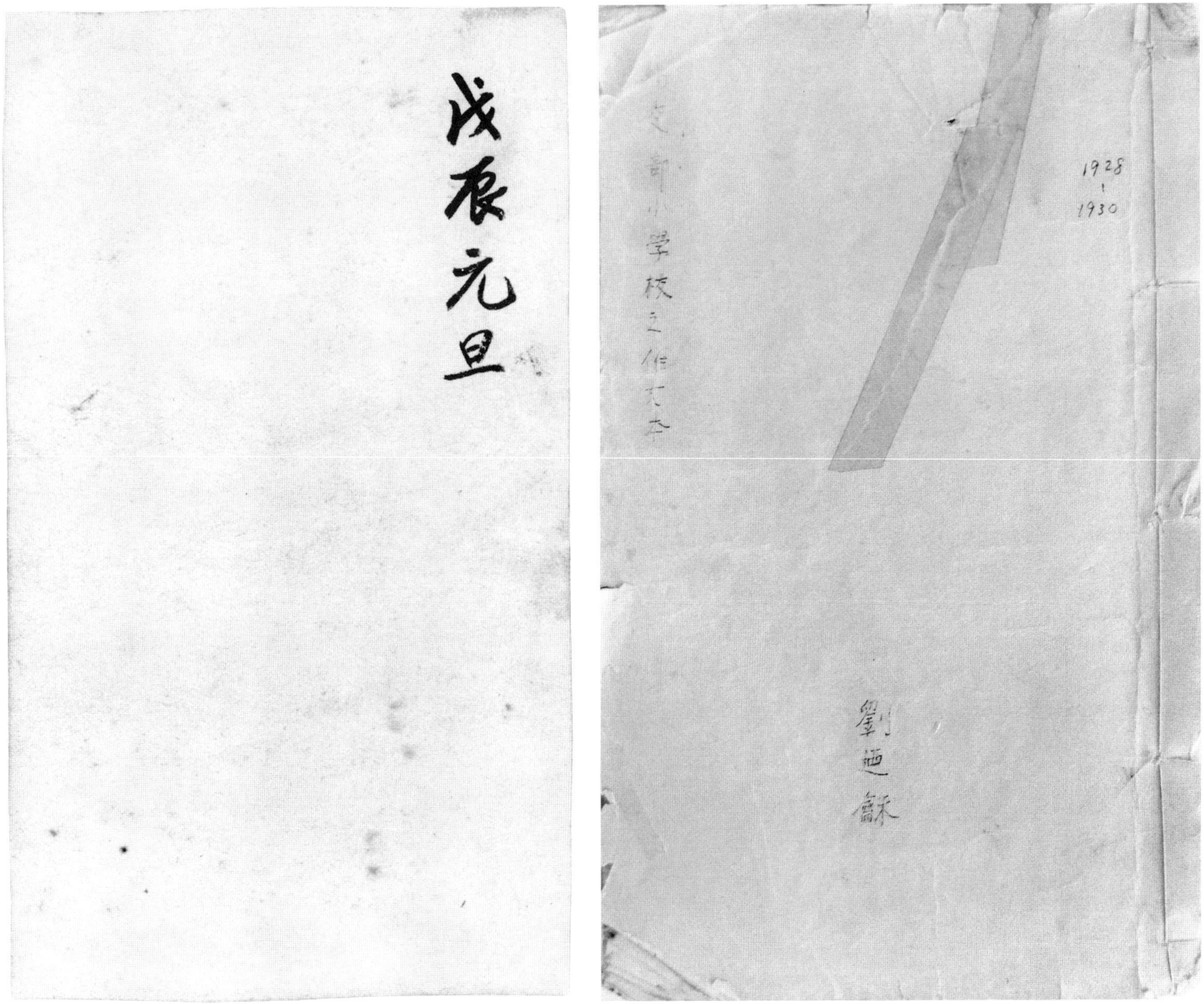

小学作文本(1928—1930)。

五年上學期 1928

述暑假中之概況

光陰如箭日月如梭現已過夏日矣校中乃放暑假而於是焉俾學生於暑假之期甚久於中定有家庭作業故放暑假之後課可不至荒廢學業也雖每日在家中溫課然不如在校中與同學同時研究較為獲益然功課余於暑假之中每日作畢家庭作業又溫習其功課亦可不至荒廢耳因他日在校中所學之功課在家中所得之技能較

題為述暑假中之概況應作追懷之語氣如此說法是事前之語氣則概況從何述起然字雖亦可通而與前後事實終嫌不愜當也

88

余於在校中所得技能於暑假之中往中山公園游
臨到園中荷花繁盛百鳥聲喧行數武見一森林其
中有池池中積水極清澈游魚可數游泳自如頗
饒興趣因為美觀既取照像機攝一小影而歸此次回之
遊甚覺舒快暢未幾日西遂開學矣回憶暑假中之概
況因筆而述之如此

敘述尚為清晰

三、體操亦運動

吾人孰不欲健康無恙也哉欲身體之康健則必習體操
說體操之益
體操者所以健壯身體者也體操之中最有益者
治事皆賴乎身體壯健苟身體孱弱不能耐勞
運動早起宜體操飯後尤宜體操飯後不體操則
飲食不易消化消化既不良久則生病矣人若能常
體操則可以活血脈強筋骨助消化身體自然日加健
壯體操之益不亦大哉
矧且人人身體健壯則國勢亦必強盛
吾人有讀書之能更有治事之能事不誤故宜常習體操

明 90

詞意明淨，惟少畧耳。

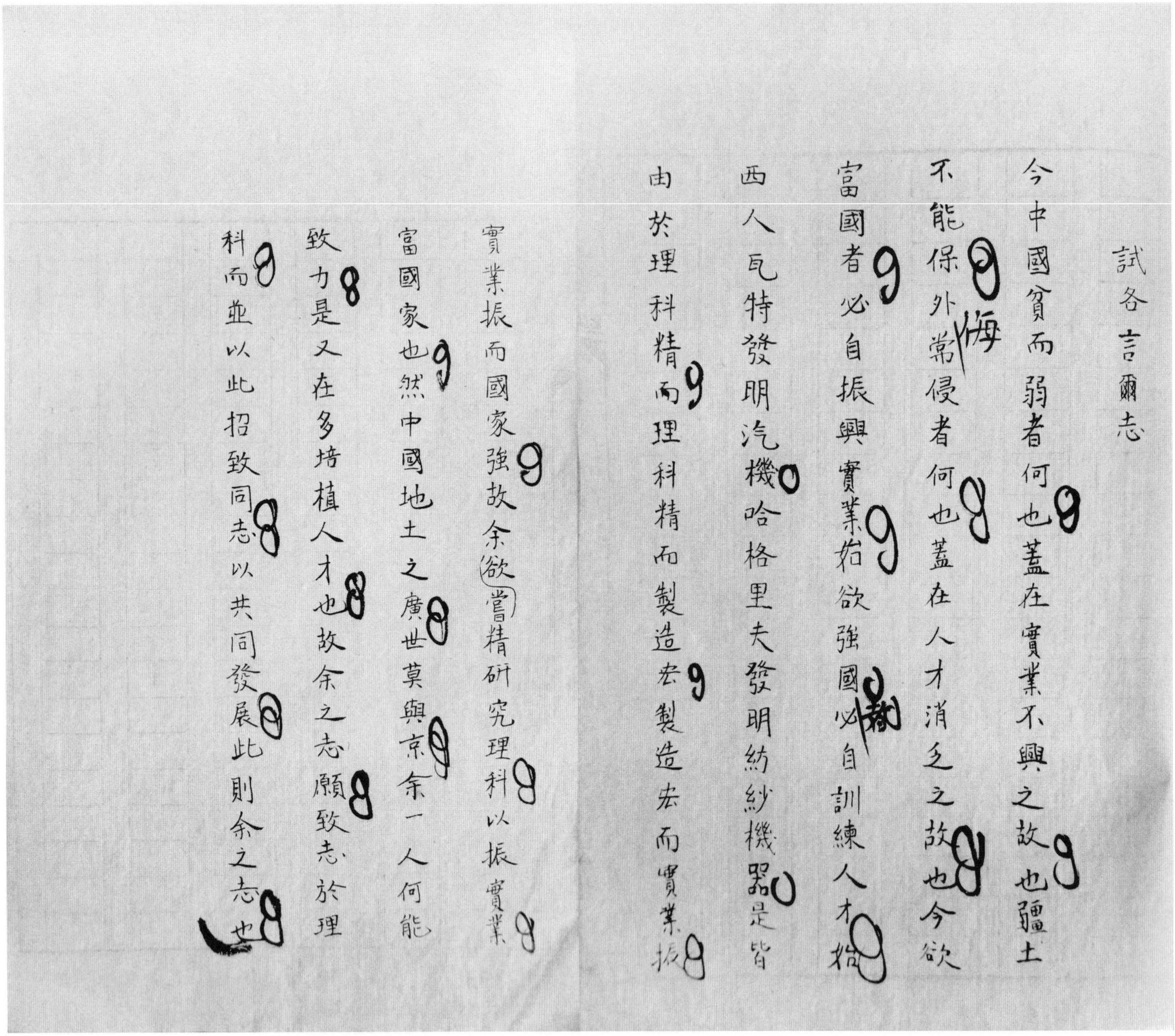

試各言爾志

今中國貧而弱者何也蓋在實業不興之故也疆土不能保外侮常侵者何也蓋在人才消乏之故也今欲富國者必自振興實業始欲強國必自訓練人才始西人瓦特發明汽機哈格里夫發明紡紗機器是皆由於理科精而理科精而製造宏製造宏而實業振實業振而國家強故余欲嘗精研究理科以振實業富國家也然中國地土之廣世莫與京余一人何能致力是又在多培植人才也故余之志願致志於理科而並以此招致同志以共同發展此則余之志也

情文相生

與友人論學書

某々仁姊硯右 不奉
蘭緘倏經匝月 每於花晨月夕 未嘗不思
君也 維 比
璇閨納吉
綺閣綏和 凡百咸宜 定符私祝 現屆春末 天氣漸暖 正吾人修
業之時 豈可不努力求學耶 妹羨
姊飽学而無双 為同学之巨擘 行見
鵬搏萬里為吾校光 内冠於 ... 備至 為 ... 吾嘗見他校学生之
矣 精心求學者固有其人 而虛應故事者居多數
蓋之推以 ... 究困難 ... 擇之以教育訓練
欲求 ... 蔑乎難矣 其尤甚者
盡力以養成学生完備之人格 而学生亦自顧 則更
... 惟終日 縈心外務 置
快樂不努力於学 放蕩閑游 ... 不顧 ... 是安

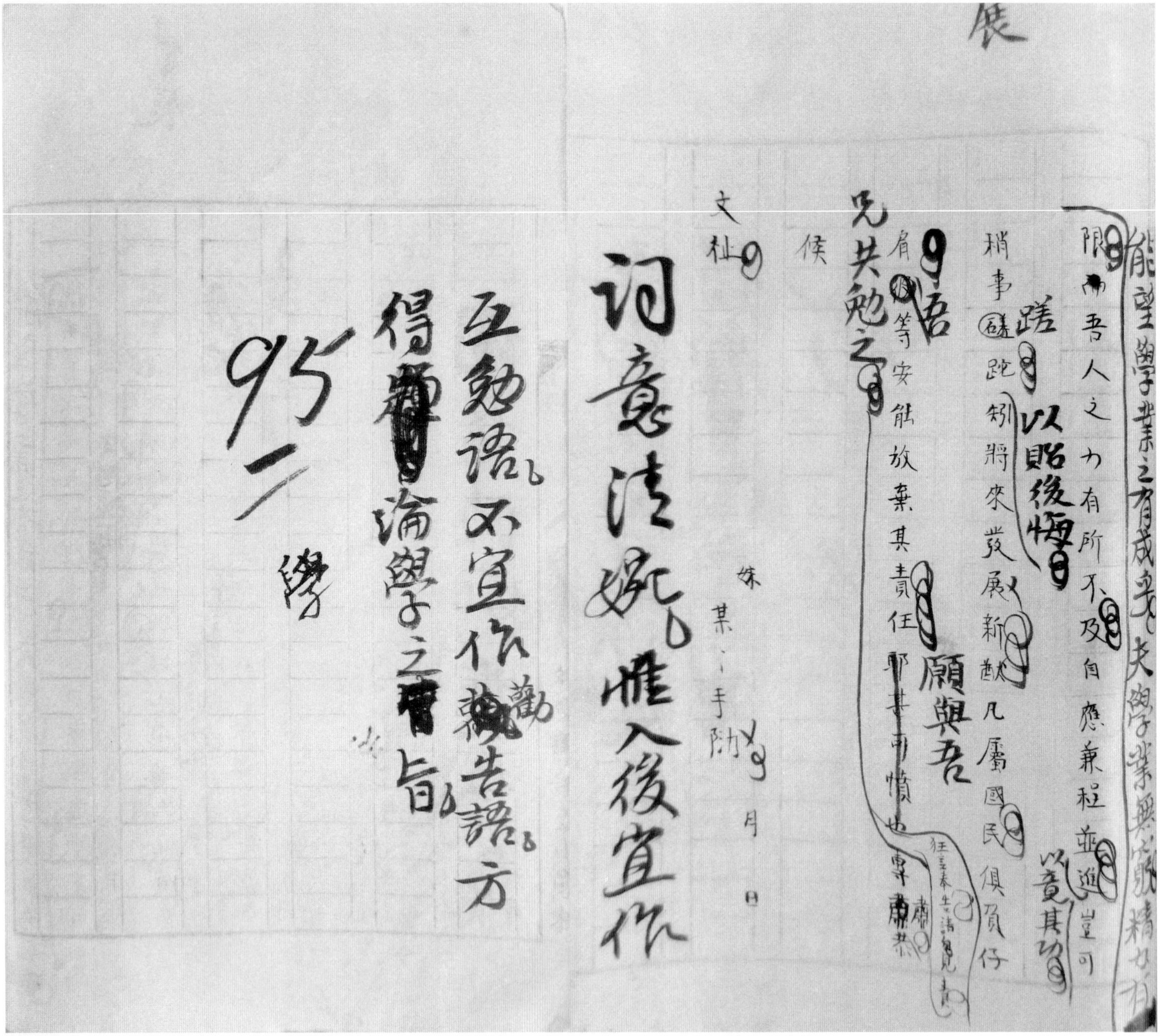

展

能望學業之有成矣夫學業與學藝精[illegible]

限於吾人之力有所不及自應兼程並進豈可以負其功

稍事蹉跎以貽後悔將來發展新猷凡屬國民俱負仔

肩我等安能放棄其責任耶願與吾兄共勉之

狂言奉告請恕兄言

吾[illegible]慎也專肅

兄共勉之

侯

文祉

妹　某某手啟　X月　日

詞意清娓。惟入後宜作互勉語，不宜作勸告語，方得論學之旨。

95

二

繆

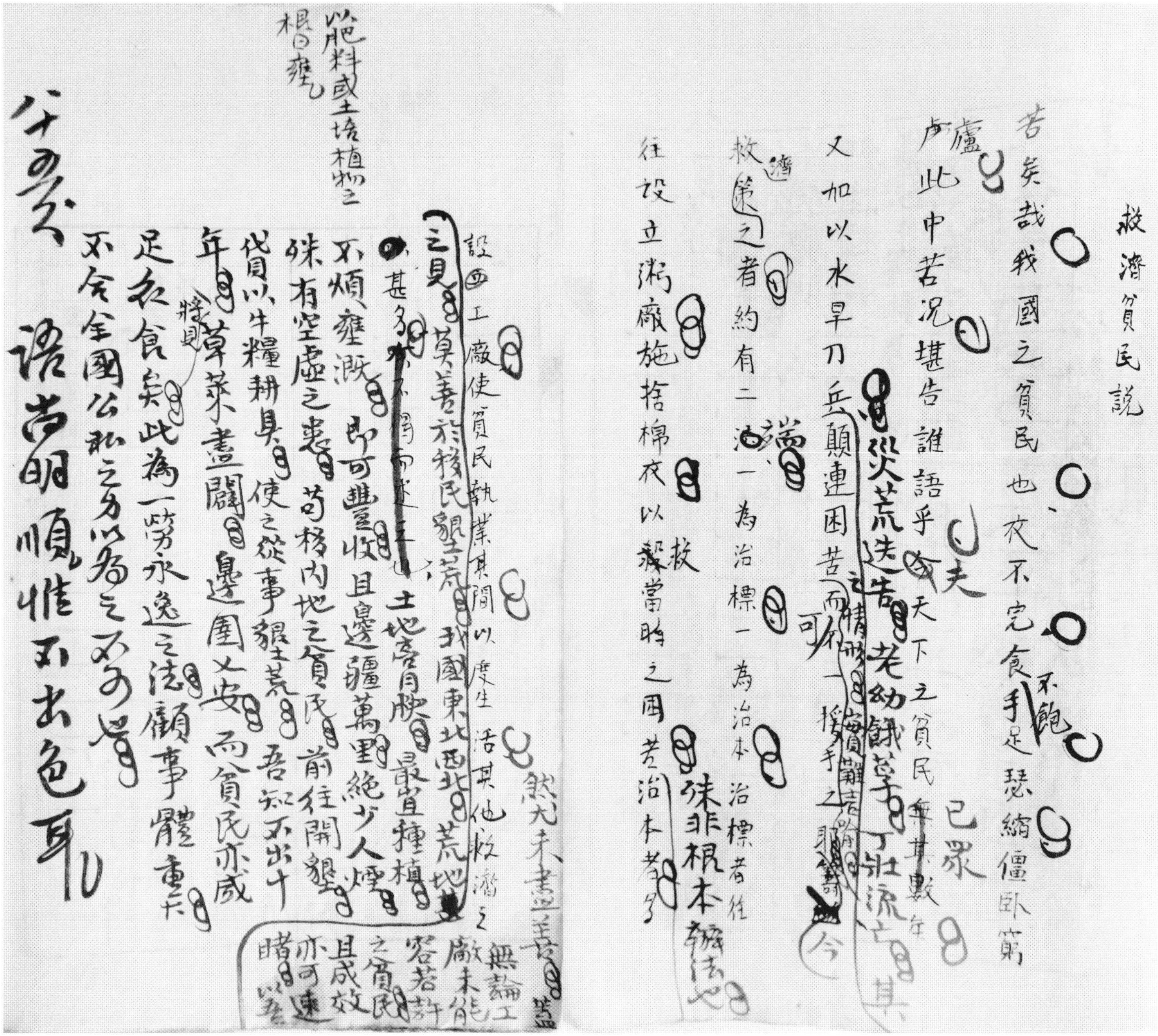
救濟貧民說
甚矣哉我國之貧民也衣不完食不飽手足瑟縮僵臥窮
廬此中苦況堪告誰語乎夫天下之貧民已眾
又加以水旱刀兵災荒迭告老幼餓莩丁壯流亡其顛連困苦之情形可一一援手之
救濟之策約有二端一為治標一為治本治標者往
往設立粥廠施捨棉衣以救當時之困若治本者多殊非根本辦法也
設西工廠使貧民執業其間以度生活其他救濟之然尤未盡善
無論工廠未能容若許之貧民且成效亦可遠睹
莫善於移民墾荒我國東北西北荒地甚多
土地膏腴最宜種植
不煩灌溉即可豐收且邊疆萬里絕少人煙
殊有空虛之患苟移內地之貧民前往開墾
貸以牛糧耕具使之從事墾荒吾知不出十
年草萊盡闢邊圉又安而貧民亦咸
足衣食矣此為一勞永逸之法顧事體重大
不令全國公私之力以為之不可也
以肥料或土培植物之根曰壅
語尚明順惟不出色耳
八十四分

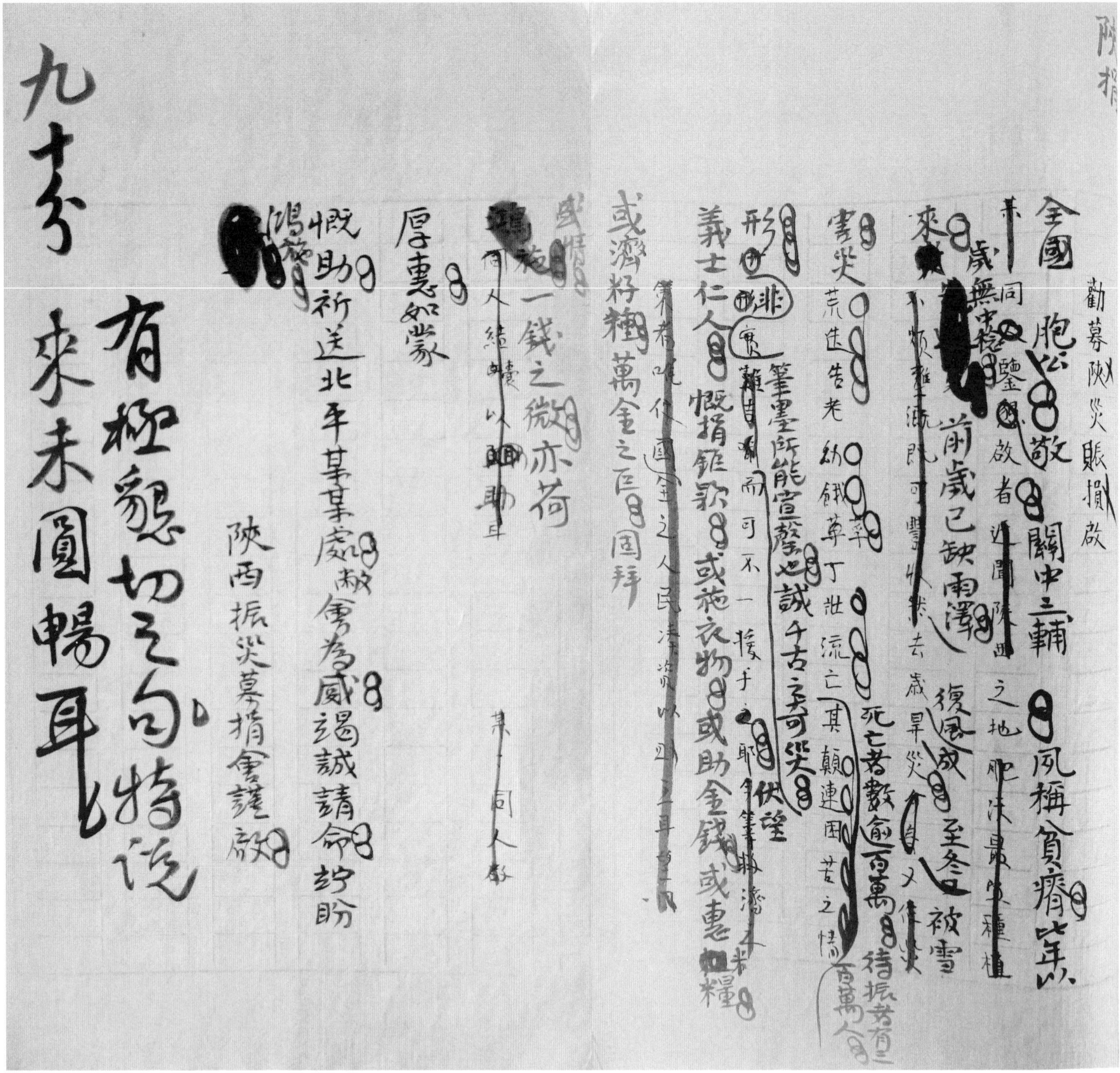
勸募陝災賑捐啟

陝西振災募捐會謹啟

九十年來未圖暢耳
有極懇切之句特說

民国十七、十八年（1928、1929）秦晋大旱，饿殍遍野。斯诺有《西行漫记》，收数百幅照片，惨不忍睹。《白鹿原》写到此次大旱。

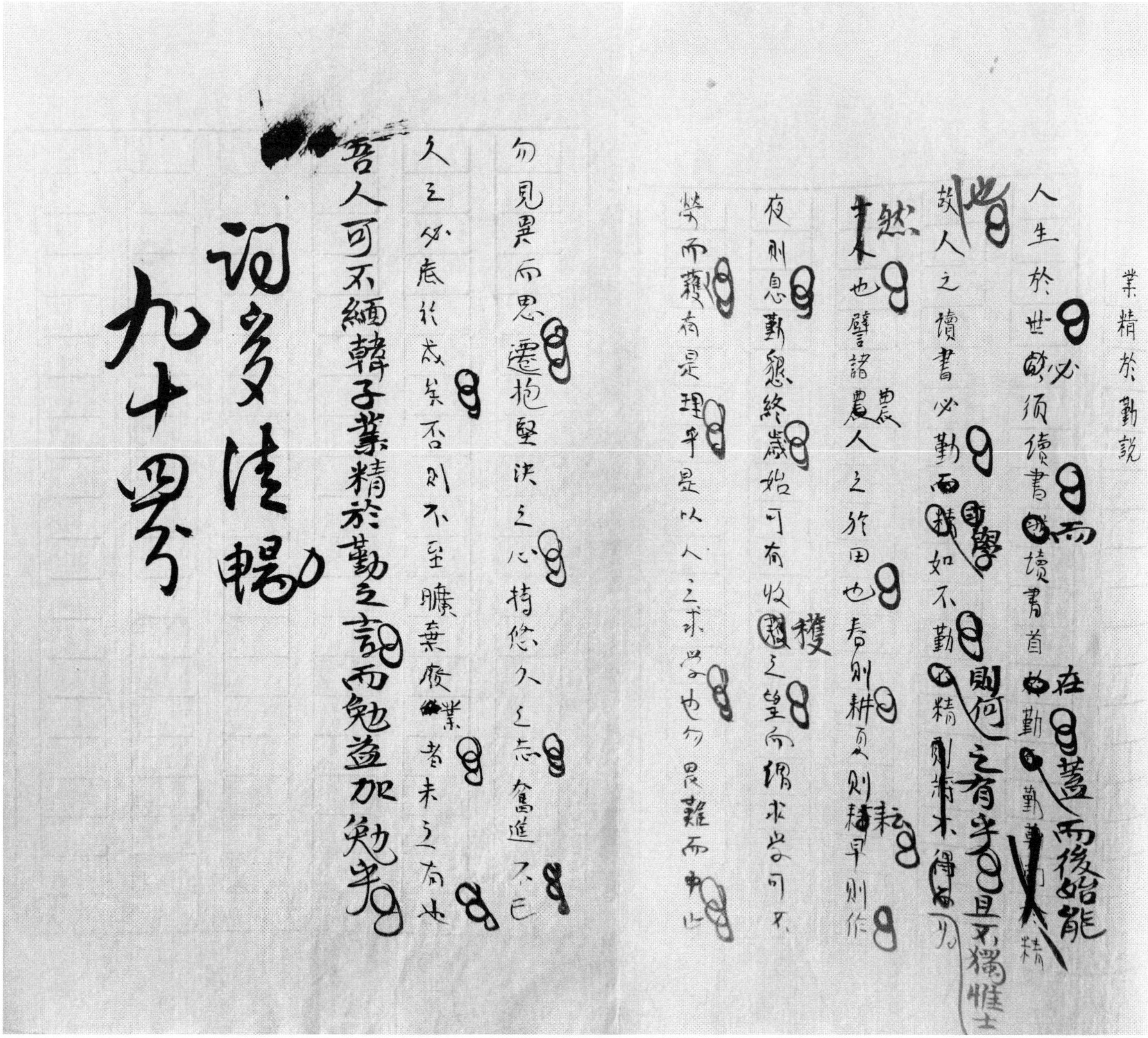
業精於勤說

人生於世必須讀書讀書首在勤勤而後始能精
故人之讀書必勤而精學如不勤則何精之有乎且不獨惟士
然農也譬諸農人之於田也春則耕夏則耘秋則作
夜則息勤懇終歲始可有收穫之望而謂求學可不
勞而獲有是理乎是以人之求學也勿畏難而中止
勿見異而思遷抱堅決之心持悠久之志奮進不已
久之必底於成矣否則不至曠棄廢業者未之有也
吾人可不緬韓子業精於勤之說而勉益加勉乎

詞多清暢
九十四

(二)中　学

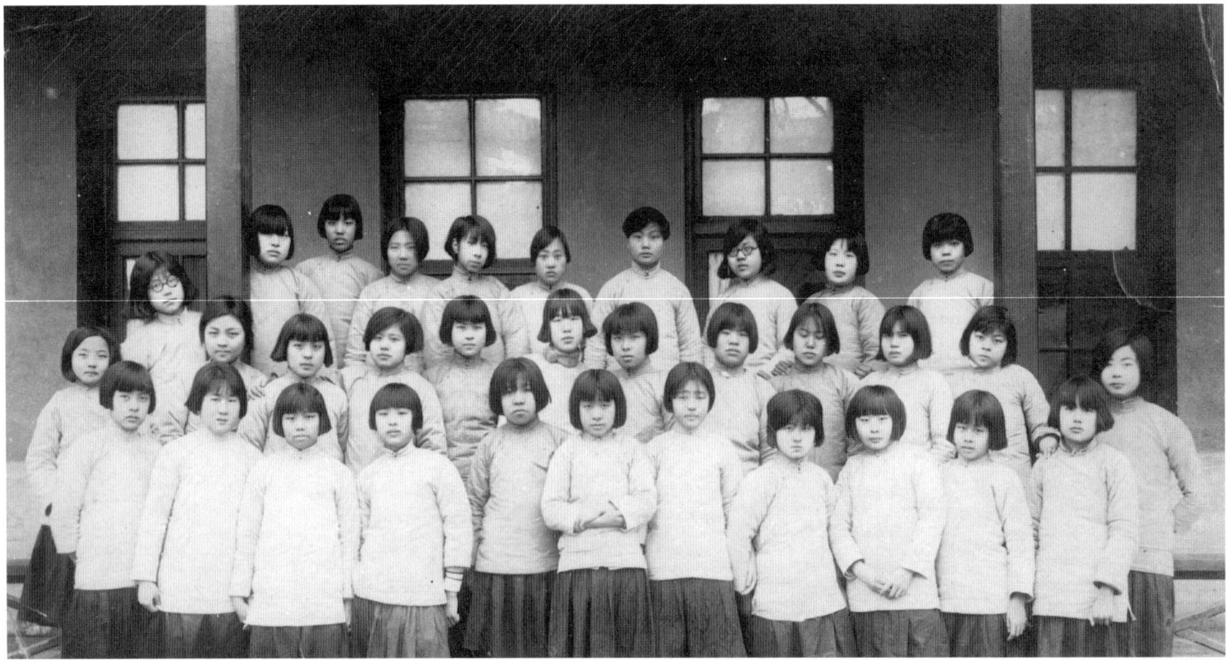

中学毕业照。

历史回顾

★★★★★

学生活动

《北京师范大学附属中学》——95周年校庆纪念画册(1901-1996)

↑ 刘乃和

1934年暑假前 初三(三)班全体同学

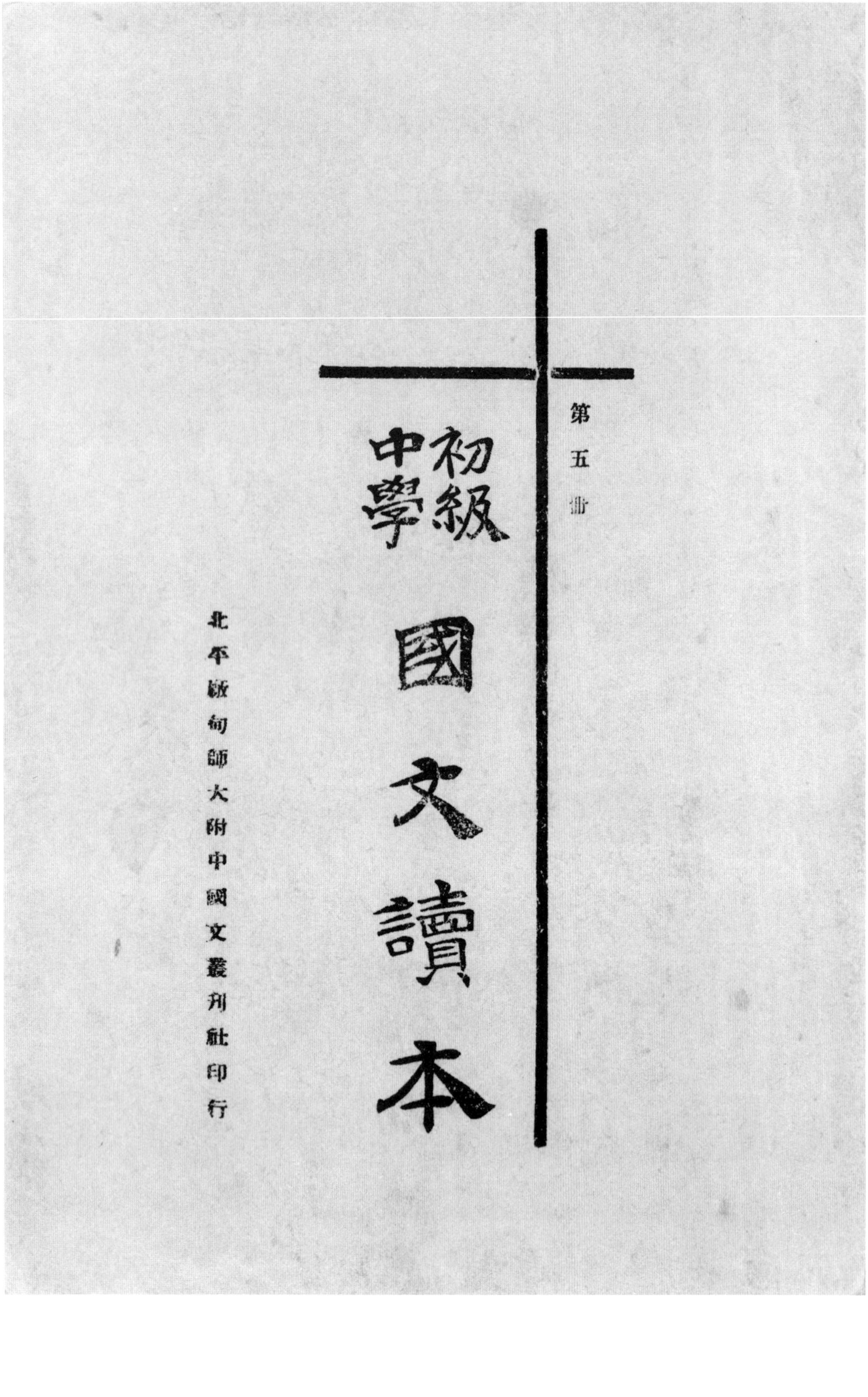

这位初三一学期的女孩，读的第一篇文章，即是陈垣所作。五年以后，即 1939 年，她考入辅仁大学，师从陈垣学习中国历史，把毕生精力奉献给励耘事业，岂其缘乎！李爱冬说：“是缘。”

選注略例

近年本校國文教本，均由校內國文研究部於每學年之始，集會選定；意在取决公裁，庶少偏蔽。本書即依據最近所選，酌加注釋，以備下學年初級中學部講授之用。

本書選文，全依據本校國文科課程標準；其各文按年分配比例，列舉如次：

第一學年，以含有描寫性之記敍文爲主，並略採簡易之說明文。語體文占十分之七八，文言文占十分之二三。

第二學年，以紀敍文及描寫文爲主，並略採簡易之論辯文。語體文及文言文各半。

第三學年，以描寫文爲主，紀敍文副之，並兼採論辯文及說明文。文言文占十分之七八，語體文占十分之二三。

本書選錄各文，其編次先後，悉按題材文體，比類錯綜，自淺及深：俾講授者便於聯絡，學習者得以循序。

本書各文注解，率分題解，作者，及注釋三部。有時因考問未周，或說明前見，題解，作者，間付缺如；惟注釋則每篇必具。

本書注釋，欲對教學兩方，稍有實助；故取舍義例，詮釋旨趣，與坊間注本，略有不同；玆撮舉要點，藉明意向：

一、文中待解詞語，凡在普通字書辭典內翻檢易得，且意簡不費疏釋，或字少不難抄錄者，一律留出，俾便預習。

二、文中疑難字句，凡常注未詳，而索解不易者，皆一一加以訓釋；即勢應存疑，不敢斷定者，亦詳審文旨舊詁，時創臆說，期與各校同志，有所商榷。

三、文中傳神虛字，雕詞技巧，以及文體流別，凡足以佐助傳習，增深趣致，而爲初學所能理解者，均依據文法，修辭，及古今文論，擇要說明；就中虛字用法，尤多詮註。

本書注釋，務求正確。所注除無關宏旨者外，義訓必徵篇籍，事實時引原書。至說釋虛字、詞藻、及文體處，稱名舉類，多參照黎錦熙新著國語文法，唐鉞修辭格，及古今論文名著，期少謬誤。

本書各文注釋，率依各詞語在篇中所見先後，依次排列；其有統釋同類數詞者，則以最後一詞之位次爲次。

本書各文篇末，間有附錄，取備參考。原擬就題比類，選副教材若干篇，分錄各題之後，供課外閱讀之資；第慮所取太多，篇幅滋長，姑舉一隅，餘當選爲活葉，付印單行；並注明所關篇目，俾教者依類採取。

本書注釋，初級一二年各册，由張鴻來盧懷琦合編，三年級各册，由汪震吳辛旨王述達合編。惟因數人臆定，重以淺陋，倉卒脫稿，疏漏必多，尚希各校同志，切實指正。

初級中學國文讀本第五册目錄

（初中三年第一學期用）

記大同武州石窟寺

陳垣

距京綏路大同站西二十里，左雲縣雲岡堡有石窟寺，爲拓拔氏遺構，蓋千四百七十年於茲矣。以比伊闕石窟尙早五十年。

鑿山爲巖，因巖鐫佛。巖高者二百餘尺，可受三千許人。佛高者六七十尺，雕飾奇偉，冠於一世。山堂水殿，煙寺相望，水經注所稱賞也。櫛比相連三十餘里，續高僧傳所誇許也。徒以遠處塞外，好遊之士鮮探其奇。迄今京綏路通，旦夕可至。同人乃以戊午重九前三日約往遊焉。

循武州川溯流而上，經觀音堂，入武州塞口，則見石壁峭立，綿亙無際。壁多摩崖之碑，文體湮沒，猶存廓形。路側有雙鈎佛字，高逾尋丈，殆所謂佛字灣者也。至左雲縣界，則石洞千孔，如來滿山，鬼斧神工，震駭耳目，漸近雲崗堡，則見綠瓦層樓，依山結構，高山林際，俯瞰晴川者，石佛寺也。（據魏書佛應作窟。）

“当时从北平过大同的火车京绥路刚刚开通，以前很少有人去过大同石窟寺，也没有人专门写过文章，他的《记大同武州山石窟寺》是较早的对大同石窟寺研究的论文，也是他本人研究佛教史的第一篇文章。论文序言是一篇优美清丽的散文，读来琅琅上口，被选入当时几种国文读本中，流传颇广。”——《刘乃和历史文献研究论丛》（广西师范大学出版社，1998 年，279 页）。

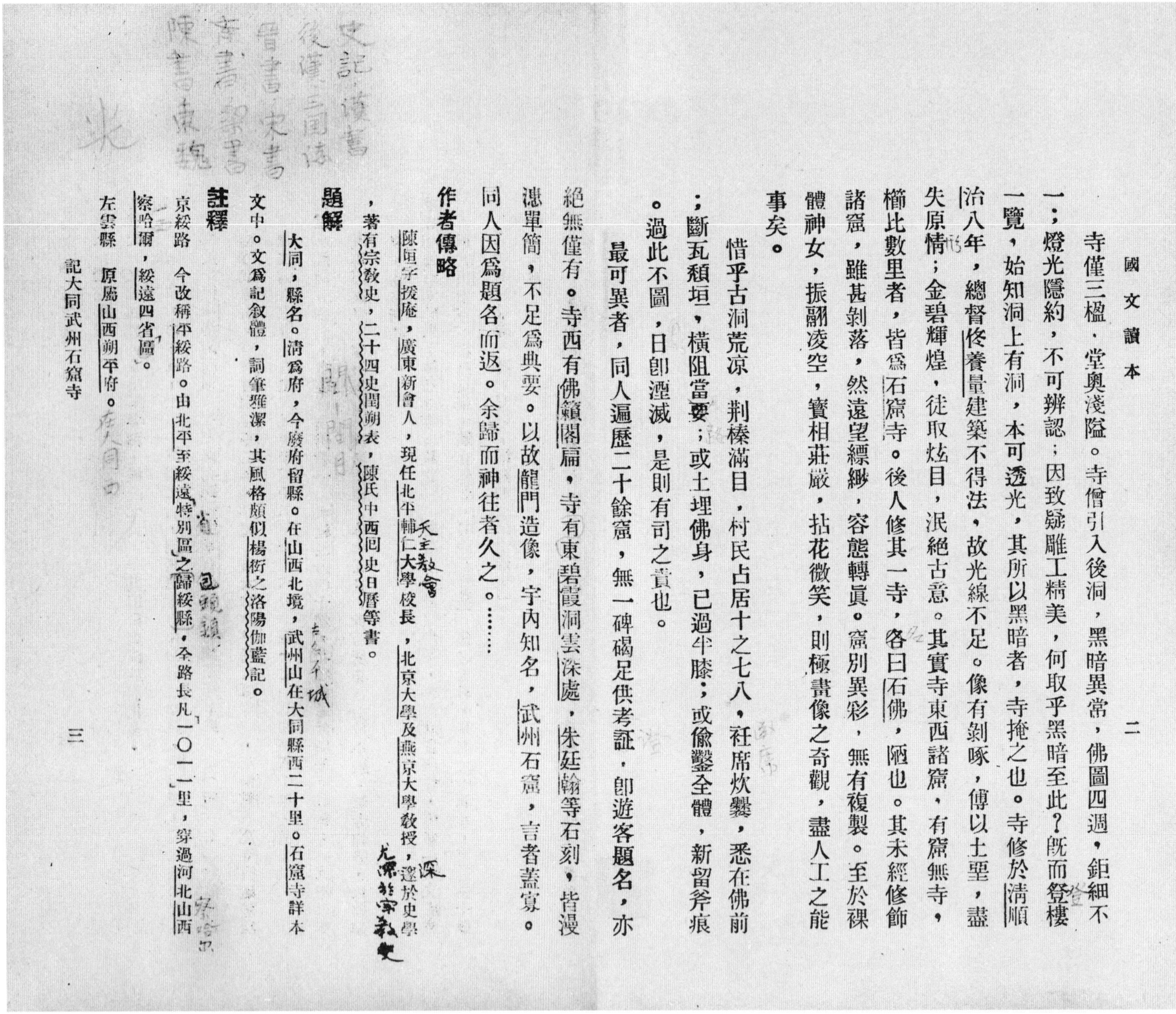

國文讀本　二

寺僅三楹，堂奧淺隘。寺僧引入後洞，黑暗異常，佛圖四週，鉅細不一；燈光隱約，不可辨認；因致疑雕工精美，何取乎黑暗至此？旣而登樓一覽，始知洞上有洞，本可透光，其所以黑暗者，寺掩之也。寺修於清順治八年，總督佟養量建築不得法，故光線不足。像有剝啄，傅以土堊，盡失原情；金碧輝煌，徒取炫目，泯絕古意。其實寺東西諸窟，有窟無寺，櫛比數里者，皆爲石窟寺。後人修其一寺，各曰石佛，陋也。其未經修飾諸窟，雖甚剝落，然遠望縹緲，容態轉眞。窟別異彩，無有複製。至於裸體神女，振翮凌空，寶相莊嚴，拈花微笑，則極畫像之奇觀，盡人工之能事矣。

惜乎古洞荒凉，荆榛滿目，村民占居十之七八，衽席炊爨，悉在佛前；斷瓦頹垣，橫阻當要；或土埋佛身，已過半膝；或偷鑿全體，新留斧痕。過此不圖，日卽湮滅，是則有司之責也。

最可異者，同人遍歷二十餘窟，無一碑碣足供考証，卽遊客題名，亦絕無僅有。寺西有佛籟閣扁，寺有東碧霞洞雲深處，朱廷翰等石刻，皆漫漶單簡，不足爲典要。以故龍門造像，宇內知名，武州石窟，言者蓋寡。同人因爲題名而返。余歸而神往者久之。……

作者傳略

陳垣字援庵，廣東新會人，現任北平輔仁大學校長，北京大學及燕京大學教授，邃於史學，著有宗教史，二十四史閏朔表，陳氏中西回史日曆等書。

題解

大同，縣名。清爲府，今廢府留縣。在山西北境，武州山在大同縣西二十里。石窟寺詳本文中。文爲記敘體，詞筆雅潔，其風格頗似楊衒之洛陽伽藍記。

註釋

京綏路　今改稱平綏路。由北平至綏遠特別區之歸綏縣，全路長凡一〇一一里，穿過河北山西察哈爾，綏遠四省區。

左雲縣　原屬山西朔平府。

記大同武州石窟寺　三

如同所有的中学生，老师讲，立即记在天头地脚行间。

公輸篇 墨子（？）

公輸盤爲楚造雲梯之械成，將以攻宋。子墨子聞之，自魯往，行十日十夜而至於郢，見公輸盤。公輸盤曰：『夫子何命焉爲？』子墨子曰：『北方有侮臣者，願藉子殺之！』公輸盤不說。子墨子曰：『請獻十金！』公輸盤曰：『吾義固不殺人。』子墨子起，再拜曰：『請說之。吾從北方聞子爲梯，將以攻宋；宋何罪之有？荆國有餘於地而不足於民，殺所不足而爭所有餘，不可謂智。宋無罪而攻之，不可謂仁。知而不爭，不可謂忠。爭而不得，不可謂强。義不殺少，而殺衆，不可謂知類。』公輸盤服。

子墨子曰：『然，胡不已乎？』公輸盤曰：『不可，吾既已言之王矣。』子墨子曰：『胡不見我於王？』公輸盤曰：『諾。』

子墨子見王，曰：『今有人於此，舍其文軒，鄰有敝轝而欲竊之；舍其錦繡，鄰有短褐而欲竊之；舍其粱肉，鄰有糠糟而欲竊之：此爲何若人

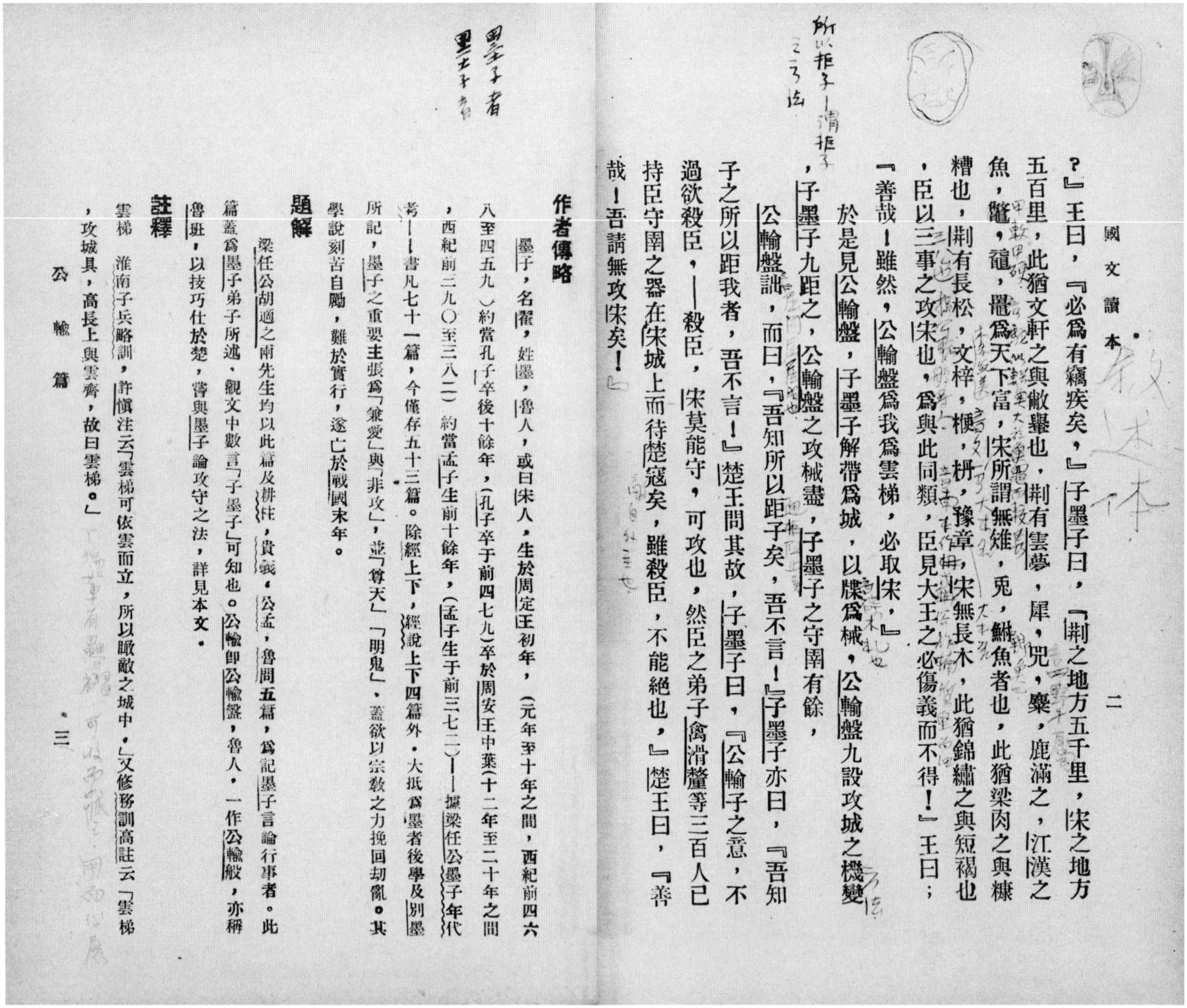

國文讀本　二

?』王曰，『必爲有竊疾矣，』子墨子曰，「荆之地方五千里，宋之地方五百里，此猶文軒之與敝轝也，荆有雲夢，犀，兕，麋，鹿滿之，江漢之魚，鼈，黿，鼉爲天下富，宋所謂無雉，兎，鮒魚者也，此猶粱肉之與糠糟也，荆有長松，文梓，楩，枬，豫章，宋無長木，此猶錦繡之與短褐也，臣以三事之攻宋也，爲與此同類，臣見大王之必傷義而不得！』王曰；『善哉！雖然，公輸盤爲我爲雲梯，必取宋，』

於是見公輸盤，子墨子解帶爲城，以牒爲械，公輸盤九設攻城之機變，子墨子九距之，公輸盤之攻械盡，子墨子之守圉有餘，公輸盤詘，而曰，『吾知所以距子矣，吾不言！』子墨子亦曰，『吾知子之所以距我者，吾不言！』楚王問其故，子墨子曰，『公輸子之意，不過欲殺臣，——殺臣，宋莫能守，可攻也，然臣之弟子禽滑釐等三百人已持臣守圉之器在宋城上而待楚寇矣，雖殺臣，不能絕也，』楚王曰，『善哉！吾請無攻宋矣！』

作者傳略

墨子，名翟，姓墨，魯人，或曰宋人，生於周定王初年，（元年至十年之間，西紀前四六八至四五九）約當孔子卒後十餘年，（孔子卒于前四七九）卒於周安王中葉（十二年至二十年之間，西紀前三九〇至三八二）約當孟子生前十餘年，（孟子生于前三七二）——據梁任公墨子年代考——書凡七十一篇，今僅存五十三篇。除經上下，經說上下四篇外，大抵爲墨者後學及別墨所記，墨子之重要主張爲「兼愛」與「非攻」，並「尊天」「明鬼」，蓋欲以宗教之力挽回刼亂。其學說刻苦自勵，難於實行，遂亡於戰國末年。

題解

梁任公胡適之兩先生均以此篇及耕柱，貴義，公孟，魯問五篇，爲記墨子言論行事者。此篇蓋爲墨子弟子所述，觀文中數言「子墨子」可知也。公輸即公輸盤，魯人，一作公輸般，亦稱魯班，以技巧仕於楚，嘗與墨子論攻守之法，詳見本文。

註釋

雲梯　淮南子兵略訓，許愼注云「雲梯可依雲而立，所以瞰敵之城中。」又修務訓高註云「雲梯，攻城具，高長上與雲齊，故曰雲梯。」

公輸篇　三

初中时代的刘乃和，学习古文也很吃力，把老师的讲解注在字里行间，学习累了，也画小人。

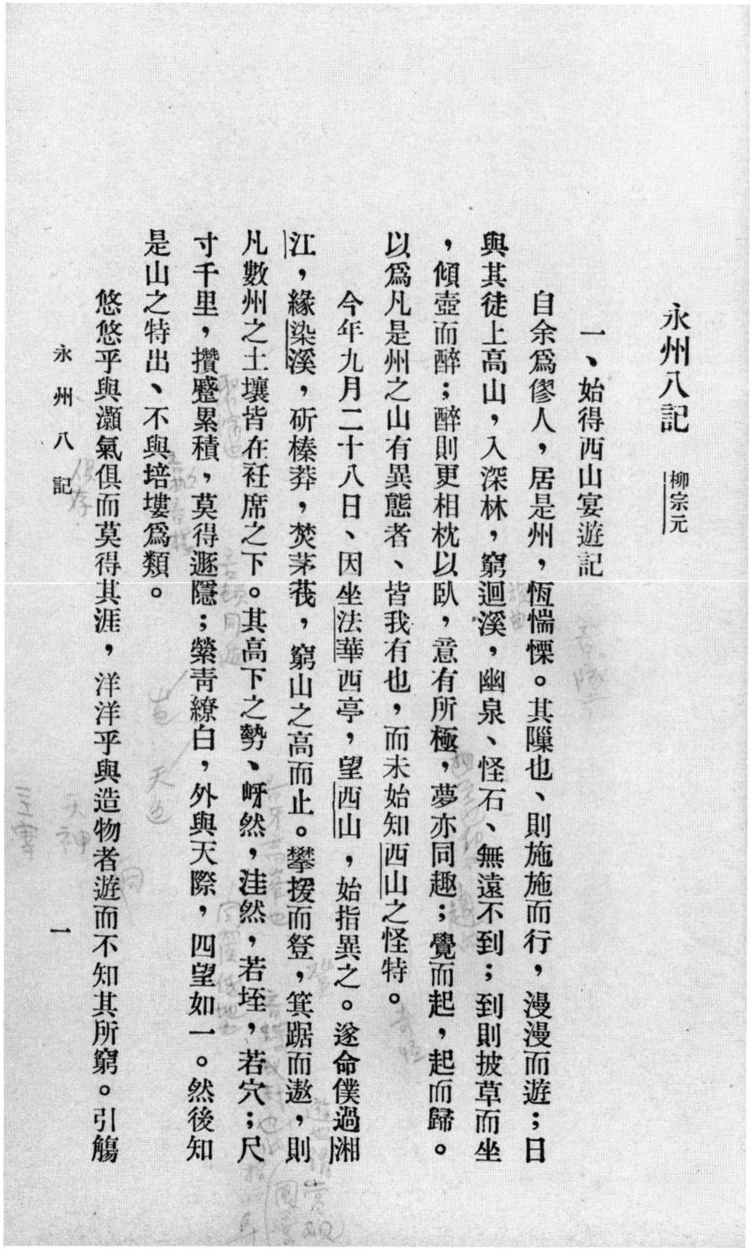

永州八記

一、始得西山宴遊記

柳宗元

自余爲僇人，居是州，恆惴慄。其隟也、則施施而行，漫漫而遊；日與其徒上高山，入深林，窮迴溪，幽泉、怪石、無遠不到；到則披草而坐，傾壺而醉；醉則更相枕以臥，意有所極，夢亦同趣；覺而起，起而歸。以爲凡是州之山有異態者、皆我有也，而未始知西山之怪特。

今年九月二十八日、因坐法華西亭，望西山，始指異之。遂命僕過湘江，緣染溪，斫榛莽，焚茅茷，窮山之高而止。攀援而登，箕踞而遨，則凡數州之土壤皆在衽席之下。其高下之勢、岈然，洼然，若垤，若穴；尺寸千里，攢蹙累積，莫得遯隱；縈青繚白，外與天際，四望如一。然後知是山之特出、不與培塿爲類。

悠悠乎與灝氣俱而莫得其涯，洋洋乎與造物者遊而不知其所窮。引觴

永州八記 一

中学、大学时代刘乃和的字并不好看。她受陈垣、柴德赓、启功影响和指导，认真练过。她说谁都能学习写字。

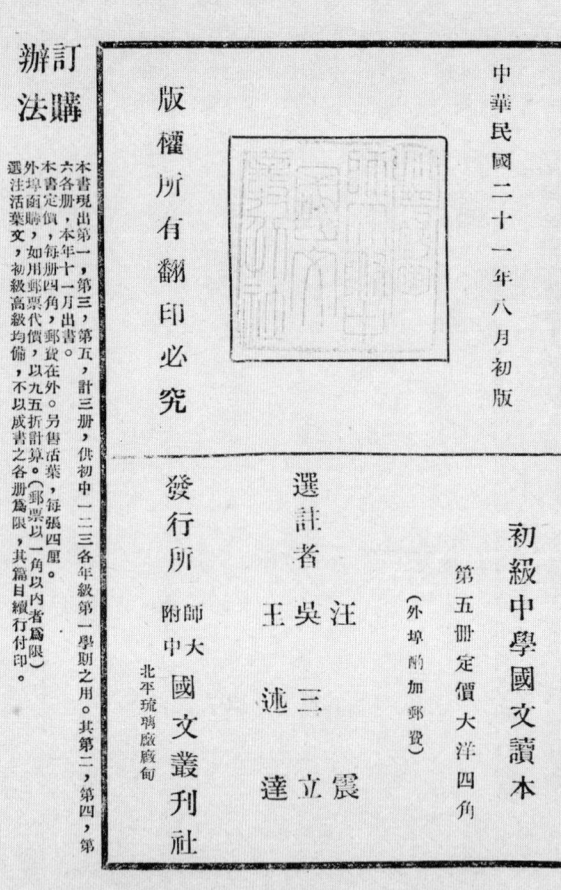

中華民國二十一年八月初版

版權所有翻印必究

初級中學國文讀本
第五冊定價大洋四角
（外埠酌加郵費）

選註者 汪震 吳三立 王述達

發行所 師大附中國文叢刊社
北平琉璃廠廠甸

訂購辦法

本書現出第一，第三，第五，計三冊，供初中一二三各年級第一學期之用。其第二，第四，第六各冊，本年十一月出書。
本書定價，每冊四角，郵費在外。另售活葉，每張四厘。
外埠函購，如用郵票代價，以九五折計算。（郵票以一角以內者爲限）
選注活葉文，初級高級均備，不以成書之各冊爲限，其篇目續行付印。

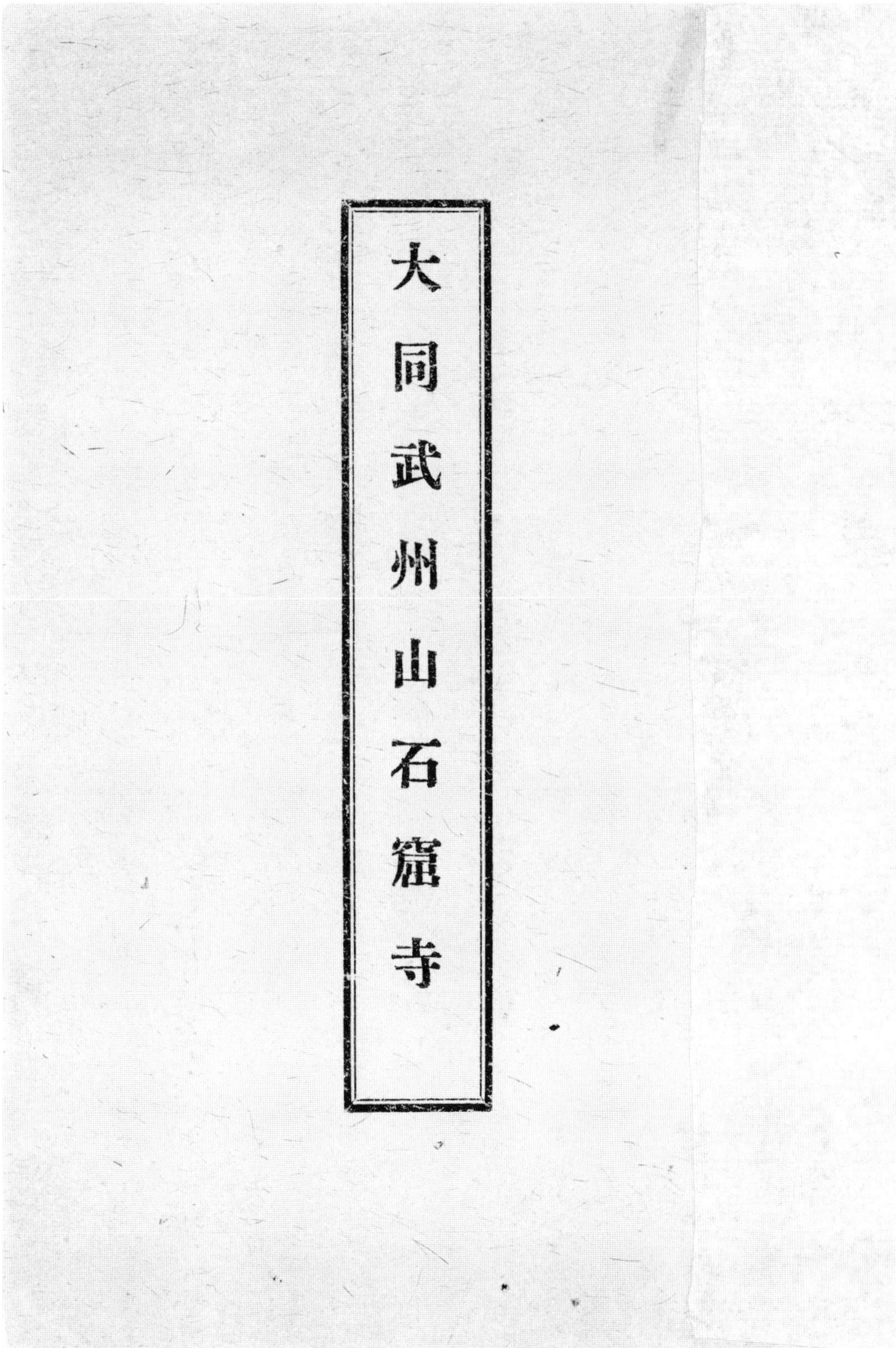

陈垣赠给刘乃和《大同武州山石窟寺》一书。

作者赠书时，一定也看见了中学课本。

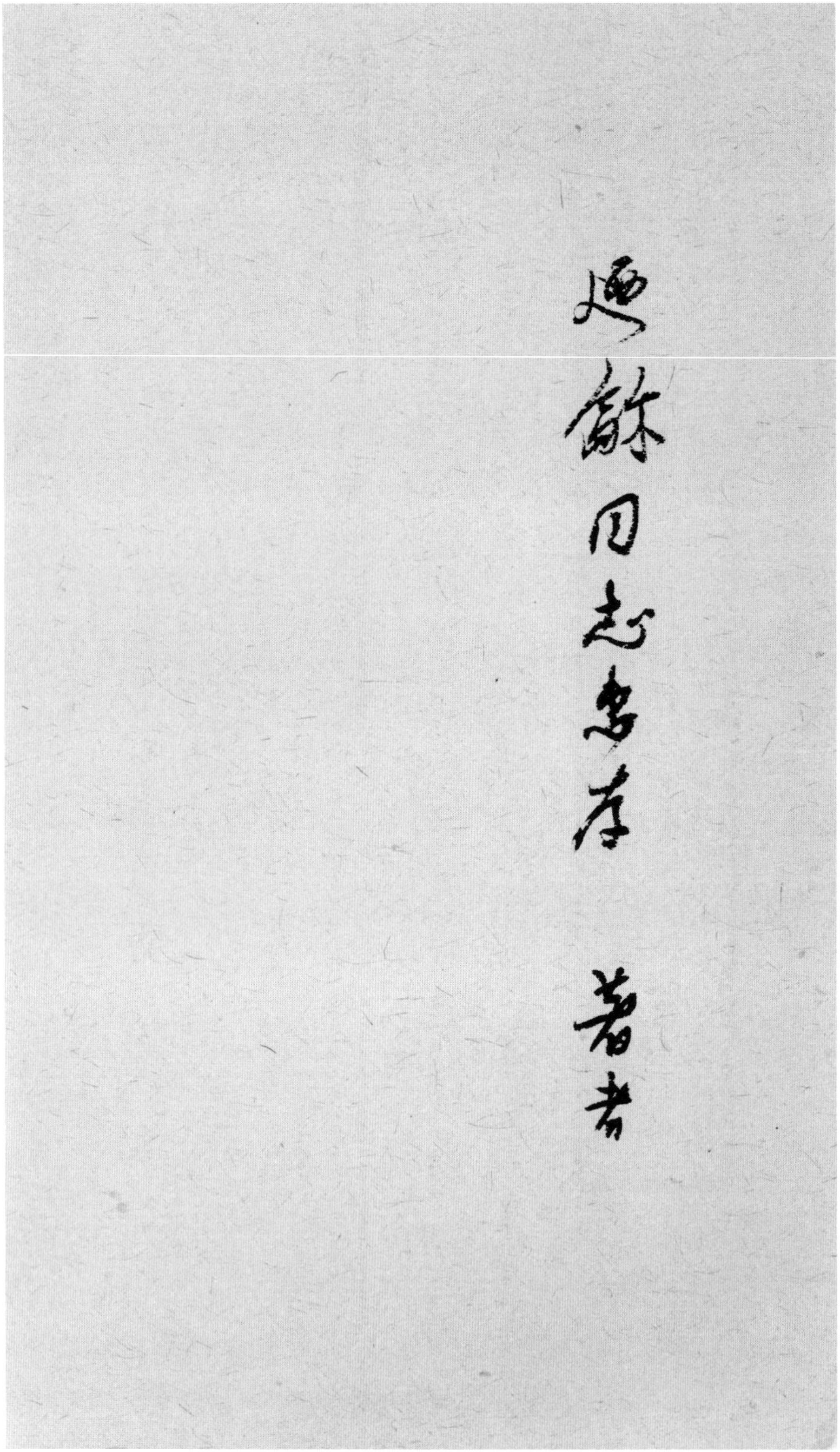
迺龢同志存
著者

記大同武州山石窟寺

錄東方雜誌第十六卷第二第三號

衆議院議員　陳垣

距京綏路大同站西二十里。左雲縣雲岡堡有石窟寺。爲拓拔氏遺構。蓋千四百七十年於茲矣。以比伊闕石窟。尙早五十年。鑿山爲巖。因巖鐫佛。佛巖高者二百餘尺。可受三千許人。佛高者六七十尺。雕飾奇偉。冠於一世。山堂水殿。煙寺相望。水經注所稱賞也。櫛比相連。三十餘里。續高僧傳所誇許也。徒以遠處塞外。交通不便。故好遊之士。鮮探其奇。迄今京綏路通。旦夕可至。同人乃以戊午重九前三日。約往遊焉。循武州川溯流而上。經觀音堂。入武州塞口。則見石壁峭立。

有則此中石窟。宋人何嘗夢見。

石窟寒泉。或作石窨寒泉。窟窨形近易混。今猶有水湧出。亦在道旁

一巨窟中也。

西征回鑾者。康熙帝西征厄魯特噶爾丹回鑾。由歸化城入口。志稱

其以十二月初十日次左雲縣。駐蹕生員范澎宅。十一日幸雲岡石

佛寺云。令御書扁額猶在。

雍正朔平志。載清人題詠甚多。附錄如後。以當輶軒之采。

胡文華遊石窟寺

西林天竺跡。春日上方遊。片石三千界。微塵四部洲。香花金粟現。鐘磬

白雲悠。俯此羣生刦。何緣彼岸舟。

華於[illegible]大同府志作燁

又俯作北辟

生刦作法、

海知[illegible]卷廿一、第有陳禹謨遊石窟寺和韻

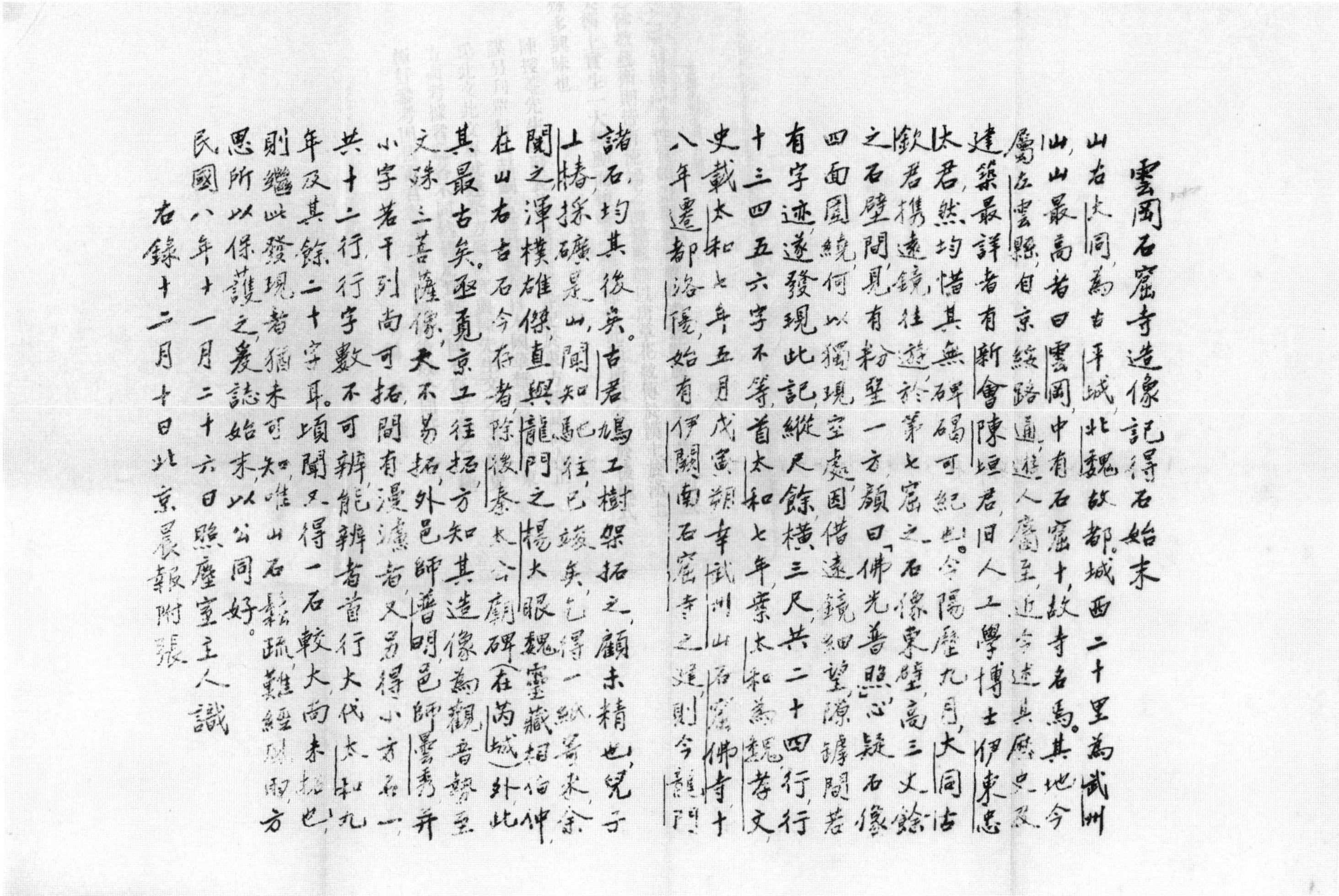
雲岡石窟寺造像記得石始末

山右大同為古平城，北魏故都。城西二十里為武州山，山最高者曰雲岡，中有石窟十，故寺名焉。其地今屬左雲縣，自京綏路通，遊人麕至，近今述其歷史及建築最詳者有新會陳垣君、日人工學博士伊東忠太君，然均惜其無碑碣可紀也。今陽歷九月，大同法欽君携遠鏡往遊於第七窟之石像東壁高三丈餘之石壁間見有粉堊一方，額曰「佛光普照」，心疑石像四面圍繞，何以獨現空處，因借遠鏡細望，隱隱若有字迹，遂發現此記，縱尺餘，橫三尺，共二十四行，行十三四五六字不等，首太和七年，案太和為魏孝文，史載太和七年五月戊寅朔幸武州山石窟佛寺，十八年遷都洛陽，始有伊闕南石窟寺之建，則今龍門諸石，均其後矣。古君鳩工樹架拓之，顧未精也，兒子上椿，採礦是山，聞知馳往，已竣矣，乞得一紙寄來，余閱之渾樸雄傑，直與龍門之楊大眼、魏靈藏相伯仲，在山右古石今存者，除後秦太公廟碑（在芮城）外，此其最古矣。亟覓京工往拓，方知其造像為觀音勢至文殊三菩薩像，大不易拓，外邑師譜明、邑師曇秀并小字若干列尚可拓，間有漫漶者，又易得小方石一，共十二行，行字數不可辨，能辨者首行大代太和九年及其餘二十字耳。頃聞又得一石較大，尚未拓也，則繼此發現者猶未可知，唯山石鬆疏，難經風雨，方思所以保護之，爰誌始末，以公同好。

民國八年十一月二十六日照壓室主人識

右錄十二月十日北京晨報附張

书后附页。

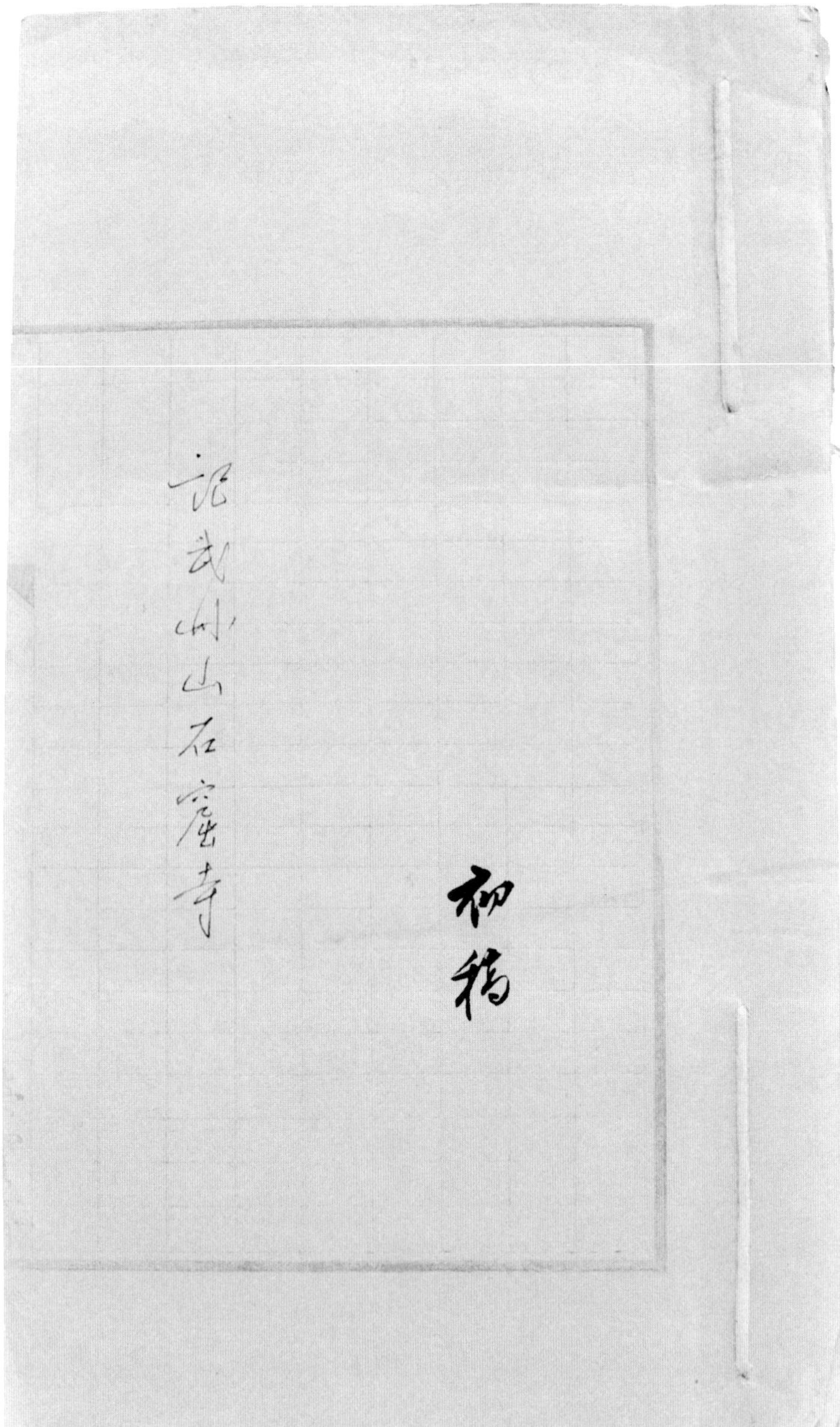
记武州山石窟寺

初稿

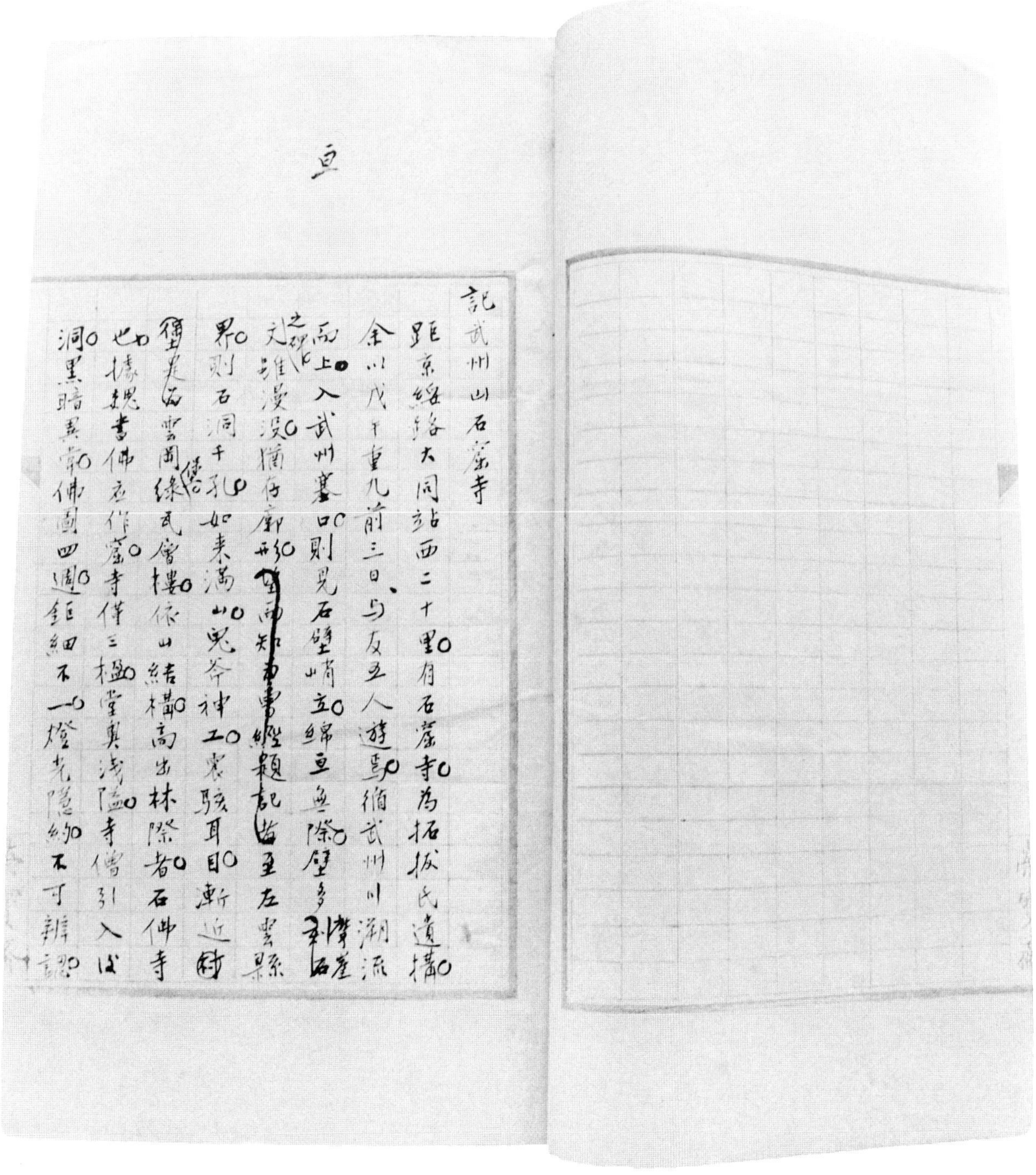

亘

記武州山石窟寺

距京綏路大同站西二十里，有石窟寺，為拓拔氏遺構。余以戊午重九前三日、與友五人遊覽，循武州川溯流而上，入武州塞口，則見石壁峭立，綿亘無際，壁多鑿崖刻石之碑，文雖漫漶，猶存廓形，至而知者書經題記，皆至左雲縣界。則石洞千孔，如來滿山，鬼斧神工，震駭耳目。漸近村，佛光為雲岡傍，緣武會樓，依山結構，高出林際者，石佛寺也。據魏書佛志作窟寺，併三極，堂奧淺隘。寺僧引入以洞，黑暗異常，佛像四周，鉅細不一，燈光隱約，不可辨認。

因致疑雕工精美。何取乎此（黑暗至）。既而登樓一覽。始知洞本光澈。其所以黑暗者。寺掩之也。寺修於清順治八年、總督佟養量建築。不得法。故光线不足。像有剥琢。傳以泥土。盡失原形。金碧輝煌。徒取炫目。泯絶古意。其實寺来西諸窟。有窟無寺。櫛比數里。皆为石窟寺。以人修其一寺。名曰石佛。陋也。其未經修飾諸窟。雖甚樸落。然遠望縹緲。容態轉真。惜村民占居十之七八。炊爨舂碓。悉在佛前。或土埋佛身。已過半膝。或偷鑿全體。新留斧痕。過此不圖。日即湮滅。是則有司之責也。窟之鉅者。如渠

□□空二格

渠夏屋。像之大者过丈六。全身画之。麗者。有裸體神女。振翮凌空。形之怪者。有蝸頭人身。怒目相視。蓋極画像之奇觀。盡人工之能事矣。然而碑碣不存。人迹罕到。故龍門造像。宇内知名。武州石窟。言者蓋寡。余歸而神往者數日。乃撫拾群籍。著为斯篇。俾後至者有所考証云爾。新會陳垣記。同遊五人。葉恭綽譽虎。俞人鳳翔梧。鄭洪年韶覺。翟兆麟諸青。邵長閣。

魏書顯祖紀。皇興元年八月丁酉。行幸武州山石窟寺。卷六

時帝年十四

史紀魏帝之幸石窟寺。自此始也。皇興元年。当西歷之

荊欝。儼然为一方勝概。迤東數武。有石竇噴水。清冽可飲。
行道多藉焉。題曰石窟寒泉。即左雲縣四景之寒泉靈境
也。康熙三十五年冬。聖祖仁皇帝西征。回鑾、幸寺。御書莊
嚴法相四字。三卷
石佛寺、唐以前均稱石窟寺。今山西通志亦稱石窟十
寺。曰始於神瑞。終於正光。不知何所據。然康熙通志已
言之。或明志沿大唐內典錄神瑞元年之說及魏書釋
老志正光四年之說而誤歟。神瑞之說。辨已見前。正光
之說。乃指伊闕石窟。非武州石窟也。十寺之名。亦見康
熙通志。未知其為魏寺乎。抑隋唐以後所建之寺乎。曰
內有元載所造石佛二十龕。康熙通志作元載所修石
佛十二龕。雍正通志則曰內有元時石佛二十龕。光緒
通志因之。修者修其所本有。造者造其所本無。未知是造
乎修乎。元載是否即元時。二十與十二孰是。尚無可考也。
石窟寒泉。或作石窰寒泉。窟窰形近易混。今猶有水湧
出。
西征回鑾者。康熙帝西征厄魯特噶爾丹、回鑾。由歸化
城入口。以十二月初十日次左雲縣。駐蹕生員范澎宅。

年龄待考。

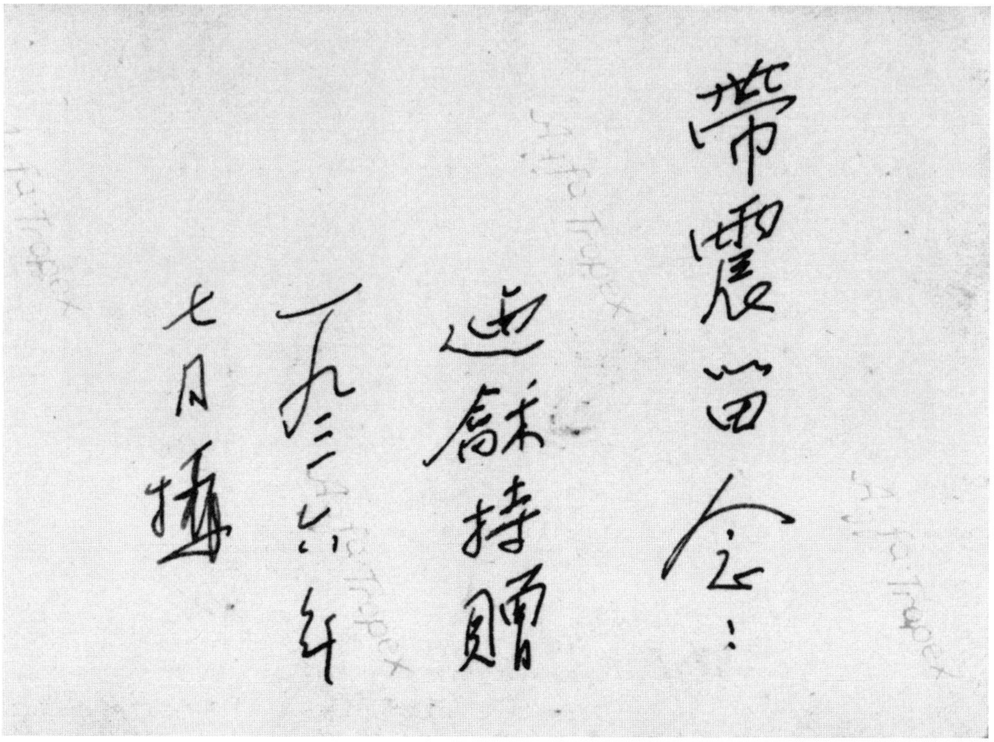

高中二年级(18 岁)。

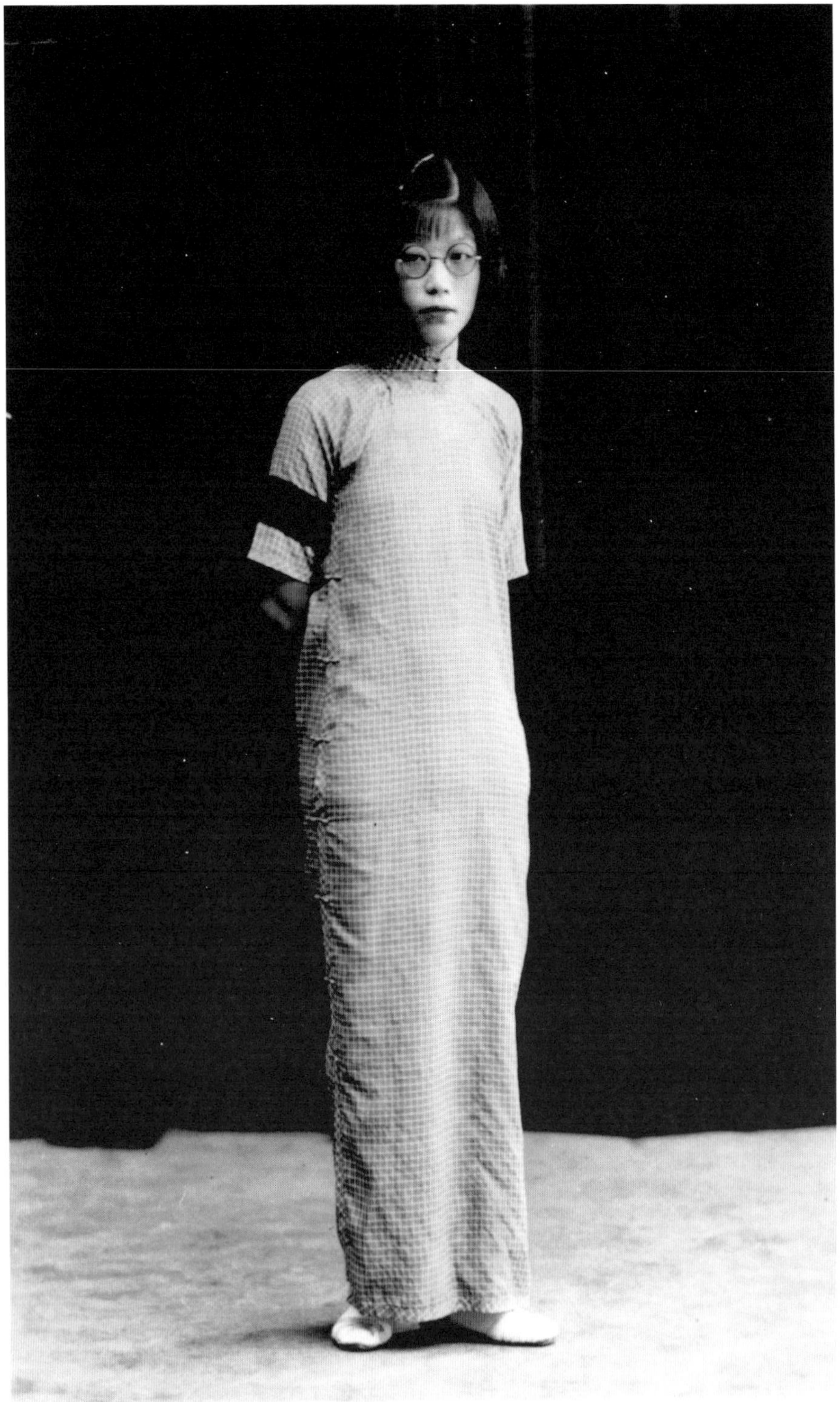

年龄待考。

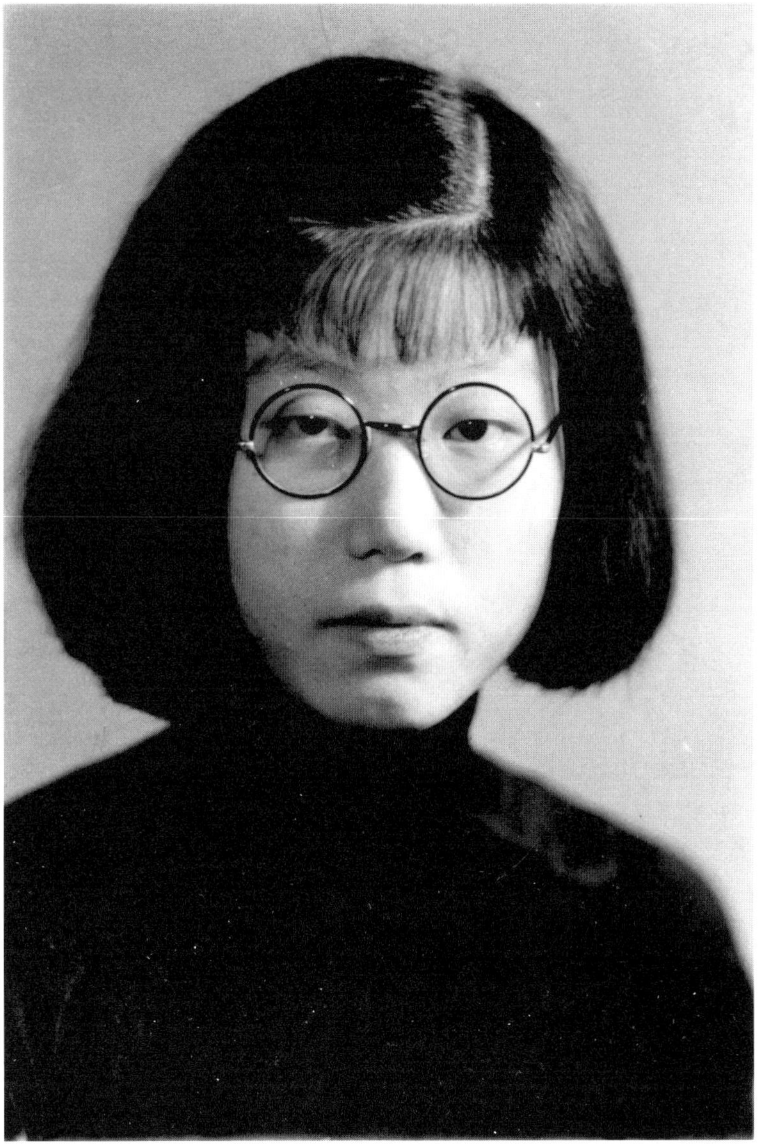

年龄待考。

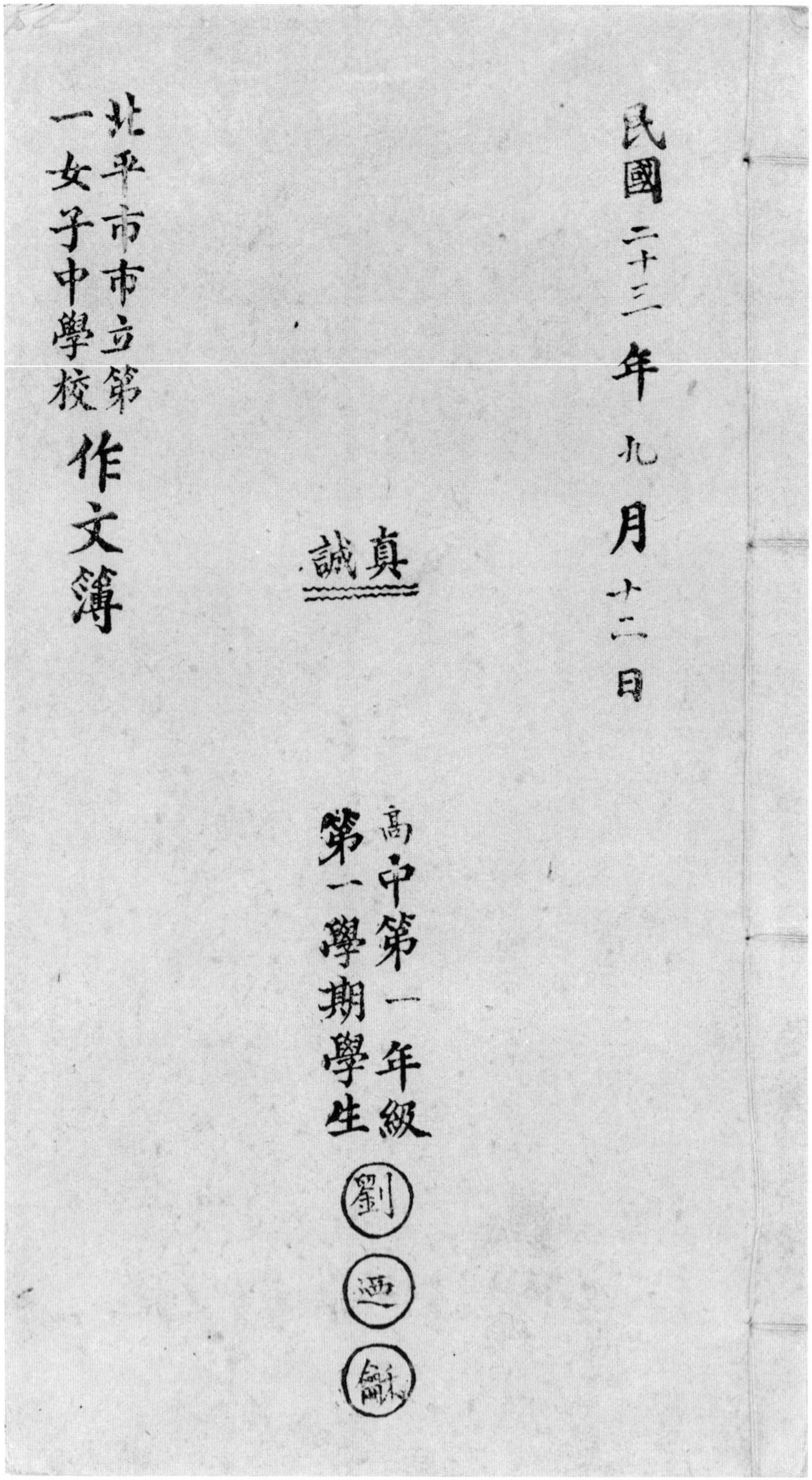

民國二十三年九月十二日

真誠

高中第一年級
第一學期學生
劉迺龢

北平市市立第
一女子中學校
作文簿

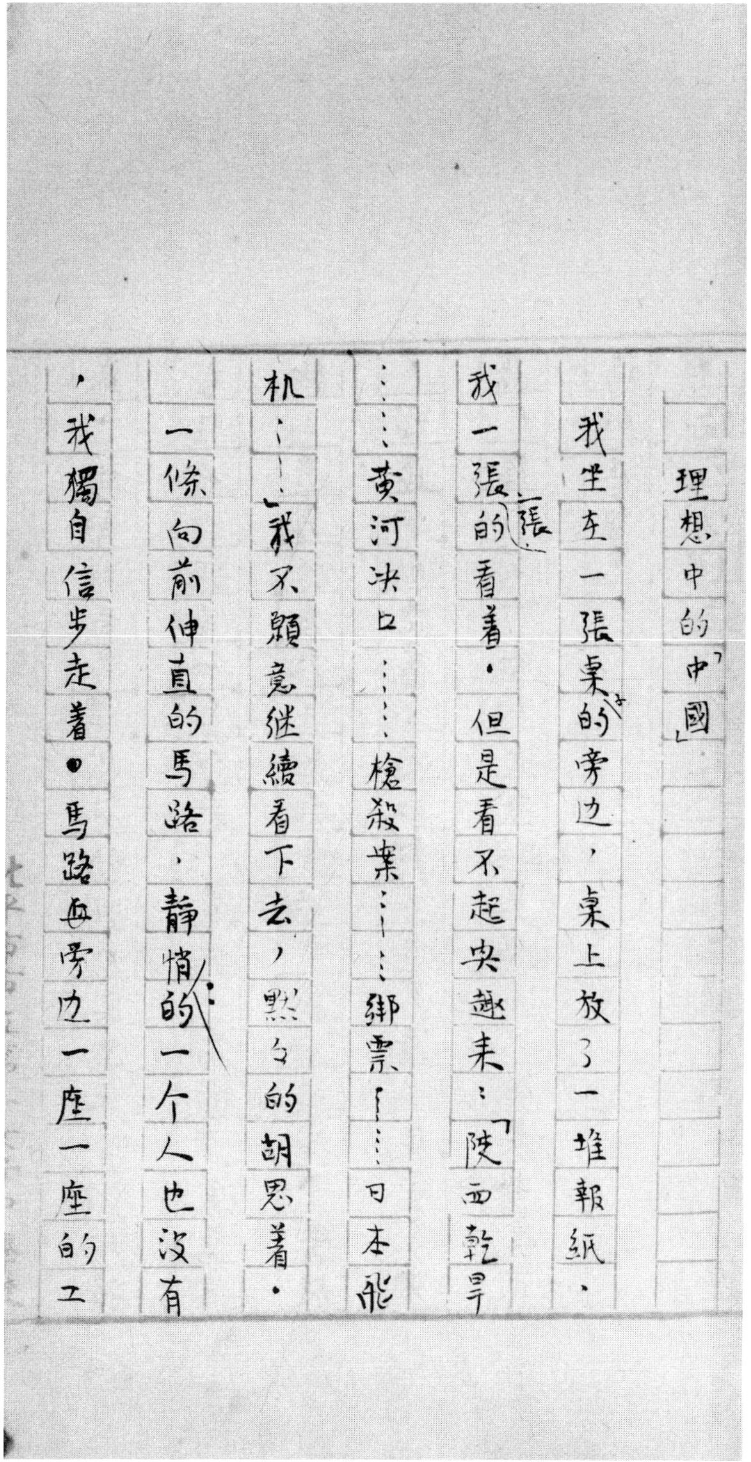
理想中的「中國」

我坐在一張桌的旁边，桌上放了一堆報紙，我一張張的看着。但是看不起兴趣来：「陝西乾旱……黄河决口……槍殺案……綁票……日本飛机……」我不願意继續看下去，默默的胡思着。

一條向前伸直的馬路，静悄悄的一个人也沒有。我獨自信步走着。馬路兩旁边一座一座的工

这种字体，与大学论文一样。晚年，王明泽问：“我们现在练书法，来得及吗？”她一字一顿地说：“来—得—及！”

“陕西干旱”问题，在小学作文中出现过。

廠，烟囱裡冒着濃墨色的烟。馬路上平靜的清潔整齊，沒有一些污物，糞土。轉過灣兒去，街上還是沒有人，但兩旁的工廠都換成了學校。我還向前走着，不知轉了多少灣，走了多少路，總沒有一个人。我詫異起來，但是我還不停的走着。

，路旁的電杆的影兒，正正的鋪在地上了，遠遠的一陣清脆的鐘聲，拖着他長々的音尾，各處遶着，漸々的融合在空氣裡。

工廠裡，學校裡，事務所裡，一排一排的人不斷的走出。有男人，有女人，他們說々笑々的走出來。

我隨便拉住一个人向他，這地方是什麼地方。他很誠懇的告訴我，他說：「我們這裡是新中國，新建築的，新政革的，沒有自專的政府，沒有貪官污吏，政治是人民參與的，沒有自私的弊病。男女一律真正平等，不慕虛榮，沒有嚴格的礼教。社会是男人和女人的社会，決不偏重一方面。工廠作工的時候，大家同作，休息的時候，不分彼此。道路上沒有污物，社会上沒有盜賊。大河常々濬通，礦產時常開採，沒有荒僻的地方，每个地方的人民的平均數都相等，每逢星期，人民都受兵隊的練習，到必要時全國皆可出力，鎗砲隨時製造添加，海艦时常增加，國內的人民不自相殺……

噹々的鐘声，把我從夢境裡喚回。我揉一揉朦朧的眼睛，桌上的报纸仍舊卧在桌上。我細細的回味着，我夢中的新中國，真是我理想的

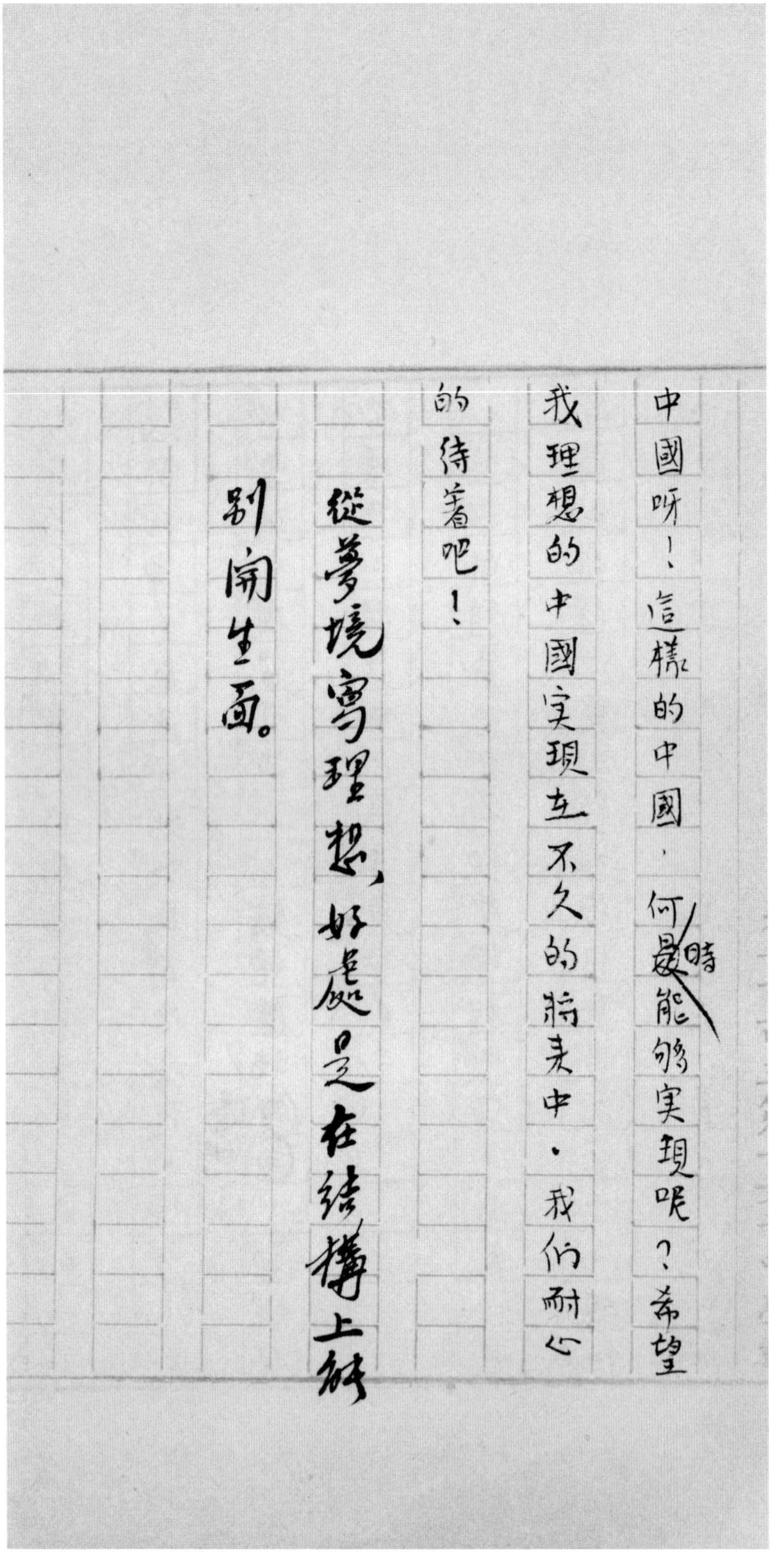
中國呀！這樣的中國，何時能夠实現呢？希望
我理想的中國实現在不久的將来中。我們耐心
的待着吧！
從夢境寫理想，好處是在結構上能
别開生面。

刘乃和从少年时代起，关心民瘼，读高中参加过“一二·九”学生运动，入大学结成左倾社团。她的大弟乃松高中毕业，到晋察冀边区。二弟乃崇，1948年到石家庄解放区。我曾问她：“陈老留在北京，不曾南飞，是受了您的影响吧？”她没有说话，点一点头。

刘乃和曾说，她上中学时，很喜欢巴金的《家》，受觉慧的影响很深。甚至喜欢摹仿他咬嘴唇的样子。

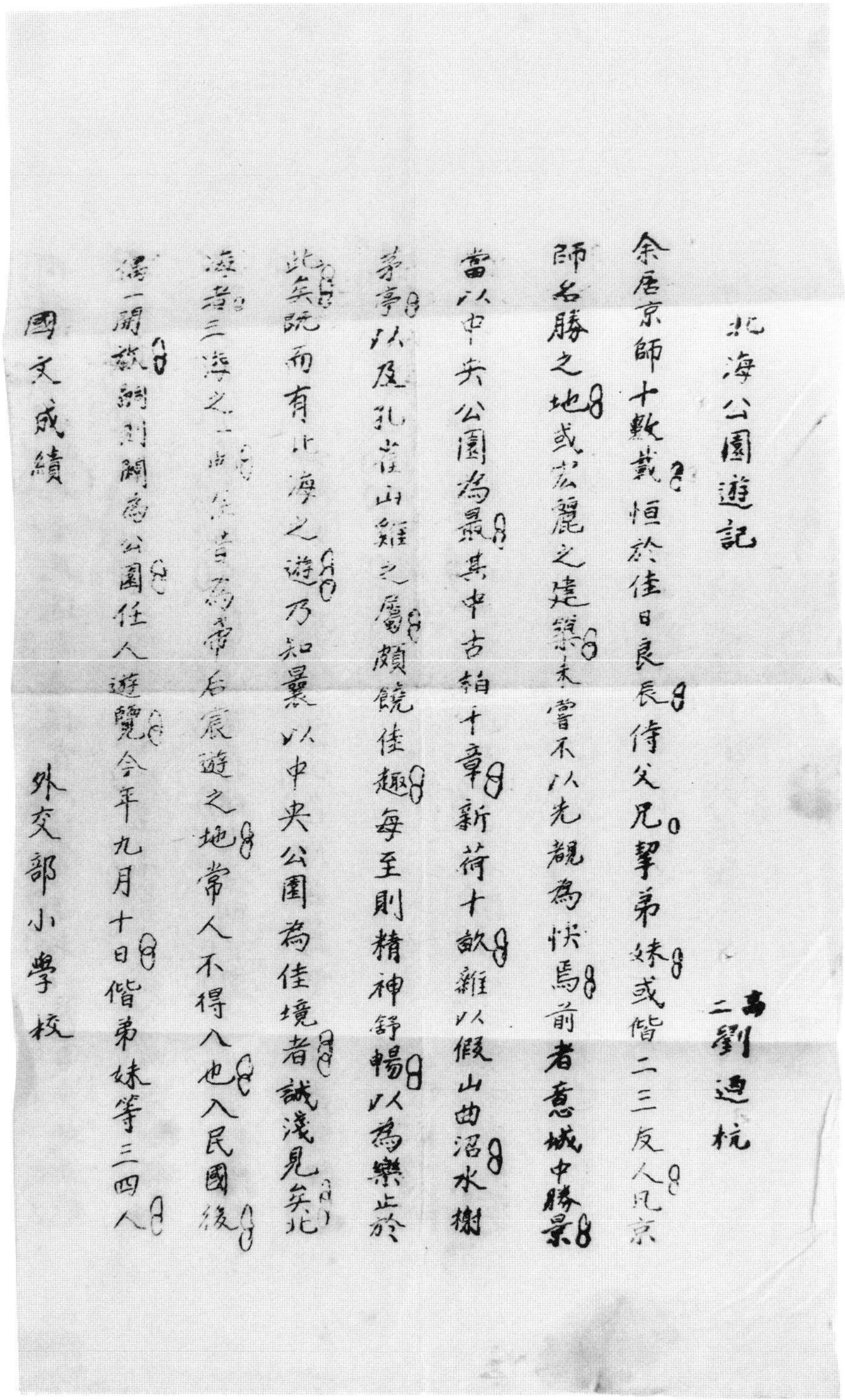
北海公園遊記

高二 劉迺杭

余居京師十數載恒於佳日良辰侍父兄挈弟妹或偕二三友人凡京師名勝之地或宏麗之建築未嘗不以先覩為快焉前者意城中勝景當以中央公園為最其中古柏千章新荷十畝雜以假山曲沼水榭茅亭以及孔雀山雞之屬頗饒佳趣每至則精神舒暢以為樂止於此矣既而有北海之遊乃知曩以中央公園為佳境者誠淺見矣北海者三海之一也舊為帝后宸遊之地常人不得入也入民國後始一開放繼則闢為公園任人遊覽今年九月十日偕弟妹等三四人

國文成績

外交部小學校

刘乃和高中作文本里夹页。此两篇是学校印发的范文。

1927

同往遊焉。是日也，金風送爽，氣候宜人，緣岸而行，約數百步，抵五龍亭。遥見小舟，招之即至。蕩漾於中流，至足樂也。遥望彼岸白塔矗立，爰命舟子艤舟登岸。既至山麓，拾級而登，則凡園中所有，悉歸眼底。林木屋宇，如礫如薺，俯觀四方山色，仰聽萬壑松聲，大有飄飄欲仙之概。矚眺久之，不忍遽去。然已暮靄蒼然，自遠而至，遂徐行以返。回憶君主時代宸遊之地，平民豈能遊乎？昔日獨樂之地，變而為衆樂之地。古人云：獨樂不如與人同樂。良信此言誠是也。且行且思，不覺已出園門而歸。因為之文，以志是日。為丁卯年中秋日也。

此文筆流暢，好語如珠，夾敘夾議，頗合遊記作法。九十八分

觀放紙鳶有感

高二 劉適杭

美矣哉春日之景也羣芳吐豔萬卉爭榮蓋已至三春時節矣余與諸同學乘課餘之暇作郊外之遊見童兒三五或高立土邱或奔馳綠野為放紙鳶之戲而紙鳶則高縱空際直趨雲表誠足樂也夫紙鳶之所以能高飛者實有藉於風力設無風以鼓動之則雖曳繩以馳而其不能飛騰也如故人之不能自立也亦然身無一藝之能而依附親戚以謀衣食一旦親戚死亡則吾之衣食亦隨之而消滅自不得不居人下搖尾乞憐雖受人之侮辱亦甘之如

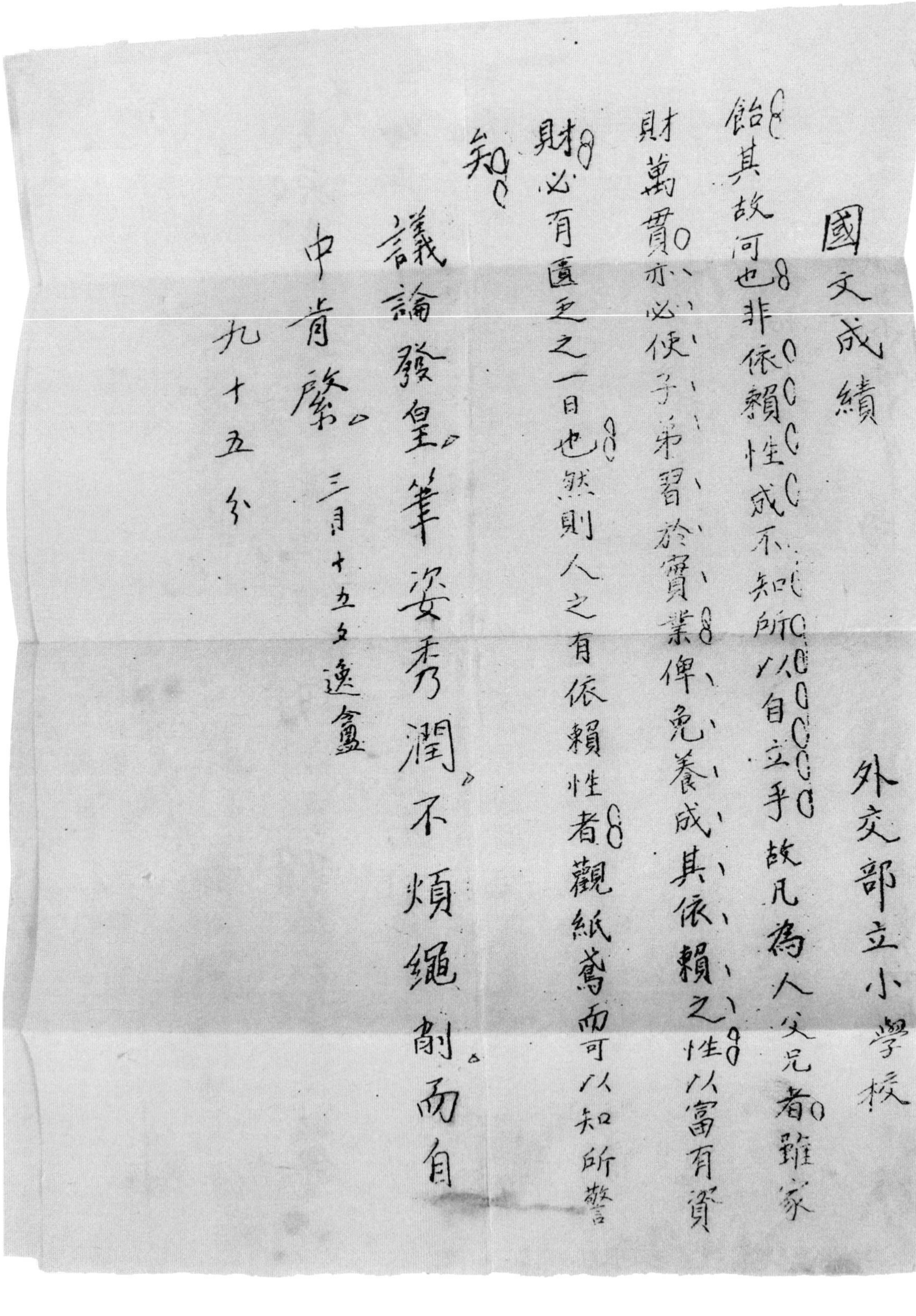

外交部立小學校

國文成績

飴其故何也非依賴性成不知所以自立乎故凡為人父兄者雖家財萬貫亦必使子弟習於實業俾免養成其依賴之性以富有資財必有匱乏之一日也然則人之有依賴性者觀紙鳶而可以知所警知

議論發皇筆姿秀潤不煩繩削而自中肯綮

三月十五日逸盦

九十五分

(三)大　学

大学。

自行车是刘乃和的主要交通工具。1950年代初,为印刷《励耘书屋丛刻》,买纸、买墨,找刷印工人,以及后来去看望孙楷第,去北大、清华,等等。她的秘书工作,忙极了。在当时,骑车比乘公交车便捷。

辅仁大学三年级。

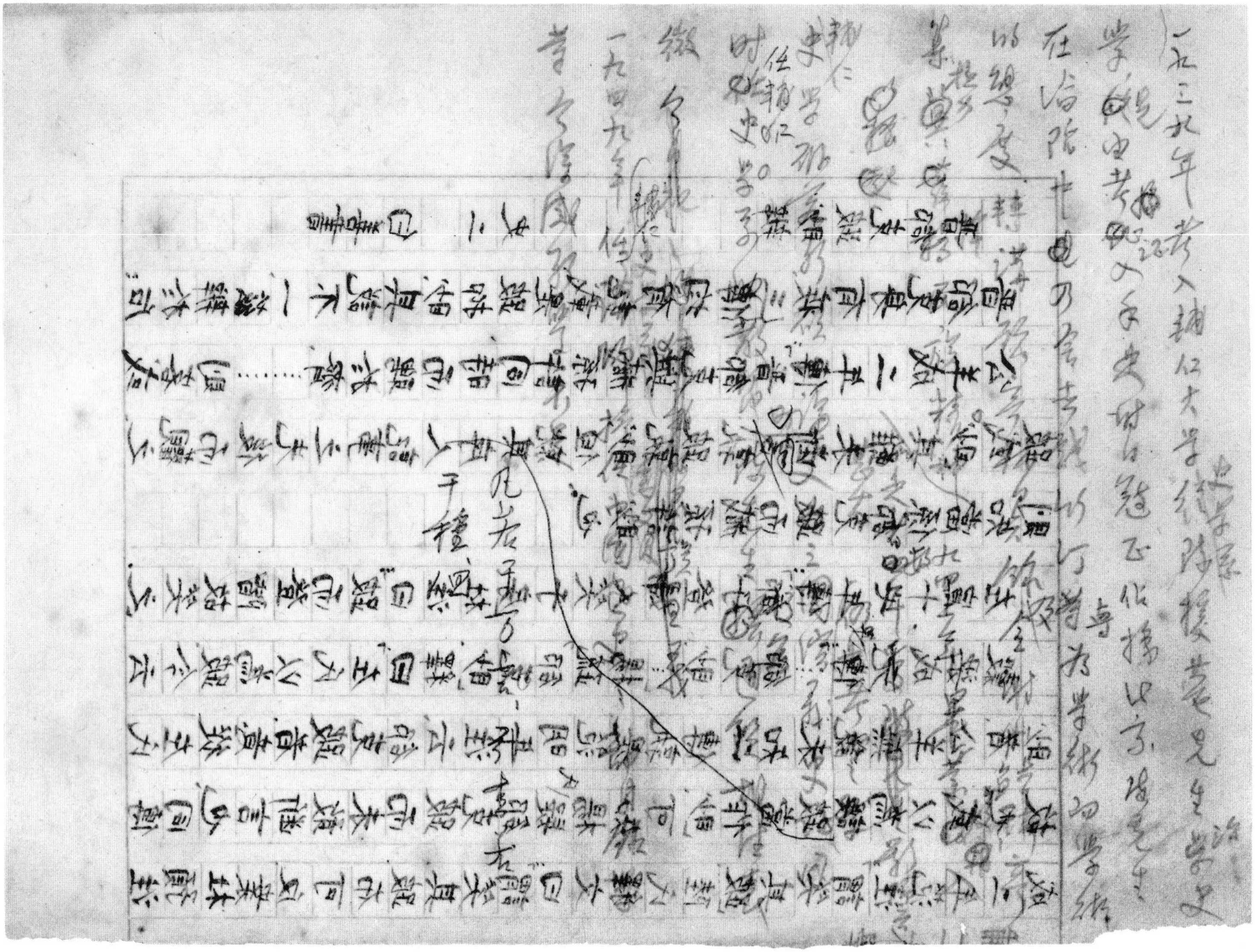

释文：一九三九年考入辅仁大学史学系，从陈援庵先生学治史学。先由考证入手。是时日寇正占据北京，陈先生在沦陷中，乃舍去钱竹汀专为学术而学术的态度，转讲顾亭林《日知录》及全谢山《鲒埼亭集》，极力挥扬民族精神。一九四三年毕业后，入辅仁史学研究所，硕士论文为《三国演义史征》，凡若干万言，引书若干种，仍是考证学。同时任辅仁史学系助教，帮助陈先生校《通鉴胡注表微》。一九四九年任辅仁史学系讲师，担任中国通史廿二部目录学等。今深感所学不足。

NO.
DATE

1941年晨光社全体社员合影（于青年会楼顶）

NO.
DATE

41年摄于西直门内豆汁摊（赴香山旅游途中）

天壇祈年殿前（41年）

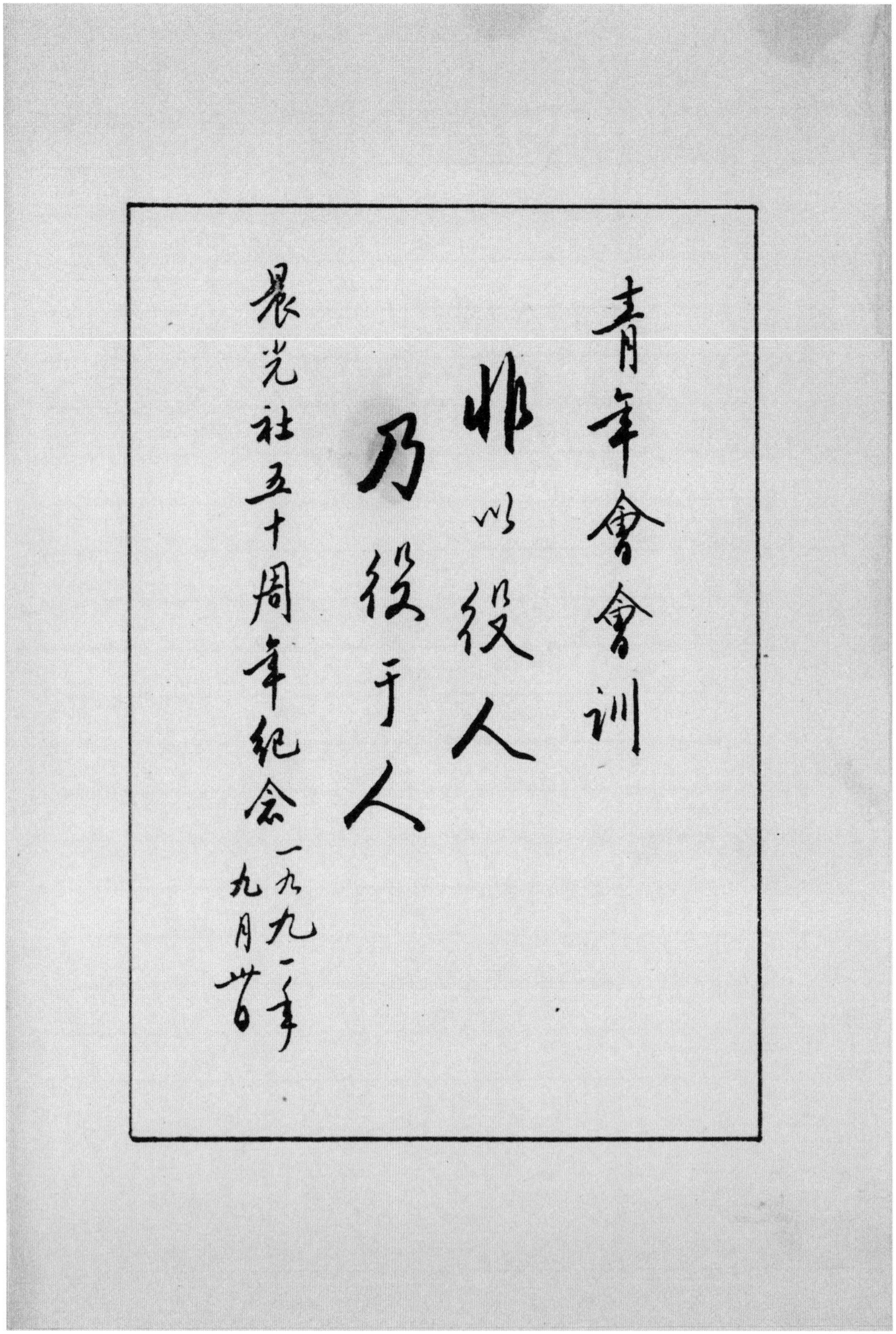

青年會會训
非以役人
乃役于人
晨光社五十周年纪念
一九九一年
九月

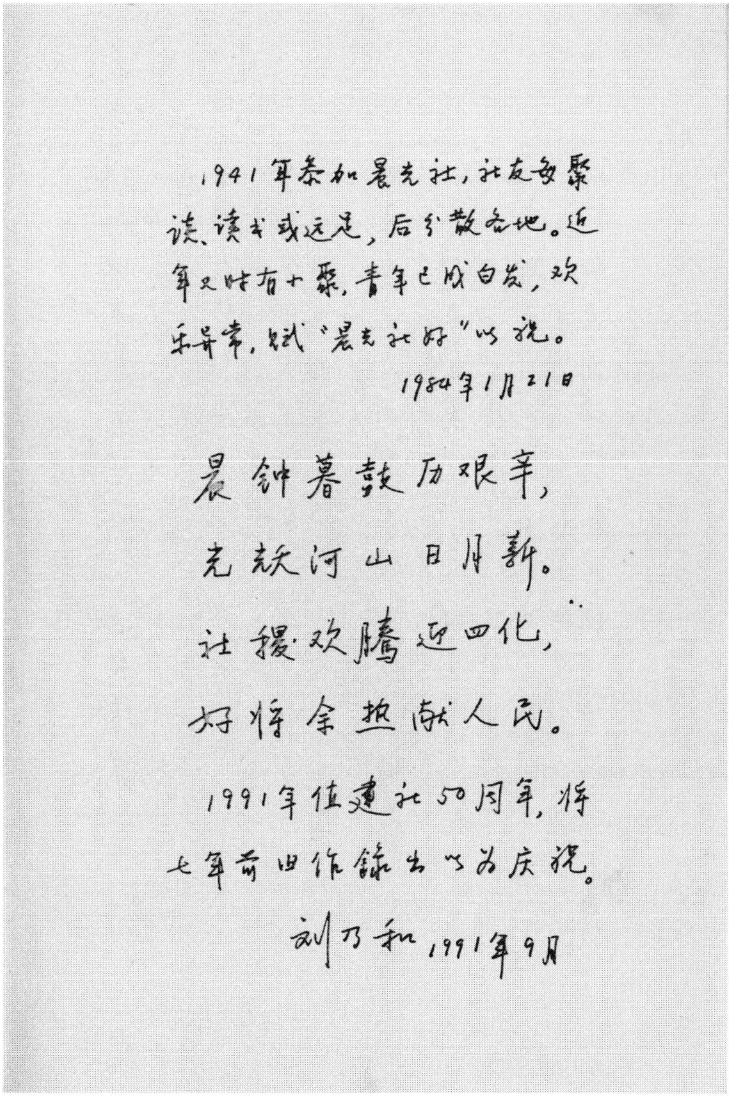
1941年参加晨光社，社友每聚谈、读书或远足，后分散各地。近年又时有小聚，青年已成白发，欢乐异常，赋"晨光社好"以祝。

1984年1月21日

晨钟暮鼓历艰辛，
光耀河山日月新。
社稷欢腾迎四化，
好将余热献人民。

1991年值建社50周年，将七年前旧作录出以为庆祝。

刘乃和 1991年9月

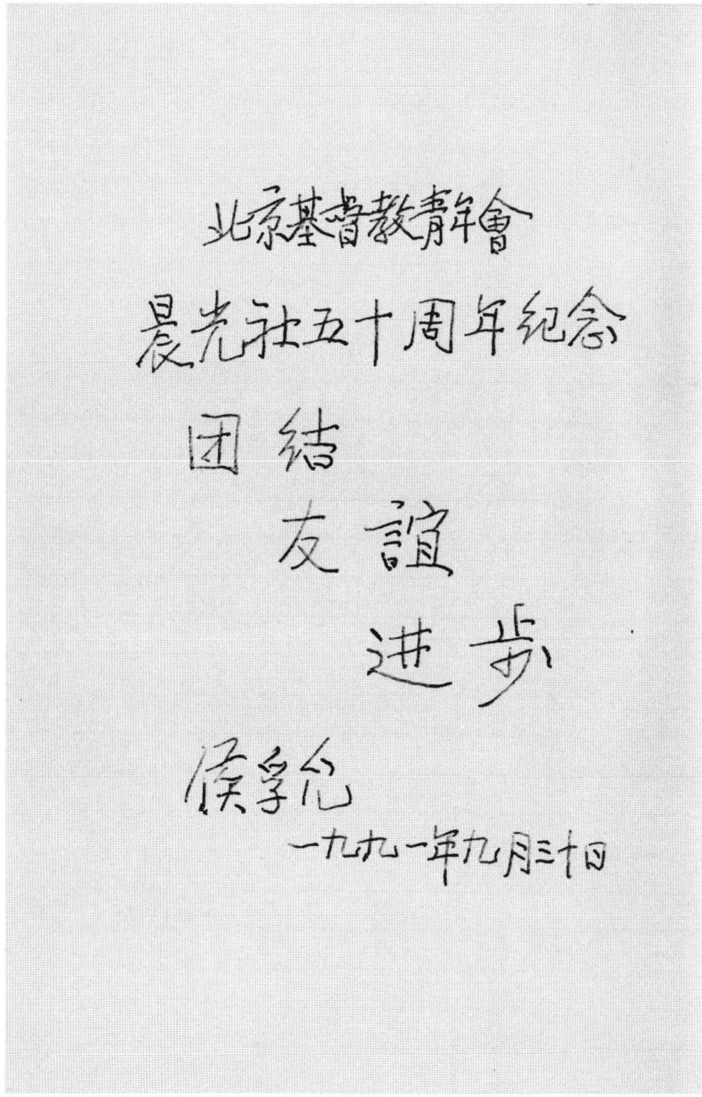
北京基督教青年會
晨光社五十周年纪念
团结
友誼
进步
侯学仑
一九九一年九月三十日

富贵王侯淡如水，
德孚众望是吾师。
允称正道无偏倚，
乃役于人信可知。

孚允先生，一生正直，创建晨光，有见有识。今逢晨光社建社50周年，书此表达敬意。

刘乃和祝

1991年9月

一日之计在于晨，一生追求是光明，
清晨使人精神爽，光明令我日日新。
忆昔相识是青春，风华正茂壮志伸，
东北西南四方走，也有深造在京津。
国事沧桑风云变，消息阻隔少通讯，
建国之后苦追求，年来结集渐有音。
旧雨重逢得聚首，笑看黑发已霜鬓，
屈指算来五十年，欢聚妙语喜连篇。
老年仍有少年兴，老友团聚忘暮年，
彼此共庆期颐寿，体健心宽保平安。
人生真能百岁身，去日已逝来日新，
老骥伏枥犹思进，壮心志在万里情。
终生苦干今不懈，迎着晨曦奔光明，
我今庆祝晨光寿，半百之年正青春。

敬祝

晨光社五十大庆！

刘乃和

1991年9月

晨光社简介

晨光社是在原青年会少年部晨光团团员崔汝懋、李鼎元等人的倡议和青年会成人部侯孚允干事的支持领导下建成的，先后发展了二十一名社员。社员中以辅仁大学、师范大学及北京大学的学生占绝大多数。

晨光社诞生于一九四一年抗日战争年代。当时的北平正处于日伪的统治、蹂躏之下，青年人情绪苦闷，没有集会结社的机会与自由。但在青年会这个特殊的环境里，却能呼吸到一些自由的空气。于是爱国青年不约而同地聚集在一起。在这个难得的小天地里，充分享受着理解、自由和友谊。

崔汝懋为晨光社第一任社长，后由张树楠继任。在八十年代大家重新聚会后，一致推选对社员联系起着重大作用，为晨光社社员重新团聚做出贡献的赵铨为社长。

青年会领导晨光社的是倍受青年人崇敬的干事侯孚允先生。在他的亲自参加和领导下，根据青年人的兴趣和爱好，开展了许多有意义的活动。如：组织座谈、演讲、参观游览、音乐欣赏、体育锻炼、春季征友、冬季赈灾等活动。为了加强联系，每周或间周有一次聚会。大家都积极参加这些活动，非常珍惜相聚的时光，每当社员们聚集在一起时，就会笑声不绝，歌声不断。这些亲如兄弟姊妹般的青年人总是开怀畅谈，各抒己见。在当时的历史条件下，能有这种欢快的聚会是难得的，许多事令人难忘。如：请百岁老人说古，老志成先生的钢琴演奏，名家们对抗日形势的分析，大钟寺的访古，天坛公园七星石边的聚会……。更使人难忘的是那每次分散时都要唱的“我们在一起越长久越觉得快乐”的歌声。

一九四二年太平洋战争爆发后，北平的局势更加严峻，许多社员不甘心于敌人的凌辱和欺压，相继离开北平，通过敌人层层封锁，历经艰辛的旅程到后方求学或工作。兰文和、崔汝懋、方仲宜、刘倜、李鼎元先后去重庆，张树楠去西北，赵铨去成都，兰文华在晚些时候也去了晋察冀解放区。留在北平的社员不多，晨光社的集体活动逐渐减少以至停止。

一九四五年日寇投降后，大部分社员先后返回北平，少数社员留在原地工作，部分社员逐步恢复联系。

一九四九年中华人民共和国成立后，社员们都能在各自的岗位上作出了应有的贡献。其中有：呕心沥血，哺育桃李，树起人民教师风范的历史学家刘乃和教授；有为了发扬祖国民族音乐，奋斗终生的男高音歌唱家张树楠；有毕生从事教育事业，成效卓著的民盟中央常委祝汝芳；有兼书画、摄影于一身的考古学家赵铨……，更多的是在自己的工作岗位上勤勤恳恳、踏踏实实工作的晨光社社员，他们从事教育、文化、工业、行政等工作都有不同程度的贡献，也都获得人民给予的不同程度的荣誉。

晨光社社员的成长与成就是与青年会所倡导的“非以役人，乃役于人”的会训，以及培养人才不遗余力的精神有关。社员们从青少年时代开始就受到会训崇高精神的感染，养成了一种“奉献”而不是“索取”的精神。更重要的是领导晨光社的德高望重，受青年人崇敬、爱戴的侯孚允先生。侯先生胸怀坦荡，谦虚谨慎，热诚待人，以身作则，他的一言一行都给青年人树立了光辉的典范。榜样的力量是无穷的，几十年来，不论环境如何变化，处境如何起伏，晨光社的社员们谁也不会忘记在他们心灵中牢牢树立起的侯先生的形象。侯孚允先生是社员们的良师和益友。正是以侯先生为中心，多年分散的晨光社社员才能在八十年代初又重新聚在一起。大家尽管是双鬓斑白，甚而相见不相识，但每当又聚在一起，就立刻恢复了当年的雀跃气氛。嘻笑颜开，殷勤话旧，似乎年华倒流，青春重现，大家要畅饮友情的甘露。

在大家重相逢的时候，我们深切缅怀过早离开我们的挚友张韵樵、兰文华、王止戈和陈慧。我们更深心想念侯先生的夫人晏瑞瑛女士。她常常陪伴侯先生参加我们的聚会。她安祥贤淑，温文尔雅，她也是我们的良师益友。愿他们在九泉之下，分享我们的重逢之乐。

晨光社成立于战火纷飞的年代，社员分散于无可奈何的岁月，又重相聚于团结安定的条件下。只有真诚、纯洁的友谊才有这样无可比拟的凝聚力。让我们高呼：友谊万岁！晨光社的精神永存！

一九九一年九月三十日

附晨光社社员名单：

崔汝懋	刘乃和	刘慰庭	张树楠	张家振
祝汝芳	赵 铨	王 兢	刘 偶	方仲宜
李鼎元	顾 同	张树岩	张锦兰	兰文和
胡蕴璞	兰文华	陈 慧	王止戈	张韵樵

孟玉华（尚未联系到）

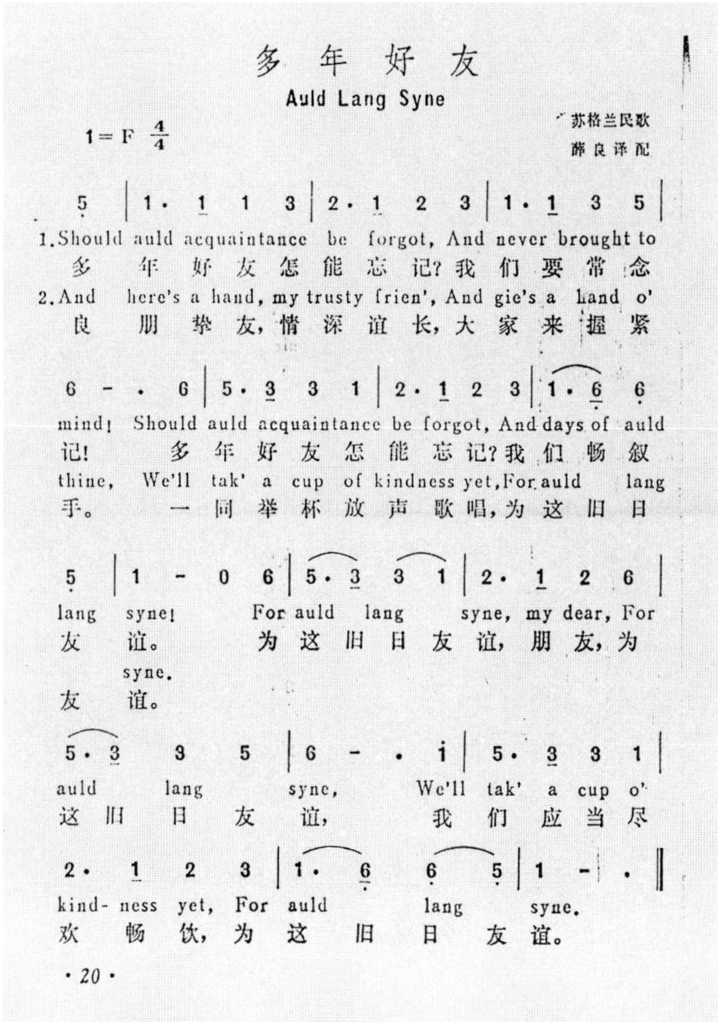
多年好友
Auld Lang Syne
苏格兰民歌
薛良译配
1=F 4/4
1.Should auld acquaintance be forgot, And never brought to
多年好友怎能忘记?我们要常念
2.And here's a hand, my trusty frien', And gie's a hand o'
良朋挚友,情深谊长,大家来握紧
mind! Should auld acquaintance be forgot, And days of auld
记! 多年好友怎能忘记?我们畅叙
thine, We'll tak' a cup of kindness yet, For auld lang
手。 一同举杯放声歌唱,为这旧日
lang syne! For auld lang syne, my dear, For
友谊。 为这旧日友谊,朋友,为
syne.
友谊。
auld lang syne, We'll tak' a cup o'
这旧日友谊, 我们应当尽
kind- ness yet, For auld lang syne.
欢畅饮,为这旧日友谊。
·20·

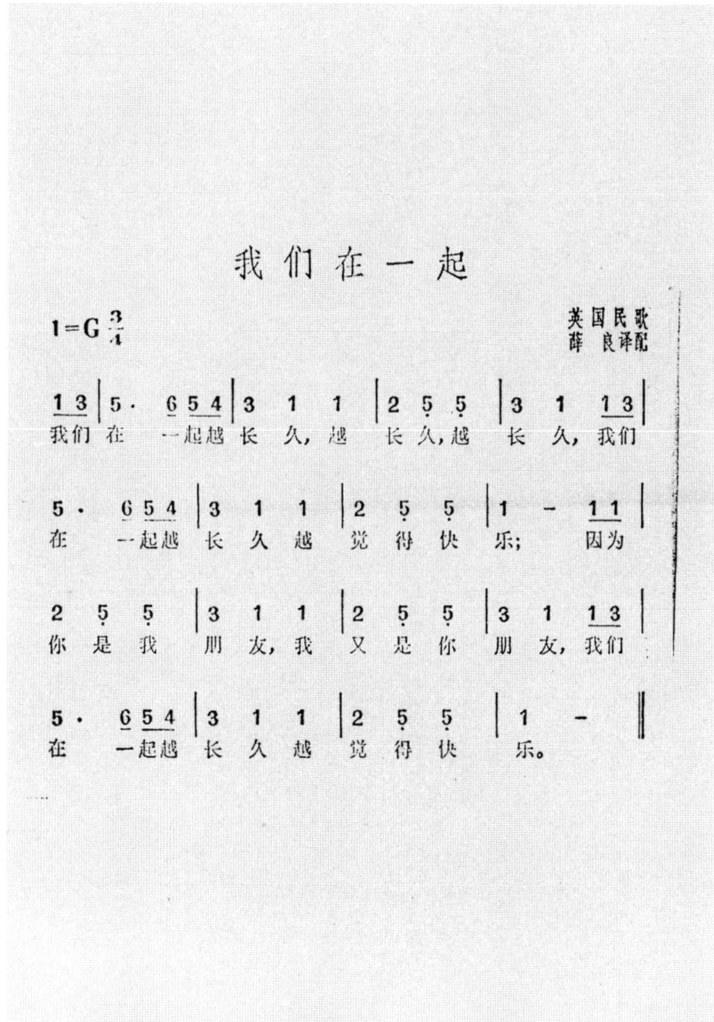
我们在一起
英国民歌
薛良译配
1=G 3/4
我们在一起越长久,越长久,越长久,我们
在一起越长久越觉得快乐; 因为
你是我朋友,我又是你朋友,我们
在一起越长久越觉得快乐。

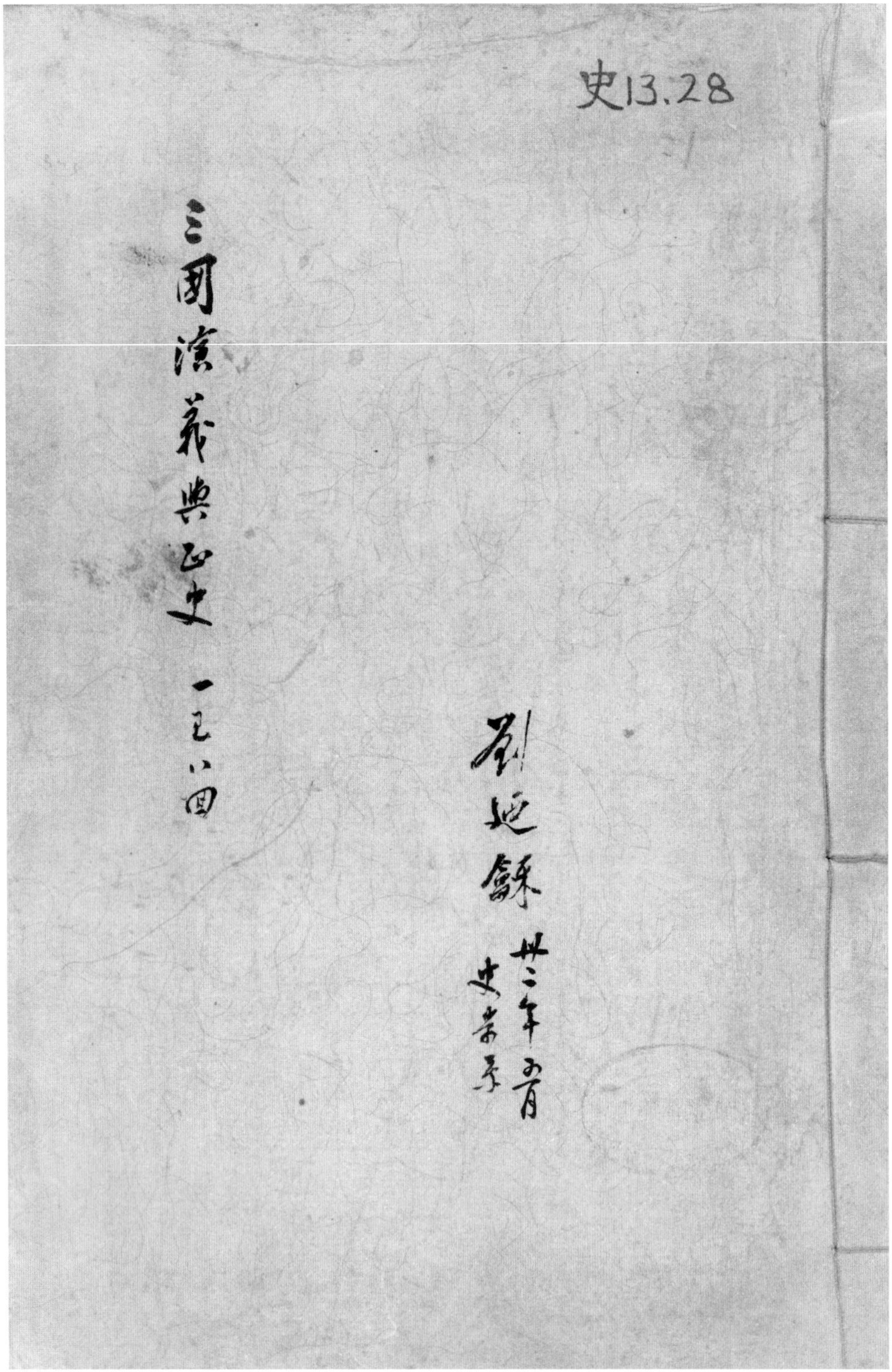

刘乃和从本科毕业前就撰写《三国演义与正史》,一直到硕士毕业,才完成《三国演义》前三十八回研究。

三册封面均系陈垣题字。

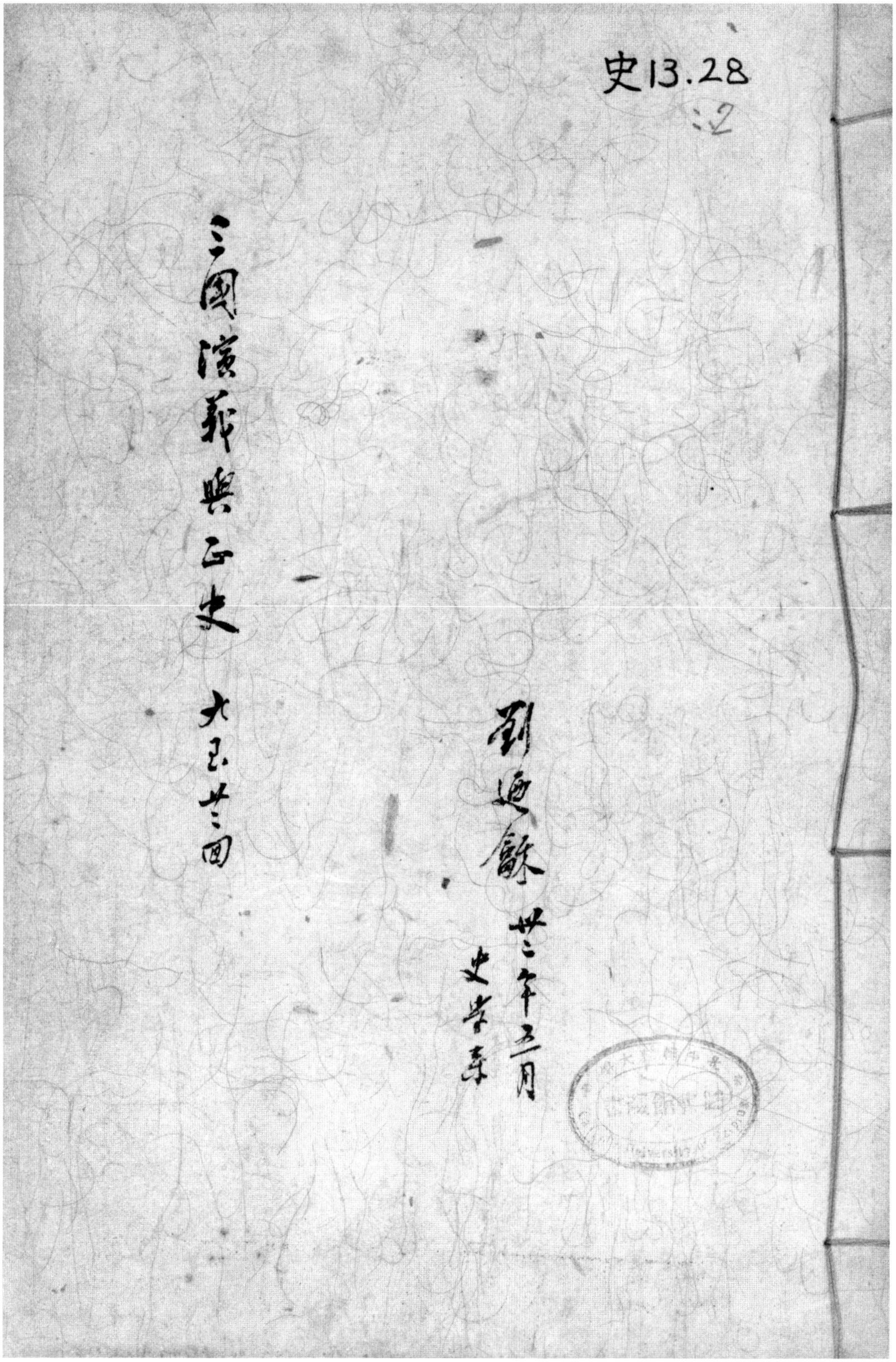
史13.28
三國演義與正史
大五廿四
劉廼龢
廿二年五月
史學系

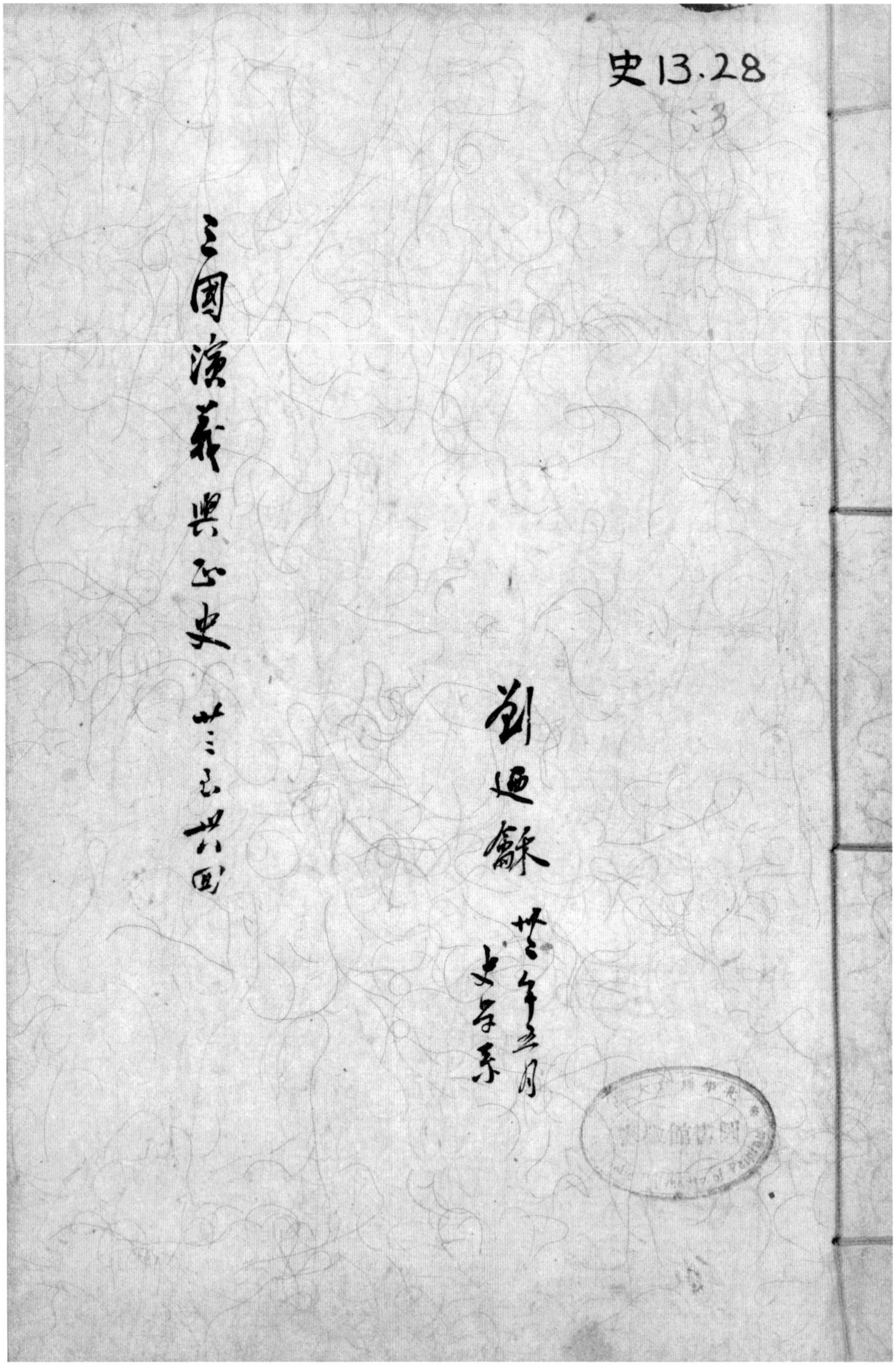

三国演義與正史

卅三 五 廿八日

劉迺龢

卅三年五月
史學系

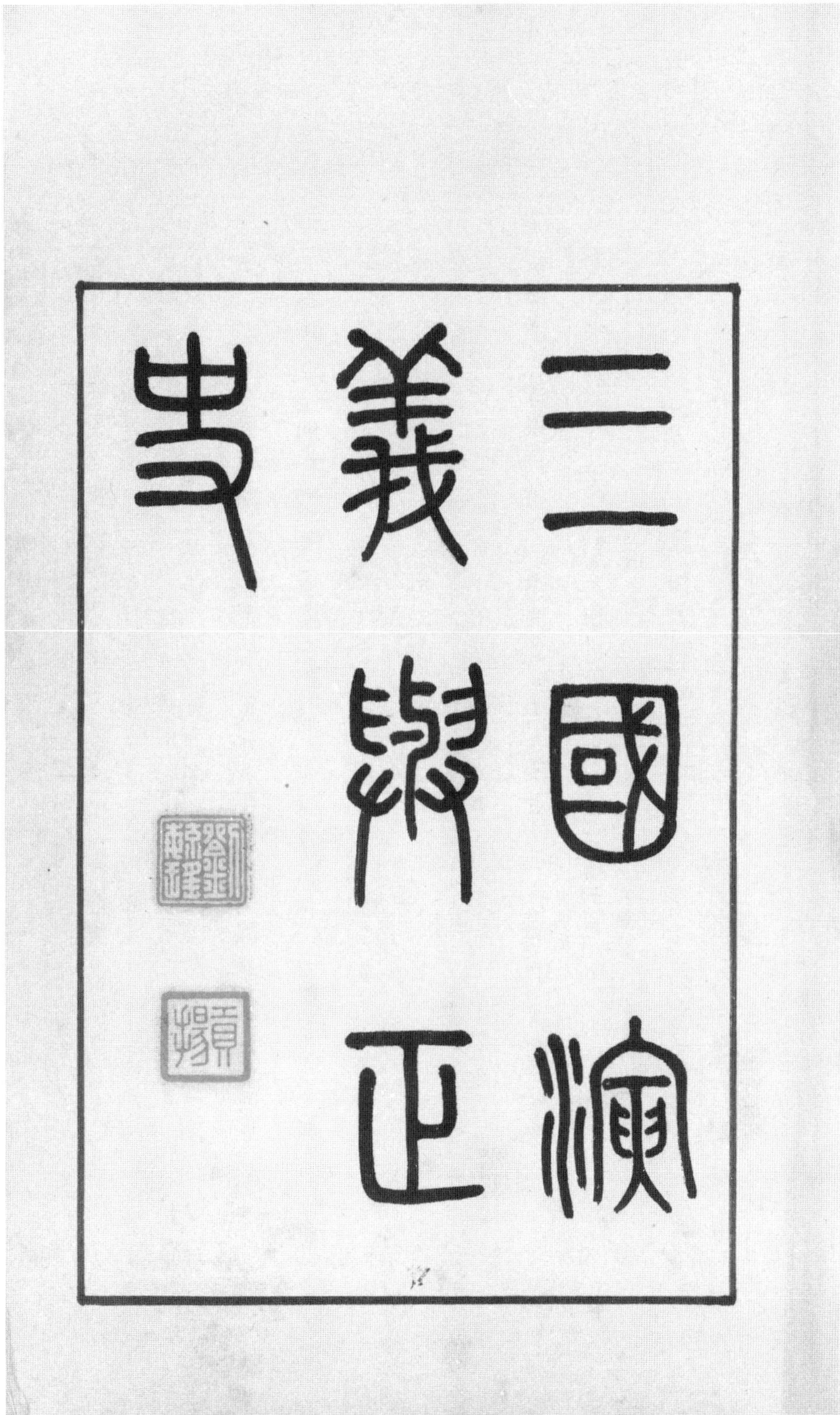

刘乃和父亲题写书名《三国演义与正史》。

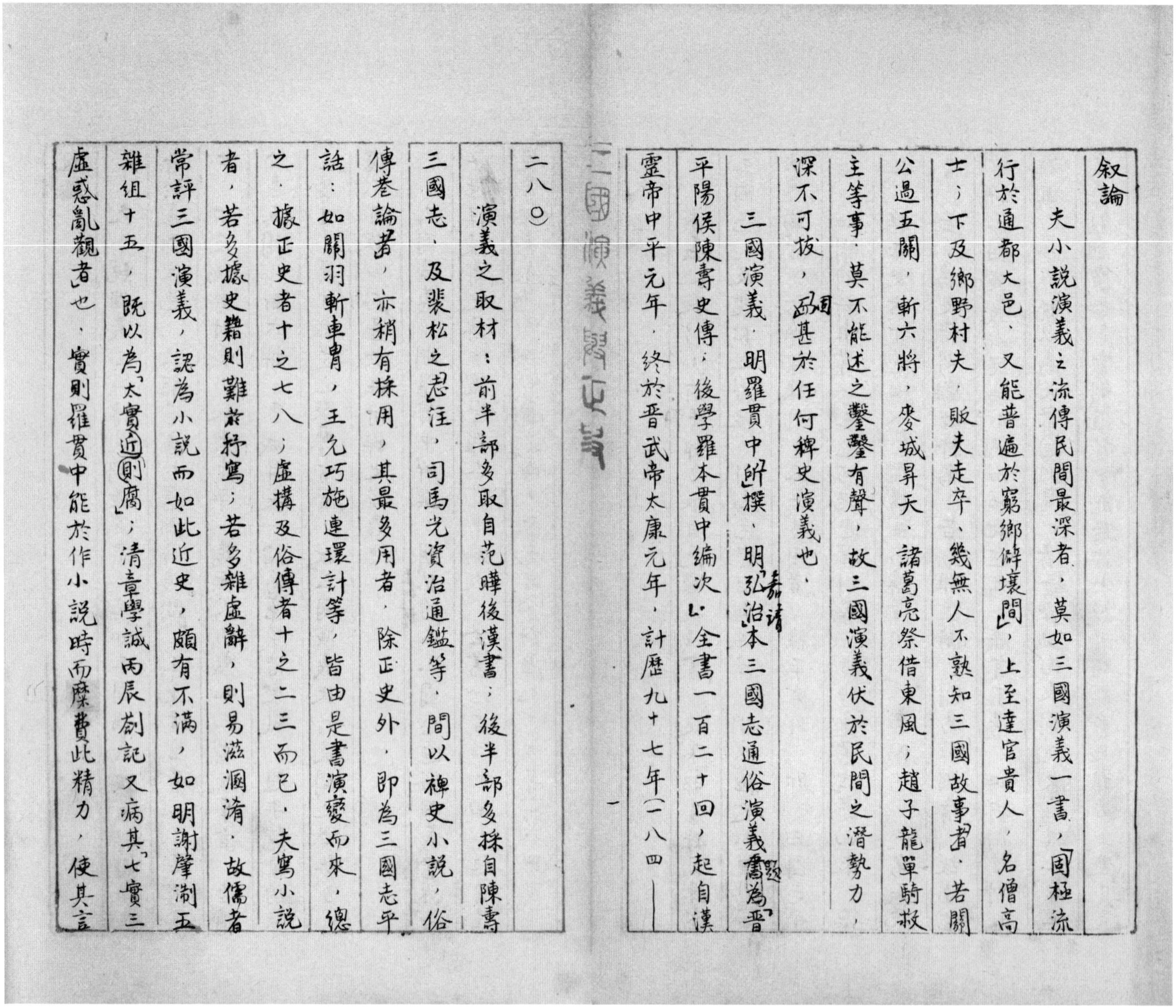

三國演義與正史

叙論

夫小說演義之流傳民間最深者，莫如三國演義一書，「固極流行於通都大邑，又能普遍於窮鄉僻壤間」，上至達官貴人，名儒高士；下及鄉野村夫，販夫走卒，幾無人不熟知三國故事者。若關公過五關，斬六將，麥城昇天，諸葛亮祭借東風；趙子龍單騎救主等事，莫不能述之鑿鑿有聲，故三國演義伏於民間之潛勢力，深不可拔，因甚於任何稗史演義也。

三國演義，明羅貫中所撰，明弘治嘉靖本三國志通俗演義題為「晉平陽侯陳壽史傳，後學羅本貫中編次」，全書一百二十回，起自漢靈帝中平元年，終於晉武帝太康元年，計歷九十七年（一八四——二八〇）

演義之取材：前半部多取自范曄後漢書；後半部多採自陳壽三國志，及裴松之「志」注，司馬光資治通鑑等，間以稗史小說，俗傳卷論者，亦稍有採用，其最多用者，除正史外，即為三國志平話：如關羽斬車胄，王允巧施連環計等，皆由是書演變而來，總之，據正史者十之七八；虛構及俗傳者十之二三而已。夫寫小說者，若多據史籍則難於抒寫；若多雜虛辭，則易滋溷淆，故儒者常評三國演義，認為小說而如此近史，頗有不满，如明謝肇淛五雜俎十五，既以為「太實近則腐」；清章學誠丙辰劄記又病其「七實三虛惑亂觀者」也，實則羅貫中能於作小說時而糜費此精力，使其言

这是刘乃和的手稿。稿纸是预先印好的。当时确定书名为《三国演义与正史》。撰写中更改书名。朱丝栏，正文四周单边，无鱼尾。

多不虛，事出有據，事迹殊不背謬正史，凡其改動正史之部，亦必改為近似者，決無彼東而己西，事實完全更易之處，其書之精彩，亦基於此也。

其描寫部分，則較正史為多，為小說者勢不得不然耳，其寫人物，如狀蜀劉關張諸葛等，每作誇張增飾之辭，而於曹操之所言所行，每多詆侮，實則正史亦言曹操奸偽，關羽忠義，演義於此點，亦不過畧取正史以為據，類輯之而緣以己見，渲染深述之而已，決非正史言某人有忠厚誠實之度，而演義易為譎偽偏僻，正史以為其人為耿介廉直之士，而演義改以荒佞放蕩之徒者，此亦演義之佳點也。

其文字平易近人，用字簡而賅博，為文實而無華，飽學之士，喜其文之敦樸流暢；幼學之徒，又能於其淡字清文之中，受益良多，認之為文範，不覺其淺，視其為讀物，又不病其深，句字精練，描寫迫實，事文意三者，無一或闕，誠小說中之冠，不得與他演義等量而齊觀也。

其紀年也，絲毫不紊，其記戰也，敵我清晰，記事之前後有致，寫景之如歷目前，捨此書而求他，何可再得，總計全書，窮以為最精彩處為三顧茅廬，而其最繁冗紊亂處為七擒孟獲，其寫人，亦有時頗有失，以致欲顯劉備之長厚，而似偽，狀諸葛之多智，而近妖，惟於關羽，特多好語，義忠勇壯之概，溢於言表，如敘關羽之出身，豐采，及勇力，皆盛讚之。又如曹操赤壁之敗，孔明知操命不當盡，乃故使關羽扼守華容道，俾得縱之，而又故以軍法相要，使立軍令狀而去。此敘孔明但見狡猾，而關羽之氣慨則凜凜然若生也。

∴演義之正統：演義寫魏蜀吳三國之鼎峙，乃以蜀劉備為正統，吳魏為僭國，蓋以劉備，乃帝室之冑，以魏國為篡國之賊，極力描寫劉備之得人，萬眾歸心，而魏曹操雖得帝祚，總覺其失德失望，終不為眾所賓服。考陳壽三國志，以魏為正統。陳壽者，三國末蜀人也。其成書適在西晉，西晉代魏而王天下者也，如不以魏為正統，是否認西晉為正統矣。習鑿齒漢晉春秋，以蜀為正

統。習鑿齒，成書已在東晉，認蜀為正統者，即無異認東晉為正統矣。此時代使之然也。後人於此事，每多爭執。演義一書，或謂為以正陳壽三國志之統系者。實則演義，固取材正史之部甚多，不可以為小說而忽視之。然竊以為其目的，無非意主忠義，旨歸勸懲，提倡節義，貶抑奸佞而已。其詆惡揚善，使世人以感之深而效之甚也。至於帝祚之爭，自有史家名書可徵考，即有人考史事於稗史小說者，亦斷無求漢魏三國時史事之虛實而於明代人所成之演義故事中者，故演義視之為小說，可也。視之為歷史，亦可也。而視之為「以正史家是非」者，則大謬焉。

演義感人之深：演義感人至深且甚，因流傳民間已久，其事

跡均熟印腦際，常有士大夫引演義之事，不見正史者，以為典故，而不自覺其誤，隨園诗话載：「崔念陵進士，诗才極佳，惜有五古一篇，責関公華容道上放曹操一事，此小说演義也，何可入诗，何屺瞻作札，有生瑜生亮之语，被毛西河诮其無稽，终身慚悔，某孝廉，作関廟對联，竟用秉燭達旦者，俚俗乃爾，人不可不解學耶」，又有以桃園结義為引據，自比於古人者，固覺其用典之不當，亦可證演義流傳之深入民間矣、

演義未成以前之傳说：演義書雖成於明季，而其事跡，多為明以前即已傳演者，如蘇東坡志林卷六「王彭嘗云塗巷中小兒薄劣，其家所厭苦，輒與銭令聚坐聽古话，至说三國事，聞劉玄德敗，頻蹙眉，有出涕者，聞曹操敗，即喜唱快，以是知君子小人之澤，百世不斬」，由此可知宋時里巷間，说古者其中皆含三國故事，且金元雜劇，亦常用三國時事，如赤壁鏖兵，單刀赴會等，又有元人魯貞作漢壽亭侯碑，已有「乘赤兔兮從周倉」话，則演義以前已有其说矣、又若關索，演義謂為關羽之幼子，诸葛亮征孟獲時，得遇之，徵诸正史，不見其人，而宋時盗中即有小關索之稱，則其流傳已久，關索之名，非演義所撰也、

演義外書及注：演義於每回之前，有清金人瑞聖嘆外書，及演義正文下雙行小字，毛宗崗之注，二者之言，每多奇思，而亦有不當之言，且多膚浅無涉之语，每多偏見，茲舉其甚者：如第十

六回聖嘆外書，有言曰：「操之忌備，前既欲使呂布圖之，後又使袁術攻之，而決不肯自殺之者，要推惡人與別人作，蓋以其為人望所歸，而不欲使吾有害賢之名也，此等奸雄奸到絕頂，傖父不解，讀書至此，失聲嘆曰，曹操亦有好處，此真為曹操所笑矣」。觀此，殊覺可笑，孰謂曹操之奸，奸在此處，難道操為惡人，竟無一些好處，曹操不殺備，豈盡為「欲作好人，推惡人與別人作」耶，此正是操之寬恕容人，善納英賢，此種優點，實非袁紹等輩，所能及也，其愛才之心，豈能為其惡所掩，恐曹操所笑之傖父，非他人，惟其自不知之耳。又如第十七回，曹操馬踏青苗，注曰：「因糧於敵，可也，取糧於民，不可也，故無糧則壽春城中，不

妨收掠，有糧則所過麥田，不許踐踏」，考此事之前，演義謂壽春城中，收掠一空，安知其非言為收掠犯禁之物，收掠一空，孰曾謂「劫掠民間」，且不許踐踏麥田，乃主帥用兵之軍令也，更足以見操愛民及護其麥田，用心良苦處，安得謂彼為不當耶？演義對曹操每多偏激，而其注及外書，尤加甚，是曹操所為，好也不是，歹也不是，其好處，則謂為奸，為故意顯示自己，其歹時，則更大加鼓吹操之姦惡，是曹操既不能為非作歹，又不能諂賢奉法，真所謂「左右作人難也哉」。又如第十八回，聖嘆外書：「操之哭典韋，非哭典韋也，哭一既死之典韋，而凡未死之典韋，無不感激，此非曹操忠厚處，正是曹操奸雄處……」按此段意亦如前，曹之哭

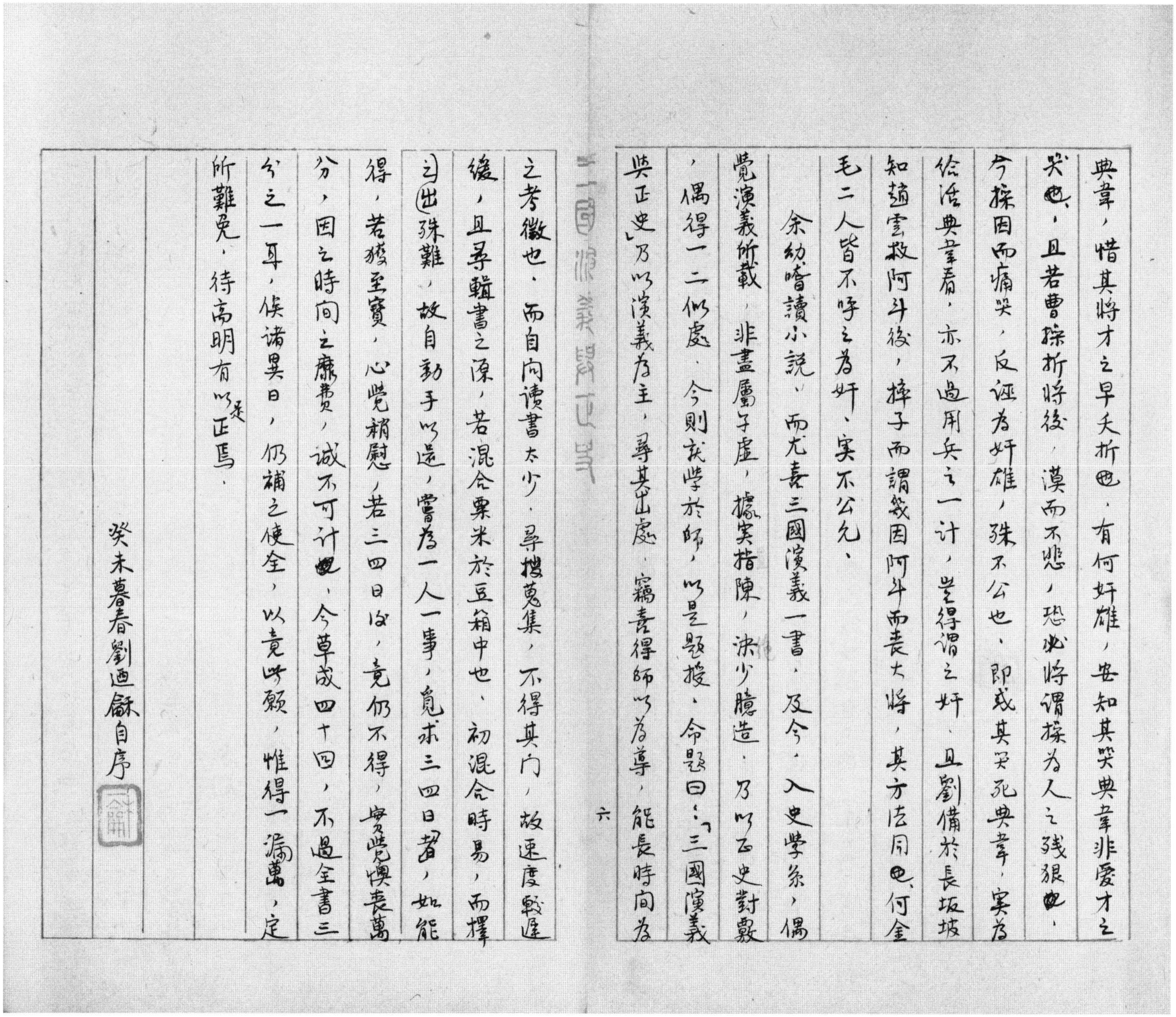
典韋，惜其將才之早夭折也，有何奸雄，安知其哭典韋非愛才之哭也，且若曹操折將後，漠而不悲，恐必將謂操為人之殘狠也，今操因而痛哭，反誣為奸雄，殊不公也，即或其哭死典韋，实為給活典韋看，亦不過用兵之一计，豈得謂之奸，且劉備於長坂坡知趙雲救阿斗後，摔子而謂幾因阿斗而丧大將，其方法同也，何金毛二人皆不呼之為奸，实不公允。

余幼嗜讀小說，而尤喜三國演義一書，及今，入史學系，偶覺演義所載，非盡屬子虛，據实指陳，決少臆造，乃以正史對覈，偶得一二似處，今則就學於師，以是題授，命題曰：「三國演義與正史」，乃以演義為主，尋其出處，竊喜得師以為導，能長時向為之考徵也，而自向讀書太少，尋搜蒐集，不得其門，故速度較遲緩，且尋輯書之源，若混合粟米於豆箱中也，初混合時易，而擇之出殊難，故自動手以還，嘗為一人一事，覓求三四日者，如能得，若獲至寶，心覺稍慰，若三四日後，竟仍不得，寧覺懊喪萬分，因之時間之靡费，诚不可计也，今草成四十四，不過全書三分之一耳，俟諸異日，仍補之使全，以竟此願，惟得一漏萬，定所難免，待高明有以是正焉。

癸未暮春劉迺龢自序

六

癸未 1943 年。

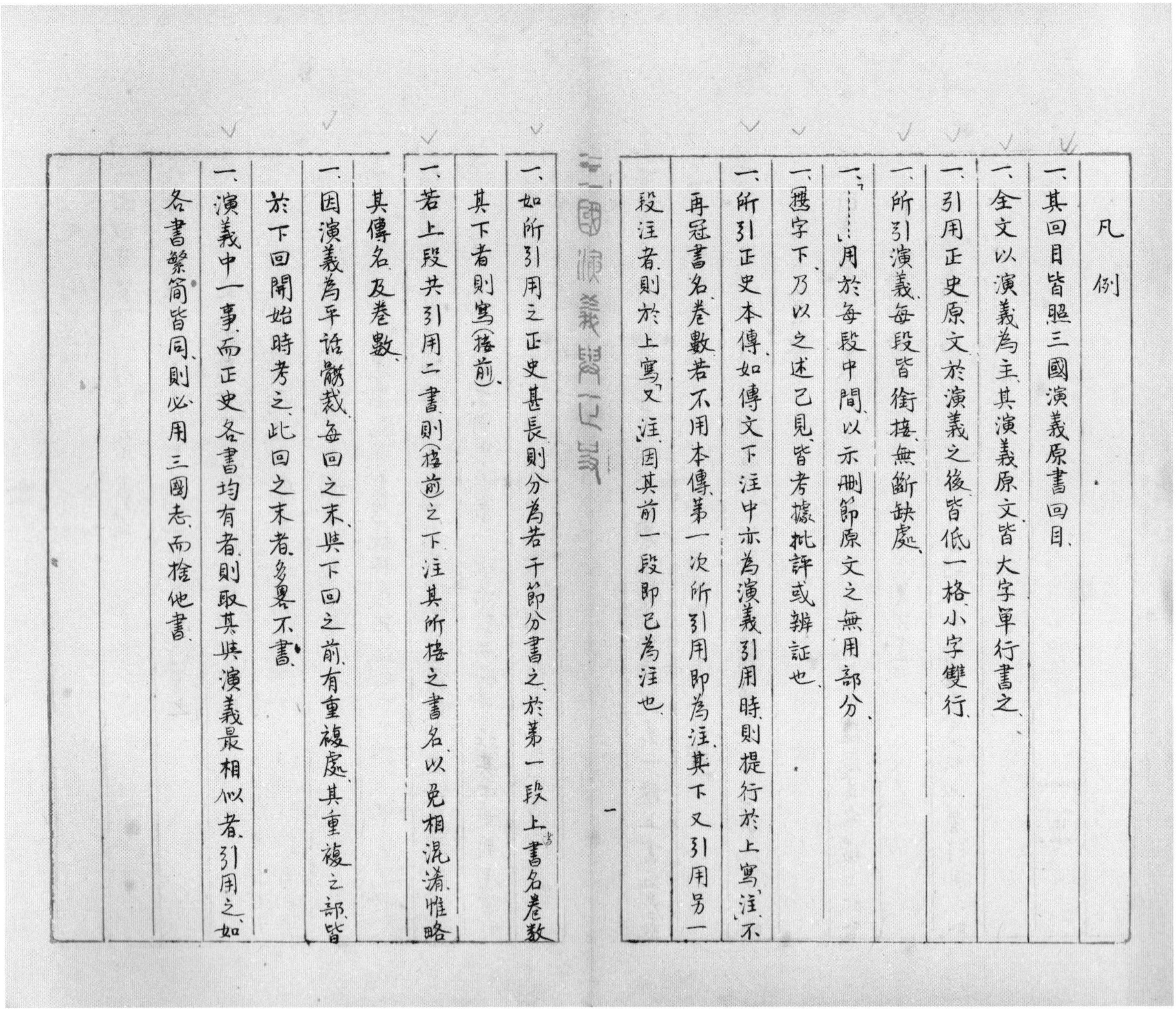

凡例

一、其回目皆照三國演義原書回目、

一、全文以演義為主、其演義原文皆大字單行書之、

一、引用正史原文於演義之後、皆低一格、小字雙行、

一、所引演義每段皆銜接、無斷缺處、

一、「……」用於每段中間、以示刪節原文之無用部分、

一、「按」字下、乃以之述己見、皆考據、批評、或辨証也、

一、所引正史本傳、如傳文下注中亦為演義引用時、則提行於上寫「注」、不再冠書名、卷數、若不用本傳、第一次所引用即為注、其下又引用另一段注者、則於上寫「又注」、因其前一段即已為注也、

一、如所引用之正史甚長、則分為若干節分書之、於第一段上書書名、卷數、其下者則寫（接前）、

一、若上段共引用二書、則（接前）之下注其所接之書名、以免相混淆、惟略其傳名及卷數、

一、因演義為平話體裁、每回之末、與下回之前、有重複處、其重複之部、皆於下回開始時考之、此回之末者多畧不書、

一、演義中一事、而正史各書均有者、則取其與演義最相似者、引用之、如各書繁簡皆同、則必用三國志、而捨他書、

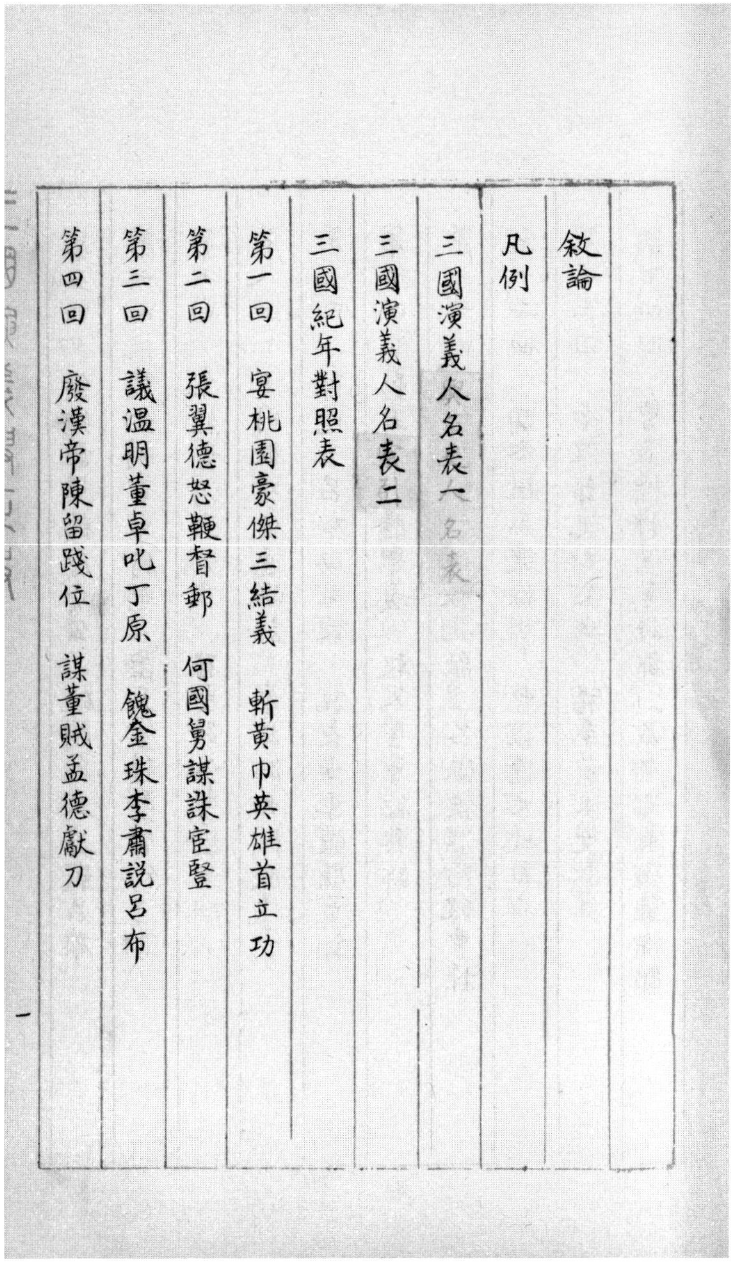

三國演義目錄 一

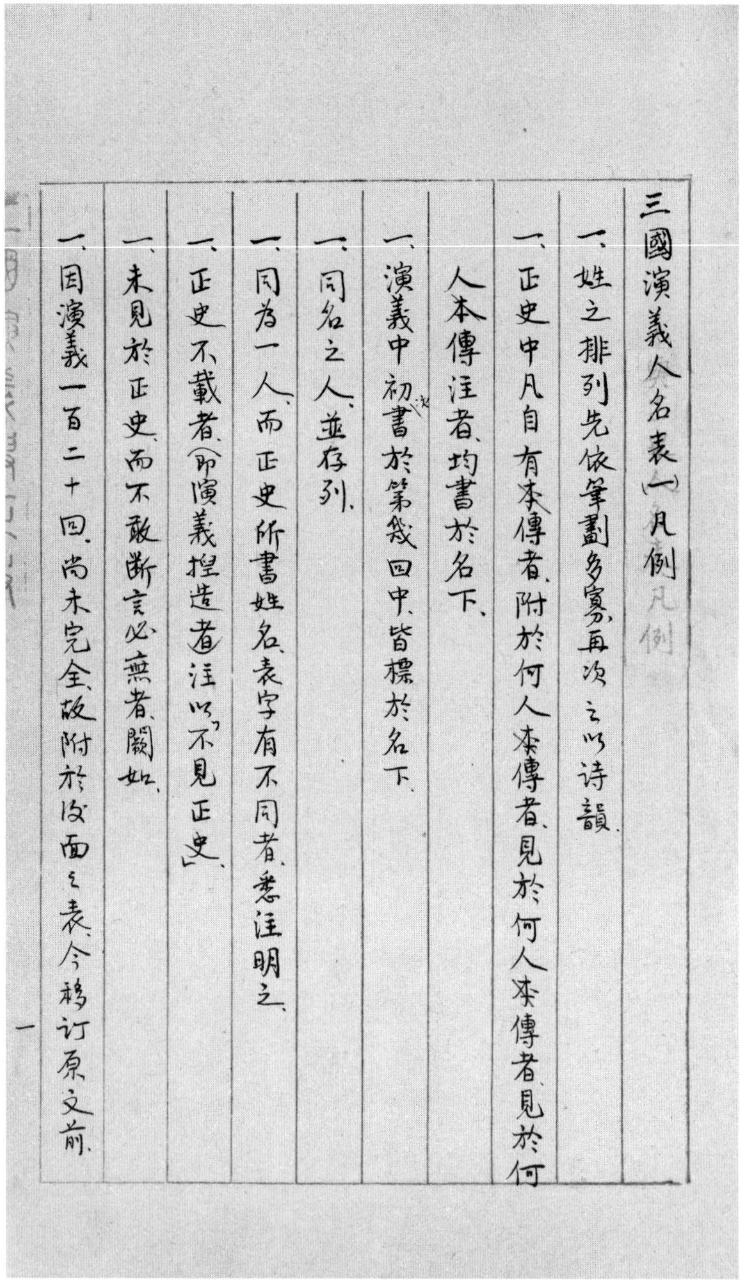
三國演義人名表㈠凡例

一、姓之排列先依筆劃多寡，再次之以詩韻。

一、正史中凡自有本傳者，附於何人本傳者，見於何人本傳者，見於何人本傳注者，均書於名下。

一、演義中初書於第幾回中，皆標於名下。

一、同名之人，並存列。

一、同為一人，而正史所書姓名、表字有不同者，悉注明之。

一、正史不載者（即演義捏造者）注以「不見正史」。

一、未見於正史，而不敢斷言必無者，闕如。

一、因演義一百二十回，尚未完全，故附於後面之表，今移訂原文前。

一

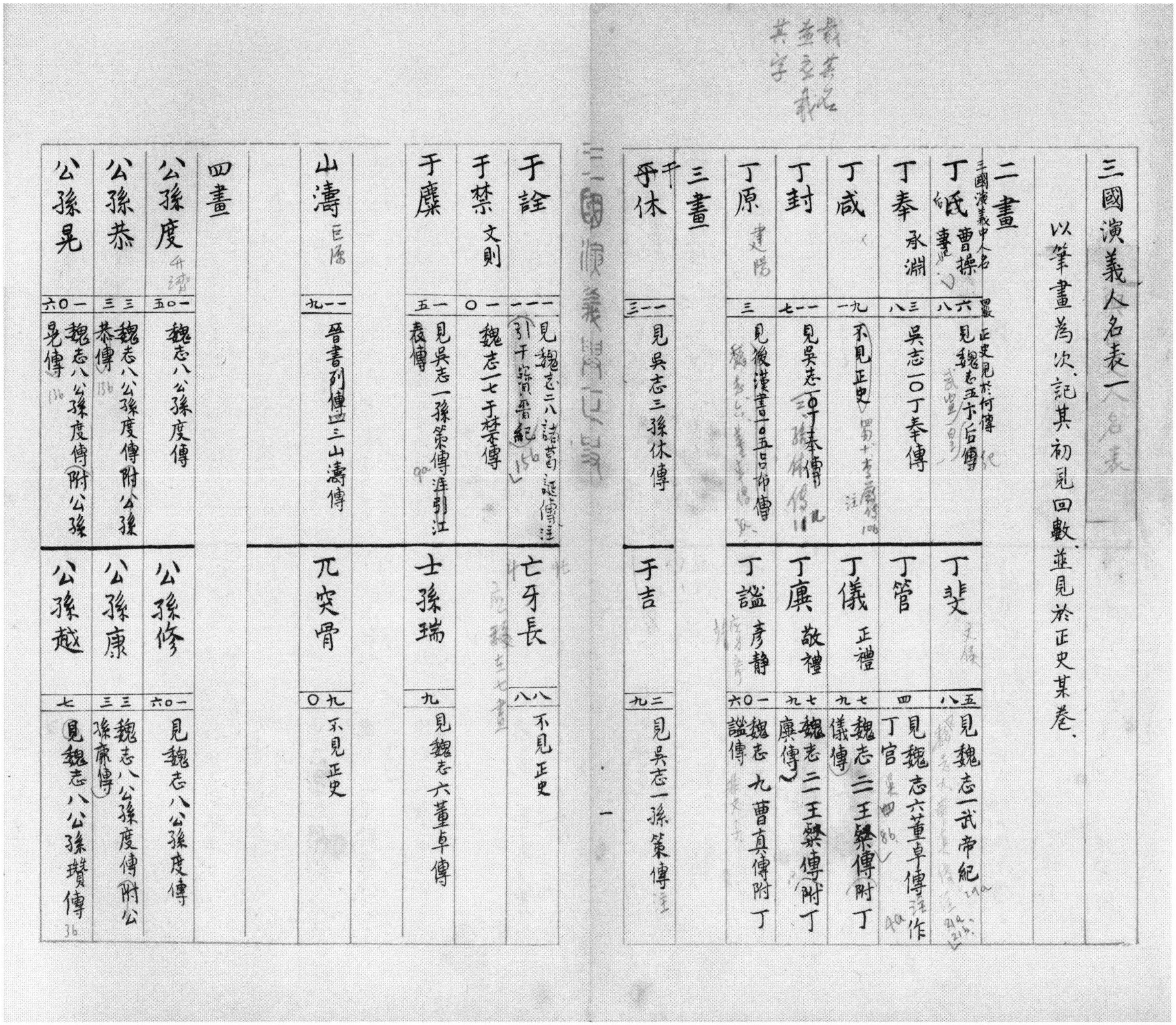

三國演義人名表一

以筆畫為次，記其初見回數，並見於正史某卷、

二畫

丁紙 曹操事 八六 見魏志五卞后傳
丁奉 承淵 八三 吳志一〇丁奉傳
丁咸 一九 不見正史
丁封 一一七 見吳志一〇丁奉傳
丁原 建陽 三 見後漢書一〇五呂布傳
丁斐 文侯 八五 見魏志一武帝紀
丁管 四 見魏志六董卓傳注作丁官
丁儀 正禮 七九 魏志二一王粲傳附丁儀傳
丁廙 敬禮 七九 魏志二一王粲傳附丁廙傳
丁謐 彥靖 一〇六 魏志九曹真傳附丁謐傳

三畫

于休 一一三 見吳志三孫休傳
于吉 二九 見吳志一孫策傳注

三國演義人名表 一

于詮 一一二 見魏志二八諸葛誕傳注引干寶晉紀
于禁 文則 一〇 魏志一七于禁傳
于麋 一五 見吳志一孫策傳注引江表傳
山濤 巨源 一一九 晉書列傳四三山濤傳
亡牙長 八八 不見正史
士孫瑞 九 見魏志六董卓傳
兀突骨 九〇 不見正史

四畫

公孫度 一〇五 魏志八公孫度傳
公孫恭 三三 魏志八公孫度傳附公孫恭傳
公孫晃 一〇六 魏志八公孫度傳附公孫晃傳
公孫脩 一〇六 見魏志八公孫度傳
公孫康 三三 魏志八公孫度傳附公孫康傳
公孫越 七 見魏志八公孫瓚傳

可见导师批改。

三國演義人名表二

以每回初見為次

第一回

漢桓帝	漢靈帝	竇武	陳蕃	曹節
蔡邕	張讓	趙忠	封諝	段珪
侯覽	蹇碩	程曠	夏惲	郭勝
張角	張寶	張梁	南華老仙	馬元義
唐州	何進	盧植	皇甫嵩	朱儁
劉焉	鄒靖	劉備	劉弘	劉元起
鄭玄	公孫瓚	張飛	關羽	張世平
蘇雙	程遠志	鄧茂	龔景	曹操
曹嵩	曹騰	橋玄	何顒	許劭
左豐	董卓			

第二回

嚴政	趙弘	韓忠	孫仲	孫堅
許昌 許韶	張鈞	督郵	劉恢	區星
張舉	張純	劉陶	陳耽	劉虞
劉辯 漢紀作辨 弘農王	王美人	劉協 陳留王	何后	董太后
劉萇	潘隱	袁逢	袁隗	袁紹
荀攸 公達	鄭泰	董重	何苗	舞陽君

高昇
臧旻

三國紀年對照表

漢	魏	蜀	吳
靈帝中平元年（即光和七年）			
二年			
三年			
四年			
五年			
六年（四月少帝改光熹，八月改昭寧，九月獻帝改永漢，十二月復中平六年）			
獻帝初平元年			
二年			
三年			
四年			
興平元年			
二年			
建安元年			
二年			
三年			
四年			
五年			
六年			
七年			
八年			
九年			
十年			
十一年			
十二年			
十三年			
十四年			
十五年			
十六年			
十七年			
十八年			
十九年			
二十年			
二十一年			
二十二年			
二十三年			
二十四年			
二十五年（三月改延康，十月魏改黃初）			
	文帝黃初元年		
	二年	先主劉備章武元年	
	三年	二年	吳主孫權黃武元年
	四年	後主劉禪建興元年（四月先主殂，五月後主立）	二年
	五年	二年	三年
	六年	三年	四年
	七年	四年	五年
	明帝太和元年	五年	六年

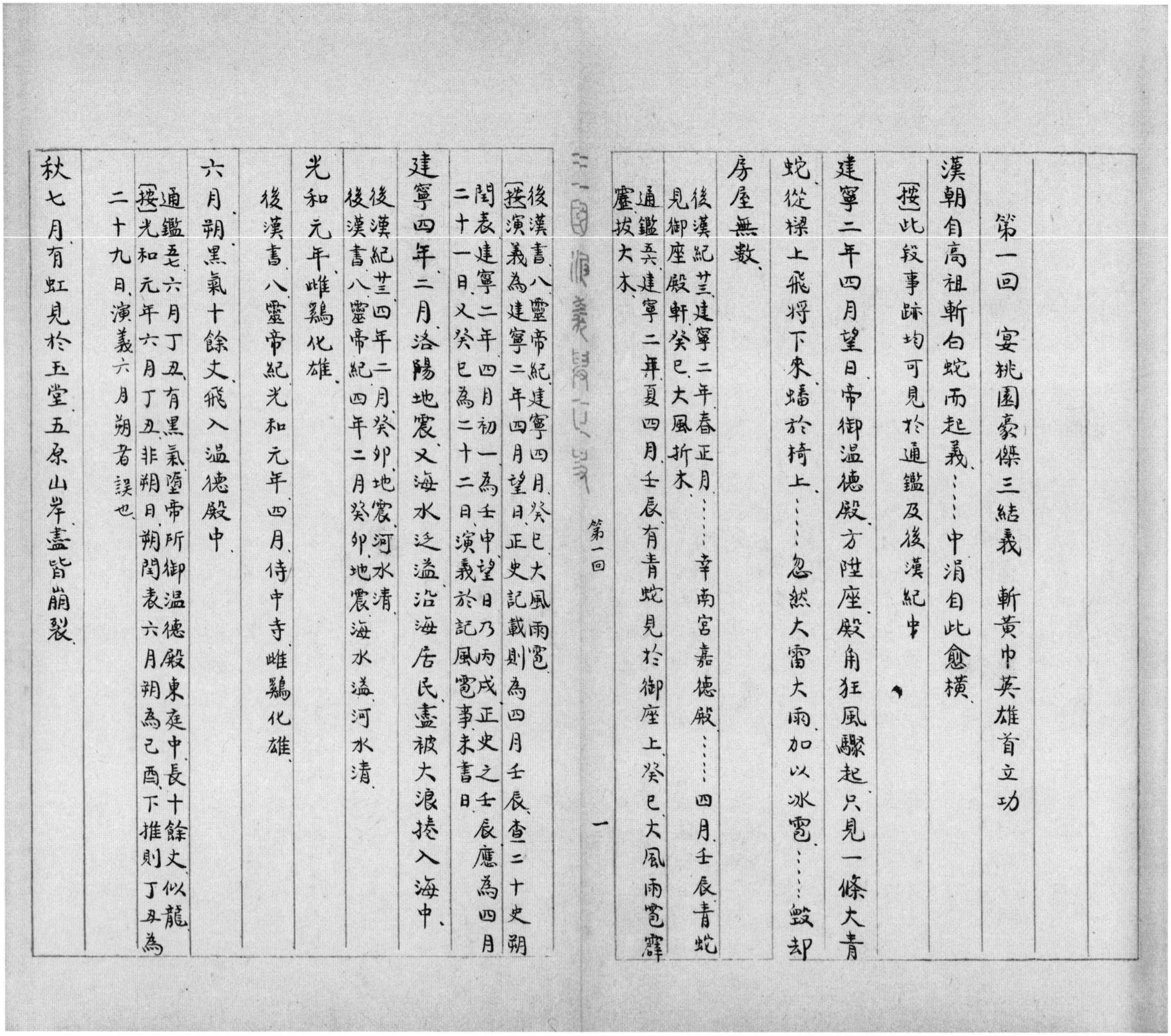

第一回　宴桃園豪傑三結義　斬黃巾英雄首立功

漢朝自高祖斬白蛇而起義……中涓自此愈橫。

[按]此段事跡均可見於通鑑及後漢紀中

建寧二年四月望日，帝御温德殿，方陞座，殿角狂風驟起，只見一條大青蛇，從梁上飛將下來，蟠於椅上，……忽然大雷大雨，加以冰雹，……毀却房屋無數。

後漢紀廿三建寧二年春正月……幸南宮嘉德殿……四月壬辰青蛇見御座殿軒，癸巳大風折木。

通鑑五六建寧二年夏四月壬辰有青蛇見於御座上，癸巳大風雨雹霹靂拔大木。

第一回　一

後漢書、八、靈帝紀、建寧四月、癸巳大風雨雹。

[按]演義為建寧二年四月望日，正史記載則為四月壬辰，查二十史朔閏表建寧二年四月初一為壬申，望日乃丙戌，正史之壬辰應為四月二十一日，又癸巳為二十二日，演義於記風雹事未書日。

建寧四年二月洛陽地震，又海水泛溢，沿海居民盡被大浪捲入海中。

後漢紀廿三四年二月癸卯地震，河水清。

後漢書八靈帝紀四年二月癸卯地震，海水溢，河水清。

光和元年雌雞化雄。

後漢書八靈帝紀光和元年四月，侍中寺雌雞化雄。

六月朔，黑氣十餘丈，飛入温德殿中。

通鑑五七六月丁丑，有黑氣墮帝所御温德殿東庭中，長十餘丈，似龍。

[按]光和元年六月丁丑非朔日，朔閏表六月朔為己酉，下推則丁丑為二十九日，演義六月朔者誤也。

秋七月有虹見於玉堂，五原山岸盡皆崩裂。

正稿很少见到导师的批改。

通鑑五七秋七月、壬子、青虹見玉堂後殿庭中、
帝下詔問群臣以災異之由、議郎蔡邕上疏、以為蜺墮鷄化、乃婦寺干政
之所致、言頗切直、帝覽奏嘆息、因起更衣、曹節在後竊視、悉宣告左右、遂
以他事陷邕於罪、放歸田里、

通鑑五七、詔召楊賜等、問以災異及消復之術、……議郎蔡邕對曰、……
今蜺墮鷄化、皆婦人干政之所致也、……帝覽而嘆息、因起更衣、曹節
於後竊視之、悉宣語左右、……其為邕所裁黜者、側目思報、於是詔下
尚書、召邕詰狀、……下邕質於雒陽獄、……徙朔方、

後漢紀廿三、詔問楊賜蔡邕等曰、祥異禍福吉凶所在、……邕對曰、……
(其言與通鑑同)……從上請、邕減死罪一等、徙朔方、遇赦還本郡、

[按]正史關於此事、有楊賜蔡邕同時各上一疏、演義滅去賜上言、且邕
之言、後尚有甚多、演義皆截去、惟以「言頗切直」四字代之、其言皆從略、
邕「放歸田里」、惟後漢紀有「還本郡」句、演義即據此也、後漢書靈帝紀、
蔡邕傳均無、惟楊賜傳載有熹平元年、賜為青蛇事所上之疏、

後張讓、趙忠、封諝、段珪、曹節、侯覽、蹇碩、程曠、夏惲、郭勝十人朋比為奸、號

為十常侍、

後漢書一〇八張讓傳、是時讓忠及夏惲、郭勝、孫璋、畢嵐、段珪、栗嵩、高望、張
恭、韓悝、宋典、十二人、皆為中常侍、

通鑑五八注、據宦者傳、是時張讓趙忠、……宋典、十二人、皆為中常侍、言
十常侍、舉大數也、

[按]書與鑑所載之十二人、名均同、鑑注言「宦者傳」者、或即指漢書宦者
傳而言也、然演義載之十人名、與之不同、不知演義所據為何書也、
其中侯覽曹節二人、漢書均有傳、亦未言「十常侍」中有彼二人名、或當
時宦者甚多、不論任何十人、皆可名之也、

帝尊信張讓、呼為阿父、

後漢書一〇八張讓傳、帝常云、張常侍是我父、

時鉅鹿郡有兄弟三人、一名張角、一名張寶、一名張梁、

後漢書一〇一皇甫嵩傳、初鉅鹿張角、……角弟寶、寶弟梁、
三國志吳志一孫堅傳、中平元年、黃巾賊帥張角、起於魏郡、(注、角弟寶、
寶弟梁)、
後漢紀廿四、中平元年、正月、鉅鹿人、張角謀反、……角弟良(梁)、弟寶、

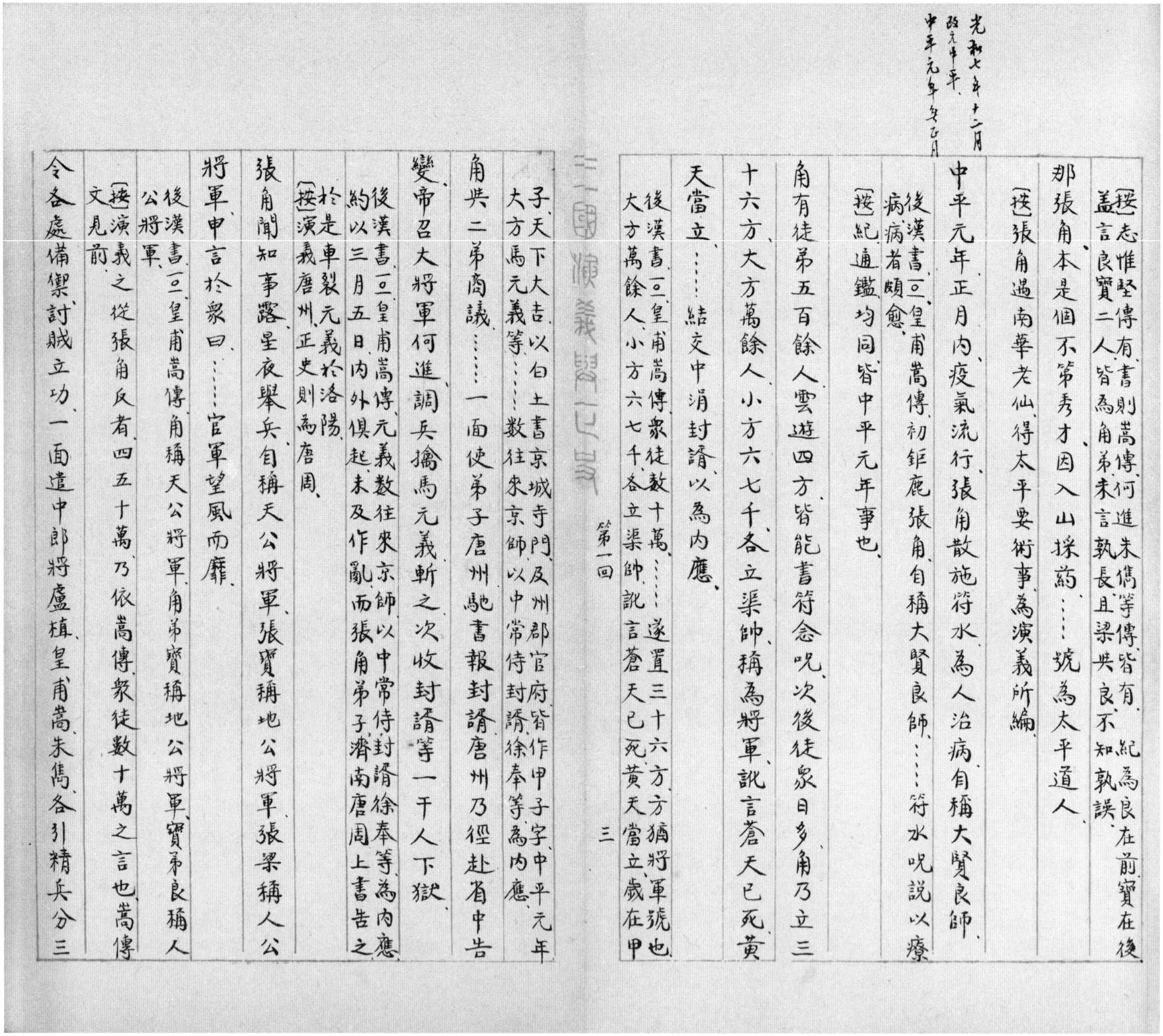

光和七年十二月改元中平、
中平元年冬乙月

〔按〕志惟堅傳有、書則嵩傳、何進、朱儁等傳皆有、紀為良在前、寶在後、
蓋言良寶二人、皆為角弟、未言孰長、且梁與良、不知孰誤、

那張角本是個不第秀才、因入山採藥、……號為太平道人、

〔按〕張角遇南華老仙、得太平要術事、為演義所編、

中平元年正月內、疫氣流行、張角散施符水、為人治病、自稱大賢良師、

後漢書一〇一皇甫嵩傳、初鉅鹿張角、自稱大賢良師、……符水呪說以療
病病者頗愈、

〔按〕紀、通鑑、均同、皆中平元年事也、

角有徒弟五百餘人、雲遊四方、皆能書符念呪、次後徒衆日多、角乃立三十六方、大方萬餘人、小方六七千、各立渠帥、稱為將軍、訛言蒼天已死、黃天當立、……結交中涓封諝、以為內應、

後漢書一〇一皇甫嵩傳、衆徒數十萬、……遂置三十六方、方猶將軍號也、
大方萬餘人、小方六七千、各立渠帥、訛言蒼天已死、黃天當立、歲在甲
子、天下大吉、以白土書京城寺門、及州郡官府、皆作甲子字、中平元年
大方馬元義等、……數往來京師、以中常侍封諝、徐奉等為內應、

第一回 三

角與二弟商議、……一面使弟子唐州馳書報封諝、唐州乃徑赴省中告變、帝召大將軍何進、調兵擒馬元義斬之、次收封諝等一千人下獄、

後漢書一〇一皇甫嵩傳、元義數往來京師、以中常侍封諝、徐奉等為內應、
約以三月五日內外俱起、未及作亂、而張角弟子濟南唐周上書告之、
於是車裂元義於洛陽、

〔按〕演義唐州、正史則為唐周、

張角聞知事露、星夜舉兵、自稱天公將軍、張寶稱地公將軍、張梁稱人公將軍、申言於衆曰、……官軍望風而靡、

後漢書一〇一皇甫嵩傳、角稱天公將軍、角弟寶稱地公將軍、寶弟良稱人
公將軍、

〔按〕演義之從張角反者四五十萬、乃依嵩傳衆徒數十萬之言也、嵩傳
文見前、

令各處備禦、討賊立功、一面遣中郎將盧植、皇甫嵩、朱儁、各引精兵分三

本页有导师陈垣字。

路討之、

通鑑、五六、發天下精兵、遣北中郎將盧植、討張角、左中郎皇甫嵩、右中郎將朱儁、討潁川黃巾、

且說張角一軍、前犯幽州界分、幽州太守劉焉、乃江夏竟陵人氏、漢魯恭王之後也、

蜀志、一、劉焉傳、劉焉、字君郎、江夏竟陵人也、漢魯恭王後裔也、……遷南陽太守、……是時、涼州逆賊馬相、趙祇等、於綿竹縣、自號黃巾、……得數千人、……攻益州、

[按]正史馬相等、或即為張角之一軍也、因無角犯幽州事、焉無為幽州太守、僅有遷南陽太守事、

當時聞得賊兵將至、召校尉鄒靖計議、……招募義兵、……引出涿郡一箇英雄、

蜀志、二、劉備傳、各舉義兵、先主率其屬、從校尉鄒靖、討黃巾賊、

[按]正史無劉焉與鄒靖商議招兵出榜之事、更無言備等三人應徵事、

演義因根據「率其屬從校尉鄒靖」句、乃如此寫、即為如此、而引出劉備也、

那人不甚好讀書、性寬和、寡言語、喜怒不形於色、專好結交天下豪傑、生得身長八尺、兩耳垂肩、雙手過膝、目能自顧其耳、面如冠玉、唇若塗脂、

蜀志、二、劉備傳、先主不甚樂讀書、喜犬馬音樂美衣服、身長七尺五寸、垂手下膝、顧自見其耳、少語言、善下人、喜怒不形於色、好交結豪傑、年少爭附之、

[按]正史言身長七尺五寸、演義為八尺、不知据何加出五寸、

中山靖王劉勝之後、漢景帝閣下玄孫、姓劉名備、字玄德、昔劉勝之子劉貞、漢武時、封涿鹿侯、後坐酎金失侯、因此遺這一枝在涿縣、

蜀志、二、劉備傳、先主姓劉、諱備、字玄德、涿郡涿縣人、漢景帝子、中山靖王勝之後也、勝子貞、元狩六年、封涿縣陸城亭侯、坐酎金失侯、因家焉、

[按]元狩即漢武帝之年號、故演義改元狩為漢武、

玄德祖劉雄、父劉弘、弘曾舉孝廉、亦嘗作吏、早喪、玄德幼孤、事母至孝、家

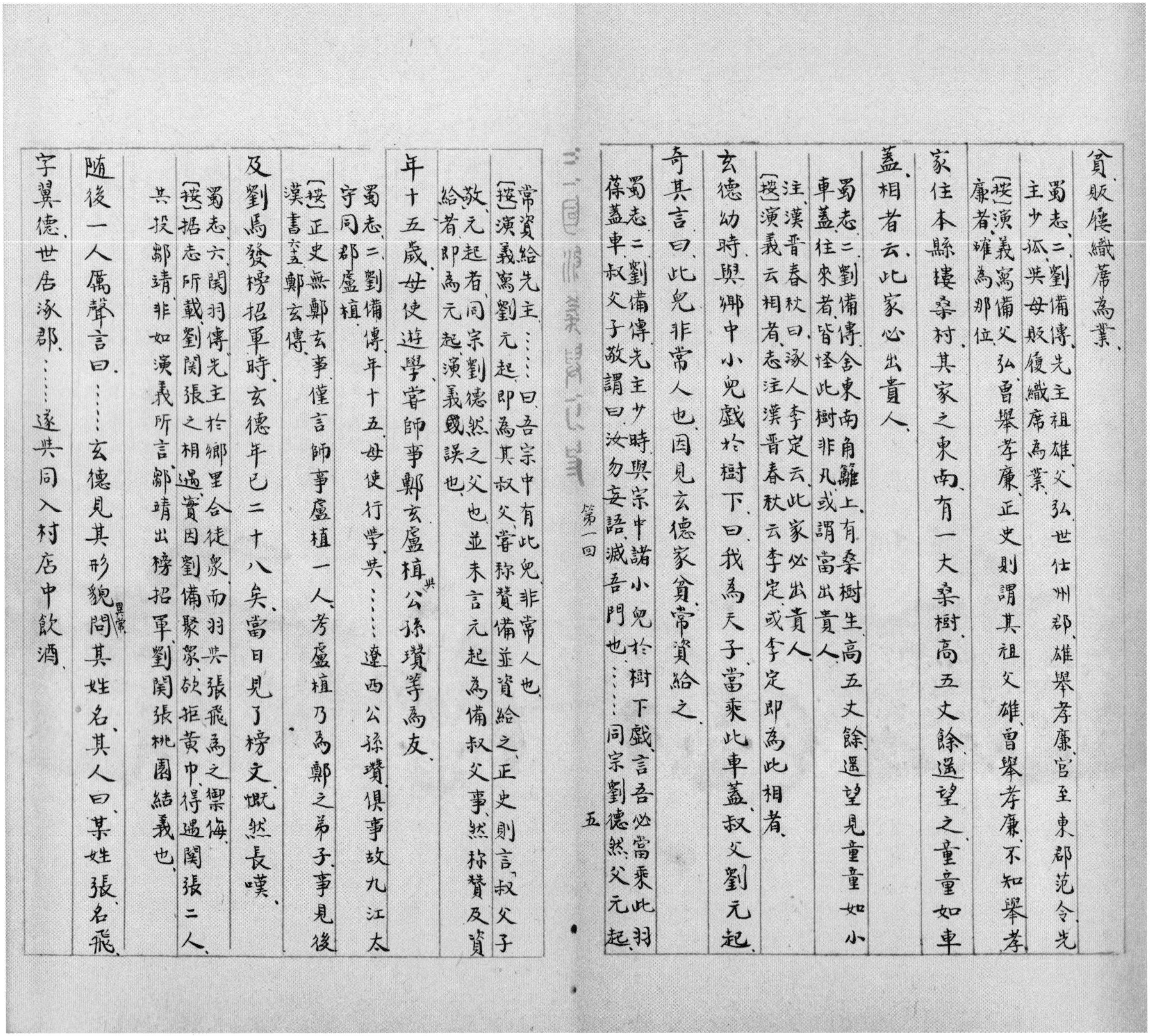
貧販屨織蓆為業、
蜀志、二、劉備傳、先主祖雄、父弘、世仕州郡、雄舉孝廉、官至東郡范令、先
主少孤、與母販履織蓆為業、
〔按〕演義寫備父弘曾舉孝廉、正史則謂其祖父雄、曾舉孝廉、不知舉孝
廉者雄為那位、
家住本縣樓桑村、其家之東南、有一大桑樹、高五丈餘、遙望之、童童如車
蓋、相者云、此家必出貴人、
蜀志、二、劉備傳、舍東南角籬上、有桑樹生、高五丈餘、遙望見童童如小
車蓋、往來者、皆怪此樹非凡、或謂當出貴人、
注、漢晉春秋曰、涿人李定云、此家必出貴人、
〔按〕演義云相者、志注漢晉春秋云李定、或李定即為此相者、
玄德幼時、與鄉中小兒戲於樹下、曰、我為天子、當乘此車蓋、叔父劉元起
奇其言、曰、此兒非常人也、因見玄德家貧、常資給之、
蜀志、二、劉備傳、先主少時、與宗中諸小兒於樹下戲、言吾必當乘此羽
葆蓋車、叔父子敬謂曰、汝勿妄語、滅吾門也、……同宗劉德然父元起、
第一回　五
常資給先主、……曰、吾宗中有此兒、非常人也、
〔按〕演義寫劉元起、即為其叔父、嘗稱贊備並資給之、正史則言、叔父子
敬、元起者、同宗劉德然之父也、並未言元起為備叔父事、然稱贊及資
給者、即為元起、演義國誤也、
年十五歲、母使遊學、嘗師事鄭玄、盧植、與公孫瓚等為友、
蜀志、二、劉備傳、年十五、母使行學、與……遼西公孫瓚、俱事故九江太
守同郡盧植、
〔按〕正史無鄭玄事、僅言師事盧植一人、考盧植乃為鄭之弟子、事見後
漢書六五鄭玄傳、
及劉焉發榜招軍時、玄德年已二十八矣、當日見了榜文、慨然長嘆、
蜀志、六、關羽傳、先主於鄉里合徒眾、而羽與張飛為之禦侮、
〔按〕据志所載、劉關張之相遇、實因劉備聚眾、欲拒黃巾、得遇關張二人、
共投鄒靖、非如演義所言、鄒靖出榜招軍、劉關張桃園結義也、
隨後一人厲聲言曰、……玄德見其形貌異常、問其姓名、其人曰、某姓張、名飛、
字翼德、世居涿郡、……遂與同入村店中飲酒、

刘乃和抄写细心，极少错漏。

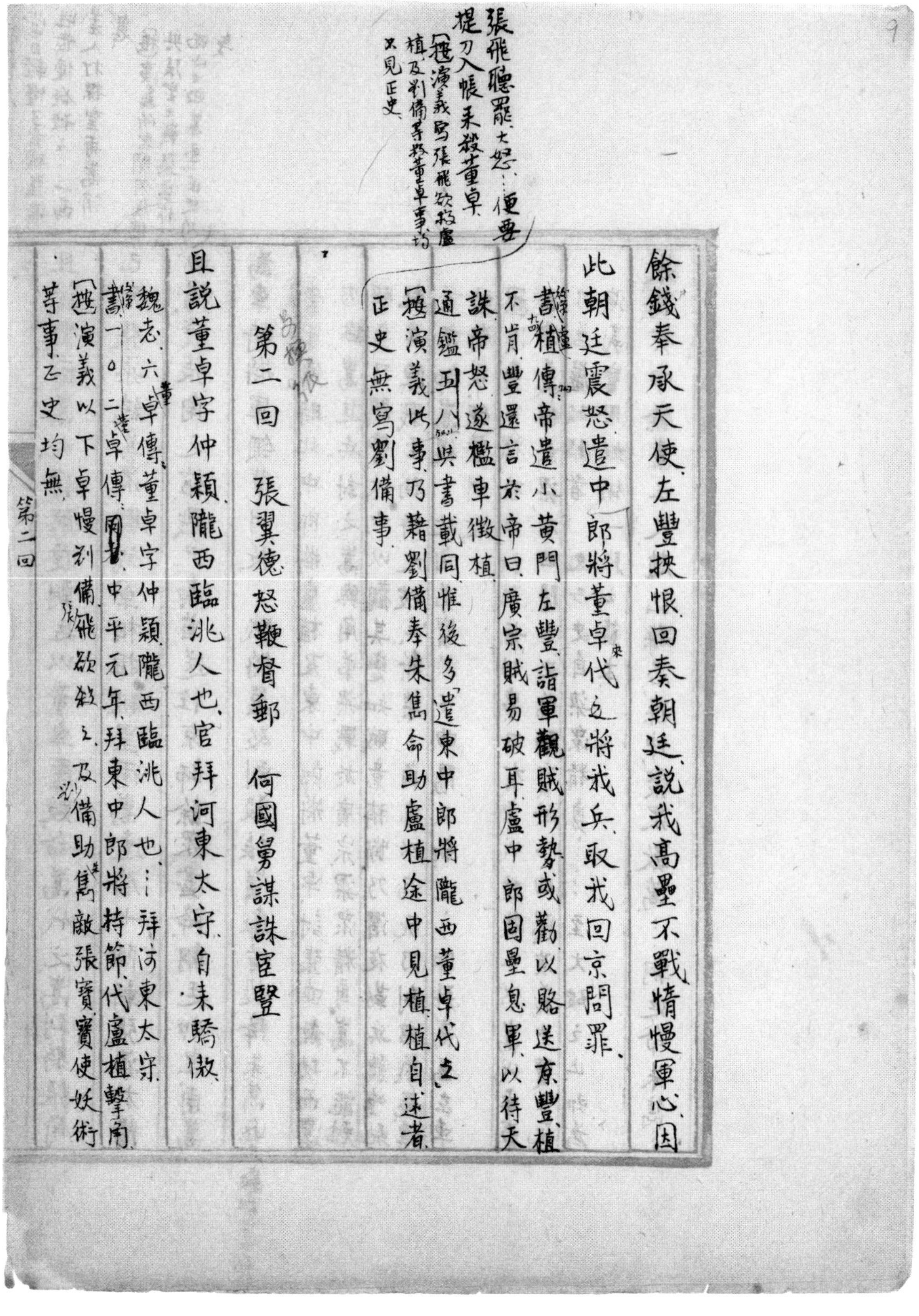
張飛聽罷，大怒，……便要提刀入帳，來殺董卓。
〔按〕演義寫張飛欲救盧植，及劉備等救董卓事，均不見正史。

餘錢奉承天使，左豐挾恨，回奏朝廷，說我高壘不戰，惰慢軍心，因此朝廷震怒，遣中郎將董卓代之將我兵，取我回京問罪。
書植傳：帝遣小黃門左豐詣軍觀賊形勢，或勸以賂送豐，植不肯，豐還言於帝曰，廣宗賊易破耳，盧中郎固壘息軍，以待天誅，帝怒，遂檻車徵植。
通鑑五八，與書載同，惟後多「遣東中郎將隴西董卓代之」。
〔按〕演義此事，乃藉劉備奉朱雋命助盧植途中見植，植自述者，正史無寫劉備事。

第二回 張翼德怒鞭督郵 何國舅謀誅宦豎

且說董卓字仲穎，隴西臨洮人也，官拜河東太守，自來驕傲，
魏志六卓傳：董卓字仲穎，隴西臨洮人也，……拜河東太守，
書一〇二卓傳：同上，中平元年，拜東中郎將，持節，代盧植擊角，
〔按〕演義以下卓慢劉備，飛欲殺之，及備助雋敵張寶，寶使妖術等事，正史均無。

第二回

前为定稿，此后为初稿。朱丝栏，正文四周双边，单鱼尾。鱼尾下记卷数和页码。到处可见导师批改痕迹。

當日輕慢了玄德，張飛性起便欲殺之……一面差人打探皇甫嵩消息。

（按）演義所寫關羽張飛與張寶大戰，張寶作法而以大敗等事，正史均無。

且說皇甫嵩大獲勝捷，朝廷以董卓屢敗，命嵩代之。嵩到時，張角已死，張梁統其衆，與我軍相拒，被皇甫嵩連勝七陣，斬張梁於陽曲陽，發張角之棺，戮尸梟首，送往京師，餘衆盡降，朝廷加皇甫嵩為車騎將軍，領冀州牧……賊將嚴政刺殺張寶，獻首投降，朱儁遂平數郡，上表獻捷。

後漢書七一皇甫嵩傳：時北中郎將盧植、及東中郎將董卓，討張並無功而還，乃詔嵩進兵討之。嵩與角弟梁戰於廣宗，梁衆精勇，嵩不能尅。明日，乃閉營休士，以觀其變，知賊意稍懈，乃潛夜勒兵，雞鳴馳赴其陳，戰至晡時，大破之，斬梁……角先以病死，乃剖棺戮屍，傳首京師。嵩復……攻角弟寶於下曲陽，又斬之……即拜嵩為左車騎將軍，領冀州牧。

（按）演義乃據植討賊無功事，乃有卓代植後，又以嵩代卓事。

演義斬梁於曲陽，正史為斬寶於下曲陽，演義中寶之死，乃為嚴政殺者，又正史自梁衆精勇……至大破之止，即為演義寶用妖術一段之藍本。

時有黃巾餘黨三人，趙弘、韓忠、孫仲，聚衆數萬，……朝廷命朱儁……

討之 時賊據宛城雋引兵攻之趙弘遣韓忠出戰雋遣玄德關張攻城西南角韓忠盡率精銳之衆來西南角抵敵朱雋自縱鐵騎二千逕取東北角賊恐失城急棄西南而回玄德從背後掩殺賊衆大敗奔入宛城朱雋分兵四面圍定城中斷糧韓忠使人出城投降雋不許

書亘雋傳 賊更以趙弘為帥衆十餘萬據宛城雋……兵萬八千人圍弘……雋因急擊弘斬之賊餘帥韓忠復據宛拒雋……雋自將精卒五千掩其東北乘城而入忠乃退保小城惶懼乞降

[按]演義以劉備等助朱戰趙弘等正史無 又正史謂雋引兵五千卒而演義改為鐵騎二千 又正史謂退保小城演義則奔入宛城是宛城並未失守也 又正史雋此時已斬弘演義則未且後弘尚戰數次而既未寫趙弘死弘遣韓忠出戰是弘尚應在宛城內也而主帥趙弘未請降韓忠使人投降不知弘是時在何處也 且後面又有弘乘勢復奪宛城事不知趙弘自逃至何處去也 後寫弘為孫堅所斬

玄德曰、昔高祖之得天下、蓋為能招降納順、公何拒韓忠耶、雋曰
彼一時、此一時也、昔秦項之際、天下大亂、民無定主、故招降賞附、
以勸來耳、今海內一統、惟黃巾造反、若容其降、無以勸善、使賊得
利恣意劫掠、失利便投降、此長寇之志、非良策也、
（後漢書朱書雋傳）張超、欲聽之、雋曰、兵有形同而執異者、昔秦項之際
民無定主、故賞附以勸來耳、今海內一統、唯黃巾造寇宼、納降
無以勸善、討之足以懲惡、今若受之、更開逆意、賊利則進戰、鈍
則乞降、縱敵長寇、非良計也、 紀廿四、雋顧邕曰（言同書）
〔按正史為韓忠欲降、張超等欲納之、雋不從、遂有此言、演義則
改為劉備勸納、雋對備作此言、後漢紀則為雋對蔡邕之語、
玄德曰、不容寇降是矣、今四面圍如鐵桶、乞降不得、必然死戰、萬
人一心、尚不可當、況城中有數萬死命之人乎、不若撤去東南、獨
攻西北、賊必棄城而走、無心戀戰、可即擒也、

後漢書八、靈帝紀、驃騎將軍董重下獄死、
太平御覽一三七、皇親部董后傳、續漢書曰……后憂怖病、遂河間
〔按〕雖同在後漢書、靈帝紀及董后紀即各有不同、因於董重將軍之死、演義乃据董妃紀也、演義寫董妃〔還〕河間、惟太平御覽載「病還河間」之句、

……一面遣人起送董后、一面黜禁軍圍驃騎將軍董重府宅、追
索印綬、董重知事急、自刎於後堂、家人舉哀、軍士方散、
書、董后傳、何太后聞以告進、進與三公及弟苗等奏孝（即董后）仁皇
后使故中常侍夏惲……善蕃后故事、不得留京師……何進遂
舉兵圍驃騎府收重、重免官自殺、后
〔按〕正史並未將董后送至河間、惟后死後喪於河間、
張讓段珪見董后一枝已廢、遂皆以金珠玩好、結搆何進弟何
苗并其母舞陽君、令早晚入何太后處善言遮蔽、
書、何進傳、而太后母舞陽君及苗數受諸宦官賂遺、知進欲
誅之、數白太后、為其障蔽、
六月、何進暗使人酖殺董后於河間驛庭、舉柩回京葬于文陵、
書、董后傳、后憂怖疾病暴崩……喪還河間合葬慎陵、
通鑑卷五九、董太后憂怖暴崩……喪子文陵、
〔按〕通鑑乃為文陵、演義據之、而後漢為慎陵、又演義改為何
進暗使人鴆殺董后、正史乃董后病崩也、乃故
（書八、靈帝紀、驃騎將軍董重下獄死、

大誤

後漢書八、靈帝紀、76、孝仁皇后董氏崩、辛酉葬孝靈皇帝于文陵、〔按〕演義誤看作葬董后於文陵也、

刘乃和的本科和硕士论文《三国演义与正史》,由陈垣先生指导,孙楷第先生也做了大量指导工作。

“孙楷第先生 1931 年在北平图书馆做编辑时,已在北大、师大、辅仁三校中文系兼课……

我……是 1943 年毕业,援庵老师是我的指导教师,当时校中补修国文课的学生,都命读《三国演义》,正开班讲授,援庵师乃命我写《三国演义与正史》为本科毕业时论文。文章以演义为主,探其史源,按其事物,求之史书。援庵师因孙先生精研小说、戏曲,介绍我去向他请教。孙先生很热心,曾为我的论文提出指导性的中肯意见。并将 1934 年他写的《三国志平话与三国志传通俗演义》一文,借我参考(此文载北平师大《小说史参考》,1965 年收入《沧州集》),从此我和孙先生时有过从。”——刘乃和《历史文献研究论丛》(331—332 页)。

这篇论文到她读硕士时完成前三十八回,成一部书。

书分装三册,陈垣分别题签。贡扬先生篆写书名。叙论和部分正文是刘乃和手笔。“人名表可见导师大量批改字迹”。

又有初稿,可见导师批改的大量笔迹,以及作者自己的增补修改。刘乃和在陈垣逝世后五年里所写的中国古代妇女之研究,从寻找材料线索到考证史料,研究成文,都可看见陈垣治学的路径,故启功从“斯达馥”署名中猜出是刘乃和的文章。

1974 年 4 月,她把学报寄给孙楷第后,立即得到老师的表扬,并给予指导。三十多年前的老师又给 56 岁的学生以指导。这真是中国学术界一段令人羡慕的故事。孙先生写信时,眼睛已经看不清笔画行格了。但老师对学生的殷殷之情,保留在这大字行格中。1992 年,刘乃和发表《我所认识的孙楷第》。安葬孙楷第的那棵雪松就生长在“补拙书室”的南边,隔着两座楼房,北师大校医院门前。

“补拙书室”是刘乃和祖、父两代之室名。刘乃和说:“我的祖父和父亲都笨,所以用‘补拙’自名堂号。我也笨。我也延用。启先生写字时,把‘室’写成‘屋’。”启功书“补拙书屋”小横幅就挂在刘乃和书房的门头玻璃处。

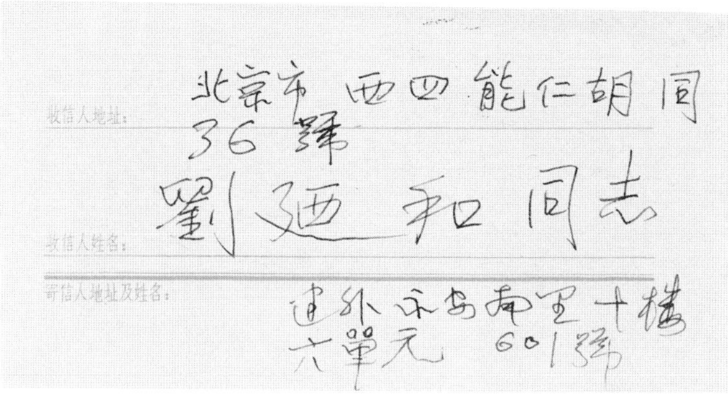

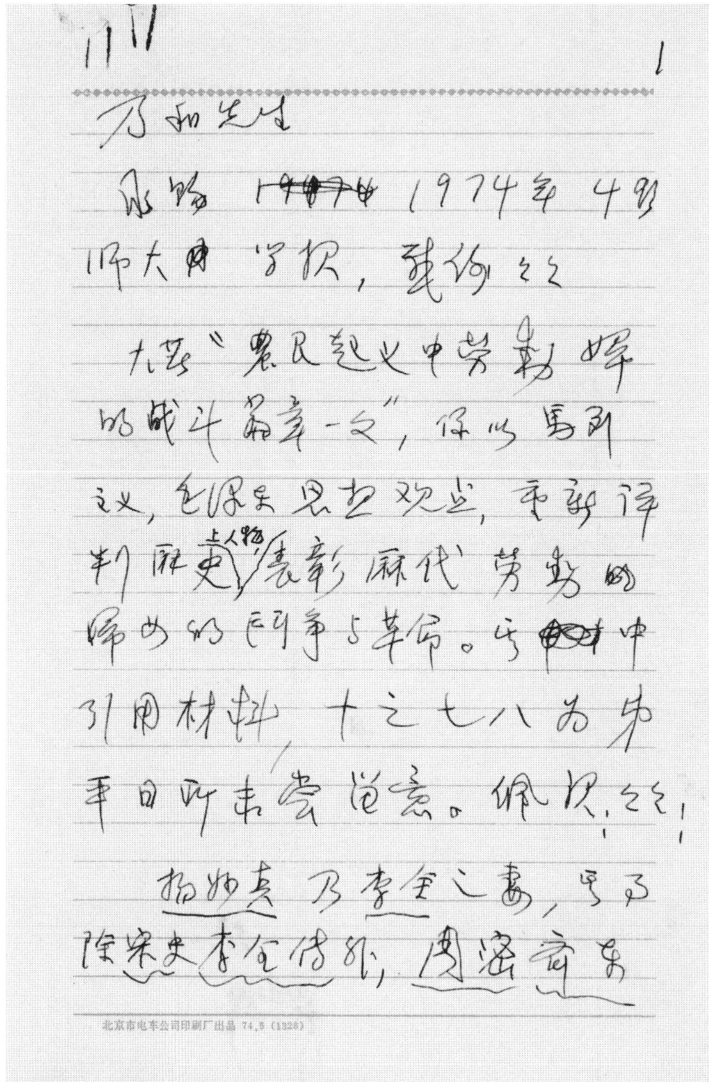
1

廼和先生：

承赠1974年4期师大学报，载阁下大著"农民起义中劳动妇女的战斗篇章一文"，係以马列主义、毛泽东思想观点，重新评判历史上人物，表彰历代劳动妇女的斗争与革命。文中引用材料，十之七八为弟平日所未尝留意。佩服，佩服！

杨妙真乃李全之妻，写了除宋史李全传外，周密齐东

北京市电车公司印刷厂出品 74，5（1328）

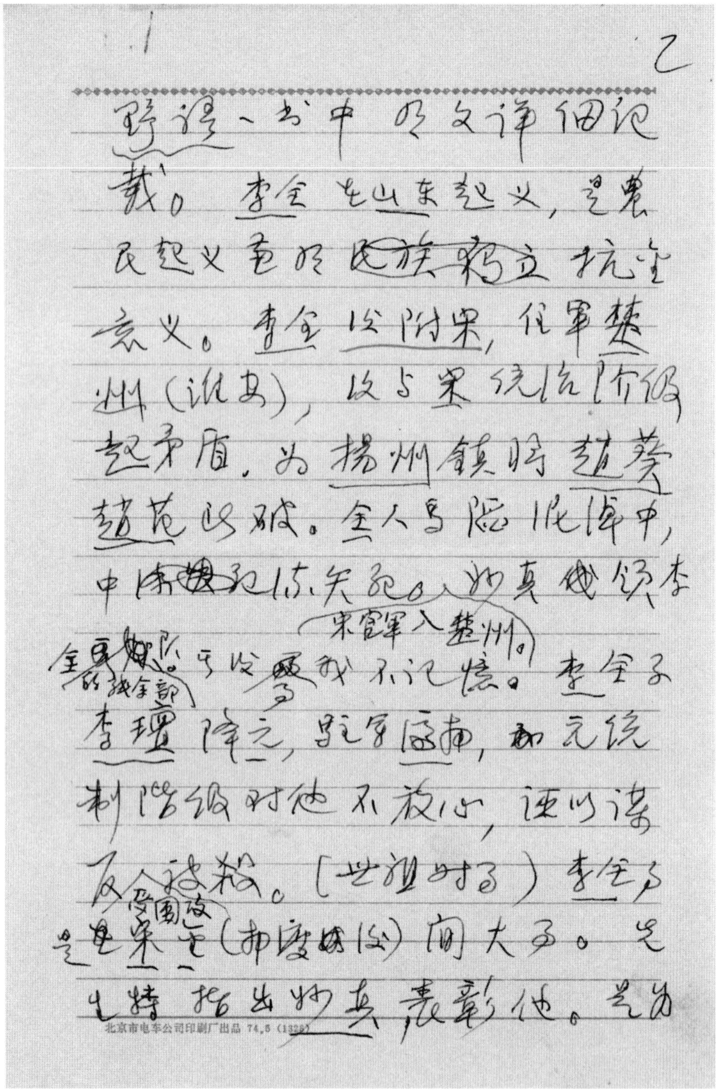
2

《野获编》一书中有文详细记载。李全在山东起义，是农民起义有民族独立抗金意义。李全后附宋，任军楚州（淮安），后与宋统治阶级起矛盾，为扬州镇将赵葵、赵范所败。全人马陷泥淖中，中箭坠死。其妻杨妙真领李全部众，宋官军入楚州，不记情。李全子李璮降元，驻守益都，而元统治阶级对他不放心，便以谋反被杀。（世祖时事）李全是宋元（南宋末年）间大盗。是先生特指出他并表彰他。是为

北京市电车公司印刷厂出品 74.5（1328）

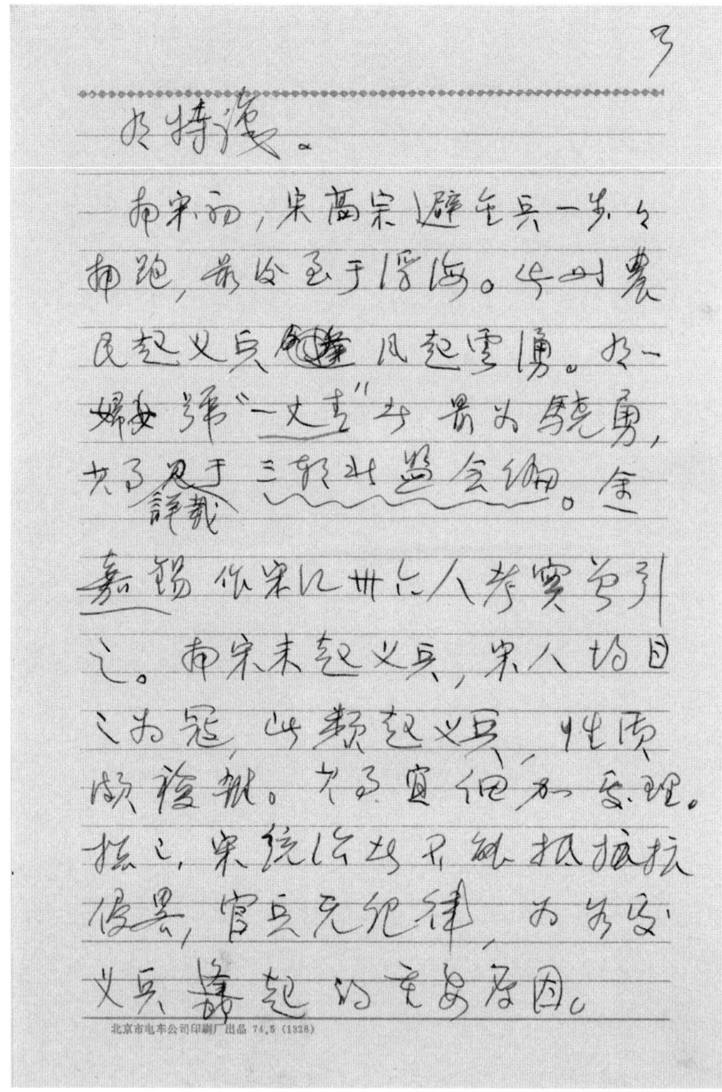
3

民族精神。

南宋初，宋高宗避金兵一步步南逃，最后至于浮海。此时农民起义兵风起云涌。其一妇女称"一丈青"者，异常骁勇，大名见于《三朝北盟会编》详载。全是嘉锡依宋人书籍实事引之。南宋末起义兵，宋人均目之为寇，此类起义兵，性质颇复杂。先生宜他加分理。据之，宋统治者不能抵抗侵略，官兵无纪律，为各处义兵蜂起的主要原因。

北京市电车公司印刷厂出品 74.5（1328）

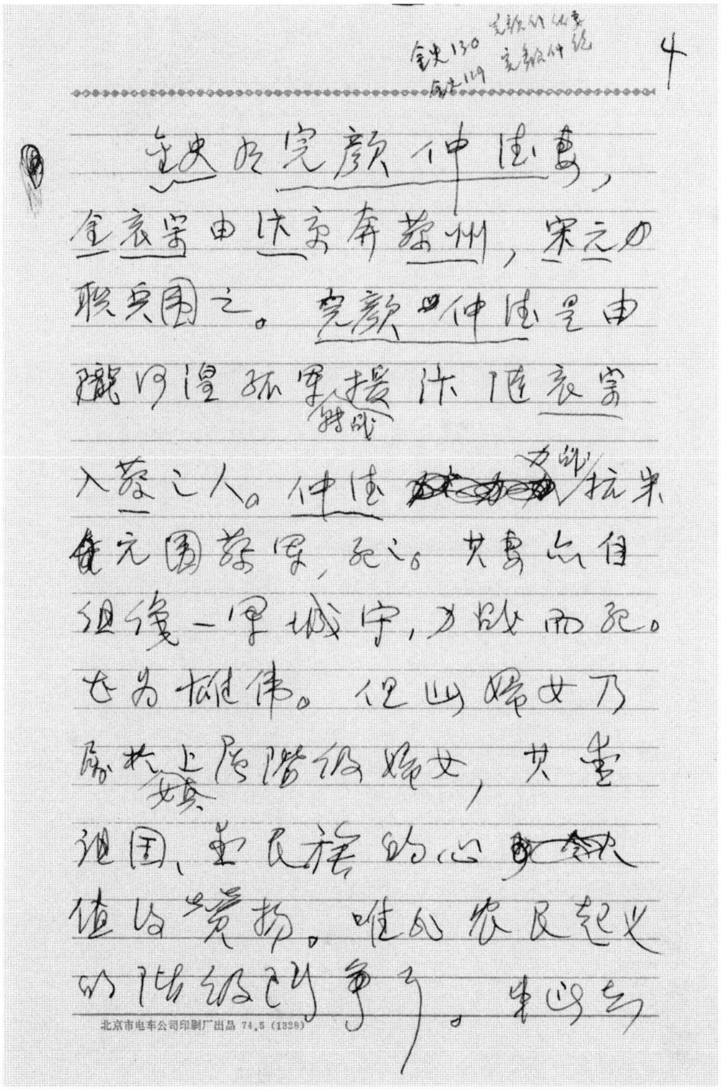

金史130 完颜仲德传
金史119 完颜仲德

4

金史的完颜仲德传，
金哀宗由汴京奔蔡州，宋元协
联兵围之。完颜仲德是由
随同追随哀宗转战汴京随哀宗
入蔡之人。仲德力战抗宋
元围蔡军，死之。其妻亦自
组织一军城守，力战而死。
甚为壮伟。但此妇女乃
属于上层阶级妇女，其爱
祖国、爱民族的心是
值得赞扬。唯比农民起义
的阶级斗争了。出此亦

北京市电车公司印刷厂出品 74.5（1328）

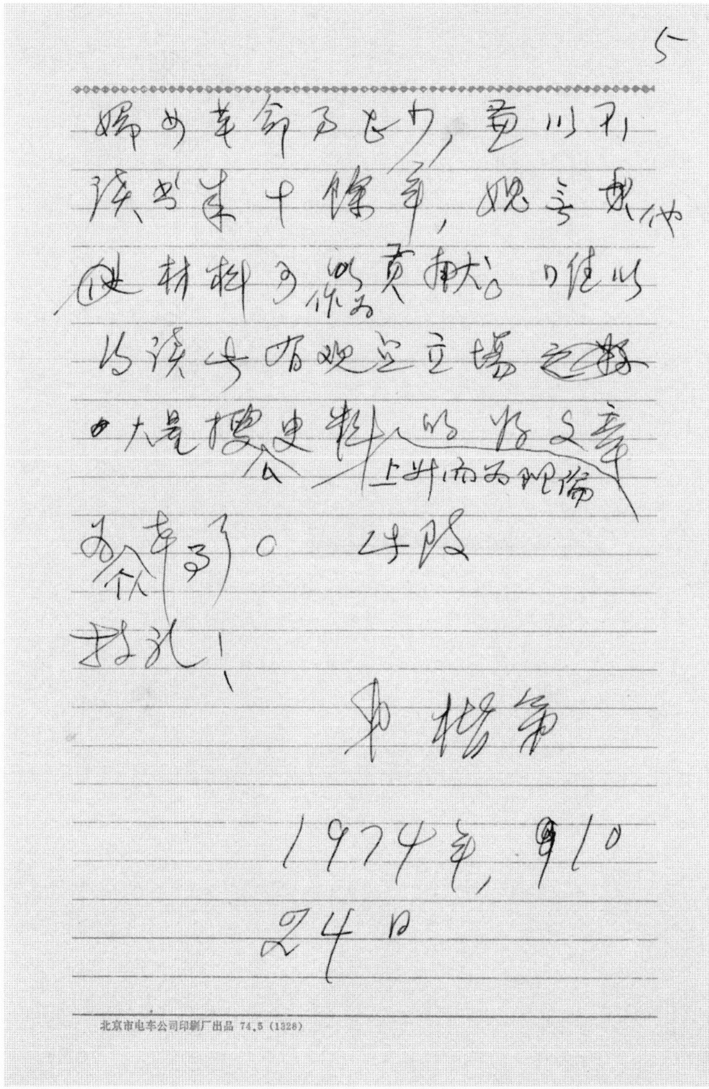

5

妇女革命了巨力，画川刊
读书第十條第，也是我们
的材料了，作为贡献。唯以
何读去的观点立场
大量搜集史料以作文章
上升为理论
为合适了。此致
敬礼！

曲格第

1974年9月10
24日

北京市电车公司印刷厂出品 74.5（1328）

师大周报 1997-6-20

孙楷第：一个寂寞而高尚的灵魂

□淮 茗 师大周报 97.6.20

去校医院的人，很少有人注意医院南面那个池水亭景区。也不会想到，在池水亭东侧一颗松树下，我们的校友、著名文史学家，被誉为“古典小说戏曲研究的现代第一人”的孙楷第先生就长眠于此。说起来惭愧，尽管我受孙先生的惠泽多年，但直到最近读杨镰先生的一篇论文时才知道这件事。在这篇论证谨严的论文中，杨先生竟自破体例，为孙先生的际遇感慨不已，文章情真意切，令人感动。

晚饭后，特意到校医院一趟，这大概是我八年师大学习生活中唯一不抱看病目的的一次。池水亭一带面积不大，没想到布置得如此雅致，水清树秀，花木井然，人不多，安静得很。池水亭东侧，有一颗雪松、两颗油松，凭直觉，我相信自己要找的正是那颗雪松。树是再平常不过的树，但它此刻有了一种特殊的含义。在我的印象中，在这里的某棵松树下，还长眠着另一位校友、著名学者王古鲁先生。没有坟墓，没有碑碣，只有一颗普通的松树，这种看似寻常却又不同寻常的归宿安排方式，使人想到更多、更深沉的东西。

孙楷第先生字子书，河北沧州人。尽管他早在北师大读书时就已显露才华，学识过人，有“沧州才子”美称，但他的一生只用四个字就可概括：看书、写书。数十年如一日，平平淡淡、从从容容。文革时期曾有人批评他“北洋军阀也罢，日伪政权也罢，国民党腐败也罢，经历多少次政治运动也罢，总是小说戏曲、戏曲小说，此外不闻不问，什么都不懂。”在人心日益浮躁、难耐寂寞的今天，这种学术品格愈显珍贵，毕竟学术并不总和政治沾边。子书先生的学术成就是有目共睹的，《中国通俗小说书目》、《日本东京所见小说书目》、《戏曲小说书录解题》、《沧州集》、《沧州后集》等等，凡治中国古代小说戏曲者，不能不由此登堂入室，因为其学术台阶修得是如此稳固。他师承古文字学家杨树达、国学大师陈垣先生，穷毕生精力，以乾嘉之学治中国文学，成绩斐然，自成一家。早在一九三二年，胡适就曾预言：“沧县孙子书先生是今日研究中国小说史最用功又最有成绩的学者。”这时孙先生还只是学坛新手。二十年后，郑振铎先生证实了胡适的预言：“孙先生的《中国通俗小说书目》是最好的一部小说文献，给我们开启了一个找书的门径。”他治学严谨认真，肯下大气力，遍阅北京公私所藏有关秘本珍籍，仍嫌不足，北涉大连，东渡扶桑，访书求学，“搜辑采访颇费工力，稿本斟酌再三，凡经数易，其中甘苦，亦唯同道者知之。”因而他每有新作，必为学界推重认可。戏曲研究界前辈王季烈，视小于自己近四十岁的子书先生为忘年交，亲至北京图书馆造访，切磋交流。日本汉学家盐谷温佩服其学问，请他为自己的学生授课。其学识造诣，于此可见。

他是个做学问的人，嗜书如命。一生搜集善本古籍数万卷，据刘乃和先生所见：“里屋的书堆得满满的，书架靠墙，在屋门口已看不见，因为书架前也堆着书，是用书将屋子塞满，中间无有走道，没有一点空隙，一直叠到小屋顶棚，人进不去，因为书的体积和屋子空间是相同的，一直堵住里屋门口。”文革期间，其至为珍惜的图书和多年积累的资料、撰写的书稿几损失殆尽，晚年心情一直不畅，抑郁难伸，念及此事，痛哭不止。他是带着极大的遗憾辞世的。八十四岁高龄时，还为自己“卧病东皋”未能多读善本而抱憾，引陆游“老见异书犹眼明”诗句而自比。临终前，亲友问其未了心愿，他毫不迟疑地写了一个“书”字，多么执著而本色的读书人！他无法不念叨书，文革中失散的万卷藏书尚未收回，比已刊著作还多的书稿亟待整理出版。直到他去世五年后，拖了半个世纪之久的《戏曲小说书录解题》始以一千五百册的印数开印，如今市面上早已脱销。远在四十年前，郑振铎先生就盼望孙先生倾尽心血的专著《小说旁证》的出版，但直到今天，它还同孙先生的其它著作如《读曲札记》、《曲录新编》、《元佚曲故事考》等一样，深藏书箱，令学人望眼欲穿。

子书先生嗜书而不呆，并非冷漠、绝情之人。一九三一年，他到日本访书，“遽闻辽东之变，悲愤填膺，欲归复止”，后来又不无内疚地说：“刬当国步艰难之日，听白山之鼙鼓，惊沪上之烟尘，草玄注易，实际何补？深唯古人‘玩物丧志’之言，所以怅然自失。”一九四一年，北京沦陷，北平图书馆被日军接管，子书先生愤然弃职离馆。他爱自己的母校，爱自己的师长，平生十分敬仰陈垣先生的道德学问，两人契结莫逆，成终生师友。孙先生在北师大学习、任教多年，对母校感情极深，临终前立下遗言，愿把骨灰埋在北师大校园内，不立碑碣，以志不忘母校、不忘陈垣先生。文行至此，笔者不禁想起北师大的校训：“学为人师，行为世范。”

一九八六年夏，孙楷第先生的骨灰安葬于校医院前池水亭东侧，上植松树一棵，以为标志。孙先生的一生正如杨镰先生所言：“他的生活、工作似乎过于单调、刻板、冷落，然而他所从事的研究也并不需要借欢呼、高潮来作烘托、陪衬。”有形的碑碣没有，但每个有志于治中国小说、戏曲的后学者都会在心里都会深深刻上一个名字，树起一座丰碑。安息吧，我们不无失落却又无奈地告慰这个带着遗憾而去的寂寞而高尚的灵魂。

刘乃和做的剪报，有她的字和划线。

第一版　中華民國三十七年五月一日　**輔仁生活**　夏曆戊子三月二十三日　（星期六）

輔仁生活

新四期

民國三十七年五月一日出版
編輯：輔仁大學校友組
印刷：大成印書社
價格：每份一萬元

陳校長余主任榮膺中研院士
本校教職員特申慶祝

輔中成績卓著
為南大承認中學

校友組長張仁繼任

教部准撥經補費
電款均已到校

人類學漸屬重要
下學年擬加強研究機構

本校待遇提高
麪粉續有配售

中航招考同學應試

李鳳樓周春鴻被聘為全運裁判

果真是困難
少證件缺成績不註冊組特加

北平輔仁大學中國教職員一覽

民國二十年九月

姓名	別號	籍貫	職務	住址	電話
陳垣	援庵	廣東	校長	西城豐盛胡同十八號	西局三五二
沈兼士	兼士	浙江	教授兼代理校長	東城什方院十九號	東局三四三六
英千里	千里	河北	教授兼秘書長	西城定府大街二號	西局一三八四
張懷	百齡	湖南	教授兼教育學院院長及教育學系主任	西城定府大街二號	西局一三八四
尹文	石公	江蘇	教授兼國文學系主任	西斜街後泥窪十一號	西局六四
張星烺	亮塵	江蘇	教授兼史學系主任	地安門外方磚廠二十三號	東局二八九五
楊廉	鳳岡	湖北	註册部兼文牘部主任	東斜街昌堂門四號	西局一九三六
王逸塵	逸塵	浙江	訓育部主任	本校	本校分機九〇二
李佑金	佑金	浙江	教授	本校	
余嘉錫	季豫	湖南	教授	北長街會計司胡同二十三號	南局四〇八六
劉旬忱	旬忱	山東	教授	琉璃門八號	
張重一	重一	河北	教授	德內前羅圈胡同乙十二號	
常福元	伯琦	江蘇	副教授	西四帥府胡同四十五號	
臺靜農	靜農	安徽	副教授兼秘書	地安門西九局界黃城根七十九號	
黃倫芳	復生	廣東	講師	西城安福胡同七十二號	南局三〇〇五
譚亞達	段如	江西	講師	東城小雅寶胡同三十二號	
柯昌泗	燕舲	山東	講師	西城王府倉十六號	西局二四三一
凌善安	子平	廣東	講師	大茶葉胡同十五號	西局九六二
許守伯	守伯	廣東	講師	宣外上斜街五十五號	南局五五二五
倫明	哲儒	廣東	講師	宣外爛縵胡同東莞館	南局一二三一 二一二六
范文瀾	仲澐	浙江	講師	地安門內慈慧殿南月牙胡同十一號	
陸懋德	詠沂	山東	講師	西城闢才胡同貴門關十五號	
魏建功	建功	江蘇	講師	朝陽門大街八十三號	東局一五三八
周叔迦	叔迦	安徽	講師	和平門內中街三十九號	東局四〇九九
陸開鈞	和九	湖北	講師	國會街龍泉寺下院	西局九八四
方壯猷	欣庵	湖南	講師	石駙馬大街甲八十號	
鄧之誠	文如	江寧	講師	錦什坊街後撒袋胡同一號	西局二〇二〇
孫人和	蜀丞	江蘇	講師	錦什坊街西養馬營三號	西局二九六九
王仁輔	士振	江蘇	講師	廿石橋口袋胡同十號	西局六三二
梁兆庚	夢星	河北	講師	本校中學部	
傅葆琛	毅生	四川	講師	地外興化寺街三號	
徐恕	行可	湖北	講師	宣內溝水河二十五號	
侯塏	芸圻	安徽	講師	平西海甸西上坡十四號	
余炘文	敬吾	河南	講師	磚塔胡同五十六號	
饒用澤	劭民	江西	講師	西城寶禪寺十六號	
王瑚	鐵珊	河北	講師	地內黃化門儀兒胡同十八號	東局二八六三
景耀月	太昭	山西	講師	安內香耳胡同三十五號	東局二四九六
生寶堂	子珍	山東	講師	東城燈市口七十二號	東局八六五
蔡可選	旭嵐	安徽	講師	清華大學工字廳	
劉彥	式南	湖南	講師	西單南半壁街十一號	
袁承斌	承斌	江蘇	講師	地外東煤廠五號	
袁勵準	中舟	河北	美術導師	北池子二十三號	東局九四九
陳蕃詰	少鹿	浙江	美術導師	前百戶廟二十一號	
溥伒	雪齋	河北	美術導師	東城西堂子胡同十七號	東局一六五八
白雄遠	錦韜	河北	軍事教育教官	府右街妞妞房二號	西局六七二
王石卿	石卿	河北	體育導師	德內羊房胡同二十二號	
李智超	智超	河北	美術助教兼事務員	南官坊口二十號	
陳煦	緝督	廣東	美術助教	東城皇城根三十八號	
陳思明	思明	四川	化學助教	本校	
賈裕民	裕民	河北	軍事教育助教	西直門內南草廠小乘巷三十二號	
尹彥岑	彥岑	河北	軍事教育助教	新街口小六條甲五號	
胡玉齋	玉齋	河北	軍事教育助教	西安門外西安公寓	
武修文	修文	河南	軍事教育助教	李廣橋西口袋胡同十三號	
徐致遠	希德	山東	圖書館中文圖書管理員	後門外三座橋羊角燈胡同十一號	
宋元凱	企唐	綏遠	校醫	前公用庫二十號	
陳學謙	益軒	河北	秘書處秘書	前井胡同甲九號	
許作新	迎歲	福建	秘書處秘書	後門外松樹街三十四號	
張慶瑞	祥集	安徽	註册部兼文牘部事務員	護國寺街七號	
高永昌	壽山	河北	訓育部兼註册部事務員	東官房甲九號	
陳祥春	達味	浙江	庶務部庶務員	本校中學部	
蔡善霖	舜臣	安徽	庶務部庶務員	東煤廠三十號	
鄭峻嶺	崇山	吉林	庶務部庶務員	前井胡同九號	
裘楙東	韶聞	浙江	文牘部兼註册部助理員	地外小翔鳳三號	
趙進修	樹三	河北	圖書館助理員	護國寺圓雞坑六號	
馮葆椿	紹琴	河北	圖書館助理員	東四南大興公寓	東局四七三九 三九三八
周安進	次步	河北	秘書處助理員	地外西煤廠十三號	
張佩琅	玉良	江蘇	訓育部查堂員	地外毡子房三號	
常樸存	仲欽	江蘇	訓育部查堂員	後門內中老胡同二十七號	
趙希潛	光叔	河北	註册部書記	西直門內椿樹胡同三號	
左廣泰	德讓	山東	講義室書記	羊角燈胡同西錢串胡同十一號	
陳世安	紹亭	浙江	圖書館書記	興化寺街十五號	
郭有中	正軒	河北	圖書館書記	北兵馬司六號	
何光益	光益	河北	圖書館書記	劉海胡同甲一號	
李夢麟	夢麟	河北	文牘部書記	德內李廣橋東四合巷二號	
王仲扶	仲扶	河北	秘書處書記	護國寺東巷二號	
丁崇德	瑞丞	浙江	註册部書記	羊角燈胡同西錢串胡同十一號	
平鐵岩	鐵岩	河北	註册部書記	興化寺街福壽里十三號	

北平輔仁大學外國教職員一覽

民國二十年九月

姓名		籍貫	職務	住址	電話
高福德	Francis Clougherty, O. S. B., M. A., LL. D.	美國	監督	本校	本校分機九九號
奥圖爾	George B. O'Toole, M. A., Ph. D., S. T. D.	美國	校務長兼理學院院長及哲學系主任	本校	本校分機一號
鮑尼府	Boniface Martin, O. S. B., M. A.	美國	駐美財務長	本校	
白歐華	Oswald Baker, O. S. B., M. A.	美國	事務長兼會計部主任	本校	本校分機九四號
葛斯尼	Adelbert Gresnigt, O. S. B., Arch. D.	荷蘭	建築主任	本校	
雷德懋	Cuthbert Redmond, O. S. B.	美國	教授兼英文學系主任	本校	
善斯樂	Carl P. Hensler, M. A., S. T. D.	美國	教授兼社會科學系主任	本校	
費恩樂	Francis Feinler, M. A. M. S.	美國	教授兼數學系主任	本校	
邢錫禮	Sylvester Healy, O. S. B., M. A.	美國	教授兼物理學系主任	本校	
司徒豹	Adrian Stallbaumer, O. S. B., M. S., Ph. D.	美國	教授兼化學系主任	本校	
戴敏	Damian Smith, O. S. B., M. Sc.	美國	教授兼生物學系主任	本校	
師立模	Gregory Schramm, O. S. B., M. A., Ph. D.	美國	教授兼心理學系主任	本校	
歐康年	Brendan O'Connor, O. S. B., M. A., M. S.	英國	教授兼物理學系代理主任	本校	
胡博	Hubert Sheehan, O. S. B.	美國	教授兼生物學系代理主任	本校	
伊德風	Ildephonse Brandstetter, O. S. B., M. A.	美國	教授	本校	本校分機四號
董維廉	William O'Donnell, Ph. D.	美國	教授	本校	
狄哲納	Genadius Diez, O. S. B., M. A.	西班牙	教授	本校	
肖嘉	Francis Shonka, M. Sc.	美國	教授	本校	
王金鏡	Clifford King, S. V. D.	美國	講師兼齋務主任	本校	本校分機九五號
謝理士	Ernest Schierlitz, Ph. D.	德國	講師兼圖書館西文部管理員	德內後海北河沿九號	
艾薩爾	Franz Esser, M. D.	德國	講師兼校醫	東單觀音寺九十號	東局二五六三
華勵	Harold V. Wattley	英國	講師	東交民巷英國使館	
斯濤客	Cornelis S. Stalk	荷蘭	講師	什坊院松樹園七號	
夏仁德	Randolph Sailer, Ph. D.	美國	講師	平西海甸燕京大學	燕大分機七十五號
貝德瑞	Gregory T. M. Betteridge, M. A. (Cantab.)	英國	講師	定阜大街二號	西局一三八四
王守智	Albert Van Melckebeke C. I. C. M.	比國	講師	西城太平倉普愛堂	西局三九四
魏德根	W. von Wedekind, B. A.	德國	講師	東單二條胡同四十六號	
毛德爾	Alois Manderer, D. D.	德國	講師	本校	
范若望	John Stefani	意國	講師	本校	
顧可隆	Columban Gross, O. S. B., B. Mus.	美國	訓育員	本校	
韋依	Hugo Wilt, O. S. B.	美國	會計部事務員兼齋務員	本校	本校分機八號
倪國樂	Nicholas Scoville, O. S. B.	美國	齋務員	本校	本校分機七號
滿德孚	Edward Chrisman, O. S. B.	美國	齋務員	本校	
麥貴爾	Raphael Maguire, O. S. B.	美國	齋務員	本校	

北平輔仁大學附屬中學教職員一覽表

民國二十年

姓名	別號	籍貫	職務	住址	電話
陳垣	援庵	廣東	校長	西城豐盛胡同十八號	西局三五二
沈兼士	兼士	浙江	代理校長	東城什方院十九號	東局三四三六
張懷	百齡	湖南	兼主任課育課長	定府大街二號	西局一三八四
袁承斌		江蘇	副教務課主任兼高中部教員	東煤廠五號	
鄒說	鵷雛	湖北	事務課長兼初中部教員	東煤廠甲五號	
王鑑武	建吾	河北	體育課長兼高中部教員	西城翊教寺十八號	西局一三五五
柏歐華		美國	庶務課長	本校	
羅可龍		美國	事務員	本校	
韋休		美國	事務員	本校	
滿德孚		美國	事務員兼高中部教員	本校	
高永昌	壽山	河北	事務員	東官坊甲九號	
李順武	傑承	河北	助理員	李廣橋東四合巷二號	
宋元凱	企唐	綏遠	校醫兼高中部教員	新街口前公用庫二十號	西局一五八二
韓壽頤	頤南	河南	書記	後門外板廠胡同二十七號	
郭傑秀	俠仙	河北	書記	興化寺街福壽里十五號	
吳鐵俊	慧齋	河北	書記	北溝沿大後倉二十二號	
舒耀勳	子銘	河北	書記	新街口大半截胡同七號	
常福元	伯琦	江蘇	高中部教員	西四帥府胡同四十五號	
臺靜農	靜農	安徽	高中部教員	地安門西九局界黃城根七十九號	
余炘文	敬吾	河南	高中部教員	西四磚塔胡同五十六號	
王紹瀛	叔海	廣東	高中部教員	西城大沙果胡同十號	西局七一三
牟振飛	正非	浙江	高中部教員	宣外前青廠周家大院二號	南局一二七
施暘	天倖	河北	高中部教員	東城鐘鼓寺六號	
范文瀾	仲澐	浙江	高中部教員	後門內慈慧殿南月牙胡同十一號	
白雄遠	錦韜	河北	高中部軍事教員兼教育	府右街妞妞房二號	西局六七二
岑紫輝	紫輝	廣東	高中部教員	西單邱祖胡同二十六號	西局六九五
臧明揚	蕩生	四川	高中部教員	大學夾道十三號	
周遊	寶韓	四川	高中部教員	中海北平大學高中	西局二四五二
金午峰	午峰	湖北	高中部教員	西城前英子胡同十三號	
沈頤	桑山	江蘇	高中部教員	西四兵馬司三十九號	
李象元	印僧	廣東	高中部教員	石駙馬大街大橋南溝沿五十五號	西局六一三
梁兆庚	夢星	河北	高中部教員	本校	
陳君哲	君哲	浙江	高中部教員	後門內司禮監一號	
饒用澤	劭民	江西	高中部教員	西城實禪寺街十六號	西局八〇八
杜宴	鹿笙	廣東	高中部教員	宣外上斜街五十五號	南局五五二五
王燦如		廣東	高中部教員	宣外廣安東里二十六號	
尹彥岑	彥岑	河北	高中部軍事訓練助教	新街口小六條甲五號	
胡玉齋	玉齋	河北	高中部軍事訓練助教	西安門外西安公寓	
武質愚	質愚	河南	高中部軍事訓練助教	李廣橋西口袋胡同十一號	
王秀泉	秀泉	河北	高中部軍事訓練助教	阜內東廊下五號	
張書雲	卿五	廣西	高中部教員兼初中部教員	西四帥府胡同六號	
勒恩澍	霖三	河北	高中部教員兼初中部教員	師範大學	南局四八五五
黎少川	少川	湖北	高中部教員	護國寺後鐵匠營九號	西局二三三
黃倫芳	復生	廣東	高中部教員	西單安福胡同七十二號	南局三〇〇五
楊維新	鼎甫	廣東	高中部教員	西單東斜街昌堂門二號	西局一六八八
馬貴爾		美國	高中部教員	本校	
趙虛谷		河北	高中部教員	東城馬神廟中老胡同十三號	
楊鳳崗	鳳崗	湖北	高中部教員	西單東斜街昌堂門四號	西局一九三六
郭西則			高中部教員	後門內司禮監甲六號	
宗之潢	志黃	江蘇	初中部教員	西單頭條十二號	
張啟宗	肯謙	河北	初中部教員	前門內大四眼井一號	
史紹燊	禹如	湖北	初中部教員	國會街二十九號	
孫仲寬	仲寬	浙江	初中部教員	北池子騎河樓清華同學會	
程萬里	嘯鵬	河北	初中部教員	錦什坊街馬杓胡同四號	
劉儒林	雅齋	河北	初中部教員	後門內二眼井八號	東局九五一
易是	芸生	江蘇	初中部教員	東城洋溢胡同二號	東局一六五三
柴德賡	青峯	浙江	初中部教員	西河沿佘家胡同浙江學會	
英純良	君一	北平	初中部教員	府右街一號培根女校	
夏震	仲軒	湖北	初中部教員	旃壇寺當舖胡同九號	
陳學謙	益軒	河北	初中部教員	後門外前井胡同甲九號	
許作新	迎歲	福建	初中部教員	德內松樹街路西三十四號	
蔡善甯	子堯	安徽	初中部教員	後門外東煤廠三十號	
謝翰英	子才	河南	初中部教員	中學宿舍	
丁家驤	涵軒	山東	初中部教員	東城報房胡同七十七號	
王玉棟	—	山東	初中部教員	東四牌樓十一條三十八號	
董世祚		四川	初中部教員	大學宿舍	
夏正	正之	貴州	初中部教員	西單闢才六條六號	
徐道齡	允一	河北	初中部教員	本校大學宿舍	
張之楨		河北	初中部教員	本校大學宿舍	
李鳳樓		河北	初中部教員	本校大學宿舍	

民國二十年十二月十五日 （第三版）

輔仁大學課程表 文學院 社會科學系社會組三年級

時間＼星期		1	2	3	4	5	6
上午	1	勞工問題 2 張	社會思想史 11 韓			社會思想史 11 韓	
	2		貧窮與依賴之問題 2 李	教育概論（選） 3 張	教育概論（選） 3 張	貧窮與依賴之問題 2 李	黨義 禮堂 牛
	3			經濟思想史（選） 1 劉		經濟思想史（選） 1 劉	
	4	經濟思想史（選） 1 劉		勞工問題 2 張		勞工問題 2 張	
下午	5					社會統計學 6 蔡	
	6					社會統計學 6 蔡	
	7						
	8						

輔仁大學課程表 文學院 哲學系一年級

時間＼星期		1	2	3	4	5	6
上午	1		英文名著選讀 17 董	英文名著選讀 17 董	倫理學 12 韓	英文名著選讀 17 董	邏輯學 3 英
	2	國文名著選讀 7 王	政治學大綱（選） 17 張		教育哲學（選） 13 張	政治學大綱（選） 13 張	
	3	社會經濟進化論 13 李	倫理學 12 韓	哲學概論 17 英	社會經濟進化論 13 李	教育哲學（選） 13 張	社會經濟進化論 13 李
	4	軍事訓練 白	邏輯學 3 英	軍事訓練 白		哲學概論 12 英	黨義 大禮堂 牛
下午	5	軍事學 大禮堂 白		邏輯學 3 英		國文名著選讀 7 王	
	6						
	7						
	8	第二外國語		第二外國語		第二外國語	

輔仁大學課程表 理學院 數學系一年級

時間＼星期		1	2	3	4	5	6
上午	1	國文名著選讀 7 景	微積分 3 費	大學物理 U 歐	大學物理 U 歐	微積分 3 費	微積分 3 費
	2	大學物理 U 歐	方程論 11 梁	英文名著選讀 13 董	國文名著選讀 7 景	英文名著選讀 13 董	球體三角 2 常
	3	解析幾何 11 費		解析幾何 11 費	方程論 11 梁	解析幾何 11 費	方程論 11 梁
	4	軍事訓練 白		軍事訓練 白	微積分 7 費	方程論 11 梁	黨義 禮堂 生
下午	5	軍事學 白		物理實驗 218 歐	球體三角 2 常	大學物理 U 歐	
	6			物理實驗 218 歐			
	7	英文名著選讀 13 董		物理實驗 218 歐			
	8						

輔仁大學課程表 理學院 數學系二年級

時間＼星期		1	2	3	4	5	6
上午	1		微積分 3 費		高等代數通論 1 費	微積分 3 費	微積分 3 費
	2	高等代數通論 1 費	方程論 11 梁	高等代數通論 1 費	英文名著選讀 12 董	高等代數通論 1 費	黨義 大禮堂
	3	解析幾何 11 費		解析幾何 11 費	方程論 11 梁	解析幾何 11 費	方程論 11 梁
	4	國學概論 1 王			微積分 7 費	方程論 11 梁	
下午	5			近代幾何 12 王			
	6			近代幾何 12 王		國學概論 1 王	
	7					英文名著選讀 12 董	
	8	第二外國語		第二外國語		第二外國語	

(第四版)　民國二十年十二月十五日

輔仁大學課程表　理學院　物理學系一年級

時間＼星期	1	2	3	4	5	6
上午 1	國文名著選讀 7景	微積分(選) 3費	大學物理 U歐	大學物理 U歐	微積分 3費 / 分析數學概論 17余	微積分(選) 7費
2	大學物理 U歐	化學實驗 I_2斯	英文名著選讀 13董	國文名著選讀 7景	英文名著選讀 13董	化學實驗 I_3斯
3	化學概論及無機化學 I斯	化學實驗 I_2斯	化學概論及無機化學 I斯	化學概論及無機化學 I斯	黨義 禮堂生	化學實驗 I_3斯
午 4	軍事訓練 白	化學實驗 I_2斯	軍事訓練 白	微積分 7費 / 分析數學概論 17余		化學實驗 I_3斯
下午 5	軍事學 禮堂白	分析數學概論 7余			大學物理 U歐	
6	分析數學概論 7余				物理實驗 218歐	
7	英文名著選讀 13董				物理實驗 218歐	
午 8					物理實驗 218歐	

輔仁大學課程表　理學院　物理學系二年級

時間＼星期	1	2	3	4	5	6
上午 1		微積分 3費	黨義 禮堂生		微積分 3費	微積分 3費
2		化學實驗 I_3斯	力學分子物理及熱學 U歐	英文名著選讀 12董	力學分子物理及熱學實驗 214歐	化學實驗 I_2斯
3	化學概論及無機化學 I斯	化學實驗 I_3斯	化學概論及無機化學 I斯	化學概論及無機化學 I斯	力學分子物理及熱學實驗 214歐	化學實驗 I_2斯
午 4	國學概論 1王	化學實驗 I_2斯		微積分 7費	力學分子物理及熱學實驗 214歐	化學實驗 I_2斯
下午 5			實用無線電學(選) U華	實用無線電學(選) U華		
6		力學分子物理及熱學實驗 214歐	實用無線電學(選) U華	實用無線電學(選) U華	國學概論 1王	
7		力學分子物理及熱學實驗 214歐			英文名著選讀 12董	
午 8	第二外國語	力學分子物理及熱學實驗 214歐	第二外國語		第二外國語	

輔仁大學課程表　理學院　物理學系三年級

時間＼星期	1	2	3	4	5	6
上午 1	電學及磁學 U尙			高等代數通論 1費	電學及磁學 U尙	
2	高等代數通論 1費	化學實驗 I_2斯	高等代數通論 1費		高等代數通論 1費	化學實驗 I_2斯
3	化學概論及無機化學 I斯	化學實驗 I_2斯	化學概論及無機化學 I斯	化學概論及無機化學 I斯	黨義 禮堂生	化學實驗 I_2斯
午 4		化學實驗 I_2斯			英小說 15雷	化學實驗 I_2斯
下午 5	電學及磁學實驗 214尙	英小說 15雷	實用無線電學(選) U華	實用無線電學(選) U華	電學及磁學實驗 214尙	
6	電學及磁學實驗 214尙		實用無線電學(選) U華	實用無線電學(選) U尙	電學及磁學實驗 214尙	
7	電學及磁學實驗 214尙		英小說 15雷		電學及磁學實驗 214尙	
午 8	第二外國語		第二外國語		第二外國語	

輔仁大學課程表　理學院　化學系一年級

時間＼星期	1	2	3	4	5	6
上午 1	英文名著選讀 17董	微積分(選) 3費	黨義 禮堂生	英文名著選讀 17董	微積分(選) 費 / 分析數學概論 7余	微積分(選) 3費
2			化學概論及無機化學 I司		化學概論及無機化學 I司	物理實驗 218歐
3	國文名著選讀 7景	大學物理 U歐	大學物理 U歐	國文名著選讀 7景	大學物理 U歐	物理實驗 218歐
午 4	軍事訓練 白		軍事訓練 白	微積分(選) 費 / 分析數學概論 17余	英文名著選讀 17董	物理實驗 218歐
下午 5	軍事學 禮堂白	分析數學概論 7余	化學實驗 I_2司	大學物理 U歐	化學實驗 I_2司	
6	分析數學概論 7余		化學實驗 I_2司		化學實驗 I_2司	
7	化學概論及無機化學 I司		化學實驗 I_2司		化學實驗 I_2司	
午 8						

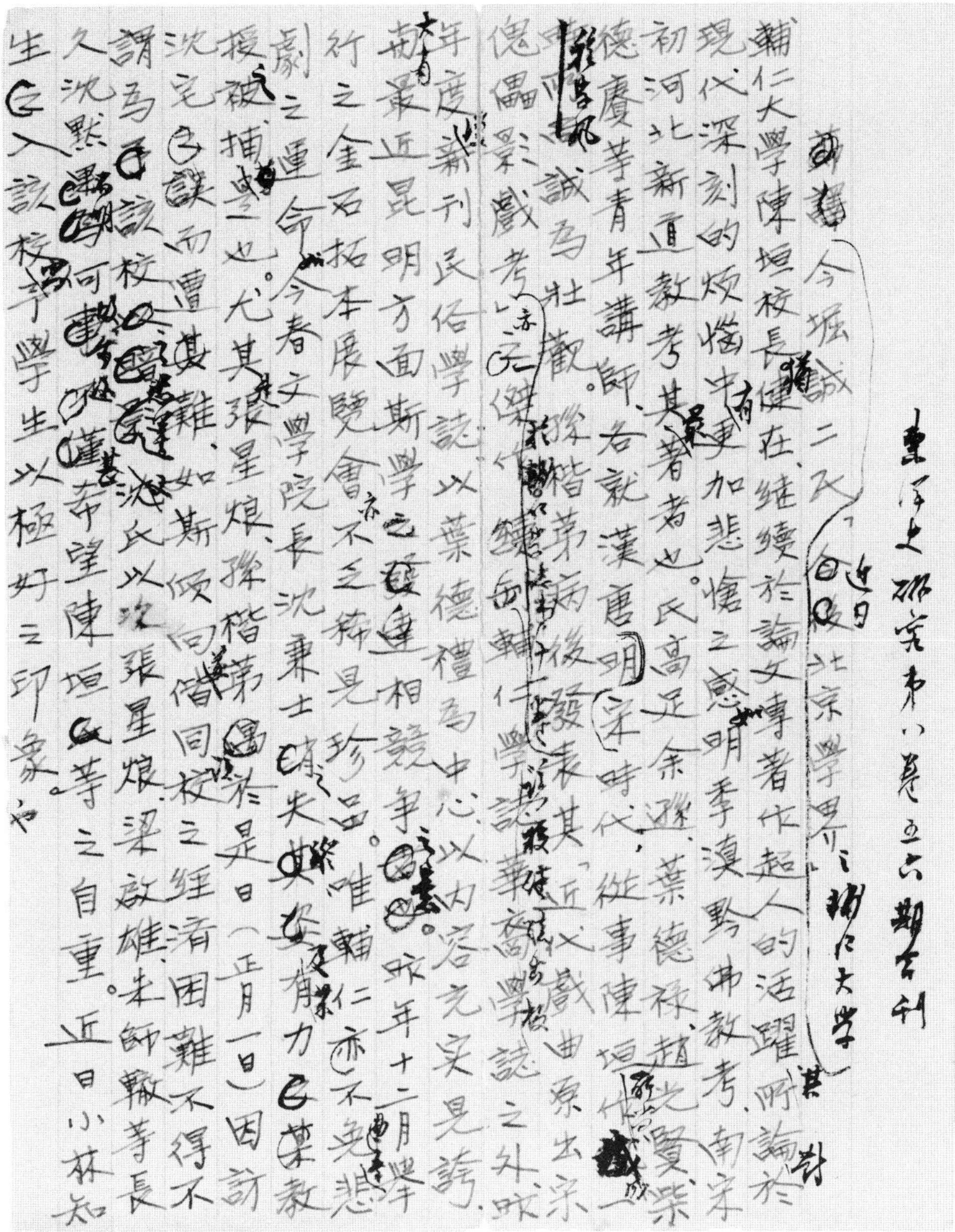

这是1944年3月，某人写的一篇报道。国民党北平市负责人沈兼士逃离北平，张星烺、孙楷第等教授于1月25日(农历正月初一)被捕(师生达三十余人)。此文稿上有陈垣修改字迹。陈垣《通鉴胡注表微》前十篇发表于1945年12月。1946年12月有全书抽印本。书前原有一段话放在目录后，即“此论文本为纪念，被捕及被俘诸友而作，岂意编成未刊，诸公已出狱，时北平亦适沦陷九年也……”。(刘乃和《陈垣年谱》159页。)1945年7月18日：“辅仁大学公宴请出狱教授。”

民國三十七年六月出版

私立北平輔仁大學歷屆畢業生名冊

第一屆（民國十九年度）起
第十八屆（民國三十六年度）止

劉廼龢　女　二六　河北天津
盧英華　女　二二　江蘇淮安
王　競　女　二五　江蘇泰縣
王瑞玉　女　二五　河北灤縣
安郁仲　男　二五　山東膠縣　社會經濟學系社會組
張　偉　男　二六　廣東南海　以下同
趙增祥　男　二三　河北天津
費安玖　男　二四　河北大興
郝履平　男　二七　浙江嘉興
劉忠烈　男　二五　河北滄縣
劉忠勇　男　二六　山東黃縣
劉國驊　男　二五　江蘇吳縣
劉毓敏　男　二五　河北深縣

羅鼎鍾　男　二六　河北樂亭
毛　醒　男　二五　河北天津
孟憲文　男　二六　河北大興
寗兆榮　男　二八　河北樂亭
白鴻鈞　男　二三　北平市
王鳳嶠　男　二五　山東歷城
王旭藻　男　二七　河北天津
楊樹桐　男　二四　河北灤縣
佘國昌　男　二五　河北邢台
安郁芩　女　二三　山東日照
趙蘊華　女　二四　山東歷城
陳巧機　女　二四　廣東南海
金祖堯　女　二四　山東濟南

丁仁基　男　二三　浙江吳興
蔡勝康　男　二六　廣東中山
王錦堂　男　二四　山東諸城
王輔忠　男　二四　河北灤縣
楊寶碩　男　二三　河北淶水
陳鼎懿　女　二四　山東歷城
李廣玉　女　二四　河北深縣
李桂玲　女　二二　河北獻縣
王光美　女　二二　天津市
安治義　男　二七　河北天津　化學系
張聚明　男　二七　遼寧法庫　以下同
張　實　男　二三　湖北枝江
陳健民　男　二五　浙江紹興

第十三屆（三十一年度）物、化、

陳懋祄　男　二四　湖北來鳳
陳秉端　男　二五　福建長樂
鄭寶衡　男　二七　河北豐潤
程家驪　男　二七　安徽潛山
齊續楹　男　二六　北　平
周　昕　男　二三　天津市
邢宗沅　男　二五　河北大興
熊　堯　男　二五　山東濟寧
高伯民　男　二六　河北高陽
顧萬章　男　三〇　河北昌平
郭成才　男　二四　河南唐河
李希彭　男　二六　山東招遠
李佩純　男　二五　河北遷安

第十四屆（三十二年度）心、美、家、

姓名	性別	年齡	籍貫	院系	備考
梁釗	男	三一	河南葉縣	心理學組	
蘇瑞湖	男	二七	河北交河	以下同	
唐貴珍	女	二四	江蘇江寧		
郭可譸	女	二六	福建閩侯	美術專修科	
張秉琳	女	二二	上海	以下同	
陳美蘭	女	二三	上海		
徐燕華	女	二二	江蘇吳江	家政學系	

第十五屆

姓名	性別	年齡	籍貫	院系	備考
郭預衡	男	二六	河北玉田	文學院國文學系	
李溶	男	二八	山西大同	以下同	
汪筱鶴	男	二七	山東曲阜		

第十五屆（三十三年度）國、

姓名	性別	年齡	籍貫	院系	備考
饒秀貞	女	二四	江蘇江寧	以下同	
李廠苓	女	二三	河北濮縣		
劉素娟	女	二二	山東招遠		
王榮珍	女	二二	山東棲霞		
袁哲怡	女	二三	江蘇寶山		
龔理荃	女	二四	安徽合肥		

姓名	性別	年齡	籍貫	院系	備考
陳廷瑚	男	二二	河北通縣		
王先培	男	二五	安徽桐城		
史樹青	男	二二	河北樂亭		

史念海 男 二四 山西平陸

桂繼棻 男 三一 河北宛平

劉冠邦 男 二五 河北天津

金湘生 男 二五 河北大興

葉嘉瑩 女 二二 河北宛平 國文學系

許德芬 男 二六 浙江杭縣

許大齡 男 二三 四川屏山

張德生 男 二八 河北豐潤

劉迺謙 男 二六 吉林永吉

蘇國蔭 男 二四 河北交河

邱淑儀 女 二四 山東陵縣

王理淵 男 二六 安徽阜陽 以下同

馬樹仁 男 二七 河北趙縣

王光英 男 二四 河北天津

冀淑英 女 二三 河北河間

劉廼中 男 二五 河北天津

趙毓梓 男 二五 河北曲陽 西洋語言文學系

閻玉靜 女 二三 北平市

孫步珍 女 二六 江蘇江都

蔣天格 男 二四 江蘇豐縣

白永學 男 二五 河北安新 化學系

趙守儼 男 二三 河北大興

來新夏 男 二四 浙江蕭山

俞敏 男 二六 河北天津

全书甚厚，不能全部摘录，仅节选数人名字。史念海等为辅仁第一批毕业生。

本校三十二年度文史兩系畢業論文目錄

國文系

劉迺中	集韵研究
賈汝楫	聊齋志異述評
金湘生	魏晋學術思想與文學
秦粟橋	八股文研究
周奎正	集韵研究
徐　琨	宋詩鈔引得
任嘉祺	毛詩訓詁釋例
高熙曾	說苑校正
葛秪石	廣雅引得
李森文	趙秋谷年譜
李允莊	江西詩派研究
劉樹烈	宋詩鈔引得
勞元果	孔叢子校
石柱民	唐代詩人與茶之關係
從陸人	六十種曲故事型研究
王　昭	莊子本證
王法祖	漢書顏師古注探原
王祖培	岑嘉州詩集考異
王祖蔭	孔子家語校勘
王端傑	馬致遠論及其雜劇疏證
連潤江	孟東野詩集考異
王裕光	荀子道術概論
趙連胤	詩學本義
周　實	齊物論論略
于振聲	荀子道術概論
劉靜嫻	先秦人物傳徵舉隅
傅績淑	先秦人物傳徵舉隅
楊清端	元曲選異文考
王立玉	永明體研究
甯志訓	先秦人物傳徵舉隅
李秀蘊	李唐一代曲江文獻考
丁秀文	先秦人物傳徵舉隅
靳桂蓮	還寃記校補
劉植蘭	唐代女詩人記事
馬金如	羣經同字異音考
劉玉涵	說文闕形闕義補證

宮淑文　三齋散曲輯
郭　隅　六一詞考訂

史學系

牛繼斌　中國歷代戰爭與氣候之關係
茹國僧　東晉復興之研究
榮天琳　十七世紀中俄之衝突與外交
單耕陶　明清交涉中之蒙古
王文湛　金代猛安謀克之研究
王興志　宋初中央集權政治發展史
趙家瑩　太平天國失敗原因
謝德茂　「復興之印度」述要
解佑民　南洋華僑經濟概況
綦心平　山東省重要都市之研究
宋壽峰　曾國藩之哲學觀及其治術
鳥村修治　太平天國與鄉勇
唐皋林　歷代帝王出身考
林孝忠　紅襖賊變亂始末
楊學仁　清高宗平定廓爾喀始末

蔣文閔　雲溪友議校補
張春華　庾子山詩文研究

王紹遜　北魏盛衰與政教之影響
詹道楷　唐代蕃將考
劉自新　元世祖之文治
閻玉芝　漢高祖與明太祖之比較
龔德華　明毅宗之研究
劉瑞君　光緒出使西洋大臣述要
陳錦璵　唐代大旅行家玄奘事蹟述要
李燕來　南宋初士大夫對和戰之態度
李青萍　吳三桂事蹟考略
劉崇信　五代史記纂誤彙編
王之璞　仝祖望之史學
余敬堯　元代之財政
馬德敏　麥罕默德傳
張秀貞　北京天主教及四堂述要

本校三十三年度文史兩系畢業論文目錄

國文系

張恩芑　顏氏家訓書證篇注補
郭預衡　戰國策辨證
李步雲　諸葛武侯集校注
葉嘉穀　莊初床山四母古讀攷
史樹青　風俗通義校補
陳繼揆　群經名物器略
閻貴森　周易音義韻編
萬次章　六朝詩人之山水觀
李士漁　申鑒補注
穆芳蹟　論語古義
張　信　陸璣詩疏今釋
梁旭昇　孝經古義
王先培　新詩研究
閻振益　晏韓淮南三書左氏義
陳廷瑚　青溪居士程綿莊學行之研究
程恩詔　前漢紀探原

龔治蘇　孟浩然詩集攷異
史恩濤　春秋朔閏節氣表
王之才　華陽國志攷異
汪筱鶴　中論校注
李奇齡　韓非子思想管窺
宋震東　國語賈逵注輯補
曹桓武　張子野詞校輯
趙福星　元明雜劇中的水滸故事
傅試中　白石道人詞校注
于文萊　通鑑後漢紀載言考
李　溶　前漢紀探原
陳　鉉　韋莊詞攷注
程忠海　唐才子傳校注
侯　瑛　唐才子傳校注
陳淑靜　六十種曲解題
葉嘉瑩　元曲方言俗語摘釋

劉在昭　元曲方言俗語摘釋
李淑瑗　漢魏諸子編年
王鴻宗　呂衡州文集考
任銘玉　後漢書與東觀漢紀異同攷
敎蘊琦　連昌宮詞考注
鄭瑗棨　國語賈逵注輯証
董韻琴　國語賈逵注輯証
馬賢德　唐寫殘卷文館詞林攷異

史學系

孫步珍　王韜及其著作
張書勤　古洛陽長安亂時之社會情形及其建設
佟亦非　冀省稻田水利之發展
牛毓英　新疆民族源流
俞文傑　永定河考略
閻玉靜　冀魯漁鹽業之研究
陳桂英　四部叢刊集部碑傳總目
江衍芬　四部叢刊集部碑傳總目
趙芝訓　四部叢刊集部碑傳總目
張慧貞　中德文化關係

陳炳淑　唐寫殘卷文館詞林攷異
莫文齡　漢魏諸子編年
劉麗新　陳子昂年譜
史獻芝　離騷義疏
房鳳敏　淮海居士長短句注
莫東菊　天問研究
趙祥蘭　春秋左傳地域攷
趙佩玖　中國歷代農民暴動問題
呂成璧　中國內地開發次第考
唐念倫　清世宗法治下內政之研究
陳繼昌　唐初經略西北諸番政策概述
李家麟　宋金元三國外交相互之關係
許大齡　四部叢刊集部碑傳總目
孫繼祖　四部叢刊集部碑傳總目
叢治湘　北宋汴京生活述略
許德芬　北宋久治與宋太祖覊縻政術之關係
張建勛　河南水利史

岑玉書　秦漢地方制度述要
金家瑞　五代食貨問題研究
馬毓良　Parliament and Political Parties in England during the 18th century
魏晉清　明初之經濟
欒澤秋　歷代人口總數及分佈之研究
賴家度　通鑑考異研究
周曠良　水滸傳之歷史地理背景
王大興　明啓禎之稗政

李志遠　土木事變始末
張嘉瑞　曹魏政治研究
曹鳳舞　東林黨
侯桂五　高僧盧白魯克東遊錄譯注
龔士榮　康熙帝傳譯注
王鳴桐　中國主要都市分類研究

淪陷期間本校文史出版目錄

舊五代史輯本發覆　陳　垣撰　民國二十六年
天壤閣甲骨文存並考釋　唐　蘭撰　民國二十八年
明季滇黔佛教考　陳　垣撰　民國二十九年
民元以來天主教史論叢　葉德祿編　民國三十二年
華裔學誌　第三卷至第十卷　民國二十七年至三十四年
輔仁大學語文學會講演集　第一輯至第三輯　民國二十九年至三十一年
民俗學誌　第一卷至第四卷　民國三十一年至三十四年

吳漁山先生年譜　陳　垣撰　民國二十六年
釋氏疑年錄　陳　垣撰　民國二十八年
南宋初河北新道教考　陳　垣撰　民國三十年
廣韻聲系　沈兼士編　民國三十四年
輔仁文苑第一輯至第十一輯　民國二十八年至三十一年

輔仁學誌第七卷第一第二合期　民國二十七年十二月

湯若望與木陳忞　陳　垣
清太祖實錄纂修考　方甦生
原始鼎鉉之推測（附圖九）　劉厚滋
山水畫南北宗說考　啓　功
景宋本刊謬正俗校記　周祖謨
寒食散考　余嘉錫
智君子鑑考（附圖三）　唐　蘭
宋代摩尼教　牟潤孫
恭王府沿革考略　單士元
突厥文回鶻英武威遠毗伽可汗碑譯釋　王靜如

輔仁學誌第八卷第一期　民國二十八年六月

苘溪森禪師畫像（插圖）
語錄與順治宮廷　陳　垣
彌撒祭考　英千里
吳昌齡與雜劇西遊記　孫楷第
論文選音殘卷之作者及其音反　周祖謨
清德宗珍妃冊文（插圖）
遼金北邊部族考　馮承鈞
崇禎帝之撤像及信仰　牟潤孫
清列朝后妃傳稿訂補　方甦生
陶淵明述酒詩補注　儲皖峯

輔仁學誌第八卷第二期　民國二十八年十二月

梁山濼圖（插圖）
宋江三十六人考實　余嘉錫
明西北歸化人世系表　張鴻翔
清實錄修改問題　方甦生
希殺祭古語同原考　沈兼士
釋宅　于省吾
嘉慶丙寅上諭中之賀清泰　馮承鈞
故宮文獻館所藏之清代外交史料　張德澤

輔仁學誌第九卷第一期　民國二十九年六月

漢武伐大宛爲改良馬政考　余嘉錫
讀天壤閣甲骨文存及考釋　魏建功
唐帝誕辰祝賀考　葉德祿
陳氏切韻考辨誤　周祖謨
張石琴與太谷學派　劉厚滋
廣韻譌奪舉正　葛信益

輔仁學誌第九卷第二期　民國二十九年十二月

清初僧諍記　陳　垣
騫公楚辭音之協韻說與楚音　周祖謨
明失遼東考原　趙光賢
蔑曆解　戴君仁

輔仁學誌第十卷第一第二合期　民國三十年十二月

釋氏疑年錄通檢　趙衛邦　葉德祿
疑年錄稽疑　余嘉錫
明失遼東考原（續）　趙光賢
崔浩與其政敵　牟潤孫
四庫提要宣室志考證　葉德祿
明末殉國者陳于階傳　陳　垣
審母古音考　周祖謨
宋宦官參預軍事考　柴德賡

輔仁學誌第十一卷第一第二合期　民國三十一年十二月

高車之西徙與車師鄯善國人之分散　馮承鈞
書全謝山先侍郎府君生辰記後　陳　垣
袓裼　但馬　剝襪　沈兼士
王雱不慧有心疾辯　余嘉錫
近代戲曲原出宋傀儡影戲考　孫楷第
早期道教之政治信念　余　遜

輔仁學誌第十二卷第一第二合期　民國三十二年十二月

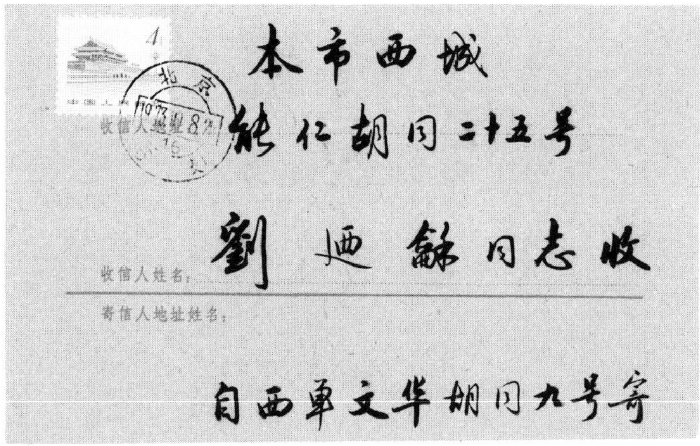

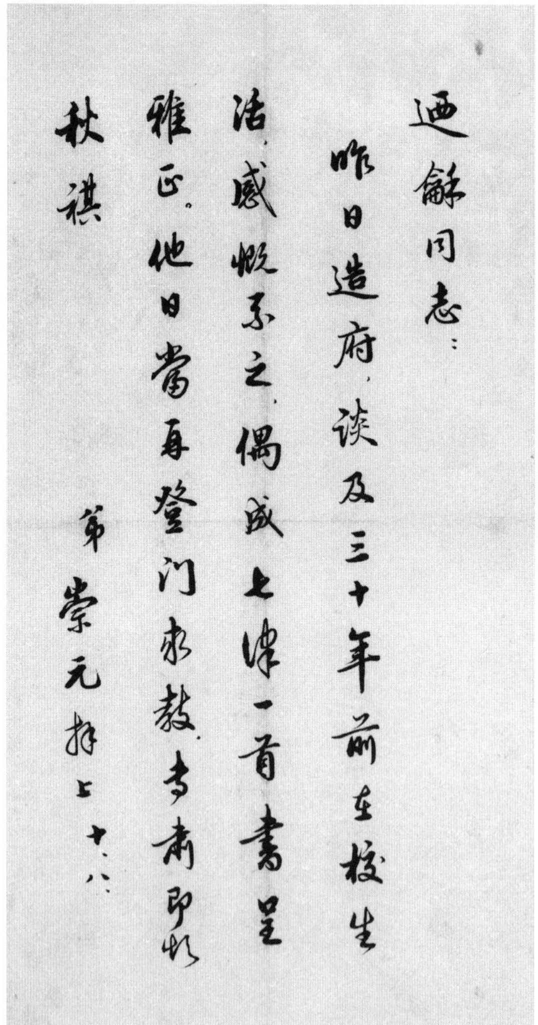
廼龢同志：
昨日造府，谈及三十年前在校生活，感慨系之，偶成七律一首，书呈雅正。他日当再登门求教，专肃即颂
秋祺
弟 崇元 拜上 十、八

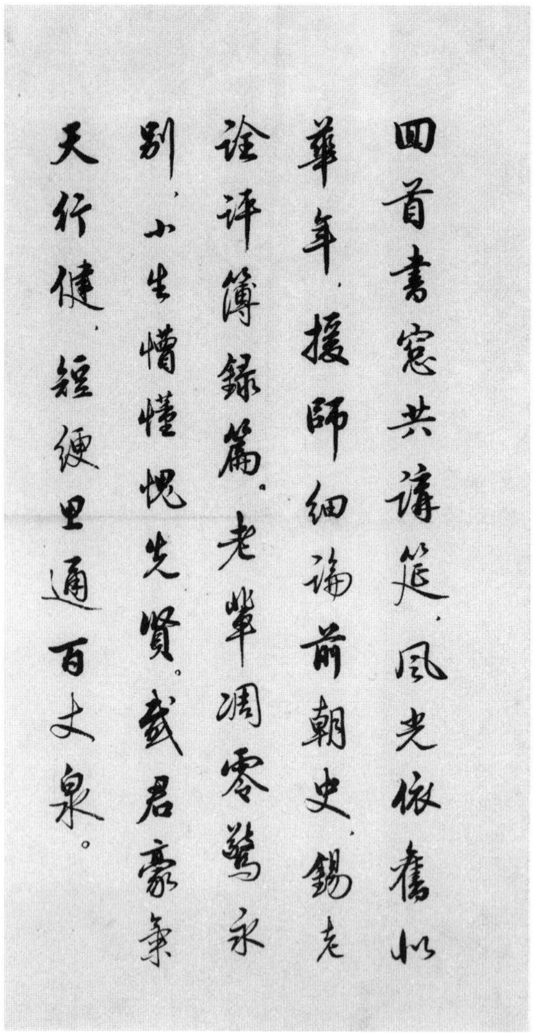
四首书窗共讲筵，风光依旧似華年。援師細論前朝史，錫老诠评簿録篇。老辈凋零惊永别，小生懵懂愧先贤。羡君豪气天行健，短綆里通百丈泉。

郭崇元是刘乃和同届文学系学生。字极漂亮。

廼和同志：

惠示奉悉，過承奖誉，不禁汗顔。

十日往谒启先生，适值病情加重，自谓為数年来所未有，晤谈片刻，即去北大医院，不知近日病况如何，兄處若有消息，尚希转告。弟最近受學校之嘱，选注论语，作為批孔資料，苦于手下書少，不知你有论语译注一書否，倘能假我数日，幸甚。

文華胡同舊名石駙馬後宅，東口正与北京出版办公室相對，公餘之暇，如蒙枉顧，則蓬蓽生輝矣。耑此即頌

大安，

郭崇元上 十月十八日

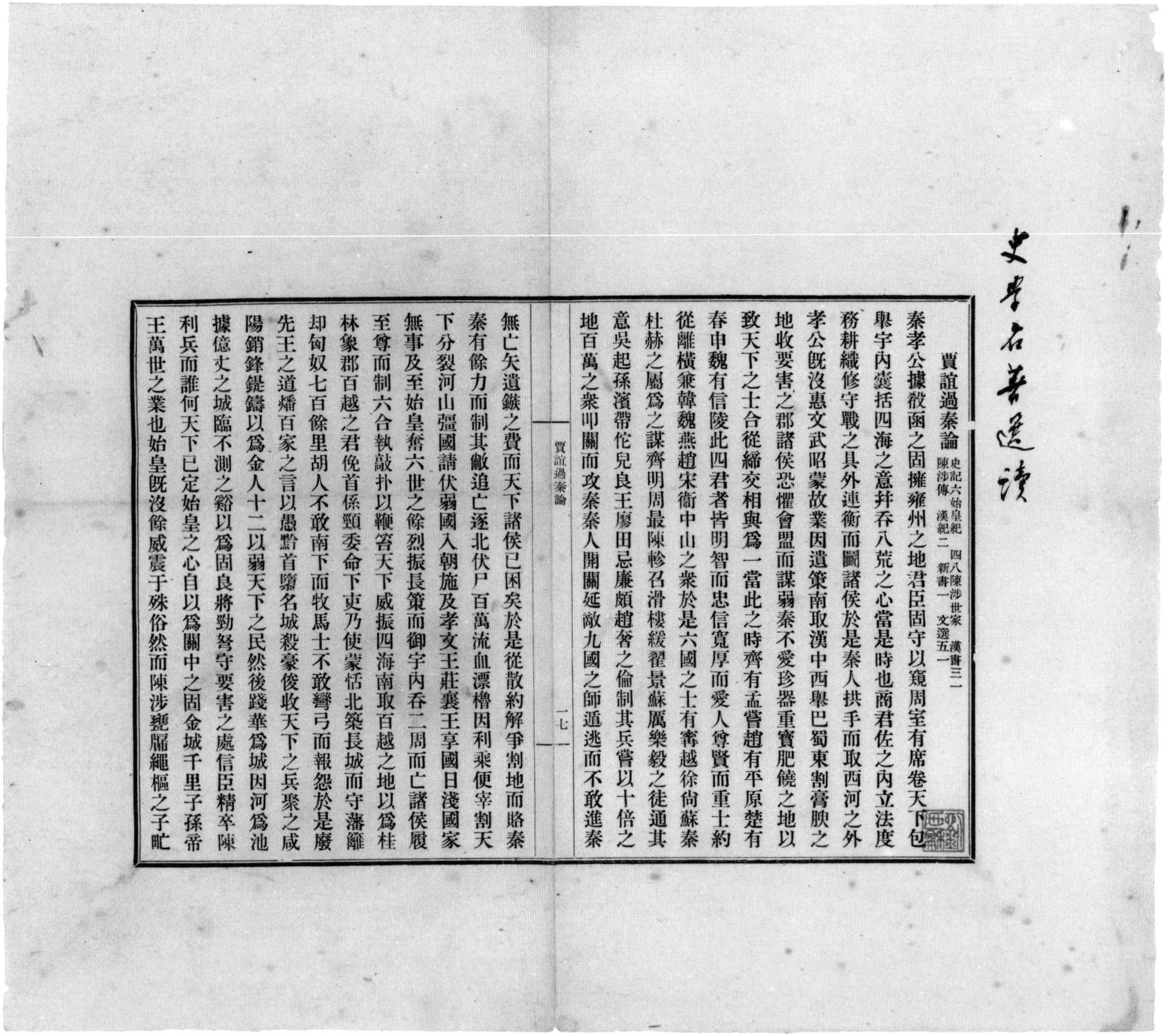

史学名著选读

賈誼過秦論 史記六始皇紀 四八陳涉世家 漢書三一
陳涉傳 漢紀二 新書一 文選五一

秦孝公據殽函之固擁雍州之地君臣固守以窺周室有席卷天下包舉宇內囊括四海之意并吞八荒之心當是時也商君佐之內立法度務耕織修守戰之具外連衡而鬬諸侯於是秦人拱手而取西河之外孝公既沒惠文武昭蒙故業因遺策南取漢中西舉巴蜀東割膏腴之地收要害之郡諸侯恐懼會盟而謀弱秦不愛珍器重寶肥饒之地以致天下之士合從締交相與爲一當此之時齊有孟嘗趙有平原楚有春申魏有信陵此四君者皆明智而忠信寬厚而愛人尊賢而重士約從離橫兼韓魏燕趙宋衛中山之衆於是六國之士有甯越徐尚蘇秦杜赫之屬爲之謀齊明周最陳軫召滑樓緩翟景蘇厲樂毅之徒通其意吳起孫臏帶佗兒良王廖田忌廉頗趙奢之倫制其兵嘗以十倍之地百萬之衆叩關而攻秦秦人開關延敵九國之師遁逃而不敢進秦

賈誼過秦論　一七

無亡矢遺鏃之費而天下諸侯已困矣於是從散約解爭割地而賂秦秦有餘力而制其敝追亡逐北伏尸百萬流血漂櫓因利乘便宰割天下分裂河山彊國請伏弱國入朝施及孝文王莊襄王享國日淺國家無事及至始皇奮六世之餘烈振長策而御宇內吞二周而亡諸侯履至尊而制六合執敲扑以鞭笞天下威振四海南取百越之地以爲桂林象郡百越之君俛首係頸委命下吏乃使蒙恬北築長城而守藩籬卻匈奴七百餘里胡人不敢南下而牧馬士不敢彎弓而報怨於是廢先王之道燔百家之言以愚黔首隳名城殺豪俊收天下之兵聚之咸陽銷鋒鍉鑄以爲金人十二以弱天下之民然後踐華爲城因河爲池據億丈之城臨不測之谿以爲固良將勁弩守要害之處信臣精卒陳利兵而誰何天下已定始皇之心自以爲關中之固金城千里子孫帝王萬世之業也始皇既沒餘威震于殊俗然而陳涉甕牖繩樞之子甿

这是陈垣讲“史源学实习”课时发的作业。

隸之人而遷徙之徒也材能不及中庸非有仲尼墨翟之賢陶朱猗頓之富躡足行伍之間俛起仟陌之中率罷散之卒將數百之衆轉而攻秦斬木爲兵揭竿爲旗天下雲集響應贏糧而景從山東豪俊遂並起而亡秦族矣且夫天下非小弱也雍州之地殽函之固自若也陳涉之位非尊於齊楚燕趙韓魏宋衛中山之君鉏櫌棘矜非銛於鉤戟長鎩也謫戍之衆非抗於九國之師深謀遠慮行軍用兵之道非及曩時之士也然而成敗異變功業相反試使山東之國與陳涉度長絜大比權量力則不可同年而語矣然秦以區區之地致萬乘之權招八州而朝同列百有餘年然後以六合爲家殽函爲宮一夫作難而七廟隳身死人手爲天下笑者何也仁義不施而攻守之勢異也

賈誼過秦論
司馬相如難蜀父老
一八

司馬相如難蜀父老 史記百十七漢書五七司馬相如傳 文選四四

漢興七十有八載德茂存乎六世威武紛紜湛恩汪濊羣生霑濡洋溢乎方外於是乃命使西征隨流而攘風之所被罔不披靡因朝冉從駹定筰存邛略斯榆舉苞蒲結軌還轅東鄉將報至于蜀都耆老大夫搢紳先生之徒二十有七人儼然造焉辭畢進曰蓋聞天子之牧夷狄也其義羈縻勿絕而已今罷三郡之士通夜郎之塗三年於茲而功不竟士卒勞倦萬民不贍今又接之以西夷百姓力屈恐不能卒業此亦使者之累也竊爲左右患之且夫邛筰西僰之與中國並也歷年茲多不可記已仁者不以德來强者不以力并意者其殆不可乎今割齊民以附夷狄敝所恃以事無用鄙人固陋不識所謂使者曰烏謂此乎必若所云則是蜀不變服而巴不化俗也僕尚惡聞若說然斯事體大固非觀者之所覯也余之行急其詳不可得聞已請爲大夫粗陳其略蓋世

刘乃和《三国演义与正史》，实为“史源学实习”之大部头实践。

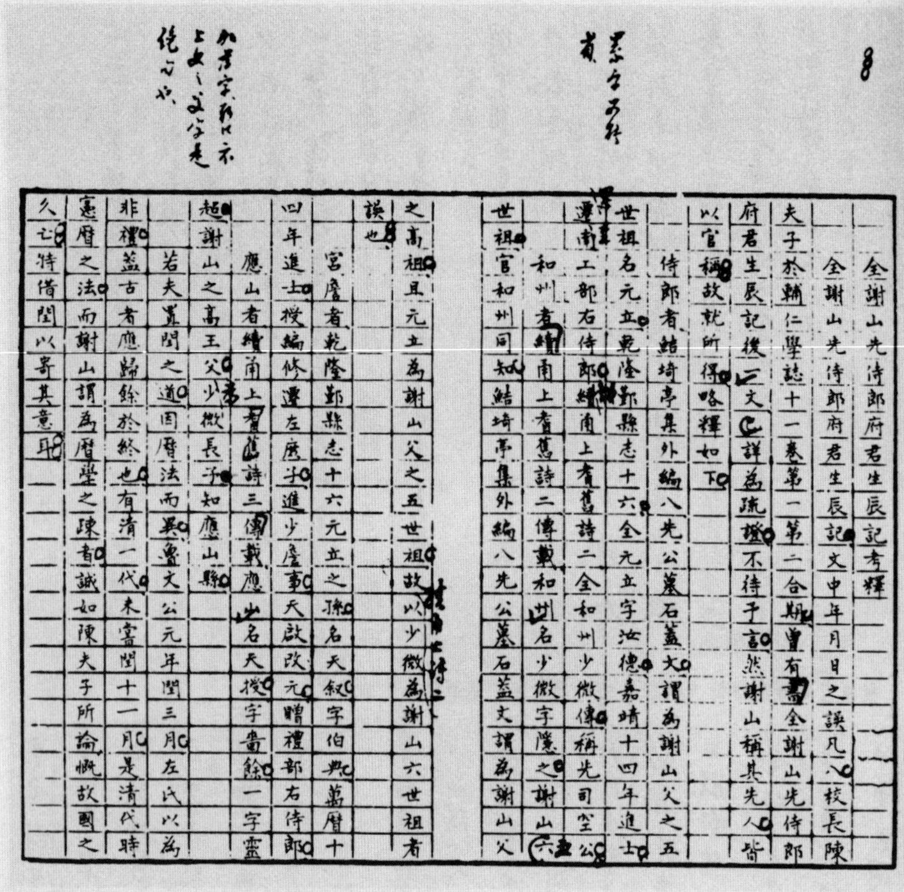

全謝山先侍郎府君生辰記考釋

全謝山先侍郎府君生辰記文中年月日之誤，凡八。校長陳夫子於輔仁學誌十一卷第一第二合期曾有書全謝山先侍郎府君生辰記後一文，詳為疏證，不待予言。然謝山稱其先人皆以官稱，故就所得，略釋如下：

侍郎者，鮚埼亭集外編八先公墓石蓋文，謂為謝山父之五世祖名元立。乾隆鄞縣志十六：全元立字汝德，嘉靖十四年進士，遷南工部右侍郎。續甬上耆舊詩二：全和州少微傳，稱先司空公。

和州者，續甬上耆舊詩二傳載和州名少微，字隱之，謝山六世祖，官和州同知。鮚埼亭集外編八先公墓石蓋文，謂為謝山父之高祖，且元立為謝山父之五世祖，故以少微為謝山六世祖者誤也。

宮詹者，乾隆鄞縣志十六：元立之孫名天叙，字伯典，萬曆十四年進士，授編修，遷左庶子，進少詹事，天啟改元，贈禮部右侍郎。

應山者，續甬上耆舊詩三傳載應山名天授，字書餘，一字靈超，謝山之高王父，少微長子，知應山縣。

若夫置閏之道，因曆法而異。魯文公元年閏三月，左氏以為非禮，蓋古者應歸餘於終也。有清一代，未嘗閏十一月，是清代時憲曆之法，而謝山謂為曆學之疎者，誠如陳夫子所論，慨故國之久亡，特借閏以寄其意耳。

批改《史源学实习》课学生作业.▲

英敛之书励耘书屋匾▼

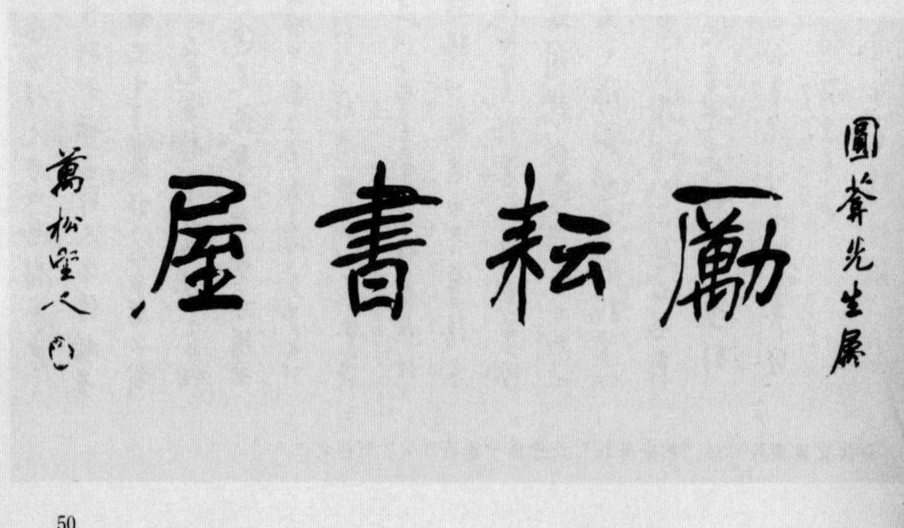

宋之北京即大名府

另字斷句

書全謝山與杭堇浦論金史第四帖子後

史四 王之謨

元于欽思容齊乘卷五言，濟南城西鵲山下，劉豫墓中產蝎。謝山以為妄語，蓋考諸史書別集，均無此語也。

宋史叛臣傳言，豫從臨濆卒。方宋高宗幸揚州，以樞密院張愨薦知濟南府。豫惡之，欲易以他郡，不可得，乃生二心，降於金。宋史復言，先是北京順豫門生瑞禾，濟南漁者得鱣，豫以為己受命之符，遣子麟持重金賂金左監軍撻辣，求僭號云。金史言太宗後立劉豫，繼張邦昌，號大齊，建元阜昌，都汴，則豫居濟南為時甚暫。且從臨濆卒，歸葬歷下，勢不可能也。濟南既不能有墓，則係後人附會無疑矣。

甫二八書

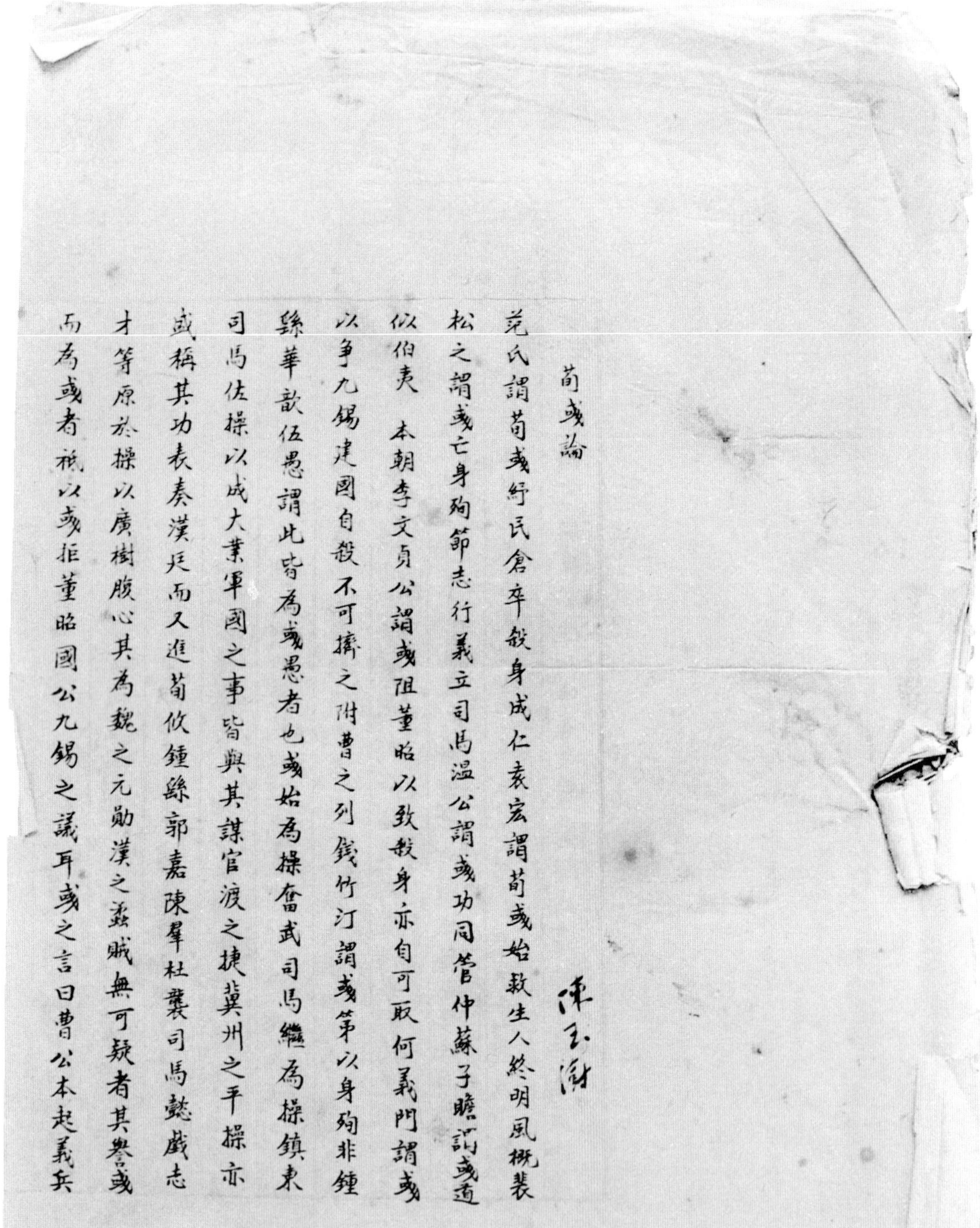

荀彧論

陳玉澍

范氏謂荀彧紓民倉卒殺身成仁袁宏謂荀彧始救生人終明風概裴松之謂彧亡身殉節志行義立司馬温公謂彧功同管仲蘇子瞻謂彧適似伯夷　本朝李文貞公謂彧阻董昭以致殺身亦自可取何義門謂彧以爭九錫建國自殺不可擠之附曹之列錢竹汀謂彧第以身殉非鍾繇華歆伍愚謂此皆為彧愚者也彧始為操奮武司馬繼為操鎮東司馬佐操以成大業軍國之事皆與其謀官渡之捷冀州之平操亦彧稱其功表奏漢廷而又進荀攸鍾繇郭嘉陳羣杜襲司馬懿戲志才等原於操以廣樹腹心其為魏之元勛漢之蟊賊無可疑者其譽彧而為彧者祇以彧拒董昭國公九錫之議耳彧之言曰曹公本起義兵

学生陈玉澍作业。那时学生字很工整、认真。陈垣书学生名。

只有学生名。这是陈垣代写其名。

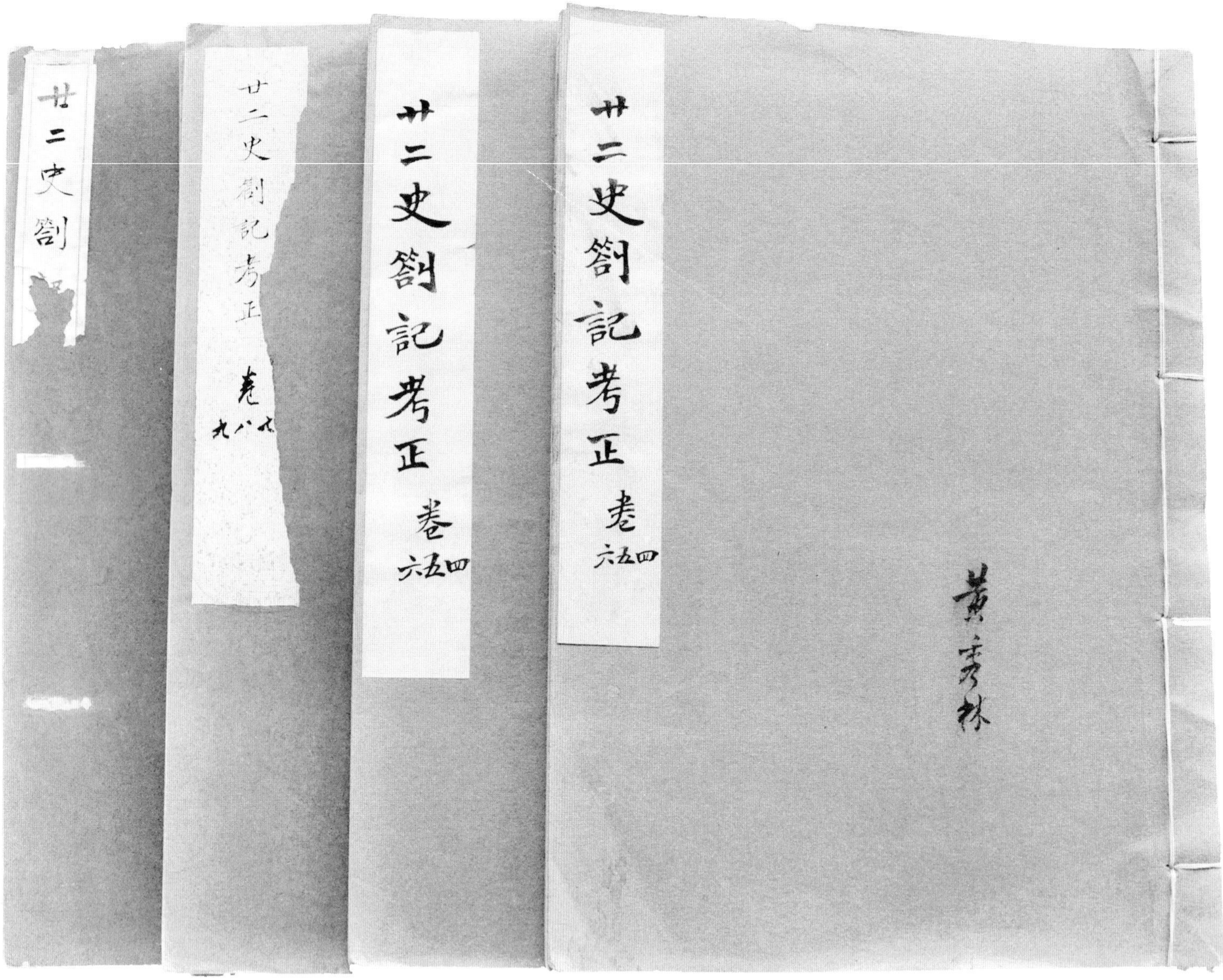
廿二史劄記考正
卷九八七
廿二史劄記考正
卷六五四
廿二史劄記考正
卷六五四
黄秀林

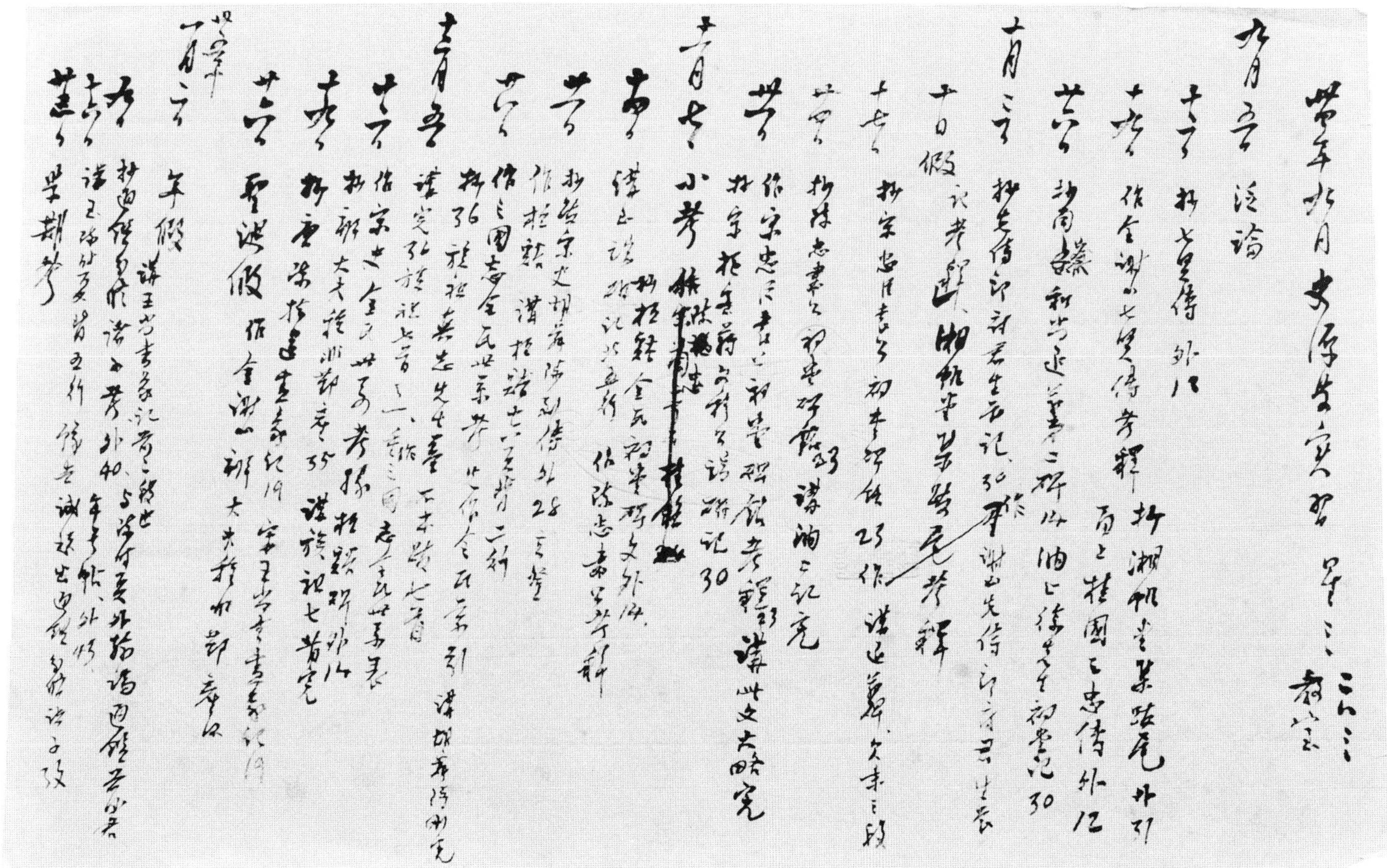

廿六年度史源学实习

李瑚 七页 三人合作

周兼正 四页半

陈绸亭 三页半

赵续珊 五页 [illegible]

郭蒲圃 六页半 [illegible]

翟宝山 六页 [illegible]

郭傍真 四页 [illegible]

甲凯 一页半 [illegible]

王保祺 三页 [illegible]

吴云明 四页 [illegible]

韦铭存 七页 [illegible]

王志章 二页半 [illegible]

刘乃三 四页半 [illegible]

高士哲 七页 [illegible]

刘翰屏 十二页 [illegible]

杨思海 十二页半

杨坡 五页半

陈修析 二页七分 又六页

刘琳娟 二页半 [illegible]

李秋璐 二页半 [illegible]

侯桂生 六页 [illegible]

叶游芬 五页 [illegible]

王玉春 七页半 [illegible]

刘树廷 十二页

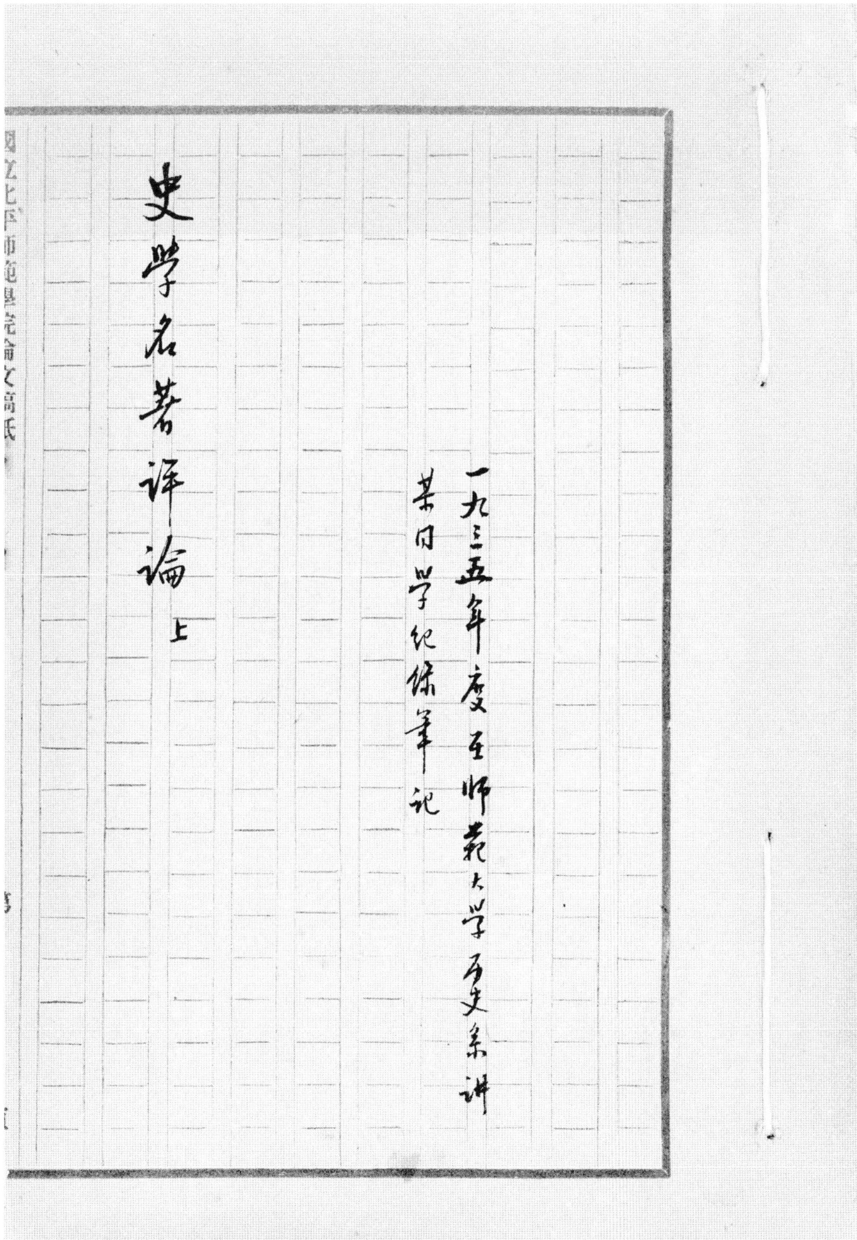

这某同学到底是谁？

目録

陳垣先生講

中國史書批評

史記

史料來源　史學家必據史料著書然古人皆不注明史料來源故吾人應言及此按史記來源有四

一、來自書本者　漢書馬遷傳其據國語國策楚漢春秋今書皆存實不足以盡史記概可謂漢前之書現存者史公皆曾採取史公不但採取且其書皆備蓋書無不存史公處也設史公未見者則實無其書矣何以證之（清末史記探源實未探源）北宋大史學倪思有遷書刪改古書異同十二卷今佚因文獻通考經籍通考曾載是書故知之即以宋時所存漢前之書與遷書比較觀其刪增之迹據此可證漢前存書史公皆嘗見及也

二、口說者　口說之來源可自史記本身尋出如史公常謂聽某人言者皆是荊軻傳刺客傳皆有之荊軻傳「公孫季功董生與夏無且遊為余道之如此」是也（按由此可作太史公交遊攷）

三、取自檔案者　政府詔令公門之公文戰爭時之紀功冊皆是史學家之單位數目甚非若文學家可信口云為三四十史學家之單位數目字非據檔案不能寫出史記中之單位如曹參世家最多另如樊噲傳、傅寬傳漢書文較整齊但對數目字決

不因前之千百十個等字之煩而節去

四游歷所得者　　此項來源稍留意即可知之如「太史公曰」多述及遊歷五帝本紀「吾嘗西至空峒北至涿鹿東漸於海南浮江淮」今之史書少用此法甚可謂無有據此可作太史公遊歷表遊歷之先後可用他法旁證出並可得其行路之路線河渠書自云曾至廬山齊世家自云曾適齊魏公子無忌傳云吾嘗過大梁伯夷列傳云吾登箕山秦前多用古書口說及檔案後半用之至游歷亦多用在秦前此史記之例也

編纂方法　　史記有五種体裁

一、紀　　紀者按年編者史學以編年体發達最早記古代事依此不易作故史記紀中亦用數法大抵時代愈近則年月日愈詳遠者則有年無月（以歲紀）此法非創自史公史記大宛傳「吾嘗讀禹本紀」（今無）可知其所据之法矣

二、表　　分三階段遠者用系表近者用年表更近者用月表（据檔案）後人無能作月表如秦楚之際月表乃效法譜牒者

三、書（後命名為志如藝文志經籍志）　　此乃史公創筆如今之分類史史記乃通史分類史中國太不發達民國前無人講史學及受史學者今應提倡分類史應史學可漸昌明八書全為分類史內容皆典章制度後者九通皆此類也

四、世家　魏世家曰「余讀世家」可知前此已有是法矣亦即編年乃就一國而編者以家為主

五、傳　此亦史公創筆以人為本位似易實難蓋有一事而數人曾參與者此事究宜違誰之傳述出此裁事之不易也

後皆依此五法以編史

批評　自來讀史記者皆善其文清朝善讀書人無不讀史記者蓋史記前半與五經頗有関係可謂為讀經而讀史記有人專批評史記文章之得失者如金王若虛有滹南老集四十五卷（四部叢刊）其中有史記辨惑十一卷（自卷九至十九）其評史記

1. 採摭之誤　專找史記所引古書與秦前書異者但王所見古書未必即史記所引之古書也
2. 取捨不當　亦對照古書吾人可由此得知材料
3. 議論不當
4. 文勢不相承接　吾人今日所見史記並非原本王所評雖當亦難即云史記之短
5. 姓名冗複　所評甚當史通有父名「所点煩」者即此類
6. 字語冗複　如年老口中無齒可刪為老無齒
7. 重疊裁事　就整書而言但一事關牽數人分配不易此作傳者所難免也如史記為叙作乎
8. 疑誤
9. 史記用而字多不妥用於是乃遂字多不當　其實語助詞乃因口語及文氣之不同而異不可以現代眼光評之且史記有誤否耶

10 雜辨

王氏所挑剔者多非是吾人可信仰其不輕信古人處另有倪思
班馬異同卅五卷亦評史記文章之得失乃以二人史書對讀者
蓋史記半與漢書同漢書對史記何以有刪有增吾人讀之可知
文應如何作且得以知文章之好壞又有明許相卿史漢方駕卅
卷史漢相同者用大字互無者另一種字分量較倪為多（前二
書均就文而論故此工作今仍可作表二書四世家十二列傳廿
五倪許二人均未比較今可續作此二書）

版本

漢時書為竹名太史公魏時為帛名史記後用紙形如
地圖已變成印本蓋北宋時已發明印刷術也但此時簡本與印

本兼用從前史記無註闕於注有

裴駰集解八十卷　宋人
司馬貞索隱卅卷　唐人
張守節正義卅卷　唐人

古人注書離本書而單行故上三家注皆單行因避免重寫正義
也直至明朝南監本始合三家注而分注史記下成今本現最普
通者為殿本乃翻印武英殿本者如同文書局本五洲同文本皆
是石印本則以蜚英館前四史為佳此外有明震澤王氏本（武
昌局翻）與殿本異即少集解雖只兩家注但其中比三家注本
多者為正義此蓋時入三家注時有脫漏故王氏本仍能立足解

26×20

集　明汲古閣有裴駰集解百卅巻乃收三家註中輯出者因不知原八十巻如何分法故只得按史記巻數配為百卅巻

索隱　有単行本（三皇本紀為貞補）

正義　無単行本

總之史記現有兩種本一為三家注一為王氏本清人研究史記之書可分三大類

一、專攷史記者　梁玉繩　史記志疑

二、兼攷史記者　錢大昕　廿二史攷異

三、兼攷他書者　王念孫　讀書雜志

關於唐後諸家註吾人應有一新集解諸家說相同者以最先說

五

為首餘云某々同此或以最先說者為主而後有詳者亦取之最近日本人瀧川龜太郎作有史記會注攷証即新集注名目甚好但其內容會註仍是三家註攷證則以清人之攷證置會註下自己之攷證甚少按應將攷證置會註內而更以自己之意見為攷證是書長處有三

一、所採中國書有八十四種現均能見但有十八種日人書吾人概少見

二、正義三家注本中不全較全者為王氏本但王氏本完完全否不得知瀧川先生在東大時得有活字本明本正義有千二百餘條為三家註本中所無者彼

即以此作史記正義佚存二卷現均分其書中（現吾人可取佚存與震澤王氏本對較看究多出若干條此亦重工作）

三、日本現存有十四卷（不連續）唐前寫本彼曾取而與今本對校

漢書

漢書本一百卷，但不及百廿卷本普通，蓋加子卷為百廿卷，實數為百卷也。隋書經籍志謂漢書百十五卷，唐書藝文志有二本，一同隋志，一為顏師古注者百卷，即今本。凡注書規則定須對原書卷數不更動，但因注後分量加多，只好分子卷，如有分為上中下卷者是也。南宋目錄學之書如郡齋讀書志（晁志）、直齋書目解題二書皆言漢書為百卷。

史料來源　漢書史料來源不如史記之明顯，無來自口說與游歷，故其來源惟檔案及書籍。史記分漢前、漢後兩節，漢書亦可分為兩節，曰武帝前與武帝後。武帝前全採史記，有增無刪，其所增者

一、增傳　如吳芮傳　王陵傳　蒯通傳　伍被傳　路溫舒傳　賈山傳　枚乘傳　李陵傳

蘇武傳，此皆史記中應有者，因其無，故增之。

二、增事　後得材料而增入者，如韓信傳、蕭何傳、衛青傳、公孫弘傳皆有之，史記亦有傳，今特增多其事蹟也。

三、增文　傳中本人之文，史記略去，而漢書增刊多在文人之傳中，如賈誼傳、鼂錯傳、鄒陽、韓安國、公孫弘等

四、挪移史記之文　此篇雖刪去，而實見之彼篇，如所增之蒯通傳，即集史記中之言蒯通者而成，伍被傳即史記淮南王中而成者

增事或因史公距時太近，史料未出，或當時不敢言，迨至班則不同矣。增文因各人觀点不同，去取亦異。至武帝後之材料，則多自檔案中得來者，漢書藝文志即記班時所存之古書及當時之書，現存漢書無出其範圍者，如藝文志有儒家類，儒林傳，即取此成，有縱橫家，主父偃傳即取此成者。

編纂方法

漢書之纂著体例與史記同，僅少世家而已。

版本

現殿本即顏師古注，殿本較汲古閣本為佳，以有三劉（劉敞弟攽子奉世）刊誤也。又有宋祁校語，殿本印時復加攷證。近來又有較殿本更佳者，即漢書補注百卷，王先謙辦法同史記會注攷證，實即集注耳。因師古本即集注（集唐前之注），先謙亦即集清朝前攷證漢書之說，故不仍以集注為名也。此書光緒廿六年出版，民五上海有石印本，集清人注有四十七家之多。

批評

後人對漢書之批評可分三項言之

一、斷代為史　前半全用史記舊材料，即因其斷代為史，从漢高起至王莽，前後皆不理，除史記及南北史外，廿四史中無不斷代者，鄭樵以為應上接史記，下訖明帝，其實史記乃後人重視之耳，班時或不如是，吾人以為班氏斷

代爲是。

二、古今人表、百官公卿表　此種表爲史記所無者

甲、百官公卿表佳甚，作法分兩節，前半節言官制，後半節言百官任免遷卒，按年作表，必據檔案，爲研究漢書之工具。

乙、古今人表實無今人，師古謂未作成，實則本無今人，不過作與今人看耳。表分三科九等，人數達二千餘，有三之一見諸史記者。其作法概班讀書時遇有古人之名隨見隨記，因非漢朝時人，故只好附漢書内，因其人或無事蹟可稽及時代先後可查，故只好作成表，又因欲將此人物活動化，乃憑主見列爲三科九等。唯其主觀彩色過重，故有人毀譽攻之者，謂一、人物本非漢朝，二、是非不當。但吾人可視爲漢人道德標準，不可磨滅者。現存之古今人表不一定即當時者，由老子可證明，監本老子列四等，殿本與孔子同等。

三、喜載人整篇舊文章，列舉三点：

甲、全用史記文。

乙、地理志全採用禹貢　（吾人以爲在班時禹貢或不易得）。

丙、賈誼等人列傳常載其文，如治安策數千字亦載入，揚雄之文亦均載入，後人皆不以為然。此蓋後人以所處之地位批評，實不當。蓋漢時弗如今之易刻書印書，及文集，如此流通也。

後漢書

後漢書百廿卷，有人連子卷計為百卅卷者。後漢書二人作，二人注而成。撰者——范曄、司馬彪

注者——章懷太子、劉昭

章注范書｜本紀列傳，劉注馬書｜志表。范志未成而遇難。馬書名續漢書。劉見後漢書無志，即取馬書移入。

史料來源　後漢書在廿四史中位列第三，然以成書之時期而論，則後漢書在三國志之後，應列第四位，故知此書史料乃他人者，范前已有多人作後漢書，如東觀漢記百四十三卷，乃後漢之官書，領銜者為劉珍，从光武起迄靈帝止，据檔案作書，今不存，

四庫全書有輯本二十四卷。謂有百四十三卷者，乃見於隋書經籍志。後漢書即以此書為底，故後漢書史料之來源，厥為典籍，自隋志始有正史，其中為後漢書者尚有：

謝承

薛瑩

司馬彪

華嶠

謝沈

張瑩

袁山松

此七此七家之後漢書，晉朝皆列正史，今全佚，名目則據隋志。而知隋時固已不全。其所以然者，即范書打倒一切也。此七書亦為後漢書所根據，隋志尚有雜史及起居注，范亦採之，故材料異常豐富。按史料太遠太近皆不可得，范書經過兩朝（三國、晉）方作，恰當其時，其前整理過之材料又多，故得事半功倍也。

劉昭注之漢書，其法取自裴松之，因裴不滿陳志外之材料，於注解訓詁之外加補事實。劉在裴後，因用此法，亦於訓詁之外加補事實。但劉注已不存，史通時猶存，其評劉注曰「吐核棄滓」，貶之也。其評范書曰「簡而且周，疏而不漏」，由此可知范書選擇之精矣。

編纂方法　超過史遷之細，其特長有三：

一、類傳之外，各以類相從　自史遷以來，皆有類傳，如循吏、儒林、文苑等是。後漢書全書皆用類傳法，以類相从，不以朝代相從。

二、以事為主　即多人所作之事附諸一人傳內。明史雖用此法，嫌過簡，且呆板，如百數人之事則僅具人名而已。

三、一事不載兩傳　此法創自三國志，而范盡量用之，餘史少用。

版本

後漢書集解，王先謙，民十二出版，集前清之注，不名補注者，因前已有惠棟之後漢書補注廿四卷。漢書同秦太接近，故研究者仍多，後漢書則異，是故集注內只有八家注：

1. 陳景雲兩漢書補正
2. 王鳴盛十七史商榷
3. 錢大昕三史拾遺　廿二史考異
4. 錢大昭兩漢書辨疑
5. 趙翼廿二史劄記
6. 洪亮吉四史發伏
7. 沈欽韓兩漢書疏證
8. 周壽昌兩漢書注補正

不如漢書補注，蓋年老有其門弟子參助其間，錯誤不免也。擷採筆記一二條者不此數內。

凡大部書必有兩種卷數—大小卷數，後漢書紀十，志卅，傳八十。而金陵版則為紀十，傳八十，志卅，故後漢書應引用小卷數，大卷數者全書總卷數也，小者各部（如紀、志、傳）本部之數也。

范曄因叛逆而死，後人多為之辯，陳澧東塾集內有申范一卷，即是緣宋文帝義隆其弟義康與之爭位，范附康，失敗，實無順逆可言，故不必辯。

三國志

三國志之卷數為魏卅、蜀十五、吳廿。蜀人陳壽撰，裴松之注書成較後漢書為早。

史料來源　三國志史料貧乏，因距時太近，史料未出，又以地域僻居西蜀，史料難求，而蜀又無史官之設，但非陳壽書更難作，且非蜀人亦不易作。當時三國分立，魏材料甚富，吳亦易求，唯蜀最難。蜀亡時陳卅一歲，且為史學家譙周門弟子，蜀未亡時即注意蜀事。蜀亡陳入晉，晉統一，故三國材料均可得，又陳有二好友即文學家張華與秘書監荀勗也。再如

吳韋昭吳書

魏魚豢魏略

是二書者皆有助于陳氏。陳作書之年代雖難知，但其卒年在晉元康七年，是時陳留王尚未死，距時太近矣。蜀之第五卷諸葛亮傳內有諸葛文集目錄，陳壽上書表為其他史書所不見，可知材料之少。按諸葛文集為荀勗命陳壽編，故作武侯傳時即附入表。又蜀第十五卷楊戲傳，楊作有季漢輔臣贊，亦附入楊傳，贊本文章，無史事也。陳因「失其行事，故不為傳」，只好如此耳。可知三國志之不易作，然卒能成蜀志十五卷，更知其難矣。

編纂方法　三國志之編法與史記漢書異——帝魏，因此大受攻擊。當時本無異議，在陳後百餘年東晉史家習鑿齒漢晉春秋

即反陳至司馬溫公作通鑑仍帝魏而云，如此為著述便利，帝否不計，吾人觀之，如通鑑綱目之以蜀紀年者，誠大不便也。按此種主張與史筆之地位有關，陳壽乃西晉統一時代，習鑿齒則當東晉時代，東晉情形如蜀，溫公、朱子恰為陳、習二人，皆有政治背景也。其稱謂有分寸，即如对蜀稱先主、後主，吳則不然也。三國志之名亦當根本不以曹能統一，用心細密，其長處如一事不兩載，三國相連繫記一大事，在蜀某年，隨云在魏某某年也。三國志與後漢書比較，擇其題目同一者列之：

董卓　劉表　袁術　陶謙　臧洪　張魯

仲長統　劉璋？　烏桓　袁紹　呂布　公孫瓚

劉？　張邈　荀彧　華陀　東夷　鮮卑

此十八傳兩書均有，又魏武本紀、獻帝紀亦同

三國志注為裴松之作，裴與范曄同時，年長范廿歲，死于范後，裴元嘉廿八年卒，范廿二年卒，先死者為前輩，在學術應如此。范得材料即作後漢書，而裴則不依之，平常注書為訓詁一項，而裴則加補事實，裴所用之材料計有書百五十餘種，今多不存。趙翼廿二史劄記有三國志注引用書目，錢大昕三國志辨疑序亦有三國志注引用書目百五餘種，書之引用乃指補事實方面者，訓詁所引不在此內。裴注三國志有四大例：

一、條其同異

二、正其謬誤

三、疏其詳略

四、補其闕漏

皆取他書以較之也。其補人事含有主觀色彩。

乾隆初，杭世駿作三國志補注，即補裴注，法同裴，意良佳，而書不善，因材料為瑣碎之不可靠實者，只可作為軼聞耳。

版本　無善本，普通多用殿本，其他史書重正文，而三國重注，故明萬曆本有此書注為大字者，另一行，只低一格，最佳，難得。同治年間金陵書局出銅活字版，亦同萬曆本排法，但無句讀，又解集無人須作

刘乃和听课笔记。

二十世纪八十年代，刘乃和写了半部与此相关之著作，且在北京师范大学开课。

讀史書最要緊就是要把文理研究好，研究好後，讀史書即不發生問題，但也有將文理弄好，尚不能懂者，因其內容皆過專門，如史記內有**天官書**及**律書**二種，文理研究得甚深亦難了解。

史記　百卅卷　漢司馬遷撰

史記為二十四史中最早之第一部書

① 史記之命名為後人加上者，原來史記二字即謂歷史之義，是普通名詞，不是專門指某一部書

② 司馬遷著此書時原名為**太史公**，太史公原為官名，即以其官名作為書名

（常有如此以官名作書名者，如起居注）

其官名原為太史令，後名為太史公

③ 至後漢時，始有人以史記名此書。

故漢書內有藝文志（即書目的意思）即將以前的書名的目錄，但內無史記一名，蓋班固作漢書時史記尚名太史公書也，故有太史公書

在史記書中常用史記二字，有人不解為何原書尚有引用原書者，往往不能明瞭，其實乃說史書或歷史的意思，是說史記以前的史記載也。

册

現存最早

漢書藝文志以下第二部目録書为隋書经籍志，至此書時，其上即有史记矣

「百三十卷」亦於隋書经籍志内始有，漢書藝文志中为一百三十篇，蓋作書时尚無所谓卷，乃以後来名词加諸以前書上的。

從前在作史记时，書还没有紙的或帛的，故無所谓卷，當時都是用竹简，上面寫字作書冊。

竹简長一尺二寸，为窄條狀者，如將此竹简連在一起釘成一疊即名为篇，单放着即为简。

竹上寫字之法，永不易脱落，乃以汗青，汗青即以欲寫字之竹放於火上烤，烤畢，從竹上起很多泡，如出汗然，然後再以竹青括下皮，（然後以漆寫）再寫即不易下来

清乾隆年有史學大家王鳴盛字西莊著十七史商榷

王與錢大昕为郎舅，此二人皆为清朝三大史學家之二

此書第一篇開首即大罵别人，然其第一句開首即寫出大錯误，第一句为「漢書藝文志史记一百三十卷」，此即为大錯，因漢書尚無此名词，即所谓自己看不見自己的錯一樣

有人谓能看見很遠的東西，而不能看見自己的眼屎

司馬遷为史學世家，世家即其~~祖父~~父親皆为史學家

世代　（司馬谈）

4

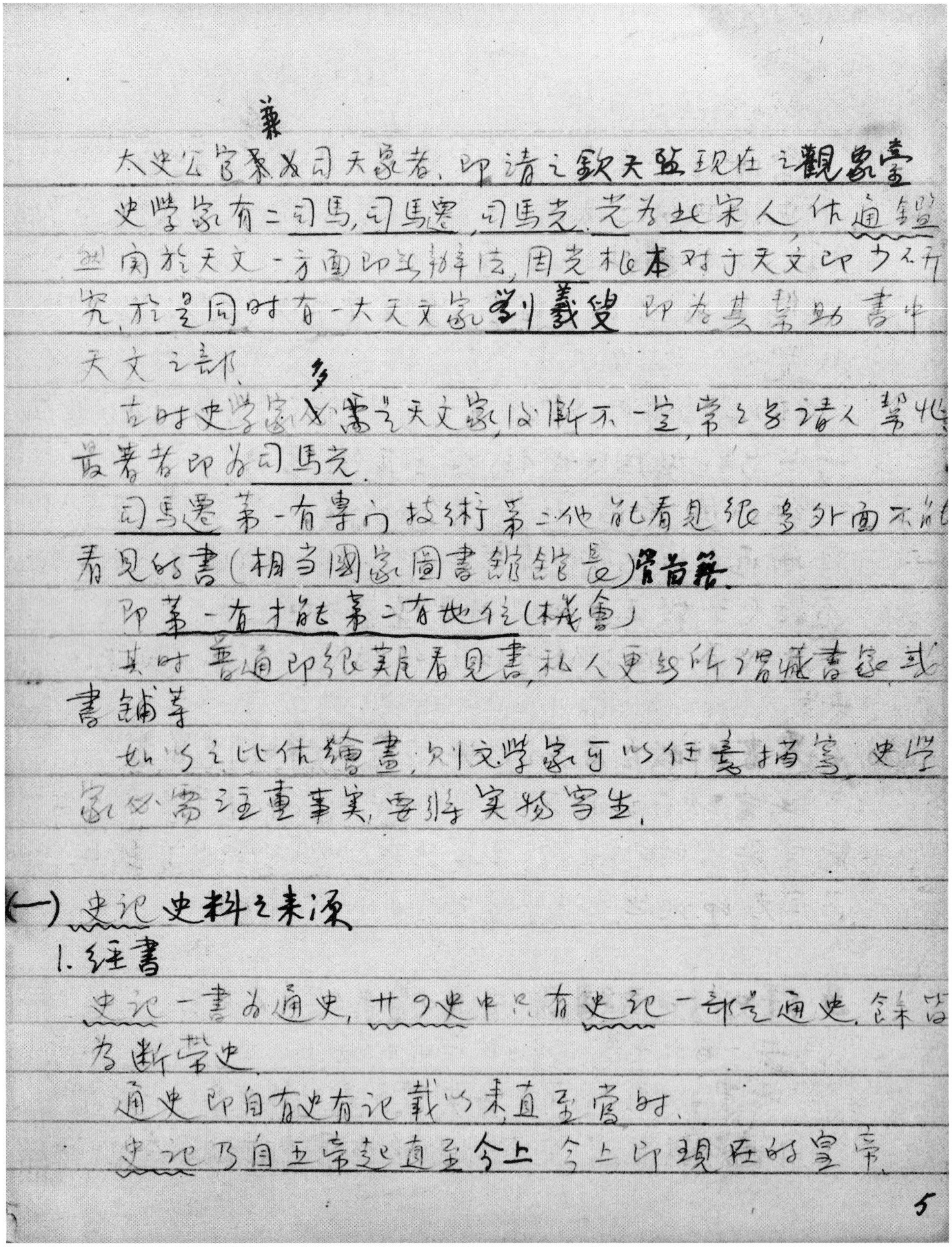

太史公官兼为司天家者，即清之欽天監現在之觀象臺
史学家有二司馬，司馬遷，司馬光，光為北宋人，作通鑑
然关於天文一方面即無辦法，因光根本对于天文即少研
究，於是同时有一大天文家劉羲叟即為其幫助書中
天文之部。
古时史学家多需之天文家，但斷不一定，常之多請人幫他，
最著者即為司馬光。
司馬遷第一有專门技術第二他能看見很多外面不能
看見的書（相当國家圖書館館長）管簡籍。
即第一有才能第二有地位（機會）
其时普通即很難看見書，私人更無所謂藏書家或
書鋪等
如以之比作繪畫，則文学家可以任意描寫，史学
家必需注重事实，要將实物寫生。

(一) 史記史料之来源

1. 經書

史記一書為通史，廿四史中只有史記一部是通史，餘皆
為断代史
通史即自有史有記載以来直至當时。
史記乃自五帝起直至今上 今上即現在的皇帝。

5

當时的皇帝是漢武帝在位（武帝为其諡）

史记共分二大節，一節为漢以前，一節为漢本朝

漢以前有一小段为先秦

所根據者即為经書，此经書乃为經過孔子刪定以者

經乃为織布时的豎線，其意乃先以經定其地位者，織布时先以经綫固定地位，然後再織緯線

經如國語、國策、楚漢春秋、諸子（老、莊、墨）凡之現在所存的漢以前的書籍，皆有太史公未見過者，沒有他不能見者，故其史料大部来源皆为經

史記第一個列传为伯夷列傳，第一世家为吳太伯世家

A. 遷書刪改古書異同詞 共十二卷 北宋时倪思著

此書現在雖已不存，即以史記所引用之秦以前的書籍，都找出来，引出其出處，彼此一对，有彼此不同者即記出

B. 繹史 清初馬驌著 共160卷 为紀事本末体

共一百六十卷，距現在三百餘年

此書現存，自有史以来至于秦，清與秦距二千餘年自然不能空寫，定有根據，此書即根據秦以前

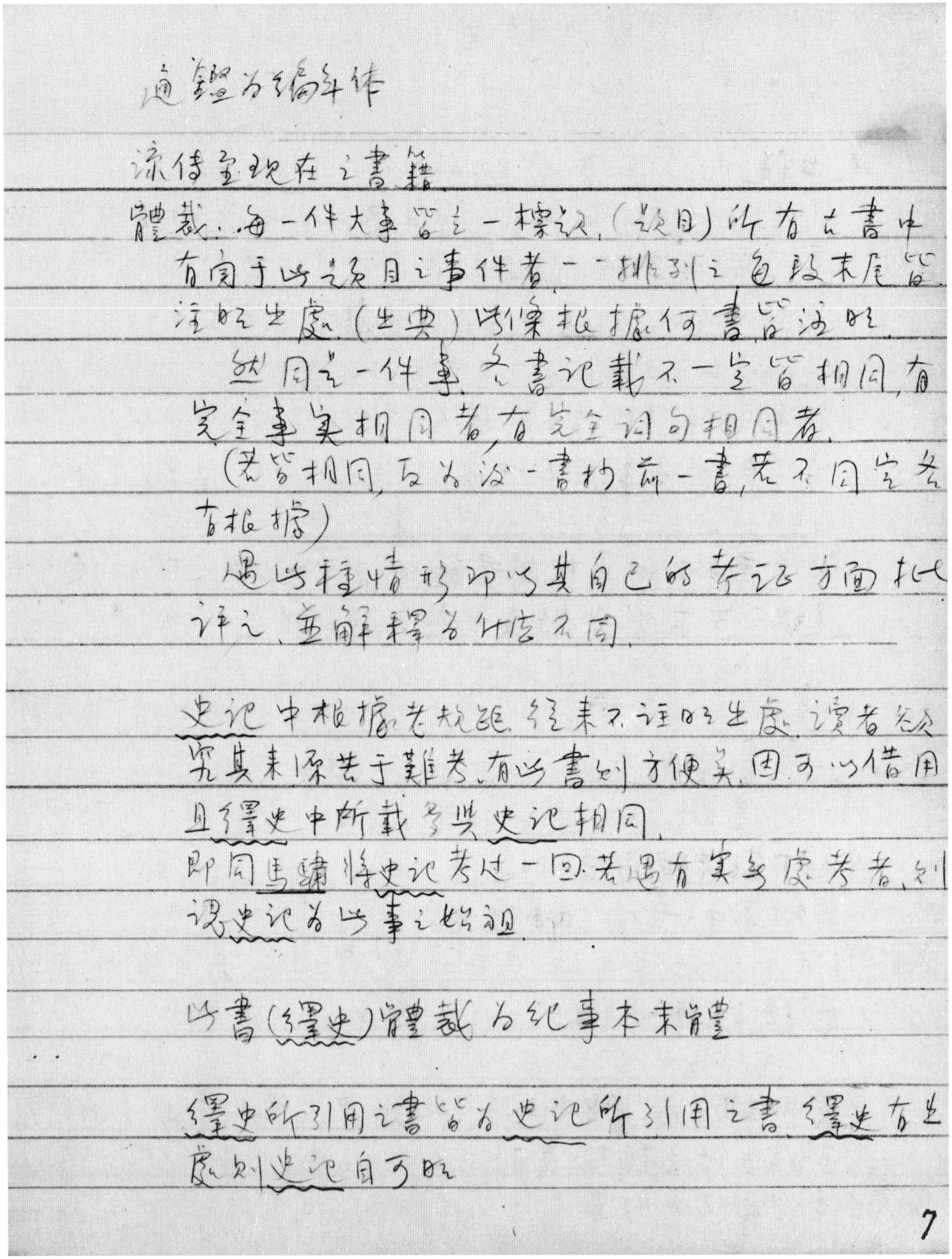

通鑑为编年体

流传至现在之書籍

體裁：每一件大事皆立一標題（题目）所有古書中
有关于此题目之事件者一一排列之，每段末尾皆
注明出處（出典）此条根據何書皆注明。
然同是一件事，各書記載不一定皆相同，有
完全事实相同者，有完全词句相同者。
（若皆相同，可为從一書抄前一書，若不同定各
有根據）
遇此種情形即以其自己的考证方面批
评之，並解釋為什麽不同。

史记中根據無規矩，從来不注明出處，讀者欲
究其来源苦于難考，有此書则方便矣，因可以借用
且绎史中所載多與史记相同，
即同馬驌将史记考过一回，若遇有实無處考者，则
谓史记为此事之始祖。

此書（绎史）體裁为纪事本末體

绎史所引用之書皆为史记所引用之書，绎史有出
處则史记自可明

7

凡所有階級之上去者即為陛，如屋之前兩階中間為陛。

2. 口說　　　　　　　（近时者）

即聽見人說者，所謂生處，此法近时者可以，若秦以前者不能。

史記中秦以後漢时者多有根據口說者，如：

公孫季公董生游　　　為余道之如此

a. 軻荊傳中末段有謂聽人說者。

史記中口述甚多，並且时常說明。

故著書中古时事根據書籍，近来者根據口述，然口述之来源之可靠與否，則要看史學家之眼光如何。

b. 項羽本紀末尾有吾聞之周生，舜目有重瞳子，項羽亦重瞳子。

c. 趙世家　及馮唐列傳

趙世家中：「吾聞馮王孫曰」

馮唐列傳：「馮唐子遂，字王孫，與吾善」，故遷得知馮唐事詳，即根據馮唐口說者。

d. 賈生傳（賈誼）「賈生之孫二人，而賈嘉最好學，與余通書」

故賈生傳多根據其孫口述者。

賈誼著賈子新書

记功之法，以耳朵或首级报功

九十五卷

2. 樊哙传：「余与他侯（即樊哙之孙）通」

4. 陆贾（陆贾曾著陆贾新语，在四部丛刊中）传

「平原君子，与余善」

（平原君为汉人，名朱建，非赵国人）

此种例甚多。

3. 档案。

档案即文书公事，当时有格式，过日以后即谓之档案。政府命令，及记功册等皆为档案。

史记五十四卷中曹参世家

史记中传为只记一人者，世家为记其本人，再记其子以下传记者

九十五卷中樊哙传及九十六卷傅宽传

史学家皆注重单位，单位皆需根据档案

如杀死敌人三十四人，或七十二人等皆有详细记载，不根据档案即无法知其单位

有一大史学及古文家最反对单位，即欧阳修，又有宋祁字子京，此二人皆反对之，故新唐书中时常有改掉其单位者

唐贞观四年史学家必定按着几年写，然文学家则常用贞观初者，如贞观十一年，改为贞观中，于文章

（貞欲共二十二处）
雖甚好，但究竟不知確為幾年，若根本不知可以寫初、中、末，如已知則不可

a、所有曹參世家、樊噲傳及傅寬傳中，所有單位皆為清楚寫明數目者，多根據報功錄來

b、三王世家（60卷）內只有冊書（即當時封王時政府之命令）如與檔案為根據，則可信得知冊書矣。（冊書即詔令）

c、儒林傳：「余讀功令……」可見其根據之來源。

d、高祖功臣侯者年表序中有
「余讀高祖功臣」功臣即為記于檔案者

e、惠景間侯者年表序：

4.遊歷
太史公喜遊
a、史記第一篇即為五帝記，內有
余西至崆峒，北過涿鹿，東漸於海，南浮江淮。
即謂曾遊多處以考查五帝之遺跡
b、又有封禪書，內有：「余從巡祭天地諸神名山川」

可作太史公遊蹤表，以作不知何者矣也

c、河渠書：「余南登廬山」

d、齊世家　「吾適齊」

e、信陵君列傳「吾過大梁之墟」，而
魏世家中亦有「吾過大梁」
f、孔子世家　「吾適魯」
g、伯夷列傳：「余登箕山」
h、春申列傳「余適楚」
i、屈原列傳「吾適長沙」
j、蒙恬列傳（蒙恬為秦將）「吾適北邊」
k、淮陰侯傳　即韓信傳「吾如淮陰」
l、樊噲傳．　吾適豐沛
m、龜策列傳．　余至江南
總之史料來源不為缺乏，但亦不為甚完備，
關于同時代者，尚如其佳者，
但史記中未知①漢高祖父之名，皆曰太公？
②漢高祖母娘家姓何不知，皆曰劉媼
漢書亦缺此二者，故知史記史料不算甚全

(二)史记编纂之體例

1.本纪 共12本纪 (朝代 皇帝 年,月,日)

為編年体. 史记並非編年体. 只有一部纪为编年
按年编纂者即为编年. 年下有月,月下有日.
如通鑑即为编年体.
史记内共有十二個本纪. 即自有史以来至漢武帝
其史蹟有年月者即編年. 無年者編世.(每一皇帝即为一世)如
不知为何世则按代(每一朝为代)
朝代之下为每一皇帝. 皇帝之下为年月.
如已知为某年或某月而不知为幾日則將其條放於此月
之最後
甲子表(六十週始)原僅为记日.後始改为记年者. 以甲子
记年始於漢以後.
通鑑甚難作即有许多事不能知为何年者.
史记有时稍有错误亦不易考. 因僅有此一本记載
史记之一百二十三卷中有大宛傳中有謂太史公曾引用過禹
本紀. 故可知史记以前即已有紀之体裁. 並已有其名
最幼稚最初之民族第一个记法即为编年體.

2.表 共有十表

(此種編排列並非依时排者. 依時並未按着这樣排. 不過
是現在排列的法子)

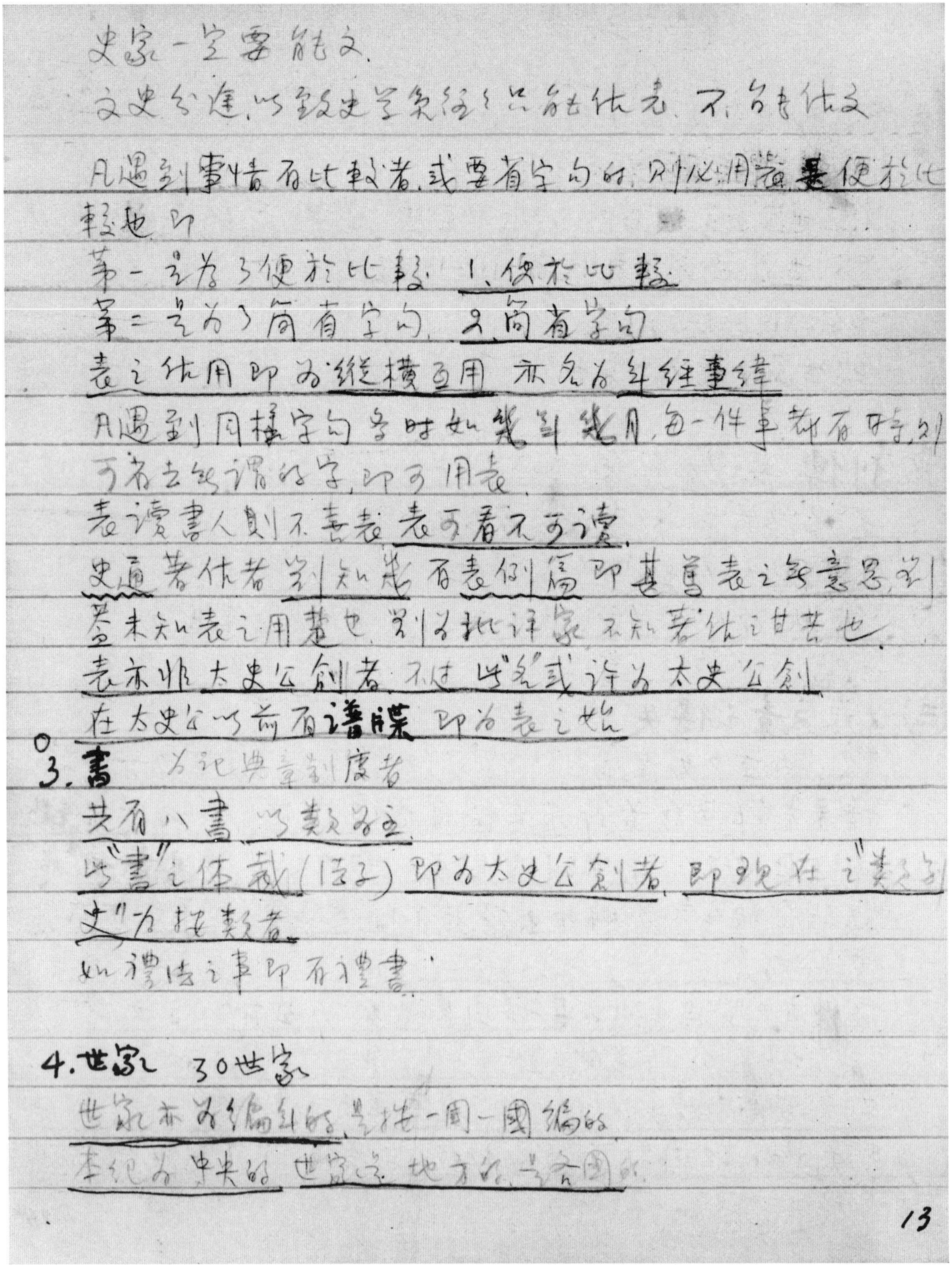
史家一定要能文。

文史分途，以致史学家往往只能作表，不能作文

凡遇到事情有比較者，或要省字句的，則必用表，是便於比較也

第一是为了便於比較 1、便於比較

第二是为了省省字句 2、省省字句

表之作用即为縱橫互用 亦名为年经事纬

凡遇到同样字句多时如几年几月，每一件事都有时，则可省去无谓的字，即可用表。

老读書人則不喜表 表可看不可讀

史通著作者 刘知几 有表例篇 即甚蔑表之无意思，则是未知表之用甚也，则为批评家不知著作之甘苦也。

表亦非太史公創者 不过此名或许为太史公創

在太史公以前有谱牒 即为表之始

3. 書 为记典章制度者

共有八書 以数为主

此"書"之体裁（法子）即为太史公創者，即现在之"数字史"为按数者。

如禮法之事即有禮書

4. 世家 30世家

世家亦为编年的，是按一国一国编的

本纪为中央的 世家是地方的，是各国的

13

纪事本末體至北宋时始有此体裁
清时有国史館，至民国改为清史館，所用一般人皆为只能文者，故文学家不一定会史，而史学家必需能文。

此種體裁即为现在国别史

孔子世家直至现在仍有衍圣公等。

史记世家共有三十个 有一国一国的 有一人一人的。

世家非太史公創者。

魏世家中有「余读世家」可见太史公以前已有世家矣

5. 列傳 共70列傳

史记以前无专传之书 为太史公創者

传乃以人为主，以人为单位。

行状 即人之言行之状子 此即为学太史公之传也。

(三) 史记文章之得失

(古人之文章不好者，自然不能留传至现在，其传留者皆为古之精采者，能留存者，即有其留传之價值，故现在时觉古之文为现在所不及者，实则后人永远比古人强，并且古时之文能传至现在者，有时即不好，传下后，人人皆读，不好亦可变觉得好)

故现在只觉得史记为甚好，因史记为二千年前，纪元前的書籍，至现在仍有其價值。

古者终人不读史记者 然其注重者多为重史 不重文。

史记之好，即因能直留至现在，皆有其價值也，史记已成若能照班馬異同的一頁自然容易看出……

另一種標準，一種偏像矣！（即有不好處，亦變為好矣）

1. 班馬異同 倪思著，共三十五卷

漢書與史記之異同也，此書今尚存。

漢書之前一截與史記之後一部同（漢武帝以前皆用史記之史料為史料矣！其比較者即為此時間之一段。

如史記中有項羽本紀，漢書有項羽傳，以此二者比較。凡二者同者則寫大字寫出，如為漢書刪史記者，于史記上劃上綫，漢書添上者則用小字加上

（文學家之主觀偏見，史料學家非要有一定）

漢書高祖本紀，並非以項羽傳來比，史記亦然。

二書不同者

2. 史漢方駕 卅卷 明許相卿

史漢方駕較班馬異同多，卷數雖較少，實在內容則多。

許為明人，在北宋之後，故已見過班馬異同，較班馬異同較佳

史漢相同者仍為大字，漢書刪史記者不用劃，就得……史記有漢書無者，在右邊，漢書增加史記者放于左邊，小字。

此書意思與上一書同，惟編法不同。

15

莊鳴若 書

3本紀 2表 4書 12世家 25列傳

班馬異同 與史漢方望皆無可者，今仍可作一比較

其中有三本紀，二表，四書，十二世家，二十五列傳可以比較而至末比較者

此二書非批評者，乃為比較史漢好壞者

3. 滹南遺老集 史記辨惑 金王若虛 11卷

此集中有十一卷為史記辨惑 王為北方人，金朝人 王讀書不多，但非常聰明，肯用功。

讀書多，則膽小，讀書少，則膽大，

讀書或專精，或博覽，王即一生苦讀史記者

從前此書很難得，現已有石印本，收在四部叢書內

評史記共有十類，其議論不一定對，

I. 採摭之誤 此卷二

II. 取舍不當

III. 議論不當

IV. 文勢不相接

V. 姓名冗複

VI. 字語冗複

VII. 重疊載事

VIII. 疑誤

IX. 史記用而字多不妥，用於是，乃遂字多不當

X. 雜辨

白纸一张

王念孙著读书杂志校古书异同皆没见过
由校勘之误中可见其据古书者字有不同者
王虽有如此多之见解，使史记体例完备，但史记实已
变成一种偶像，好固然好，不好则也成好矣
(读书多，则总觉自己学之不足，且自恨总不如古人，而
少读书，则总以为自己学问好，(第一))

(四)史记版本之异同　有三种本
1、古本——原本，自然难得，不过现在可看最古者为竹简
2. 校本——本虽不古，然经过名手校过
3. 注本——即有注之本
我们读书应于此三种得一种始可
有时学坏了，则不如不学，尤其以学画学字最甚，如一未曾
写字者经名手教之，便易学好，如已学成一种，临再改则
不易进步
1.古本
A.竹简本史记最老本　字体为隶字，书名为太史公书　终手
谁也没见过（第一类本）
B.卷子本，时名史记，时已有帛写者（第一类）
C.本子本（因册字即由编字来者故亦用册子本）此种
在北宋以后，司马温公之通鉴仍为卷子本（第一类
原来本子本为蝴蝶装（宋时出现）现在则皆为线装
2.如今也有者然

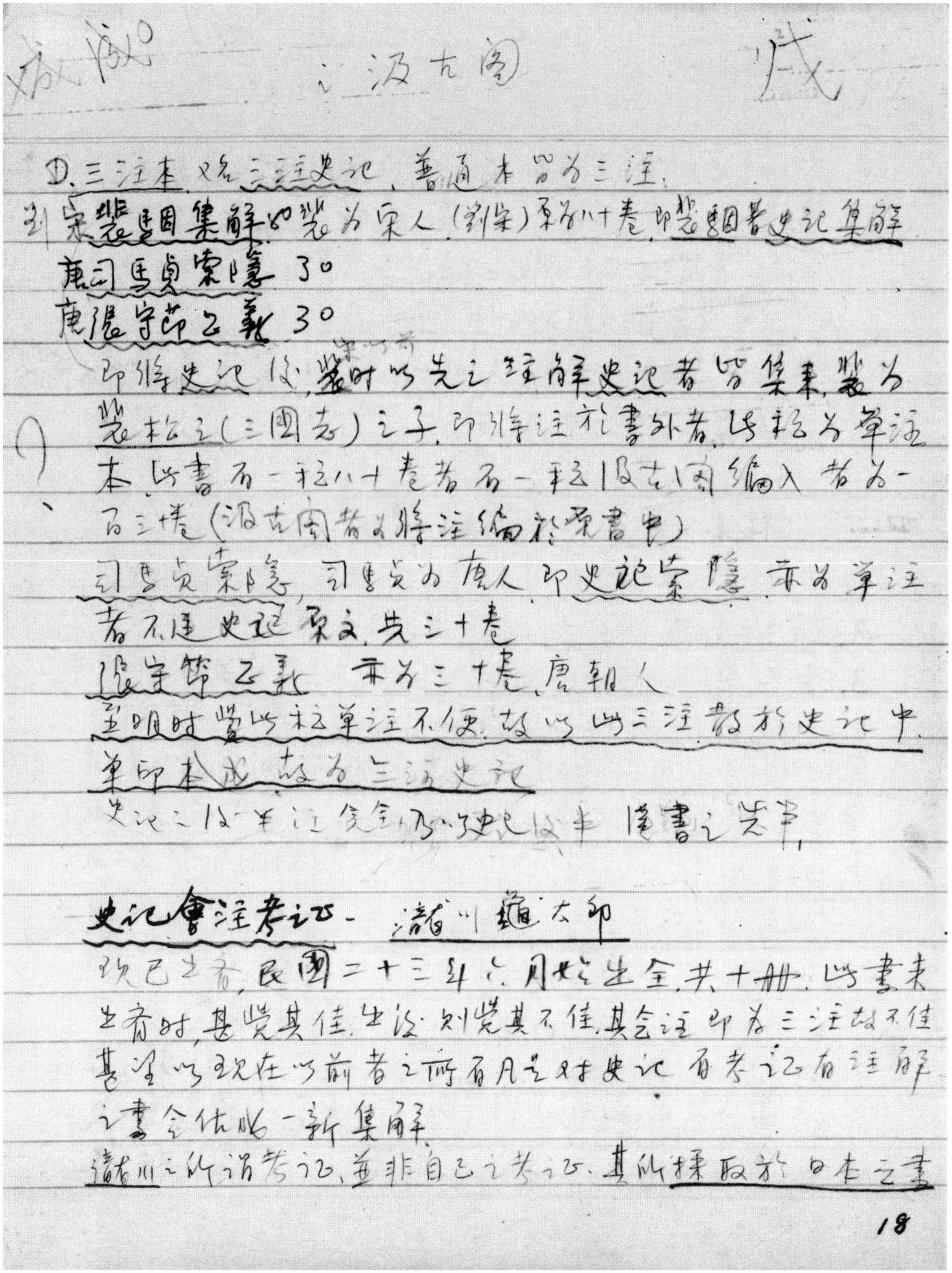
成阙 之汲古阁 戌

四、三注本 又名三注史记，普通本皆为三注。
刘宋裴骃集解 80 裴为宋人（刘宋）原为八十卷 即裴骃著史记集解
唐司马贞索隐 30
唐张守节正义 30
即将史记作，裴时以先之注解史记者皆集来，裴为裴松之（三国志）之子，即将注于书外者，此称为单注本，此书有一种八十卷者，有一种汲古阁编入者为一百三十卷（汲古阁者又将注编于原书中）
司马贞索隐，司马贞为唐人，即史记索隐，亦为单注者，不连史记原文，共三十卷
张守节正义 亦为三十卷，唐朝人
至明时觉此种单注不便，故以此三注散于史记中，单印本成，故为三注史记
史记之后来注会全乃以史记作本 汉书之先导，

史记会注考证 — 泷川龟太郎
现已出齐，民国二十三年六月始出全，共十册，此书未出齐时，甚觉其佳，出后，则觉其不佳，其会注即为三注故不佳，甚望以现在以前者之所有凡是对史记有考证有注解之书会作成一新集解。
泷川之所谓考证，并非自己之考证，其所採取於日本之書
18

答周道云——即如答其周書述云

？

有十八種 據日文書有八十四種，應以八十四種作為合注，自己再作考證。而其竟以此84種作為考證，然此書亦稍有價值。

有震澤王氏本史記

（明朝曰監本，清朝曰殿本，監者國子監，殿者武英殿）

（清朝之殿本即來自監本）

王氏本史記較殿本多60餘條

欽定四庫全書總目提要（簡稱四庫提要）內謂王氏本史記較現在殿本多六十餘條，均已說出何條無，有現瀧川本則無？

日東北大學有一活字史記（明朝者）其眉端（即書眉，書頭也）有正義一千二百餘條，皆為殿本所無

瀧川曾於未作此書前，曾將此一千二百條皆抄出出單本名為史記正義佚存

此書之優：

I. 瀧川現將此一千二百餘條散於是書中

II. 此書系以金陵局之本作底本，除其一千二百餘條為其特別者以外，尚有唐寫本之卷子本存於日本者有十四卷亦皆收於此書

III. 日人之考證史記十八種亦為中國所無者，亦收於此書

IV. 此書皆有圈點（殿本、卷本皆無圈點）注亦有圈點

1、一千二百餘條　2、14卷唐寫本卷子本　3、18種日本之考證

4、有圈點

史记白文　廿五年出版

為北平研究院出，为报纸印者，甚便易

完全用新式標點，惟无注

（五）清人考证史记之書，可分三類：

1. 專考史记者

如有一種書名为史记志疑（梁玉繩曾收于其書中）

2. 兼考史记者

如廿二史考異，其中二十二分之一为考史记者，惟因史记为第一部書故亦甚详。

3. 兼及他書者

内有一條或數條考史记者。

如讀書雜志（同識字讀入聲）内中何種書之考证皆有亦有考史记者。

吾侪若作史记会注应皆搜來，第一第二尚易得，第三種则甚難得也，因皆分散於各種書中者。

漢書

一百廿卷 班固作（班固為曹大家之親兄）
一百廿卷中連子卷算在內，漢書卷數有三說：

115 1. 隋書經籍志 內載漢書為一百十五卷，
兩唐志同。（新唐書之藝文志，舊唐書之經籍志）
此說最早

120 2. 師古
兩唐志注錄一百十五卷之外，别出師古注漢書者為一百二十卷，為現在本

100 3. 晁公武 郡齋讀書志 及 直齋書錄解題 為姓陳者作，此二書皆為宋時書，簡稱晁氏、陳氏，馬端臨文獻通考內之經籍考
（有時稱晁陳二家，或晁陳馬三家）
晁陳馬三家謂漢書為一百卷

此書有一百廿卷，而子卷一百二十，故此書實為一百卷，其書之卷數為一百二十卷，而其書共卷一百二十。有二卷而有二卷者

(2) 漢書本紀為十二卷（數時有十三卷，因高祖本紀之卷一共分上下二卷）
表有卷八，但共十卷，因內有王子侯表及百官公卿表，此二表皆分上下二卷
表共有十卷，篇卷十

21

西汉文章两司马（迁、相如）

志有十，有十八卷，而纪卷十八，只有卷十，内律（历志）、食货志、郊祀、地理此四志则皆分上下，共多四卷，又有五行志此一志中即有五卷，上卷不分，
中卷分二卷，曰中上、中下，下卷亦分二卷，下上、下下，
有七十卷列传，其中多九卷（有七十九卷，多卷七十九。）内有司马相如传、杨雄传、匈奴传、西域传、外戚传、王莽传、叙传（或序传）等七卷，又王莽传中有中卷，又多一卷，又有严助、朱买臣等九人之传，亦分为上下，于是多出九卷

③ 一百卷为原来即为百卷者
① 一百卷内原有十五卷为班固自己分者，以后为颜师古分者，五行志原分上下二卷，以后为五卷，多出三卷，
王莽传分上下卷
严助、朱买臣分上下二卷，

注书不能改动古人之卷数，可分上下本，故总之有汉书有一百二十卷，总卷一百二十

（一）汉书史料之来源
1. 可分汉武帝以前一节，全为抄自史记，有增有删
·武帝以前之史料

增加传有三种

I、增传　原无传，史记所有，汉书增加者，如吴芮、王陵、蒯通、伍被、江充、路温舒、霍光、枚乘、李陵、苏武。

汉书34传。

II、增事　本来有此传者而其内容增加者，如韩信34、萧何39、卫青55、公孙弘（58）

III、增文

如汉书四十八卷贾谊传

四十九卷晁错传

五十一卷邹阳传

五十二卷韩安国传

五十八卷公孙弘传

IV 挪移史记之文　以史记文移来者，如蒯通传史记无，然此乃採自张耳陈餘韩信（淮阴侯）传三传者，其材料是旧的。

又如伍被传乃採自淮南王安传者。

2.武帝以后之史料，可分三大类

I.文书　班固之父为班彪，其所作之书名为后传，共六十五篇，完全收于汉书中，然不易完全寻出何者为其

a、传

父所著矣，惟尚可知者如元帝本纪内有：「臣外祖兄弟为元帝侍中」之句，此之臣字即为班彪。因注内应劭谓"元成帝纪皆固父彪所作，臣则为彪自说也"。外祖乃指金敞（为匈奴为金日磾之弟之孙，彼亦非中国人）。金日磾及金安上等传皆为彪所著。

b、成帝纪传内有「臣之姑充后宫为婕妤」，有一注家名晋灼谓姑者班彪之姑也，非人误认为固姑。汉书内有外戚传，内有班婕妤传亦为彪作。

c、如韦贤(73)、翟方进(84)、元后(98)等三传之后为王莽之赞，此三传内皆有「司徒掾班彪曰」，掾为官名，据此则知此三传亦为彪作。

II、各家续史记（当时名续太史公书）汉书艺文志、春秋家内有纪冯商所续太史公书七篇，然亦无从考出。

又有续史记冯衍之说，见于史通内之正史篇"续史记者冯衍，故冯奉世传内记冯氏世系有百余言"，故史通谓冯奉世传为冯衍著。

钱大昕（竹汀）著廿二史考异，谓冯奉世传为冯商作，实奉世为杜陵人，冯商为阳陵人，而冯衍适为奉世之后人，故知冯奉世传为冯衍著，史通之言为正，衍亦为杜陵人。

者

又史通正史篇内有續史記者尚有韋融，如漢書之73卷韋玄成傳内詳載有毀廟之文，此篇史通疑係採自韋融自叙，然此種文章於後漢時胡廣即很批評韋融之說，謂應於於郊祀傳内，此語為後漢末年人批評者，故知

如西京雜記，葛洪著者，内載有謂我家有劉子駿（劉歆）之漢書一百卷，班氏漢書完全採自劉氏，小有不同者抄出，改西京雜記，故謂劉歆著漢書未完。

凡漢書藝文志内所載之書，凡固能看見者皆採取。

如五行志多採取劉向之五行傳記，（向為歆議）

藝文志採七略（劉向父子作）者

儒林傳採自七略内之六藝略。

枚乘採取各家賦者

故漢書材料非常豐富。

晉朝有張輔者謂（載於晉書60卷）「司馬遷叙三千年間事用五十万言，班固叙二百餘年事

天命天聰崇德順治，嘉慶道光 康熙 雍正 乾隆 咸豐 同治
光

用八十萬言，可言班固之文不如司馬遷」，實則此說並不对，不能以字之多少批評書之好壞，因史记前(而)之史料即缺乏之。

班固漢書用二十年成功。

司馬遷史记用十八年成功。

司馬遷有其父之所作者，班固亦有其父作者，又未完其妹續，未完又由其妹之门生馬續

(二) 漢書编纂之體例

與史记相同，而無世家记目，皆用傳作矣。

志即史记之書。

本纪，表，志，列傳

(三) 漢書板本之異同

现在普通本多用唐初之顏师古之注者，即集注，非其自己之意思，乃搜集各家之解釋者，其所錄者皆为唐初以前者。

普通者皆为殿本者，殿本不易得，有同文本，即上海之同文書局完全照殿本印成者。

五洲同文亦用殿本，字体稍大，天地头較短，故同文局改名为老同文，二種外表大小無異，惟稍大者五洲同文

四庫提要一百二十卷。 歲陽歲名 三十八卷

殿本內除顏注以外尚有三劉刊誤（三劉者 宋人劉敞、弟攽、子奉世）此書分散於顏注之下。
又有北宋宋祁校語
殿本者即此三書注者，每一種必隔一圈
汲古閣本及明監本，內無宋祁校語。
監本分南監本（南京國子監本）及北監本（北京國子監）
局本為金陵局本（南京金陵書局本）
廿四史有五局合刻本（金陵、浙江、淮南、湖北、 ）
漢書即歸於金陵局。
局本完全照殿本翻刻
現在有一種比五洲的好[illegible]，現在此書最好。
王先謙漢書補注 共百卷。王氏初死，此書為光緒廿六年出版。現有石印本為民國五年上海同文書局，甚通行，因價便宜。補注乃補唐以前古之注，應名為集注，從顏師古以後所有顏注皆載，及所有王以前之注皆採入內，有四十七種之多。
共採羅四十七家之注，然若用時仍應用原書

（四）後人對漢書之批評
自漢書後者皆為後人

最早者为张文？注史记者
汉书前半为史记改造，完全根据史记也
断代之史自汉书起
郑樵 字渔仲
郑为作通志者，通志中之总序极力排斥汉书，且甚野，谓「以班固较司马迁同於猪较龙也」
此实荒谬也，盖郑为野派（即乡间之读书人）
读书人分二种，一种为朝派，一种为野派。
故其之批评往往失之於野。
在乡间者往往因读书少，胆大
汉书中有百官公卿表及古今人表，此皆为史记所无者
百官公卿表之前半叙官制者，甚重要，因读史第一先明瞭当时之官制（其官制中叙汉时有何官，官名自何朝来者，官之职为何）
官制之後半叙官之任免、迁卒，按年编者。
（迁即现在所谓之调也）
为研究史学之最好工具，刘知幾不知表之利，甚惜之。
此表非得有公文之档案始能作。
清史稿中之表甚好，内容虽不佳，表之作的甚佳，内有部院大臣表，及尚有督抚表，二表功用甚大
古今人表只有古人而无今人，故师古谓此书未毕，盖尚未

完也，实则亦非此书之体矣。

古今人表共分人为三科九等，三科即上中下，再分为上上、上中、上下，中上、中中、中下，下上、下中、下下，九等。古人可表，今人不可表，因古人已过去，无恩怨，无亲戚关系，无仇敌，而今人则太近，若亦按九等排之，排于上上固无问题，若排为下下、下中，则其后人亲戚等必有杀人之虞

钱大昕谓「表古人可以为今人之鉴」，可作今人之榜样也。所谓陈古讽今，春秋即此法也，欲指摘当时人物或时政，不敢直言，遂以古人写之

贵贱止於一时，贤否著於万世

失德者贵必黜，修善者贱犹荣

此四句即为古今人表之意也，（在用意方面说）

以史例言之，表中所表者无汉人，何以列於汉书中？

以拾古籍之丛残，补史记之缺略。

有时古人之事迹甚少，无法为之作传，而其事迹人又甚重要，完全不载则若史无其人者然，故若以表载之，则无此问题矣

其表共三千余人。

其表法若按朝代，有时古人已无法考其前后，无法排列，纵然排出则成为点名册矣。

途 僅能寫一之

途

漢魏六朝百三家

史之最要者即為事、文、意，三者並有。
若按前後排出則無意矣。
此表以九等列之，則其優劣皆可顯出
雖不能為固定之主觀，而亦為當時一般人之批評，可以
概括當時一般對古人之輿論，最低限度亦可知當時
人之眼光如何
古今人表之等第有後人移改者，如老子列入上上等，但南
監本將老子排於第四等中上。當時固將時之排列為何
已不可考，不過有人謂昔固排於四等，唐時以李姓關
係升於第一等
清人有古今人表考，將三千餘人均考出，考不出者甚少。
漢書中多載整篇文章，除前半為抄史記外，餘如地理志
之前半為整篇禹貢，悉收入內，又如賈誼傳，全載治安策，
晁錯傳皆載其賢良策，皆甚長。揚雄傳載反離騷、河東
賦、校獵賦、解嘲及法言序目。 此傳與敘傳相同
後人批評謂不應如此，不應完全入內
然古人書籍不完備，人向不易得之，非載不可，不能以
今人眼光批評之
又揚雄原即為文人，除其文章外無他擅長者，且無其人
專集（現有者乃自漢書中抄出其文成集者）（漢魏六朝
百三家中之揚雄集即皆抄自漢書者）
然今人亦不能以此法作傳

殿本志移於中间。

後漢書

一百卅卷，范曄著，字蔚宗。诸中皆说范之讳，盖避讳曄字也。

一百卅卷为不连子卷算者，若连子卷算一百三十卷。

後漢書中有卅卷为司马彪著者，录章怀太子注者

（章怀太子名李贤）

卅卷志为司马彪著，刘昭注。

後漢書之卷数有四种说法

1. 隋志（隋书经籍志）九十七卷 有范曄本纪分七卷子卷

2. 两唐志（新唐艺文志旧唐经籍）九十二卷

3. 两唐志 太子贤之注一百卷

4. 宋志（宋史艺文志）九十卷

1. 隋志中之九十七卷为范曄原来者。七卷为分上下者，范自己分的第十卷后纪、第廿八卷桓谭冯衍传。三十卷班彪子固。六十四卷为袁绍刘表传。六十九卷儒林列传（四十二人）七十卷文苑传（二十二人）七十二卷方术（三十四人）传。此七卷也

2. 两唐志谓连二卷目录也

3. 太子贤之注者乃太子又此三卷分上下者

卷一光武纪、卷二十苏竟杨厚等 卷五十[illegible]

乃太子注时分者

31

歲　为版字　|　小时为穿大人鞋，至脚合适时再穿。

嵗　为正字　|　昴　卬　卭

大宋志一百卷乃将前之七卷、二卷皆志

一

后纪不便长传

桓谭传甚短，冯衍甚长　　皆不便传遂作一卷而分上下。

刘国传长，彭宠之传又短

袁绍传长，刘表传短

凡注古书者当时只能分子卷，不能也分原书之卷数。

故太子之注当时即分上下卷。

晋司马彪之志名为续漢書志

刘昭（梁宋人）为梁时以之補范書者，当时刘昭虽曾注过范書，因当时無志遂以司马彪者補之，现刘昭之注已不完全

章怀太子注出后，刘昭者废，至北宋时以刘注志補漢書。

故现在后汉书为两人著者两人注者

后漢書之排列（次第）有二種，

1、以三十卷之志，插于本纪后列传之前，（五洲同文、同文局、殿本皆如此。）其書内中卷数無错，而大体看总有三十卷之误

2、百衲本廿四史中后汉書即将志放於末后，本纪、列传、志。

因传与志之排列有先后，故应分说传与志之卷数

(一)史料之来源、

范晔为刘宋人，范之前有二代（二四百）均为汉，其间有作後汉书者很多家，根据隋书经籍志中载共有　种

1.東觀漢纪（東观为修史之地）

在唐时（隋书为唐代书）遗有一百四十三卷，因最早故此书甚重要。

此书即为後漢时刘珍等著，惟未完至灵帝止

在武英殿聚珍版（排字版）丛书内尚存有東觀漢纪二十四卷，乃在永樂大典中（永乐为明初之一年号）集出者（因永乐大典编时乃集東觀漢纪中来，汉纪失又集自永乐大典中）

2.吴 谢承 後漢書（谢为吴人）

一百三十卷

3.晋 薛瑩 後漢記（薛为晋人）

六十五卷，隋书注「此書本为百卷，今残」，至唐初时已残，

4.晋 司馬彪 續漢書

八十三卷

5.晋 華嶠 後漢書

隋書注有十七卷，本九十七卷，残

道光咸豐 安徽

6. 晉謝沈 後漢書

八十五卷，本為一百二十二卷，殘

7. 晉張瑩 漢南紀

張氏謂後漢南紀，後字為後加者。

四十五卷 原為五十五卷 殘

8. 晉袁山松 後漢書

九十五卷 本為百卷 殘

以上八種除東觀漢記，總名為七家後漢書，今均不全，有四種有志者。

清道光咸豐年間有汪文臺，為安徽黟縣人，集七家後漢書輯本，共二十一卷，光緒始出版。

以上八種均為正史，為隋書經籍之書。

此外隋志中有雜史、起居注等多家

晚之後漢書，范則在諸書之後，范書出後，八家漸失，蓋范之文好也，且兼諸人之長，去其短

范完全用成書不用自撰，故作时甚容易。

除雜史起居注外尚有劉昭注後漢書一百二十五卷，劉梁时人，據梁書劉昭傳載，注共一百八十卷，此已亡佚者，至唐

34

唐分四代：初、盛、中、晚

（兩唐志）
初、劉注尚存，新舊唐志內載有補注五十八卷，劉注范書紀志，乃以司馬彪之注補注，故有人謂補注即為此。
至宋志存劉補注卅卷。
經章懷太子（李賢）注出後，劉昭之注亦廢。
至宋時以劉昭志注補李賢注之缺，因范書紀志，賢注亦紀志。
後漢書注，乃續漢書之注也。顧亭林日知錄寫後漢書注乃續漢書之誤，故日知錄有二種本，後本皆改後為續。
劉注漢書[illegible]紀（即補注紀）
史通中有補注篇（專講補注之事）史通為盛唐時書，中評劉注謂「吐核棄滓」乃以人之所棄者留之，然價值補注者乃以范曄之所棄者補之（以此為八家者）
凡注書有大別二種注法，
1. 解釋訓詁、典故者
2. 裴松之注三國即非注訓詁，或典故者乃補其遺者，劉昭在裴之後，乃學裴之法來注漢書者。
更范之所棄者劉昭又補之，而劉昭又廢，故更可見范書之好也。
史通評范「范刪後漢簡而且周，疏而不漏」乃范書之好處也。

(二) 編纂之方法。

後漢編纂方法有三種特長：

1. 類傳之外，其他傳皆以類相從，不論时代，
在本類中則按时代。
(類傳如儒林、文苑等)

能著書淡於名利

61卷 郭伋、賈琮。65 張純、鄭康成。79 王充、仲長統。74 張奮、胡廣。

相怨依卑鄙

郭伋與賈琮一為漢初，一為漢末，以事相同合傳之
張純、鄭康成亦一為漢初一為後漢末者，以其學向相近。
王充、仲長統一為初一為末，以均能著書，淡於名利
張奮、胡廣二人皆為相怨依人，均卑鄙
此種法，史記漢書亦有，然不顯著。史記屈原、賈誼合傳等，
然此不過偶然非成法。

2. 同事者以一人立傳，而類敘諸人
同是一件事者其餘有關於此事者皆附於傳。
此法，明史中均用此法。
如55卷卓茂傳(後漢初人，光武功臣)末附有當时不仕王
莽者如龔勝、鮑宣等。(二人皆與卓同时，同與卓不仕莽)
45卷來歷傳 藉安帝廢太子事，一般人皆諫之，同諫者有
十七人之多，如鄭安世等，均未另立傳。
史記中無此法

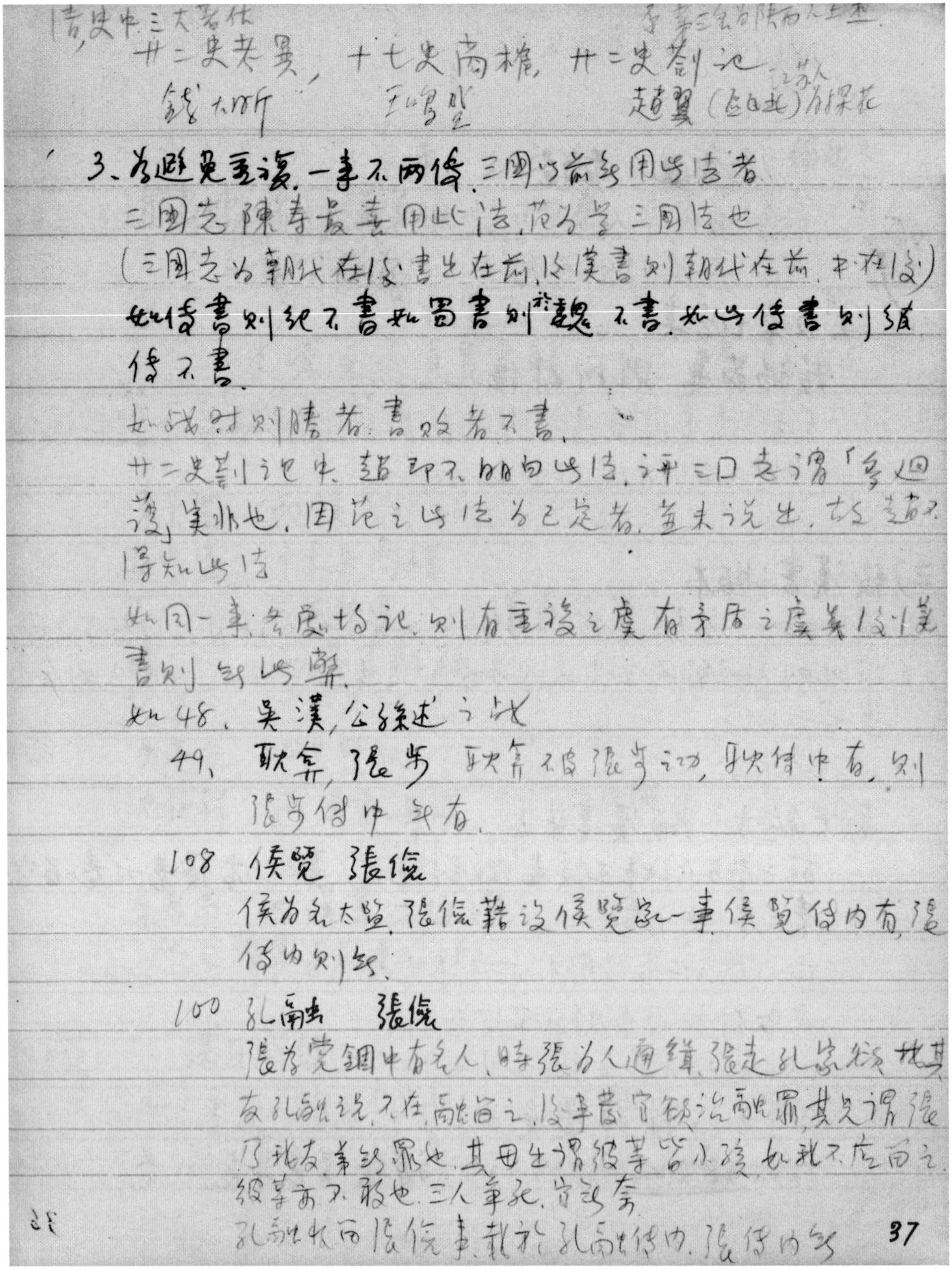

清史中三大著作　　李慈铭为陕西人王杰

廿二史考异，十七史商榷，廿二史劄记

钱大昕　王鸣盛　赵翼（瓯北）江苏人 为探花

3、为避免重复，一事不两传，三国以前无用此法者

三国志陈寿最善用此法，范书学三国法也

（三国志为朝代在后，书出在前，后汉书则朝代在前，书在后）

如传书则纪不书，如蜀书则於魏不书，如此传书则彼传不书。

如战时则胜者书，败者不书。

廿二史劄记中，赵翼不明白此法，评三国志谓「多回护」，实非也，因范之此法为已定者，并未说出，故赵不得知此法

如同一事，各处均记，则有重复之处，有矛盾之处矣，后汉书则无此弊。

如48、吴汉，公孙述之战

49、耿弇，张步　耿弇破张步之功，耿传中有，则张步传中无有。

108　侯览　张俭

侯为宦官太监，张俭藉诛侯览家一事，侯览传内有，张传内则无。

100　孔融　张俭

张为党锢中有名人，时张为人通缉，张走孔家投其友孔褒，孔褒不在，融留之，后事发，官欲治融罪，其兄谓张乃我友，弟无罪也，其母亦谓彼等皆小孩，如我不应留之，彼等亦不致也，三人争死，官以奏

孔融收留张俭事，载于孔融传内，张传内无

37

诗 略此类
蒋士铨 袁枚 皆称之诗家 袁蒋赵
二
史 钱王赵、

考试

99. 何进 袁绍

袁何，二人尽宫中杀宦官二千余人一事收入何进传中，
袁绍传则不载

附(5) 文章之优美

抗倡节义，贬抑奸佞

党锢传、李固传 张纲传 陈蕃传 窦武传 激昂慷慨，然犹较
司马迁之荆轲传、游侠传为动人

(三) 后汉书之版本

为前四史之一，成书先后应为第四，朝代则为第三，昔日研究后汉书者少，因
彼时则重注经，不重史，史记为秦以前者，与经相近，汉书亦则有其
书以前之经、
故注者亦少。

南宋熊方 补后汉书年表 十卷。

前二卷为同姓王侯表（即刘姓者）异姓诸侯表六卷、百官
表二卷、共十卷。

前八卷之二表乃取材于本书者，本书中均已载过者，百官表则
兼取材于司马彪之百官志。

此三表皆为甚有用之工具也。

百官表于除、拜、薨、免之事载之清楚，乃甚费工夫也。

清时钱大昭（钱大昕之弟）著补后汉书年表 八卷 为与熊

注書有二派
①經典釋文派—— 不錄全文者.(如史記索隱,史記會注)
② ——錄全文者.

之表改造一次.後來居上.較錢著佳.爲了讀史之鑰匙也.
清惠棟 著後漢書補注 廿四卷. 此書未錄全文只有注.此書甚精.
錢,惠之二書皆在粵雅堂叢書内
最近 王先謙 著後漢書集解 一百二十卷.錄全文者.
民十二年始刻出.所有清代各家之注皆收入之.即王先謙以前之注.皆收入者

陳景雲 兩漢書補訂
王鳴盛 十七史商榷
錢大昕 三史拾遺.後漢書考異
錢大昭 兩漢書辨疑
趙翼 廿二史劄記
洪亮吉 四史發伏(即索隱之意)佳 此書不甚 (洪爲陽湖常州人)
沈欽韓 兩漢書疏證 沈甚窮,作書不多,如讀之精
以上皆乾隆嘉慶年間者
周壽昌 兩漢書注補證
以上諸書王先謙均採入.現在此書最好.

(四)范 謀反問題.
王鳴盛(西莊)於十七史商榷之61卷中.即专爲范辨誣者.
近代學者陳澧(東塾)在東塾先生集內有申范一卷

一

范为刘宋人、刘宋武帝为刘裕、其子二、義隆（宋文帝）義康（为文帝之弟）其兄弟争国、范为義康之幕府、因当初范生此作事时、并未料其二人争国也、
勝者为王败者为寇、故学者插足其间、難所適從、原其并未挑選、而義康適败、范則成为叛逆矣、
義康欲谋反、而范已列为叛逆、義康事败、范亦被殺、
若说为叛逆实甚嚴重、

三國志。

六十五卷，陳壽撰 裴松之注。

內魏三十　吳二十　蜀十五。　蜀亡之歲，壽年三十一年。壽卒之年(年六十五歲死)陳留王尚未死。(陳留王為魏最末之皇帝)尚為僅懷，壽卒五年陳留王始死。

陳壽為晉惠帝元康七年卒。(西曆297)

陳留王為泰安元年卒(西曆302)

(陳留王被廢時，司馬炎篡魏時，封為陳留王。陳留王入晉後三十八年始卒。被年五十八歲。

此即言此書著述早，故張以前著史書最好在百五十年以後左右。"

陳壽為蜀人，三十一歲，少時仕蜀，師為譙周(為當時甚有名之蜀史學家)。蜀地僻，時近，故史料不能豐富，然壽善敘事，有良史材。

1.晉夏侯湛於同時亦作魏書，陳出書後，夏侯自己毀之。(樊之)

2.又有晉王沈著魏書48卷，隋書注錄，然此書亦不傳。

3.吳韋昭著吳書二十五卷，當時甚有名，然今亦不傳。

因晉司馬昭之諱，稱韋昭為韋曜。曜即韋昭也。

現僅餘陳壽者矣。

晉張華(著博物志者)薦陳壽為著作郎，此書即依著作郎時所著。後華又薦陳為中書郎，荀勗(目錄學家)妒之，故留之，後壽貶為長廣太守，辭不

甲部　乙部　丙部　丁部
经　史　子　集

晋書第82卷内所載之史料甚多，此上即其為陳壽傳者、

荀勖為秘書監，著中经新簿，分经史子集，甲乙丙丁

即自荀起，然其排列為经子史集(甲乙丙丁)

陳壽此書非為官書(非奉政府命者)，為私書，故其書之材料得之甚難，而其编辑之法好，故能独存。

陳著此書死後並未傳出，死後政府詔闻之至其家令生此書

故陳為蜀人，自然对故国有所懷念，对新政府(晋)之批評自然有不好處，而既在其下，必有所諱，

故志不得謂皆為陳壽自己所作。

吳四冊，魏八冊，蜀僅二冊。

蜀楊戲(羲)傳，楊為文学家，曾作季漢輔臣贊，(贊之双句有韻)(季漢即末漢，蜀也)陳壽將此贊中皆採之，其无有者壽另作一小傳(二三行)

在楊戲季漢輔臣贊内常有失其行事，故不為傳(可見材料之難也)乃藉楊贊以存其名，而其事迹無多，故無法作傳矣。

陳壽除三国志外尚著有益部(都)耆舊傳，然已無存，

共十卷，但裴注於蜀志後採三人於此傳

周兴嗣千文前四句字之平仄（前一句）

一一丨一一一丨丨丨一丨一丨

二：

（此传却为害蜀之人，而又抹王嗣、常播、卫继称此三传于蜀志后，故殿本将此注改为大字（即改为不是注，成为寿之正文矣，又却为寿文而其不在此书），故钱竹汀《十驾斋养新录》卷中有三国志注误入正文内即说此事者

二书皆为陈作，故不于二书皆录。此三人录于传中，故三国志中则皆有矣。（故寿为正史材）器补之。二人皆甚时（已不为而待人为之）

陈寿之蜀志第五卷中诸葛亮传后载有诸葛氏集目录，又连陈寿自己所上之表亦抄入（陈进诸葛氏集目录于政府时所作之文）

故可见其史材来源之不一也。

（一）三国志之编纂

1. 陈寿三国志为帝魏者，以魏为主，而不名为魏书或魏史，然三国志应三国平列，而未如此。

通鉴即以魏为正统，以吴蜀为旁

2. 至东晋时习凿齿著汉晋春秋四十七卷，今不传，即不以帝魏为然（汉为蜀汉，主以蜀为正统者）

此乃史家立场不同。

陈寿之自为蜀人，其作书时已至西晋，乃西晋为接魏之位，故不能不谓魏为正统

纲为打鱼之網上大绳也
目为鱼網上之孔

習鑿齒已至東晋，在石 之後，谓蜀为正统，若谓魏为正统则似不谓承東晋矣

3、司馬光则又以魏为纪年（=以魏为正统）他为北宋，據中原地

4、朱子綱目（以通鑑改成綱目，綱仿春秋筆法，目仿左傳筆法）则改为蜀为正统，时朱子為南宋，亦偏安，若以魏为正统则彼不承認南宋矣

陳壽之文，单简而潔净，々传中書过者，傳中不重書，於蜀書魏不書，此传書彼传不書，此法为陳壽首創。

陳范異同

陳壽范曄之異同，因范書後半（漢之末）即陳壽之前半（三國之前），蓋歷史不能截然分段也。

此書並無，不过可以自己參照趙翼異同作一，其擬目如下。

魏武本紀 獻帝紀
董卓
袁紹
劉表
呂布
袁術
公孫瓚
陶謙
劉焉

44

藏 臧

臧洪
張邈
張魯
荀彧
華陀
劉璋
東夷
烏丸
鮮卑

以上均為二書皆有傳者，乃同之處也。

宋時有蕭常著續漢書
元时有郝經著續漢書

此二書现均存，蕭郝皆以蜀正统，續汉即蜀也，此二書即言三国。

蕭為宋时，距三国已甚久，其材料皆取他人者，故多人用，惟稍改编，四庫提要列為别史

三國志注　裴松之

64 裴卒於元嘉（宋年代）二十八年，享年八十餘歲，451

69 范元嘉廿二年被殺，卒於裴之前，死時四十八歲 445

雖范年轻而死時早裴六年

在宋書中裴在64卷范在69卷，而南史中二人均在33卷。

裴之注較

范曾看見許多漢書，而均不用，自己獨作，而此書竟存。
裴松之實則自己可著書，而竟附於他人之後，有人謂為寄氣
范裴皆為史學世家

范甯——范泰——范曄

裴松之——裴駰——裴子野（著宋略，在史通中常讚之，新用白話、俗語，即此說話人之言語為口吻，文人之言，與粗人各異，而其他史家則無論為誰之話，而均一律改為自己之意、言語）

裴注三國引書共151種，其書目廿二史劄記內有三國志注凡裴引用書之目有，又錢大昕著三國志辨疑之序內所有裴引目錄亦均列出，且為之分類。
湖海文傳內有三國志引用書目
注書有注音義的，有注事實的，裴即重事實者。
裴注四例：

1. 調其異同、陳壽如此說，別人另一種說法
2. 正其謬誤 即改正其錯處
3. 疏其詳略
4. 補其缺漏 有三國志所有者，裴認為重要亦補之，又有人無傳者亦補入，附於其傳之後，此種加增事者為裴自己創者

1當時第二流史學者 杭世駿（著道古堂文集，乾隆初年）
杭大宗

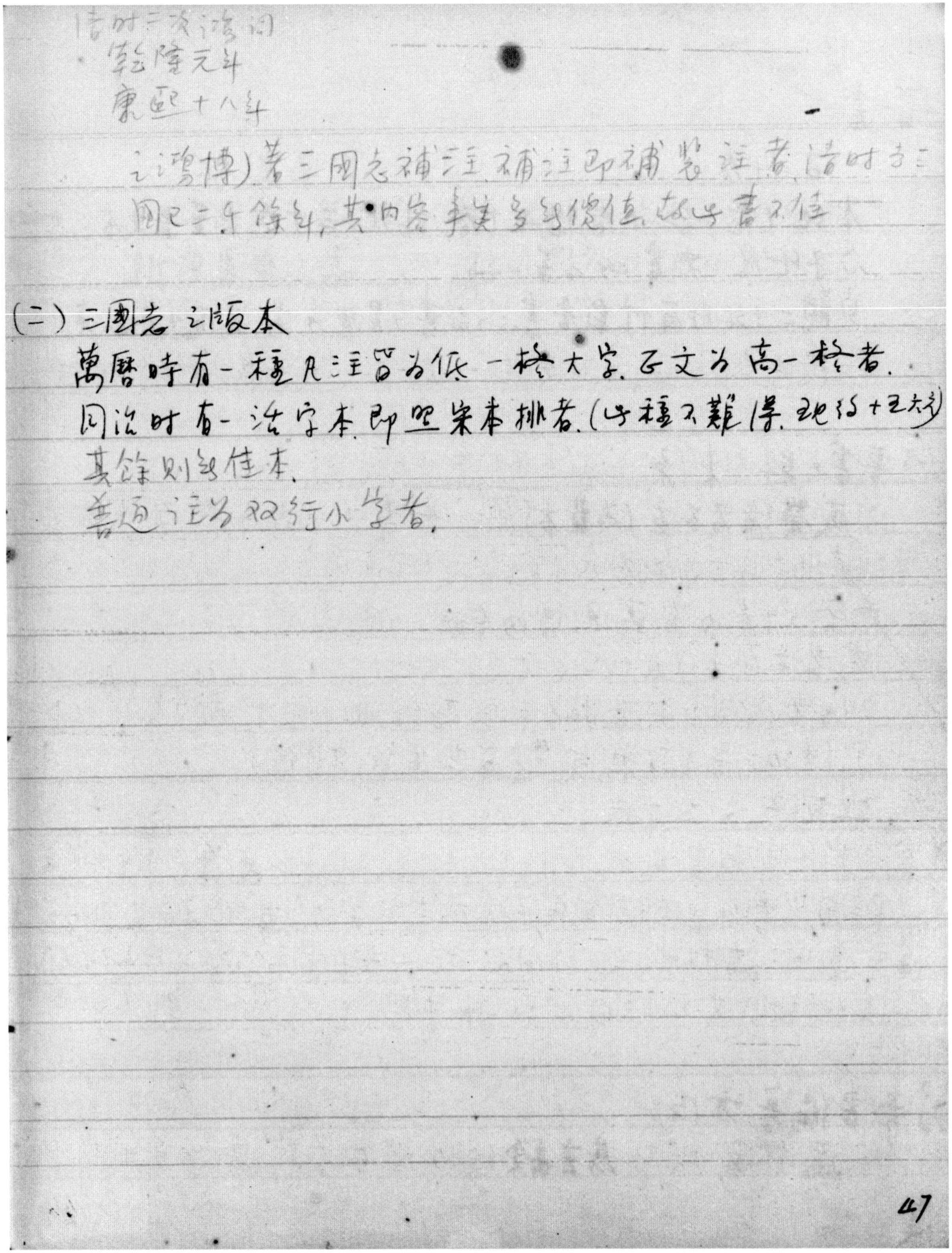
乾隆元年
康熙十八年

之谦撰）著三国志補注 補注即補裴注者 清时于三国已二千餘年，其内容事实多無價值 故此書不佳

（二）三國志之版本
萬曆時有一種 凡注皆為低一格大字 正文為高一格者
同治时有一活字本 即照宋本排者（此種不難得 ……）
其餘則無佳本
普通注為双行小字者

47

民国时，很多大学课程没有书（即没有教材，更谈不上统一教材。）学生听课，记笔记。老师讲授的是自己最有心得的研究成果。陈垣的讲义生前只出版一册，即《中国佛教史籍概论》。而《中国史学名著评论》虽然有1935年的余逊记录本和1940年代末的刘乃和记录本（刘多次听陈讲此课），仍未见陈垣把它修订出版。刘乃和、张守常都说过，陈讲课很活，每次讲，都有新内容。

補考國學常識試題 廿六年十一月

一、類書與叢書之分何在。

二、清朝官修之類書叢書，以何者為最大。

三、何謂書之行輩。

卅六年一月廿七 輔仁 魏晋南北朝 試題

1 三國及梁陳諸史無志，何以考其典章制度。

2 讀八朝史，何以必須兼讀南北史

3 以梁年代與陳相等，其史績於何人之

4 周齊（與北）四出錄畢文略 迴殊其故安在

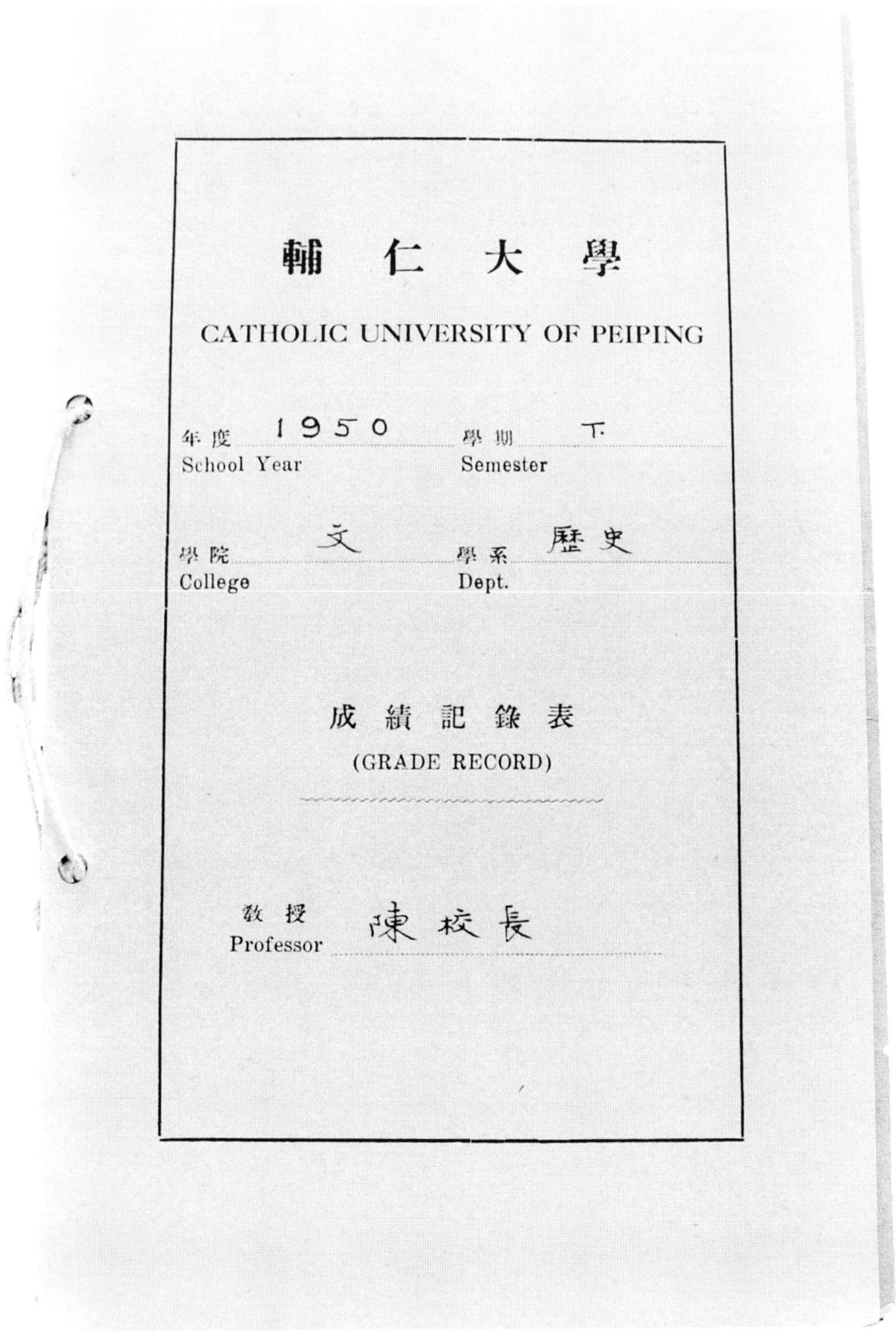

輔 仁 大 學

CATHOLIC UNIVERSITY OF PEIPING

年度 1950 學期 下
School Year Semester

學院 文 學系 歷史
College Dept.

成績記錄表
(GRADE RECORD)

教授 陳校長
Professor

There will be two examinations each semester for all students, one in the middle and one at the end. In the first column will be recorded the grade for the first half semester and in the second column the grade for the second half. The final grade will be made up from these two.

A system of letters will replace the old system of numbers in recording grades:—

A +	= 95—100	A	= 90—94
B +	= 85—89	B	= 80—84
C +	= 75—79	C	= 70—74
D +	= 65—69	D	= 60—64
E	= Below 60 (Failure).		

If a student obtains less than half the number of the prescribed credits in a semester, unless he can present grave reasons to the Director of Studies as well as to the Head of his Department for a Re-examination, he shall be considered as an inferior student, and shall be dismissed from the University.

The Professor is requested to give a general note of conducts as to the student's coming late or leaving early during the classhours.

Grade records should be handed in to the Registrar's Office within three days after the examination has been held.

For Reference

Art. 33 of the Academic Regulations:
There are nine grades in merit-points:

Marks	Grades	Merit-points	Marks	Grades	Merit-points
95—100	A +	4.5	70—74	C	2
90— 94	A	4	65—69	D +	1.5
85— 89	B +	3.5	60—64	D	1
80— 84	B	3	below 60	E	0
75— 79	C +	2.5			

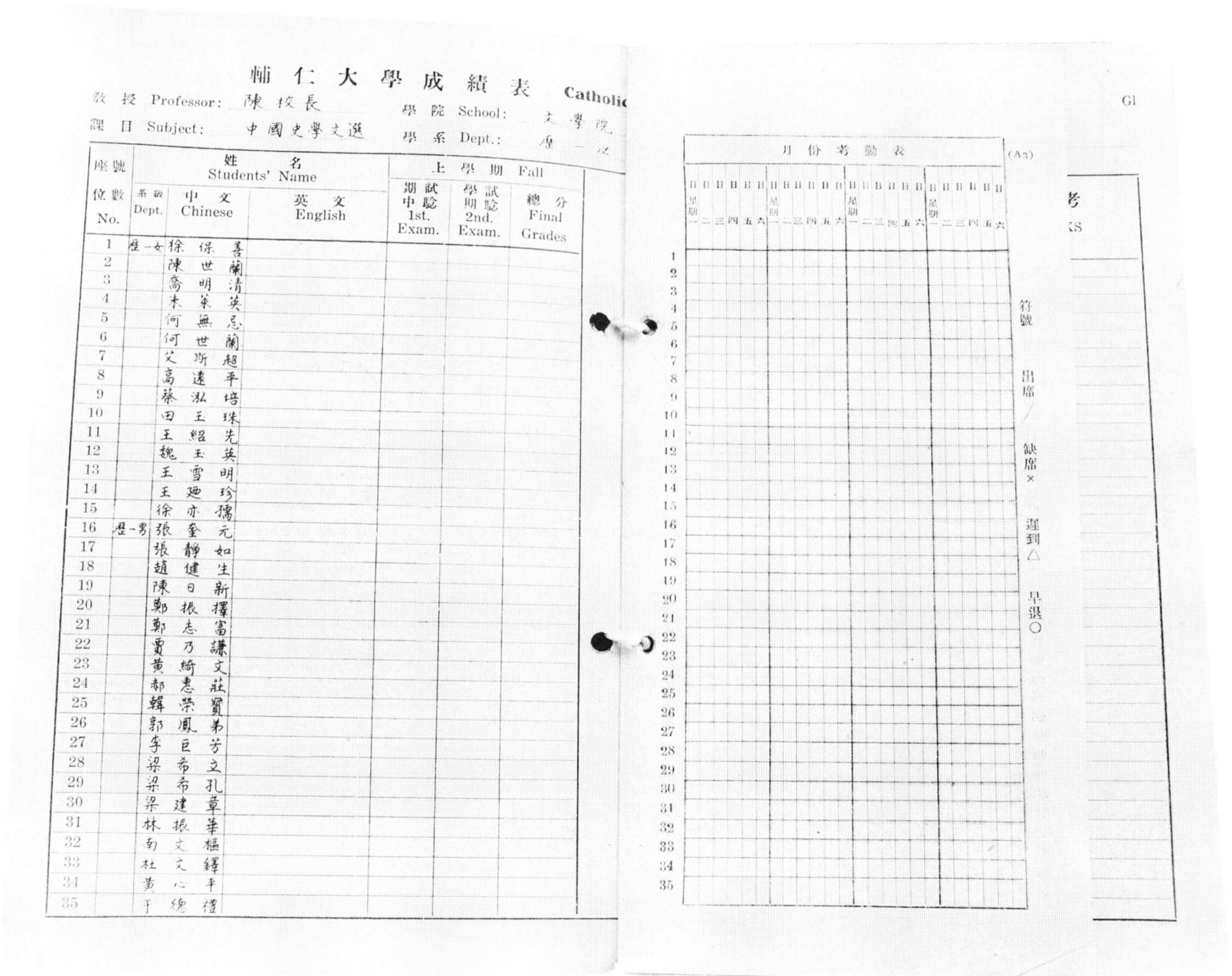

輔仁大學成績表 Catholic

教授 Professor: 陳校長　　　學院 School: 文學院

課目 Subject: 中國史學文選　　　學系 Dept.: 歷一（女）

座位號數 No.	系級 Dept.	姓名 Students' Name 中文 Chinese	英文 English	上學期 Fall 期中試驗 1st. Exam.	學期試驗 2nd. Exam.	總分 Final Grades
1	歷一女	徐保善				
2		陳世蘭				
3		喬明清				
4		朱茱英				
5		何無忌				
6		何世蘭				
7		艾斯超				
8		高遠平				
9		蔡泓培				
10		田玉珠				
11		王紹先				
12		魏玉英				
13		王雪明				
14		王廼珍				
15		徐亦孺				
16	歷一男	張奎元				
17		張靜如				
18		趙健生				
19		陳日新				
20		鄭振擇				
21		鄭志富				
22		賈乃謙				
23		黃綺文				
24		郝惠莊				
25		韓榮賓				
26		郭鳳弟				
27		李巨芳				
28		梁希文				
29		梁希孔				
30		梁建章				
31		林振華				
32		南文樞				
33		杜文鐸				
34		黃心平				
35		于德禮				

Gl

月份考勤表 (A3)

	日 星期一	日 二	日 三	日 四	日 五	日 六	日 星期一	日 二	日 三	日 四	日 五	日 六	日 星期一	日 二	日 三	日 四	日 五	日 六	日 星期一	日 二	日 三	日 四	日 五	日 六
1																								
2																								
3																								
4																								
5																								
6																								
7																								
8																								
9																								
10																								
11																								
12																								
13																								
14																								
15																								
16																								
17																								
18																								
19																								
20																								
21																								
22																								
23																								
24																								
25																								
26																								
27																								
28																								
29																								
30																								
31																								
32																								
33																								
34																								
35																								

符號
出席／
缺席×
遲到△
早退○

考
KS

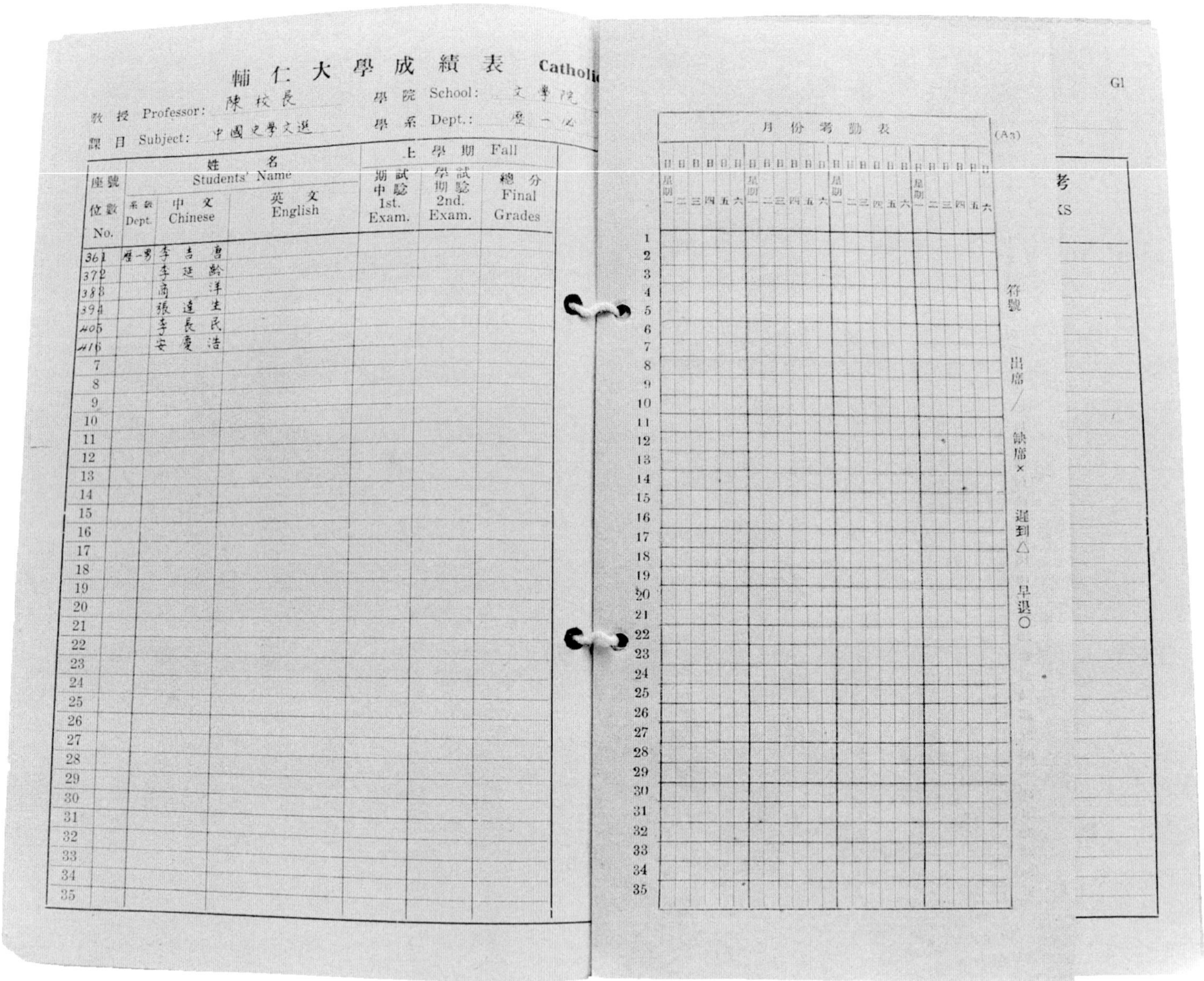

輔仁大學成績表 Catholi

教授 Professor: 陳校長　　學院 School: 文學院
課目 Subject: 中國史學文選　　學系 Dept.: 歷一必

座位號數 No.	姓名 Students' Name 系級 Dept.	中文 Chinese	英文 English	上學期 Fall 期中試驗 1st. Exam.	學期試驗 2nd. Exam.	總分 Final Grades
36 1	歷一男	李吉唐				
37 2		李廷齡				
38 3		商洋				
39 4		張達生				
40 5		李長民				
41 6		安慶浩				
7						
8						
9						
10						
11						
12						
13						
14						
15						
16						
17						
18						
19						
20						
21						
22						
23						
24						
25						
26						
27						
28						
29						
30						
31						
32						
33						
34						
35						

G1

月份考勤表 (A3)

星期 日 一 二 三 四 五 六

符號 出席／ 缺席× 遲到△ 早退○

考
KS

三　研究生

在1949年以前，中国大学教育只到硕士阶段。导师教学主要有：1.指导阅读；2.指导研究；3.答疑解难。专门集中开课不多，更无统一教材。这是文科情况。刘乃和、郭预衡都是陈垣的硕士生，我未曾听到刘、郭回忆陈垣怎样给他们开大课。而刘乃和的本科、硕士论文，就是那一部三十八卷的《三国演义与正史》。

我没有专门问过刘、郭二先生，陈垣老是怎么给他们上课的。在陈垣诞辰110周年纪念会上，郭先生回忆老师：考试有4道题，他只知道2题（当时郭先生说了4道题目，我没记录下来），结果给了他70分。“我想，即便我每题都答好了，也只能得满分50，怎么能给70分呢？我觉得老校长是在提携我，我终身感谢他。”郭预衡本科读中文系，考陈垣的硕士，我总觉得他是破格选拔人才。我这样问郭，他笑着说：“我不是人才。”李修生先生说：“郭先生是党内不多的学术大家之一。”郭预衡《中国散文史》三册（《简编》一册），从历史的角度讲中国散文的发展，这与各种版本的《中国文学史》都不一样。他在“序言”中说：“写这部中国散文史，曾有三点奢望……二是不从‘作品评论’或‘作品欣赏’的角度，而从史的发展论述中国散文的特征。”郭氏《中国散文史》的这一特点，我是从文章里读出的。我曾与他谈过，这应该是受陈垣教导的结果，郭先生表示同意。1947年6月，郭预衡先生已经留在辅仁大学工作。

陈垣。

（一）校勘《通鉴胡注表微》

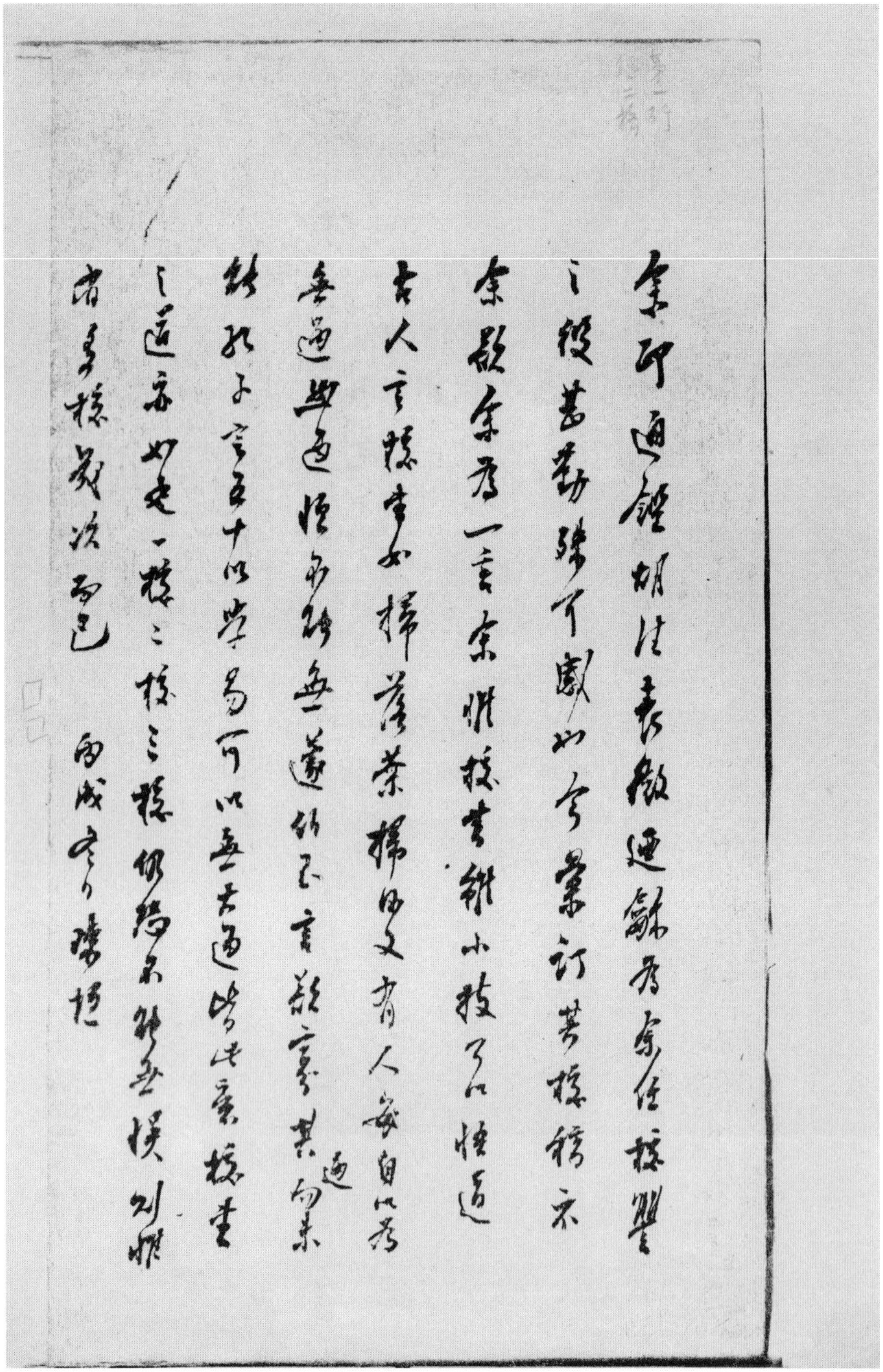

《通鉴胡注表微》是刘乃和参加校勘的第一部书。

“《通鉴胡注表微》书成后，我任校对之役。印刷厂排版后将一校稿退还作者，开始几卷退还后被援师随手扔掉。我因一校稿上除校正的字迹外，还间有援师校改和批写手迹，乃把所余残稿保留，计有第八、九，第十一至二十篇，后来装订成册，请援师为我题字，他当即题了‘通鉴胡注表微校稿’八个字，作为书名册，并在书封面扉页上题写：‘余印《通鉴胡注表微》，乃和为余任校仇（雠）……’。”——（《励耘承学录》349 页）

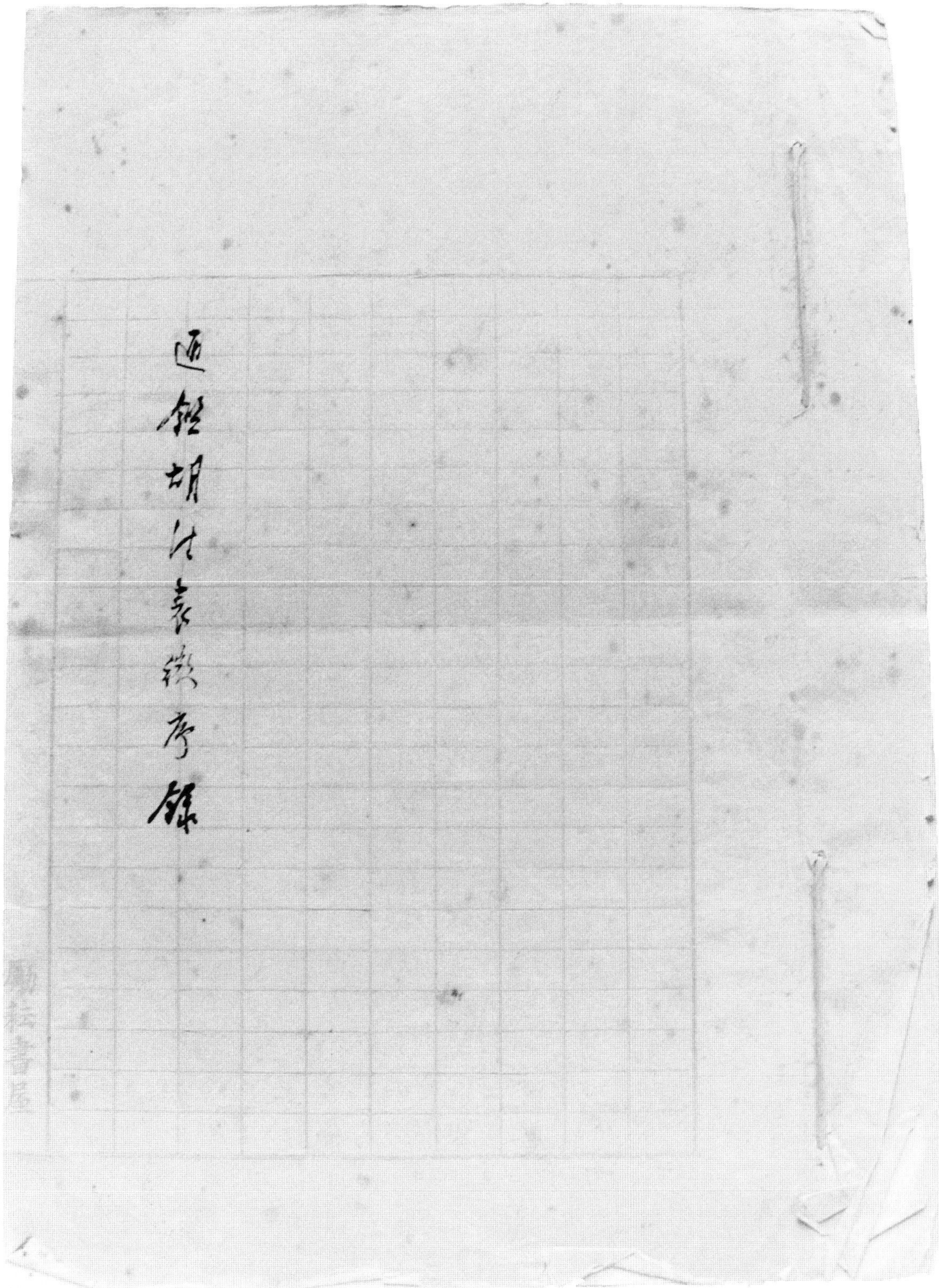
通鑑胡注表微序錄
勵耘書屋

通鑑胡注表微序錄

本朝篇第一

本朝謂父母國、人莫不有父母國、觀其對本朝之稱呼、即知其對父母國之厚薄、胡身之今本通鑑注、撰於宋亡以後、故四庫提要稱之為元人、然觀其對宋朝之稱呼、實未嘗一日忘宋也、大抵全書自四十卷至二百三十二卷之間、恒稱宋為我朝、或我宋、而前後則率稱宋或宋朝、吾頗疑為元末鏤版時所改、其作内詞者身之原文也、試順全書卷次、條舉其例如下、

書法篇第二

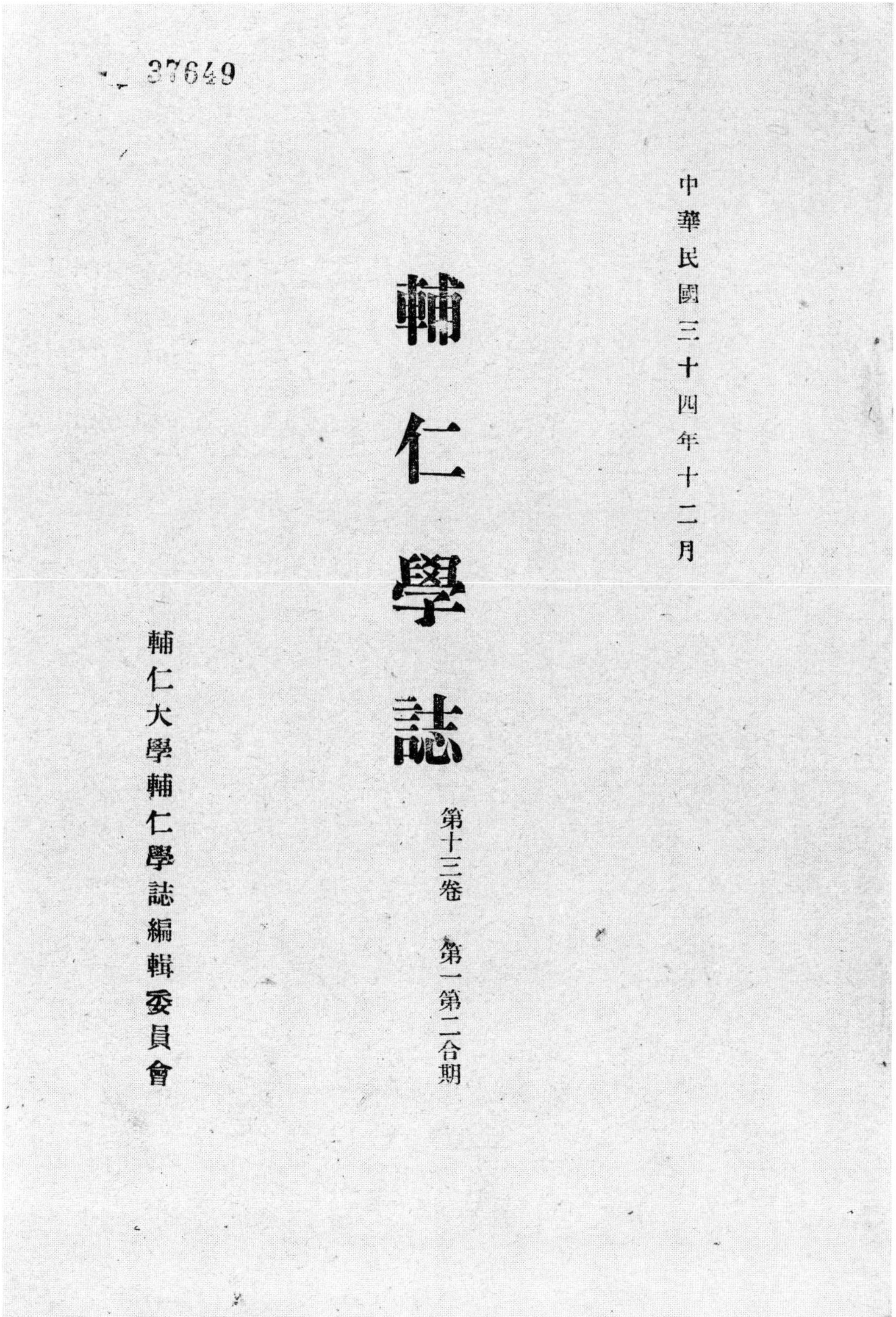

《通鉴胡注表微》首次发表前十篇。

輔仁學誌第十三卷第一第二合期目錄

插圖

附錄

《胡三省跋宋高宗书徽宗文集序墨迹》和周祖谟《胡三省生卒行历考》，显然为配合《通鉴胡注表微》而发表。

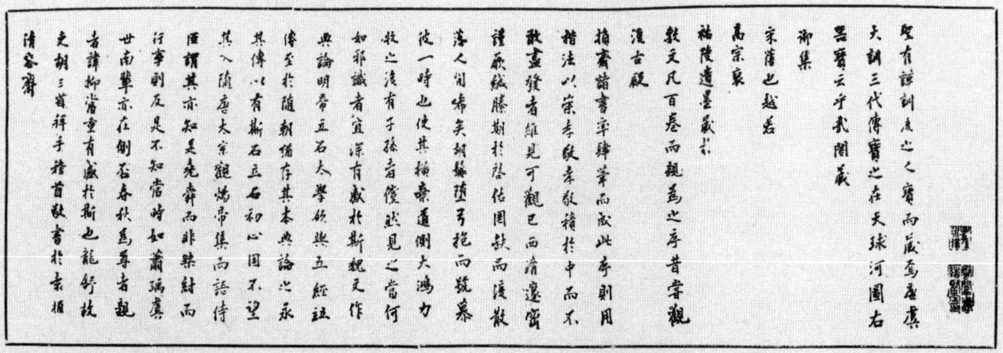
聖有謨訓虞之之寶而藏為唐虞
大訓三代傳寶之在天球河圖右
器寶云乎哉閣藏
御集
宋蒼也越若
高宗哀
裕陵遺墨藏於
數文凡百卷而觀為之序昔嘗觀
復古殿
摘齋諸書卒肆筆而成此序則用
楷法以宗李欽李敬積於中而不
敢盡發者維見可觀已而清邃密
謹嚴纖縢斯於啓佑周缺而復散
落人間嗚矣胡騎蹂弓抱而毀棄
後一時也使其摘棄道側大鴻力
收之後有子孫者儻然見之當何
如邪識者宜深有感於斯規文作
典論明帝立石太學欲與五經並
傳至於隨朝猶存其本典論之承
其傳以有斯石立石初心固不望
其入隋唐太宗觀煬帝集而語侍
臣謂其亦知是堯舜而非桀紂而
行事則反是不知當時如蕭瑀虞
世南輩亦在側否春秋為尊者諱
者諱抑當重有感於斯也龍舒故
吏胡三省拜手稽首敬書於袁桷
清容齋

胡三省跋宋高宗書徽宗文集序墨蹟

跋無年月、而云書於袁桷清容齋、宋亡、桷才十一歲、此跋當在宋亡以後、又清容集師友淵源錄、言身之乙酉歲留袁氏塾、則跋當作於是時、時清容年二十、身之年五十六、即撰通鑑注序之年也、說詳表微解釋篇、此墨蹟曾刻入玉虹鑒眞帖、此照片則苑北草堂主人所贈也、後第十一乙酉冬日、新會陳垣、

通鑑胡注表微小引

頻年變亂、藏書漸以易粟、唯胡氏覆刻元本通鑑、尙是少時讀本、不忍棄去、且喜其字大、雖夾注亦與近代三號字型無異、頗便老眼、杜門無事、輒以此自遣、一日讀後晉紀開運三年胡注有曰、臣妾之辱、唯晉宋爲然、嗚呼痛哉、又曰、亡國之恥、言之者傷心、矧見之者乎、此程正叔所謂眞知者也、天乎人乎、讀竟不禁淒然者久之、因念胡身之爲文謝陸三公同年進士、宋亡隱居二十餘年而後卒、顧宋史無傳、其著述亦多不傳、所傳僅鑑注及釋文辯誤、世以是爲音訓之學、不之注意、故言浙東學術者、多舉深寧東發、而不及身之、自考據學興、身之始以擅長地理稱於世、然身之豈獨長於地理已哉、其忠愛之忱見於鑑注者不一而足也、今特輯其精語七百五十條、爲二十篇、前十篇言史法、後十篇言史事、其有微旨、並表而出之、都十八萬言、庶幾身之生平抱負、及治學精神、均可察見、不徒考據而已、鑑注成於臨安陷後之九年、爲至元二十二年乙酉、表微之成、相距六百六十年、亦在乙酉、此則偶合者耳、

中華民國三十四年七月、新會陳垣識於北平興化寺街寓廬、

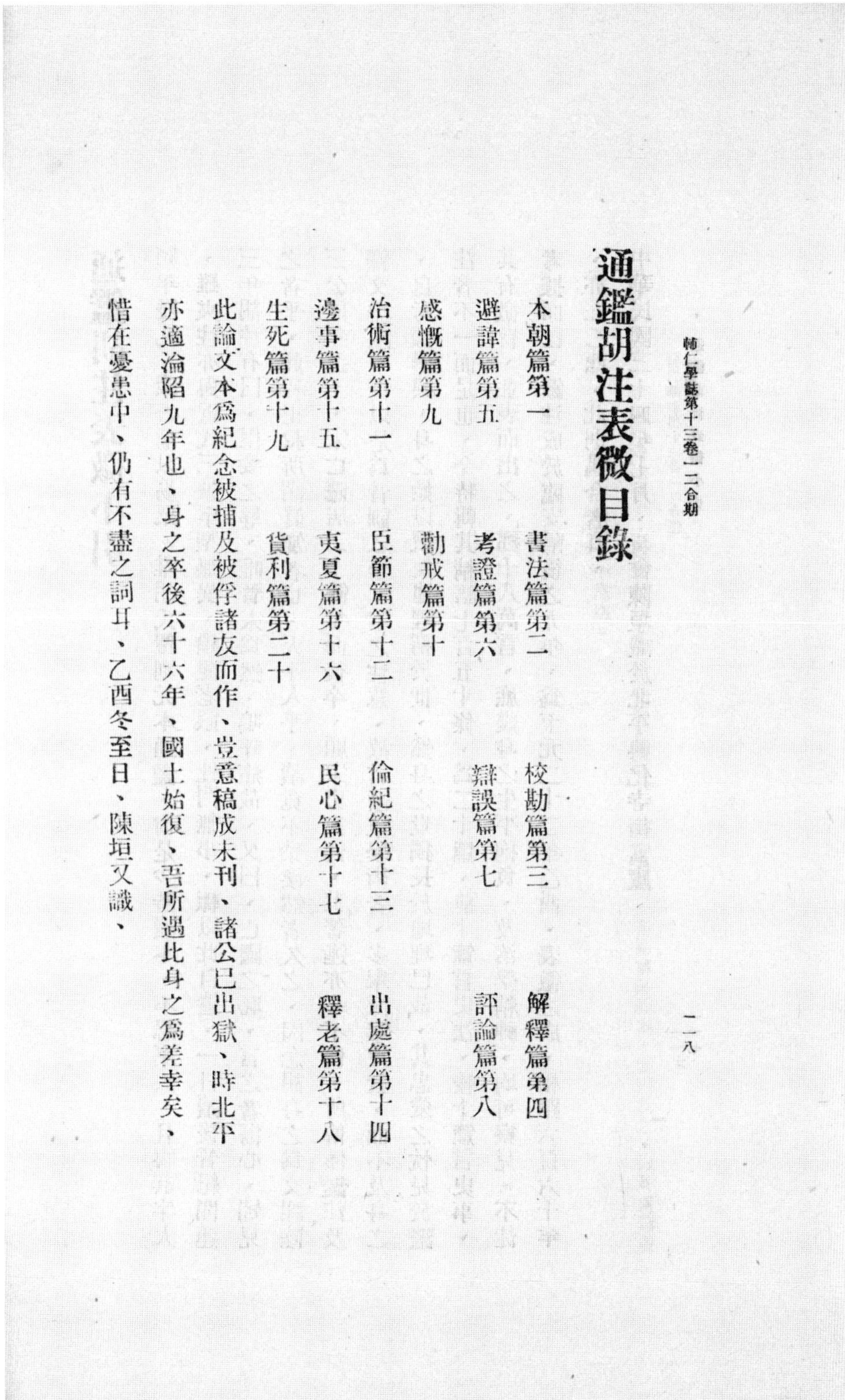

通鑑胡注表微目錄

此論文本爲紀念被捕及被俘諸友而作、豈意稿成未刊、諸公已出獄、時北平亦適淪陷九年也、身之卒後六十六年、國土始復、吾所遇比身之爲差幸矣、惜在憂患中、仍有不盡之詞耳、乙酉冬至日、陳垣又識、

左三行字，再版时被删去。内容亦删掉两条材料。

通鑑胡注表微

新會　陳垣　援菴

本朝篇第一

本朝謂父母國、人莫不有父母國、觀其對本朝之稱呼、即知其對父母國之厚薄、胡身之今本通鑑注、撰於宋亡以後、故四庫提要稱之爲元人、然觀其對宋朝之稱呼、實未嘗一日忘宋也、大抵全書自四十卷至二百三十二卷之間、恒稱宋爲我朝或我宋、而前後則率稱宋或宋朝、吾頗疑爲元末鋟版時所改、其作內詞者、身之原文也、試順全書卷次、條舉其例如下、

秦二世二年、陳嬰爲楚上柱國、封五縣、與懷王都盱眙、

注曰、班志盱眙縣屬臨淮郡、史記正義曰、今楚州、宋屬泗州、（卷八）

漢高帝五年、漢王還至定陶、

注曰、班志定陶縣屬濟陰郡、古之陶邑、宋爲廣濟軍理所、（卷十一）

此二條在開篇前數卷、皆單稱宋、不類本朝人語、身之對父母國、似已漠然矣、然以後文例之、原稿當稱我宋、刻版時去我字耳、提要引黃溥簡籍遺聞謂是書元末刊於臨海、而不明著爲何年、然元統二年纂成之元文類已

胡三省生卒行歷考

周祖謨

胡三省，宋元史俱無傳，錢大昕疑年錄以爲生於宋紹定三年庚寅，卒於元至元二十四年丁亥。外舅余丈季豫爲疑年錄稽疑云：「案宋寶祐四年登科錄第五甲，第一百二十一八，胡三省，字景參，年二十七。以此推之，正當生於紹定庚寅。宋元學案卷八十五云：『史失其傳，不知卒於何時。』錢氏此條所記年壽及卒年，未詳見於何書。考袁桷清容居士集卷四十三祭胡梅礀文，不署年月。其卷三十三師友淵源錄云：『胡三省，天台人，寶祐進士，釋通鑑三十年，兵難稾三失，乙酉歲（至元二十二年也，胡氏通鑑注序末題旃蒙作噩即是年。）留袁氏塾，日手抄定註，己丑寇作，以書藏窖中得免。』全祖望鮚埼亭集外編卷十八胡梅礀藏書窖記云：『南湖袁學士橋，清容之故居也。其東軒有石窖焉，予過而嘆曰：此梅礀藏書之所也』。就二書之言觀之，則梅礀方於至元二十六年己丑自藏其書，安得先卒於二十四年耶？錢氏必有所據，姑誌所疑，以俟再考」。今案錢氏定胡氏卒年在元至元二十四年丁亥者，蓋據通鑑釋文辨誤自序耳。序作於元至元丁亥春，錢氏殆以是年成書之後，胡氏不久即逝，故率爾以此爲其卒年，實則非也。考陳著本堂集卷七十九，有與胡景參書，文中有余七十八歲老翁之語，案陳氏生於宋嘉定七年，此書之作當爲元至元二十八年，其時胡氏尚健，是不得謂之卒於二十四年也。此其一。又同書卷三十六，有贈甥胡幼文還侍序一文，爲八十三歲時所作。胡幼文者，即景參第四子，本堂季女之壻，以其偕婦來甬上，將歸天台，故爲序以贈之。題稱還侍，則景參猶在也。而本堂爲

周祖谟，陈门四翰林之一，其他三人：柴德赓、启功、余逊。

(二)佛堂论学

多少年来，风风雨雨，苦苦甘甘，一言难尽。虽也有读文论史、泼墨作书的时候，也有剖析文章、研究学问的时候，但更多的时间是忙忙碌碌，按需而进退，与世事相浮沉。这时我比援师常提起的“佛堂论学”时期所学的专业知识大为减少了。所谓“佛堂论学”，是指建国前几年间的一段情况而言。我1950年底之前，住在西城大木仓郑王府附近的一小巷，巷名“王爷佛堂”，因郑王府的佛堂在此巷中而得名。抗战胜利后，援师因当时日寇虽降，而战事仍频，心情苦闷，一时也没得论文选题。这时几乎隔三四天就去“佛堂”小坐，结合校勘他的刚刚付印的著作《通鉴胡注表微》，为我讲《通鉴》和胡注及写撰此书时的考虑，又常结合指导我研究生论文《〈三国演义〉史征》，为我讲史源学。谈他的治学之道，谈他的著作心得，谈他对清代学者的评价，谈他对诗词书法的爱恶，等等。往往因一段史实的真伪、一个字句的理解，争论不休，也有时为介绍某部史书，而追本求源，甚至有一次为核对《山堂肆考》的一段史事，立即一同趋车到北京图书馆查阅。我父亲爱好金石、善书法，援师常喜和我父亲谈书论篆；我外祖父徐坊，与柯凤孙、张之洞、缪荃孙是好友，经常来往，援师也颇喜听我母亲说她年青时在家中听来的这些人的轶事趣闻。在这些言谈话语讲书解史之中，我确实受益不浅。这段时间，援师名之为“佛堂论学”时期。他曾将自己一对已刻的鸡血石印章的一方，磨去他自己的名号，请书法家陆和九先生治一方印章、阳文、隶书、文为“佛堂之印”。他原假说是在琉璃厂看到方印，因印文和我住处名正合，故买回以之赠我。几个月后，他才告我是专请陆先生给我刻的。援师逝世后，我因此章原是一对，另一方刻“耕耘书屋藏书之印”，且我早已搬家，不再用此章，乃将两石放在一处，与援师其他印章一起捐献，现存北京图书馆。

——摘自刘乃和手稿

1949年1月8日，国民党政府派人来接陈垣去机场，而陈垣一早便到刘乃和家躲避，一直谈到晚饭后才走。

——刘乃和《陈垣年谱》第173页

1948年底，解放军已到香山，西部飞机场已经解放，只能在城里东单广场(今东单街头公园旧地)起落直升飞机了。国民党政府派人来接他去南京，接了4次，都遭他拒绝。第四次是1949年1月9日，这天他一早就到我家，说:“我今天要在你这里躲一天，因为今天有汽车接我去机场。”这天在我家和我父亲论书写字，到晚上才回去。

——刘乃和《历史文献研究论丛》第235页

这是贡扬先生兰色拓本。

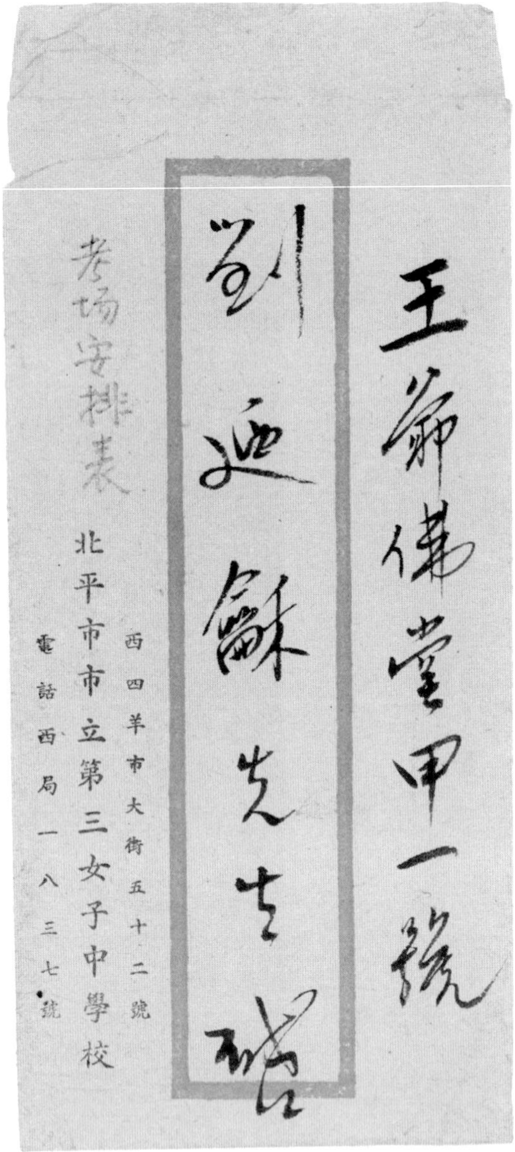

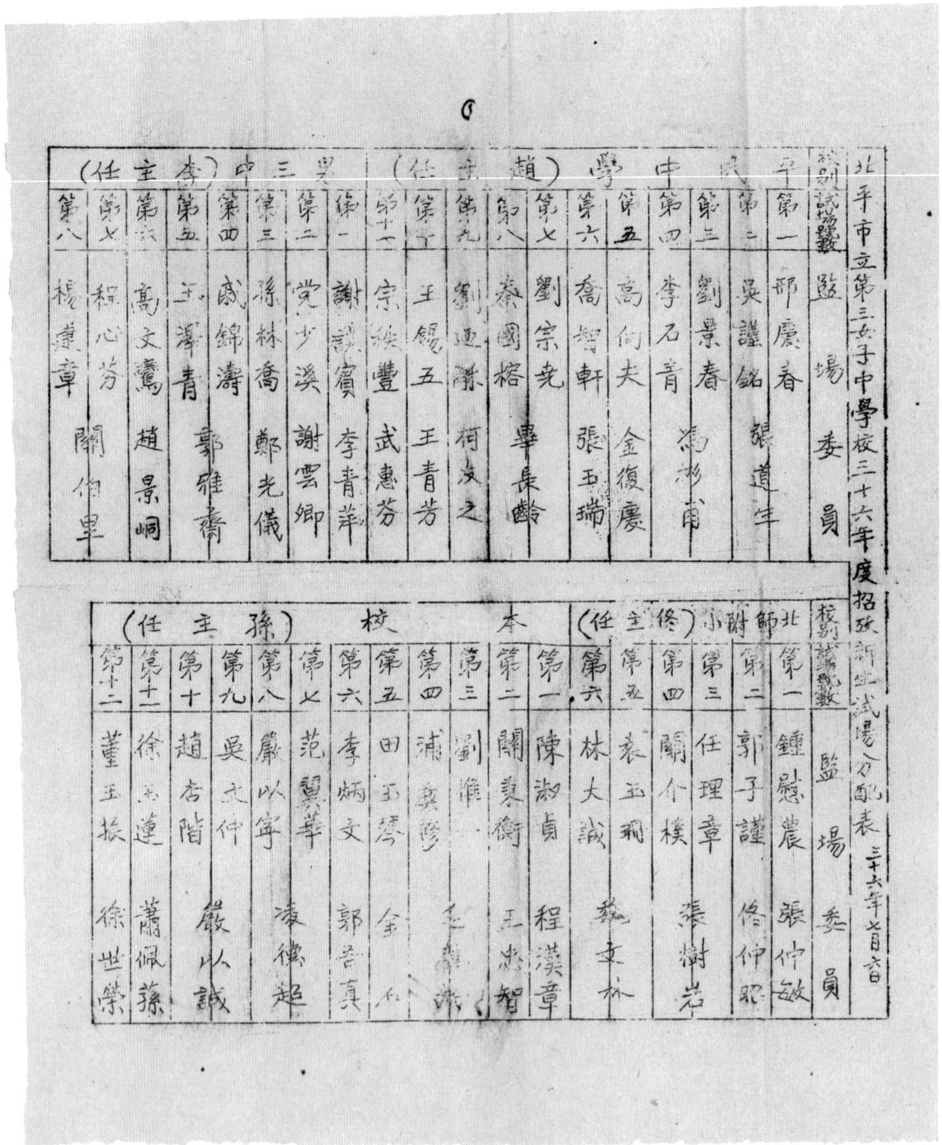

北平市立第三女子中學校三十六年度招攷新生試場分配表

三十六年七月六日

校別	試場號數	監場委員	
平民中學（趙主任）	第一	邢慶春	
	第二	吳謹銘	張道生
	第三	劉景春	馮彬甫
	第四	李石青	
	第五	高何夫	金復慶
	第六	喬智軒	張玉瑞
	第七	劉宗堯	
	第八	秦國榕	畢長齡
	第九	劉迺龢	荷汝之
	第十	王錫五	王青芳
	第十一	宗[illegible]豐	武惠芬
男三中（李主任）	第一	謝[illegible]賓	李青萍
	第二	党少溪	謝雲卿
	第三	孫林喬	鄭光儀
	第四	戚錦濤	郭雅齋
	第五	王澤青	
	第六	高文鸞	趙景峒
	第七	程心芳	關伯卑
	第八	楊遠章	

校別	試場號數	監場委員	
北師附小（佟主任）	第一	鍾慰農	張仲敏
	第二	郭子謹	佟仲[illegible]
	第三	任理章	
	第四	關介樸	張樹岩
	第五	袁玉琱	魏文林
	第六	林大誠	
本校（孫主任）	第一	陳淑貞	程漢章
	第二	關象衡	王忠智
	第三	劉維	
	第四	浦燊彥	王[illegible]
	第五	田玉琴	金[illegible]
	第六	李炳文	郭吾真
	第七	范翼華	
	第八	嚴以寧	凌徽超
	第九	吳文仲	嚴以誠
	第十	趙杏階	
	第十一	徐文蓮	蕭佩蓀
	第十二	董玉振	徐世榮

敬啟者 天時炎熱

台端惠允監場 無任感荷 又有一事煩請協助 即本校此次招生限

於物力 只得採用「訂本」獨縫法 敬祈於考生全部文卷後將考卷

訂成二本或三本 並為簽註 屆時當將封皮及訂具等妥為奉備

務懇勞神贊助 為感 肅懇順頌

暑祺 此致

劉迺龢先生

北平市市立第二女子中學校啟 七月四日

附試場規則及考試時間表

試場規則

一、遲到逾十分鐘者不得與試

二、按號入座

三、在卷首指定處寫上自己姓名及號數

四、不得攜帶片紙隻字

五、不得左顧右盼交頭接耳

六、未經許可不得發問

七、文卷後即須退場不得逗留

時間	科目 初中	高中
8:00—9:40	數學	數學
9:50—11:30	國文	國文
11:40—12:40	常識	自然科學
2:30—4:10		英文
4:20—5:20		史地公民

附

試場除本校外，尚有平中、男三中

北師附小三處 請

台端注意分配地点，即盼六日

早八時前趕到該處為荷！ 早點七時半在試場

午餐下午一時在本校

刘先生说：1947 年，琉璃厂书商送来这幅字。陈老因索价太高，未留。他让我送回前拍照保存。摄影师说：条幅有长没宽，你可站在一侧。遂留两幅。

站在左侧那张，是刘先生毕生最满意的，时在初冬阳历 11 月。

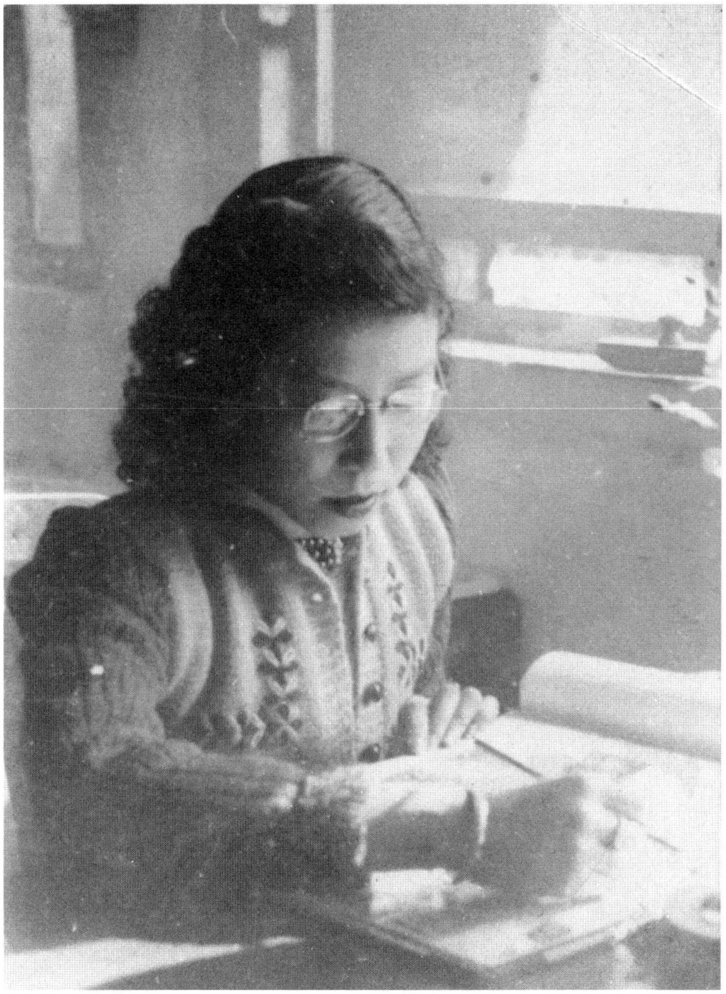

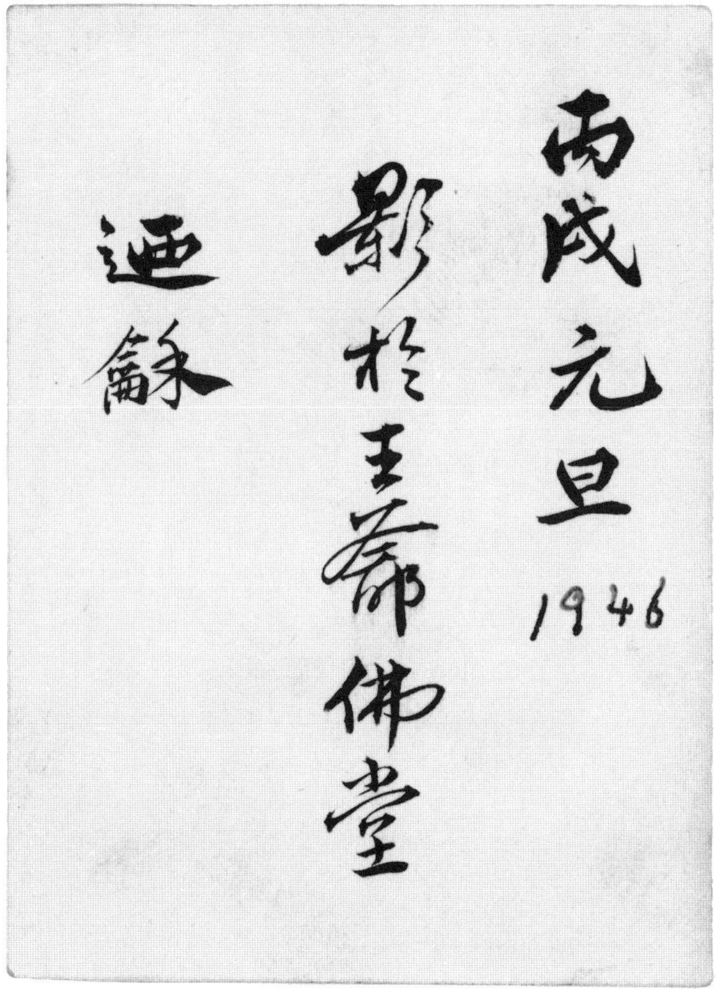
丙戌元旦
1946
影於王府佛堂
迺龢

父亲、母亲、乃崇、乃和。（自右起）

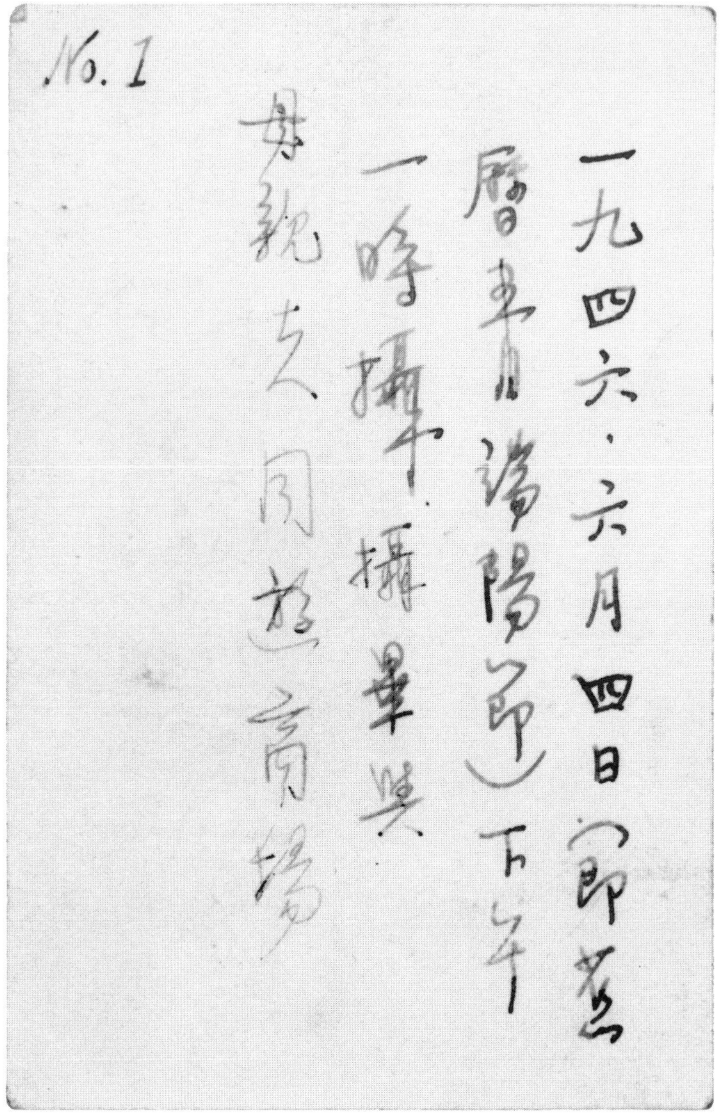
No. 1
一九四六、六月四日（即農曆書端陽節）下午一時攝于．攝畢與母親大人同遊商場

王爷佛堂家中。

张重一
沈兼士
陈垣
田耕莘
严池
伏开鹏
赵锡禹
溥雪斋
方豪
郭预衡
刘乃和

约为一九四七年六月
田耕莘主教到校，在后花园
48-16

时间待考。

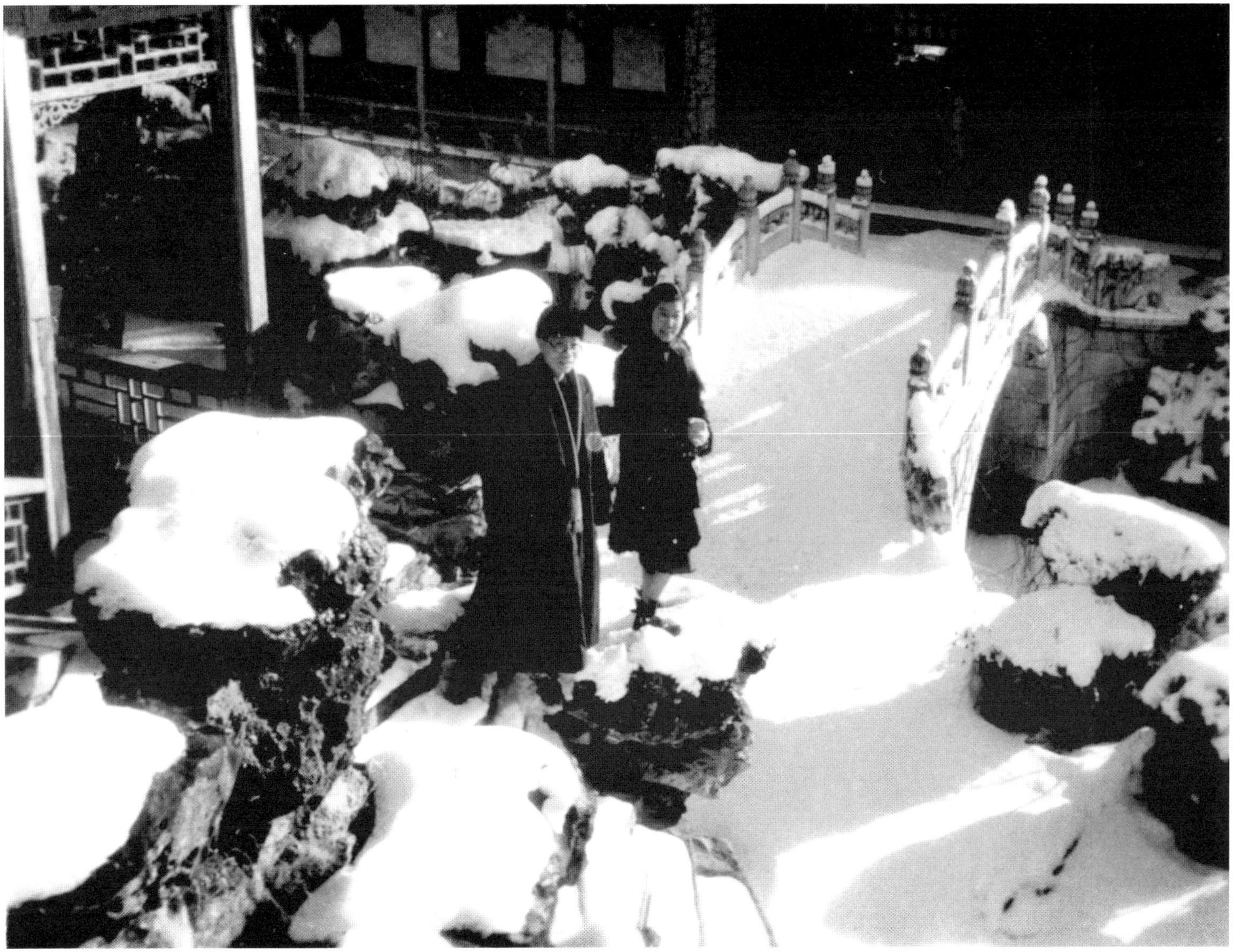

时间待考。

辅仁助教。

时间待考。

时间待考。

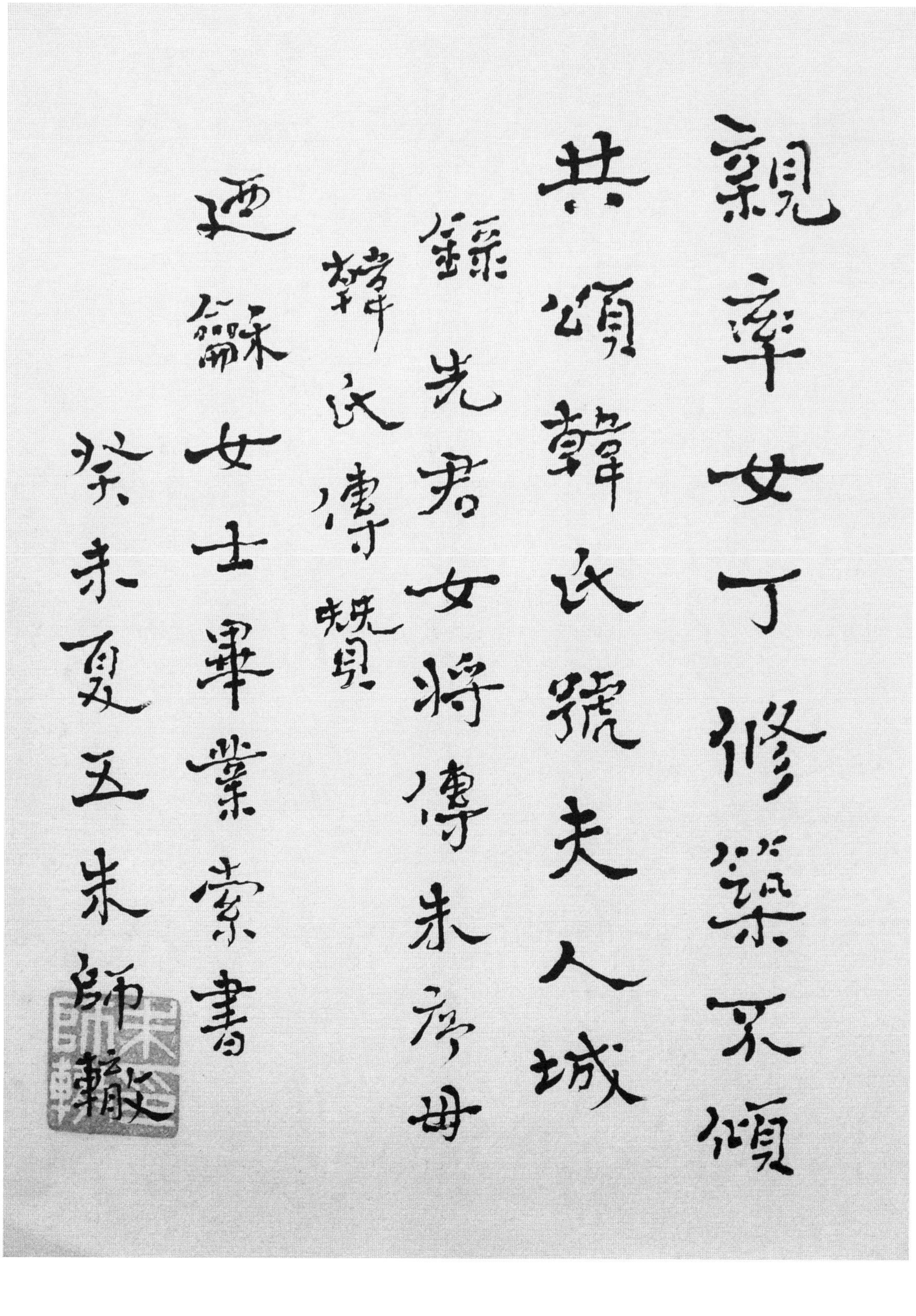

親率女丁修築不傾
共頌韓氏號夫人城
錄先君女將傳朱序母
韓氏傳贊
迺龢女士畢業索書
癸未夏五朱師轍

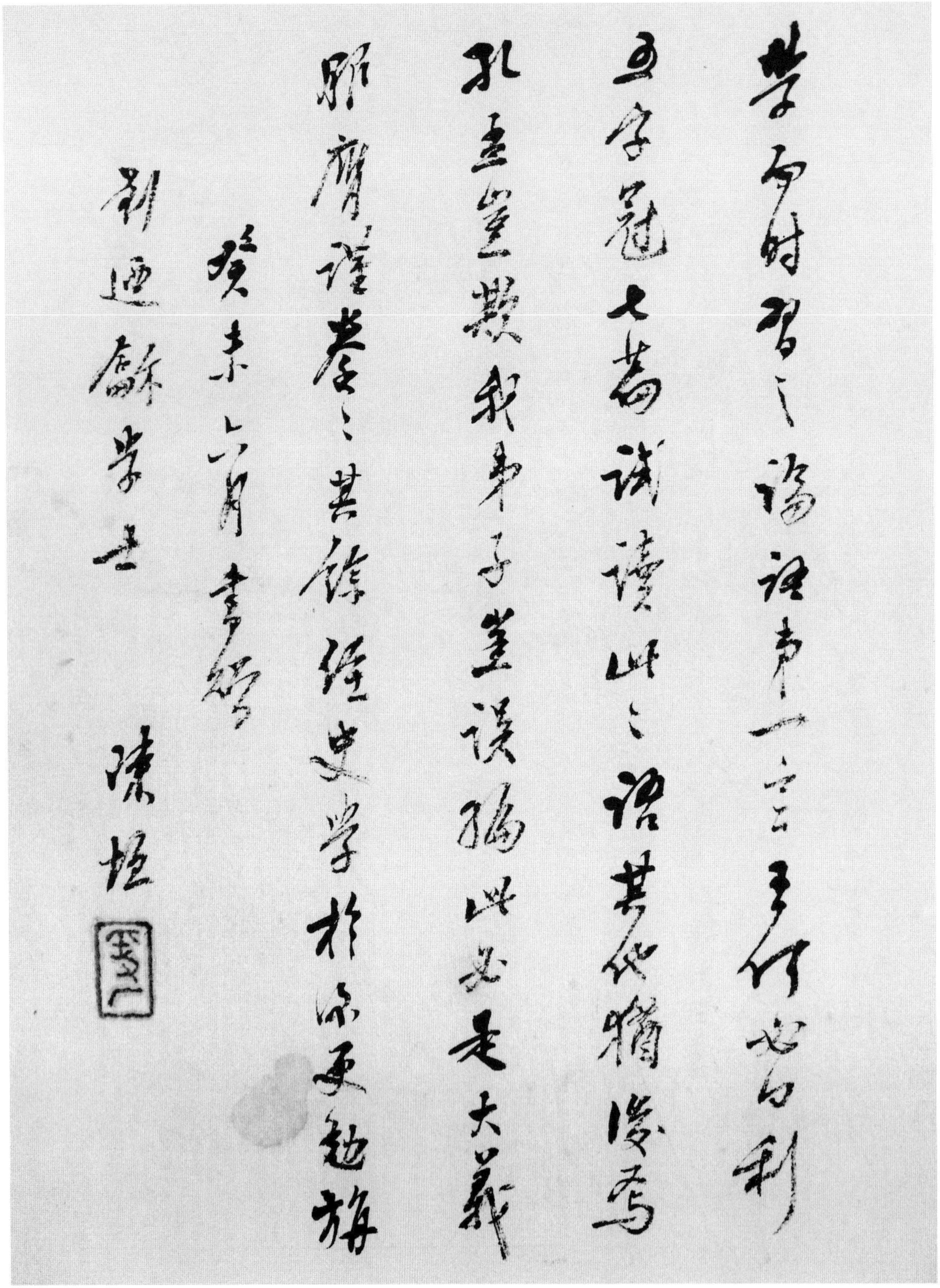

学而时习之论语第一言千[illegible]以[illegible]利
孟子冠七篇诚读此之语其他精[illegible]焉
孔孟岂欺我弟子莫误[illegible]此必是大义
所膺谨奉之其余经史学于此更勉旃
癸未六月书赠
刘迺龢学士
陈垣

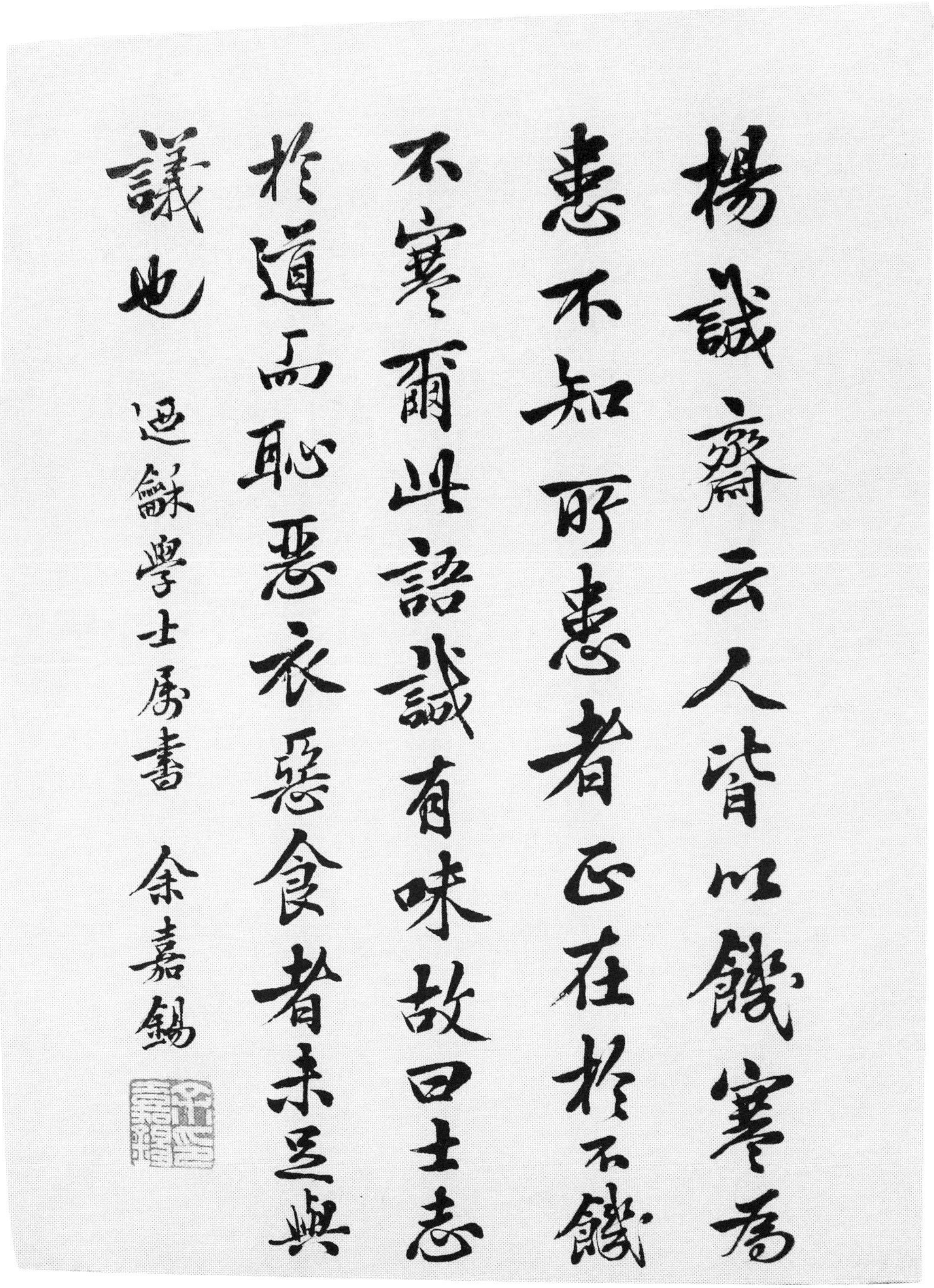
楊誠齋云人皆以饑寒為
患不知所患者正在於不饑
不寒爾此語識有味故曰士志
於道而恥惡衣惡食者未足與
議也
過錄學士房書 余嘉錫

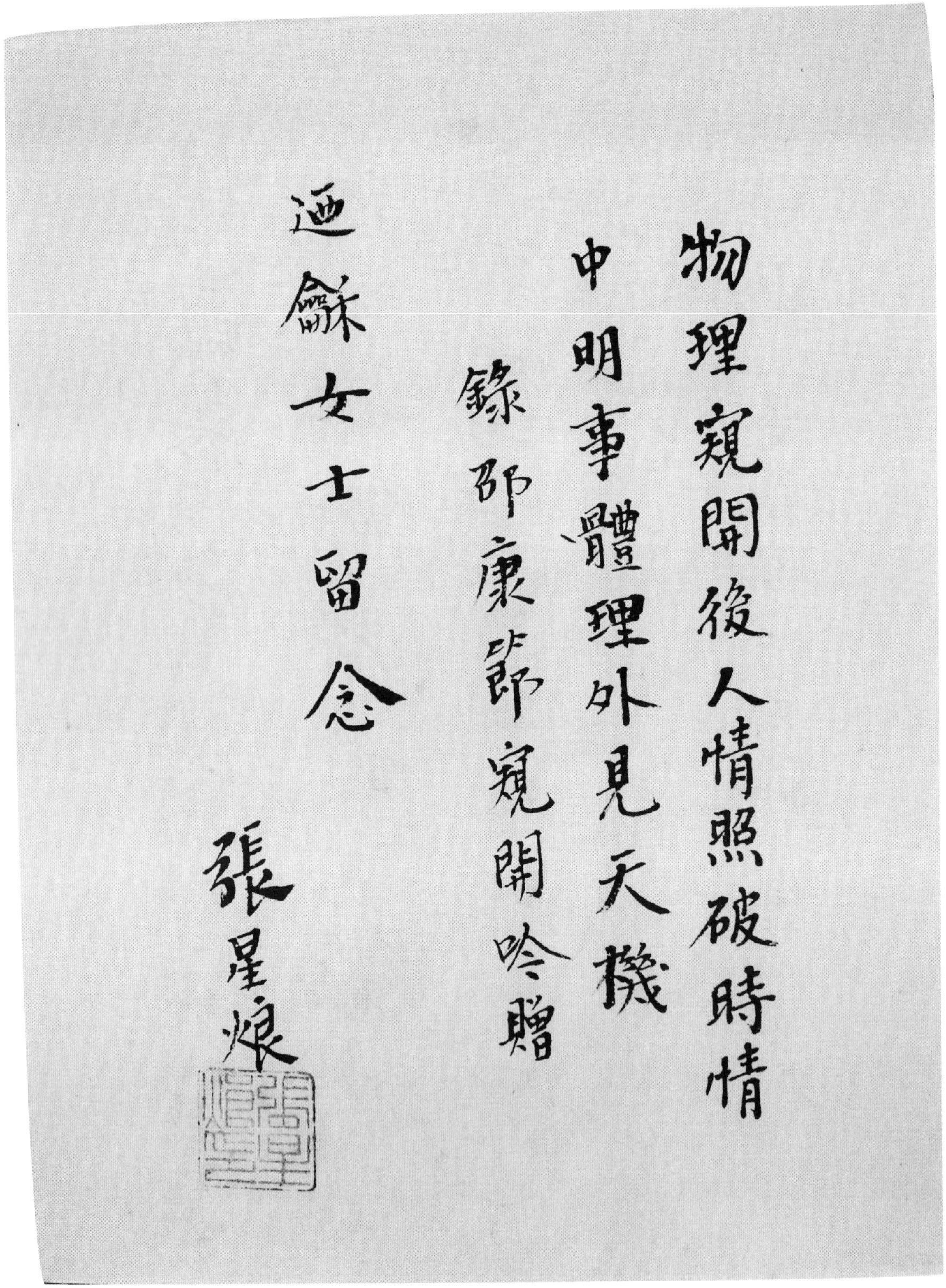

物理窺開後人情照破時情
中明事體理外見天機
錄邵康節窺開吟贈
迺龢女士留念
張星烺

魯漆室女曰吾聞河潤九里漸洳三百步
今魯君老悖太子少愚愚偽日起夫
魯國有患者君臣父子皆被其辱
禍及眾庶婦人獨安所避乎吾甚
憂之子乃曰婦人無與者何哉
迺龢同學屬書 讓之余遜

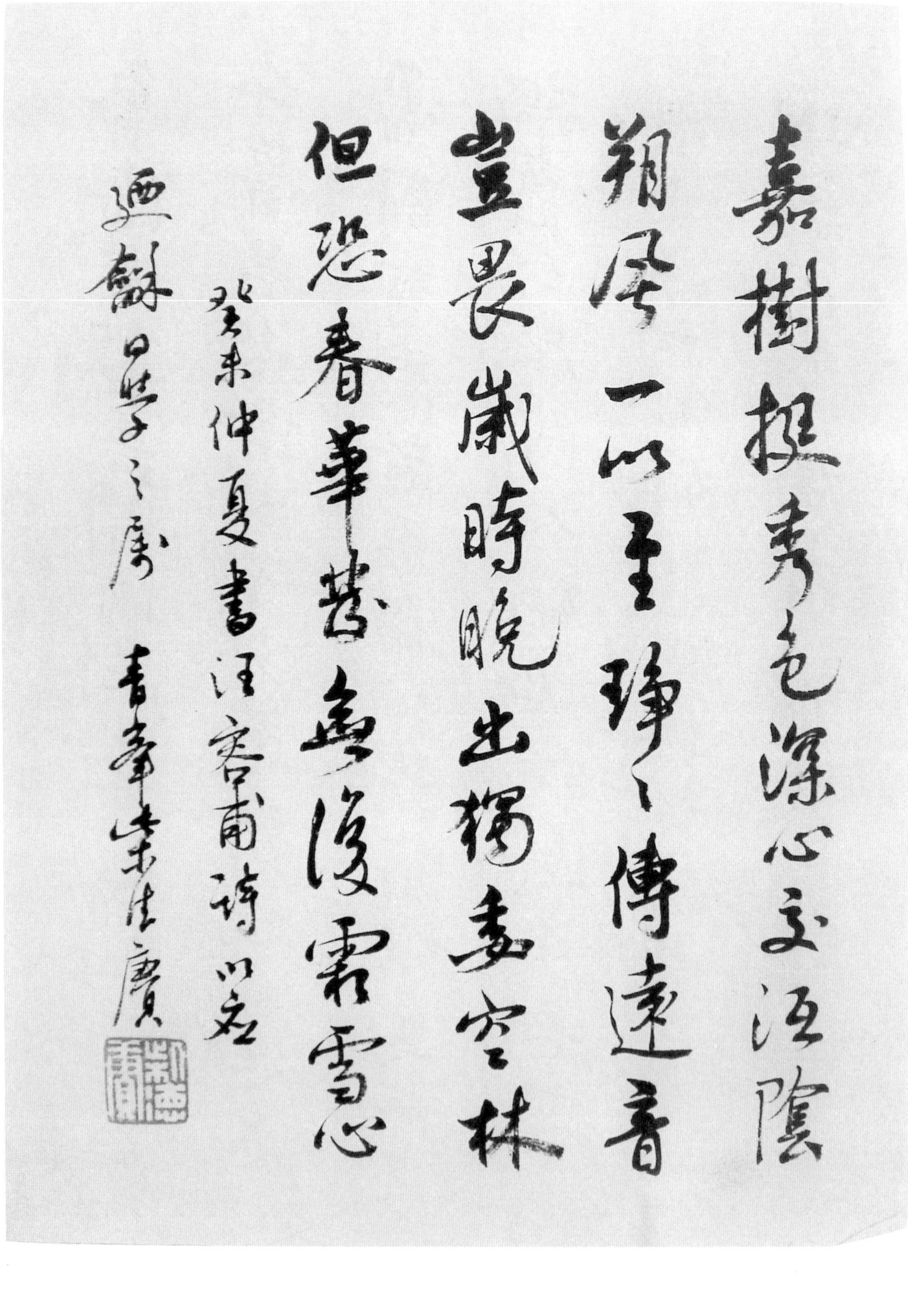
嘉樹挺秀色深心定江陰
翔風一以至琤琤傳遠音
豈畏歲時晚出獨秀空林
但恐春華茂無復霜雪心
癸未仲夏書汪容甫詩

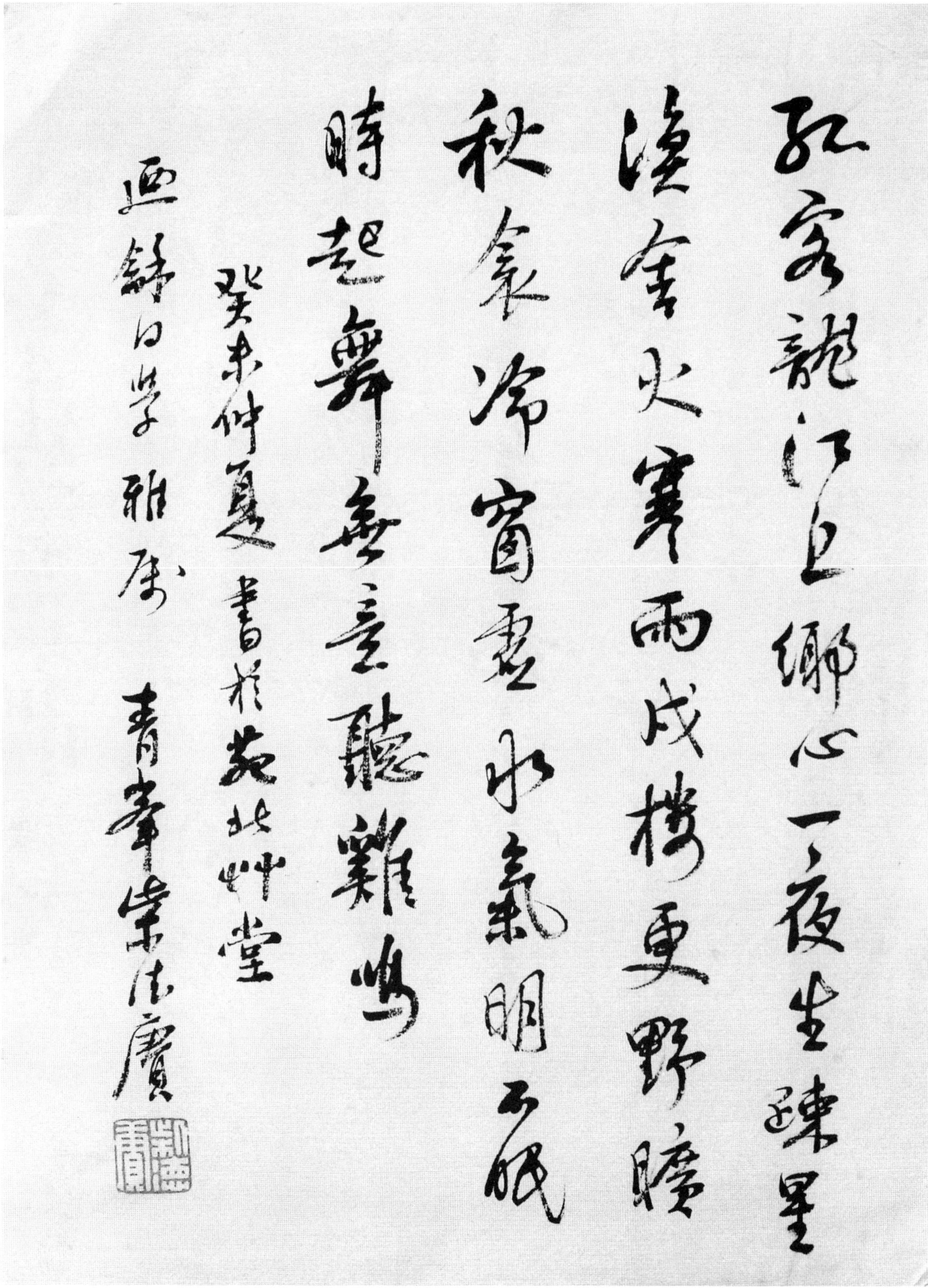
癸未仲夏書於燕北草堂

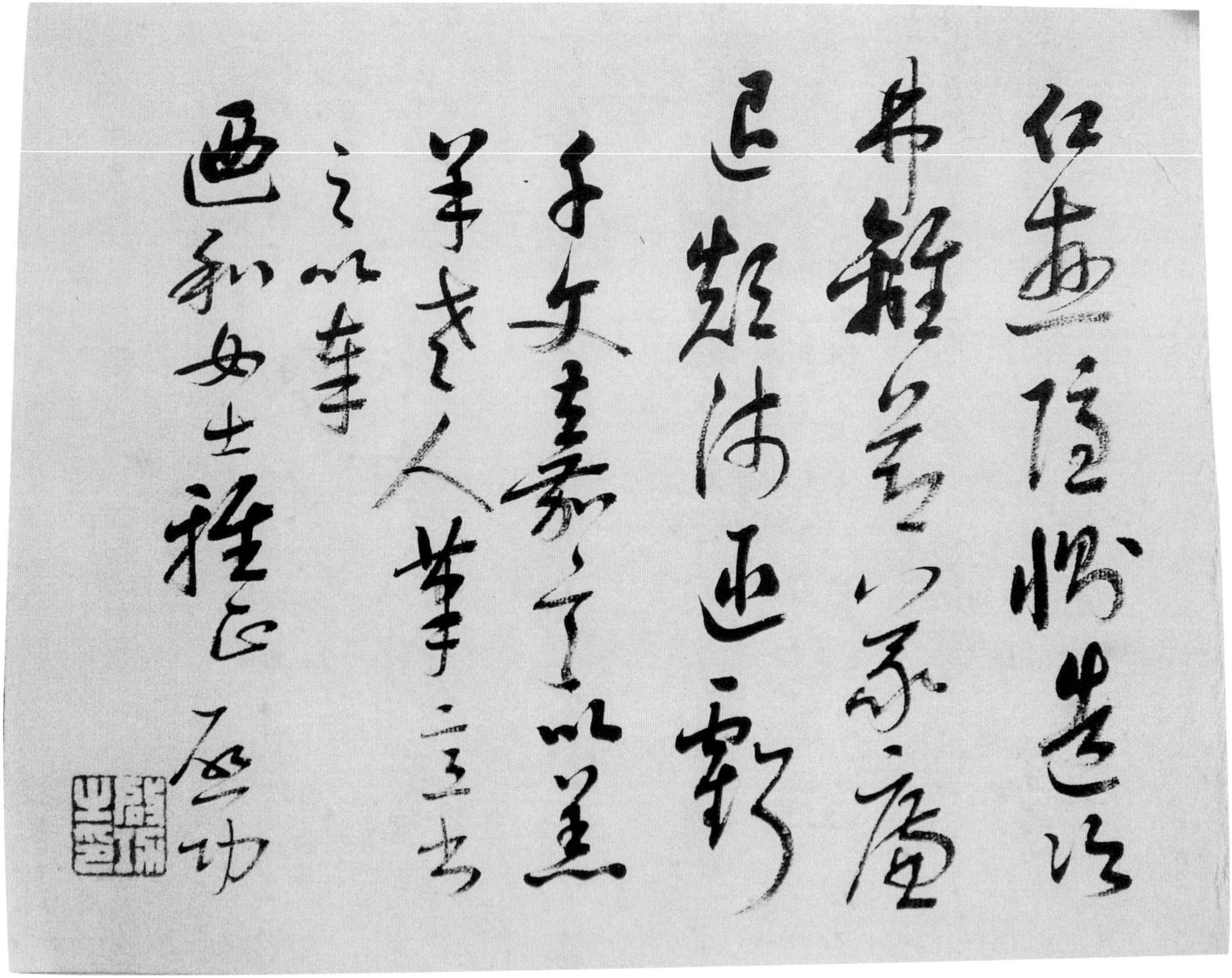

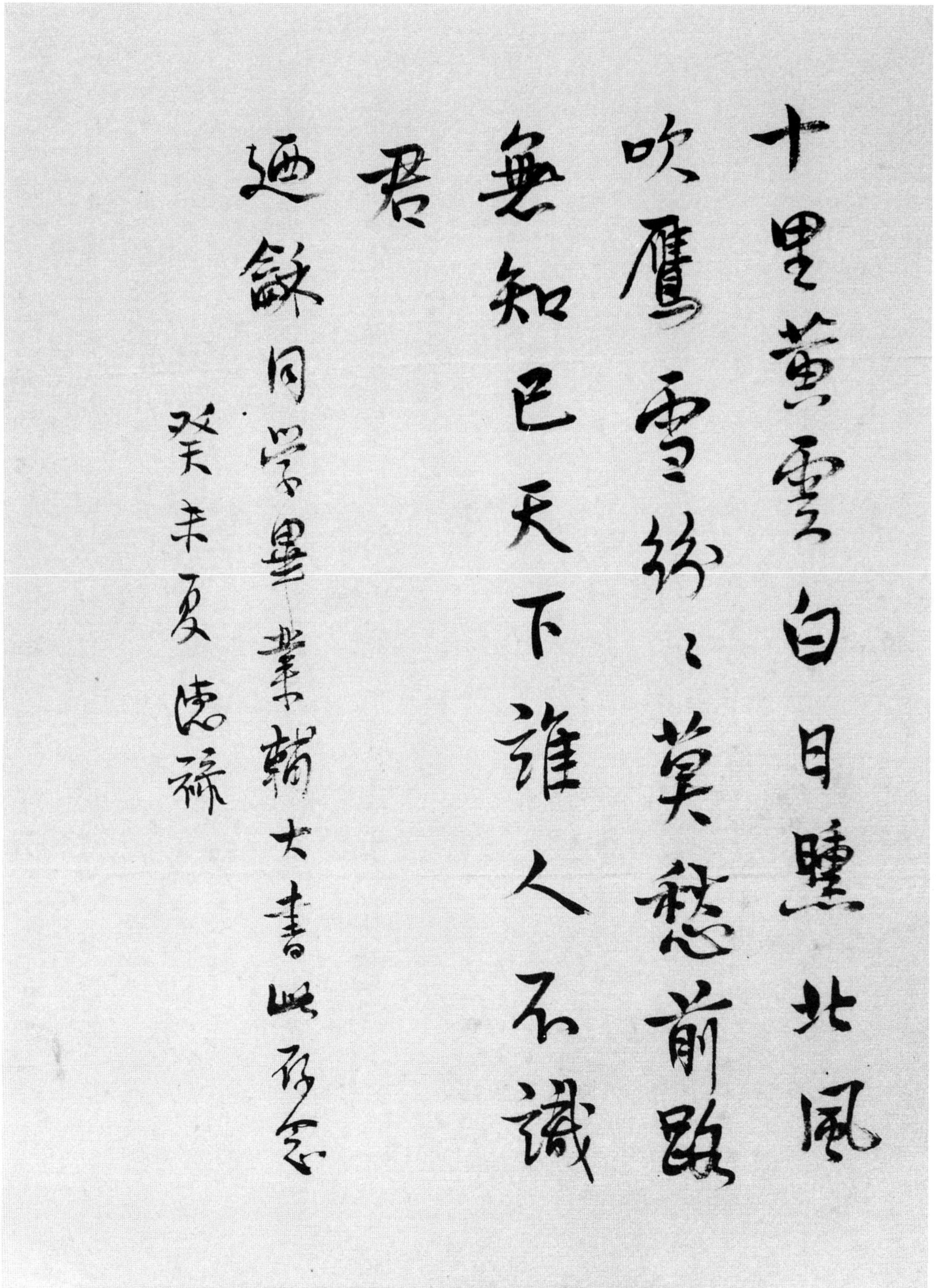
十里黃雲白日曛北風
吹雁雪紛紛莫愁前路
無知己天下誰人不識
君
適錄 同學畢業輔大書此存念
癸未夏 德祿

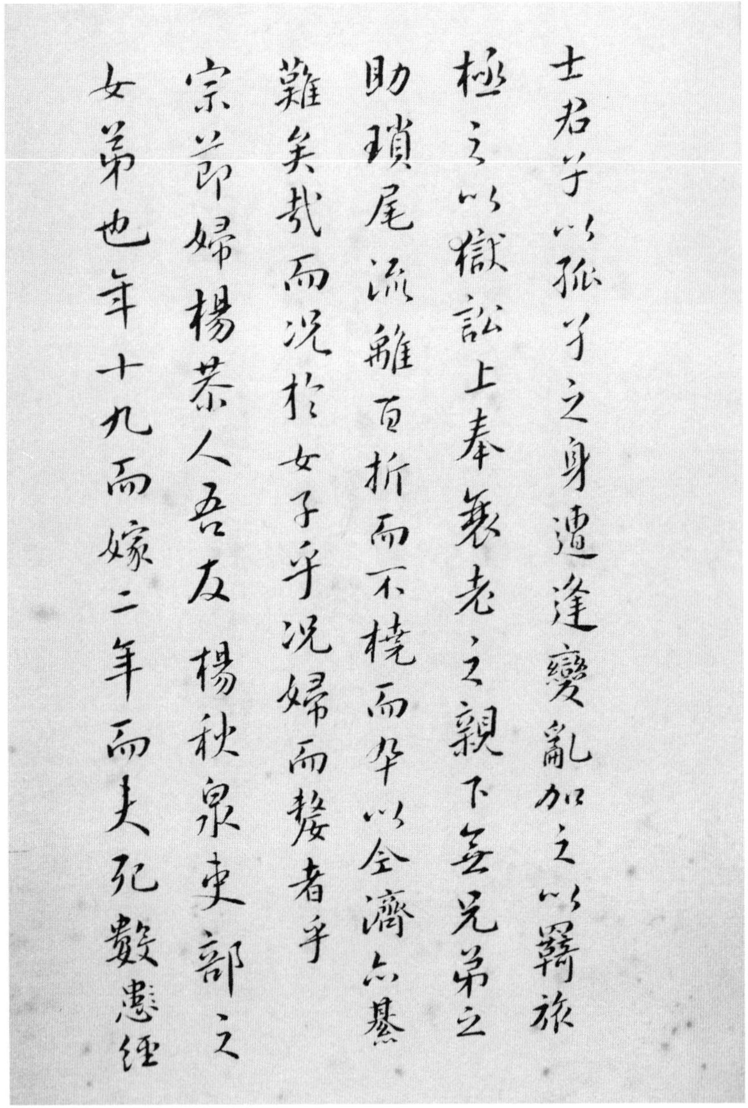
士君子以孤子之身遭逢變亂加之以羇旅
極之以獄訟上奉篤老之親下無兄弟之
助瑣尾流離百折而不撓而卒以全濟亦綦
難矣哉而況於女子乎況婦而嫠者乎
宗節婦楊恭人吾友 楊秋泉吏部之
女弟也年十九而嫁二年而夫死數憑經

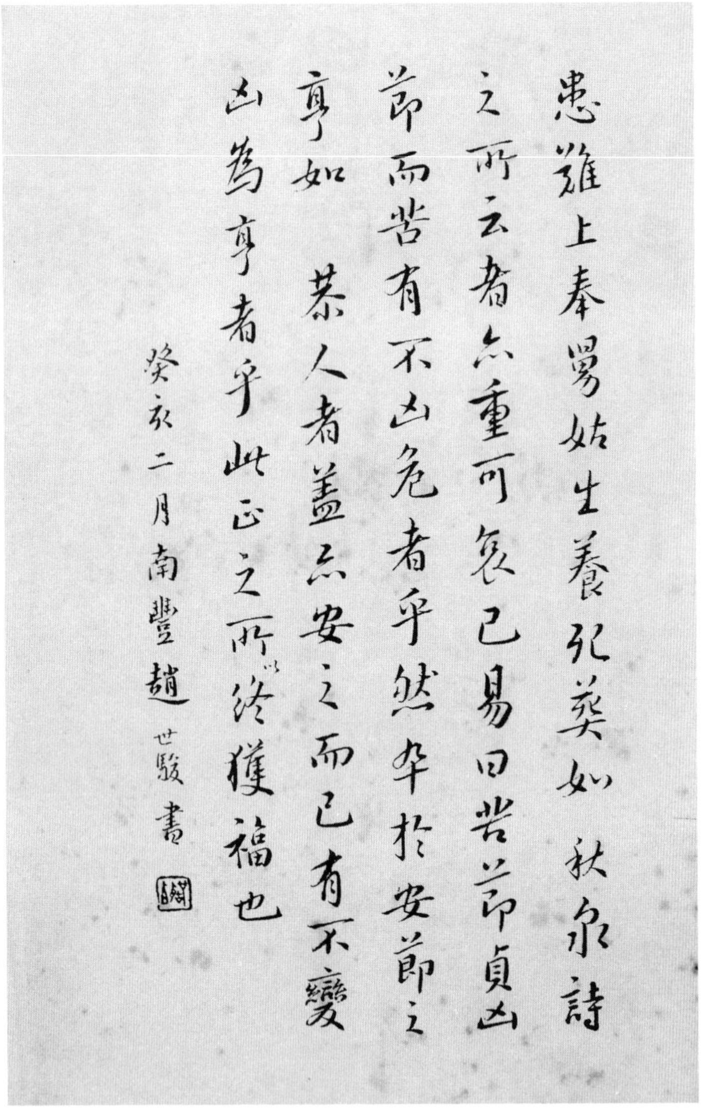
患難上奉舅姑生養死葬如 秋泉詩
之所云者亦重可哀已易曰苦節貞凶
節而苦有不凶危者乎然卒於安節之
亨如 恭人者蓋亦安之而已有不變
凶為亨者乎此正之所以終獲福也
癸亥二月南豐趙世駿書

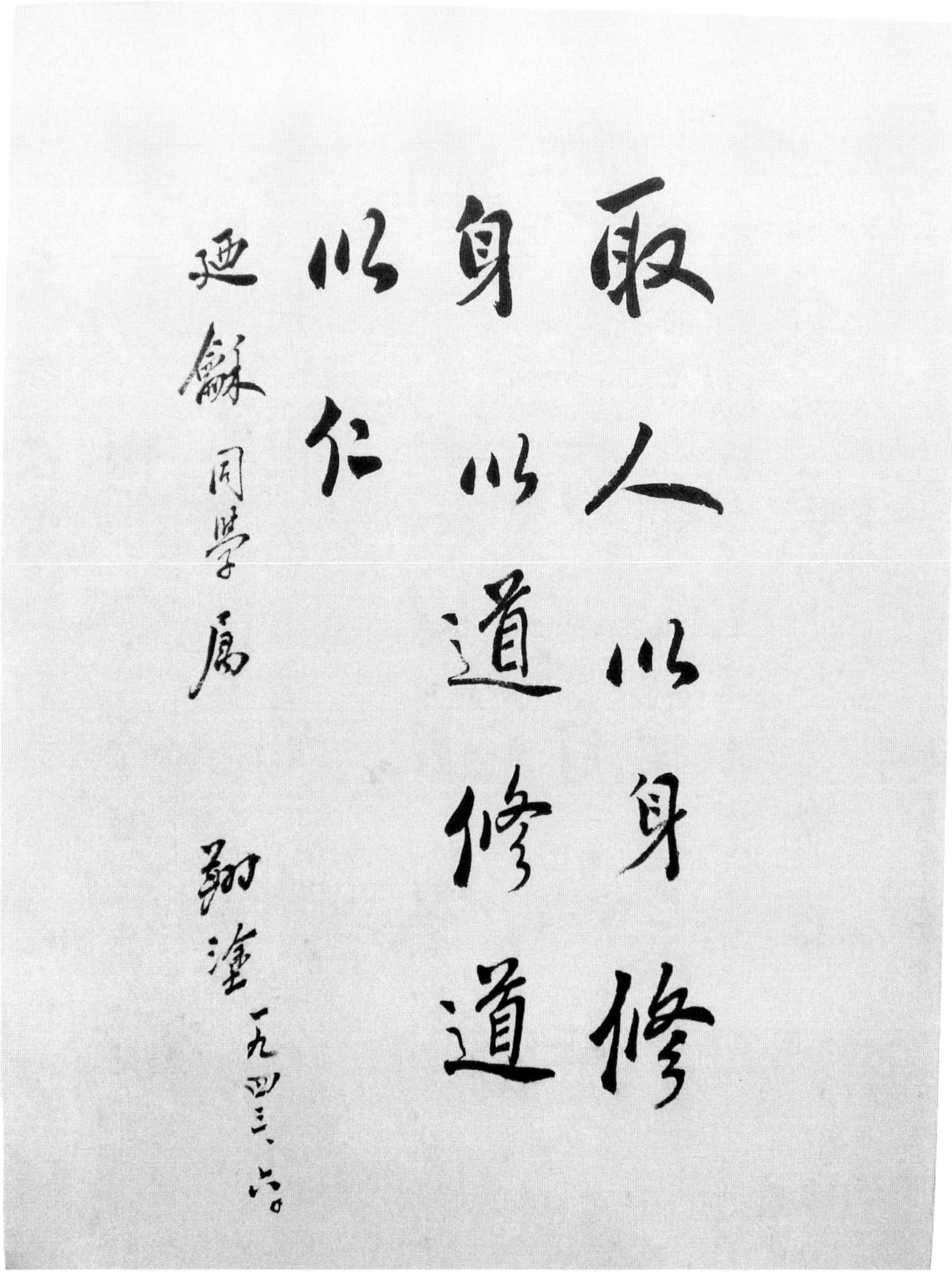
取人以身修
身以道修道
以仁
延龢同學屬
一九四三、六

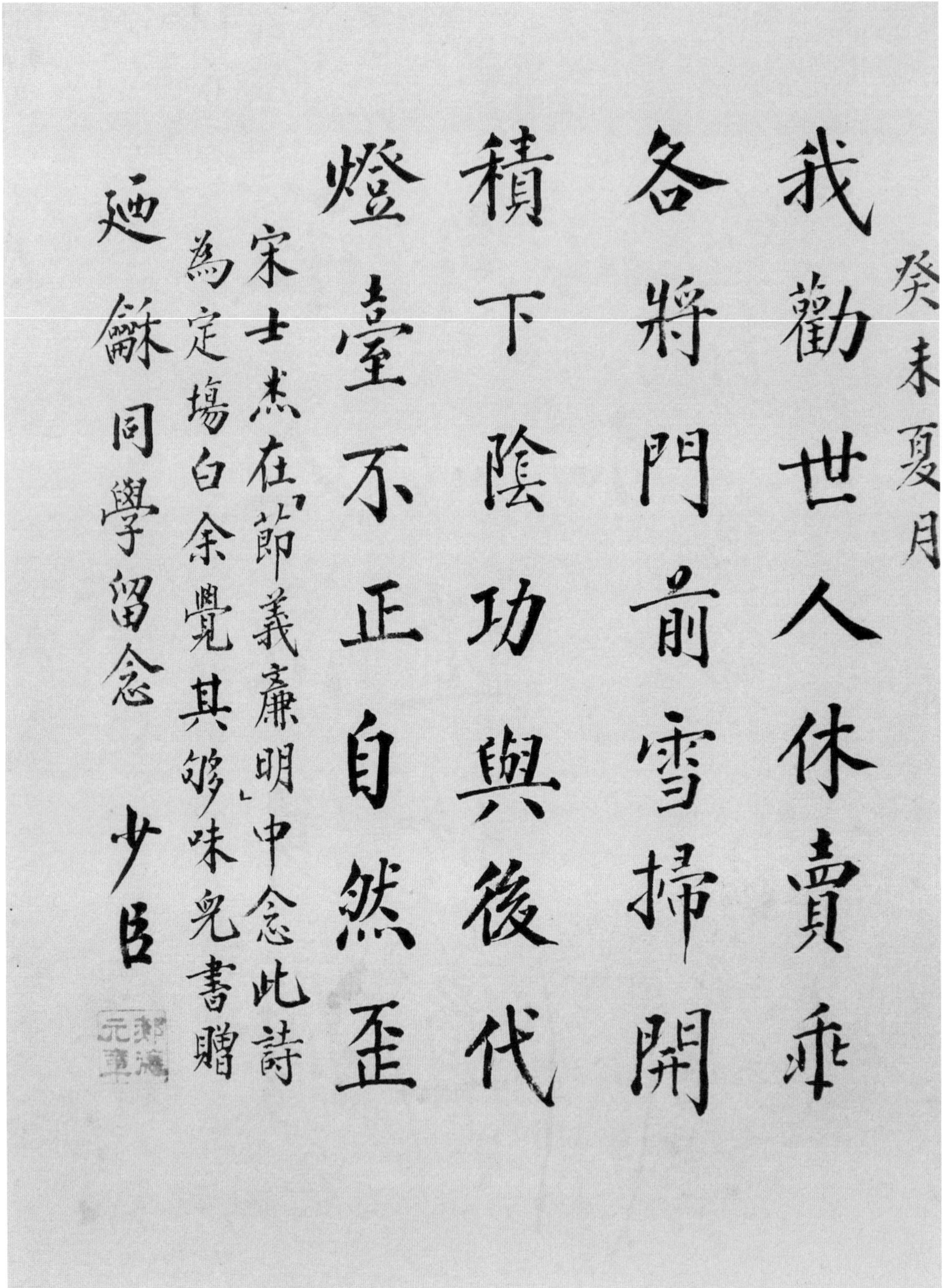
癸未夏月
我勸世人休貴乘
各將門前雪掃開
積下陰功與後代
燈臺不正自然歪
宋士杰在「節義廉明」中念此詩
為定塲白余覺其夠味兒書贈
迺龢同學留念
少臣

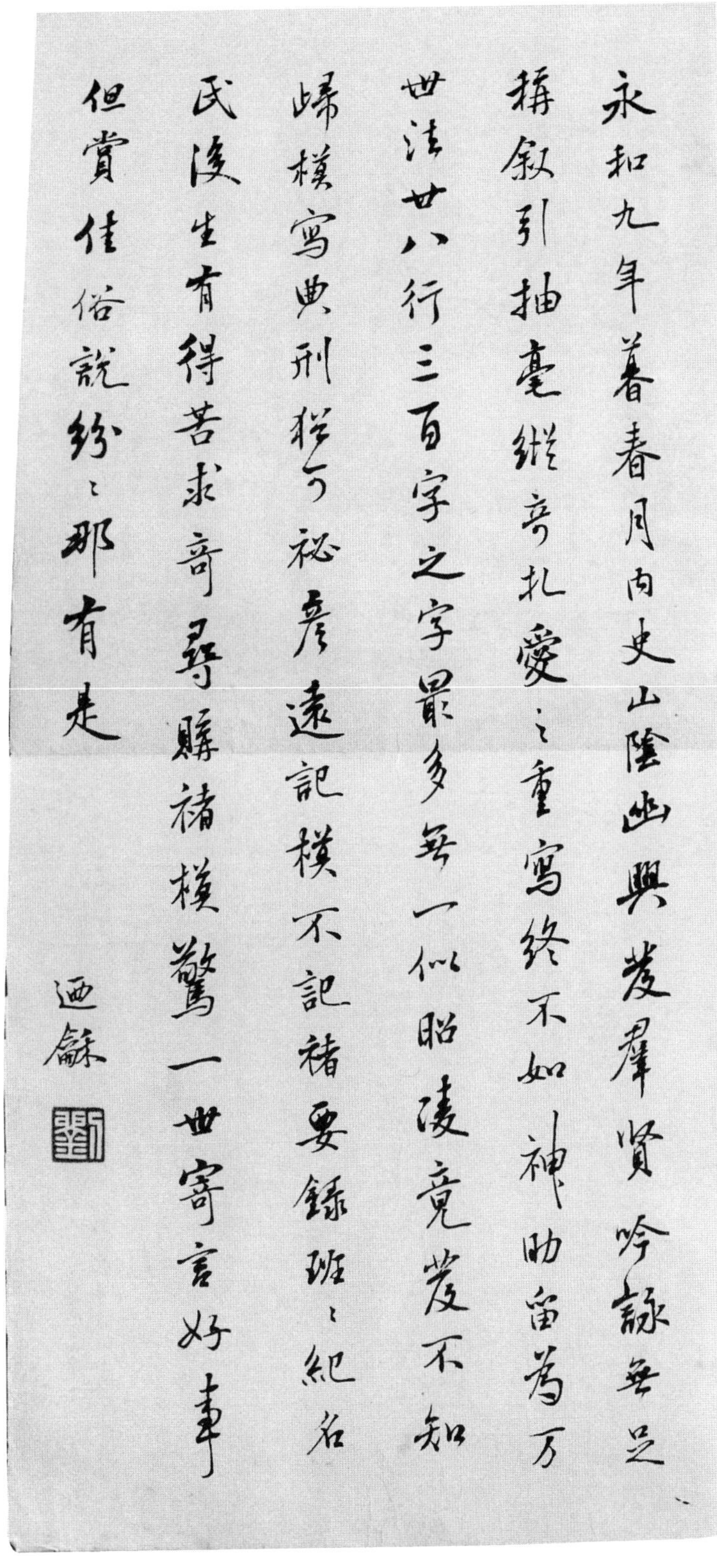
永和九年暮春月内史山陰幽興发羣賢吟詠無足
稱叙引抽毫縱奇扎愛之重寫終不如神助留為万
世法廿八行三百字之字最多無一似昭陵竟发不知
歸模寫典刑於今秘彥遠記模不記褚要錄班班紀名
氏後生有得苦求奇尋賺褚模驚一世寄言好事
但賞佳俗説紛紛那有是
迺龢
劉

一九四七年十二月廿七日与柴德赓、启功、刘乃和在烤肉季

翻放

一九四七年十二月廿七日与
柴德赓、启功、刘乃和
47-91

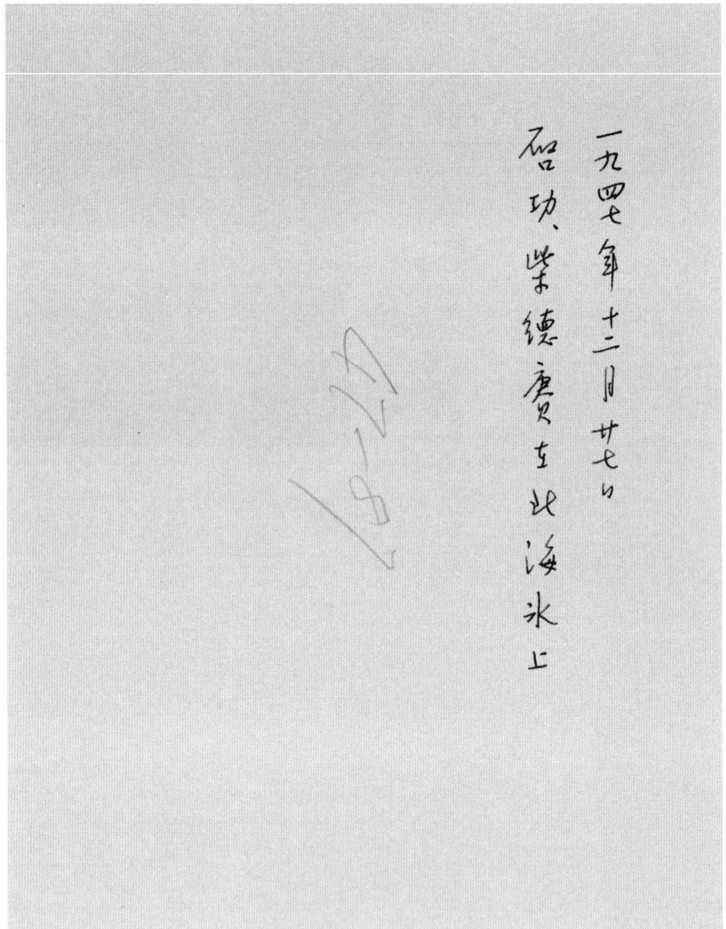
一九四七年十二月廿七日
启功、柴德赓在北海冰上

一九四八年四月
中央研究院第一次院士会议合影
于南京

1948-4

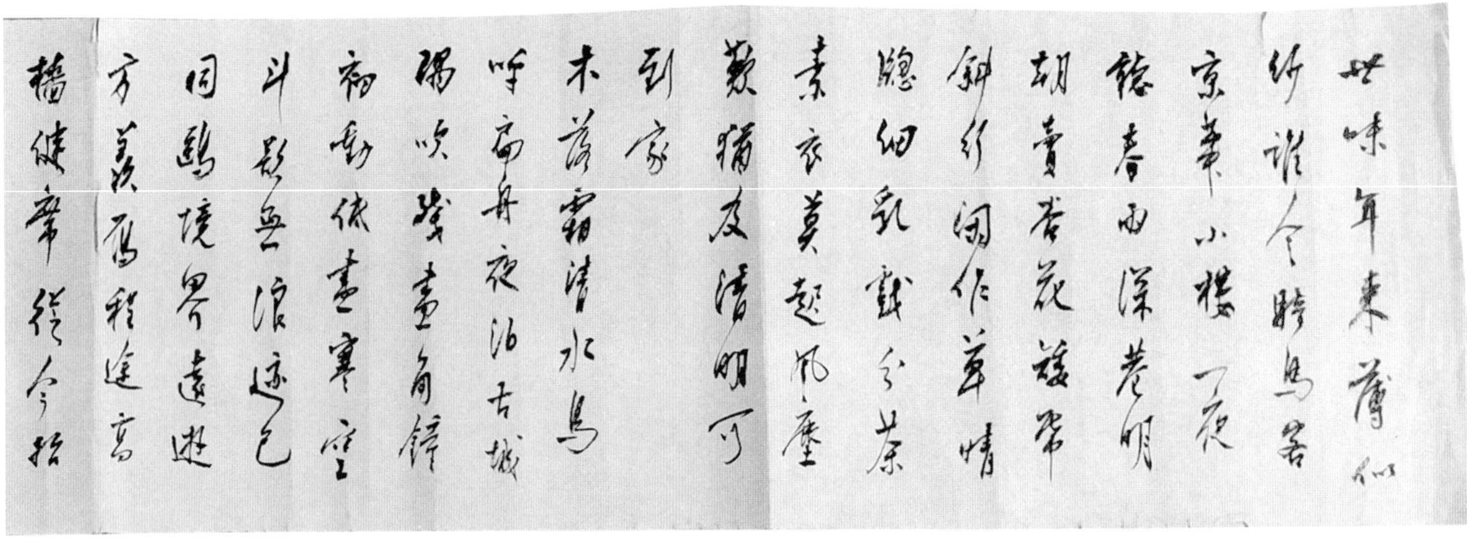

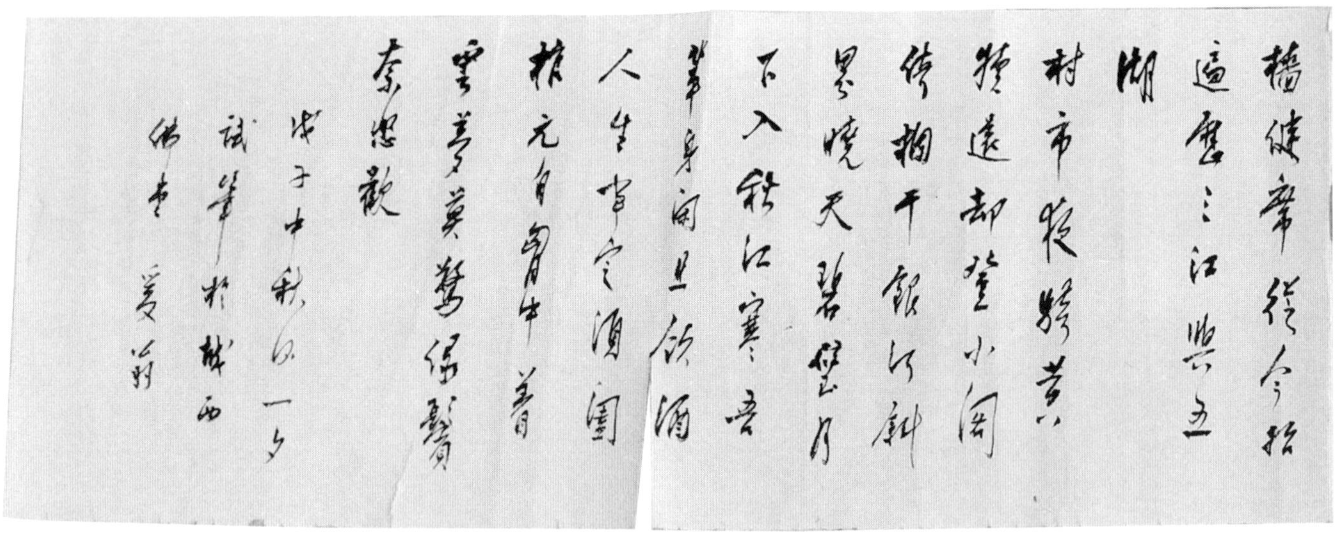

书于 1948 年 9 月 18 日星期六，原件长 80 厘米、宽 28 厘米。

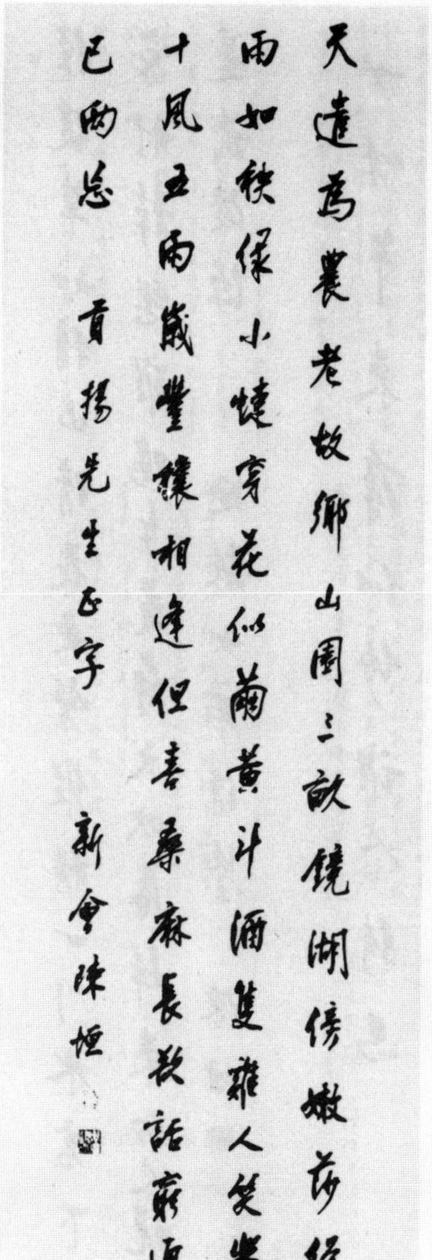

1947年书条幅

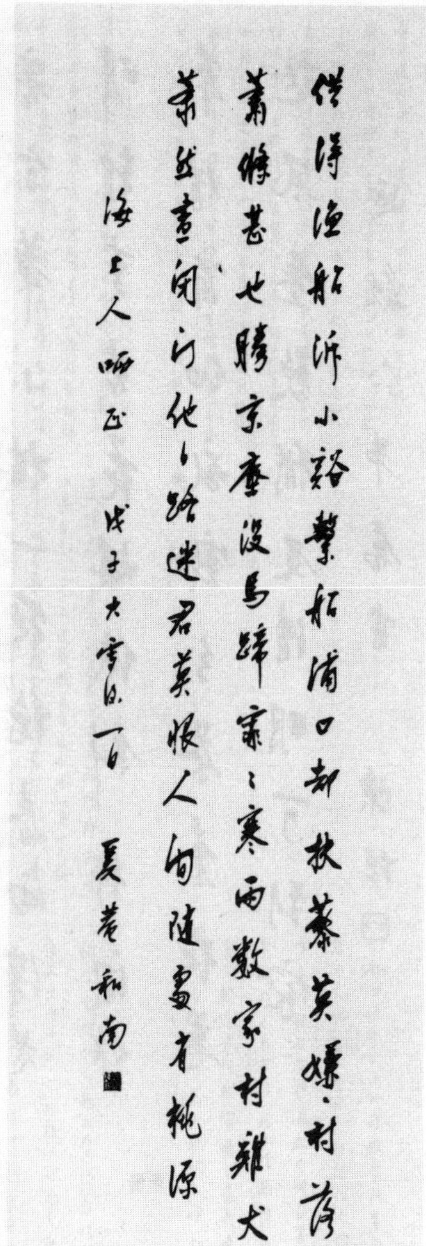

1948年书条幅

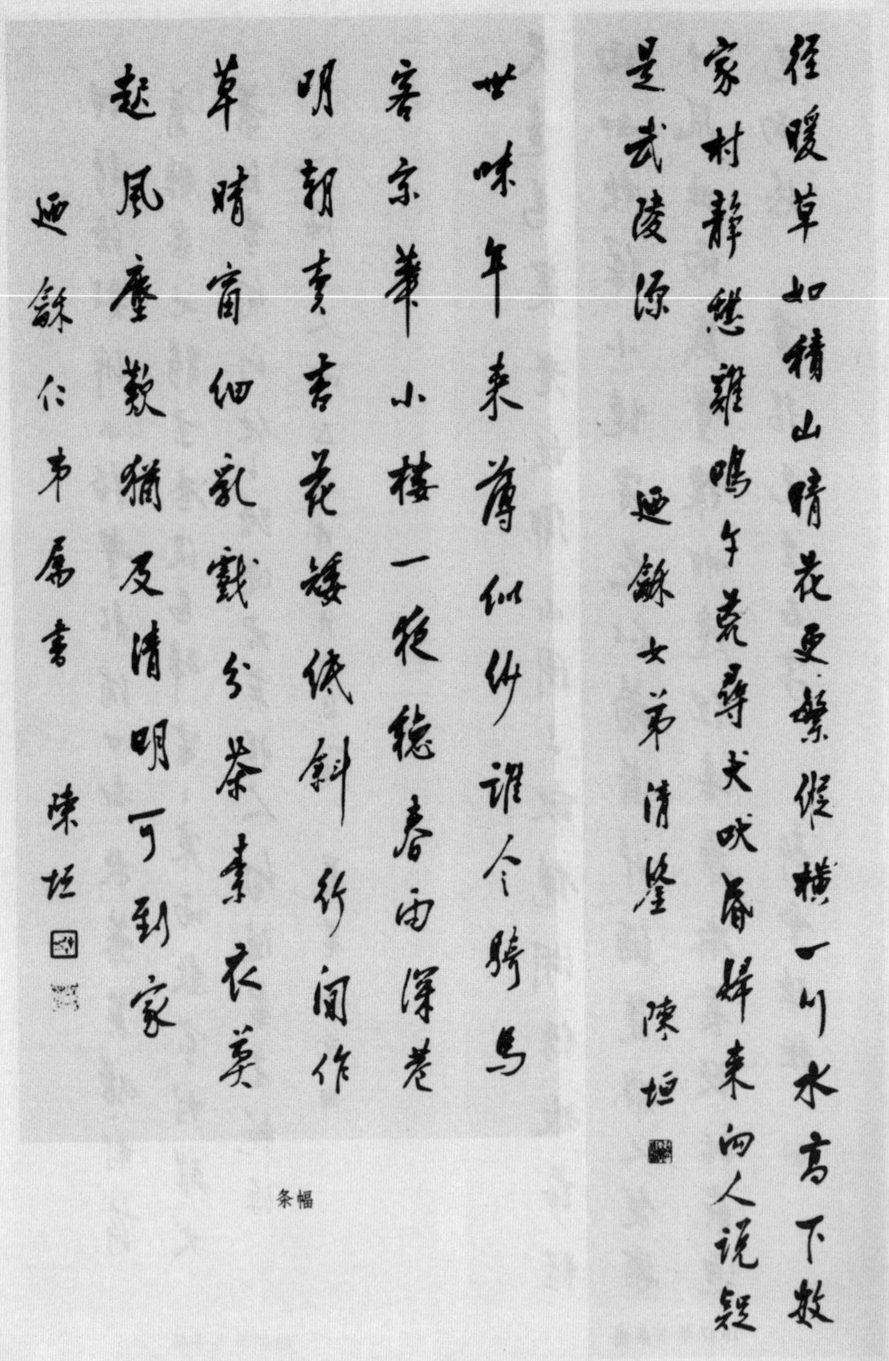
径暖草如积山晴花更繁纵横一川水高下数家村静然鸡鸣午荒寻犬吠昏归来向人说疑是武陵源
迺余女弟清鉴 陈垣
世味年来薄似纱谁令骑马客京华小楼一夜听春雨深巷明朝卖杏花矮纸斜行闲作草晴窗细乳戏分茶素衣莫起风尘叹犹及清明可到家
迺余仁弟属书 陈垣

条幅

（三）致胡适的一封公开信

刘乃和、刘乃崇。他们与柴德赓共同参与《给胡适之先生一封公开信》的思考和写作。“表态”建议由刘乃崇提出，文章由陈垣口述大意，刘乃和执笔，修改稿数份。

給胡適之先生一封公開信

適之先生：

去年十二月十三夜，得到你臨行前的一封信，討論楊惺吾鄰蘇老人年譜中的問題。信末說：「今夜寫此短信，中間被電話打斷六次之多，將來不知何時才有從容治學的福氣了。」當我接到這信時，圍城已很緊張，看報上說你已經乘飛機南下了。真使我覺得無限悵惘。

記得去年我們曾談過幾回關於北平的將來，中國的將來，你曾對我說：「共產党來了，決無自由。」並且舉克蘭欽可的我選擇自由一書為証。我不懂哲學，不懂英文，凡是関於這兩方面的東西，我都請教你。我以為你比我看得遠，比我看得多，你這樣對我說，必定有事實的根據，所以這個錯誤的思想，曾在我腦裡，起了很大的作用。但是我也曾親眼看見大批的青年，都已走到解放區，又有多少青年，正在走向這條道路的時候，我想難道這許多青年——酷愛自由的青年們都不知道那裡是「決無自由」的嗎？況且又有好些舊朋友也在那裡，於是你的話在我腦裡開始起了疑問，我當時只覺得這問題有應該研究的必要。在北平解放的前夕，南京政府三番兩次的用飛機來接，我[redacted]想雖然你和寅恪先生已經走了，但是青年的學生們却用行動告訴了我，他們在等待着光明，他們在迎接着新的社會，我知道新生力量已經成長，正在摧毀着舊的社會制度，我沒有理由離開北平，我要留下來和青年們一起看々這新的社會究竟是怎樣的。

當北平和南京的報紙上刊載着，我南飛抵京的消息，這就看出南京政府是要用我們來替他們捧場的，那對於我們，有什麼好處呢？現在我可以告訴你，我完全明白了，我留在北平完全是正確的。

今年一月底，北平解放了，解放後的北平，來了新的軍隊，那是人民的軍隊，樹立了新的政權，那是人民的政權，來了新的一切、一切都是屬於人民的，我活了七十歲的年紀，現在才看到了真正人民的社會，在歷史上，從不曾有過的新的社會，經過了現實的教育，讓我也接受了新的思想，我以前一直不曾知道過，你說「決無自由」嗎？我現在親眼看到人民在自由的生活着，青年學生們自由的學習着，討論着，教授們自由的研究着，要肯定的說，只有在這解放區裡，才有真正的自由，以往我一直是受着蒙蔽，適之先生是不是你也在蒙蔽着我呢？

在這樣的新社會裡生活，怎麽能不讀新書，不研究新的思想方法，我最近就看了很多很多新書，這些書都是我從前一直沒法看到的，可惜都是新五號字，看來太費力，不過我也得到一些新的知識，我讀了中國革命與中國共產党，和新民主主義論，認清了現在中國革命的性質，認清了現在的時代，讀了論聯合政府，我才曉得共產党八年抗日戰爭的功勞，這些功勞都是國民党政府所一筆抹煞的，讀了毛澤東選集內其他的文章，我更深切的了解了毛澤東思想的正確，從而了解到許多重要的東西，像土地改革的必要性，和我們知識份子的舊的錯誤的道路，讀了史諾的西行漫記，我才看到了老解放區十幾年前就有了良好的政治，我們那時是一些也不知道的，我深深的受了感動，我深恨反動政府文化封鎖得這樣嚴緊，使我們不能早看見這類的書，如果能早看見，我絕不會這樣的渡過我最近十幾年的生活，我愛這本書愛不釋手，不但內容真实，豐富，而且筆調動人，以文章價值來說，比水滸傳高得多，我想你一定不會不注意的，況且史諾作這書的時候是一九三六年，那時你正在美國，難道你真沒有看見過嗎？讀了蕭軍批評，我認清了我們小資產階級知識份子容易犯的毛病，而且在不斷的研究，不斷的改正，我也初步研究了辯証法唯物論，和歷史唯物論，使我對歷史有了新的見解，確定了今後治學的方法。

說到治學方法，我們的治學方法，本來很相近，研究的材料也很多有關係的。以我們時常一起研討，你並且肯定了我們的舊治學方向和方法，但因為不與外面新社會接觸，就很容易脫不開那反人民的立場，如今我不能再讓這樣一個違反時代的思想所限制，這些舊的「科學的」治學的方法，在立場上是有着他基本錯誤的，所以我們的方法，只是「實証主義的」[redacted]，研究歷史和其他一切社會科學相同，應該有「認識社會，改造社會」兩重任務，我們的研究，只是完成了任務的一[redacted]部份，既有覺悟後應即扭轉方向，努力為人民大眾服務，不為反人民的統治階級幫閑。

說到証實，我又該向你說一個我的想法，最近有一天，我去過你住的東廠胡同房子裏，現在有别的朋友住着，我和朋友談天的時候，記憶清楚地告訴我，這屋子從前是怎樣的陳設，舊主人是怎樣的研究水經注，你搜羅水經注的版本到九類四十種之多，真是盡善盡美了，可是我很奇怪，你对政治的報告，何以只看蔣介石那一本，不注意毛澤東那一本呢？你是和我的從前一樣，真不知道嗎？我現在明白了毛澤東的政治主張和實際情況，我願貢献你這種版本，校正你孤証偏見的危險。

我一直不同意你在政治上的活動，但是我先前並不[illegible]知道你在服務於反動統治政權，我只是以為學術與政治是可以分開來看的。這種錯誤的看法，直到最近才被清除，我才知道了「一切文化服從於政治，而又指導了政治」。

你在政治上的努力，直到今日，並未減少。昨天北平人民日報載你二十二日在舊金山發表一段說話，說「中國政府如証明其力能抵抗共產主義，則不待求而美援必自至」；又說「政府仍有良好之海軍與強大之空軍，如使用得宜，將為阻止共產黨進入華南之有力依恃」。你還在做着美國帝國主義與中國的國民黨反動統治政權的橋樑，你還有如此奇特的談論，這使我不禁驚異，難道你真不知道借來的美援和那少數反人民的統治集團的力量，可以抵得過人民的武裝嗎？難道你真看不出中國應走的道路嗎？現在和平的談判，被蔣介石他们拒絕了，战爭的責任，從來就該他们担負，他们還應該負下去。南京已經解放了，全國解放，為期不遠。如果分析一下，中國革命是無產階級領導的世界革命的一部份，在全世界愛好和平的人民已經團結起來的今日，任何反人民的武力也要清滅的。

在三十年前你是青年的導師，你在這是非分明勝敗昭然的時候，竟脫離了青年而加入反人民的集團，你為什麼不再回到新青年的行列中來呢？

我以為你不應當再堅持以前的錯誤成見，應當有敢於否定過去觀點錯誤的勇氣，你應該轉向人民，要有為人民服務的熱情。無論你是崇拜美帝也好，效忠國民黨也好，是為個人的知恩感遇也好，但總應該明白這是違反人民大衆的意思，去支持少數禍國殃民的罪魁。

我現在很摯誠的告訴你，你應該正視現實，你應該轉向人民，翻然覺悟，真心真意的向青年们學習，重新用真正的科學的方法來分析，批判你過去所有的學識，拿來為廣大的人民服務，再見吧！希望我们將來能在一條路上相見。

陳垣 一九四九、四、廿九

給胡適之先生一封公開信

陳垣

適之先生：

去年十二月十三夜，得到你臨行前的一封信，討論楊惺吾鄰蘇老人年譜中的問題，信末說：「今夜寫此短信，中間被電話打斷六次之多，將來不知何時才有從容治學的福氣了。」當我接到這信時，圍城已很緊張，看報上說你已經乘飛機南下了，使我覺得無限悵惘。

記得去年我們曾談過幾回，關於北平的將來，中國的將來，你曾對我說：「共產黨來了，決無自由。」並且舉克蘭欽可的「我選擇自由」一書為證，我不懂哲學，不懂英文，凡是關於這兩方面的東西，我都請教你。我以為你比我看得多，你這樣對我說，必定有事實的根據，所以這個錯誤的思想，曾在我腦裏起了很大的作用。但是我也曾親眼看見大批的青年，都已走到解放區，又有多少青年，正在走向這條道路的時候，我想難道這許多青年——酷愛自由的青年們都不知道那裏是「決無自由」的嗎？况且又有好些舊朋友也在那裏，於是你的話在我腦裏開始起了疑問，我當時只覺得這問題有應該研究的必要。在北平解放的前夕，南京政府三番兩次的用飛機來接，我想雖然你和寅恪先生已經走了，但青年的學生們卻用行動告訴了我，他們在等待光明，他們在迎接新的社會，我知道新生力量已經成長，正在摧毀腐舊的社會制度，我沒有理由離開北平，我要留下來和青年們一起看看這新的社會究竟是怎樣的。

當北平和南京的報紙上刊載着，我南飛抵京的消息，這就看出南京政府是要用我們來替他們捧場的，那對於我們有什麼好處呢？現在我可以告訴你，我完全明白了，我留在北平完全是正確的。

今年一月底北平解放了，解放後的北平，來了新的軍隊，那是人民的軍隊，樹立了新的政權，那是人民的政權，來了新的一切，一切都是屬於人民的。我活了七十歲的年紀，現在才看到了真正人民的社會，在歷史上從不曾有過的新的社會，經過了現實的教育，讓我也認識了新的思想，我以前一直不曾知道過，你說「決無自由」嗎？我現在親眼看到人民在自由的生活着，青年學生們自由的學習着，討論着，教授們自由的研究着，要肯定的說，只有在這解放區裏，才有真正的自由。以往我一直是受着蒙蔽，適之先生是不是你也在蒙蔽着我呢？

在這樣的新社會裏生活，怎麼能不讀新書，不研究新的思想方法，我最近就看了很多很多新書，這些書都是我從前一直沒法看到的，可惜都是新五號字，看來太費力，不過我也得到一些新的知識，我讀了「中國革命與中國共產黨」和「新民主主義論」，認清了現在中國革命的性質，認清了現在的時代，讀了「論聯合政府」，我才曉得共產黨八年抗日戰爭的功勞，這些功勞都是國民黨政府所一筆抹煞的，讀了「毛澤東選集」內其他的文章，我更深切的了解了毛澤東思想的正確，從而了解到許多重要的東西，像土地改革的必要性，和我們知識份子的舊的錯誤的道路，讀了史諾的「西行漫記」，我才看到了老解放區十幾年前就有了良好的政治，我們那時是一些也不知道的，我深深的受了感動，也深恨反動政府的文化封鎖得這樣嚴緊，使我們不能早看見這類的書，如果能早看見，我絕不會這樣的渡過我最近十幾年的生活，我愛這本書，愛不釋手，不但內容真實、豐富，而且筆調動人，以文筆價值來說，比「水滸傳」高得多，我想你一定不會不注意的，況且史諾作這書的時候，是一九三六年，那時你正在美國，難道你真沒有看見過嗎？讀了蕭軍批評，我認清了我們小資產階級知識份子容易犯的毛病，而且在不斷的研究，不斷的改正。我也初步研究了辯證法唯物論和歷史唯物論，使我對歷史有了新的見解，確定了今後治學的方法。

說到治學方法，我們的治學方法，本來很相近，研究的材料也很多有關係，所以我們時常一起研討。你並且肯定了我們的舊治學方向和方法，但因為不與外面新社會接觸，就很容易脫離開那反人民的立場。如今我不能再讓這樣[illegible]的思想所限制[illegible]「科學的」治學[illegible]上是有[illegible]以我們的方[illegible]主義的」。[illegible]一切社會科[illegible]「認識社會[illegible]任務。我[illegible]完成了任務[illegible]覺悟後，[illegible]力為人民大眾服務，不為反人民的統治階級服務。

說到證實，我又該向你說一個我的想法，最近有一天，我去過你住的東廠胡同，[illegible]現在有別的朋友住着。我和朋友談天的時候，[illegible]地告訴我，這屋子從前是怎樣的陳設，舊主人是怎樣的研究水經注，你搜羅水經注的版本到九類四十種之多，真是[illegible]了。可是我很奇怪，你對政治的報告，何以只看蔣介石那一本，不注意毛澤東那一本呢？你是和我的從前一樣，真不知道嗎？我現在明白了毛澤東的政治主張和實際情况，我願貢獻你這個版本，校正你錯誤偏見的危險。

我一直不同意你在政治上的活動，但是我先前並不知道你在服務於反動統治政權，我只是以為學術與政治是可以分開來看的，這種錯誤的看法，直到最近才被清除，我才知道了「一切文化服從於政治，而又指導了政治」。

你在政治上的努力，直到今日，並未減少，昨天北平人民日報，載你二十二日在舊金山發表一段說話，說「中國政府如證明其力能抵抗共產主義，則不待求而美援必自至」。又說「政府仍有良好之海軍與強大之空軍，如使用得宜，將為阻止共產黨進入華南之有力依恃」。你還在做着美國帝國主義與中國的國民黨反動統治政權的橋樑，你還有如此奇特的談論，這使我不禁驚異，難道你真以為借來的美援和那少數反人民的統治集團的力量可以欺詐過人民的武裝嗎？難道你真看不出中國應走的道路嗎？現在和平的談判，被蔣介石他們拒絕了，戰爭的責任從來就該他們負責，他們還應該負下去。南京已經解放了，全國解放，為期不遠，如果分析一下，中國革命是無產階級領導的世界革命的一部份，在全世界愛好和平的人民已經團結起來的今日，任何反人民的武力也要消滅的。

在三十年前你是青年的導師，你在這是非分明勝敗昭然的時候，竟脫離了青年而加入反人民的集團，你為什麼不再回到新青年的行列中來呢？

我以為你不應當再堅持以前的錯誤成見，應當有敢於否定過去觀點錯誤的勇氣，你應該轉向人民，要有為人民服務的熱情。無論你是崇拜美帝也好，效忠國民黨也好，是為個人的知恩感遇也好，但總應該明白這是違反人民大眾的意思，去支持少數禍國殃民的罪魁。

我現在很誠懇的告訴你，你應該正視現實，你應該轉向人民，翻然覺悟，真心真意的向青年們學習，重新用真正的科學方法來分析，批判你過去所有的學識，拿來為廣大的人民服務。再見吧！希望我們將來能在一條路上相見。

一九四九、四、二十九

社論

讀陳垣給胡適之信

38-5-17 進步

今天本報第一版刊載陳垣先生給胡適之一封公開信。我們認爲這封信有教育意義，讀後發生一些感想，順便在這裏提出來。陳垣先生以古稀之年，以他和胡適的交誼，及其一貫治學的成就，今天能夠讀新書，接受新智識，採取新態度，而有新見解新認識，判若兩人，這眞是難能可貴，值得我們欽敬。陳垣先生的頓悟，是由於自己親眼看見，得到實證，在解放了的北平生活，乃對共產黨，對人民革命事業，豁然理解，作出結論，並勇於使「昨日之我與今日之我宣戰」，肯定事實，服膺眞理，了無佛家所說的「所知障」。這種精神是樸素的，坦白的，應該提倡的。由於這封公開信的發表，雖則對胡適循循規戒，古道照人，然在基本立場上，陳垣之路與胡適之路從此劃席分開了。

胡適是中國知識分子典型之一。他已逃到美國做「白華」去了。此人卑躬下賤，阿諛權貴，恬不知恥，沒有半點政治氣節。——他歌頌過王寵惠的「好人政府」，參加過段祺瑞的善後會議，作過汪精衛擴大會議的制憲委員，投降國民黨差不多是蔣介石的叔孫通。正如陳垣先生所指出，胡適是服務於反動統治政權的・他在「政治上的努力，直到今日，並未減少」。關於胡適充當反動政權走狗的事，天下皆知；直到今日，還是美蔣的御用工具，也盡人皆曉；我們實在不欲污穢筆尖，舉述胡適無數劣跡，以正其罪。問題是該揭發胡適之路錯誤的淵源。他爲什麼不能爲人民服務？爲什麼要跟隨蔣介石沒落，至死不悟？

五四時代，胡適所代表的就是資產階級。無如中國資產階級沒有力量，不成器，胡適也便不能革命下去。他搬運杜威的實驗主義到中國來，整理國故。著過中國哲學史大綱上冊，據說爲佛學所困，下冊就寫不下去了。因爲他的家是世代書香，對中國舊學素養頗好，受中國封建傳統的影響也就很深。因此在胡適身上，可以找出半封建半殖民地的思想根源。在半封建方面，就是「天子重英豪，文章教爾曹，萬般皆下品，惟有讀書高。」他讀書的目的在做官，最大理想是爲王者師。胡適不能安於學者生活，定要搞政治，攀龍附鳳。他看不起人民，無視下層羣衆。有水經注版本九類四十種，沒有一本毛澤東的書。原因就在於：他之所以讀書，他的知識，是要獻給「皇帝」的，他的抱負是要幫助「皇帝」治國平天下的。所以胡適之路是：政治不理他，他求仕干祿。若過那個當權者對他禮賢下士一下，他就感到皇恩浩蕩，誠惶誠恐了。在半殖民地方面，胡適有的是洋文，洋知識，洋博士。他是頭等買辦人才，出色的買辦之花。在美國吃得開，在國民黨當然更吃得開。他對美國資本主義制度，崇拜得五體投地，不但認爲中國事事要學美國，美國的月亮比中國的好，美國沒有臭蟲，甚至可以主張中國最好由美國大人來統治。最近他在美國盛讚日本，即指出原因，說日本之所以好，實由於美國統治。言下極感傷美國不直接來統治中國，所以中國壞了。

國民黨官僚集團及其天下，本質上就是半封建半殖民地的，胡適思想和它若合符節，不用蔣介石醍醐灌頂，也可買得胡適對國民黨的盡忠。假使胡適只有半封建思想，這回國民黨勢力被人民打得落花流水，朝代將亡，他對他的主公蔣介石理應殉節，一道兒死。無如胡適的半殖民地思想在作怪，教他乘桴浮於海，遠遠溜到美國去了。假使胡適只有半殖民地思想，他對反動統治就不那樣賣氣力，不做國民黨的「過河卒子」了。胡適看蔣家江山快要完蛋，連忙溜之大吉，如無「忠君」頭腦，就不會像哭秦庭般，鼓吹美國應該繼續援助國民黨，抵抗共產主義。這兩種思想的矛盾與統一，就是胡適，就是胡適之路。

中國知識分子的危險，正在於容易滑入胡適之路。或多或少，自覺或不自覺地，往往會受封建思想的糾纏，作繭自縛。不然就是有形無形地，失掉民族立場，當了帝國主義的俘虜。由生活習慣細微情節，到思考方法處理問題，都有這兩種歷史的反動的壓力潛伏存在。今天知識分子新的道路，消極功夫必須克服這兩種危險。積極方面，應效七十老人陳垣先生的榜樣，努力去讀新書，學習正確的毛澤東思想，站在人民立場，爲人民服務。

不辜负陈援庵老师的教诲

刘乃崇

我最初认识陈援庵老师，是在辅仁大学附属中学上学的时候。

抗日战争开始，北京沦陷，我原在国立北平师范大学附属中学初中读书。两年后，就听说大后方国民政府宣告对在敌伪治下的高校，只承认辅仁大学的学历，于是，我便在上完高中二年级后，转学辅大附中高三，毕业后考入辅大数学系。那时，陈老是辅大校长，兼任辅中校长。我姐姐刘乃和正在辅大史学系读书，听陈老的课；同时陈老的学生张鸿翔、葛信益等老师也教过我。这样，我便对陈老有了初步的认识。我当时只知道陈老是博学多识的老先生，学问大得很，在中国史学界享有盛名，因而我开始把他作为我心目中的治学的榜样。

在敌伪时期，我因家中无力供给而辍学谋生，要走又走不了，要读书又读不成，心头苦闷，精神无所寄托，就找到了业余搞戏这一条路，一面与朋友们唱唱京剧，一面加入业余话剧团体，把可以争取到的时间和精力都投入到戏剧之中。乃和姐把我的情况告诉了陈老，然后以陈老所赠几句话勉励我："天下无难事，有志者成之；天下无易事，有恒者得之。"乃和姐也在赠我的照片上题上："勿畏难而中止，勿见异而思迁！"使我由此下定了投身戏剧的决心。

乃和姐大学毕业时，从陈老写论文；考上研究院后，又从陈老学习深造；研究院毕业，留校任教，后又担任陈老的助手，因此，我得以更多地接触陈老，聆听他的教诲。抗战胜利后，我又复学，在辅大中文系读书，陈老的学生启元白(功)老师教我《诗选》，我又选修陈老的学生柴青峰(德赓)老师讲《清代学术史》，那时一、二年级的学生不许选陈老的课，我便挤到陈老讲课的课堂里旁听。陈老给我教育最深的就是他科学的治学方法和严谨的治学态度。

先是我有时随着乃和姐去陈老家，后来陈老也有时来我家写字、校书和谈话时事，我看到他时，只觉他从来没有闲着的时候。不论在什么时候，也不论在什么地方，就只见他在那里忙，更多地是他在读书忙，查书忙，写书忙。那时他已是六十开外的老人，那么大年纪，还是那样勤奋。有时拿一部书的几种不同版本，仔仔细细地校读；有时为找一个材料，翻了这本书翻那本书。我只见他一边校书或翻书，一边给乃和姐讲。讲的内容，我因常常不知前因后果，不能很明白，可是听他讲多了，有不少话都记住了。比如他常说“勤笔免思”，他遇到什么问题，看到什么材料，就马上濡笔记下。他总是随手记，记多了再整理，用时一查就找到了。他说重要的是一个“勤”字。他又常说，查材料要“竭泽而渔”，对一个问题要穷追不舍，不找到问题的根儿，决不罢休。他写好一篇文章，老也不拿出去，他说对自己写的东西，要“一读再读”，删掉那些可有可无的字句。他校书时，总是反反复复，校了又校，他说：“‘校书如扫落叶’，只扫一遍，是扫不干净的。”所有这些，我零星得来，却终生受用。每当我做一项什么工作，他的这些教导就在督促我，鞭策我。

他和学生们探讨学术上的问题时，有时随手从书架上拿下一本书来，一翻就找到了所需的资料；有时就说这要到哪部书中哪一卷哪一章去找，按他所指去找，从来是不落空的。这情形我看得多了，柴师、启师、乃和姐都异常佩服他这个本领，我也感到这是十分有用的，便暗里下决心，要学到他这个本领，待到自己做时，才知道这是真难，真难啊！这必须要经过艰苦的读、看、查、用的过程，才能一点一点积累知识，逐步积累出这功夫。

以后我在从事戏剧工作的过程中，努力朝这个方向去做。经过四十多年的学习、工作，特别是在大约三十年的戏曲编辑工作中，我也在这方面做了一些努力，对戏剧界的人和事，对戏剧运动中的重大问题，对戏剧资料的运用，我也有了一定的了解，甚至有的同志戏称我是“戏包袱”，可是我自己知道，我的所知有限，只不过是学陈老而又学不像而已。如今我也已进入老年，才觉悟到，我所以学而不像，无非是因为自己没有他那样刻苦，那样认真，那样有恒。常见有些青年同志还不能像我在青年时那样努力学习，终日惶惶，把时间都空过去了，我就想，就是因为他们身边没有陈老这样的榜样吧！

在《励耘书屋同学记》一书中，附有一件陈老的遗墨，是给他的学生储皖峰、柴青峰的一张便条，这便条我过去就看到过，其中内容给我教育很深。那是陈老把自己写成的一篇文章拿给他的两位学生看，其中说：“考证文最患不明白，令人易于误会；又患有可省不省之字句，关于这两点，希两兄为我尽力挑剔，俾得改定。”又说：“文中砂石甚多，殊不满意，请细为仇勘讥评，以便洗刷磨砺。”陈老治学从来是孜孜不倦，兀兀穷年，有那么宏博的学识，那么丰富的经验，写出东西来，还是这样谦虚谨慎，可见其做学问的态度是如何的认真、严谨。每当我自恃知道得多，觉得轻轻松松也不会出什么问题，有些沾沾自喜的时候，这张便条就像一记重鞭，敲打着我，使我不敢骄傲，不敢自满，使我尽力争取做到踏踏实实、勤勤恳恳、脚踏实地地去工作。

陈老给我的教育最深的还有一点，就是他那强烈的爱国思想我认识他是在抗日战争时期沦陷了的北京。我几次到他家中，他都在写《通鉴胡注表微》。他在整理材料时常与乃和姐一起议论，我在旁听着。谈话中我特别感到他时时流露出他那不可抑制的对祖国的深情。他总是说，一个人如果不与国家同休戚，活着也是没有什么价值的。他又说，一个人不怕在敌人的统治下生活，只要洁身自好，坚贞不屈，也是可以为祖国做些事的。他谈起那些历史上趋炎附势、同流合污、丧失民族气节或是为虎作伥的人，是那样的不齿；对于古代为国家为民族而牺牲自己的忠贞之士，又是那样的钦敬。他的这种爱国热忱，对在敌人铁蹄下过着苦难生活的我们，是极大的激励。

抗战胜利后，他的《通鉴胡注表微》出版了，书中不仅充分宣扬了他的爱国思想，而且其爱国思想在新的历史时期，结合着新的现实，又有了新的意义。我当时在书中读到："'上下交征利，而国危矣！'孟子所言之定律，后世莫能推翻也。""民心者人民心理之向背也。人民心理之向背，大抵以政治之善恶为依归"。"孟子曰，三代之得天下也，得其民也，得其民者得其心也。恩泽不下于民，而责人民之不爱国，不可得也。"这些话，结合着当时"刮搜"人民的国民党政府之不得民心的现实来学习，可以清楚的看到失民心者失天下的远景，而增强对生活的信心。

陈老基于自己的爱国思想，总希望我们的国家能够得到民主，得到富强。他终日在研究学问，可并不是在埋头于故纸堆中，而是每天在忧国忧民。有一天我随侍陈老，与柴师、乃和姐等一起到颐和园，在十七孔桥畔湖岸上，我为他照了一张像，他在照片上题了："身立厓岸，心不立厓岸也。"指出他在与世浮沉之中，并不是旁观者，而是时时在关心国是。1947年"五·二〇"反饥饿、反内战运动，我在辅仁也去参加游行，他认为青年学生是爱国的，应该支持其行动；他不同意干涉学生开会的做法；并出面保释被捕学生，这样的态度，对斗争中的进步同学是极大的支持。

1948年9月，国民党反动政府对青年学生大逮捕，我因为当时在地下党的外围组织祖国剧团参加民主学生运动和戏剧运动，也被列入黑名单。在地下党的安排下，我离家到柴师家避难，然后匆匆撤进解放区。我没能当面向陈老告别，可是我听说他对当局迫害学生十分愤慨，认为青年学生脱离那龌龊的环境去另寻出路是正当行为。他在旧社会生活几十年，历经几代统治，亲眼看到当时国民党政府的腐败、黑暗，认为这个政府只能误国害民，对之已完全失望了；那时乃和姐在陈老身边工作，陈老已经听到柴师、乃和姐及其他可以信任的学生的介绍，并读到了一些进步书籍，对共产党解放区有了一些认识，对之怀有希望。

正因为如此，国民党政府撤离北平的时候，曾几次把飞机票送到他家，要他同行，可是他却躲起来，最后一次是躲到我家，以避锋头，终于没有离去，一直迎来了北平解放。

1949年1月底，北平和平解放后，陈老看到解放军纪律严整，共产党政治清明，他感到人民政府才是有史以来没有过的能够把我们的国家治理好的政府，他于是从心底欢呼新社会，欢呼新时代的到来。

我回到北平后，在军管会参加戏曲改革工作，在工作上与陈老没有什么接触，可是他常找我到他家或来我家中见面。那时他已届七十高龄，可仍然是那样不知疲倦的学习、工作着。陈老急于要彻底认识新社会，因此经常和别人一起研讨，他向老朋友们谈，也向学生们谈，特别是从解放区来的学生，他更是找得多，我也常常受到垂询。他的“不耻下问”的谦虚好学的态度，令人感动。他还总说自己“闻道太晚”，积极读书学习，拿到《新民主主义论》等书，就手不释卷的读，那种求知精神仍似当年，真是不知老之将至。

有一天，陈老又让乃和姐来叫我，我到他家后，他说他已经看到了新的社会，新的国家，读到了新书，这都是过去所没法子知道的，因此愿意把所见所闻告诉那些看不到听不到的人，比如他的老朋友胡适之，就随国民党政府走了，就不可能知道北平解放后的情况。我告诉陈老，我在石家庄时看见《新华日报》上刊登蓝公武与胡适的一封信，他立刻说胡适走前也给我写过一封信，说罢就取出给了乃和姐，当时陈老就与柴师、乃和姐和我共同研究，决定也用公开信的形式把自己所见所闻的新气象写出来。经过陈老反复讲述自己的意思，并征求我们的意见，由乃和姐执笔写出，再经陈老亲笔改定。由陈老与乃和姐同去范文澜范老住处，请他修改。1949年5月11日，距北平解放整整一百天，他的《给胡适之的一封公开信》就在《人民日报》上发表了。这封公开信准确地反映了他当时对新社会的看法，发表出来，不仅对像陈老那么大岁数的老一辈知识分子，就是对中年、青年，也有很大的影响，我们读了都得到了很有益的学习，因此这封公开信为国内外报刊广泛转载，并在知识分子中，起到非常大的影响。

陈老对祖国的热爱是一贯的，如今他把这感情与对共产党的爱戴统一起来了，这就是他后来终于成为了一名无产阶级先锋战士的根基。陈老一面工作，一面学习，自觉地参加了不少社会政治活动，新的观点使他对许多历史上的事件有了新的看法。多年的教育生涯，使他懂得培养青年的重要，我们国家的将来，希望寄托在青年们身上，办好教育，才能为祖国培养出有用的人才。他担任了北京师范大学的校长，每年都写文章号召青年们投考师大为教育事业献身。我亲眼看见、亲耳听见他每次讲述着“欢迎青年们参加人民教师队伍”的文章内容，要乃和姐帮他写成文发表。陈老已是70多岁，还是那样不辞辛苦，把自己的认识谆谆地告诉青年，把他自己多年来积累的所有经验和全部智慧，献给祖国的教育事业。这种精神，真是青年人的表率。

陈老在参加频繁的工作和社会活动中，还抓紧一切可以利用的时间，由乃和姐帮助写出了不少学术论文。每一篇文章发表，无论是有关佛牙的、有关双塔寺的，考据之严谨，思考之精密，仍然是他过去的治学作风。我每读到一篇，老人勤勤恳恳努力钻研的形象便浮现在面前，他在那里督促我们不可停步。

“十年浩劫”之中，我所在的中国戏剧家协会被“砸烂”了，我们全体工作人员都被轰到“五七干校”中去。我离开北京时，去看陈老，他嘱咐我要坚持走革命的道路。他说，一个革命者，总会遇上各种各样的艰难险阻，只要自己坚定信心，任何惊涛骇浪也没什么可怕！我带着长者的教导下去了，不想离开他刚刚两年，他病逝的消息就蓦然传来，我不可能回京在灵前一祭，只能含泪写了一首追忆陈老一生的长长的悼诗，寄给乃和姐，请代我献在他的灵前。1975年，我与爱人蒋健兰一起到广州去，就便代乃和姐去看望陈老的四妹陈珞卿，不想在老人屋里的壁墙上竟贴着我的这首悼诗，老人挥泪指点着诗句谈起陈老走过的道路，我们一面唏嘘一面谈论，谈了许久。陈老的可歌可泣的事迹，他们兄妹真挚的感情，一直萦绕在我心头，感染着我。

如今陈老弃我们而去已将二十年了，当纪念他一百一十周年的日子，我想到多年受陈老教诲的过去，又想到今年我方69岁，正是陈老在新中国建立那年的年龄。忆及陈老晚年不坠壮志，我怎敢言老，怎肯停止自己前进的步伐。我已离休8年，在陈老的精神感召下，未尝一日清闲，一直在尽力做些工作。在中央提出弘扬我们中华民族文化的时刻，各方面的工作还很多，我愿继续学习敬爱的陈老，献身祖国，为了革命的戏曲事业，鞠躬尽瘁，死而后已。

1990年6月初

(四)范文澜《正史考略》

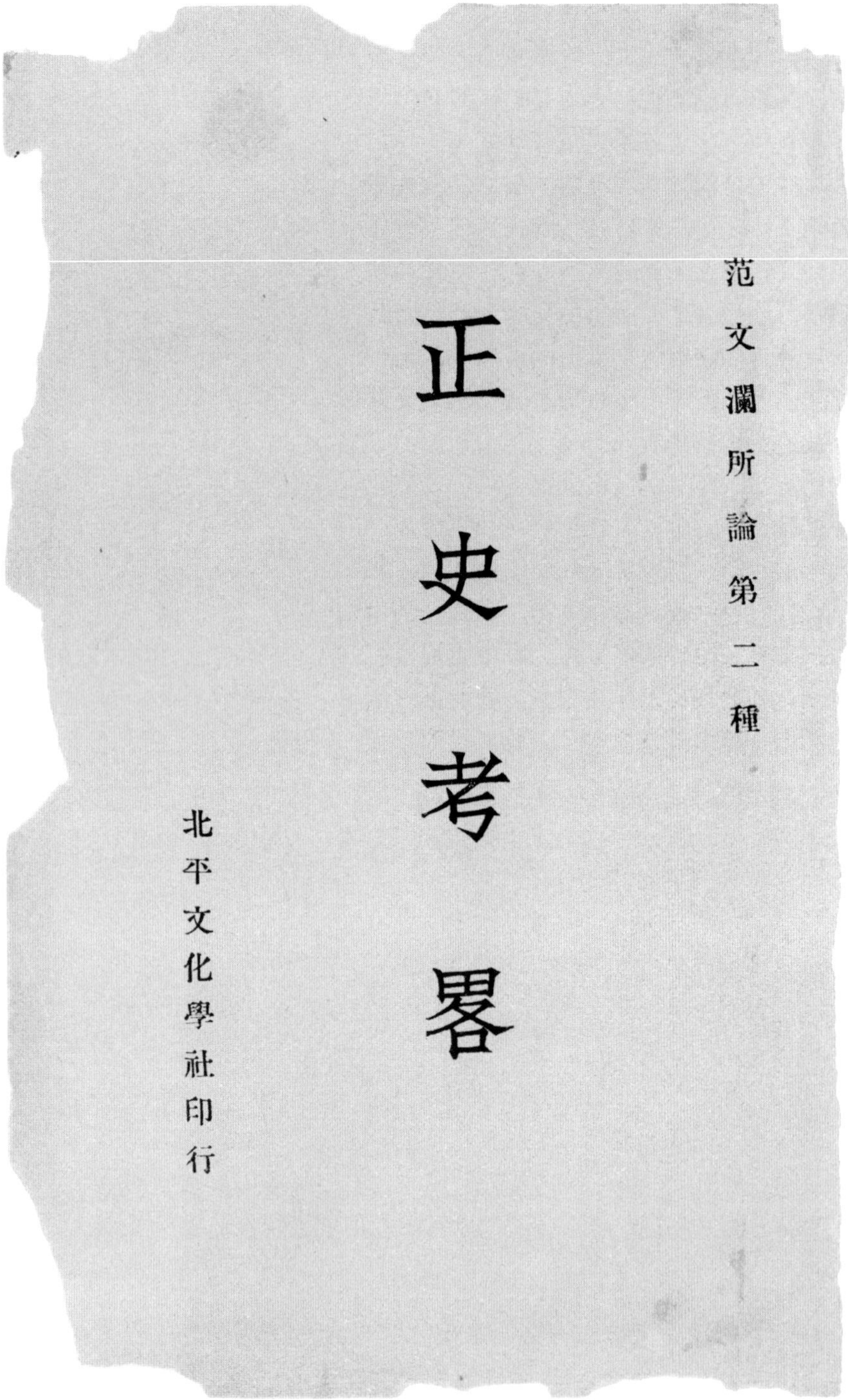
范文瀾所論第二種

正史考畧

北平文化學社印行

范文澜申请入辅仁大学讲课，陈垣要看著作，范文澜送上此书，遂聘辅仁教员。范文澜因革命入狱，陈垣以“人保”(还有其他大学校长共同担保)，范文澜出狱，去了延安。1949年初，解放军进城，范文澜到家看望陈垣。时范文澜负责《人民日报》，《给胡适之先生一封公开信》直送给范文澜。范专辟《读者来信》专栏发表之。一时国内外刊物纷纷转载。

陈垣读过这本书，有勾划两处。因用新闻纸印刷，故书页已脆。

这是一部史籍目录专著。

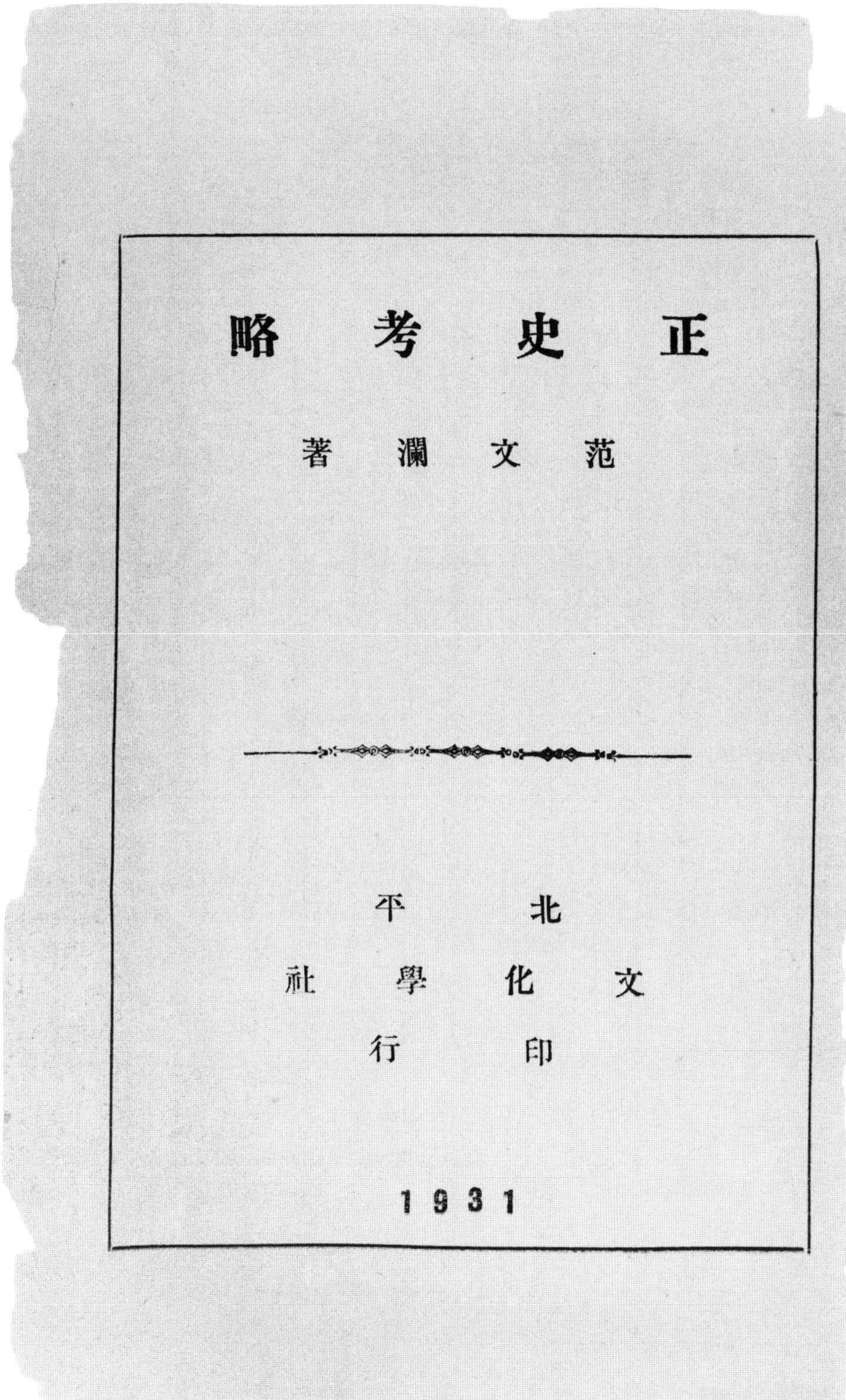

正史考略

范文瀾著

北平

文化學社

印行

1931

正史考略目錄

正史考略緒言

說文『史，記事者也。从又持中。中，正也。』江氏永周禮疑義舉要云：『凡官府簿書謂之中，故諸官言治中，受中，小司寇斷庶民獄訟之中，皆謂簿書，猶今之案卷也。此中字之本義。故掌文書者謂之史。其字从又从中，又者右手，以手持簿書也。吏字事字皆有中字。天有司中星，後世有治中之官，皆取此義。』江氏以中爲簿書，足正許君之誤。吳氏大澂謂『史象手執簡形，古文中作中……無作中者。』其說亦是。王氏國維非之，以爲『中者盛筴之器，叏字从又持中，義爲持書之人，與尹之从又持丨，象杖形者同意。』王說詳觀堂集林釋史篇，茲不繁引。文瀾愚蒙，竊意中即冊之省形，中又冊之變體。卜辭冊字有作𦉪著，有作𦉪者，兩手奉之，示冊書繁重之義；叏則僅从一又，示執簡侍君，記言記動之義，蓋冊與中二形以繁省見義，非別有一物象中也。

四　1947 年参加工作

(一)到华北人民革命大学学习

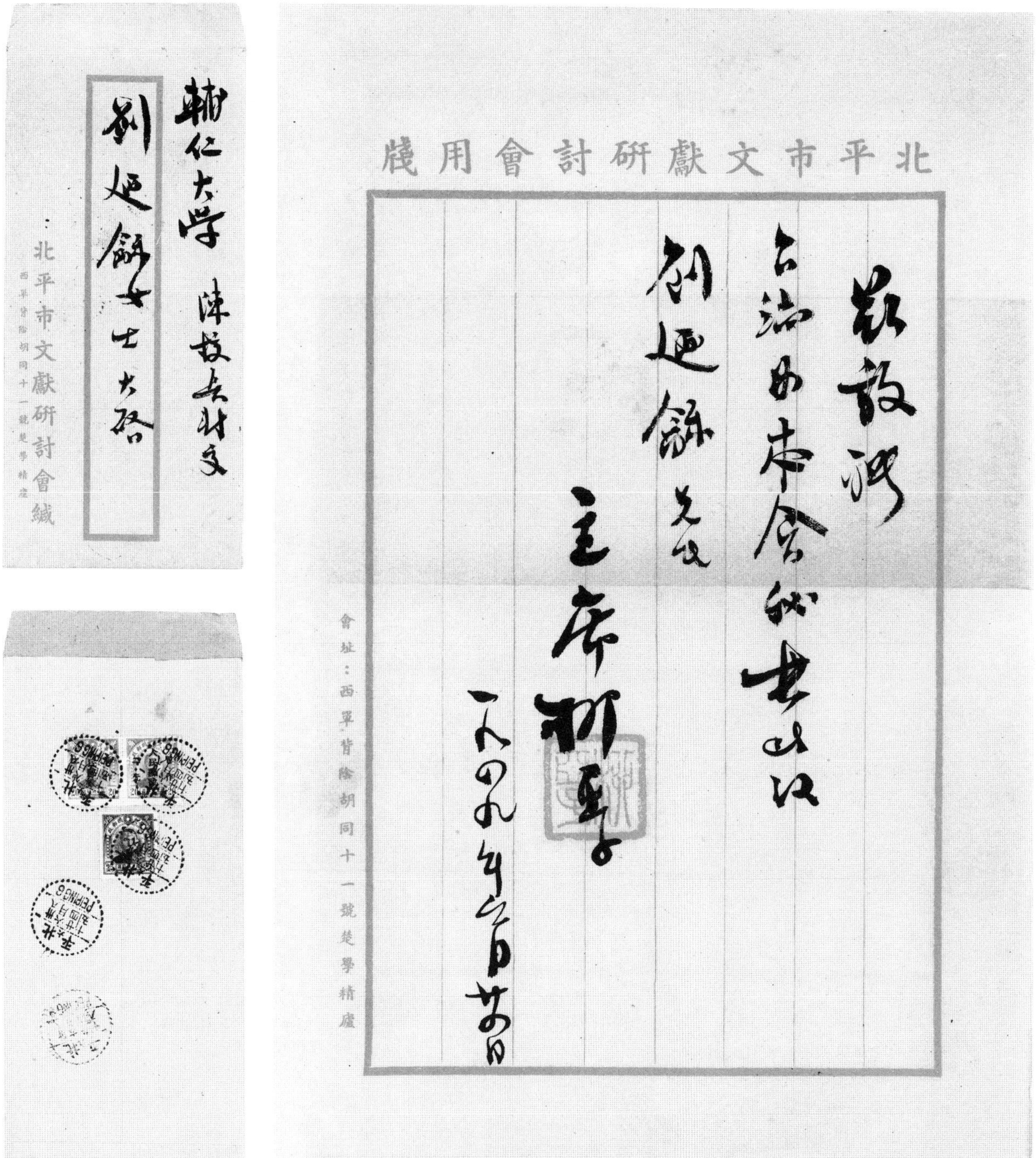

1949年2月—12月，在华北人民革命大学学习。

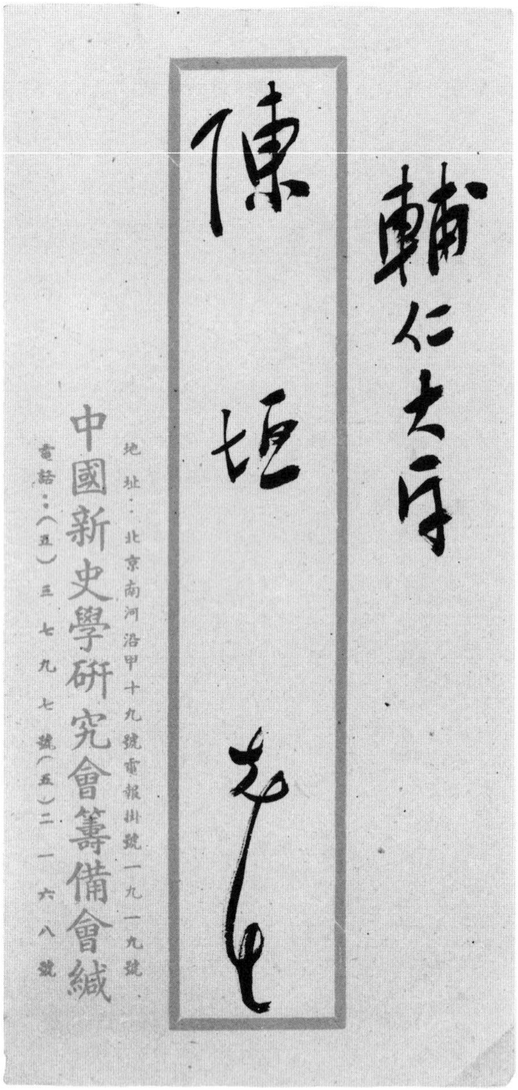
輔仁大學
陳垣 先生
中國新史學研究會籌備會緘
地址：北京南河沿甲十九號電報掛號一九一九號
電話：(五)三七九七號(五)二一六八號

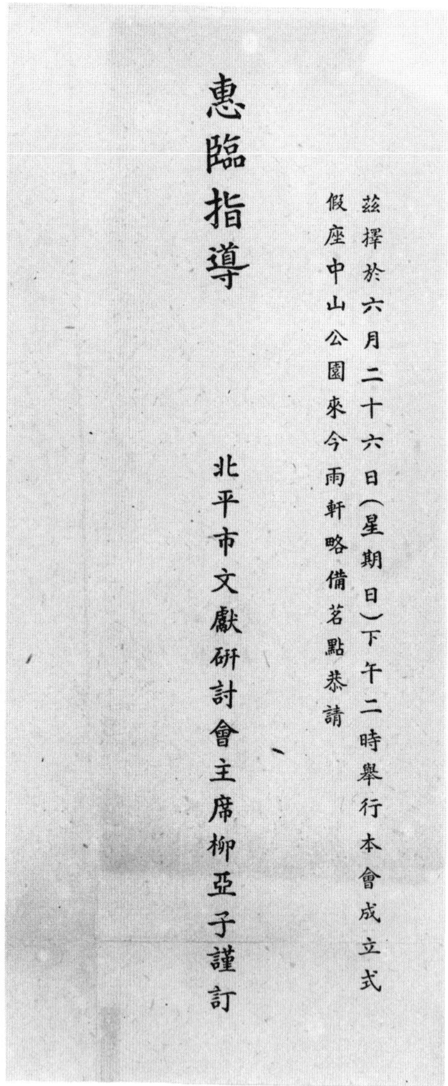
茲擇於六月二十六日(星期日)下午二時舉行本會成立式
假座中山公園來今雨軒略備茗點恭請
惠臨指導
北平市文獻研討會主席柳亞子謹訂

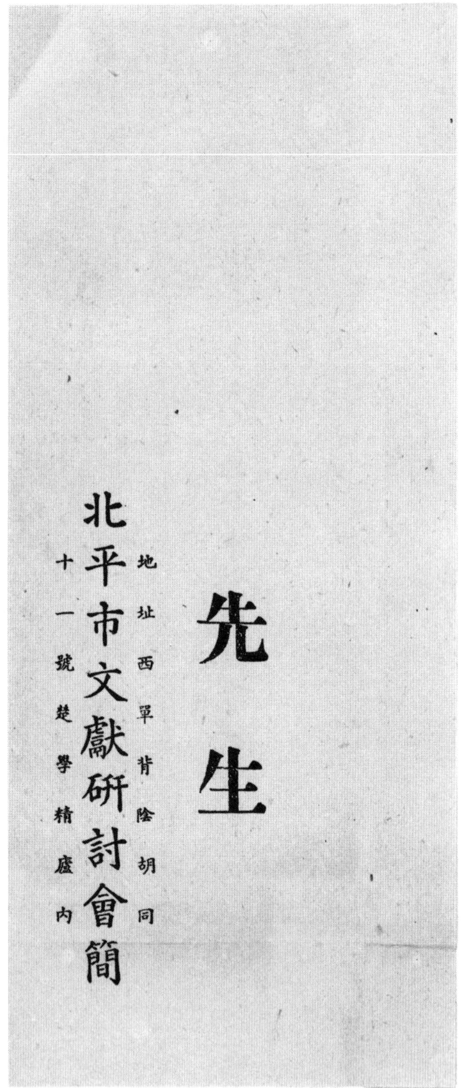
先生
北平市文獻研討會簡
地址西單背陰胡同十一號楚學精廬內

北平市文獻研討會緣起

國於天地，必有與立，與立者何？歷史是已。由歷史之緜延，而文化因以演著，日進無極。顧文化命名，猶嫌抽象，欲求具體，厥維文献，杞宋有徵，於是乎在。北平於戰國為燕，隗臺市駿，尚有嗣音，千載而下，有餘慕焉。荆高繼起，擊筑悲歌，函首於期，白衣易水，少讀其書，未嘗不感激流涕也。溯遼逮清，建都五姓，民物豐昌，士女昳麗，琉璃廠市，名播宇內，此誠盛世之元音已。抗戰以還，一厄於敵偽，再厄於蔣匪，閭里蕭條，民不堪命，宋元故籍，論斤捆載，或付鎔鑪，或裹餅餌，焚書之禍，烈於祖龍。解放軍奉人民之命，振旅入關，父老壺漿，聿蘇民困。第殘劫之餘，艱於匡復，司農仰屋，幹部乏材，國脈所關，敝屣視之。雖元戎將聖，垂念斯文，而宵衣旰食，一日萬幾，寧有餘暇，關心閒冷哉！不賢識小，同人所慕，保存為先，次則揚榷，其揆一也，庶幾研討。爰創本會，以此定名。昔楚人献曝，荆人貢璞，愚者千慮，必有一得，足之三刖，非所計已。川壅則決，傷人必多，不諱之朝，昌言無忌，大雅君子，幸垂敎焉。

胡　煥　柳亞子
齊　璜　劉文嘉
夏仁虎　朱道炎
齊之彪　鄭佩宜
謹同啓

北平市文獻研討會簡章

第一條　本會以搶救綫裝書免遭摧毀為第一義諦，揚榷批判，汰粕存精，則為第二義諦，依次實施，期保文献。

第二條　本會搶救綫裝書具體辦法，除商請國立北平圖書館，及北大、燕大、清華、輔大、各圖書館協力搜羅彙轉外，應分呈中共中央統一戰綫工作部，暨北平軍管會文敎部，華北人民政府，北平市人民政府，聯合籌措，指撥專款，以資辦理。關於有稗文献書籍，具有搶救價值者，由本會推舉專家，審定後隨時收購之。

第三條　本會在未開成立大會以前，除先呈請北平市人民政府批准立案外，應先設籌備委員會，由發起人推定職員若干人，暫時主持一切，俟籌備工作完成後，再召開成立大會，選舉各項正式負責人員，籌備會名義，屆時即行取消。

第四條　本會職員均為名譽職，無論何項名義，概不支領分文。

第五條　本會籌備會經費，由各發起人量力擔任，倘有高義君子，關懷文献，表示同情，願予傾助者，不論多寡，均極歡迎。

第六條　本會會址暫借設八面槽韶九胡同八號。

第七條　本簡章如有未盡事宜，得隨時修改增訂之。

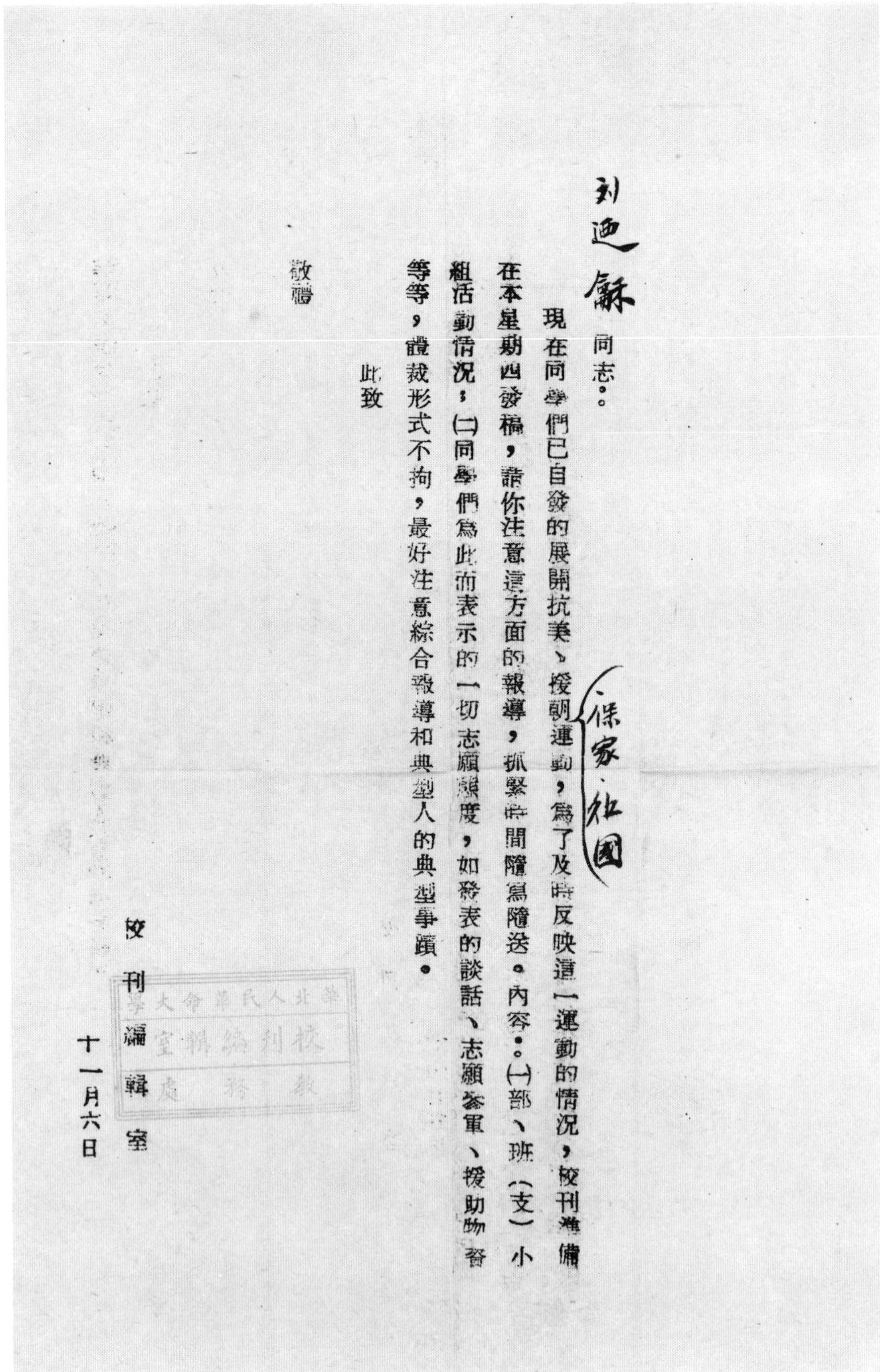
刘迺龢同志：

現在同學們已自發的展開抗美、援朝（保家、衛國）運動，為了及時反映這一運動的情況，校刊準備在本星期四發稿，請你注意這方面的報導，抓緊時間隨寫隨送。內容：(一)部、班（支）小組活動情況；(二)同學們為此而表示的一切志願態度，如發表的談話、志願參軍、援助物資等等，體裁形式不拘，最好注意綜合報導和典型人的典型事蹟。

此致

敬禮

校刊編輯室

十一月六日

熔爐

華北人民革命大學校刊

(第十三期至第三十七期)

合訂本

分類要目

學習方法及經驗

附：教育計劃及學習動態

學習總結

附：各部學員思想總結材料

學習重點、名詞解釋、參考資料

一九五〇年四月出版

幹部學習

黨、團工作

生產救災、評功選模

校刊工作

附：寫稿態度檢討

其他

第二版　熔爐　一九四九年九月五日　（星期一）

熔爐

華北人民革命大學　第十三期　教務處出版
西苑本校第十二樓校刊編輯室　電話—29—革大—11號

本校第二學期開學典禮標語口號

1 努力學習馬列主義理論，毛澤東思想！
2 克服個人主義，全心全意爲人民服務！
3 共產黨員要加强理論學習，總結提高實際經驗！
4 共產黨員、青年團員要成爲學習模範，服從組織遵守紀律的模範！
5 共產黨員、青年團員要與群衆密切團結起來！
6 勞動創造世界，知識份子與工農結合起來！
7 學習毛澤東思想，準備參加新中國的各項建設工作！
8 掌握批評與自我批評的武器，澈底改造自己的思想！
9 理論與實踐聯系起來！
10 發揚艱苦奮鬥的優良作風！
11 樹立民主集中制的民主生活！
12 克服自由散漫作風，加强組織性紀律性！
13 堅持眞理，修正錯誤！
14 忠誠老實，實事求是！
15 團結互助，大公無私！
16 謙虛謹慎，戒驕戒躁！
17 中國共產黨萬歲！
18 中國人民領袖毛澤東萬歲！
19 中國人民解放萬歲！

社論

慶祝本校第二期開學

（代復刊詞）

第一部教育方針與具體計劃實施方案

華北人民革命大學敎務處

（一）教育方針

（二）教育計劃的重點與課程進度

（下接第二版）

校黨委會關於加强校刊工作的決定

教務處關於建立校刊通訊組織的決定

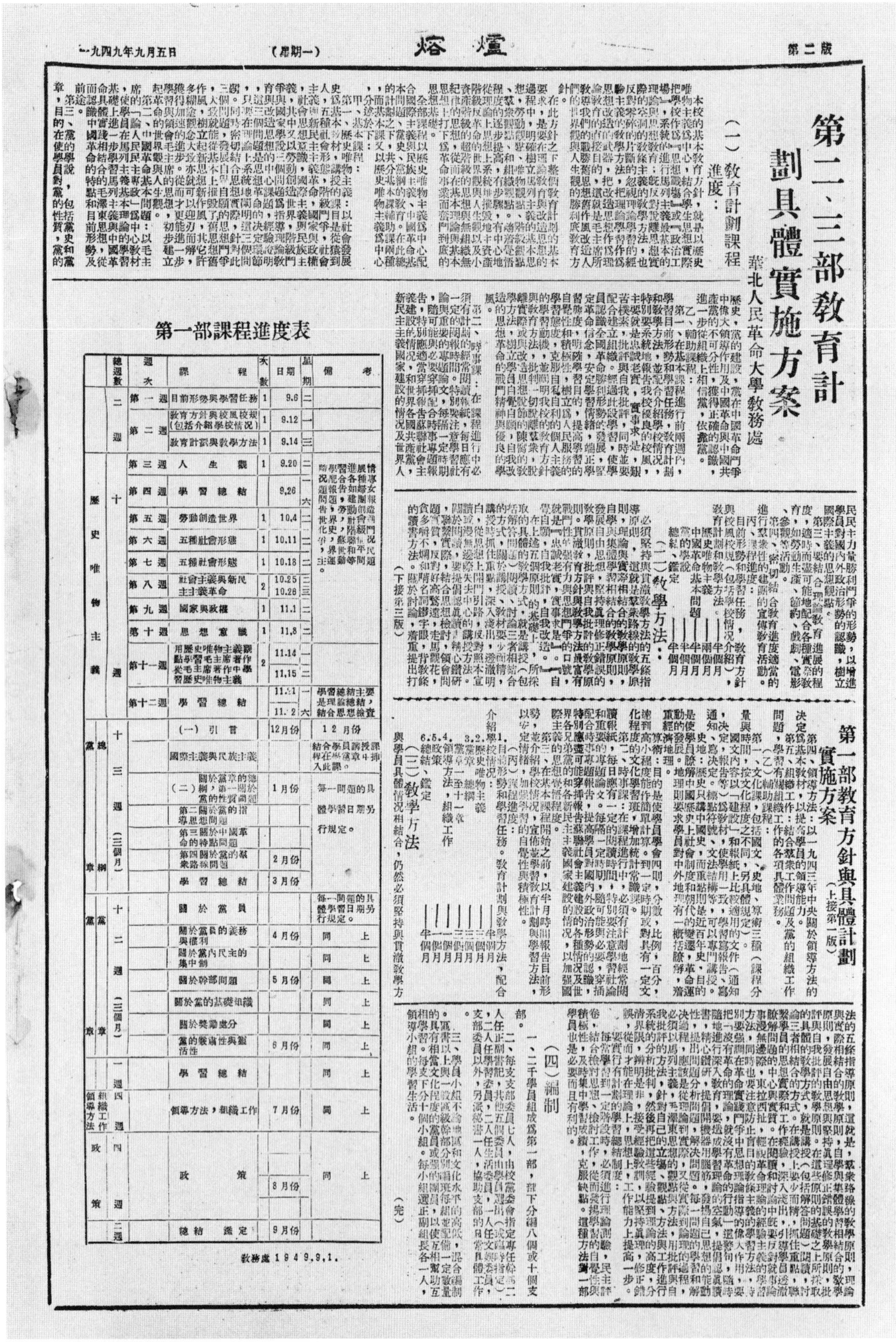

第二版　熔爐　（星期一）　一九四九年九月五日

第二、三部教育計劃具體實施方案

華北人民革命大學教務處

（一）教育計劃課程進度：

第一部課程進度表

	總週數	週次	課程	次數	日期	星期	備考
	二週	第一週	目前形勢與學習任務	1	9.6	二	
		第二週	教育方針與校風校規（包括介紹學校情況）	1	9.12	一	
			教育計劃與教學方法	1	9.14	三	
歷史唯物主義	十週	第三週	人生觀	1	9.20	二	隨學習進展情況配合各種專題報告如婦女問題，建團報告，勞動創造世界，社會進化史，階級鬥爭，蘇聯情況，世界和平民主運動等問題。
		第四週	學習總結		9.26	一 六	
		第五週	勞動創造世界	1	10.4	二	
		第六週	五種社會形態	1	10.11	二	
		第七週	五種社會形態	1	10.18	二	
		第八週	社會主義與新民主主義革命	2	10.25 10.26	二 三	
		第九週	國家與政權	1	11.1	二	
		第十週	思想意識	1	11.8	二	
		第十一週	用歷史唯物主義觀點學習毛主席著作從毛主席著作中學習歷史唯物主義	2	11.14 11.15	一 二	
		第十二週	學習總結		11.21 11.2[illegible]	一 六	學習總結主要是理論總結，結合思想檢查
總綱黨章	十三週（三個月）		（一）引言		12月份		12月份
			國際主義與民族主義				結合學員講授課程在學黨章中插入此課。
			（二）關於黨章的總綱，第一關於黨的性質問題		1月份		每一問題的具體學習日期另行規定。
			第二關於黨的指導思想問題				
			第三關於中國革命的特點問題				
			第四關於黨的羣衆路線問題		2月份		
			學習總結		3月份		
黨章黨章	十二週（三個月）		關於黨員				每一問題的具體學習日期另行規定。
			關於黨員的義務與權利		4月份		同上
			關於黨內民主的集中制				同上
			關於幹部問題		5月份		同上
			關於黨的基礎組織				同上
			關於獎勵處分				同上
			黨的嚴肅性與靈活性		6月份		同上
	一週		學習總結				同上
組織工作領導方法	四週		領導方法，組織工作		7月份		同上
政策	四週		政策		8月份		同上
	二週		總結鑑定		9月份		

教務處 1949.9.1.

（二）教學方法

（下接第三版）

第一部教育方針與具體計劃實施方案（上接第一版）

（三）教學方法

（四）編制

（完）

(二)参加西南土地改革工作

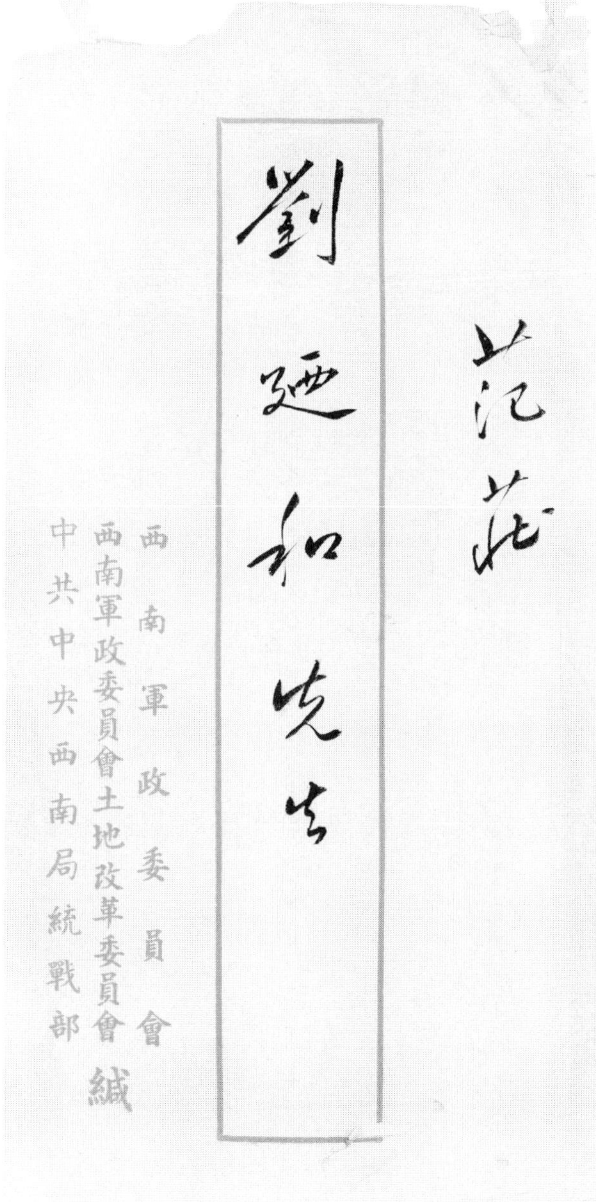

范莊
劉廼和先生
西南軍政委員會
西南軍政委員會土地改革委員會
中共中央西南局統戰部 緘

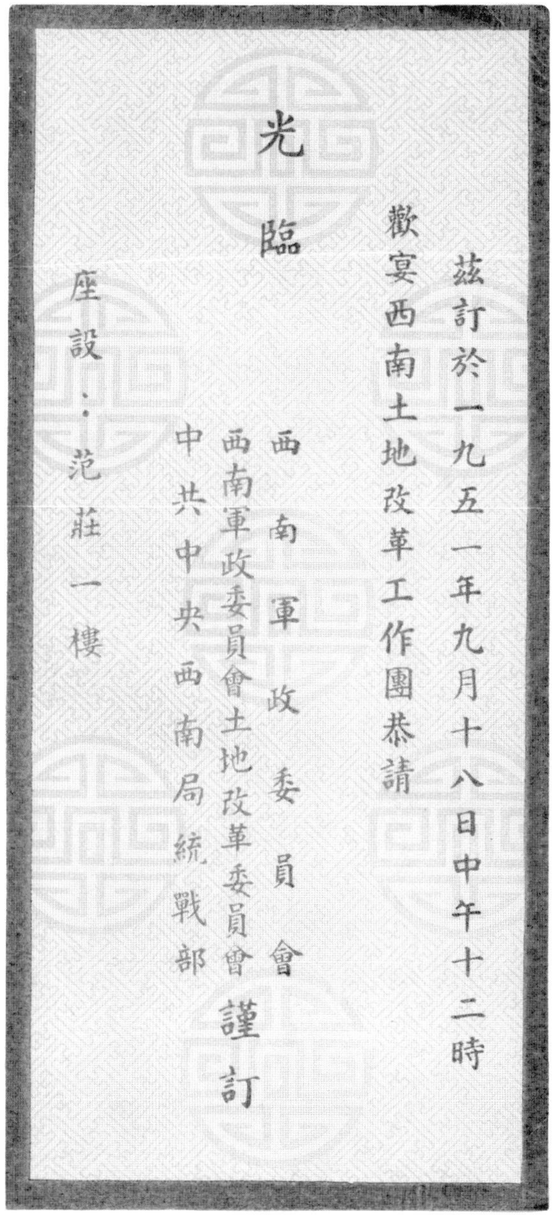

茲訂於一九五一年九月十八日中午十二時
歡宴西南土地改革工作團恭請
光臨
西南軍政委員會
西南軍政委員會土地改革委員會 謹訂
中共中央西南局統戰部
座設：范莊一樓

1951年5月28日，陈垣参加西南农村土改，任土改总团团长。刘乃和随行。9月27日结束工作，飞回北京。

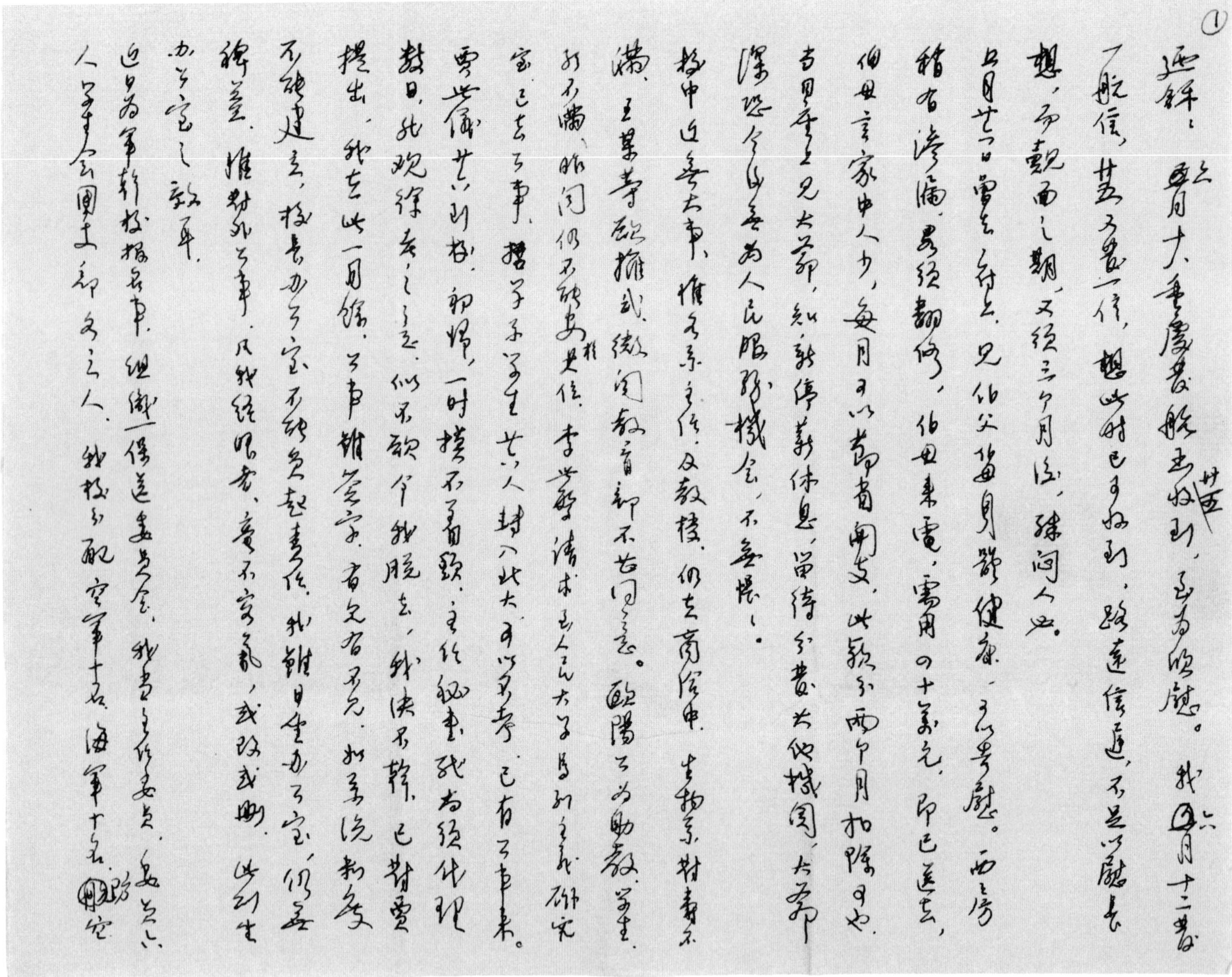
①
延年：
六月十八重庆发航函廿五收到，正为欣慰。我六月十二寄
一航信，其不过一信，想此时已可收到，路远信迟，不足以慰长
想，而觌面之期，又须三个月后，殊闷人也。
五月廿四曾去信，见伯父母身体健康，至以为慰。西之房
稍有渗漏，曾经翻修，伯母来电，需用四十万元，即已送去，
伯母言家中人少，每月可以节省开支，此数尽两个月相除可也。
去年暑假见大节，知新傅新休息，当得不费大的机关，大节
深恐今后无为人民服务机会，不无恨恨。
校中近无大事，惟多系会信，及教授，仍在商谈中。生物系对青年不
满，王某等欲排斥，微向教育部不告同意。欧阳不为助教，学生
颇不满，昨闻仍不能安于其位。李崇请求至人民大学马列主义研究
室，已去了事。据学系学生廿六人转入北大，可以不考，已有不少来。
要求仿廿六到校，新婚，一时找不着宿头，系主任秘书我为经代理
数日，我观情形之急，似不欲令我脱去，我决不干，已对要
提出，我在此一月余，只负责签字，看见有不见，如系说新务
不能建立，校长办公室不能负起责任，我虽日坐办公室，仍无
补益。惟对外之事，凡我经眼者，尚不究竟，或改或删，此则尚
办公室之效耳。
近日为军干校报名事，组织一队送其出国，我亦主张要去，要去之
人，写了会员又都多之人。我校分配空军十名，海军十名，防空

②

六人（中共一名），后勤四人（女二名）。昨为报名期，共报男女四十二人，女仅十六，殊觉不够，今日上午决延长半天，三五日后，即可结束。

六月三十日，北京庆祝中共二十八周年会，在先农坛举行，到四万多余人，我校参加者（名义上是）团员及积极分子七八百人，每一支部、学生会等均参加。是日大雨，上午十点去一批，我因帮拿行李未即同去，了伴随蒋南翔同志报告，下午一时与张大弘等十余人同去，四时到先农坛，我从未入此场，坐看台上观四面八方，俱是红旗，能在雨中仍不减色。八时开会，毛主席到，此时天晴，已八时半又下雨，遂于是宣停止，宣布散会，到家全身无寸布不湿，此精神极愉快也。

七月一日 怀仁堂开盛会，我校被邀者七人，徐、张、赵、李、李、庞、及我。先开酒会，与会者不过三四百人，毛主席、刘副主席、朱总司令均到会。此番亲见毛主席，大家高兴，后又与多大了教授向毛主席敬酒，毛主席一一碰杯，专门第一次亲见毛主席也。后又向刘副主席敬酒。八时半看戏，大轴是郝寿臣、萧盛萱连环计，前面有新凤霞、李桂云等演评戏一时数，毛主席亦看完，京戏于散场，会中晤于立群、蔡子民二老，嘱我向樱师问候。此会庭饰同上，只书为之雀跃。

校中聘书寄来甚多，明得教部同意，李何林、于树庆是辅导作与师大合聘，王楷任作国文系主任，郁先生也是合聘，历史系拟聘一中央教授，尚未定。拟邀周一良来此兼教亚洲史，周已随大队至北京，何之、孙玉棠，知其下年在清华开课，于是请樱师就近先与之一谈。然后帮忙，如手续通讯地址，我当来去接洽。

③

本系欢送会甚静，师生团结，更进一步。昨晚全校欢送毕业同学，青年委员会在会上发奖，历史系一年生得竞赛第一奖，正可喜。各系近日有问题，本系不甚有问题，且较各系有进步，此皆援师一年来鼓教学之力。史学名著选课，我觉得应当考一回，就命学生堂上作一题，「从选读史记诸篇中认识本课（学习）之重要」，期考全部均以是题作结束。

张古藉昨语出，见子早已提出问题，此公真无可奈何，见子援例极委婉，言见子意见如此，请另行觅人，此点已建议，希望予作考虑。估完，此事虽不好，看来亦不难解决，惟张老无自知之明，[illegible]仍北湖不去手，只好另开选课单。

人事室拟调张延祜工作，已向教务部楼社会系待一助教，不知余永龄已写信否。

张女青斌，今日始报名。今暑中华东北图书馆为拟招九月（在此）间一短期会议，已接信中。

本月全国学联在[illegible]开会，教育部亦有三十六人集会去此行，曾假期早时不能请问，可以想见。

援师身体如何，至为念念。师母去津多日，亦是一法。

刘某攻击信我，常要三个月后方可改正。果然来[illegible]刘孔昭君，刘不能兼教本系课，欲果请辞我，拟去山西工作教授。昨日会谈，我主张（今年）暂留，不能无故离校，不知结果如何。

多多珍重，请勿挂念。何时想不起，即此打住。致以

敬礼！

佳廣 七月二日

今晚[illegible]胡宝珠陈伯华等[illegible]米，你看何如？

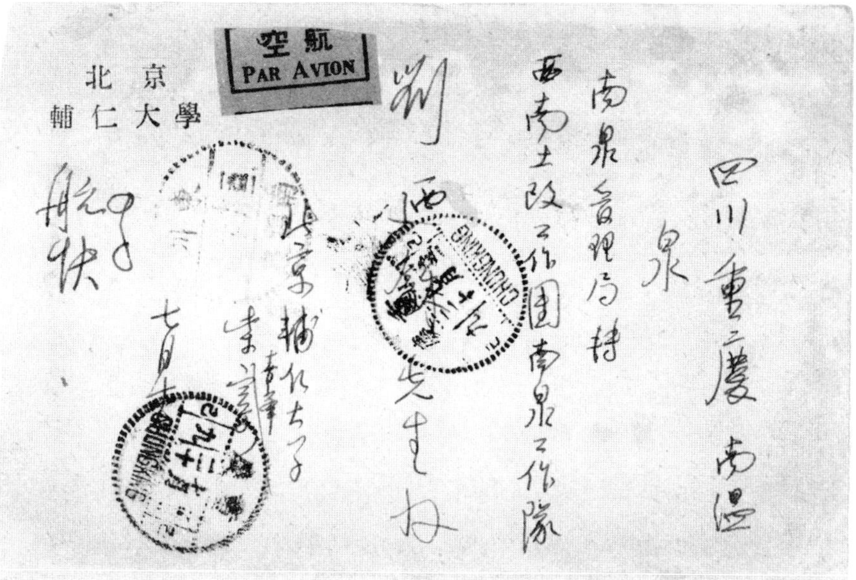

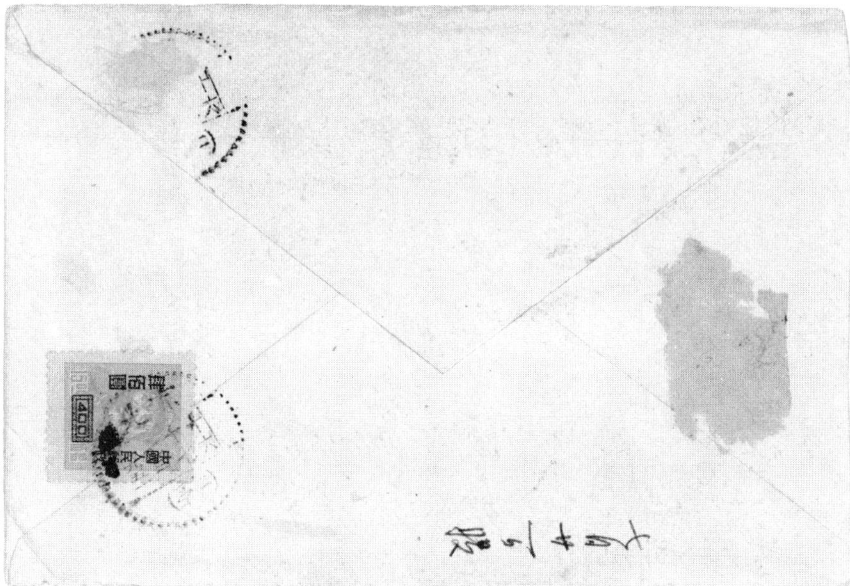

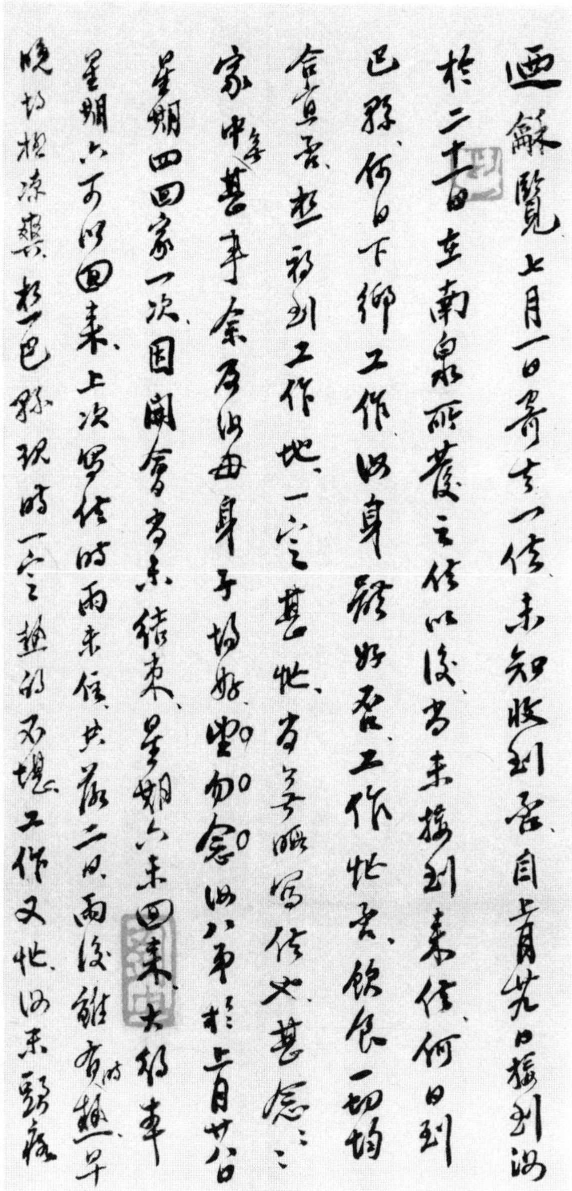

西蘇覽：七月一日寄去一信，未知收到否。自七月廿九日接到你於二十四日在南泉所發之信以後，尚未接到來信，何日到巴縣，何日下鄉工作，你身體好否，工作忙否，飲食一切均合宜否。想移到工作地，一定甚忙，尚望暇時寫信，甚念甚念。家中各甚平安，余及你母身子均好，望勿念。你六弟於七月廿六日星期四回家一次，因開會尚未結束，星期六未回來，大約下星期六可以回來。上次寫信時雨未住，共落二天雨，後雖有時放晴，早晚均極涼爽，想巴縣現時一定熱的不堪，工作又忙，你來頸疼

刘乃和父亲贡扬先生给女儿的信。信面左下角印文为“刘□”，疑为巴思八文“记”，即“刘记”。这是元朝私印，又称“元押”。民国曾流行用“元押”作私人印记。找一同姓即可。右上方印疑为汉代“肖像印”。

各、望當勤工作、安心工作、千萬別惦念家中、玉秀玉辰、
試工王媽舉動太慢、人又滑、太令人費心、這半月以來、海母
因指揮他工作、極費心力、擬先令他去、以後再找人、西廂
尚未修理、以上次來之小工現在他處工作、尚須等幾天、
他去看處後、未來一信、計至到重慶已二十天、如擬在重
慶一月、趁此信到時總已返成都矣、未知汝已到以後當
校會與三一見否、但未知在返成都後工作究在何處、趁中央

既不能調、但不易回北京、只好將來有機會再談、據報
載現朝鮮已開和平初步會議、果能和平停戰、則
國家省費用、人民少塗炭、真萬大幸事、想台灣亦可
不戰而收回矣、汝當已見報、又汝四表姐來京已一月、因有三
個小孩、來因人尚須自己做飯、不易出門、未來咱處兩次、汝三表姐畢
業後又入鐵部學校學習統計、每星期來談一次、餘再函、即問
近好　　書　七月六日午後五点
校長前代候平安

(三)教学工作

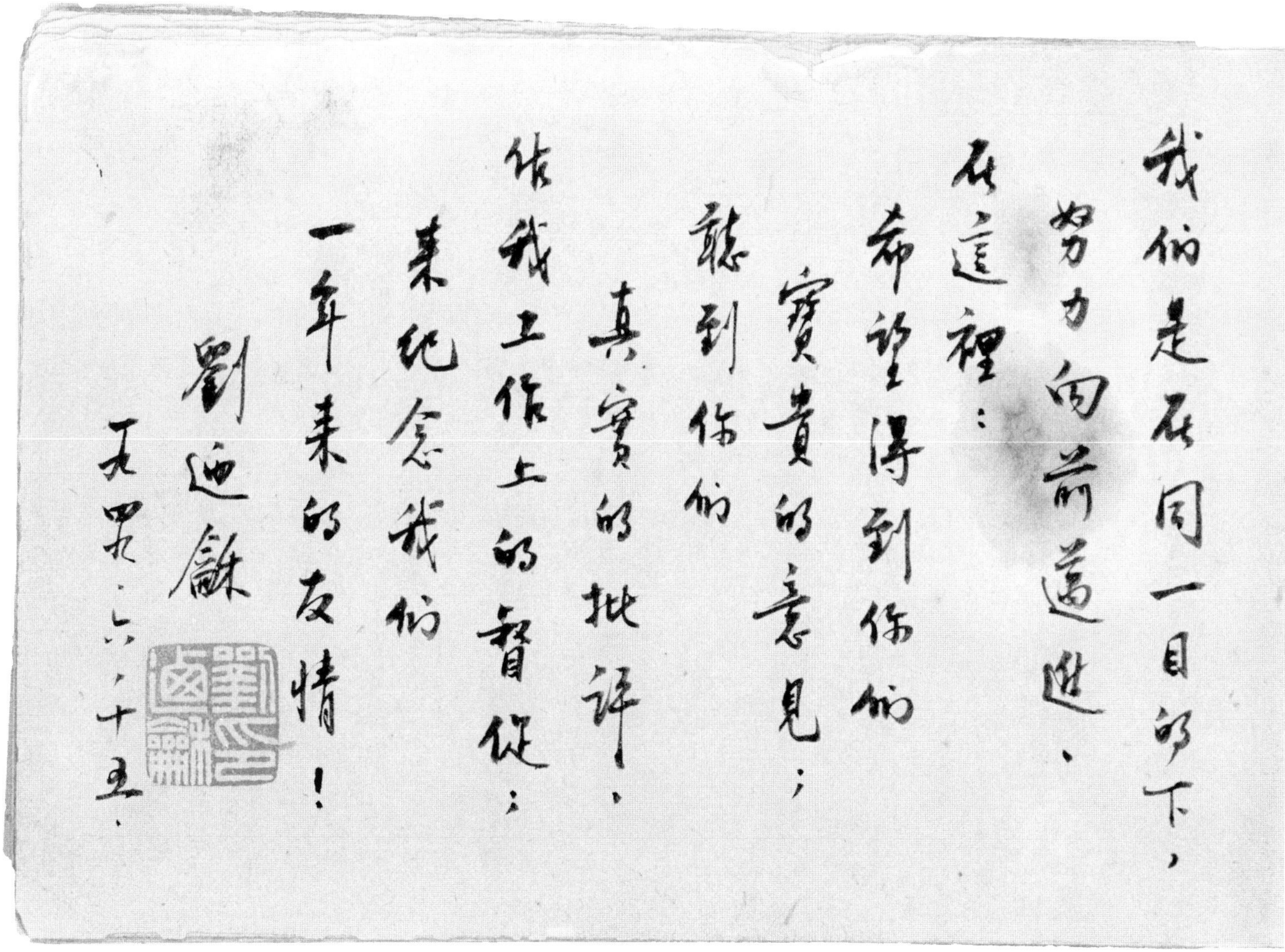

我們是在同一目的下，
努力向前邁進、
在這裡：
希望得到你們
寶貴的意見；
聽到你們
真實的批評，
給我工作上的督促；
來紀念我們
一年來的友情！
劉迺龢
五四、六、十五、

刘乃和留辅仁当助教，许大龄、孙继祖、史树青都是历史系学生。1949 年上半年，刘乃和给大一学生开课，结课后，她让听课学生在她的小本上写意见。她的这一习惯，一直延续到退休。这个小本上的学生，今日(2017 年)尚有在北京师范大学退休的教授。

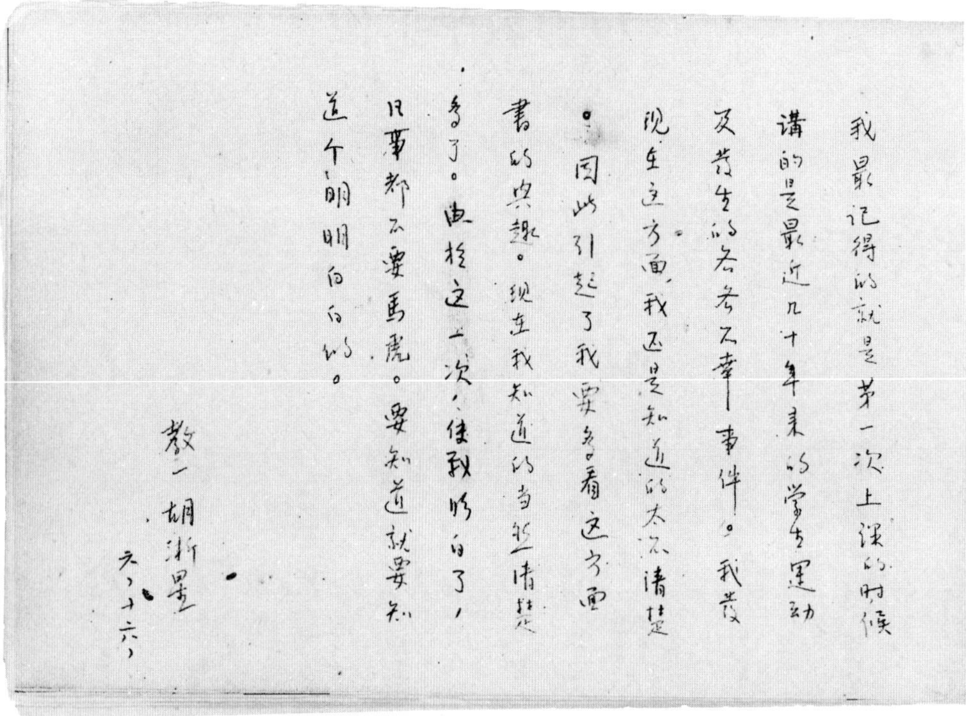
我最记得的就是第一次上课的时候讲的是最近九十年来的学生运动及学生的各各不幸事件。我发现在这方面，我还是知道的太不清楚。因此引起了我要多看这方面书的兴趣。现在我知道的当然清楚多了。由於这一次，使我明白了，凡事都不要马虎。要知道就要知道个明明白白的。

教一 胡浙墨
六、十六、

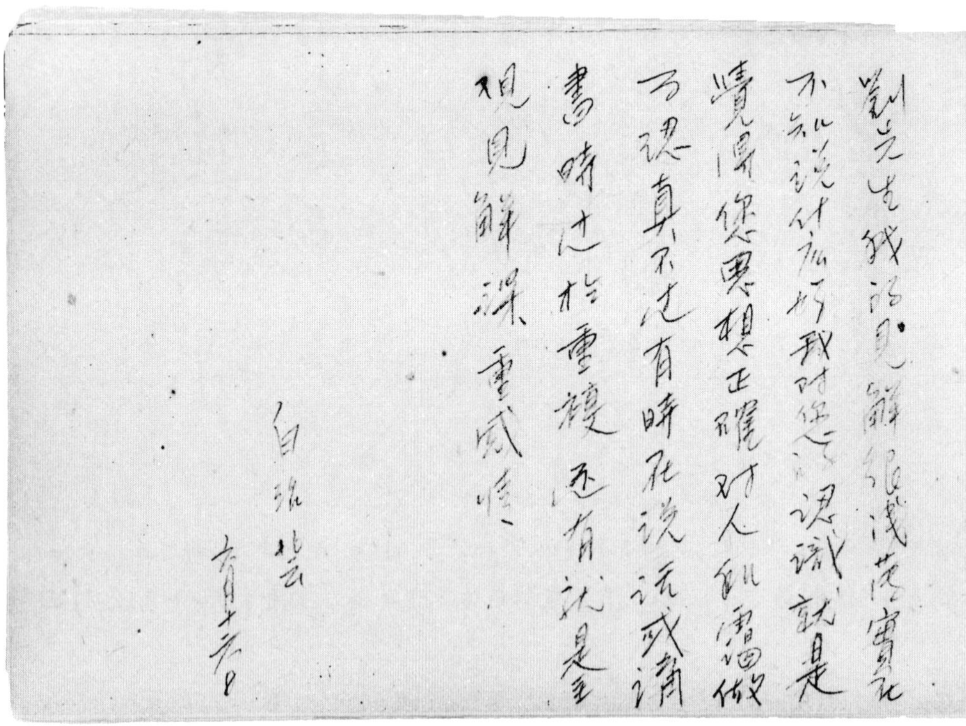
刘先生我的见解很浅薄实在不能说什么好我对您的认识就是讲得很思想正确对人们当面做不认真不足有时在说话或讲书时过於重复还有就是自现见解深重感情、

白瑞芸
六月十六日

这些大一学生的字，真好。

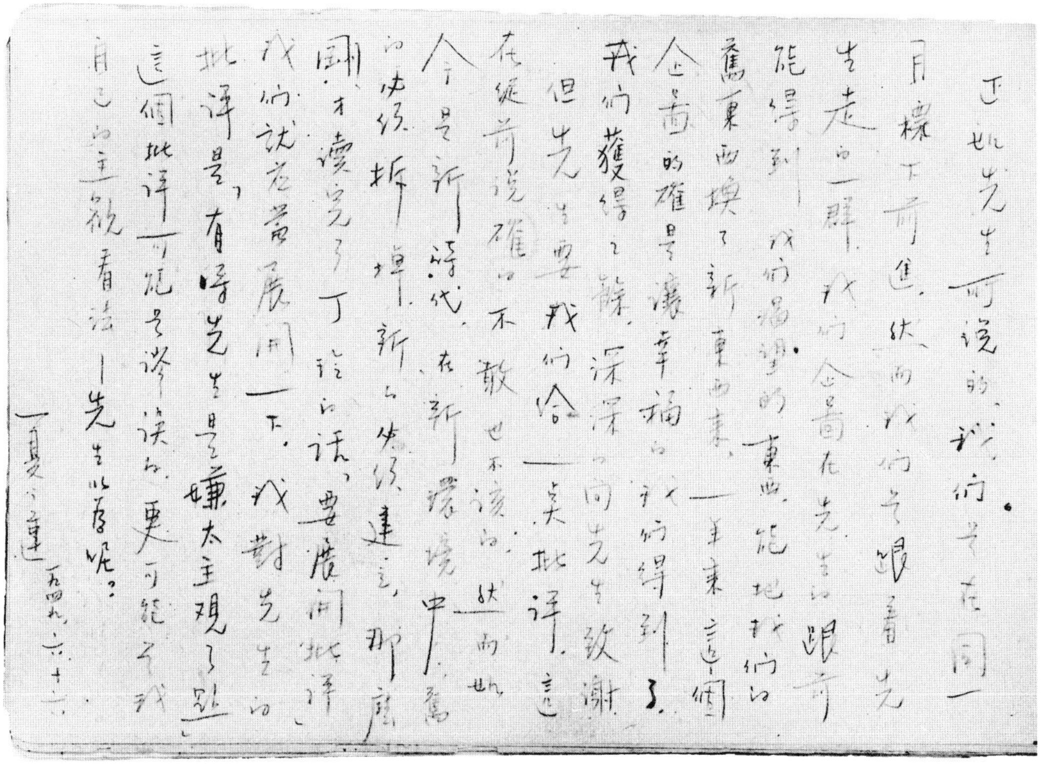

正如先生所說的，我們是在同一目標下前進，然而我們是跟着先生走的一群，我們企圖在先生的跟前能得到我們渴望的東西，能把我們的舊東西換了新東西，——拿來這個企圖的確是讓幸福的我們得到了。我們獲得了解，深深的向先生致謝。

但先生要我們給一點批評，這在從前說確的不敢也不該的，然而如今是新時代，在新環境中，舊的必須拆掉，新的必須建立，那麽剛才讀完了丁玲的話，要展開批評，我們試着展開一下，我對先生的批評是，有時先生是嫌太主觀了點，這個批評可能是錯誤的，更可能是我自己的主觀看法——先生以為呢？

一夏之達 一九四九，六，十六

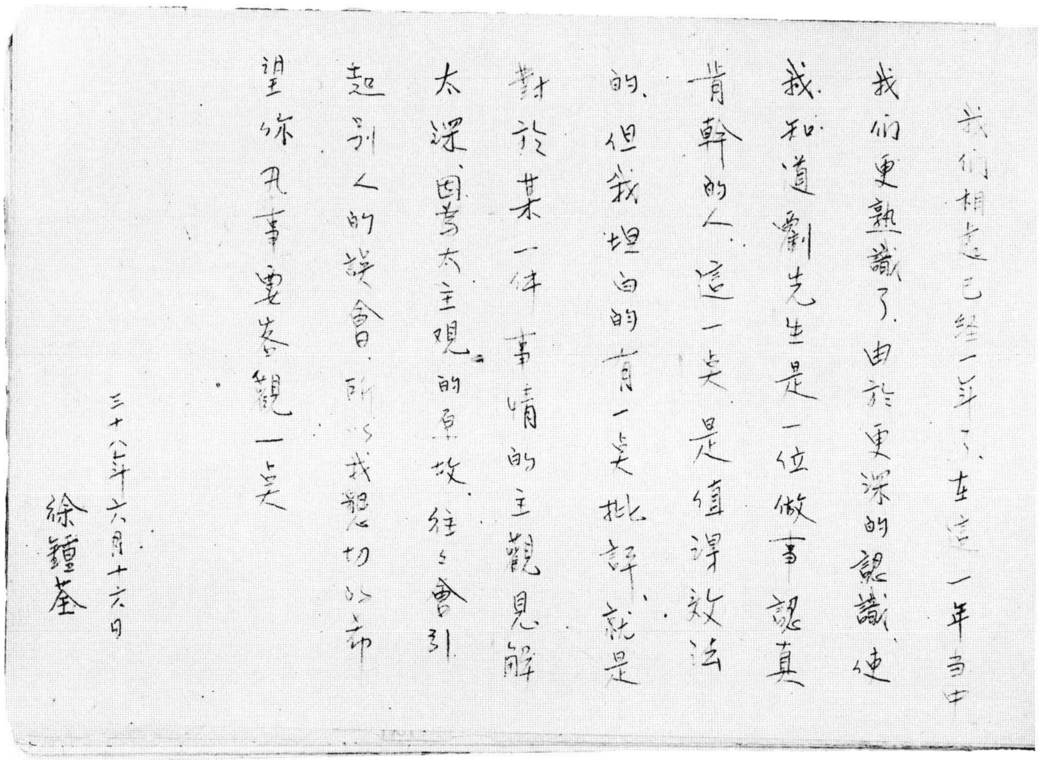

我們相處已經一年了，在這一年當中我們更熟識了，由於更深的認識，使我知道劉先生是一位做事認真肯幹的人，這一點是值得效法的，但我坦白的有一點批評，就是對於某一件事情的主觀見解太深，因為太主觀的原故，往往會引起別人的誤會，所以我懇切的希望你凡事要客觀一點

三十八年六月十六日

徐鍾荃

先生之諄諄善誘，熱心指教，使我们在一年之中得到了很多我们應该知道的东西，尤其是解放以後介绍给我们许多新知識，在作文方面指示给我们要注意文章的内容，而不要只注意文词的修饰，过去中學只学会背几首诗，几篇好文章，完全不切实用，在刚一读新民主主義的时候，我以为国文简直就要变成政治课了，心中很不满意，所以开始时老不能集中精會神的来听，丢失了宝贵的机会，如今恍然大悟，对过去之时间兼分感到遗憾，希望先生今後能给我指教，启发我之思路，把我由沉溺中救出来。

杨善膳

一年的相處，使我瞭解了您，您有新颖的思想，苦幹的精神，坚定的毅志，誠意的虚心，在這個时代裡您實在是我们青年们的模範，如此的作下去，定能作萬世師表。

劉同喜　六、十六

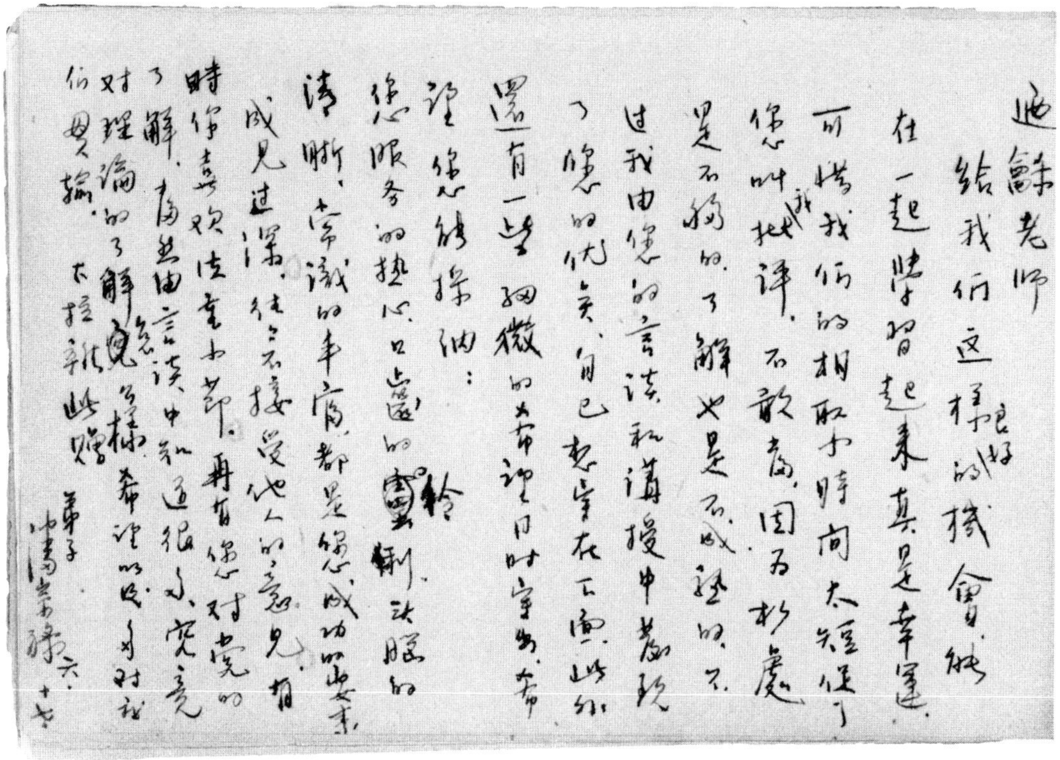

迺龢老师
给我们这样很好的机会，能
在一起学习起来真是幸运。
可惜我们的相处的时间太短促了，
您叫我批评，不敢当，因为我们相处
是不够的，了解也是不够的。不
过我由您的言谈和讲授中发现
了您的优点，自己想写在下面些给
还有一点细微的希望同时写出，希
望您能采纳：
您服务的热心，吃苦的精神，头脑的
清晰，常识的丰富，都是您成功的要素。
成见过深，往往不接受他人的意见，指
时常喜欢谈论事节，再有您对党的
了解，有些由言谈中知道很不够，究竟
对理论的了解，总不够，希望以后多对我
们要谈，太拉杂些，赠
弟子 沈涛宗孙 六.十七

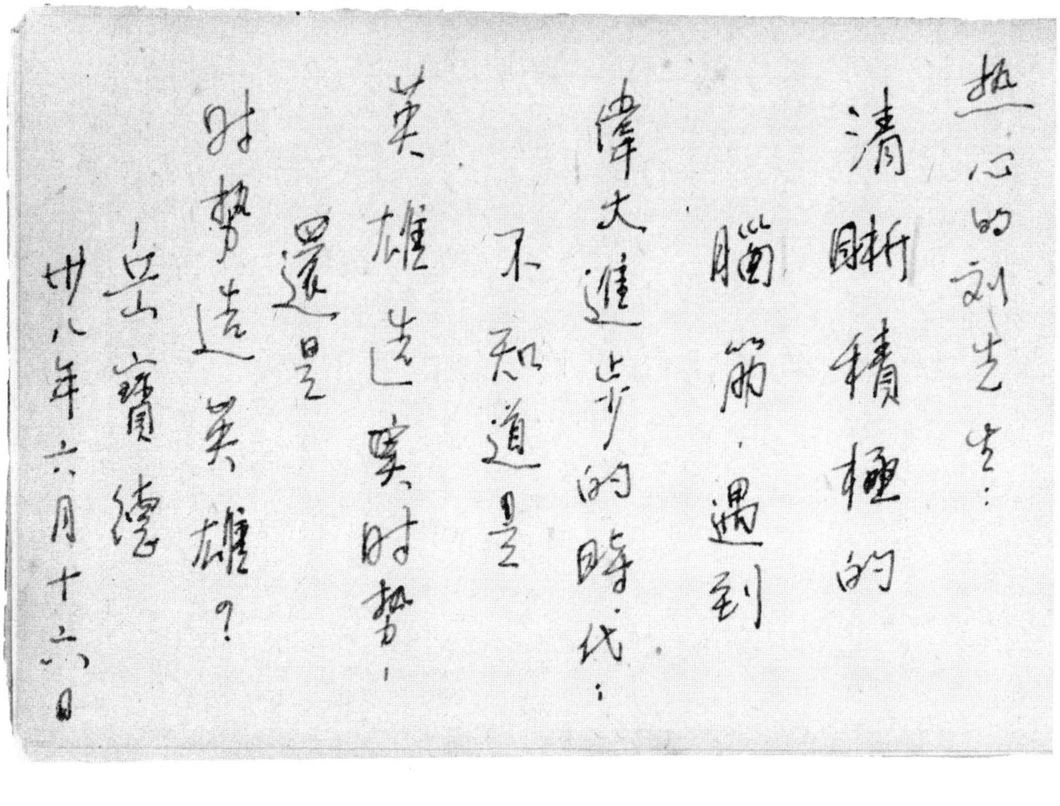

热心的刘先生：
清晰精确的
脑筋，遇到
伟大进步的时代：
不知道是
英雄造成时势，
时势造英雄？
还是
岳宝德
卅八年六月十六日

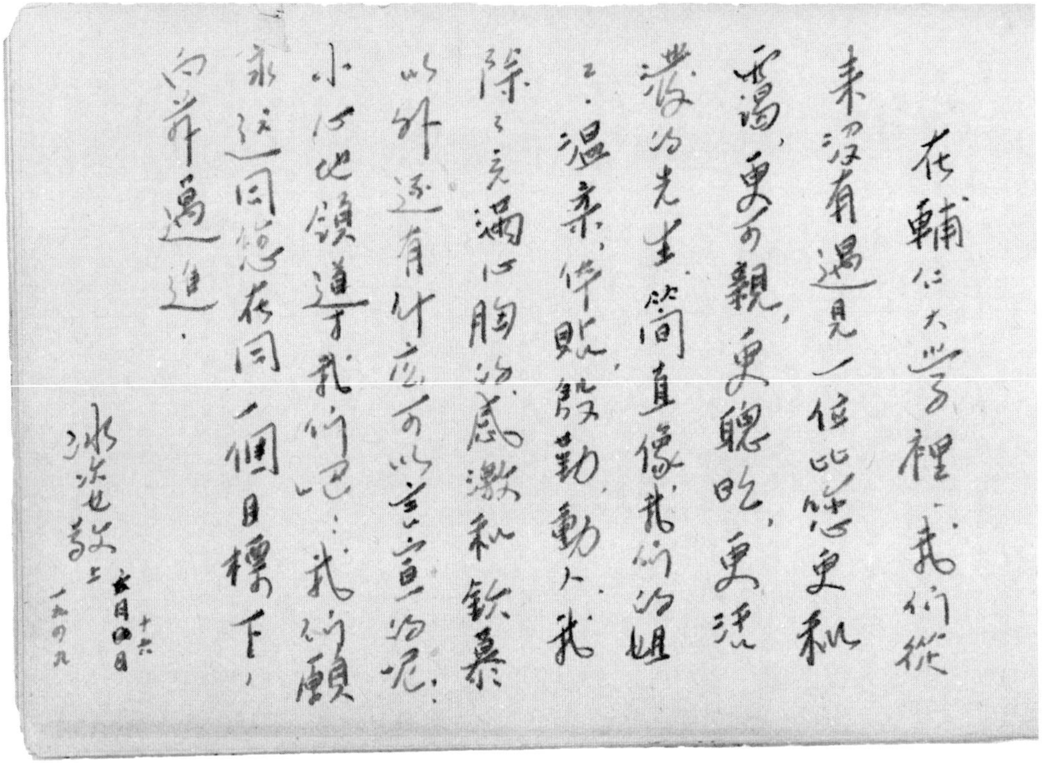
在輔仁大學裡，我們從來沒有遇見一位比您更和藹，更可親，更聰明，更活潑的先生，簡直像我們的姐姐，溫柔，體貼，殷勤，動人，我除了充滿心胸的感激和欽慕以外，還有什麼可以言宣的呢；小心地領導了我們吧！我們願永遠同您在同一個目標下，向前邁進。

冰洗也敬上
一九四九 六月十六日

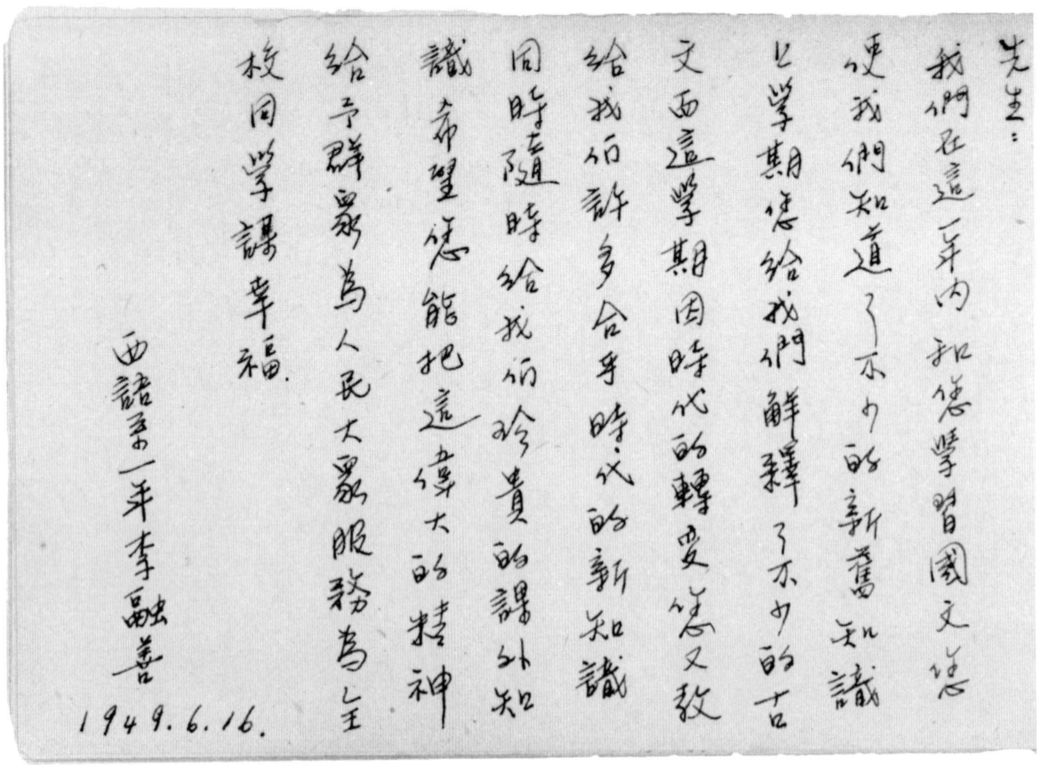
先生：

我們在這一年內和您學習國文，您使我們知道了不少的新舊知識，上學期您給我們解釋了不少的古文，這學期因時代的轉變您又教給我們許多合乎時代的新知識，同時隨時給我們珍貴的課外知識，希望您能把這偉大的精神給予群眾為人民大眾服務為全校同學謀幸福。

西語系一年李融善
1949.6.16.

劉老師：

在此短短的一學期中使我得到了不少寶貴的東西知道了我過去所犯的錯誤誤及今後應走的道路以往我對於政治不感興趣經 老師教導以來對於政治覺悟也大大提高不過美中不足就是時間太短所學過少我希望以後老師要繼續的指導我們批評我們我們仍須努力向同一個目標邁進

敬

戚兆明

六月十六

先生：

我是您一個思想最幼稚的學生，半年來使我們獲得不少保貴的東西，感激之至。願 先生永久保持那和藹熱的態度向前進，追求真理的精神，努力下去。不知多少新生的幼苗在等待您的灌溉呢！

愚生

張芸 於一九四九

六、十六

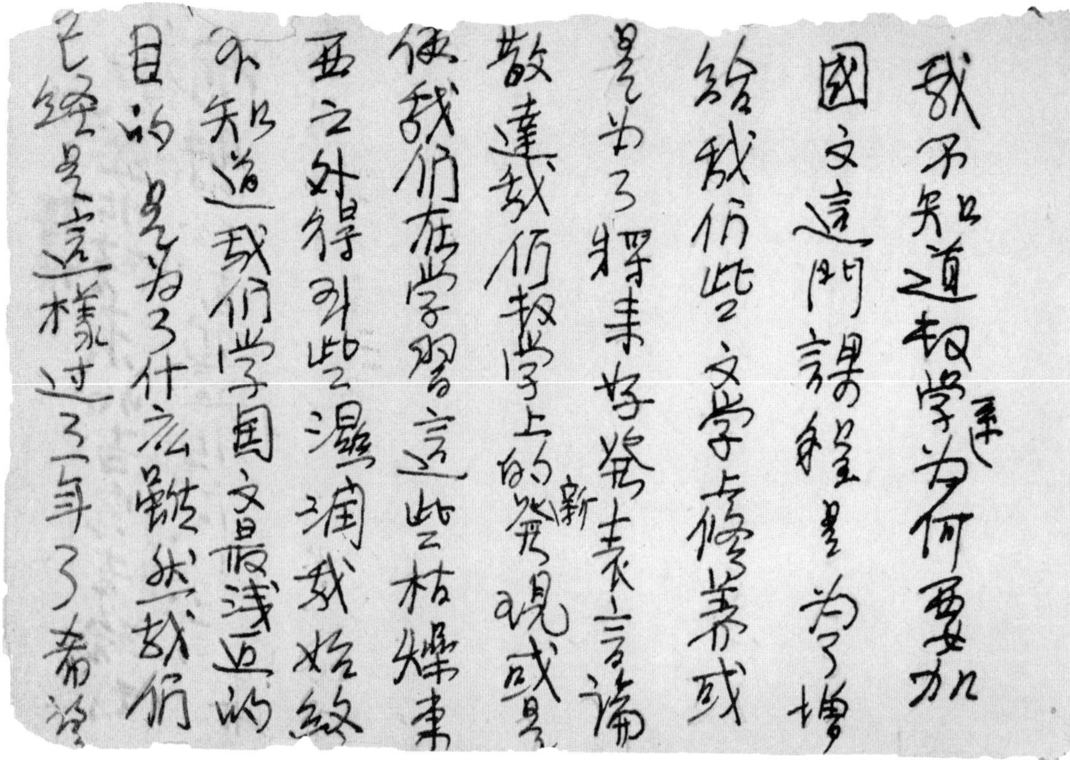

我不知道之敎學為何要加國文這門課程是為了增給我們些文學上修養或是為了將來好發表言論或達我們教學上的新發現或是使我們在學習這些枯燥東西之外得到些濕潤我始終不知道我們學國文最淺近的目的是為了什麽雖然我們已經是這樣過了一年了希望

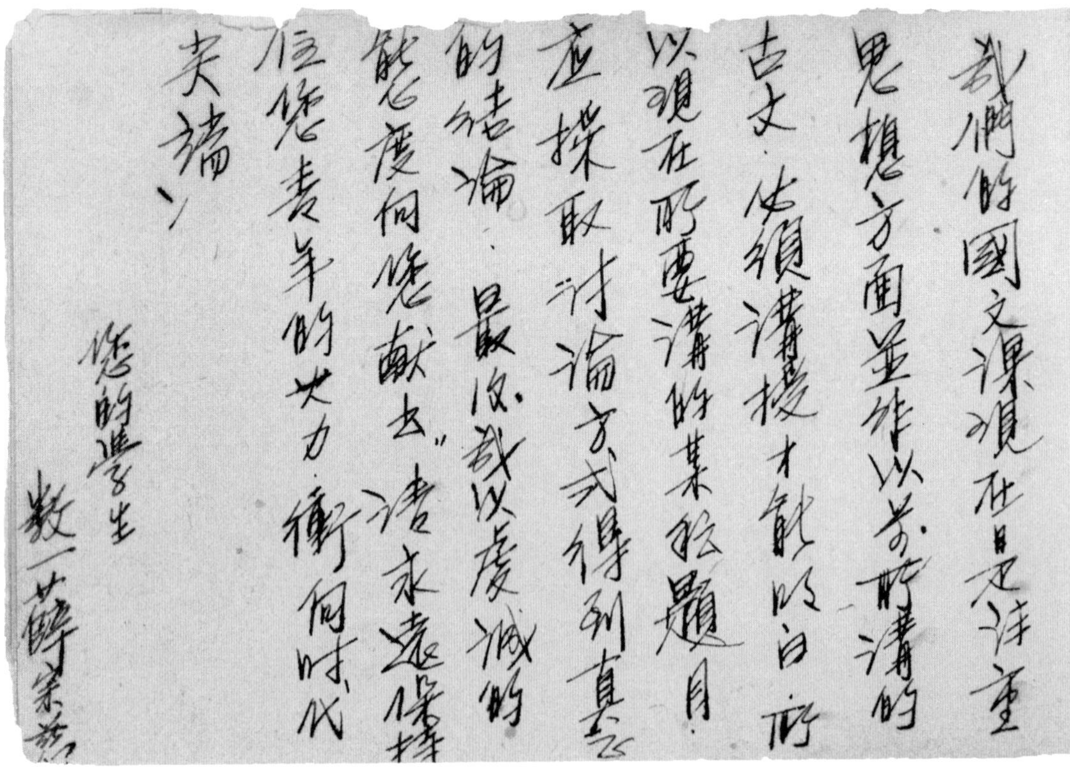

我們的國文課現在已足注重思想方面並非以前所講的古文，必須講授才能明白，所以現在所要講的某種題目，應採取討論方式得到真正的結論，最後我以虔誠的態度向您獻上，請永遠保持您青年的努力衝向時代尖端！

您的學生
敬一 薛崇慈

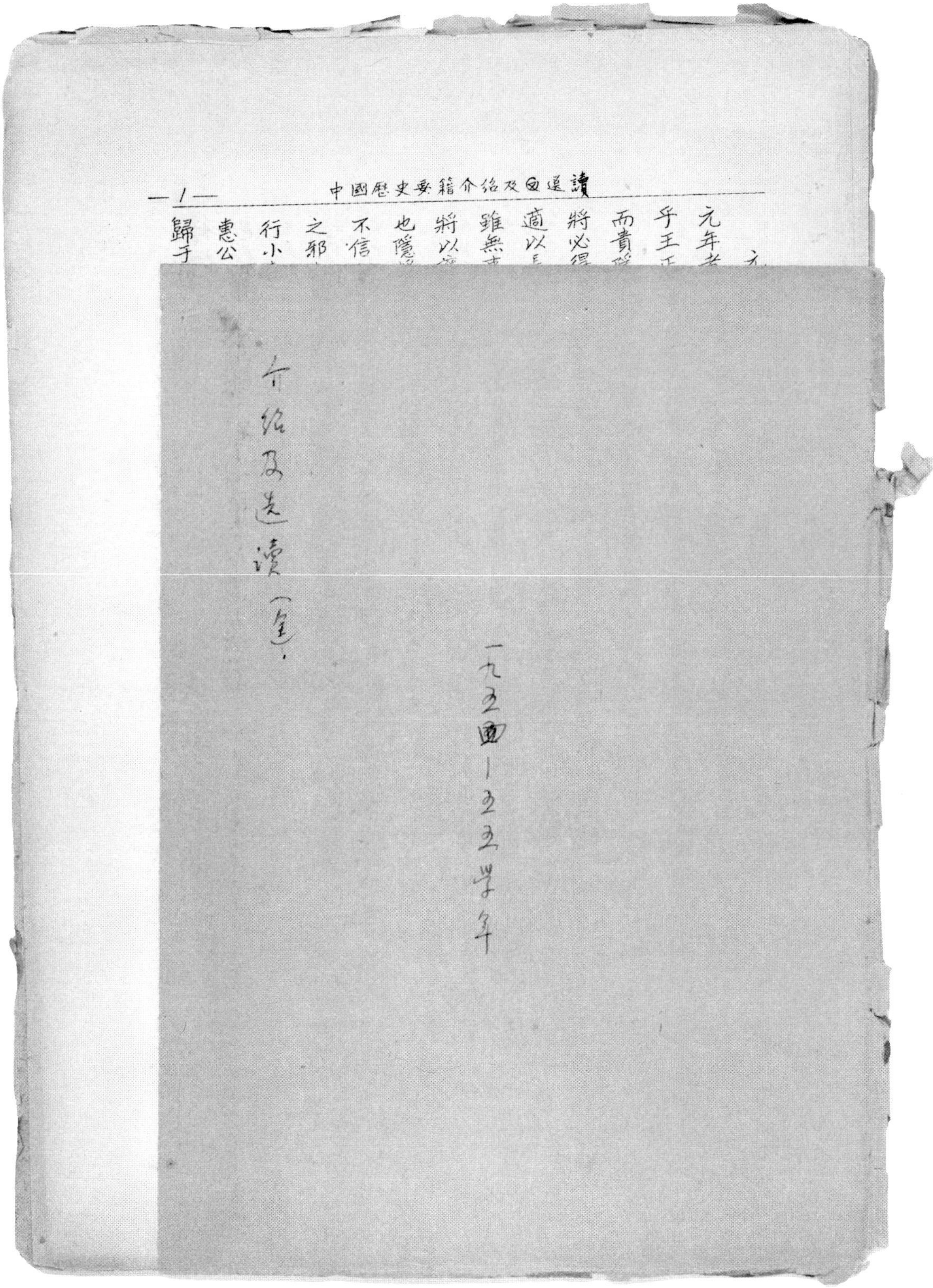

—1— 中國歷史要籍介紹及選讀

介紹及選讀（全）

一九五四—五五學年

教案选之一。

宋人及楚人平 宣十五年五月

外平不書此何以書大其平乎己也何大乎其平乎己莊王圍宋軍有七日之糧爾盡此不勝將去而歸爾於是使司馬子反乘堙而闚宋城宋華元亦乘堙而出見之司馬子反曰子之國何如華元曰憊矣曰何如曰易子而食之析骸而炊之司馬子反曰嘻甚矣憊雖然吾聞之也圍者柑馬而秣之使肥者應客是何子之情也華元曰吾聞之君子見人之厄則矜之小人見人之厄則幸之吾見子之君子也是以告情於子也司馬子反曰諾勉之矣吾軍亦有七日之糧爾盡此不勝將去而歸爾揖而去之反于莊王莊王曰何如司馬子反曰憊矣曰何如曰易子而食之析骸而炊之莊王曰嘻甚矣憊雖然吾今取此然後而歸爾司馬子反曰不可臣已告之矣軍有七日之糧爾莊王怒曰吾使子往視之子曷為告之司馬子反曰以區區之宋猶有不欺人之臣可以楚而無乎是以告之也莊王曰諾舍而止雖然吾猶取此然後歸爾司馬子反曰然則君請處于此臣請歸爾莊王曰子去我而歸吾孰與處于此吾亦從子而歸爾引師而去之故君子大其平乎己也此皆大夫也其稱人何貶曷為貶平者在下也 公羊

平者成也善其量力而反義也人者衆辭也平稱衆上下欲之也外平不道以吾人之存焉道之也 穀梁

1. 行空要寬点
2. 墨糊大(十七日)上午八時半印好

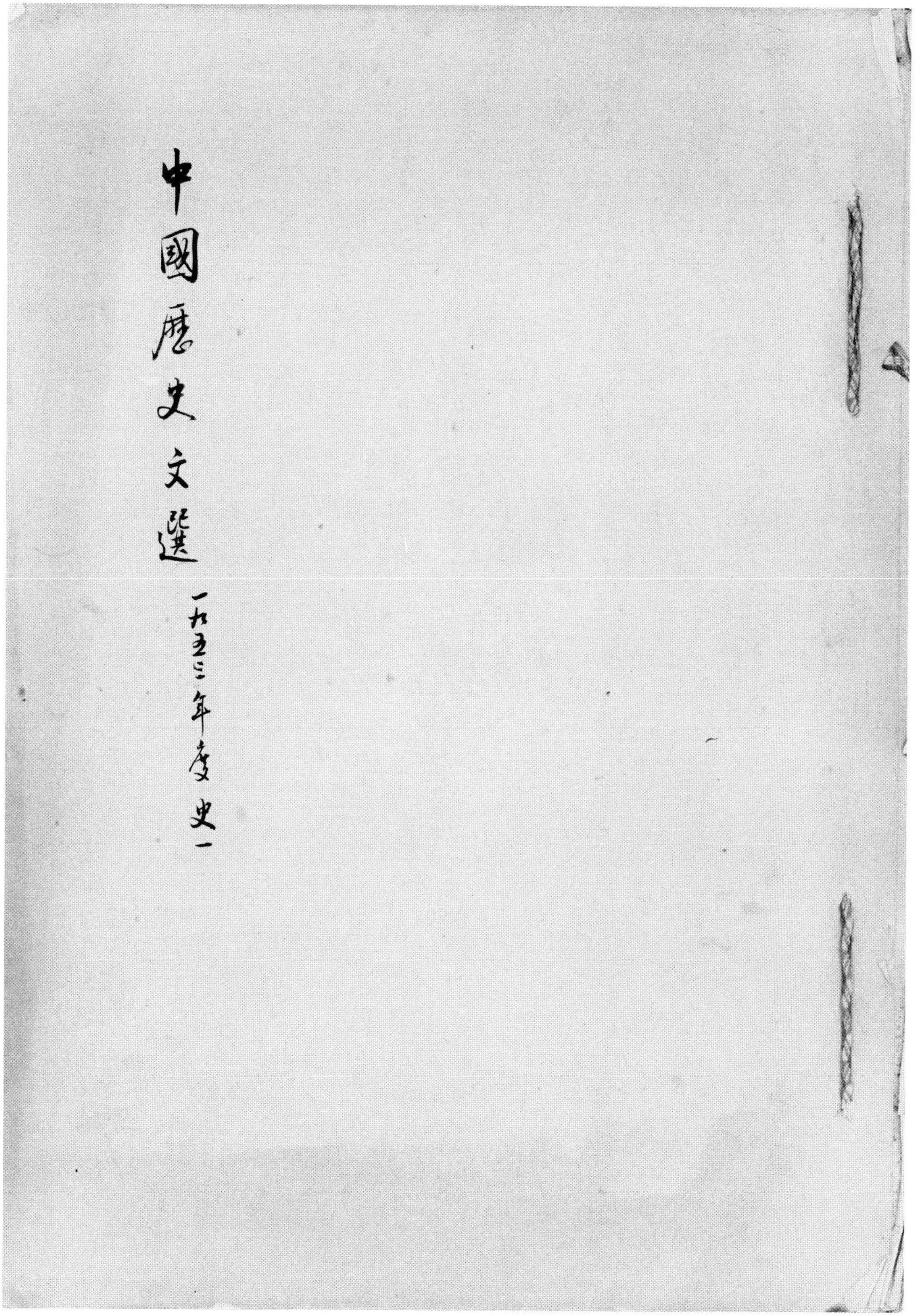

教案选之二。

一、宋人及楚人平　公羊　穀梁

二、曹公孫會自鄸出奔宋　公羊　穀梁

三、西狩獲麟　穀梁　左氏

四、晉趙盾衛孫免侵陳　公羊

五、晉趙盾弒其君夷皋　左氏　史記39晉世家

孔融傳節錄　後漢書100

有獻不死之藥於荊王者　戰國楚策

趙且伐燕　戰國燕策

六、孟子將朝王　孟子公孫丑下

七、沈同以其私問曰　公孫丑下

八、有為神農之言者許行　孟子滕文公上

去私　呂氏春秋

苛政猛於虎　禮記檀弓下

黔敖嗟來食　禮記檀弓下

荊宣王問群臣　戰國楚策

一九五三年度第一學期甲乙兩班

一、陶朱公 史记四一
二、西门豹 史记一二六
三、信陵君列傳 史记七七
四、廉頗藺相如列傳 史记八一
五、項羽本纪 史记七
六、晏子將使荆 說苑
靖郭君將城薛 戰國齊策

趙奢 李牧

一九五三年度第二學期春假前
乙班

外平，不關於魯也

堙，音因，上城具，雲梯之屬

宋人及楚人平　宣十五年五月

外平不書，此何以書？大其平乎己也。何大乎其平乎己？莊王圍宋，軍有七日之糧爾，盡此不勝，將去而歸爾，於是使司馬子反乘堙而闚宋城，宋華元亦乘堙而出見之。司馬子反曰：「子之國何如？」華元曰：「憊矣。」曰：「何如？」曰：「易子而食之，析骸而炊之。」司馬子反曰：「嘻！甚矣憊。雖然，吾聞之也，圍者柑馬而秣之，使肥者應客，是何子之情也？」華元曰：「吾聞之，君子見人之厄則矜之，小人見人之厄則幸之。吾見子之君子也，是以告情於子也。」司馬子反曰：「諾，勉之矣！吾軍亦有七日之糧爾，盡此不勝，將去而歸爾。」揖而去之，反於莊王。莊王曰：「何如？」司馬子反曰：「憊矣。」曰：「何如？」曰：「易子而食之，析骸而炊之。」莊王曰：「嘻！甚矣憊。雖然，吾今取此，然後而歸爾。」司馬子反曰：「不可，臣已告之矣，軍有七日之糧爾。」莊王怒曰：「吾使子往視之，子曷為告之？」司馬子反曰：「以區區之宋，猶有不欺人之臣，可以楚而無乎？是以告之也。」莊王曰：「諾，舍而止。雖然，吾猶取此，然後歸爾。」司馬子反曰：「然則君請處乎此，臣請歸爾。」莊王曰：「子去我而歸，吾孰與處於此？吾亦從子而歸爾。」引師而去之。故君子大其平乎己也。此皆大夫也，其稱人何？貶。曷為貶？平者在下也。　公羊

平者成也，善其量力而反義也。人者，衆辭也。平稱衆，上下欲之也。外平不道，以吾人之存焉。

（批注）
其の向の答。
已
已，言二大夫，謂其各自量力，各為本國。
圍，被圍也。
秣，音末，飼馬也。
柑，日鉗，以木銜馬口也，置粟馬前，示敵以粟有餘也。
舍，舍而止，示不去。
嘉其，大其有仁恩。
已
各自知力不能相制，反其和之義。　原抑
時宋文公在位，宋襄公之孫也。
楚
情，老實也。
告情於子，老實告訴。
諾，表示答應。
情，老實話也。
擇
是以，所以是。
因此
指司馬子反及莊王
善之
（因為圍之向停止戰爭，嘉揚而是。二口大夫如何往致姓。）
此文九月宋人，公羊齊人，此為齊說。

中國歷史文選（史二）

道之也。穀梁

此句歸釋公穀不同、

「吾人」因上文有「宣十五年春、公孫歸父會楚子于宋」、下文即「宋人及楚人平」、言吾國人參預其間也。楚子、為公、侯、伯、子、男之子。吾人蓋指吾人、因此宣公二口以和來、

公孫歸父（字子家）為吾大夫。楚子即楚莊王、楚雖為大國、而同封為子國、他在楚稱莊王、春秋筆法嚴於、子國稱子、侯國稱侯。

（曹、今山東、宋今河南商邱附近）

莊廿三年有「[illegible]曹羈出奔陳」、名上無氏、名下無自。

隱桓莊閔、僖文宣成、襄昭定哀

「曹公孫會自鄸出奔宋」昭二十年夏

奔未有言自者，此其言自何也？畔也。畔則曷為不言其畔？為公子喜時之後諱也。春秋為賢者諱，何賢乎公子喜時？讓國也。其讓國奈何？曹伯廬卒于師，則未知公子喜時從與？公子負芻從與？或為主于國，或為主于師。公子喜時見公子負芻之當主也，逡巡而退。賢公子喜時，則曷為為會諱？君子之善善也長，惡惡也短，惡惡止其身，善善及子孫。賢者子孫，故君子為之諱也。公羊

之叛

如之何？

一个人

曹伯國，君之名廬，即曹宣公

當時

指曹表主也

言其事，卻也。行不進曰逡巡

遺

曹伯盧卒於師在成十三年（成共十八年、襄廿一年。成5 襄31 昭20 554）猶隔五十五年去事）以喜時之讓，除劊之畔

自鄸者，專乎鄸也。曹無大夫，其曰公孫，何也？言其以貴取之，而不以叛也。穀梁

暮

曹伯盧、曹宣公↓負芻、曹成公。

去：負芻、喜時為曹伯盧子、二人為兄弟、

「曹無大夫」：春秋之義，小國無大夫，無大夫者，不錄其名氏也，今錄之，特例，故云向。

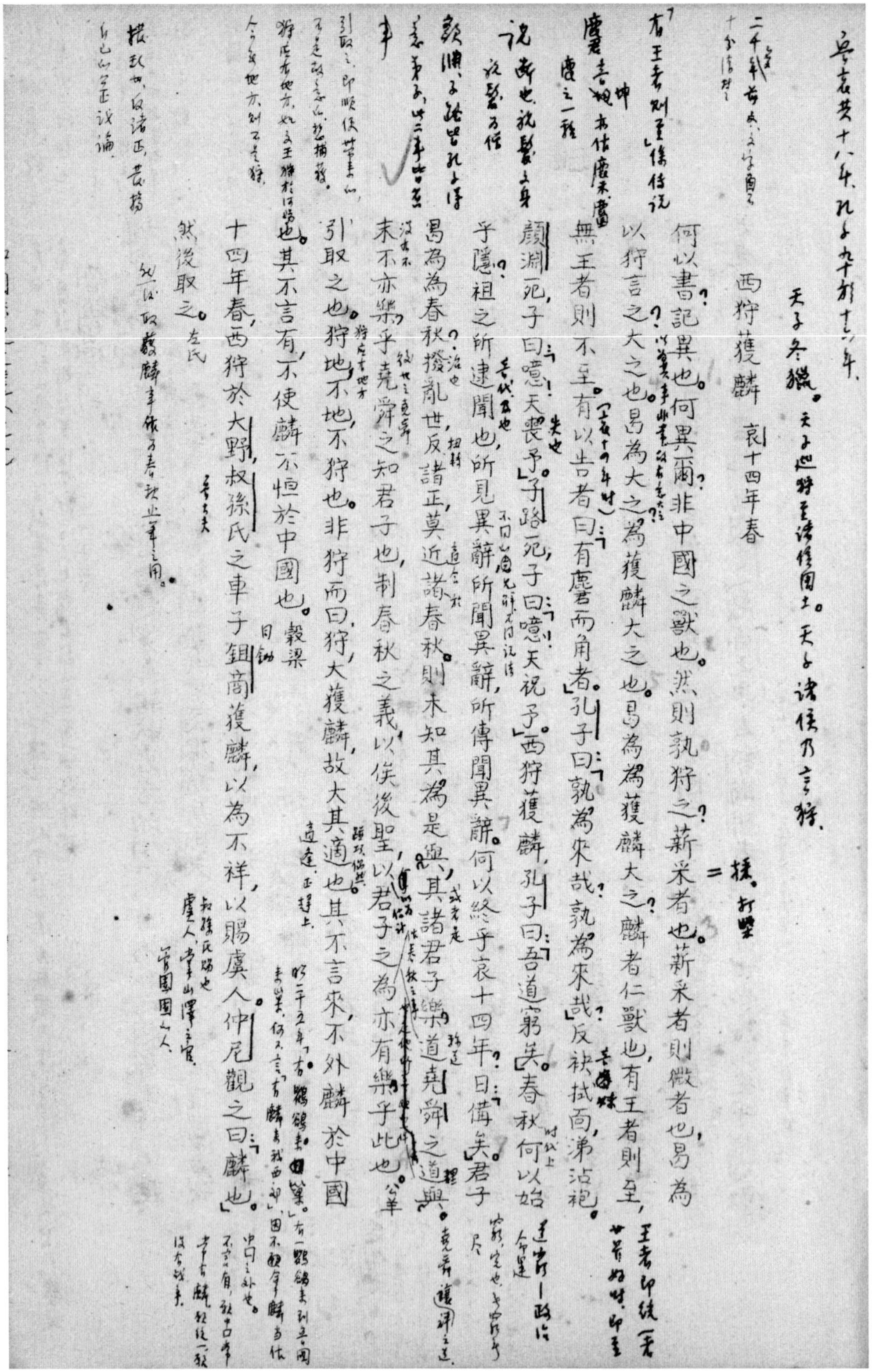
天子冬獵。天子巡狩至諸侯國土。天子諸侯乃言狩。

西狩獲麟　哀十四年春

何以書？記異也。何異爾？非中國之獸也。然則孰狩之？薪采者也。薪采者則微者也，曷為以狩言之？大之也。曷為大之？為獲麟大之也。曷為為獲麟大之？麟者仁獸也，有王者則至，無王者則不至。有以告者曰：「有麏而角者。」孔子曰：「孰為來哉！孰為來哉！」反袂拭面，涕沾袍。顏淵死，子曰：「噫！天喪予。」子路死，子曰：「噫！天祝予。」西狩獲麟，孔子曰：「吾道窮矣。」春秋何以始乎隱？祖之所逮聞也。所見異辭，所聞異辭，所傳聞異辭。何以終乎哀十四年？曰：備矣。君子曷為為春秋？撥亂世，反諸正，莫近諸春秋。則未知其為是與？其諸君子樂道堯舜之道與。末不亦樂乎堯舜之知君子也？制春秋之義以俟後聖，以君子之為亦有樂乎此也。公羊

引取之也。狩地不地，不狩也。非狩而曰狩，大獲麟，故大其適也。其不言來，不外麟於中國也。其不言有，不使麟不恒於中國也。穀梁

十四年春，西狩於大野，叔孫氏之車子鉏商獲麟，以為不祥，以賜虞人。仲尼觀之曰：「麟也。」然後取之。左氏

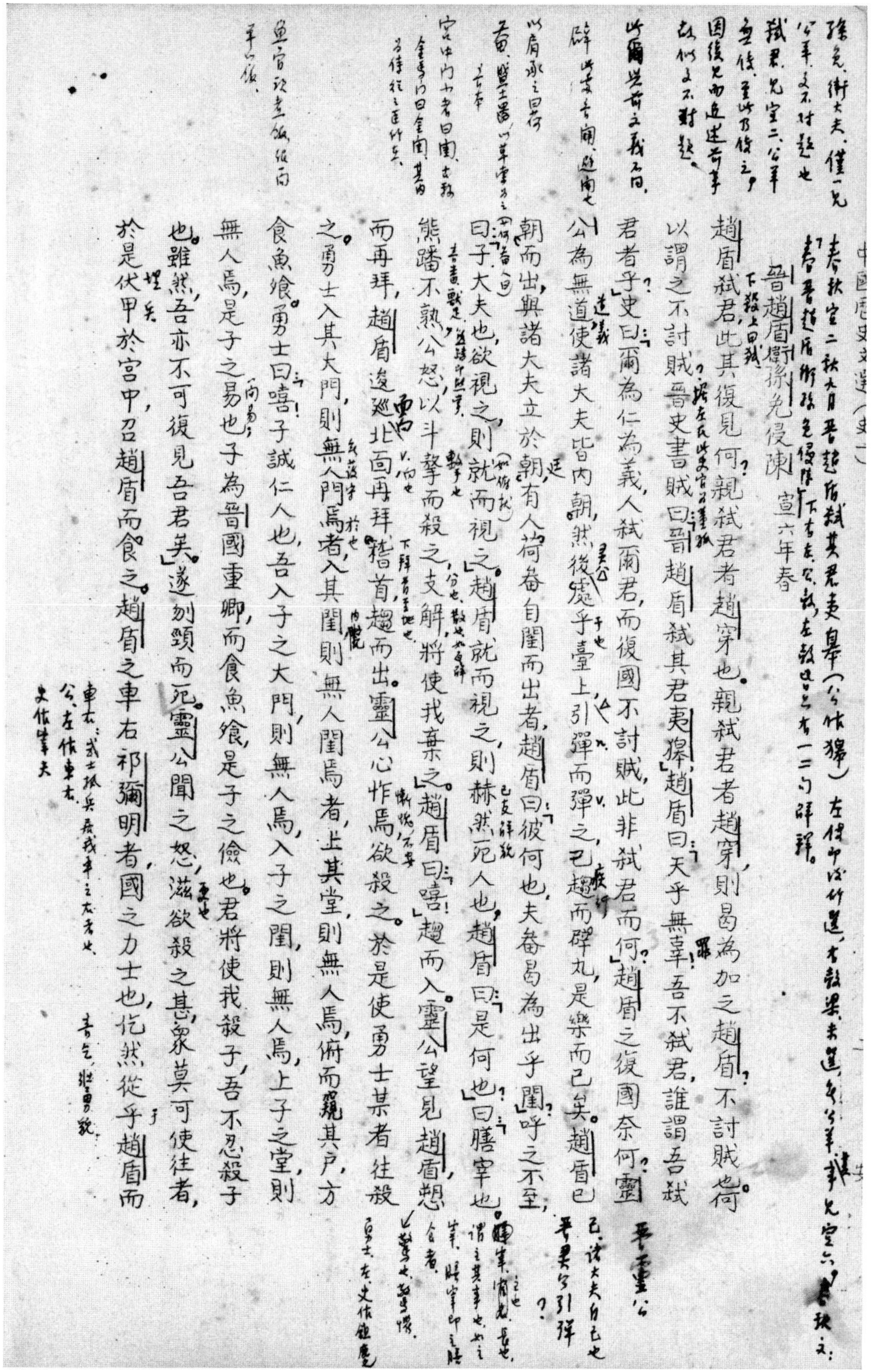

中國歷史文選（史一）

春秋宣二秋九月晉趙盾弒其君夷臯（公作獋）

晉趙盾弒孫免侵陳　宣六年春

趙盾弒君，此其復見何？親弒君者趙穿也。親弒君者趙穿，則曷為加之趙盾？不討賊也。何以謂之不討賊？晉史書賊曰：「晉趙盾弒其君夷獋。」趙盾曰：「天乎無辜！吾不弒君，誰謂吾弒君者乎？」史曰：「爾為仁為義，人弒爾君，而復國不討賊，此非弒君而何？」趙盾之復國奈何？靈公為無道，使諸大夫皆內朝，然後處乎臺上，引彈而彈之，已趨而辟丸，是樂而已矣。趙盾已朝而出，與諸大夫立於朝，有人荷畚自閨而出者，趙盾曰：「彼何也？夫畚曷為出乎閨？」呼之不至，曰：「子大夫也，欲視之，則就而視之。」趙盾就而視之，則赫然死人也。趙盾曰：「是何也？」曰：「膳宰也。熊蹯不熟，公怒，以斗摮而殺之，支解，將使我棄之。」趙盾曰：「嘻！」趨而入。靈公望見趙盾，愬而再拜。趙盾逡巡北面再拜稽首，趨而出。靈公心怍焉，欲殺之。於是使勇士某者往殺之。勇士入其大門，則無人門焉者；入其閨，則無人閨焉者；上其堂，則無人焉。俯而窺其戶，方食魚飧。勇士曰：「嘻！子誠仁人也。吾入子之大門，則無人焉；入子之閨，則無人焉；上子之堂，則無人焉，是子之易也。子為晉國重卿，而食魚飧，是子之儉也。君將使我殺子，吾不忍殺子也。雖然，吾亦不可復見吾君矣。」遂刎頸而死。靈公聞之怒，滋欲殺之甚，衆莫可使往者，於是伏甲於宮中，召趙盾而食之。趙盾之車右祁彌明者，國之力士也，仡然從乎趙盾而

周狗

謂可以使周之狗，所指如意

鳴金收兵，鳴鼓進兵

暴音僕

入，放乎堂下而立。趙盾已食，靈公謂盾曰：「吾聞子之劍，蓋利劍也。子以示我，吾將觀焉。」趙盾起，將進劍。祁彌明自下呼之曰：「盾食飽則出，何故拔劍於君所？」趙盾知之，躇階而走。靈公有周狗，謂之獒，呼獒而屬之，獒亦躇階而從之。祁彌明逆而踆之，絕其頷。趙盾顧曰：「君之獒，不若臣之獒也。」然而宮中甲鼓而起，有起於甲中者，抱趙盾而乘之。趙盾顧曰：「吾何以得此於子？」曰：「子某時所食活我於暴桑下者也。」趙盾曰：「子名為誰？」曰：「吾君孰為介？子之乘矣，何問吾名。」趙盾驅而出，衆無留之者。趙穿緣民衆不說，起弒靈公，然後迎趙盾而入，與之立於朝，而立成公黑臀。公羊

曾理朝政

三

（表二十二）

北京師範大學

歷史政治 系 中國史 教研組

教師個人工作計劃

教師簽名 劉廼龢 職別 讲师

教研組主任簽名 ____________

系主任（或教務長）簽名 ____________

195 6 年 4 月 20 日

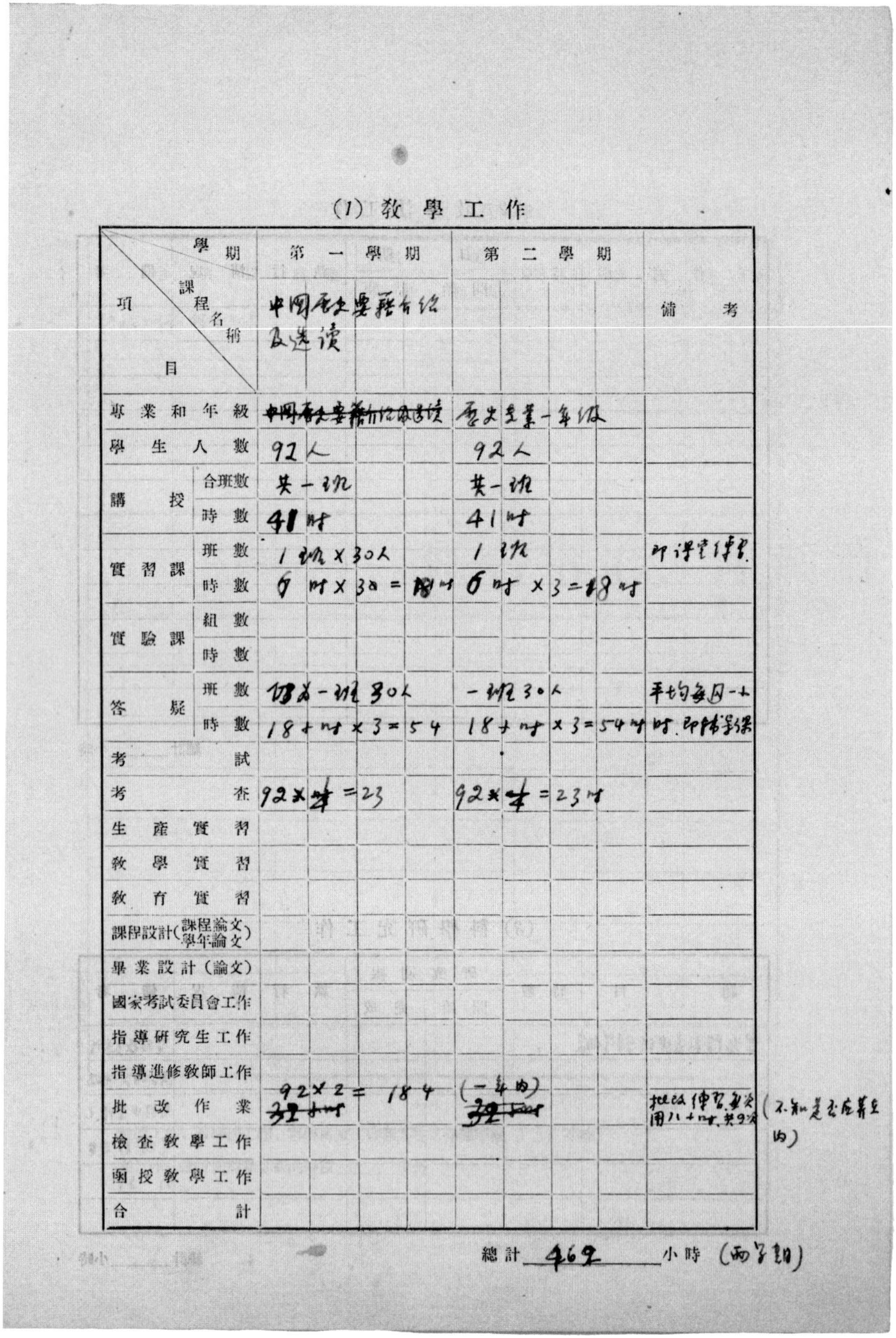

(1) 教學工作

項目 ＼ 課程名稱 ＼ 學期	第一學期	第二學期	備考
課程名稱	中国历史要籍介绍及选读		
專業和年級	~~中国历史要籍介绍及选读~~	历史专业一年级	
學生人數	92人	92人	
講授 合班數	共一班	共一班	
講授 時數	41时	41时	
實習課 班數	1班×30人	1班	即课堂练习
實習課 時數	6时×30=18时	6时×3=18时	
實驗課 組數			
實驗課 時數			
答疑 班數	[illegible]一班30人	一班30人	平均每周一小
答疑 時數	18小时×3=54	18小时×3=54小时	时，即辅导课
考試			
考查	92×1/4=23	92×1/4=23时	
生產實習			
教學實習			
教育實習			
課程設計（課程論文 學年論文）			
畢業設計（論文）			
國家考試委員會工作			
指導研究生工作			
指導進修教師工作			
批改作業	92×2=184 ~~32小时~~	（一年内） ~~32小时~~	批改练习，每次用八十小时，共9次（不知是否应算在内）
檢查教學工作			
函授教學工作			
合計			

總計 462 小時（两学期）

算教学量。

(2) 教學法工作

工作名稱	時數	日期		執行情況	備考
		開始	結束		

總計______小時

(3) 科學研究工作

題目	時數	研究期限		執行情況	備考
		開始	完成		
帮助陈校长进行科学研究					帮助校长进行科学研究工作及整理旧著作，已完成二种，正进行二种

總計______小時

(4)其他工作

工作項目	時數	日期		執行情況	備考
		開始	結束		
行政工作 技术工作.					

總計________小時

教學工作、教學法工作、科學研究工作和其他工作總時數________小時

在工作日進行備課和進修的時數________小時

(5) 教師準備達到教學工作量定額的計劃

教學工作量定額	520 —— 570 小时 (低数)
實際担負教學工作量	
完成定額的%	
未完成的原因	
準備開何課程和何種教學形式來達到教學工作量，每門課程和每種教學形式的準備工作估計於何時可以完成	
如何準備（包括進修、自學等）	

高等学校教学研究指導組各級教師職責暫行規定

高等学校教師教学工作量和工作日試行办法

關於「高等学校教師教学工作量和工作日試行办法」的說明

一九五五年七月十一日

抄发教部发“关于实行教师教学工作量和工作日制度”填写与计算方法上的一些问题

1.教学工作量与工作日中各项工作的时数，均按一学年（从上学期至本学期）的填写。关于教学法与科学研究等工作的時数上学期的按实际进行与所用的时数计算，并在备注栏内注明。

2.各级教师全年应完成的教学工作量的标準目前一律暂按低额计算。在计算方法上凡达到下限的即为达到了工作量标準，超过上限的始为超过了工作量标準。（例如教授付教授额定为四八〇——五三〇小時，则达到四八〇小时即为达到了工作量标準，超过五三〇小时的始为超过了工作量标準）。

3.本科研究班以及各种教学形式的教学工作量的计算方法，一律按「試行办法」中的规定计算。在校委会上提出的拟呈请高教部修改或由我校灵活变動的部分在高教部未批准前，暂不实行。

4.教师全年应完成教学工作、教学法工作和科学研究工作的总时数，本学年按1464小时计算。

请各位教师填表时对以上四点予以注意为荷 此致

刘炳舒先生

北京師範大學歷史系 56.3.26

附工作计划二份。

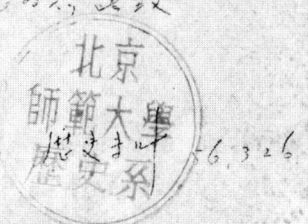

頃接教務处通知：『為了在我校試行教師教学工作量和工作日制度作好準備，決定於本学期在全校範圍内（音樂、国画、製图兩系除外）組织全体教師進行学習和試算。俾明确实行教師教学工作量和工作日制度的意義及辦法，了解我校教師当前工作負担的实際情况，并將有関文件表格分發你系，希依教研組為單位按下列日期組织学習与試算。並希於学習後經系主任及教研組主任研究由各系提出問題，於十一月十九日前送交我处，以便考慮進行必要的解釋与説明。

日　期：十一月十四日——十九日　学習，

十一月廿一日——三十日　試算。』為此抄知請按照規定日期進行学習。此致

刘炯舒先生

附表份

歷史系歷史專業　五五、十一、十二、

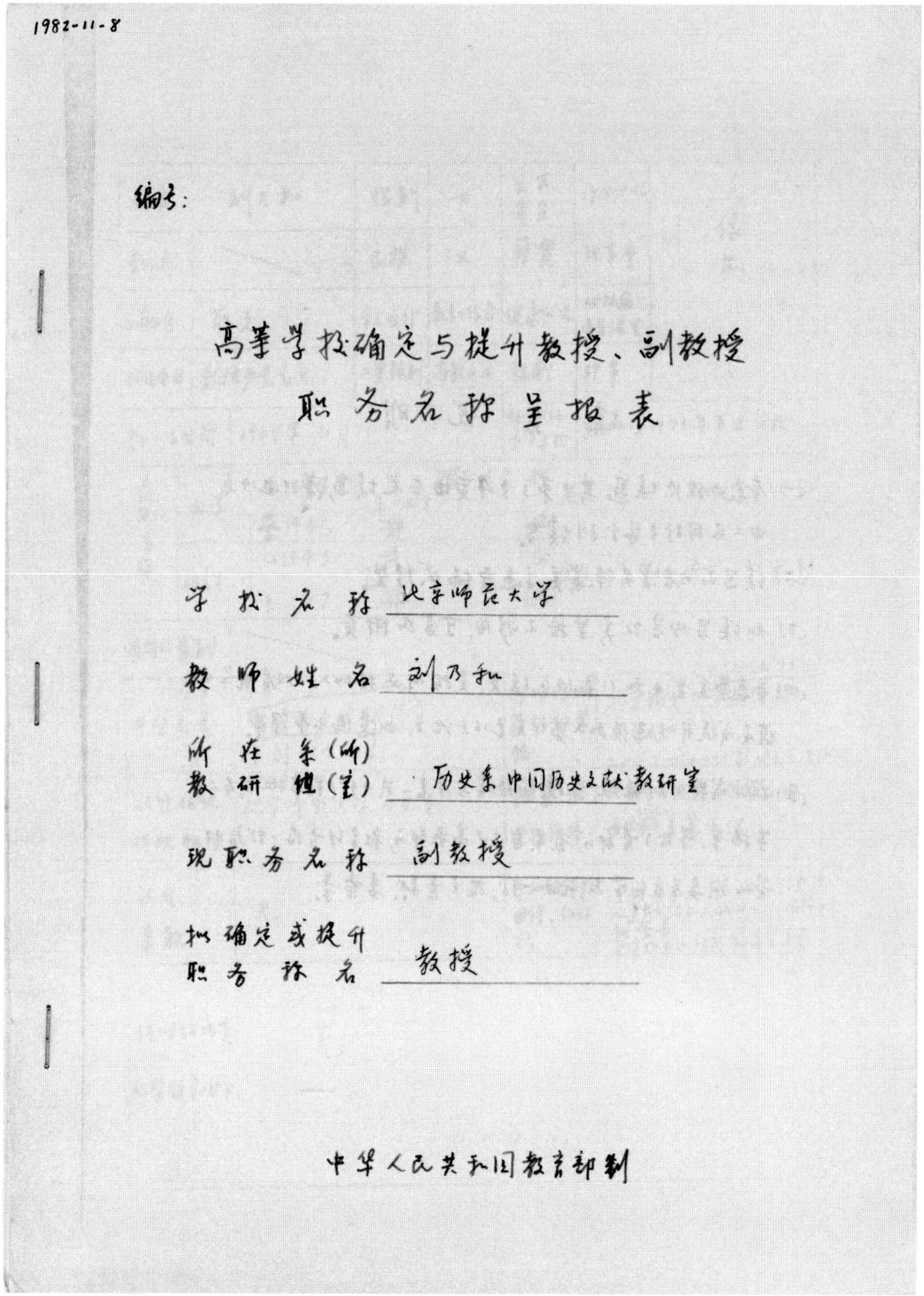
1982-11-8

编号:

高等学校确定与提升教授、副教授职务名称呈报表

学校名称 北京师范大学

教师姓名 刘乃和

所在系(所)教研组(室) 历史系中国历史文献教研室

现职务名称 副教授

拟确定或提升职务名称 教授

中华人民共和国教育部制

刘乃和说，她从讲师到副教授，走了三十一年。告诫我：“不要急。”

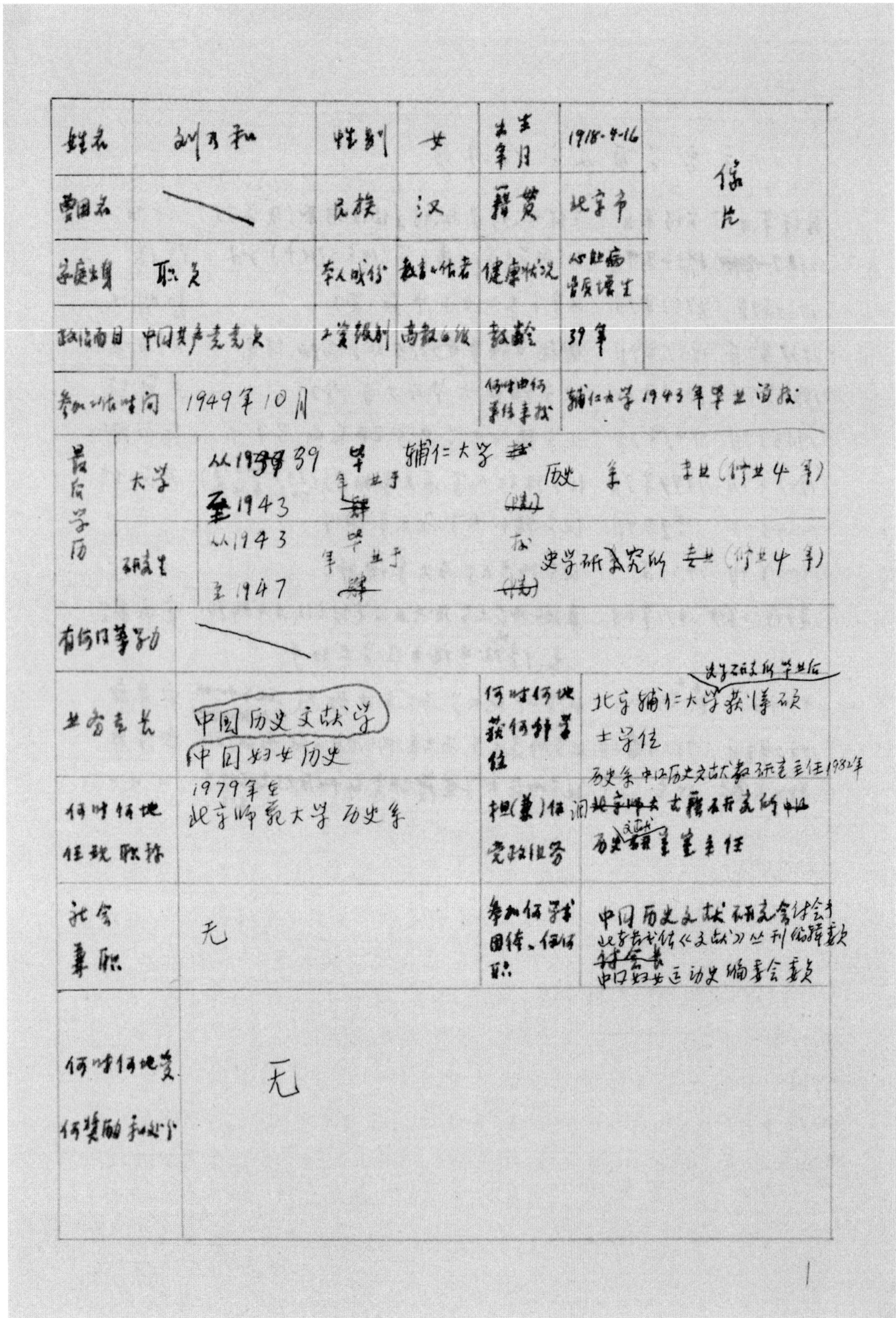

姓名	刘乃和	性别	女	出生年月	1918-9-16	像片
曾用名	—	民族	汉	籍贯	北京市	
家庭出身	职员	本人成分	教书工作者	健康状况	心脏病 冒反酸 [illegible]	
政治面目	中国共产党党员	工资级别	高教6级	教龄	39年	
参加工作时间	1949年10月			何时由何学校毕业	辅仁大学1943年毕业留校	
最后学历 大学	从1939年至1943年 辅仁大学历史系毕业（修业4年）					
最后学历 研究生	从1943年至1947年 辅仁大学史学研究所毕业（修业4年）					
有何外语学历	—					
业务专长	中国历史文献学 中国妇女历史			何时何地获何种学位	北京辅仁大学获得硕士学位（史学研究所毕业后）	
何时何地任现职称	1979年在北京师范大学历史系			担（兼）任何党政职务	历史系中国历史文献教研室主任1982年 [illegible] 古籍研究所 [illegible] 历史文献室主任	
社会兼职	无			参加何学术团体、任何职	中国历史文献研究会副会长 北京古籍 [illegible]《文献》丛刊编辑委员 中国妇女运动史编委会委员	
何时何地受何奖励和处分	无					

所有的重要表格，刘先生都画一张，留档存副。

主要学历及社会经历

自何年月	至何年月	在何地、何学校、何单位任何职（或学习）	证明人
1931.9	1934年7月	北京师范大学附属中学（现在一附中）学习	陈浩
1934年9月	1937年7月	北京市第一女子中学 学习	郭明秋
1937年7月	1939年9月	抗日战争，北京沦陷，休学	刘乃崇
1939年9月	1943年7月	北京辅仁大学历史系 学习	尹敬坊
1943年9月	1947年7月	北京辅仁大学史学研究所 学习	郭预衡
1943年9月	1949年7月	北京辅仁大学历史系助教（其中43—47年研究生兼助教）	尹敬坊
1949年7月	1952年9月	北京辅仁大学历史系讲师	〃 〃 〃
1952年9月	1979年	北京师范大学历史系讲师	〃 〃 〃
其中1952年9月	1971年6月	兼北京师范大学校长办公室副主任、学术科科长、陈垣校长秘书及学术助手	金永龄
1979年	~~现在~~ 1980.8	北京师范大学历史系副教授	白寿彝
1980年8月	1982年2月	北京师范大学历史系中国历史文献教研室主任	白寿彝
1982年2月	现在	北京师范大学古籍研究所中国历史文献研究室主任	〃 〃 〃

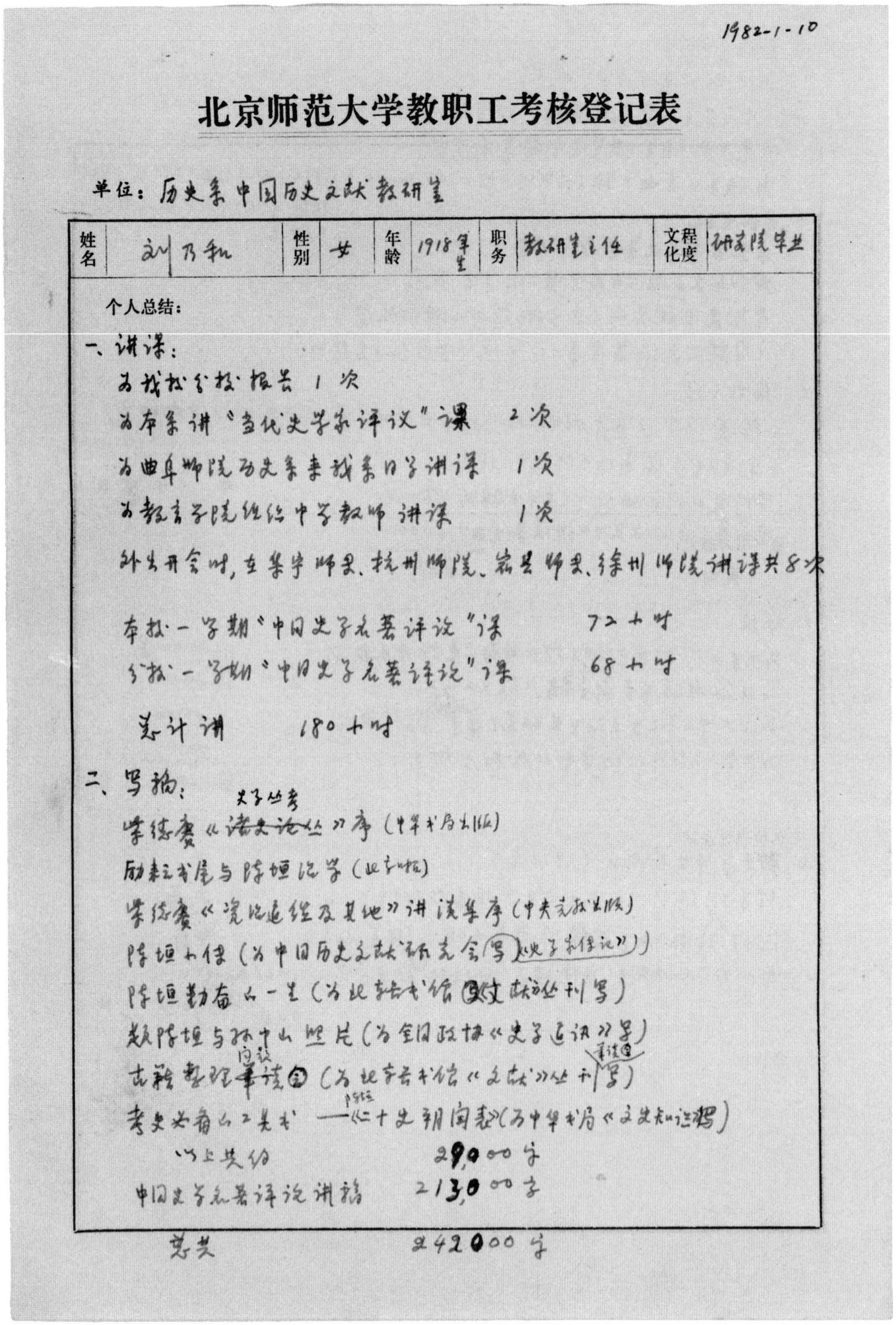

1982-1-10

北京师范大学教职工考核登记表

单位：历史系中国历史文献教研室

姓名	刘乃和	性别	女	年龄	1918年生	职务	教研室主任	文化程度	研究院毕业

个人总结：

一、讲课：

为我校分校报告 1次

为本系讲"当代史学家评议"课 2次

为曲阜师院历史系来我系同学讲课 1次

为教育学院组织中学教师讲课 1次

外出开会时，在华中师大、杭州师院、安徽师大、徐州师院讲课共8次

本校一学期"中国史学名著评论"课 72小时

分校一学期"中国史学名著评论"课 68小时

总计讲 180小时

二、写稿：

柴德赓《~~诸史论丛~~史学丛考》序（中华书局出版）

励耘书屋与陈垣治学（北京晚报）

柴德赓《资治通鉴及其他》讲演集序（中央党校出版）

陈垣小传（为中国历史文献研究会写《史学家传记》）

陈垣勤奋的一生（为北京古籍书店《文献》丛刊写）

题陈垣与孙中山照片（为全国政协《史学通讯》写）

古籍整理漫谈（为北京古籍书店《文献》丛刊写）

考史必备的工具书——陈垣《二十史朔闰表》（为中华书局《文史知识》写）

以上共约 29,000字

中国史学名著评论讲稿 213,000字

总共 242000字

1982年1月10日。

三、教研室工作：

订出教研室工作初步规划

校出《中国史学名著专题选编》初步注意和其他基础工作（白先生负责）

~~开展了教研室科研项目书等基本建设~~

教研室的其他工作（如讨论副博士学位论文等）。过去有的同志只教教本了断代史，几年之后担任，不一向一个专题讲授。专门训练是个大问题。

四、参加会议

内蒙古参加史学会成立大会 3天

中国历史文献研究会第二次年会 8天

本校史学研究所《史学概论》大纲讨论会

中国妇运史编委会第二次会议（邓颖超同志接见）

五、编校工作：

《陈垣纪念论文集》（将出版）约 300,000字（其中校对118,500字）

《励耘书屋问学记》（三联书店出版） 138,000字

柴德赓《读史丛论》（中华书局出版） 350,000

柴德赓《史理及其他》讲演集（无稿） 100,000

年 月 日

室（组）意见：

共计 888,000

六、审稿：

为中华书局审查胡文楷《[illegible]》 126,000字

为北京出版社审查《读史入门》 360,000

为北大古文献专业研究生审查"管制"讲稿 20,000

为北图《文献》丛刊审查《校勘学概述》 25,000

531,000 月 日

单位领导意见：

七、审阅历史系毕业生论文（1977届）

指导孙德红《[illegible]论欧阳修的政治主张》 一篇

阅读审查教研室其他教师指导的论文（郭素秋等） 四篇

八、参加 ~~白先生研究生~~ 吴怀祺及周征松研究生答辩（历史学硕士）

1982年1月10日

备注：

第 1 页共 页

多年来作秘书工作，并没有专门搞业务，虽有一些业务工作，也是随陈老的工作需要而安排，并没有系统的为讲授课程，或对中国史的某一段进行深入研究。因此自77年从词典组回系后，工作上有不少困难。

回系后，注释《毛选》五卷一个多月，三月底系里提出让我去北大教中国通史，教留学生，当时我已有21年未上课，怕教不好影响国家声誉，后因领导上说明工作需要的情况，虽然这任务对我来说是生疏的，分量也是很重的，但考虑到工作的需要，就接受了下来。四月初开始上课，教了一年。除教课外，还有辅导和个别论文指导。

78年4月间自北大回系，系中提出让我给77届新生开《中国历史知识》课，5月初，仓促上马，每周2小时，讲了几个专题。在暑假前教研室又提出下学期学生入学晚，决定开学后继续讲，每周5小时，共5周多，讲到10月初，前后约一个多学期。

自10月中旬开始，同时在北大和师大讲《中国历史知识》，改为一学年的课程，讲至79年暑假前。

同时，自79年开始，在历史博物馆、教育学院、师大分校、天津师院、天津中小学教研组（为中学历史教师讲）等单位，开专题讲座。

这个课的内容虽然都是基础的知识性的问题，但因过去没人这样讲过，我对这方面也没有专门研究，而且临时准备，就上课，所以有些讲节是较疏略的。不过从反映上看，大家听了些课，还有些收获，对学习中国古代史有些帮助。

79年暑假后，北大希望再讲一年，其他学校也来联系，我因今后工作重，向领导提出不专兼课的意见，领导上同意了各校一概不排一年的课，只讲些讲座。因此79年暑假后，没有固定的课，除以前没讲完的单位去报告外，又为北大、北京师院分校和师大中文系研究生各讲过一二次。计全年共报告18次。共写讲稿约24万字。

79年暑假后，系里让我准备专题课《历史要籍介绍》，并准备带这个课的研究生，自己感到业务水平不够，带研究生有困难。且此课涉及面较广，这方面我基础也差。后来接受了这任务，但拟80年招研究生，但到现在为止，还没时间准备。主要是因在这期间，校党委为纪念陈垣同志诞生百年，和系中研究，让我参加筹备工作，所以招研究生工作和提高课，一直未能很好地考虑。

纪念活动的筹备工作，是自暑假即[illegible]大、师大课结束后开始的。最初是着手了解、收集、查阅、集中材料，准备编陈老的文集，即将陈老50多年在各报刊上发表的论文搜集、借阅，然后编写修订陈老著述目录，复制、抄录、校对论文。共收集论文120多篇，六七十万字。然后提出编排文集的方案，其中多次制订计划，几经反复，最后到十一月才决定分为三集出版，到12月24日，第一集已标点、校订、整理完毕交稿。第一集共收文章35篇，约十七八万字。

另外还有重刻木板《励耘书屋丛刻》事，在北京古书馆借版、清点、查对木板，联系出

历史文选课设置的回顾

刘乃和

历史文选课现在已是全国各高等院校历史系教学计划里基础课了，如果有条件的系，还有一门基础课是历史要籍介绍，有的学校两门并为一门，名历史要籍介绍及选读，选读即历史要籍里选出来的文章，也就是历史文选。

这课在高校设置的开创，应当追溯到20年代，我国高校的建立是在清末民初科举制废除之后，高校的课程设置，最初都是向西方学习，自己还没有一个固定的教学计划，有些课的设置是借鉴欧美，有些课则是学校里有哪专业的老师，就因师设课。多数课则是根据“可能”，主要不完全是根据“需要”。20年代初期，史学家前辈~~我们老校长~~陈垣在北京大学任教，在他几年教课实践中，他根据需要提出应当设置一门专门提高学生阅读古文能力的课程。过去青年作文写稿都用文言，五四运动后中等学堂也改为白话课本，社会风气为之一变。青年人不必再学文言文，解除了古文字的桎梏，但历史系中国史专业要读原始资料，这是业务需要。在当时历史情况下，陈垣作为历史系中国古代史教师，逐渐感到青年们对读古书有了困难，如对文言文不掌握就没法自己动手翻阅古书原始材料，他看当时趋势，认为历史系今后更应有专门讲提高阅读文言文能力的课程。因此就提出设置这门新课，他起名为“史学名著选读”，他自己担任讲授此课，自己选印教材。

同时，他还认为读历史系就要了解过去中国史书的概况，历史系学生必需有目录学的知识，因此，不久他又提出设置另一门新课——“历史名著评论”，也是由他自己担任讲授。这两个课就是

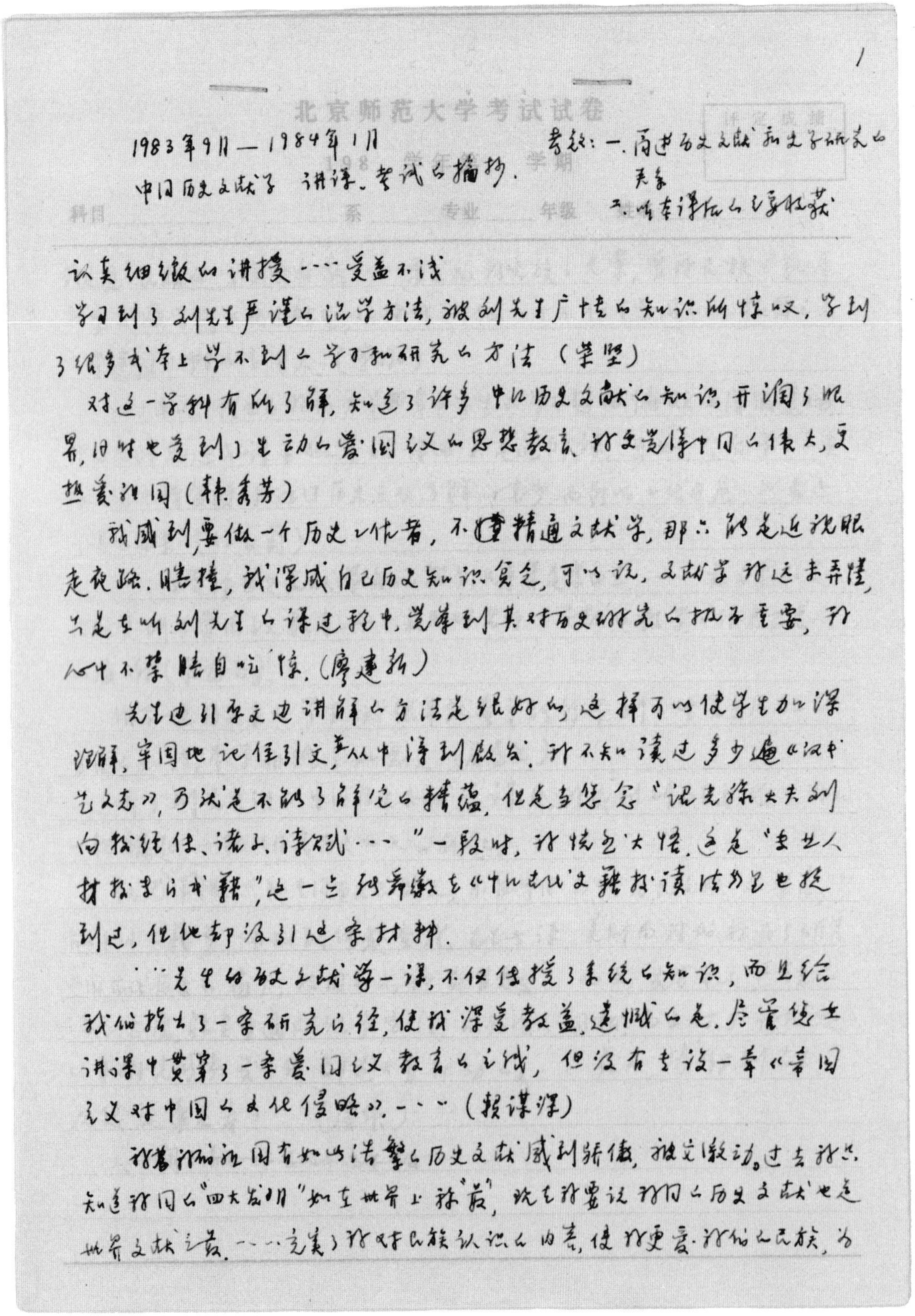
北京师范大学考试试卷

1983年9月—1984年1月
中国历史文献学 讲课、考试的摘抄。

考题：一、简述历史文献和史学研究的关系
二、听本课后的主要收获

认真细致的讲授……受益不浅

学习到了刘先生严谨的治学方法，被刘先生广博的知识所惊叹，学到了很多书本上学不到的学习和研究的方法（荣坚）

对这一学科有所了解，知道了许多中国历史文献的知识，开阔了眼界，同时也受到了生动的爱国主义的思想教育，我更觉得中国的伟大，更热爱祖国（韩秀芳）

我感到，要做一个历史工作者，不懂精通文献学，那就只能是近视眼走夜路，瞎撞，我深感自己历史知识贫乏，可以说，文献学我还未弄懂，只是在听刘先生的讲述过程中，觉察到其对历史研究的极为重要，我心中不禁暗自吃惊。（廖建新）

先生边引原文边讲解的方法是很好的，这样可以使学生加深理解，牢固地记住引文，并从中得到启发。我不知读过多少遍《汉书艺文志》，可就是不能了解它的精蕴，但是当您念"诏光禄大夫刘向校经传、诸子、诗赋……"一段时，我恍然大悟，这是"专业人材校书籍"，这一点张舜徽在《中国古代史籍校读法》里也提到过，但他却没引这条材料。

……先生的历史文献学一课，不仅传授了系统的知识，而且给我们指出了一条研究的途径，使我深受教益，这是难忘的。尽管您在讲课中贯穿了一条爱国主义教育的主线，但没有专设一章《帝国主义对中国的文化侵略》……（赖谋深）

我为我们祖国有如此浩繁的历史文献感到骄傲，被它激动。过去我只知道我国的"四大发明"和在世界上称最，现在我要说我国的历史文献也是世界文献之最。……充实了我对民族认识的内容，使我更爱我们的民族，为

刘乃和摘抄学生对教学之反映。

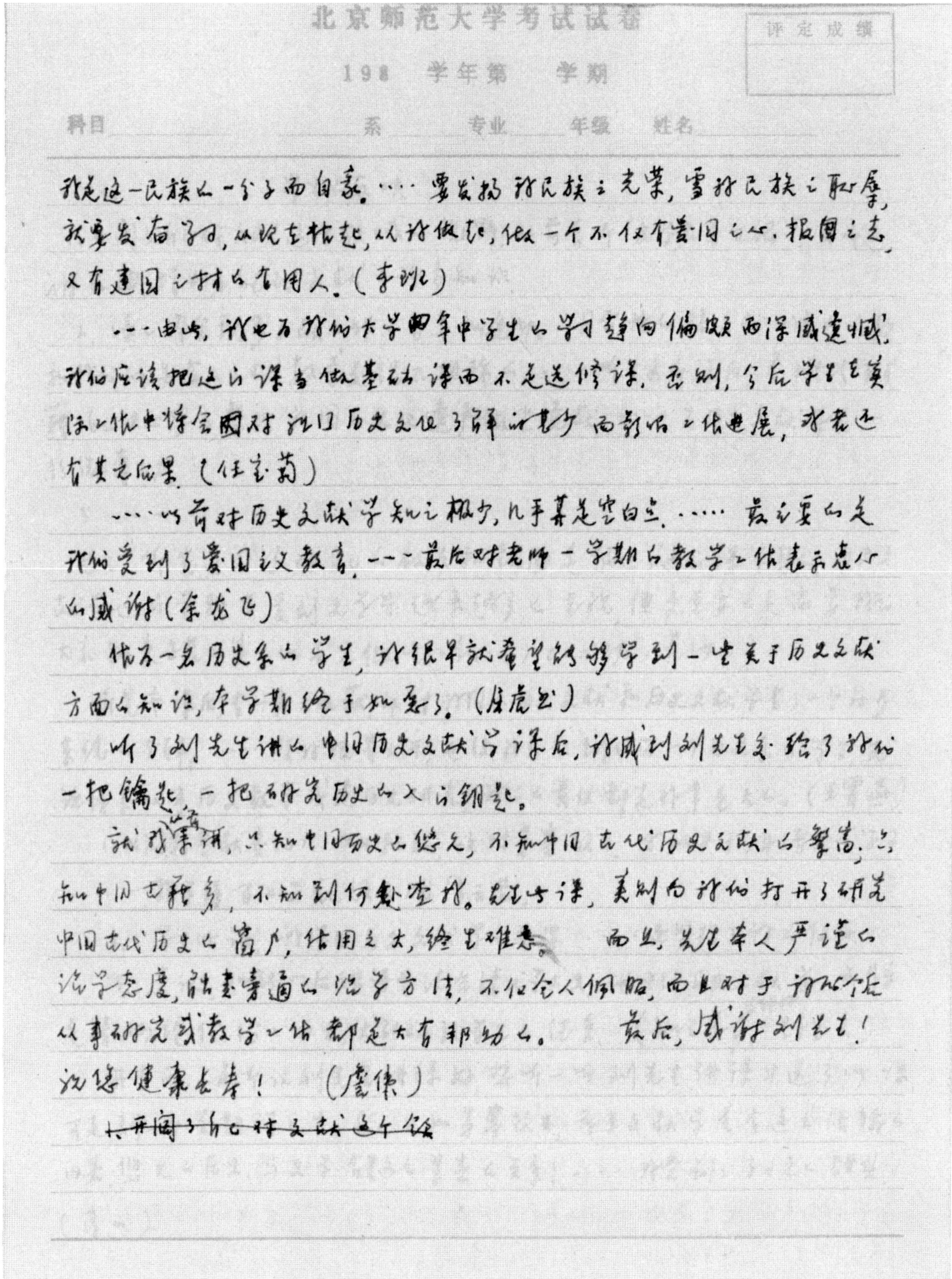

北京师范大学考试试卷

198 学年第 学期

评定成绩

科目 系 专业 年级 姓名

我是这一民族的一分子而自豪。…… 要发扬我民族之光荣，雪我民族之耻辱，就要发奋学习，从现在做起，从我做起，做一个不仅有爱国之心、报国之志，又有建国之材的有用人。（李琳）

——由此，我也为我们大学四年中学生的学习趋向偏颇西洋感遗憾，我们应该把这门课当做基础课而不是选修课，否则，今后学生在实际工作中将会因对祖国历史文化了解的甚少而影响工作进展，我看还有其它后果。（任玉菊）

……以前对历史文献学知之极少，几乎算是空白点。…… 最主要的是我们受到了爱国主义教育。——最后对老师一学期的教学工作表示衷心的感谢（余龙飞）

作为一名历史系的学生，我很早就希望能够学到一些关于历史文献方面的知识，本学期终于如愿了。（屠虎岳）

听了刘先生讲的中国历史文献学课后，我感到刘先生交给了我们一把钥匙，一把研究历史的入门的钥匙。

就我来讲，以前只知中国历史的悠久，不知中国古代历史文献的繁富，不知中国古籍多，不知到何处查找。先生的课，真的为我们打开了研究中国古代历史的窗户，作用之大，终生难忘。而且，先生本人严谨的治学态度，精专博通的治学方法，不仅令人佩服，而且对于我们今后从事研究或教学工作都是大有帮助的。最后，感谢刘先生！祝您健康长寿！（詹伟）

~~……开阔了历代文献这个领~~

北京师范大学考试试卷

198　学年第　学期　　评定成绩

科目　　系　　专业　　年级　　姓名

为了能在这浩繁的书海遨游，我选修了"中国历史文献学"这门课。（李明）

刘老先生不仅教给了我有关文献学的知识，更重要的还是帮我找到了茫茫历史学海洋中的航灯，使我明白了怎样去学历史这门科学。科学是无捷径可走的，但在学习的过程中总有更好的方法令我们迅跑的，这在方式上说也算捷径。

（对目录学应重视）以前我是不大重视，可以说是因为无知而不顾及于这点的，也确实在学习中总是绕着道走，有时九牛二虎之力，也所得甚少，有时更是丈二和尚摸不着头脑，莫明其妙，这给学习带来不少困难。面对自己喜爱的学科，拼命花时时，却总是结果出人意料，自己也一再探求学习的道路和方法，但时常很惆怅。如今选修了"文献学"，刘老先生一语道破，不禁心花怒放，使我找到了适合自己学习的第一把钥匙，由衷的感到欣慰。……

刘老先生在教学中不仅教授了文献学的有关知识，而且还教给了我们理论联系实际，史料与研究相结合的治学、研究方法。特别是在最后，阐述了历史文献工作与理论指导关系的重要性，再一次提醒了我们在今后学习、研究工作中，更应认识理论指导的关键性。从这门课中，不仅学到了文献知识，也学到了不少学习的方式方法，非常感谢。并建议，多引导作用书目，以后继续开这门课。（他是选修的日本学研究）（邓彤）

学了这门课，好象又给我们打开了一扇知识的窗口，又使我们大开眼界，很受启发，认识到文献学的重要意义，是"学中第一要事，必从此问途，方能得其门而入"，所以文献学应是历史系学生的必修课，每个历史系的同学都应必备文献学的基本知识，以便更好地学习历史、研究历史，促进专业水平的提高（滕玲）

第　　页共　　页

1983—1984学年上学期（每星期四上午8:00—11:05）文史楼108室

周	月	日	内容	页数
第一周	9	1	序论（完）至10:45 21页。	21页
二		8	第一章 丰富的中国历史文献 第一节 史书的编纂 P.22—P.42. 魏晋地记.	20页
三		15	第一节 P.42—53. 第二节 档案的积存 P.54—59中	12+6=18页
四		22	59中—77页中 明代等的档案	17.5页
五		29	77页中—82页 第三节 历史文献的庋藏 83—99页中（十页）	24.5页
六	10月	6	99中—118中 宋代藏书完	21.5页
七		13	停课，80级实习，81级劳动。	
八		20	停课 去开封开会。（15晚6时自京动身—27早5:48到北京站）出外11天	
九		27	停课 80级实习	
十	11月	3	元代藏书家→嘉隆时四大藏书家，135页完	18页
十一		10	清代期四大藏书家→第二章 中国历史文献学的形成和发展 第一节 中国历史文献学的形成 P.136—157	陈老师讲
十二		17	第一节完，第二节目录学 158—183页	25页
十三		24	184—210页 七略至四部之完	28页
十四	12月	1	211—232页（[illegible]）第三节 版本学之开始	21页
十五		8	233—248，第四节 校勘学 249—269中	14+20=34
十六		15	269—290 校勘学完 第五节 辑佚学 291—309上	39页
十七		22	309下—318 辑佚学完，第六节 避讳学 319—331。历史文献学与历史研究之关系 5页	20页+5 =25页
十八		29	全部讲完。	
十九	84.1.	5	机动、复习、考试共两周	

北京市电车公司印刷厂出品 七九·九

(1458) 20×20=400

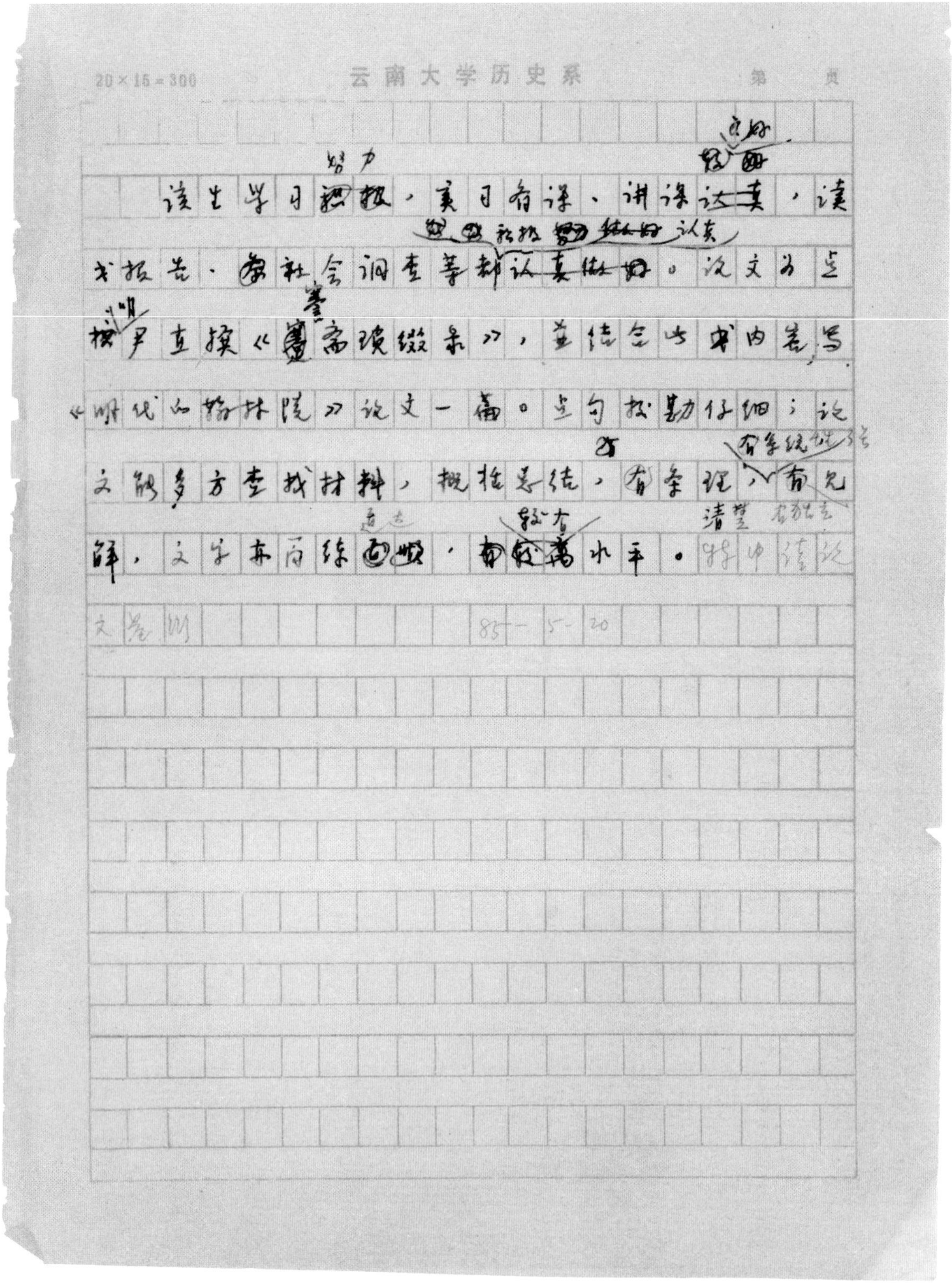

20×15=300　云南大学历史系　第　页

该生学习积极，专门备课、讲课认真，读书报告、参加社会调查等都认真做好。论文为点校明尹直撰《謇斋琐缀录》，并结合此书内容写《明代的翰林院》论文一篇。点句校勘仔细；论文能多方查找材料，概括总结，有条理，有见解，文字亦简练通顺，有较高水平。特申请论文答辩

85—5—20

听课、实习、社会调查、读书报告等都能认真做好。

论文

该生学习尚称努力，实习备课讲课能符合要求，读书报告、参观调查等都能认真做好。论文为点校《黄丕烈〈士礼居藏书题跋记〉》，并写《黄丕烈及其〈士礼居藏书题跋记〉》论文一篇。点校认真，论文征引资料较完备，条理清顺，有心得体会，能提出自己看法，达到一定水平。

该生学习尚称努力，实习备课讲课能符合要求，读书报告、社会调查等都能认真做好。论文为点校清黄丕烈著《士礼居藏书题跋记》，并写《黄丕烈及其〈士礼居藏书题跋记〉》论文一篇。点校认真，论文征引资料对黄丕烈及其著作，都较完备，条理清顺，有心得体会，能提出自己看法，达到一定水平。可申请论文答辩

[illegible]许大龄 教授 北京大学历史系

[illegible]

李秋媛 副教授 北京师大古籍所

尹敬坊 〃 〃 〃 〃 〃 〃 〃历史系

刘乃和 教授（待批） 〃 〃 〃古籍所

访问人：尹敬坊

李秋媛

(四)做陈垣秘书和学术助手

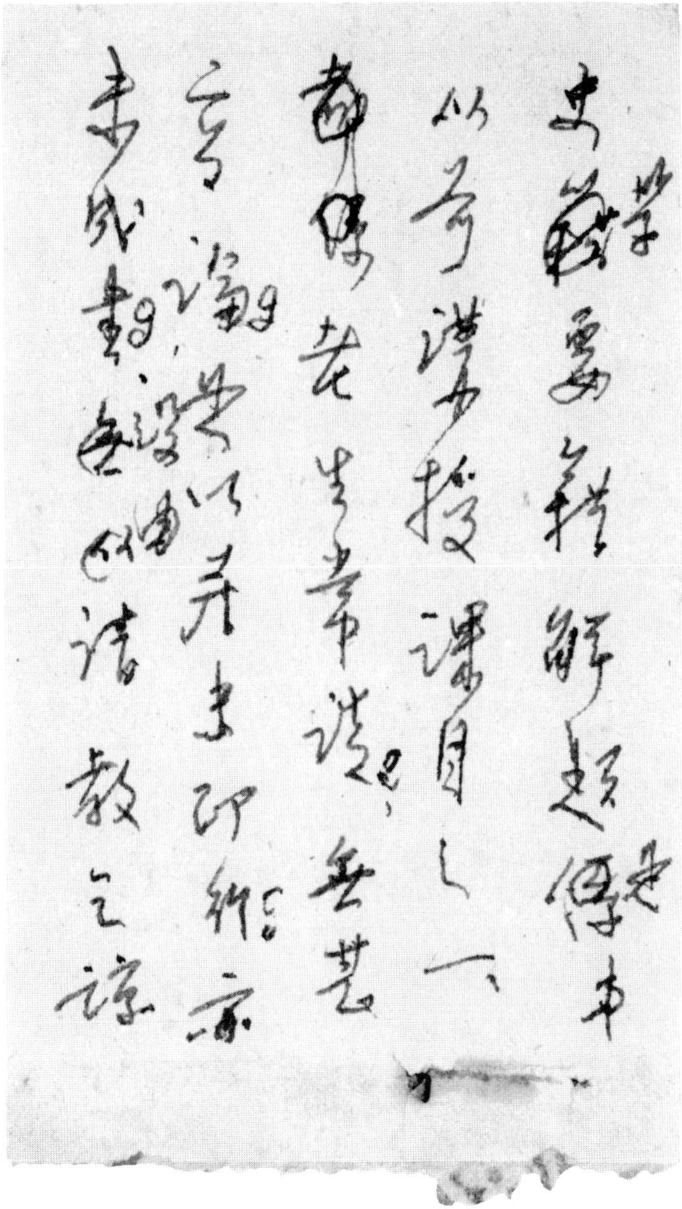

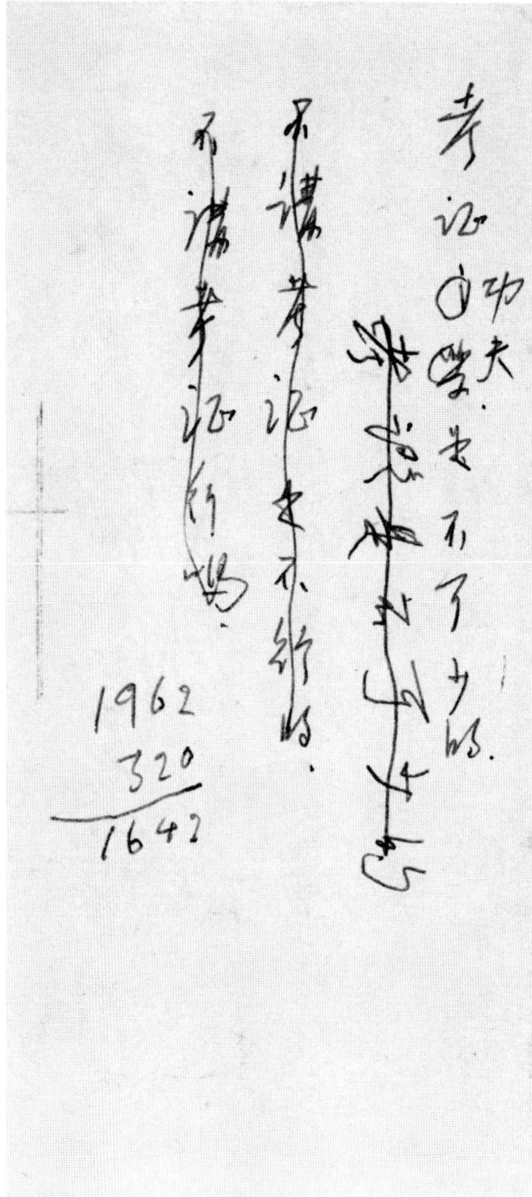

李学勤回忆:大概是1959年,陈垣先生到历史所,对我们几个青年人说:书还是要读的。当时《人民画报》发过照片。

1949年以后,陈垣未停止学术研究。历时最久者《五代史》,积手稿、资料万余页条,前后几四十年。修订旧作,考证新题,讨论学术,摘录文献,答疑解惑,总结治学和教学实践、经验。

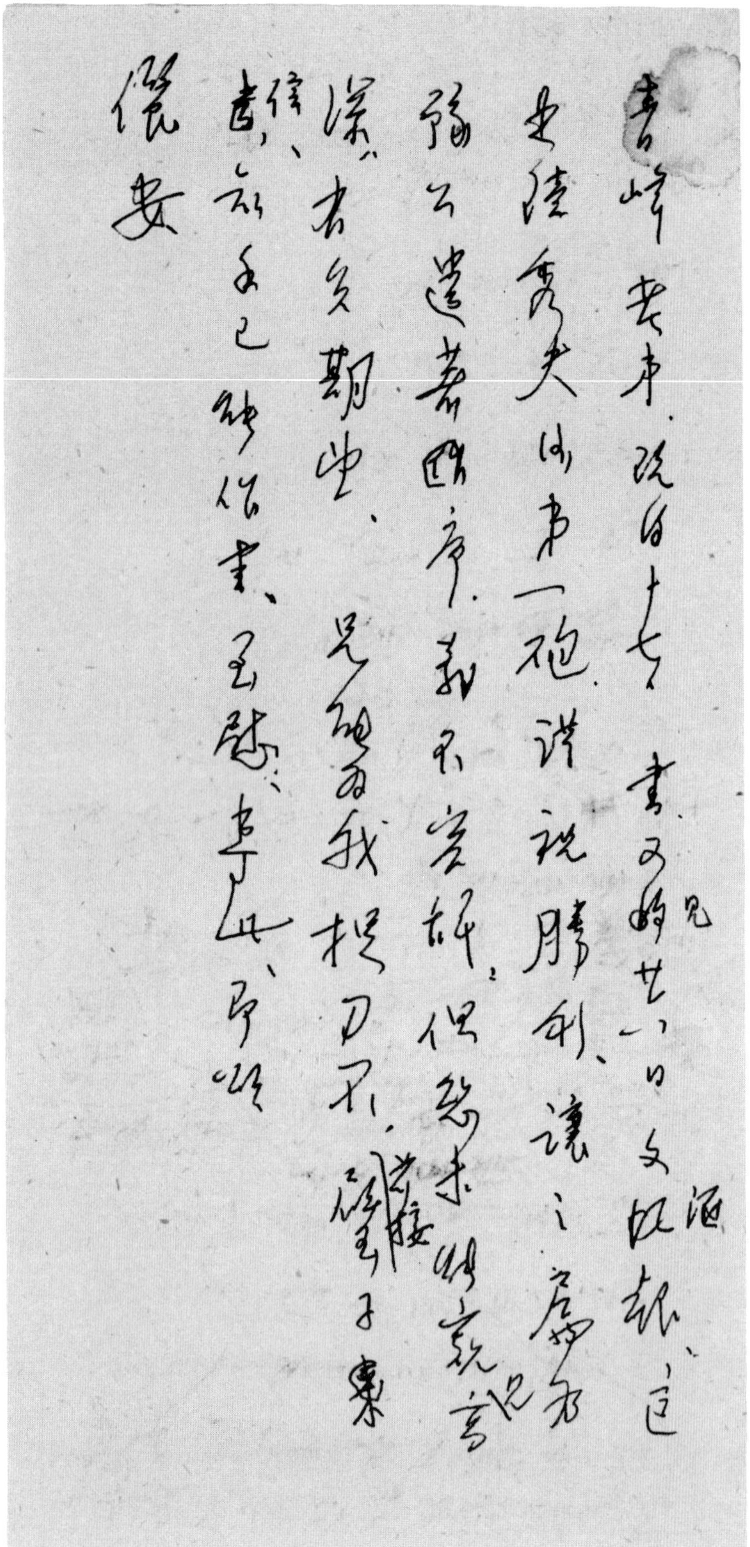
青峰老弟：既得十七日书，又见廿六日文汇报，这是陆秀夫后第一炮，谨祝胜利。让之属为豫公遗著序，义不容辞，但恐未能窥见高深，有负期望。兄能为我捉刀不。前接璧子信，知手已能作书，至慰。专此、即颂
俪安

释文：

青峰老弟：既得十七日书，又见廿六日文汇报，这是陆秀夫后第一炮，谨祝胜利。让之属为豫公遗著序，义不容辞，但恐未能窥见高深，有负期望。兄能为我捉刀不。前接璧子信，知手已能作书，至慰。专此、即颂 俪安。

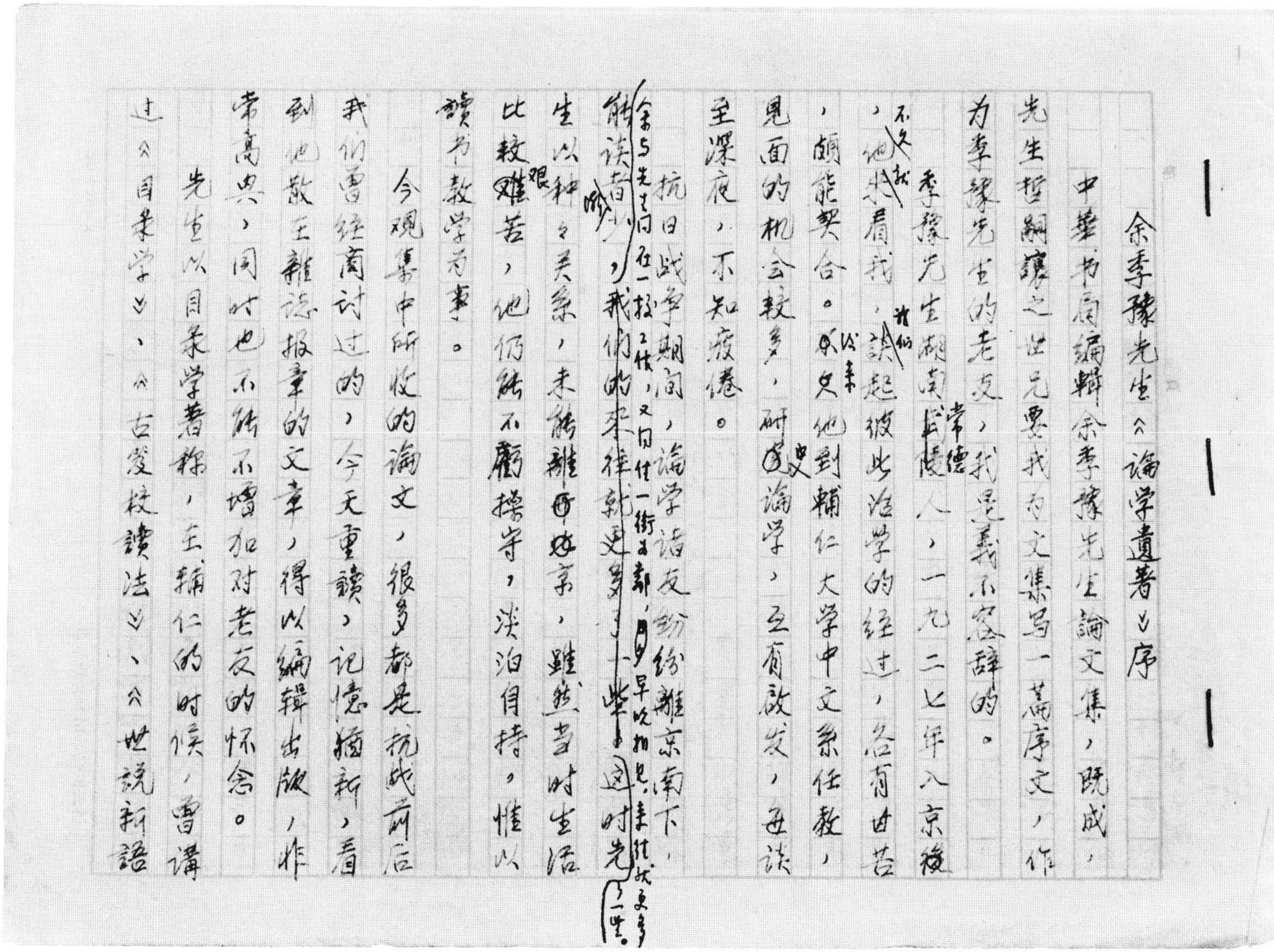
余季豫先生《论学遗著》序
中華书局编辑余季豫先生論文集，既成，
先生哲嗣讓之世兄要我为文集写一篇序文，作
为季豫先生的老友，我是義不容辭的。
季豫先生湖南常德人，一九二七年入京後
不久，他来看我，谈起彼此治学的经过，各有甘苦
，頗能契合。以后又介绍他到輔仁大学中文系任教，
見面的机会較多，研究史論学，互有啟发，每談
至深夜，不知疲倦。
抗日战争期间，论学诸友纷纷離京南下，
余与先生同在一校工作，又同住一街之鄰，早晚相見，來往較多了一些。
能談者少，我们的来往就更多了一些，這时先
生以种々关系，未能離开北京，雖然当时生活
比較艱苦，他仍然不斷撰寫，淡泊自持，惟以
讀书教学为事。
今观集中所收的論文，很多都是抗战前后
我们曾经商讨过的，今天重讀，記憶猶新，看
到他散在雜誌报章的文章，得以编輯出版，非
常高興，同时也不能不增加对老友的怀念。
先生以目录学著称，在輔仁的时候，曾講
过《目录学》、《古籍校讀法》、《世說新語

此页有三个人的字体。“史”“艰”红色，陈垣书。蓝色修改，刘乃和书。这是定稿。

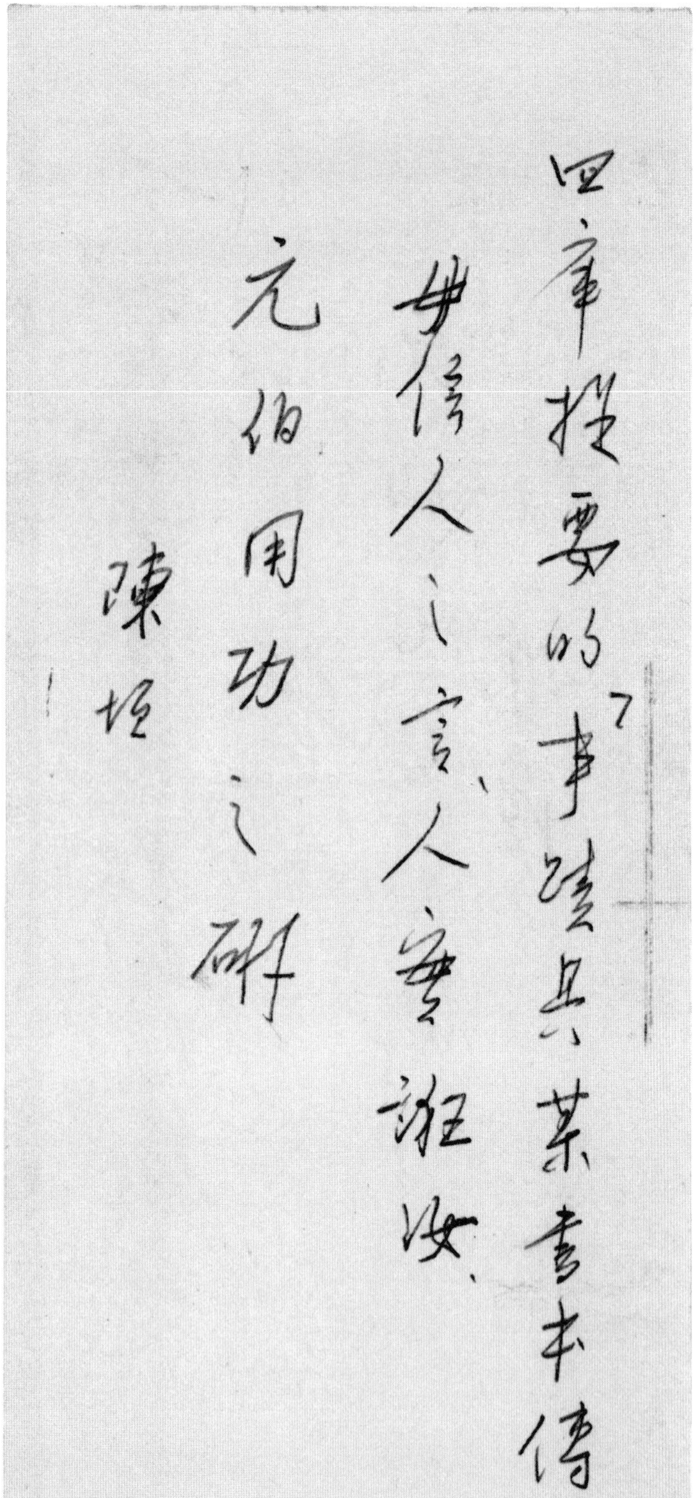

一九五三年他第一次住医院……主治大夫是辅仁大学毕业生……总喜欢到他病房去坐。他和大夫谈起来总是滔滔不绝。……他就一段一段和我谈他读书和写文章的乐趣，或议论书籍的优劣，对古代史家的评议等……白天听完，晚间我便记录下来。

就在他“勤笔免思”的教导下，记录了不少东西，多少年来，积累了六大厚本，内容包括他自学过程、查书办法、治史心得，史籍优劣、写著的甘苦、思想的收获、做学问的得失，以及他吟咏的诗句、购买文物的乐趣、朋友的往来等等，无所不包。……他把这六大本翻阅了几天，而且也替我纠正了不少错误和补充了不少内容……为我在每本封面上都题上书签“集腋集”，副题是“励耘书屋论学记”。……不幸……做为“四旧”给破了，有的弄的散乱不全，造成了无法弥补的损失，实令人痛惜。

——《励耘承学录》第 78—80 页

这是第七册《集腋集》。可惜前六册被抢走，散失了。此册只存二页零一行。

考据　湖南湖北同是一湖，山东山西不同一山

郑韶觉，广东人，康有为弟子，郑曾劝先师结康有为弟子，未同意。康弟子不少，当时同去康者，近与此先师谈，师未允进。有一大堂幅康字，即托郑所求，上款称大兄。

李保泰，无大名气，因曾为赵瓯北廿二史劄记写序，故买其书札。

李梦愷，广东人，陈澧、曹籀字皆有其上款者。可能是大地主有钱，光绪前举人。

黄节，广东人，以诗名，比师长长六岁，曾任北京大学国文教师。

陆游：偶与少年谈旧事，始知老子是陈人。

黄节字晦闻，1934年一月卒，年62。

徐恕字行可，武昌（湖北）人。师向行可台书诗卷原为徐恕收藏，后卖与师者

余藏有一部鲒埼亭集，中有抄录别人批语，后请买来，当时40万元。鲒埼亭集无序没名字，是谢？先任辑注人子印之。

汪精卫儿子是进士。汪字写得也不错，但当时人都不推重他。因为

汪时代宋十诗集中有"一把心肠论浊清"，当时上海流传为什么清字上加

浊字，真是匪清字缺。

汪精卫手卷是难得的，外面所有卷见汪之文、字，都是卷是伪造的。

金雅琴先生是元老得罪的人物，不是有意的。后娶一个满洲妇

姬佐老学印方作。"金谢山联姻春风"

钱竹汀有严衍传，不过钱一句话也没有夸的。盖不同行也。

文集中也收了此传。　钱严都是嘉定人，同乡。

严衍亦整读卷，其书是为字写得好而买，因写得太好。

董其昌的字传下的很不少，但卷子、册页，对子找一件不容易。因明

朝人不很喜对，对子是逐渐才兴起来的。

梁锦汉，字平文，广东人。法官。山水画幅为传家坊挂的画

王国维当时得大名，王遗老中能作文章的只他一人，他是跳昆明

湖自杀的。他临死前的诗中有"五十之年，只欠一死"。一死就什么都不欠了。

他写的扇面，我买到一个。他的字是很难得的，因为他写的字不好，又有大名

名不符实，所以他不轻易给人写，怕露出马脚。

赵万里是~~王之学生~~，王国维之书记，帮他写字，后来把他提拔起来。

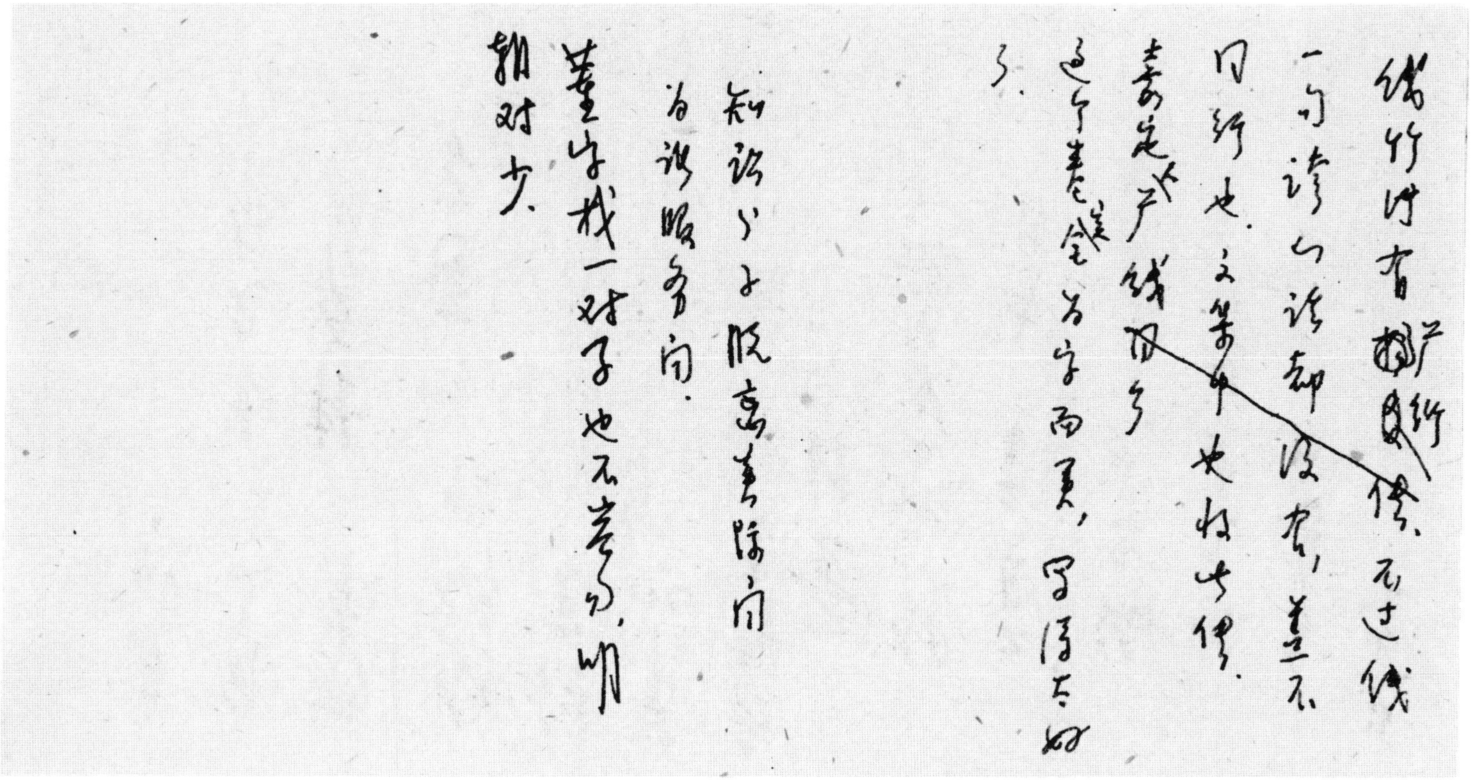

这是刘乃和听到陈垣讲故事，立即记录纸上，然后抄入《集腋集》。前六册都是陈垣随口道来，刘乃和援笔速记，然后抄定成册。故曰“集腋”。一旦失去，陈垣也再想不起来。故丢失便无法恢复。

敝眷行時，恐須尊處接濟二百元，因接家信，知上月用費不小故也，當再行奉聞。又申。

致蔣汝藻 一九二三年八月二十三日㈠

孟蘋吾兄有道：

頃奉手書，敬悉一切。紗蟒袍已承飭寄，則五六日內必可到京，感荷感荷。敝眷大約二十左右北上，行李等舍間有人照料，護照亦似可不需，因天津有人迎接，不至有費事故也。北上之費，無意之中此月忽得通志三個月脩二百四十元，此款已由孟劬送至舍下，殆可不需公處撥付。如尚小有不足，當令舍間通知尊處也。明進士及國朝進士至乾隆止。題名碑録已購得，價洋六元。此書坊間頗時有之，而壞板甚多，即所購者亦間有一二壞板，然已爲稍佳矣。顔魯公文集並不寬大，印亦不甚佳，大約不過直二百元。此書公北上時想必尚在，不至售去也。沅叔在五月中曾往訪一次，未遇，而渠亦未來，殆不知弟住處。故至今尚未見面。近十日內成魏石經續考一卷，秋涼以後當修整。公之書目現已得明進士録，可以定稿。並作序跋，

㈠札云「敝眷大約二十左右北上」及紗蟒袍事，均與前數札承接，故繫於七月。原件上海圖書館藏。

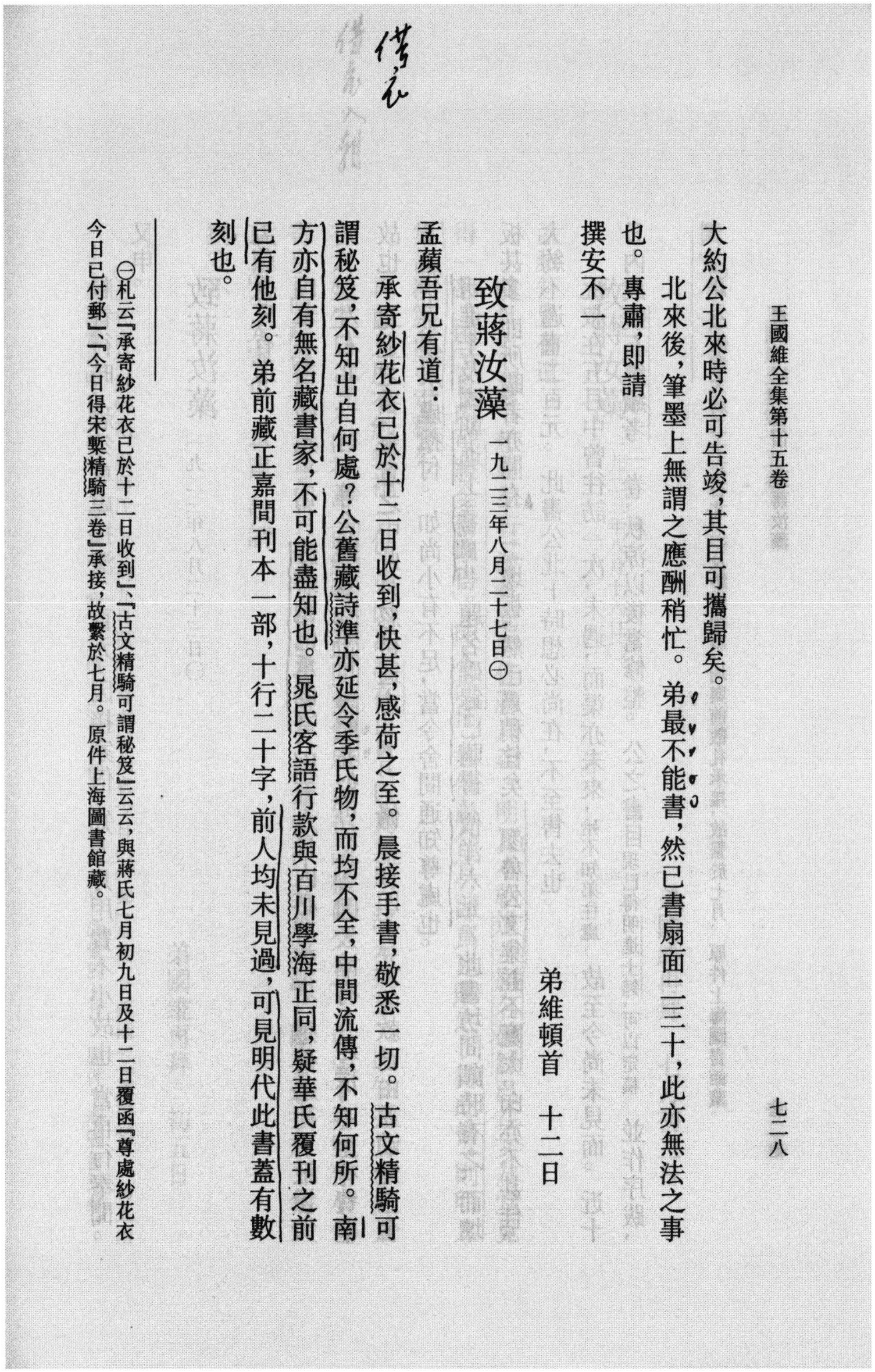

大約公北來時必可告竣，其目可攜歸矣。

北來後，筆墨上無謂之應酬稍忙。弟最不能書，然已書扇面二三十，此亦無法之事也。專肅，即請

撰安不一　　弟維頓首　十二日

致蔣汝藻　一九二三年八月二十七日㊀

孟蘋吾兄有道：

承寄紗花衣已於十二日收到，快甚，感荷之至。晨接手書，敬悉一切。古文精騎可謂秘笈，不知出自何處？公舊藏詩準亦延令季氏物，而均不全，中間流傳，不知何所。南方亦自有無名藏書家，不可能盡知也。晁氏客語行款與百川學海正同，疑華氏覆刊之前已有他刻。弟前藏正嘉間刊本一部，十行二十字，前人均未見過，可見明代此書蓋有數刻也。

㊀札云「承寄紗花衣已於十二日收到」、「古文精騎可謂秘笈」云云，與蔣氏七月初九日及十二日覆函「尊處紗花衣今日已付郵」、「今日得宋槧精騎三卷」承接，故繫於七月。原件上海圖書館藏。

王国维自己承认“弟最不能书”。

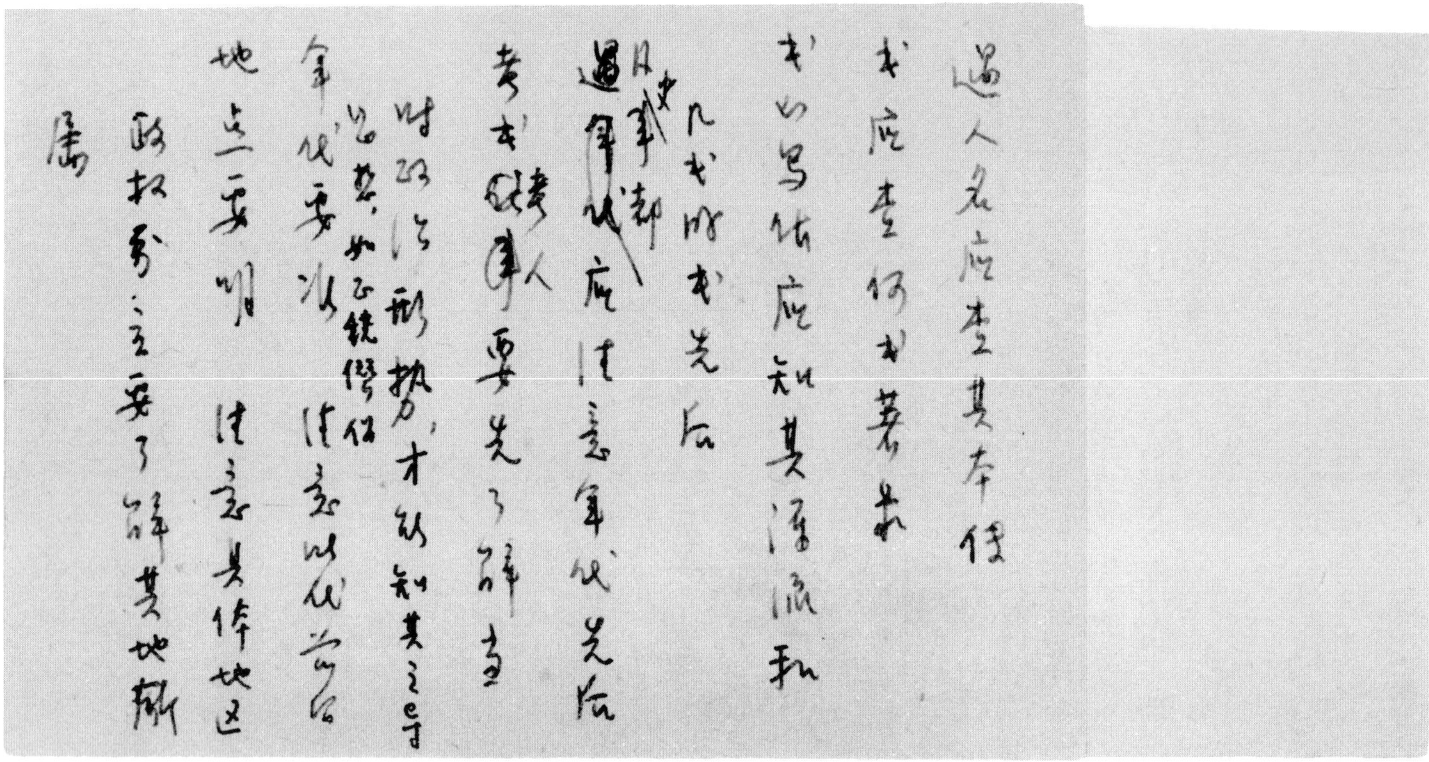

遇人名应查其本传
书应查何书著录
书上写的应知其源流和
凡书所书先后
遇年代应注意年代先后
考书时人要先了解当
时政治形势，才能知其是否
包括如何统辖
年代要注意时代前后
地点一要明 注意其所在地区
政权分立要了解其地域
属

引
材料要尽量找原始
材料，找最早的，不能以
转为据，以子为父
引书要引卷数。
日本の部
陵辞

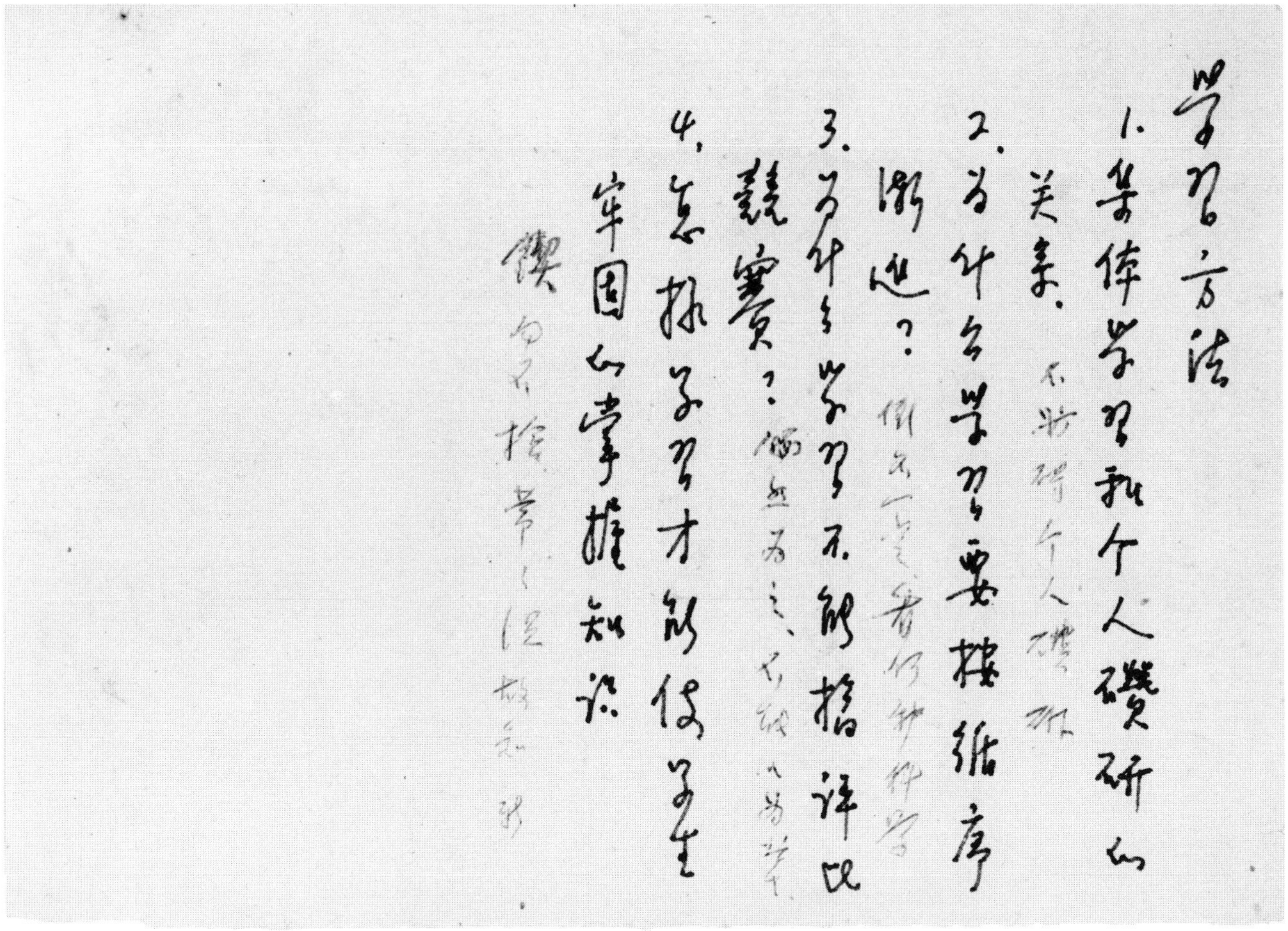

陈垣教刘乃和写“是”字。

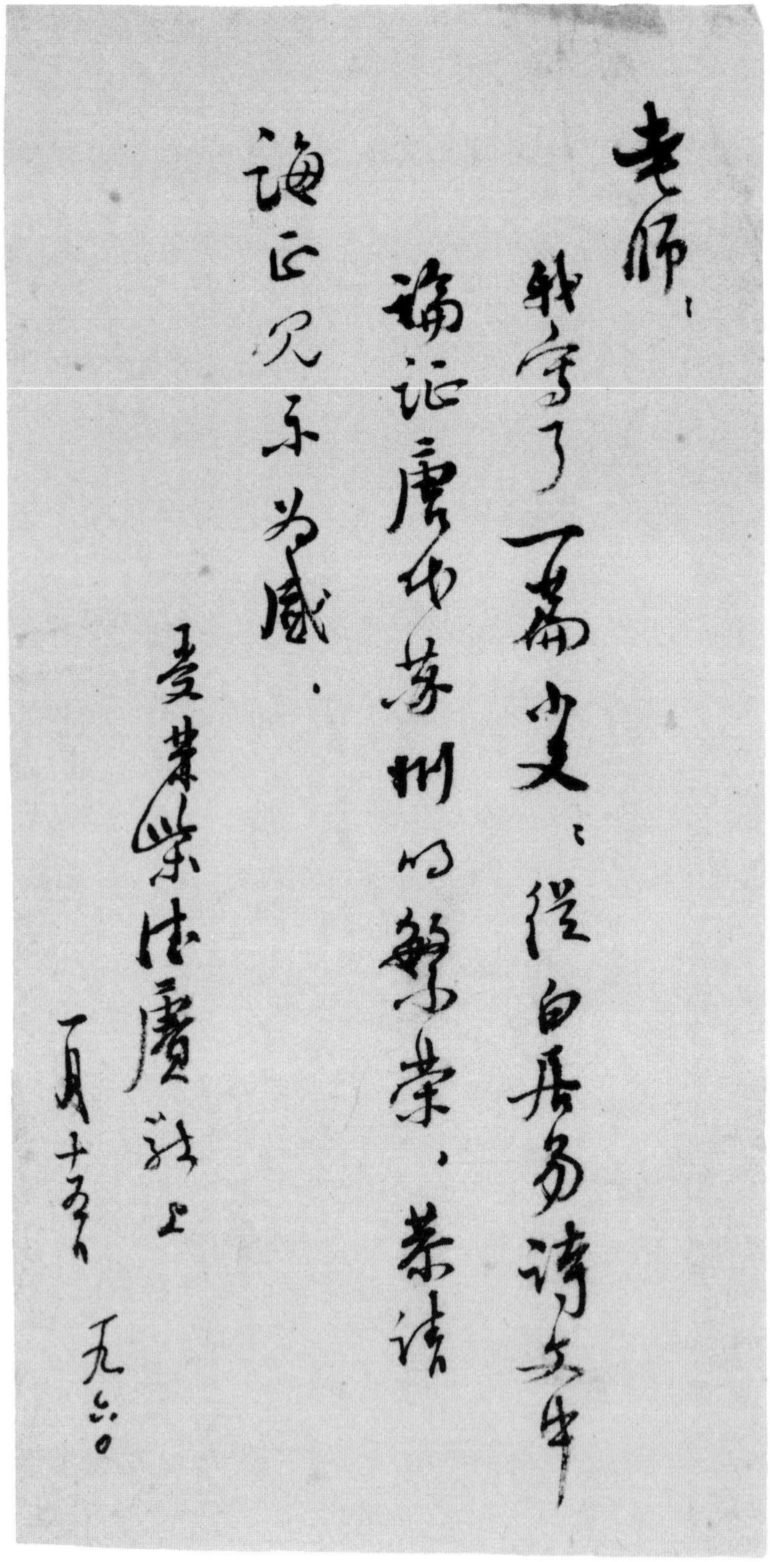

老师：

我写了一篇小文：《从白居易诗文中论证唐代苏州的繁荣》，恭请诲正见示为感。

受业柴德赓谨上

一月十五日　一九六〇

“一九六〇”，刘乃和写。

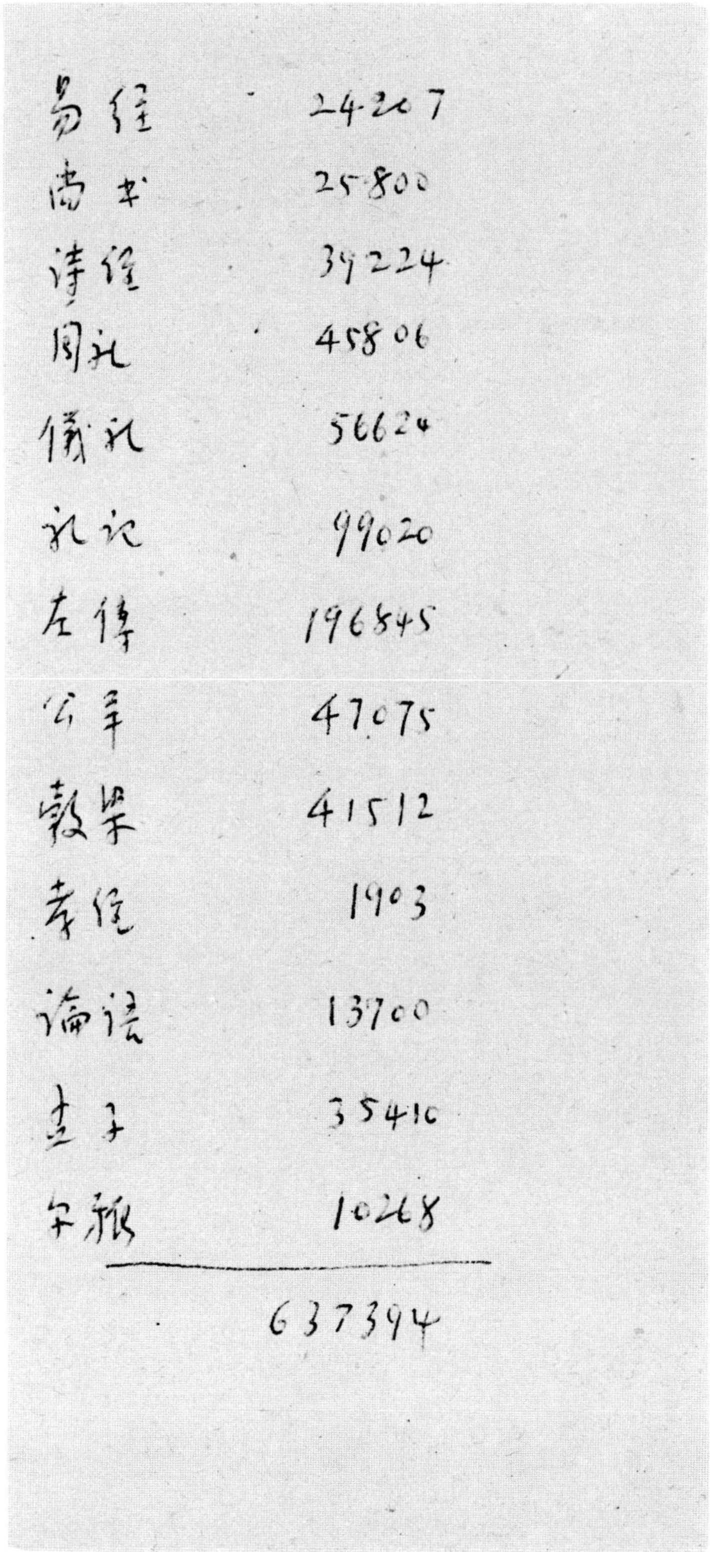

易经	24207
尚书	25800
诗经	39224
周礼	45806
仪礼	56624
礼记	99020
左传	196845
公羊	47075
穀梁	41512
孝经	1903
论语	13700
孟子	35410
尔雅	10268
	637394

这是十三经字数统计。陈垣让大学生读《论语》，说《论语》的字数与《人民日报》一版的字数相近。据报社朋友告知，“以报纸通用5号字计，一版大约就是14000字。其中若干经，字数统计有差别。

中　華　書　局

地址：北京 東總布胡同十號
電話：5-6091　電報掛號：6586

(63)編字第２６９５号

刘迺和 同志：

兹訂于本月二十日（星期五）下午二时在复兴門外翠微路本局会議室（２１１号）举行二十四史校点工作的座談会，請准备意見，並携帶前所寄奉的討論提綱及有关材料，屆时出席。

中华书局
編輯部

１９６３年１２月１７日

陆键东 著
陈寅恪的最后20年
修订本
生活·读书·新知 三联书店

1949年，陈垣六十九岁。一年后他在给武汉大学一位朋友的信中如是说，[1]“解放以后，得学毛泽东思想，始幡然悟前者之非，一切须从头学起。年力就衰，时感不及，为可恨耳”。深惜“年力就衰，时感不及”的陈垣，1949年后除了整理修订旧著外，基本上没有在史学方面再撰新著。暮年时的陈垣，亦有雄心大计，那就是整理出版《册府元龟》。终因年老多病，壮志难酬。陈垣在七十九岁那年加入中国共产党，并在1959年3月12日的《人民日

[1] 见《珠江艺苑》第10页，广东人民出版社1985年版。

482 陈寅恪的最后二十年

报》上发表了《党使我获得新的生命》一文。十二年后陈垣在文化大革命风暴的摧残下，“在极端苦闷中含恨以殁”。[1]终年九十一岁。

第一版见503页，第二版只字未改。这段话缺乏文献支撑。

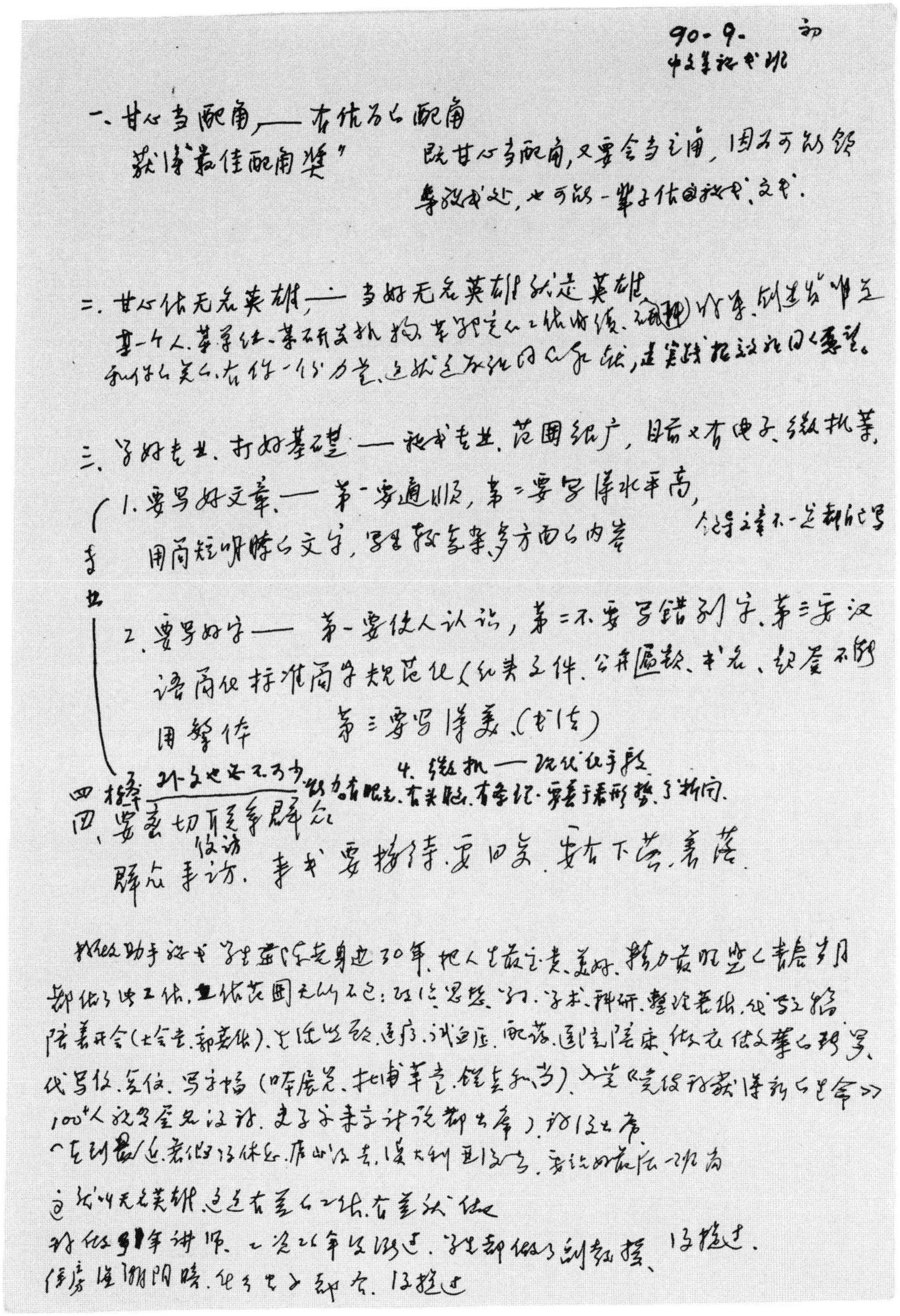

90-9-初
中文系秘书班

一、甘心当配角——当好的配角
获得"最佳配角奖"　既甘心当配角，又要会当主角，因为可能领导被拖住，也可能一辈子做秘书、文书。

二、甘心做无名英雄——当好无名英雄就是英雄
某一个人、某单位、某研究机构、某部门之所以工作出色、[illegible]
和他们身后有一个力量，这就是[illegible]，这实践检验[illegible]。

三、学好专业、打好基础——秘书专业，范围很广，目前又有电子、微机等。
1. 要写好文章——第一要通顺，第二要写得水平高，[illegible]
用简短明瞭的文字，写出较多多方面的内容
2. 要写好字——第一要使人认识，第二不要写错别字、第三要汉语简化标准简字规范化（[illegible]、书名、[illegible]）
用繁体　第三要写得美（书法）
4. 微机——现代化手段
四、[illegible]
四、要密切联系群众
群众来访、来信要接待、要回答，要去下基层、[illegible]。

[illegible]

秘书班讲稿。

刘乃和家住能仁寺胡同，她有时忙得不能回家吃午饭。

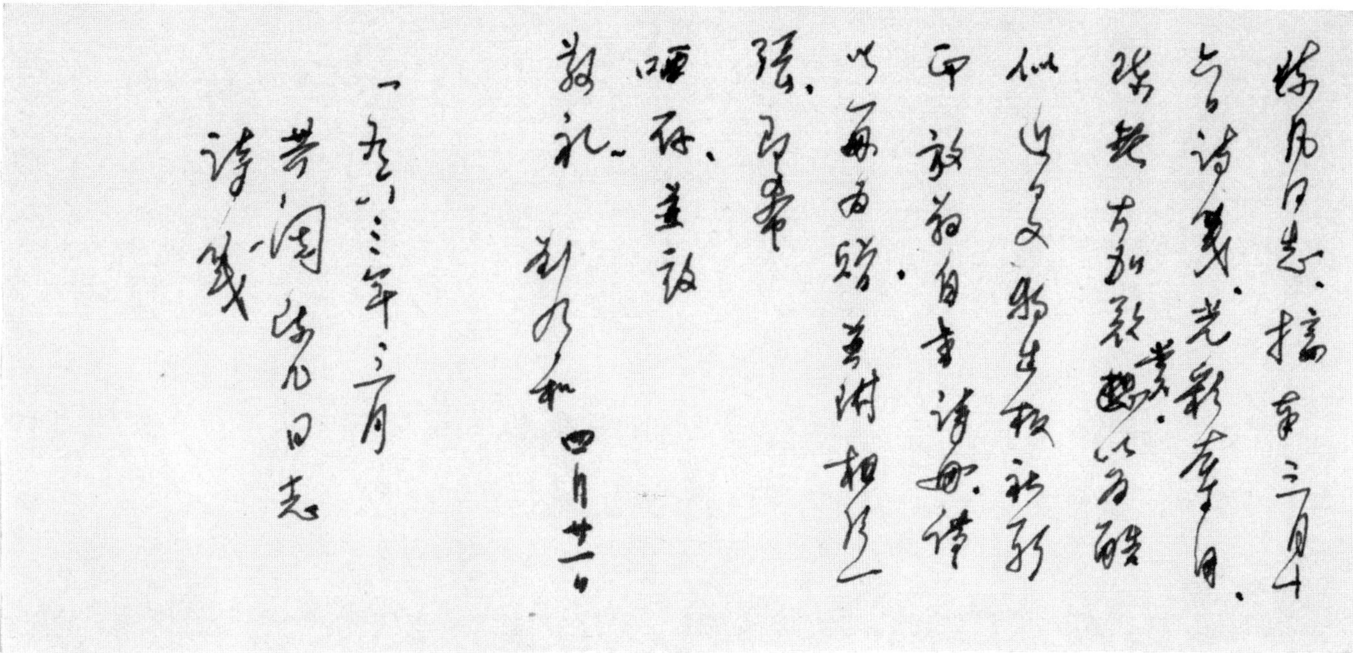

靖凡同志：接奉二月十六日诗笺，光彩夺目，[illegible]

[illegible]

希望能自书诗册，[illegible]以为留赠，并附相片一张，即希

晒存，并致

敬礼

刘乃和 四月廿一

一九八三年二月 书赠靖凡同志 诗笺

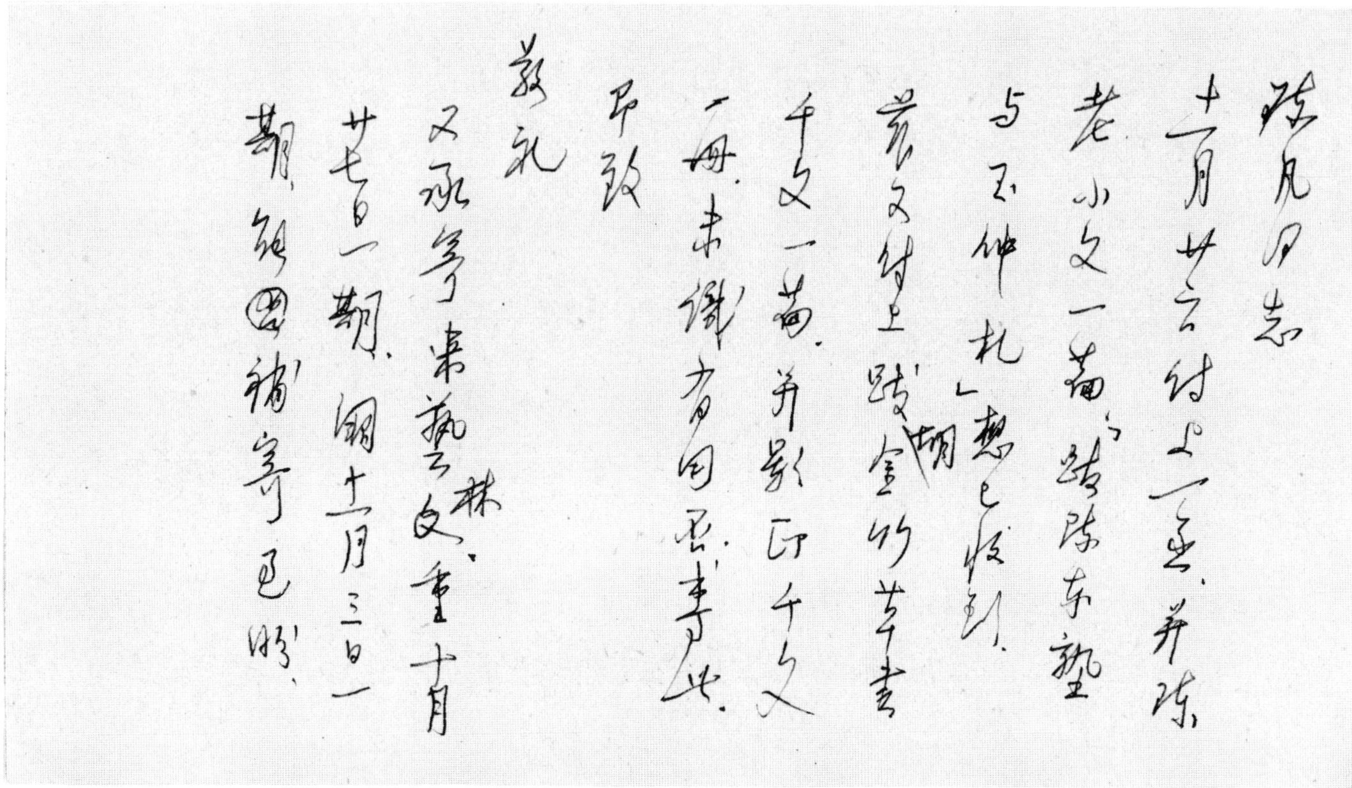

靖凡同志

十月廿六日付上一函，并陈老小文一篇：《跋陈东塾与王仲任札》，想已收到。兹又付上《跋胡金竹草书千文》一篇，并影印千文一册，未识可用否？专此，

即致

敬礼

又承寄来《艺林》[illegible]十月廿七日一期，缺十二月三日一期，能否补寄为盼。

从字迹看，这是陈垣代秘书写的回信。

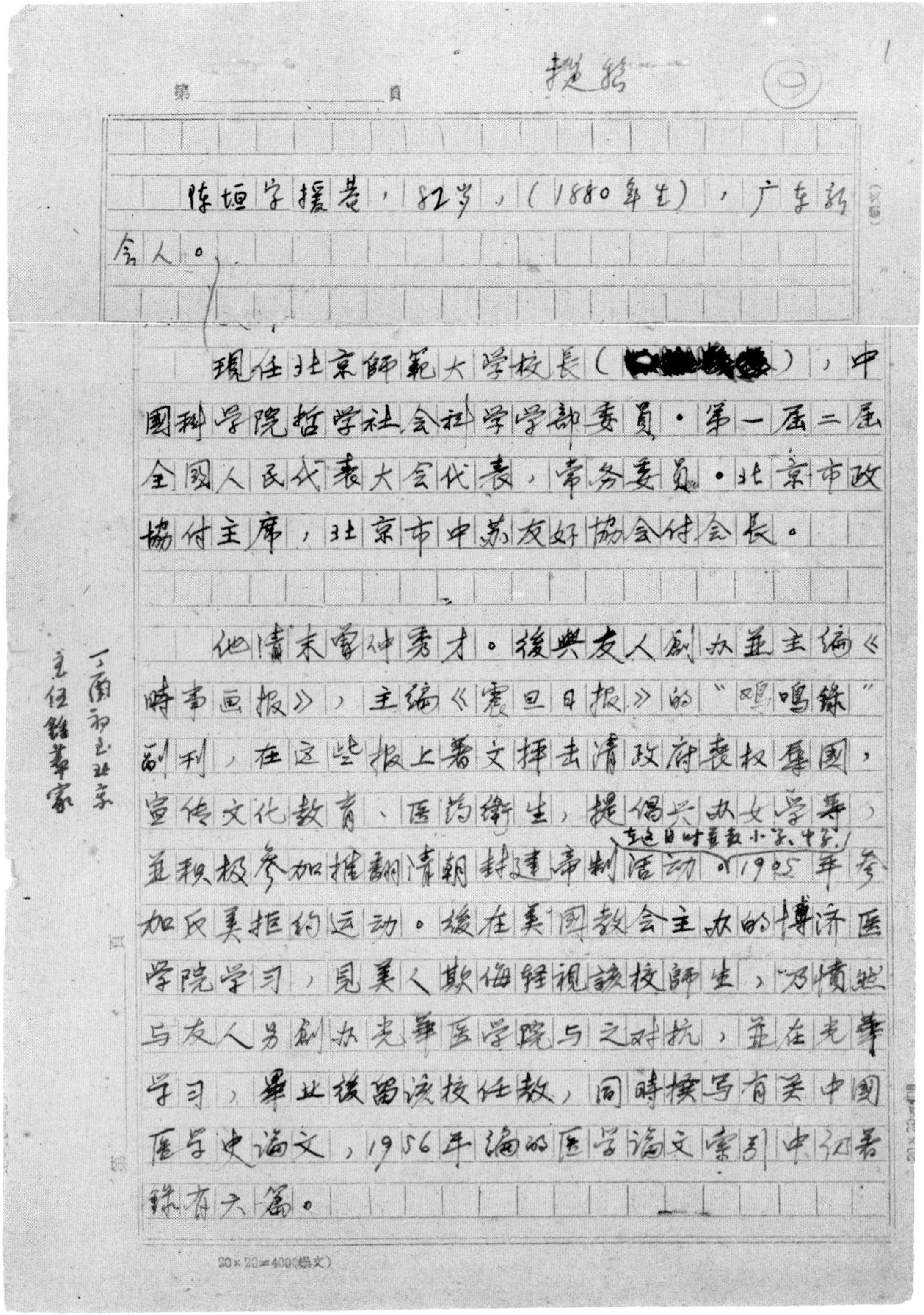
提綱　1

第　　頁

陈垣字援庵，82岁，（1880年生），广东新会人。

现任北京師範大学校長（[redacted]），中国科学院哲学社会科学学部委員·第一届二届全国人民代表大会代表，常务委員·北京市政協付主席，北京市中苏友好協会付会長。

他清末曾中秀才。後與友人創办並主编《時事画报》，主编《震旦日报》的"鸡鳴録"副刊，在这些报上著文抨击清政府袭权集团，宣传文化教育、医药衛生，提倡兴办女学等，並自己创办小学、中学，並积极参加推翻清朝封建帝制活动。1905年参加反美拒约运动。後在美國教会主办的博济医学院学习，見美人欺侮轻視該校師生，乃憤然与友人另創办光華医学院与之对抗，並在光華学习，畢业後留該校任教，同時撰写有关中国医学史論文，1956年编的医学論文索引中仍著録有六篇。

20×20=400（橫文）

这是1962年刘乃和写陈垣小传，抄手写定。中间有陈垣修改笔迹和补贴情况，如第一、二行。陈垣在世时，凡刘乃和代笔，或写关于陈垣的文字，均由陈垣改定，很少例外。

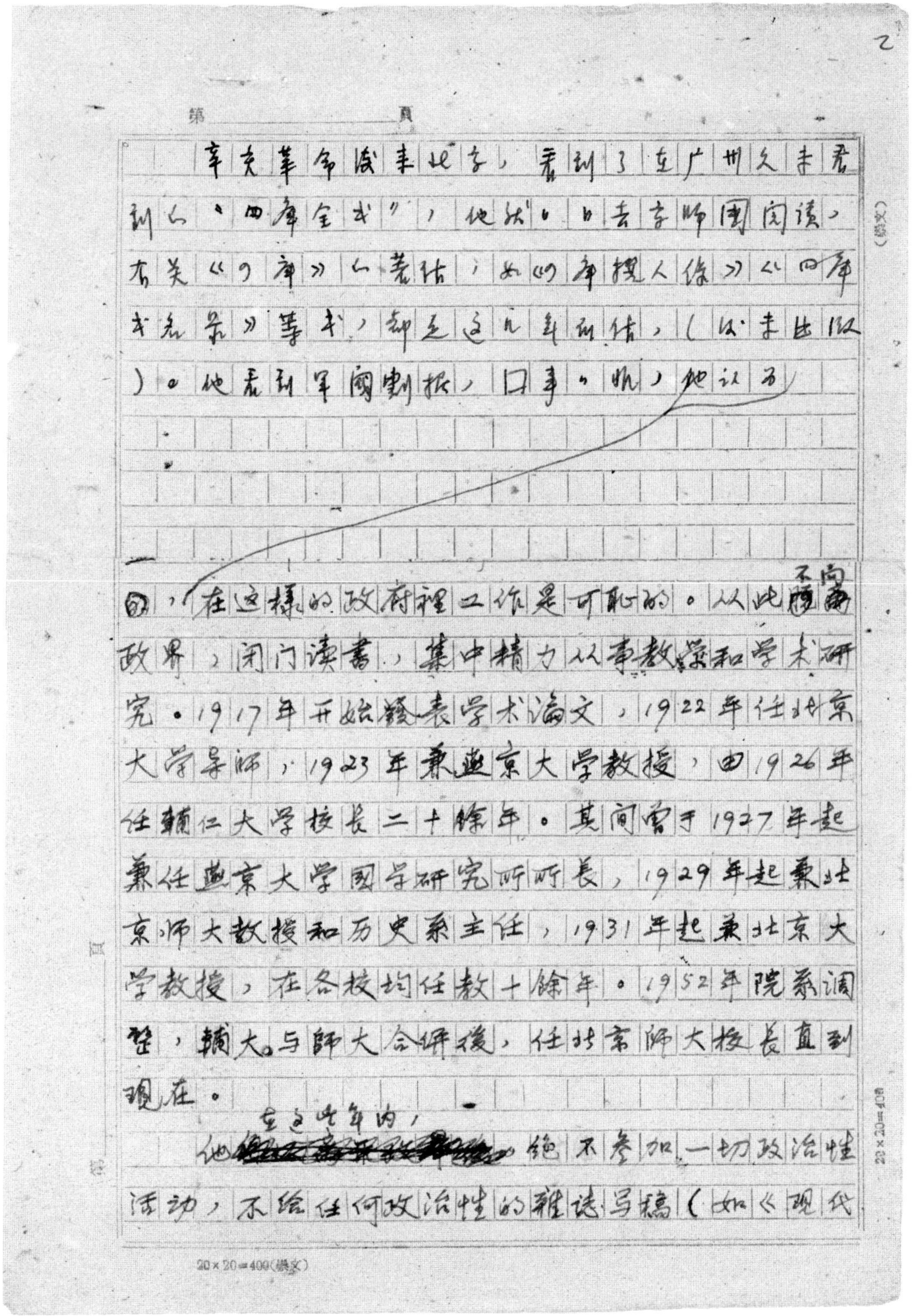
2

第　頁

辛亥革命后来北京，看到了在广州久未看到的《四库全书》，他从此日日去京师图（书馆）阅读，有关《四库》的著作，如《四库撰人录》、《四库书名录》等书，都是这几年所作，（后未出版）。他看到军阀割据，国事日非，他认为

的，在这样的政府里工作是可耻的。从此脱离（不问）政界，闭门读书，集中精力从事教学和学术研究。1917年开始发表学术论文，1922年任北京大学导师，1923年兼燕京大学教授，由1926年任辅仁大学校长二十余年。其间曾于1927年起兼任燕京大学国学研究所所长，1929年起兼北京师大教授和历史系主任，1931年起兼北京大学教授，在各校均任教十余年。1952年院系调整，辅大与师大合并後，任北京师大校长直到现在。

至这些年内，他绝不参加一切政治性活动，不给任何政治性的杂志写稿（如《现代

20×20=400(横文)

上5行，陈垣手迹。第二行倒数第三字，为“图书馆”三字的合体。民国初在图书馆界甚流行。

评论》、《国防月刊》等都曾一再托人约请他
撰写有关史学的稿件）。蒋介石请他参加庐山
会议、国难会议等，他一概拒绝。

抗战期间，敌伪当局几次三番威胁他，要
他参加"东洋史地学会"，要他担任日伪最高
文化团体"大东亚文化同盟会会长"和其他职
务，或许以特高津贴，或军警宪兵威吓，在他
的宿舍，说不答应就不走，或说不答应就逮捕
，但是他都严词拒绝，他说已置生死于度外，
绝不能丧失气节。王克敏亦曾屡次亲自电话约
他，要来访问，他说：你是大汉奸卖国贼，我
不认识你！八年间，教课、著书，绝少与人来
往。在讲课和著述中，痛斥汉奸卖国贼，并指
出中国必胜的信心，具有较强烈的爱国主义思
想，和高度的民族气节。表现了富贵不能淫，
贫贱不能移，威武不能屈的高尚品质。

解放战争期间，他因不瞭解国内外形势，
只感到政治黑暗，世事纷乱，国无宁日，非常
苦闷。对反动政府镇压学生运动、逮捕学生极
为不满，并几次多方设法营救辅仁被捕的学生

4

第　　　　　　頁

。解放前夕，对国民党能否治好国家已失去信心，所以反动政府虽再三用飛机接他南下，他坚决不走，留在北京。

总之，解放前，他的政治态度是鲜明的，他热爱祖国，憎恨独裁专制，富于正义感，抗战期间，更表现了高度的民族气节，在艰苦的岁月裡，仍坚持教学和写作，進行愛国主义的宣传教育，对敌伪给予一定的打击。他平生不愛钱，不趋利，勤俭自奉，淡泊自守。他过去不参加任何党派，不信奉任何宗教。他長期不问政治，不同流合汚，而对祖国的前途，無時不在关念之中。他在《胡注表微》中说："身之（按即胡三省）生平不喜滕口说，不喜上書言時事，國变以後，尤與政治绝緣。然其注《通鑑》不能含政治不談，且有時陳古証今，談言微中，頗得風人之旨，知其未嘗忘情政治也。"这些话，实际就是他自己当時的态度。就因有此思想基础，所以解放後能够较快的接受新的思想。

解放後，他一直注意政治理論和時事学习

戊戌時不入康党、辛亥后与北洋军阀

20×20=400(緣文)

，由于他热爱祖国，向往光明，并富有正义感，所以他很快就看清了两种不同制度的新旧社会的对比。认清过去政治混乱、国弱民贫，都是各时期的反动政治之罪，因此他一改过去不问政治的态度，积极参加了政治运动和社会活动。

辅仁的反帝斗争，使他在实际政治斗争中得到了锻炼，认清帝国主义办教育的侵略本质。参加土地改革，受到较深刻的阶级教育，认清地主阶级的残酷剥削和压迫，初步树立了对劳动人民的感情，认识了劳动人民的才能智慧。积极参加教师思想改造、三反、忠诚老实等历次政治运动，对当时辅仁大学运动的开展起了推动作用，对社会上也起了一定影响。

在整风和大鸣大放中，政治态度明确，对校内外歪风异常气愤，在右派猖狂进攻时，他提出知识分子应当反求诸己，应注意自我改造。他[redacted]能够辨明大是大非，阶级立场是较坚定的。

1959年入党，入党后更是积极从事科学研究。

（要说明，他从民主主义者[redacted]成为共产主义战士）

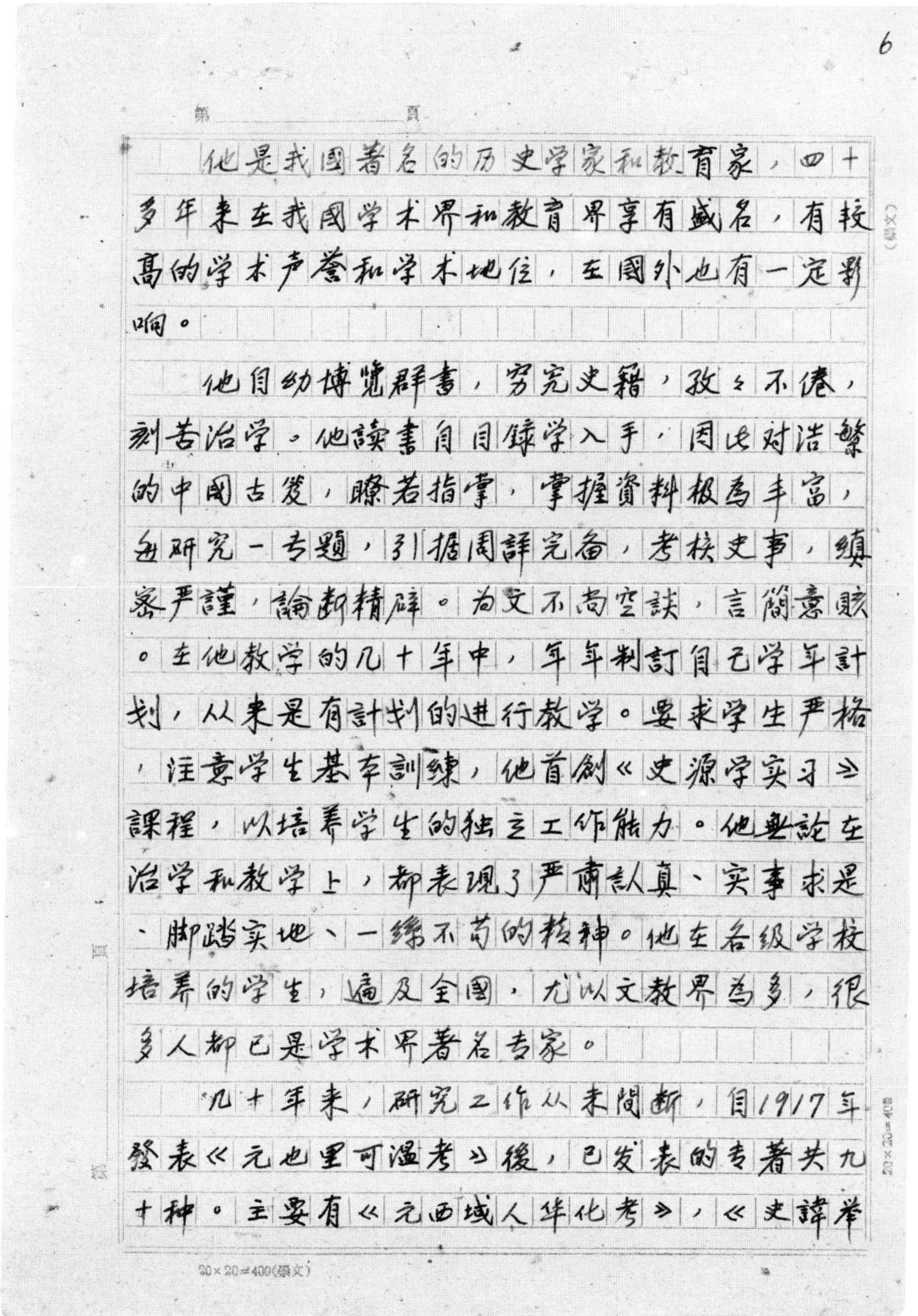
6

第　　頁

他是我国著名的历史学家和教育家，四十多年来在我国学术界和教育界享有盛名，有較高的学术声誉和学术地位，在国外也有一定影响。

他自幼博览群書，穷究史籍，孜孜不倦，刻苦治学。他讀書自目錄学入手，因此对浩繁的中国古籍，瞭若指掌，掌握資料极為丰富，每研究一专題，引据周詳完备，考校史事，缜密严謹，論斷精辟。為文不尚空談，言簡意賅。在他教学的几十年中，年年制訂自己学年計划，从来是有計划的进行教学。要求学生严格，注意学生基本訓練，他首創《史源学实习》課程，以培养学生的独立工作能力。他無論在治学和教学上，都表現了严肃認真、实事求是、脚踏实地、一絲不苟的精神。他在各级学校培养的学生，遍及全国，尤以文教界為多，很多人都已是学术界著名专家。

几十年来，研究工作从未間斷，自1917年發表《元也里可温考》後，已发表的专著共九十种。主要有《元西域人华化考》，《史諱举

20×20=400(横文)

例》，《元典章校补》，《校勘学釋例》，《吴渔山年譜》，《旧五代史輯本发覆》，《釋氏疑年録》，《清初僧諍記》。（以上八种合为《励耘书屋丛刻》）。《二十史朔閏表》，《中西回史日历》，《回回教入中國史略》，《敦煌劫餘録》，《元秘史譯音用字考》，《明季滇黔佛教考》，《南宋初河北新道教考》，《中國佛教史籍概論》，《通鑑胡注表微》等。

他的研究範圍較广，注意别人不願研究的問題，而其中多是治学、治史者所不可缺少。综观其著作约可分为三類：一、工具书，二、元史，三、宗教史。按内容說，1936年以後所写，都是抵抗侵略，具有爱国思想的著作。

校勘目録之学

工具书類：以前学者，对工具书的编写甚予轻視，有学之士多不肯为，他对工具书非常重視，並对目録、年代历法、避諱、校勘等方面，各有著作。其书不单是备檢查，而是继承前人成果，並加以創造发明，在历朝零散材料中找出规律，加以总结，分成条理，得出科学

8.

論断。故其书多是发凡起例，啟人思路並非仅备檢查者，如《史諱举例》和《校勘学釋例》等，即此类著作。其《二十史朔閏表》，《中西回史日历》二书，将中西回三种历法包羅馬历，按历史朝代，互為对照，为前所未有。蓋伊斯兰教自唐代传入中國，中國史籍中記載頗多，但因回历不能確定，致史实記載常差謬几十年，雜乱紛纭，莫衷一是，是史学研究上的一大障礙。他以数年精力，苦心鉆研，作出二千年間的三历对照表，不仅研究少数民族史和宗教史有了便利工具，就是对研究中西交通史和有关回教的各国历史，都有很大帮助。此外，他每作一書，事前都作了准备工作，把很多大部头的書，都作了索引、目录，较著的有《四庫书名録》，《四庫撰人録》，《冊府》索引，《清史稿》索引，《元六十家文集目录》等等，以備檢用，非常方便。

关于元史的研究，他第一篇論文，就是《元也里可溫考》，自这以後很多年，专门研究元代历史上各方面問題，当时人称之为"元史专家”。他所研究的包括元代典章制度，元代史实，元代西北少数民族，元代的几种宗教等问题，各个问题，都有论文专著。

关于宗教史的研究，多着重各种宗教的发生、发展、源流和有关宗教的书实，不涉及其教义。以前学者多不採用佛藏、道藏（即佛教道教的丛书）所收书籍中的有关历史的材料，他首先利用了佛藏、道藏和僧人语录，以其材料，解决了一些历史上的问题，为史学研究的资料，开阔了一个方向。他并重视金石碑刻的文献，为了写《南宋初河北新道教考》一书，搜集道家碑刻五千餘件。他所研究的宗教史除现存的宗教外，有很多是中国历史上的古教，有著作的如也里可温教、一赐乐业教、火祆教、摩尼教、佛教、道教、天主教、基督教等。因研究宗教史，所以也颇注意某些少数民族的历史。如回族历史，他在三十多年前的作品即对回族无恶辞，无歧视，一改前代学者从来对回族轻视诋毁的态度。

这数查不果一下考

1936年後的著作，都在写历史事迹中，反

10

第　　頁

映出较強烈的愛國主义思想，如《通鑑胡注表微》一書，对几百年来从无人重视的注《通鑑》的愛国史学家胡三省，作了全面的分析介绍，把二百九十四卷《通鑑》和胡注，都详尽的加以研究，多所闡發。这時期的論文还有《旧五代史輯本發覆》，以《旧五代史輯本》为例，揭發了中国史書上因避忌侵略者不得不竄改古書情况。《清初僧諍记》則痛斥了汉奸，《道教考》和《佛教考》，写南宋末、明末的愛国知识分子。这些書在知识分子中，有一定影响，在敌占区八年茹苦艰辛，坚持写作，駡尽仕敌無行的学者，为不屈降的爱国知识分子树立了楷模。日本统治者当时雖百般刁难，也对他無可奈何，最后不得不警告他，要他"自己珍重"。

总观他的治学，不但继承了清朝考据学的优良传统，並能發前人所未發，充实並丰富了研究的内容，纠正很多前人的谬误。其考證精密，已远超过前人。且态度谦虚谨慎，乐于求教，别人对其著作提出意見，無不虚心考慮。

20×20=400(崇文)

其研究选题，能从治史者需要出发，正像他在《日历》自叙中說的：“兹事甚细，智者不為，然不為終不能得其用。余之不惮烦，亦期為考史之助云尔，豈敢言历哉！”所以他很多作品，都是从事史学研究和古зз整理的重要参考書籍，有較高的学术价值，对我国学术界是有很大貢献的。

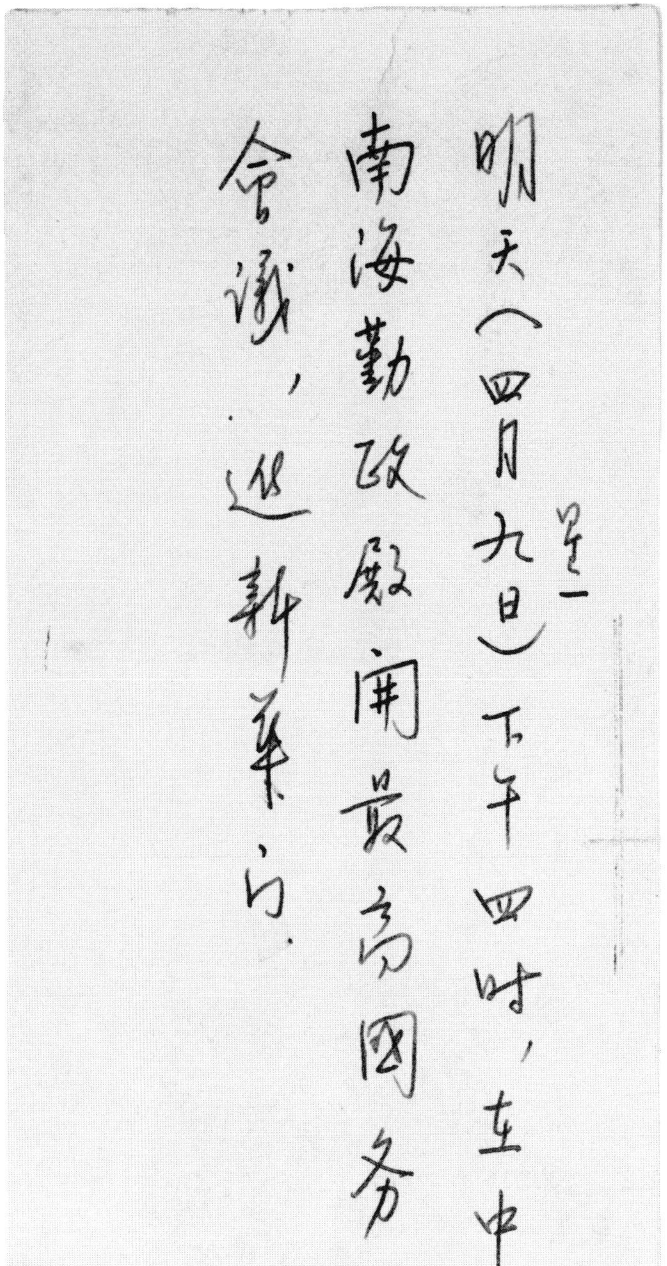
明天（四月九日）下午四时，在中南海勤政殿开最高国务会议，进新华门。
星一

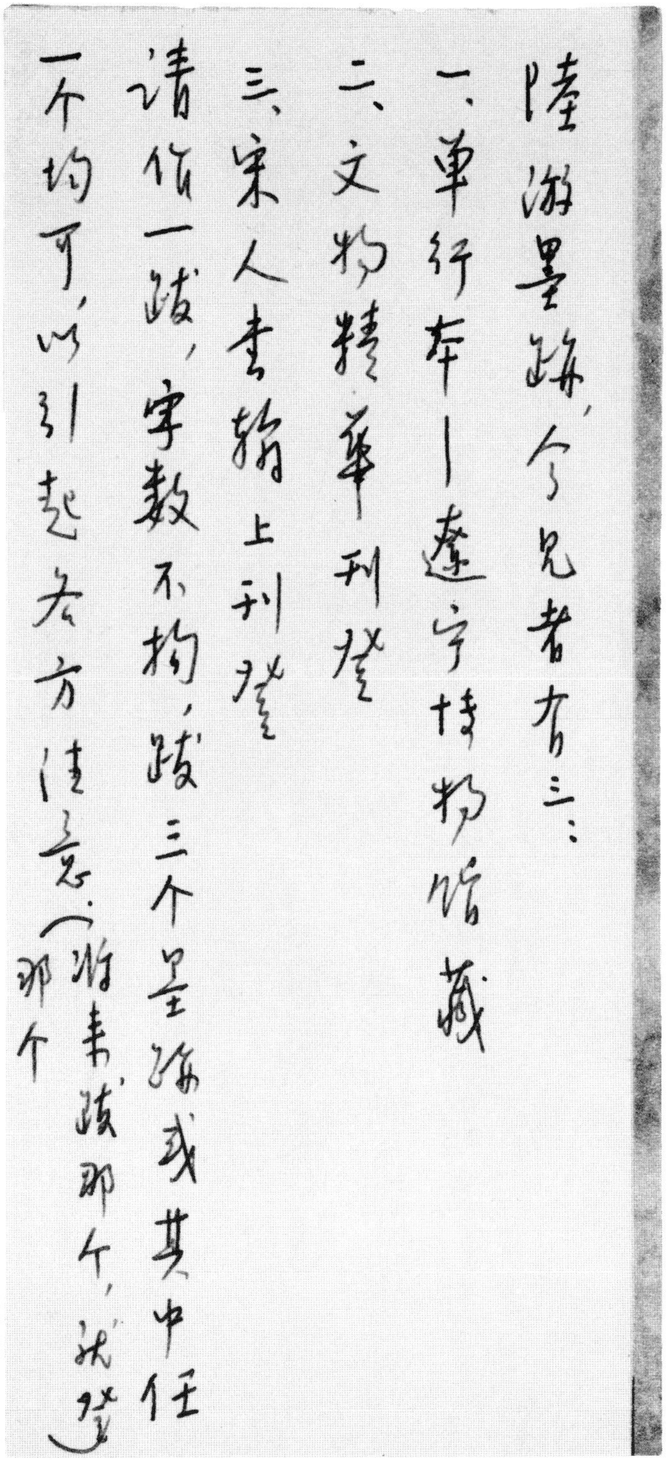
陸游墨跡，今見者有三：
一、單行本—遼寧博物館藏
二、文物精華刊登
三、宋人書翰上刊登
請作一跋，字數不拘，跋三個墨跡或其中任一個均可，以引起各方注意（將來跋那個，就登那個）

刘乃和字。刘宗祺说："陈老在世时，姑姑学陈老字；死后，她就不再写了。"

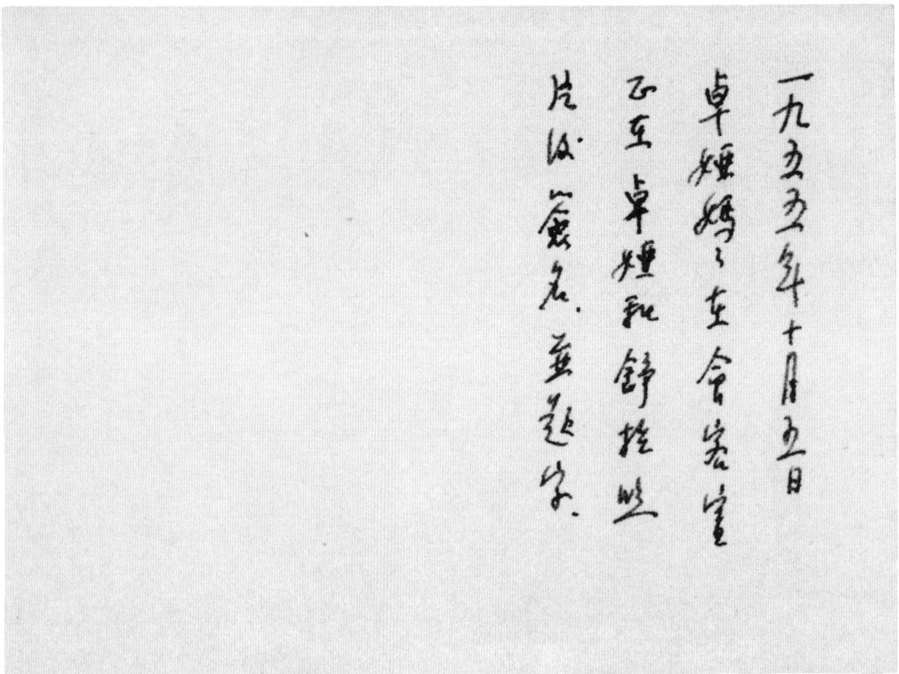

刘乃和会照相,解放后,陈垣大部分照片是刘乃和照的,保存底板数千张,详细标明时间。刘乃崇在1946年前后开过照相馆,抗战胜利后,陈垣、柴德赓、启功、刘乃和的合影,是他拍摄。这些照片记录了陈垣的学术活动。

中间正面的一位是卓娅和舒拉的妈妈。她是小学教师。

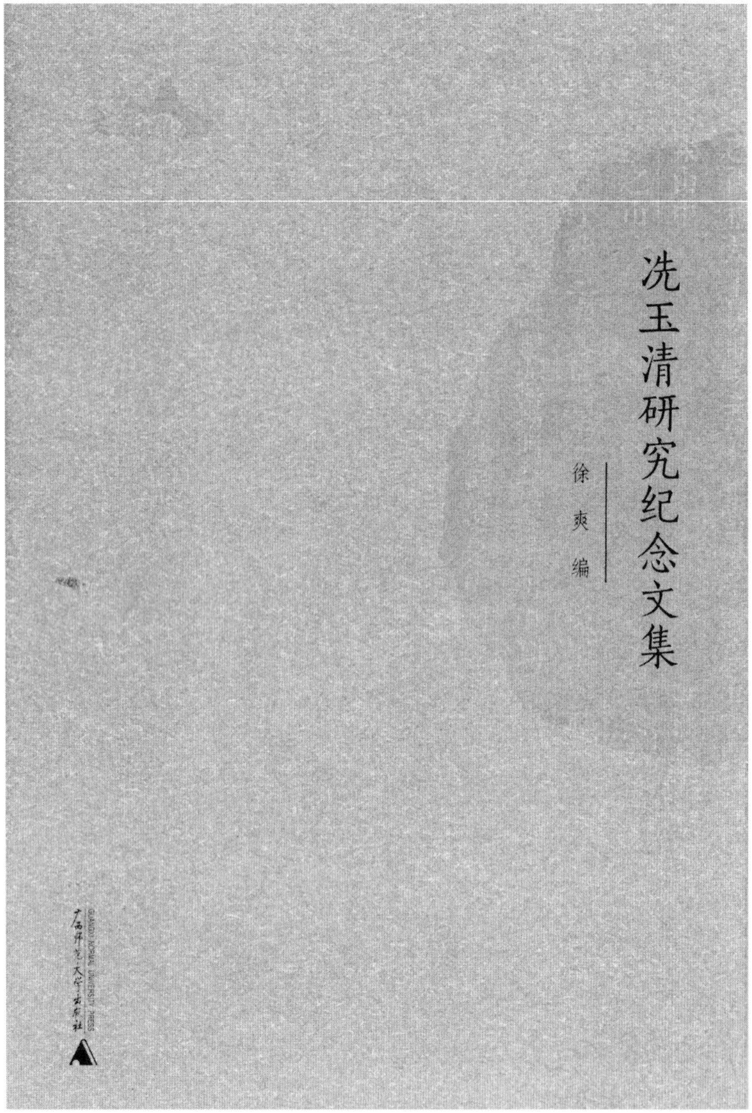

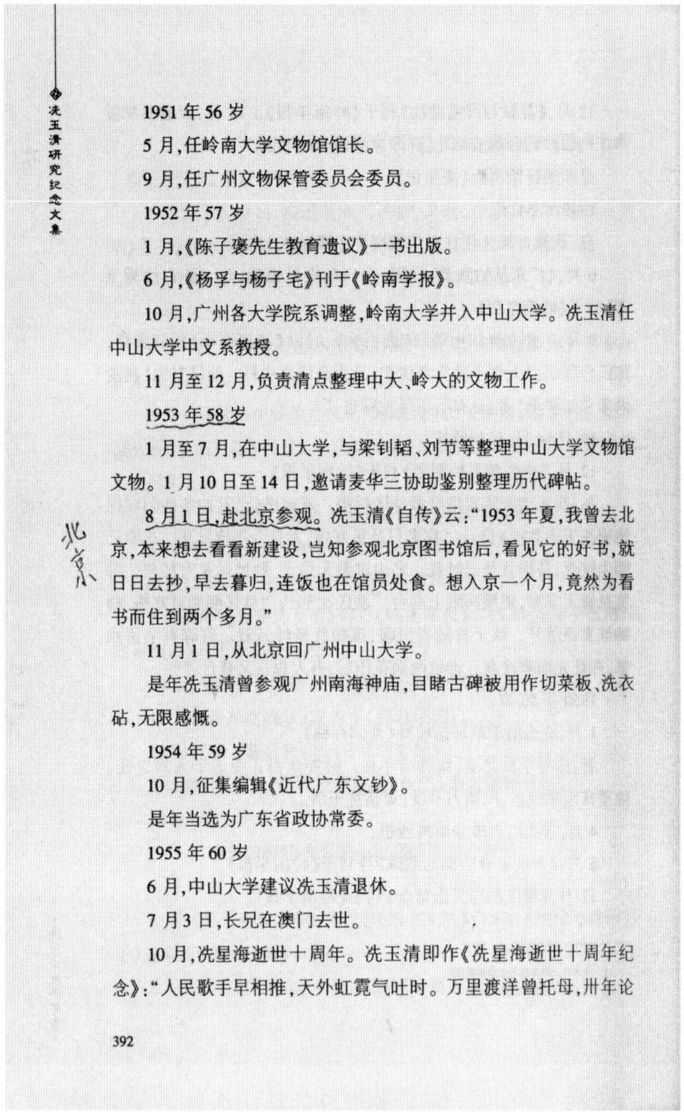
冼玉清研究纪念文集

1951 年 56 岁

5 月,任岭南大学文物馆馆长。

9 月,任广州文物保管委员会委员。

1952 年 57 岁

1 月,《陈子褒先生教育遗议》一书出版。

6 月,《杨孚与杨子宅》刊于《岭南学报》。

10 月,广州各大学院系调整,岭南大学并入中山大学。冼玉清任中山大学中文系教授。

11 月至 12 月,负责清点整理中大、岭大的文物工作。

1953 年 58 岁

1 月至 7 月,在中山大学,与梁钊韬、刘节等整理中山大学文物馆文物。1 月 10 日至 14 日,邀请麦华三协助鉴别整理历代碑帖。

8 月 1 日,赴北京参观。冼玉清《自传》云:“1953 年夏,我曾去北京,本来想去看看新建设,岂知参观北京图书馆后,看见它的好书,就日日去抄,早去暮归,连饭也在馆员处食。想入京一个月,竟然为看书而住到两个多月。”

北京

11 月 1 日,从北京回广州中山大学。

是年冼玉清曾参观广州南海神庙,目睹古碑被用作切菜板、洗衣砧,无限感慨。

1954 年 59 岁

10 月,征集编辑《近代广东文钞》。

是年当选为广东省政协常委。

1955 年 60 岁

6 月,中山大学建议冼玉清退休。

7 月 3 日,长兄在澳门去世。

10 月,冼星海逝世十周年。冼玉清即作《冼星海逝世十周年纪念》:“人民歌手早相推,天外虹霓气吐时。万里渡洋曾托母,卅年论

392

刘乃和说:“冼玉清在解放初曾来北京,住在辅仁大学女生宿舍。我安排的。”

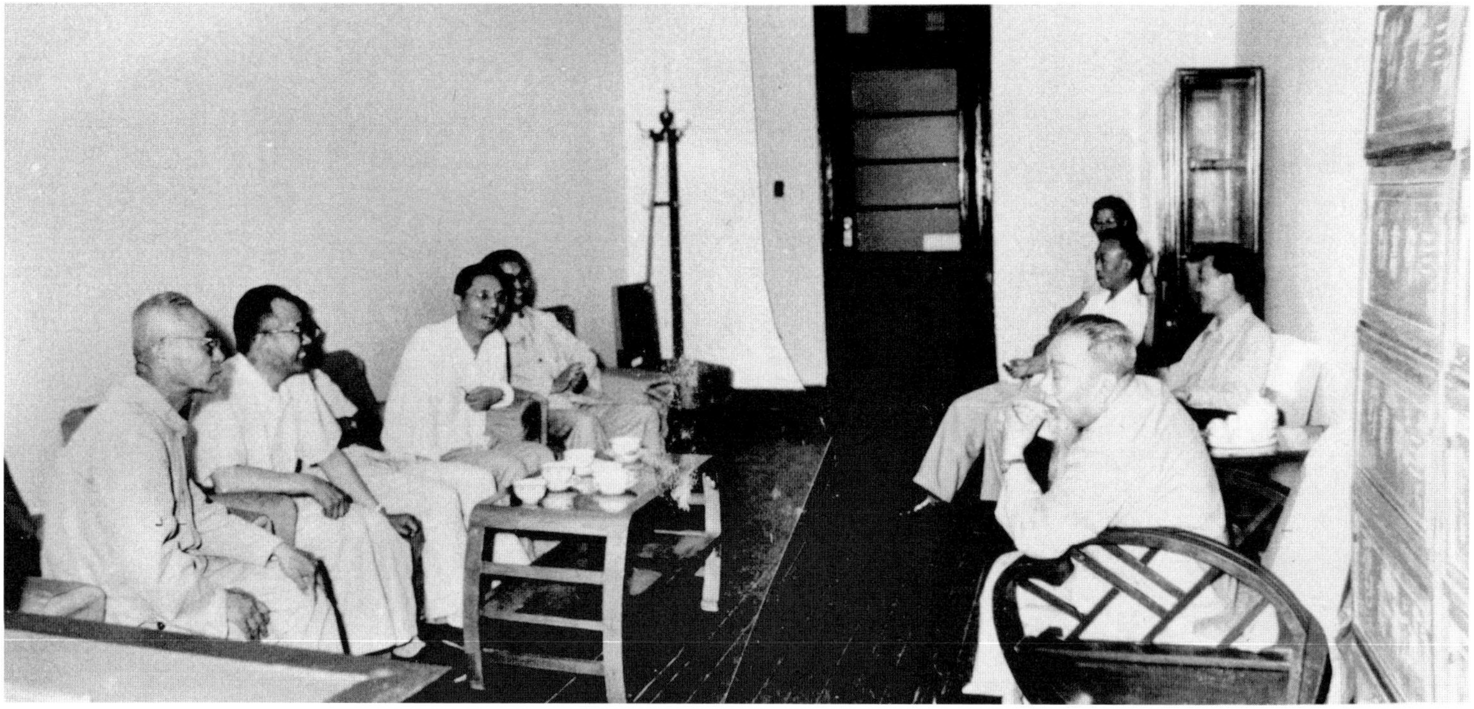

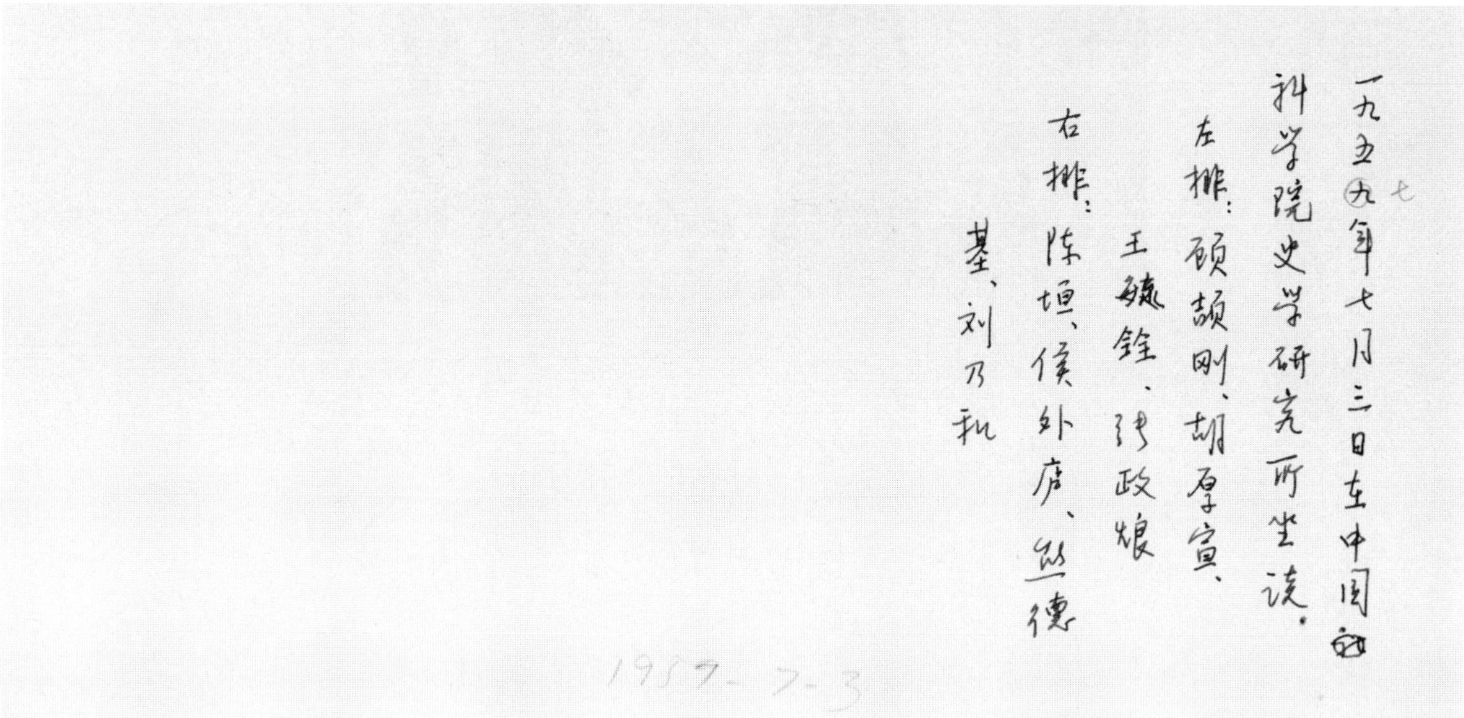
一九五九七年七月三日在中国科学院史学研究所坐谈。
左排：顾颉刚、胡厚宣、王毓铨、张政烺
右排：陈垣、侯外庐、熊德基、刘乃和
1957-7-3

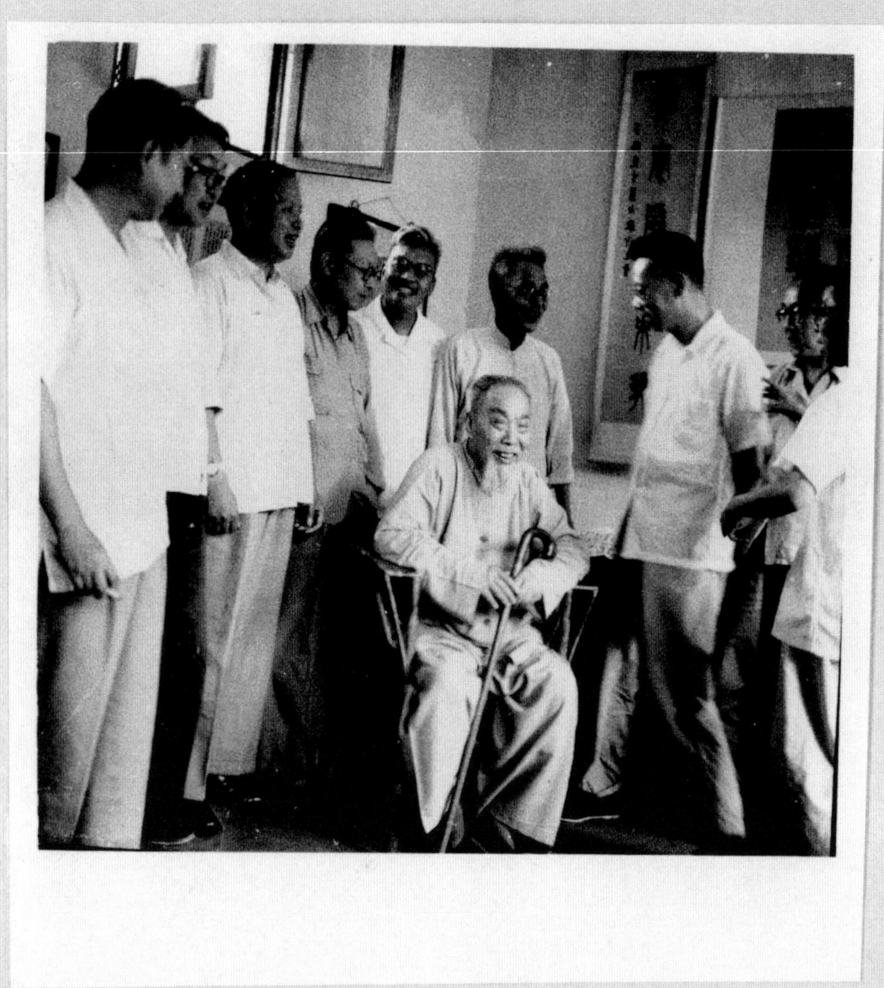

1964-7-17 与二十四史点校组
郑天挺、唐长孺、王仲荦、学德赓、王永兴
罗继祖等

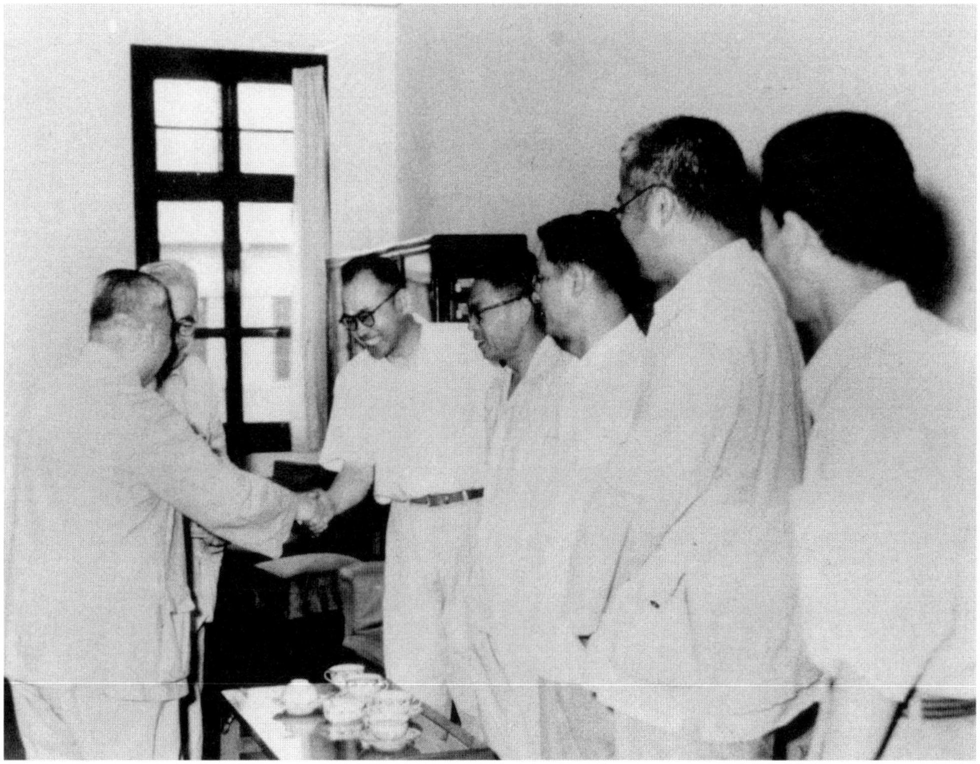

一九五九年七月三日在科学院史学研究所与胡厚宣互握手

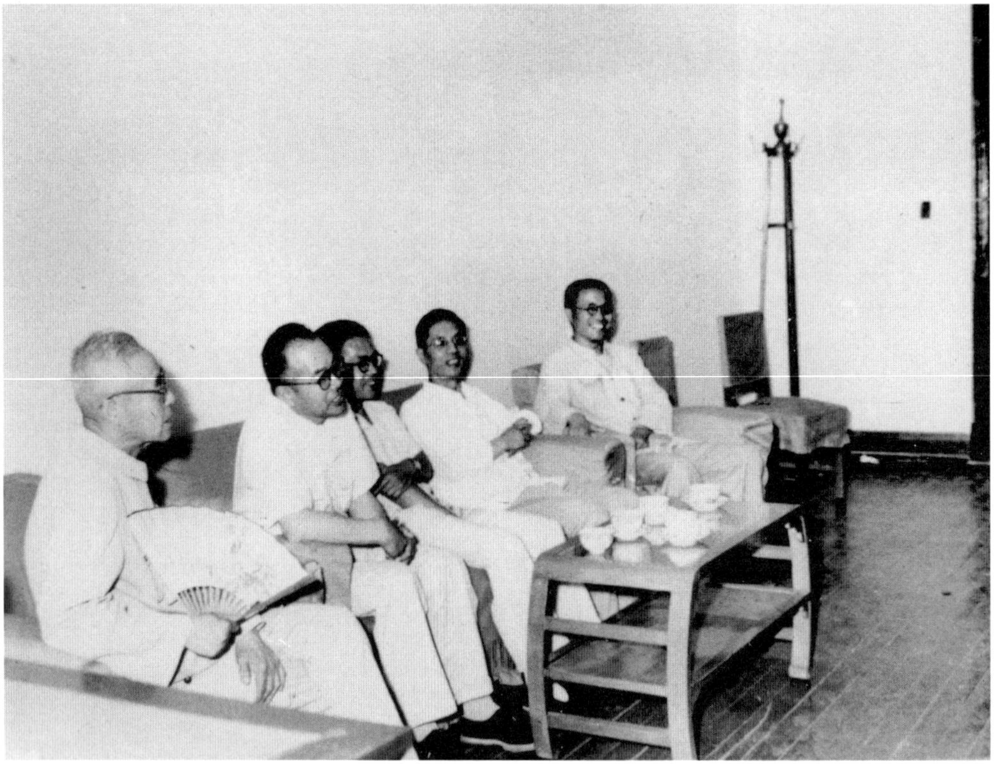

顾颉刚、胡厚宣、王毓铨、
张政烺
一九五九年七月三日

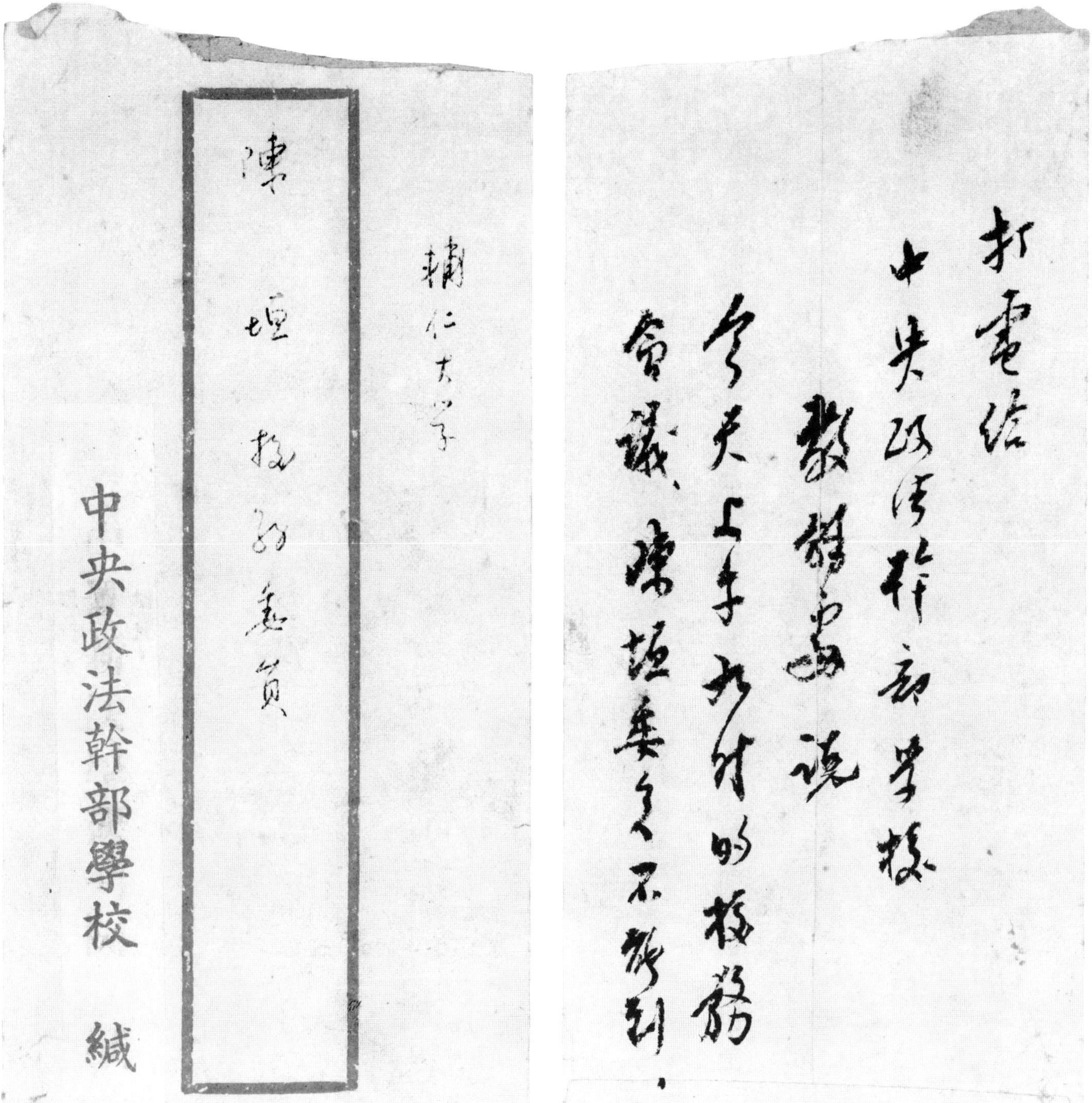

彭真任校长，陈垣任校务委员。

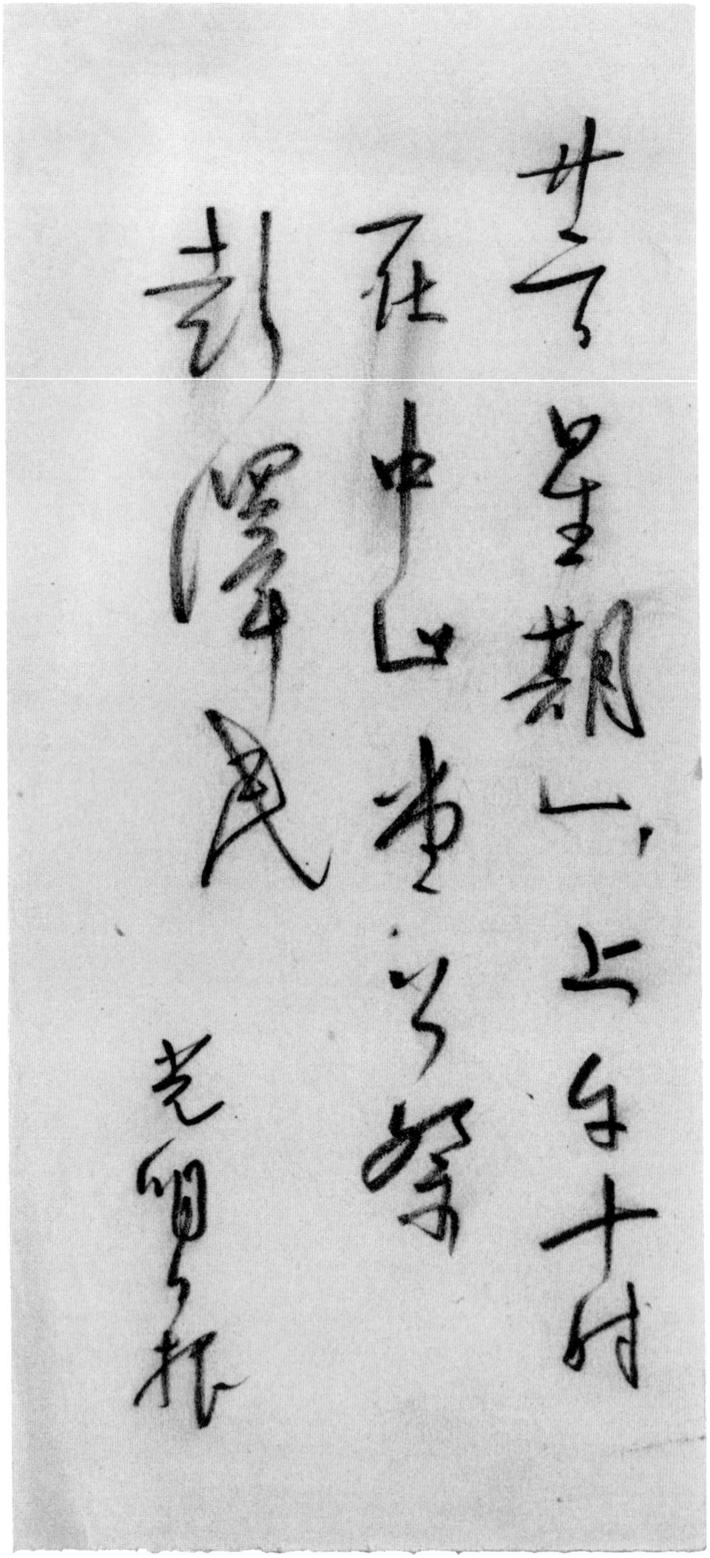

刘乃和手勤笔勤，她跟随老师三十余年，协助老师校勘文稿，查找资料，起草文章讲话，核对原文，整理来往信件，回答一般函问，抄定陈垣反复修改的文章、信件。或其一不在办公室，另一方留下短笺以备忘。凡陈垣字迹，刘乃和都片纸不遗地珍藏。速记和随手记录，已成为刘乃和一生的习惯。陈垣用“勤能免思”四字鼓励她。

刘乃和之“勤”，协助陈垣在七十岁以后做出人们难以想象的学术研究，如审定一生往来书信(大部分需陈垣自己确认年代)，记录陈垣早年活动，为编撰陈垣年谱和传记做准备。研究点校新旧五代史等等。刘乃和笔记、日记、《陈垣年谱》和《陈垣评传》可视为二十世纪中国史学界一部历史，如果配上照片，真是图文并茂。

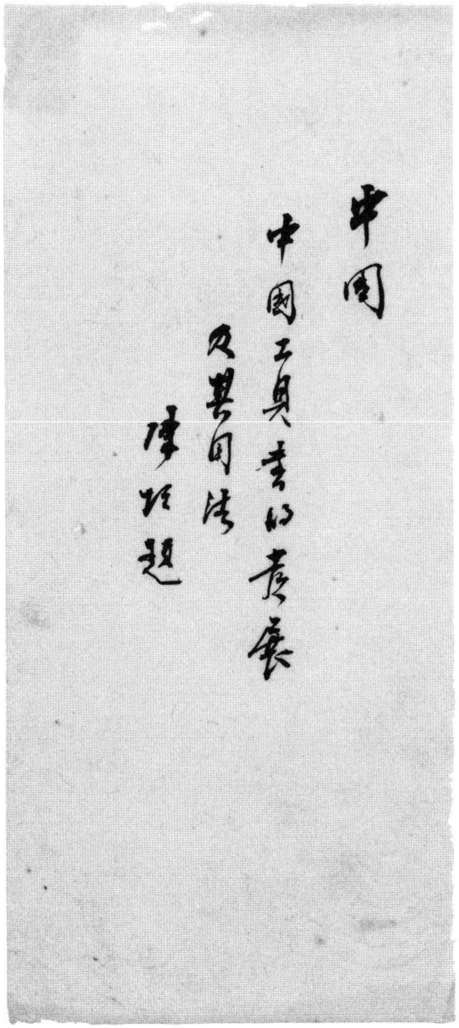
中国

中国工具书的发展
及其目录
陈垣题

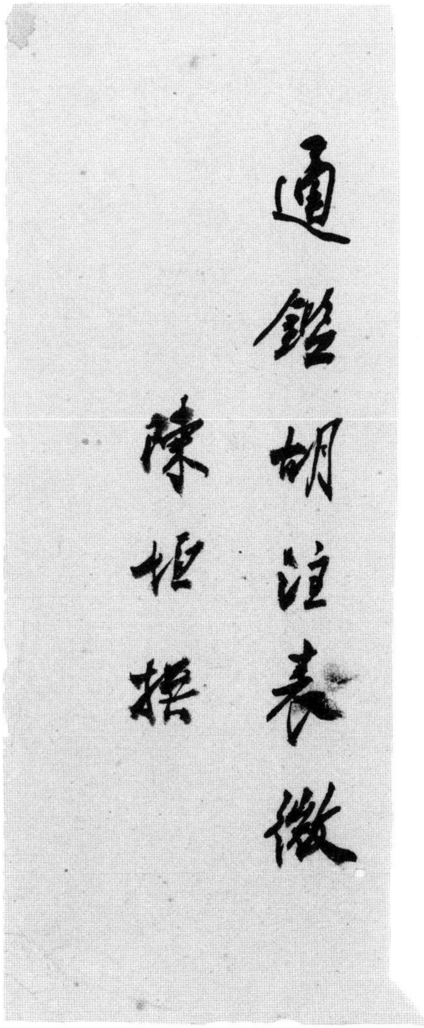
通鑑胡注表微
陳垣撰

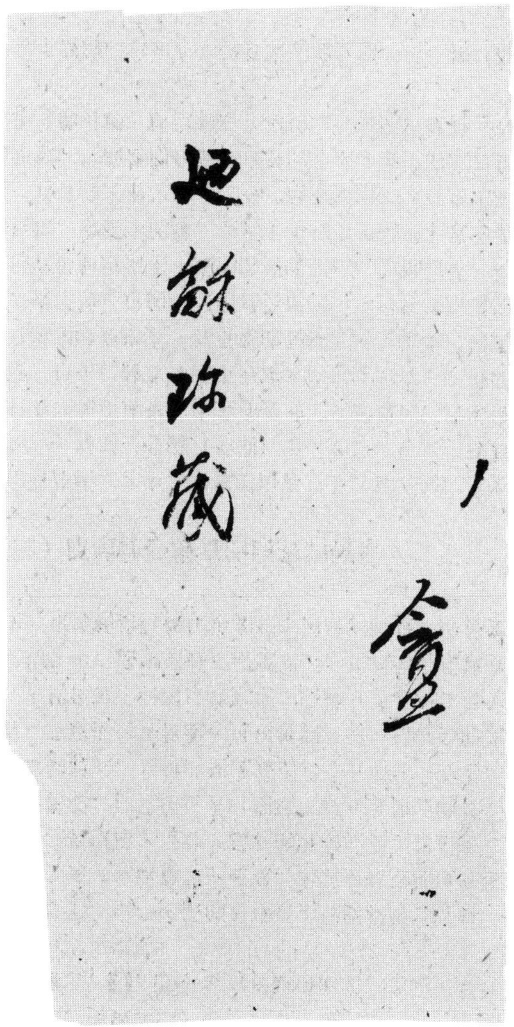
廼龢珍藏
厂盦

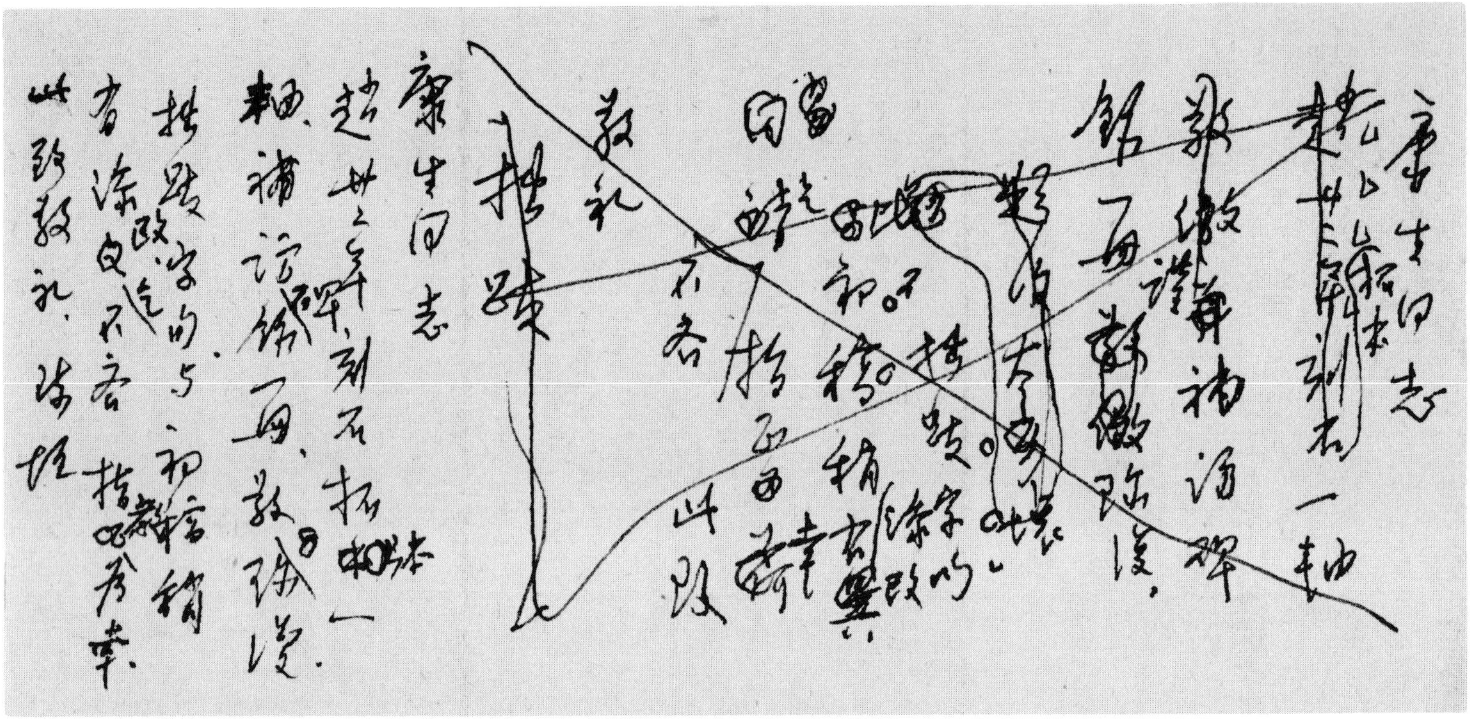

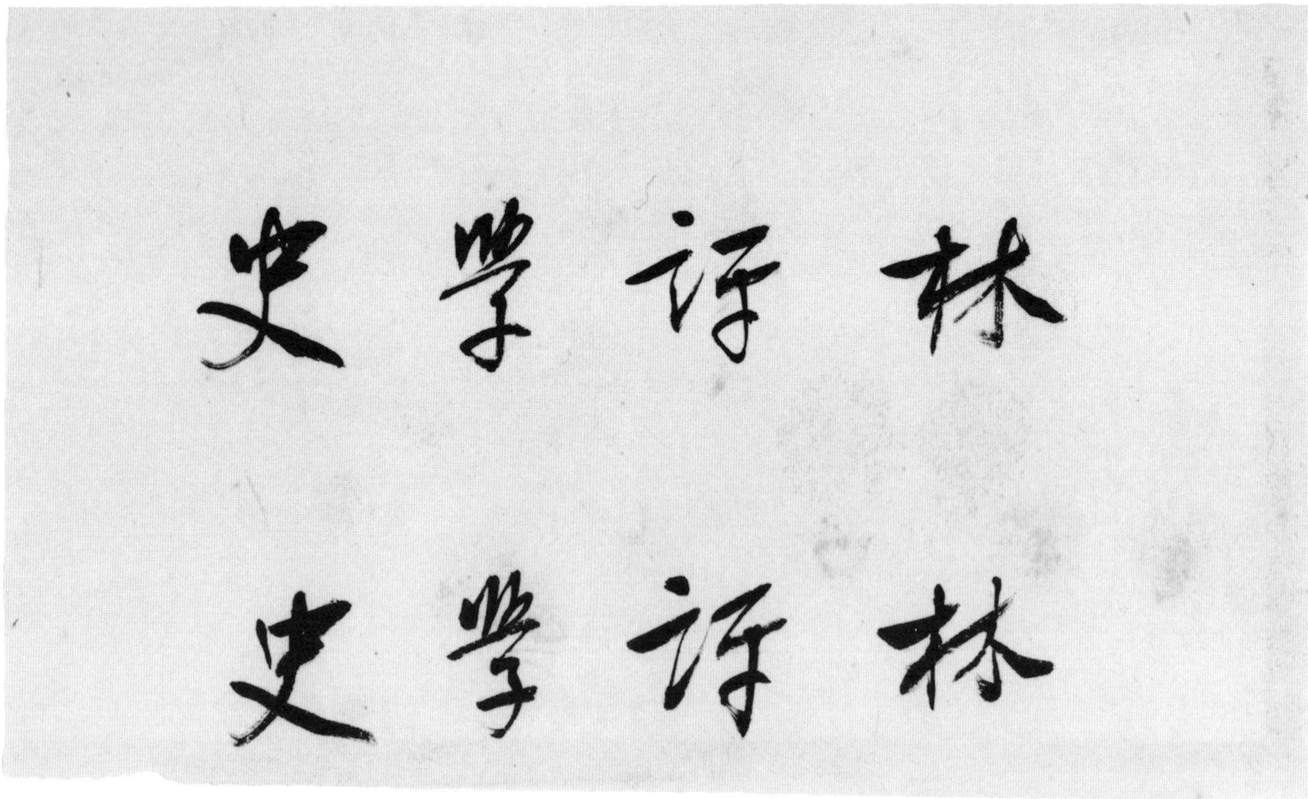
史学评林
史学评林

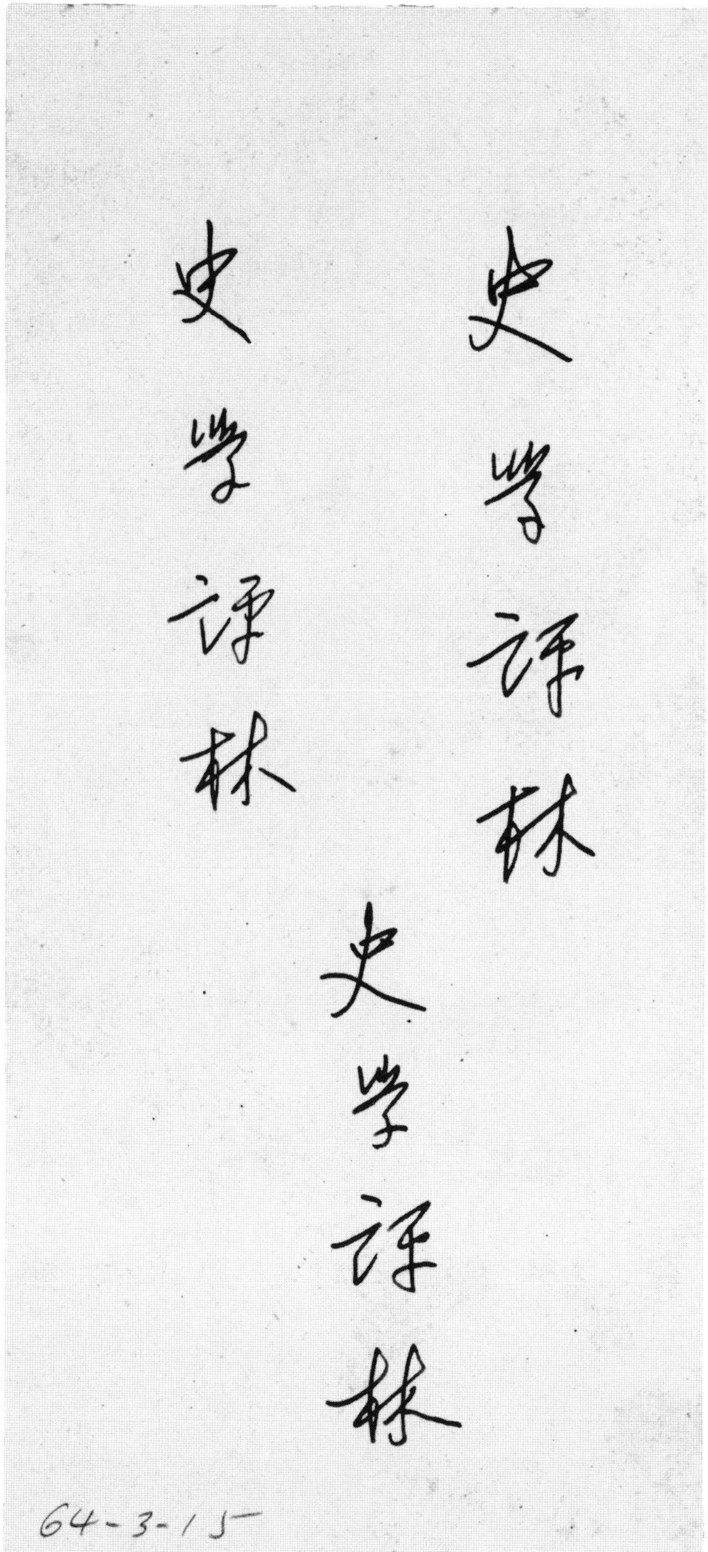
史学评林
史学评林
史学评林
史学评林
64-3-15

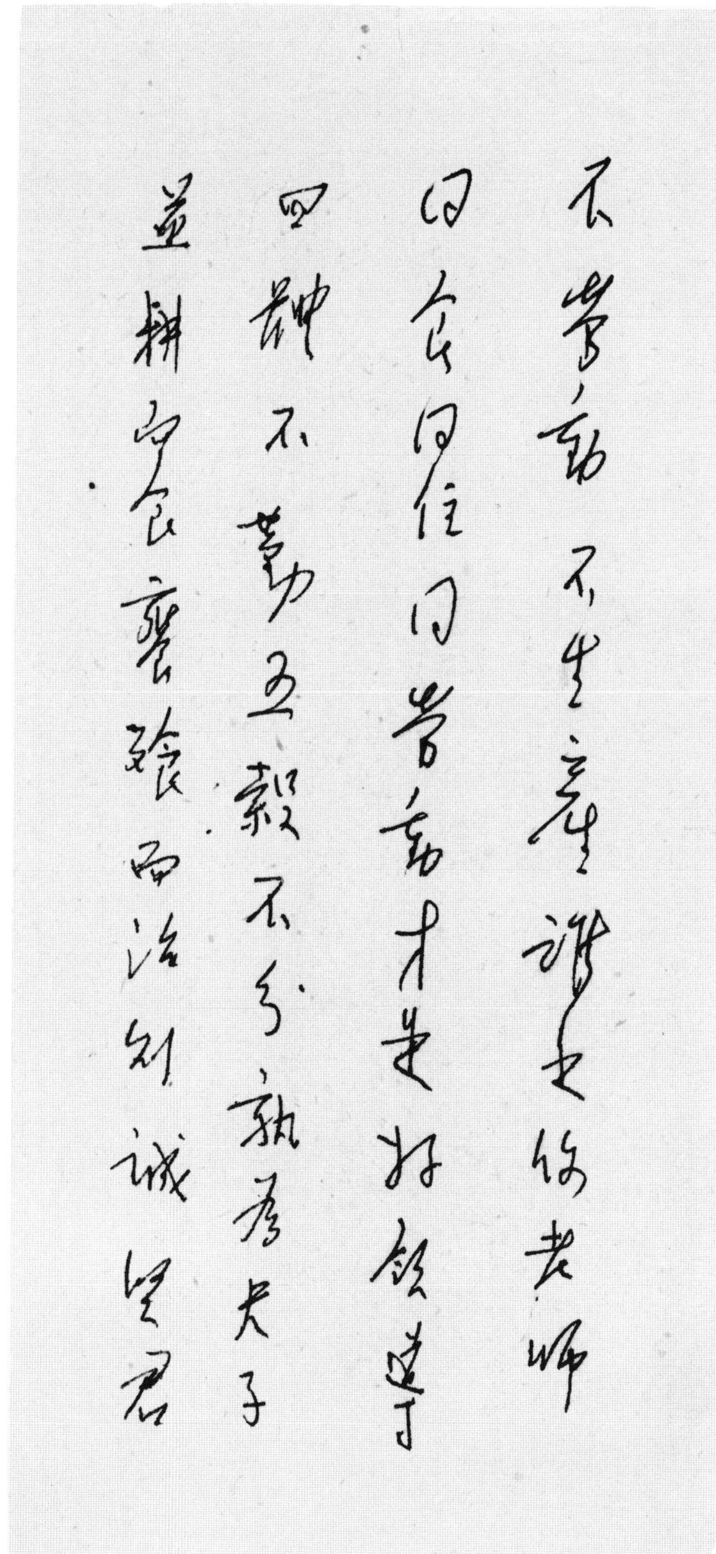
不学习不生产谁也作老师
日食日住日学习才是好领导
四体不勤五谷不分孰为夫子
並耕而食饔飧而治斯诚贤君

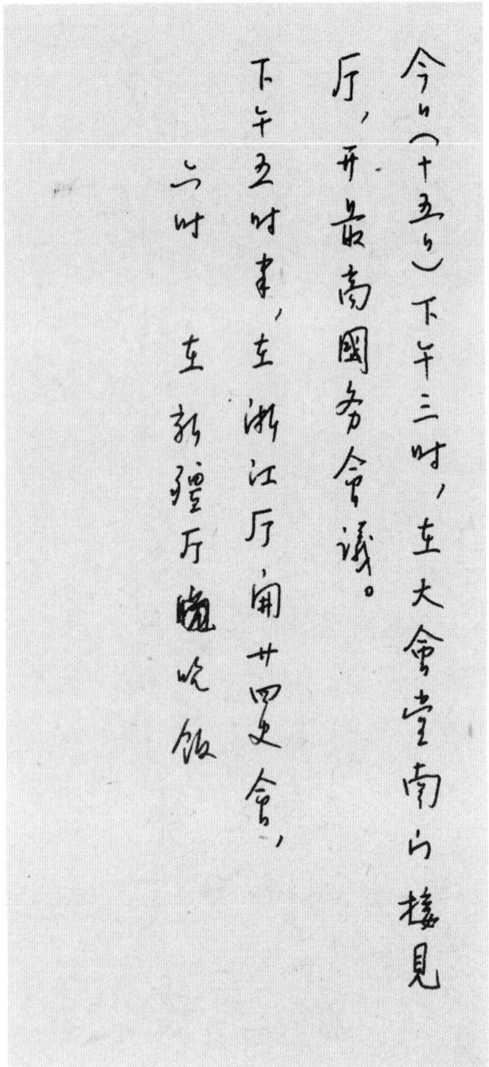
今日（十五日）下午三时，在大会堂南六楼見厅，开最高国务会议。
下午五时半，在浙江厅開廿四史会，
六时 在新疆厅晚飯

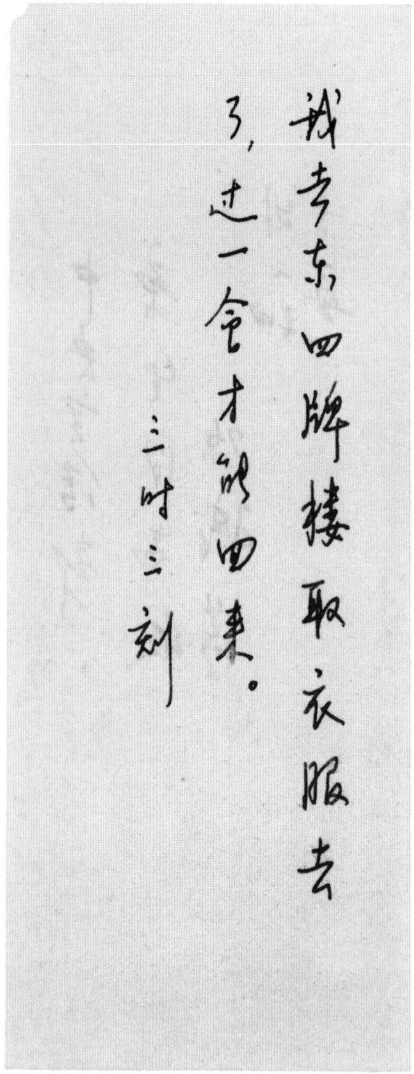
我去东四牌楼取衣服去了，过一会才能回来。
三时三刻

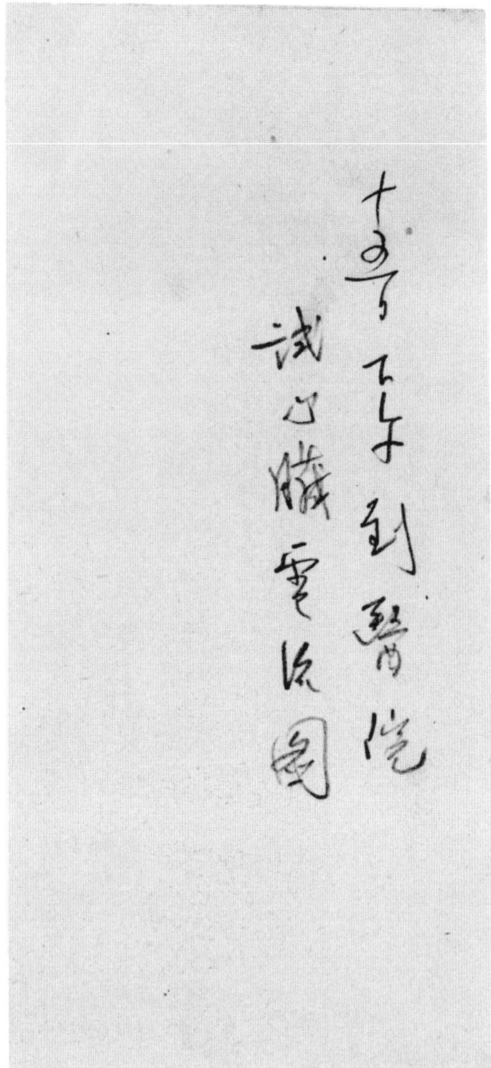
十五日下午到医院
试心脏电流图

1962, 5, 5
文匯報

今日

陈垣

——庆祝北京师范大学建校六十年

东风今日换人間，化雨无私照大千，
共喜黌門弦誦好，艰辛締构想当年。
宣南坛坫昔頻登，六十年来几废兴，
广厦凌霄今日起，掀髯俯視旧觚棱。
山河八載忆淪胥，閉戶西涯苦著书，
今日九州紅已遍，文光彪炳复充閭。
风雨會摧旧泮林，繁枝今日沐甘霖，
芬芳桃李人間盛，慰我平生种树心。

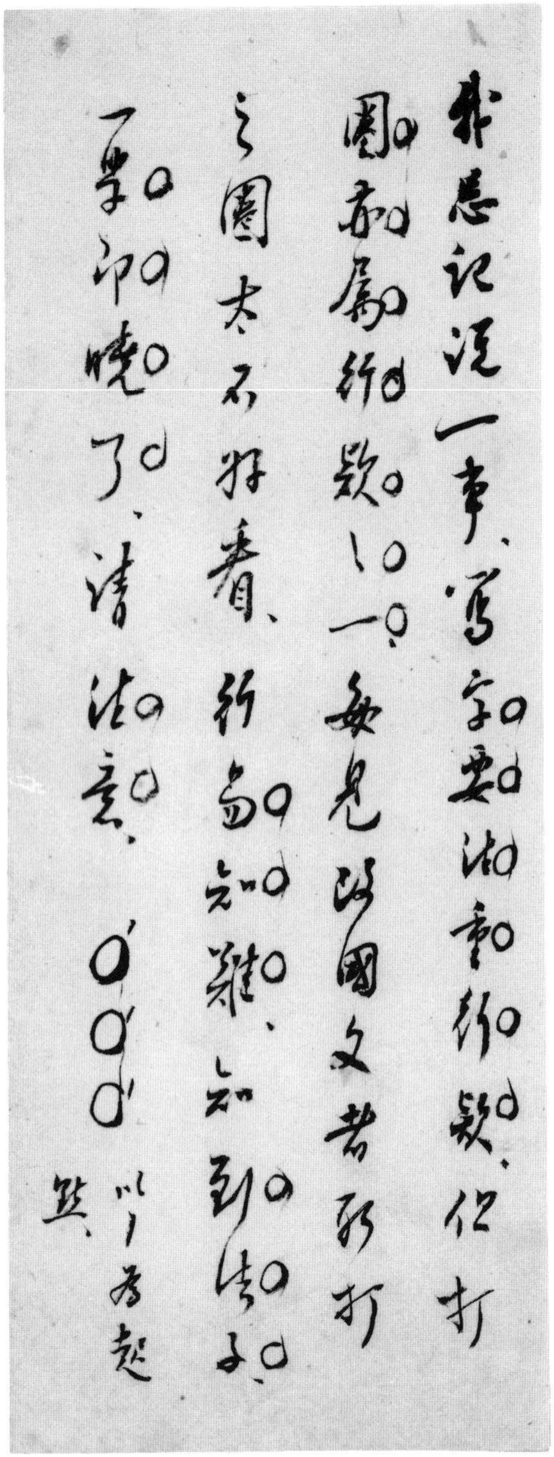

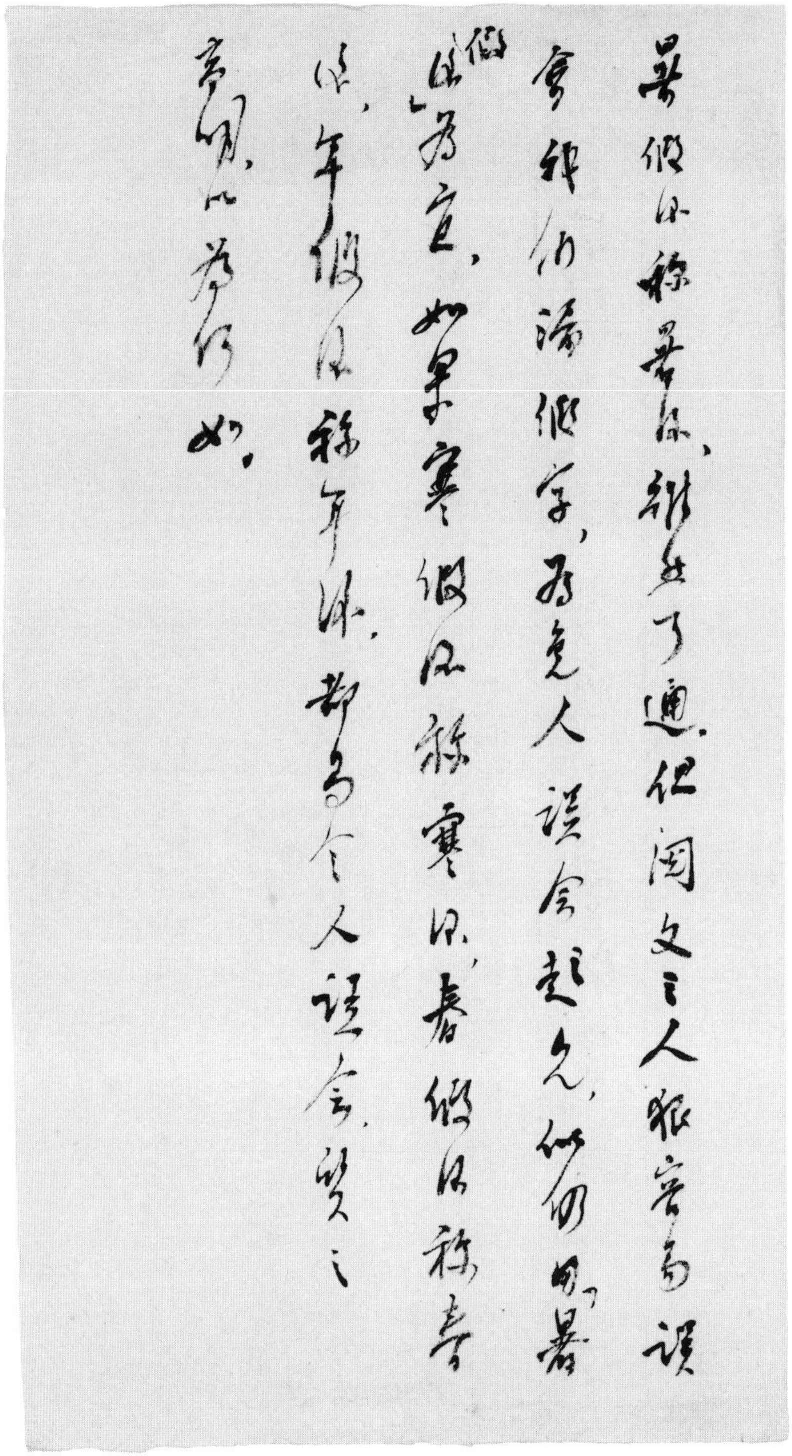

看陈垣打圈,就知道刘乃和的小学老师、中学老师打圈不规范。今日老师还给学生打圈吗?
语言必须规范,不规范的语言没有生命力。

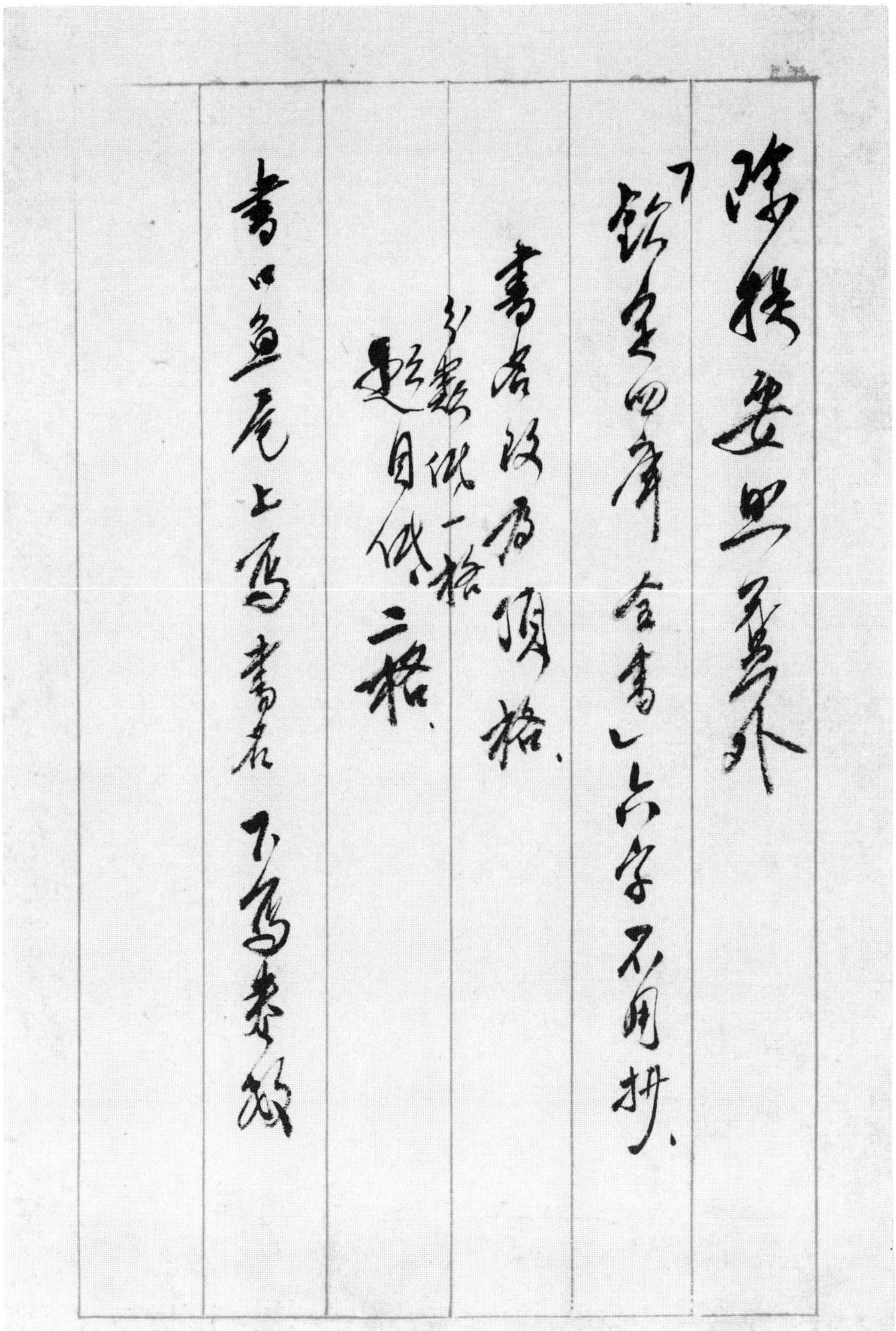

除提要四叶外，
「钦定四库全书」六字不用排，
书名改为顶格，
子[illegible]低一格，
题目低二格，
书口鱼尾上写书名，下写卷数

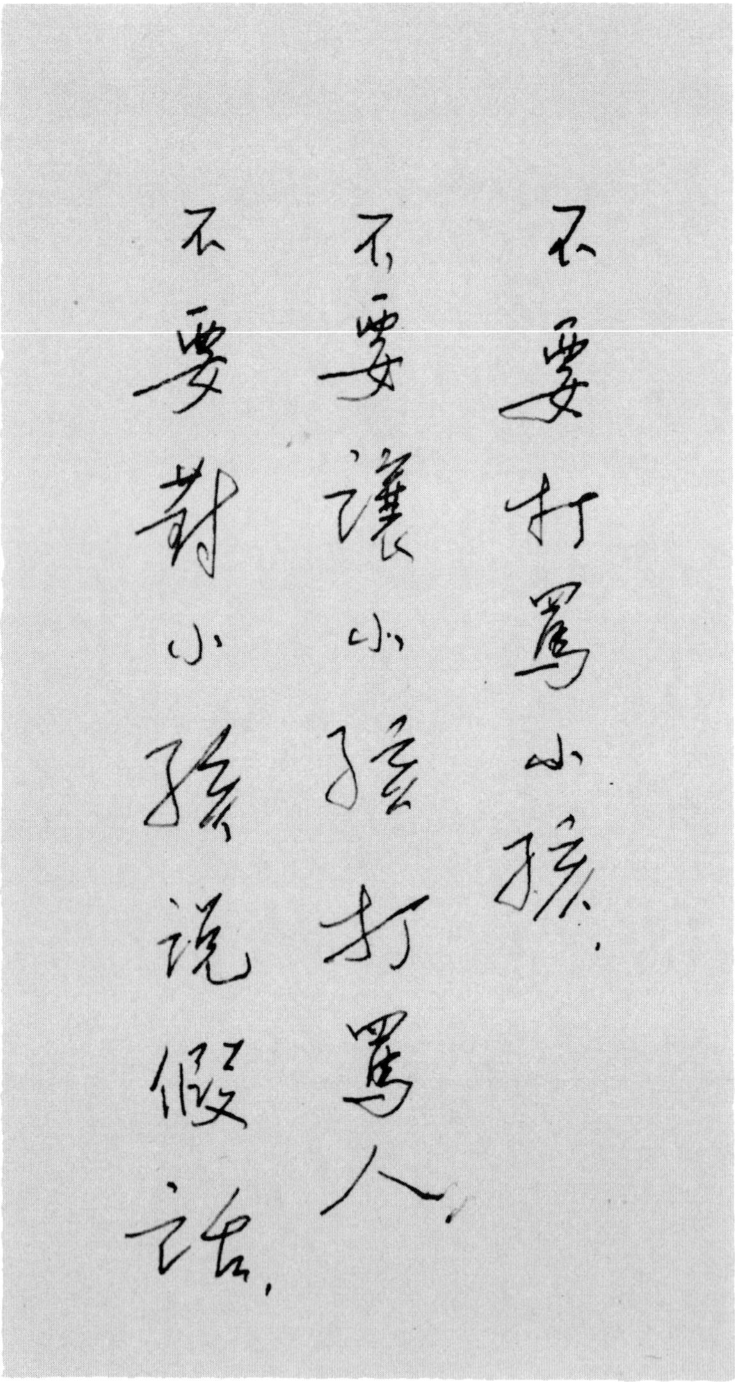

不要打罵小孩，
不要讓小孩打罵人，
不要對小孩說假話。

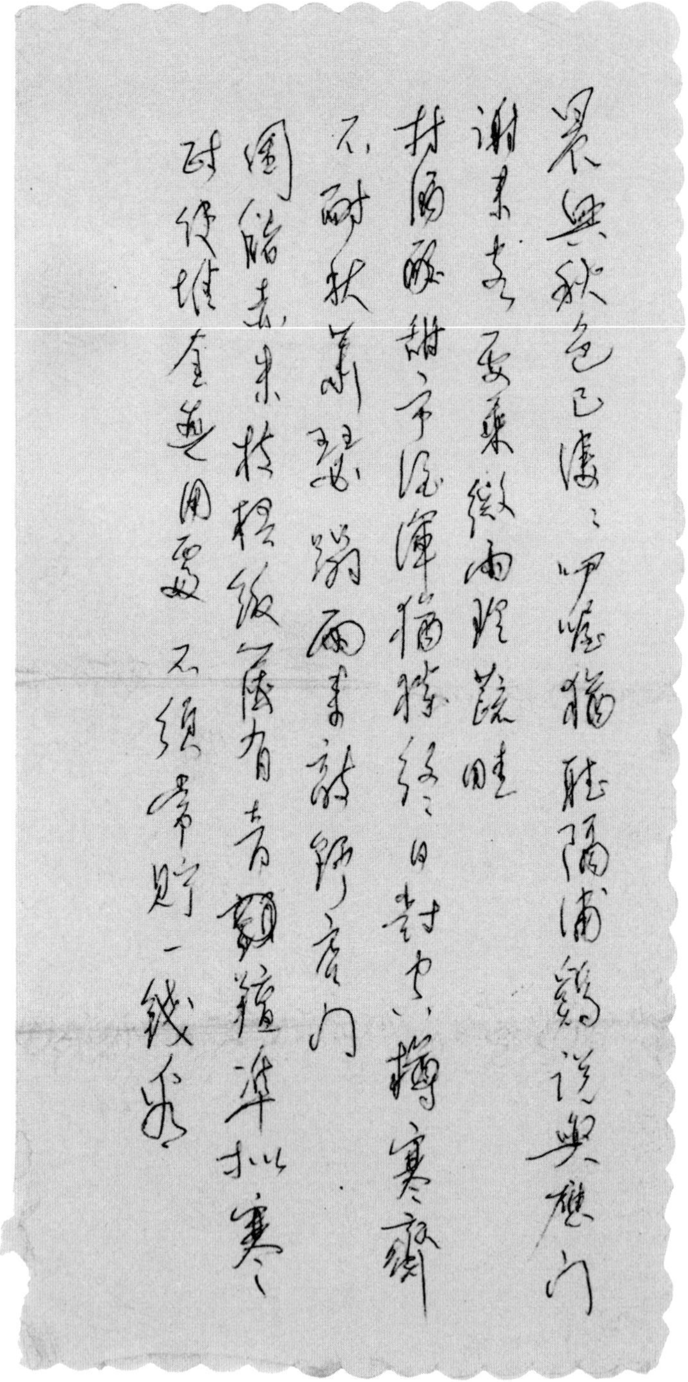

这个道理人人都懂，做到，很难很难。

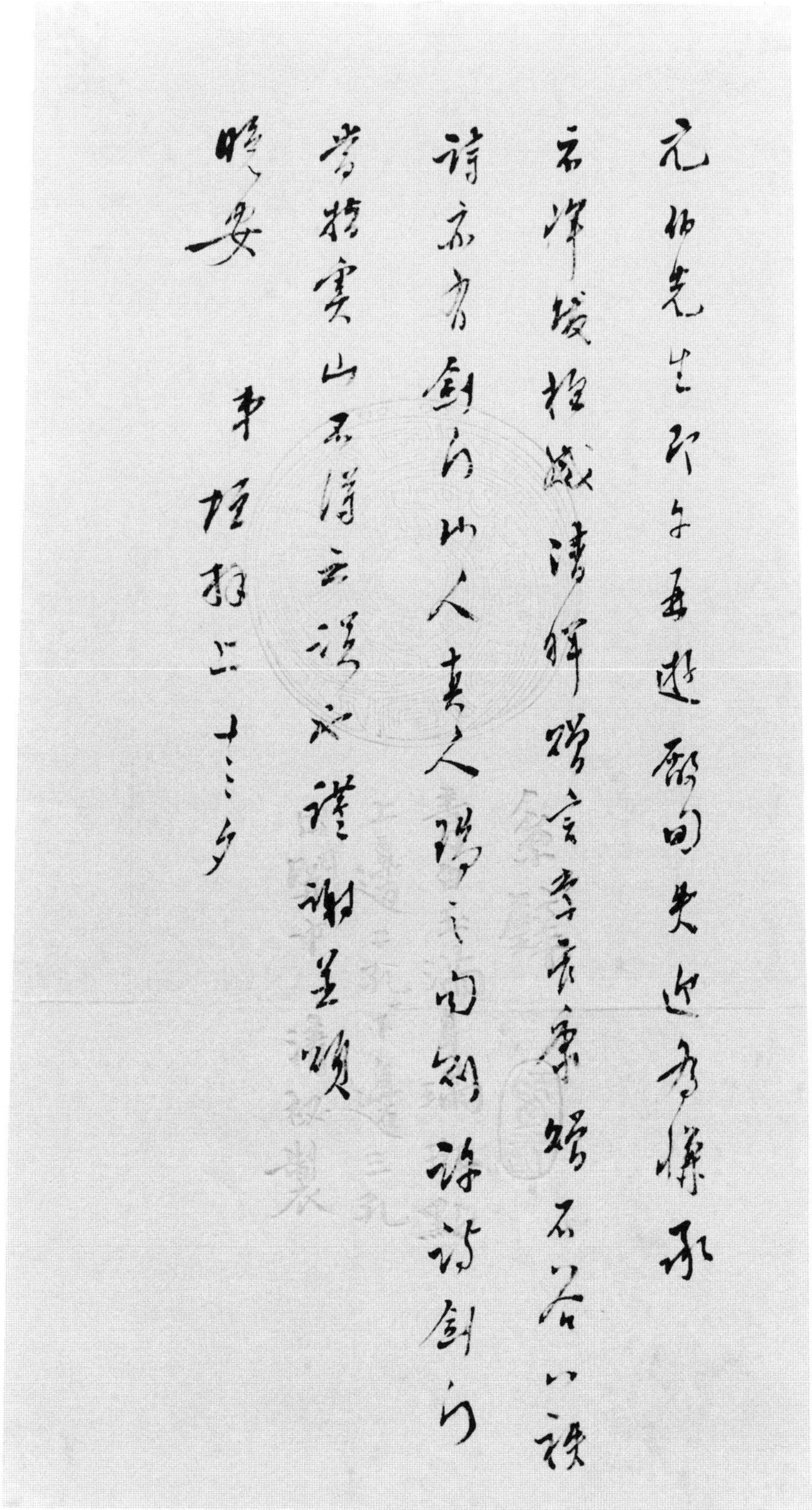
元伯先生：昨午再趨顧，向失迎，為歉。承
示洋裝校跋讀釋，贈言李長吉緒不以誤
詩亦有劍外山人吉人謂之南劍詩劍外
當指黄山否？得云從而謹謝並頌
暄安
弟 垣 拜上 十三夕

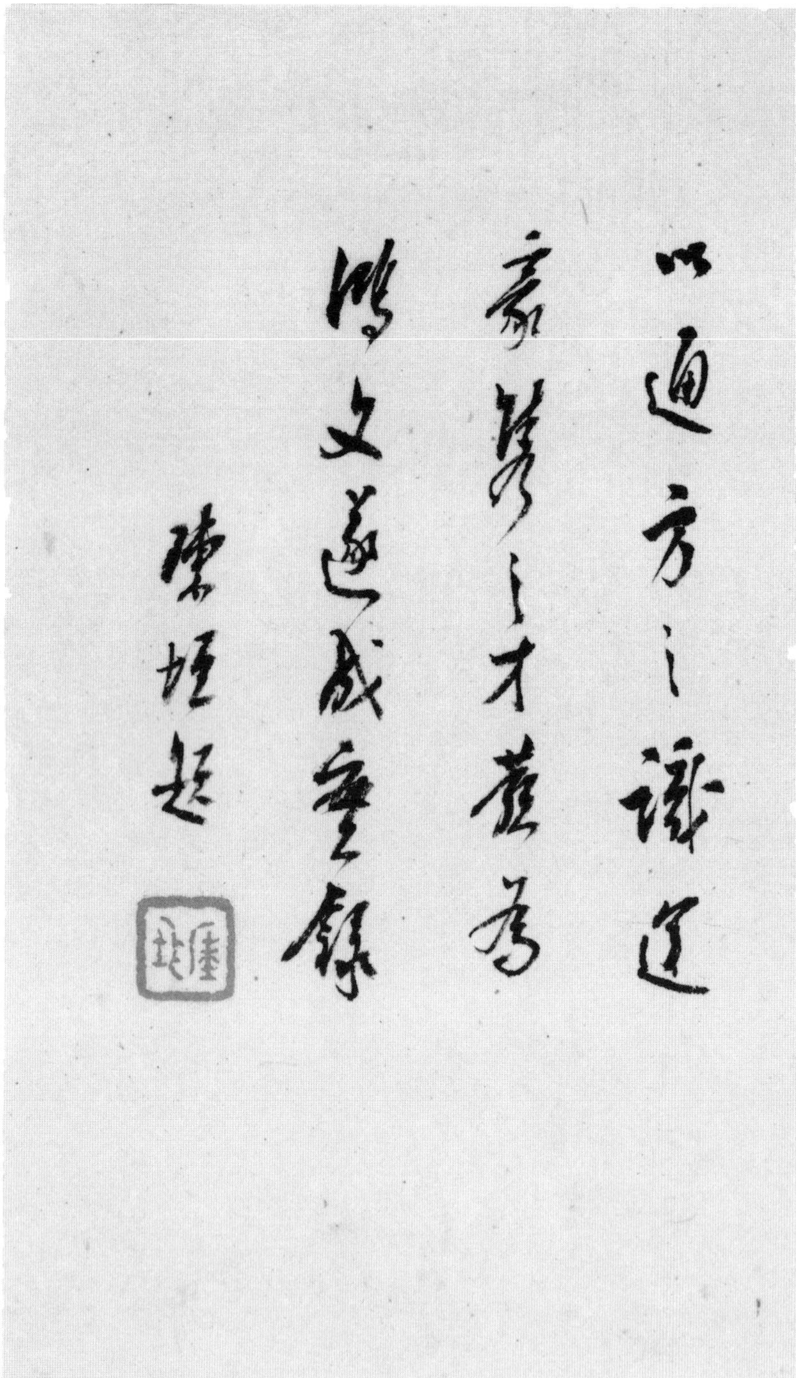

方豪治学，私淑陈垣，曾入辅仁大学任教。

陈垣在北大代课，上缴的考试卷包装纸。

Lot1—Lot40 張次溪舊藏

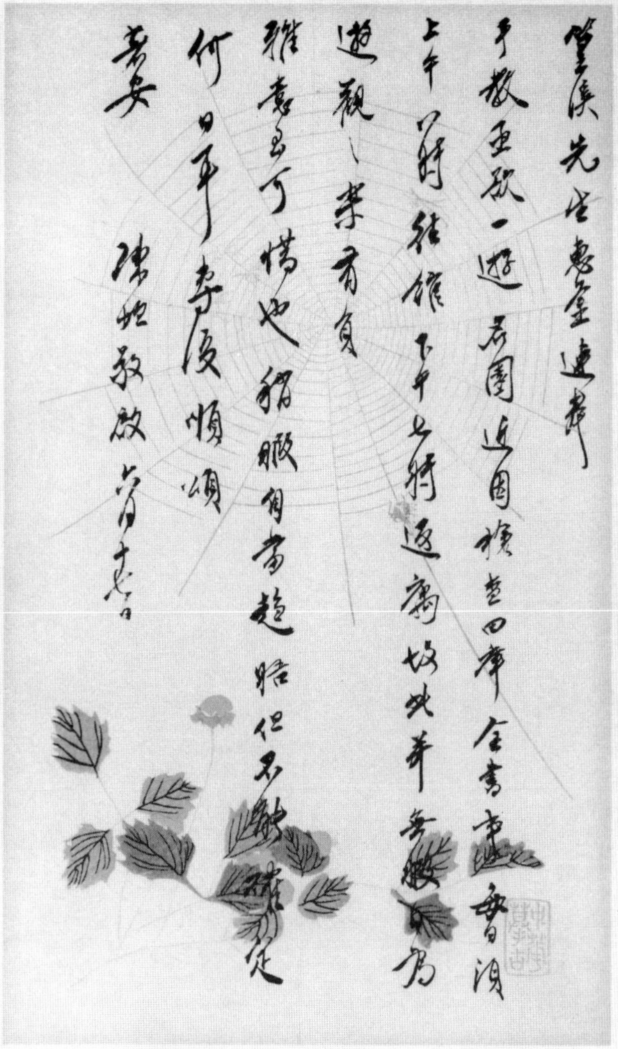

12

□12 陳垣書札
陳垣 撰並書
民國寫本
1通1頁 紙本
25 × 15.5cm
提要：陳垣（1880–1971），字援庵，又字圓庵，中國著名的歷史學家、宗教史學家、教育家，毛澤東主席稱他是"國寶"。與陈寅恪並稱爲"史學二陳"，二陳又與吕思勉、錢穆並稱爲"史學四大家"。先後創建廣州光華醫學專門學校、北京孤兒工讀園、北京平民中學。曾任國立北京大學、北平師範大學導師、輔仁大學校長北京師範大學校長，京師圖書館館長、故宮博物院圖書館館長。1949年後，任中國科學院歷史研究所第二所所長。歷任第一、二、三届全國人民代表大會常務委員會委員。主要著述有《元西域人華化考》《校勘學釋例》《史諱舉例》及《通鑒胡注表微》等，另有《陳垣學術論文集》行世。他的許多著作成爲史學領域的經典，有些被翻譯爲英、日文，在美國、德國、日本出版。此札系陳垣因時間問題婉拒張伯楨游園之約。
RMB 10,000-20,000

7

这是2017年春季拍卖的陈垣在二十世纪二十年代书信，内容与他带领学生查核文津阁本《四库全书》有关。

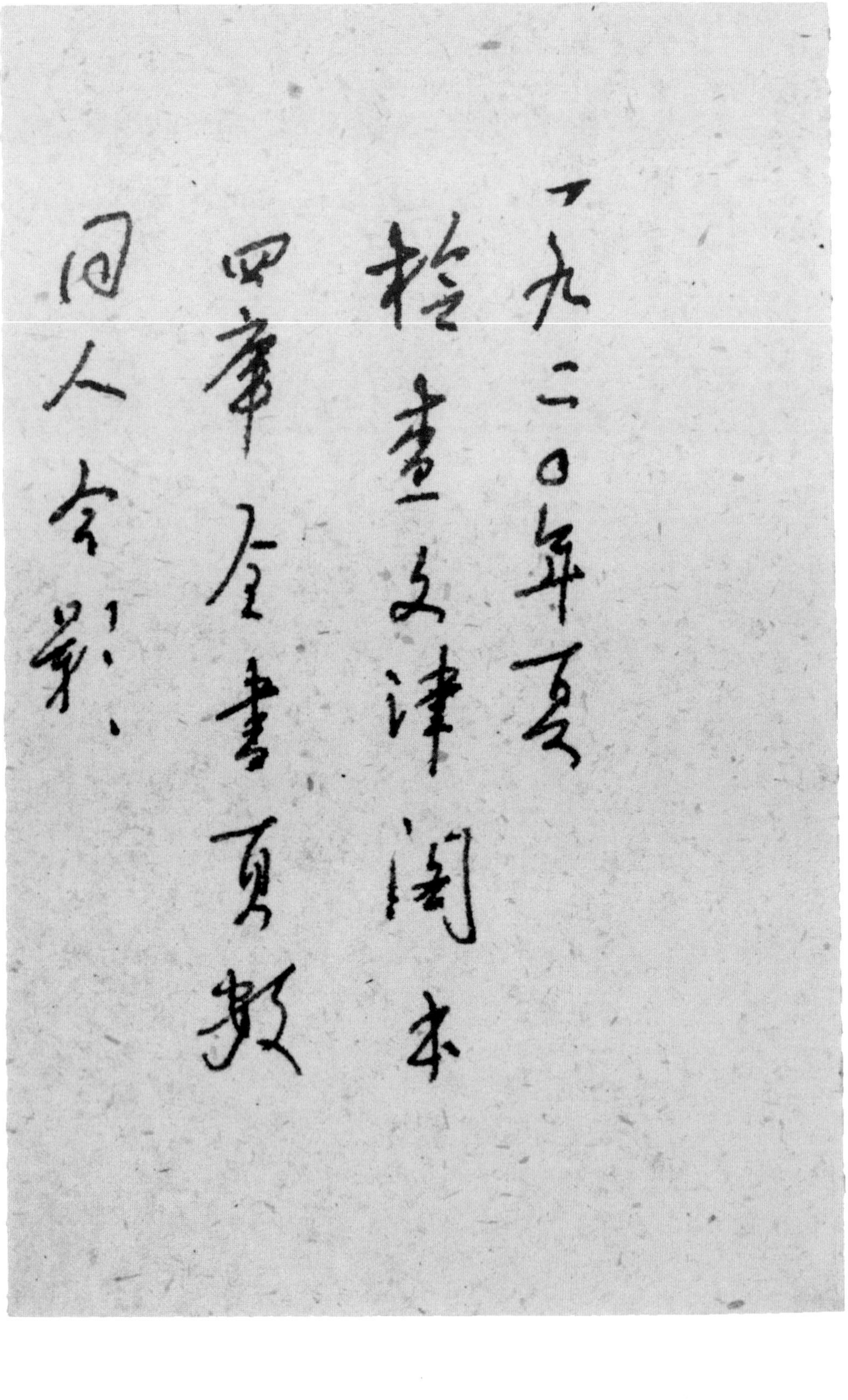
一九二〇年夏
检查文津阁本
四库全书页数
同人合影

照片未见到，只有小条一页。王明泽《陈垣事迹著作编年》（第 22 页）1920 年条说：“5—8 月，带领助手王冷斋等七人检查文津阁《四库全书》……对每部书的册数、页数都进行了查点统计。”

Lot1–Lot40 張次溪舊藏

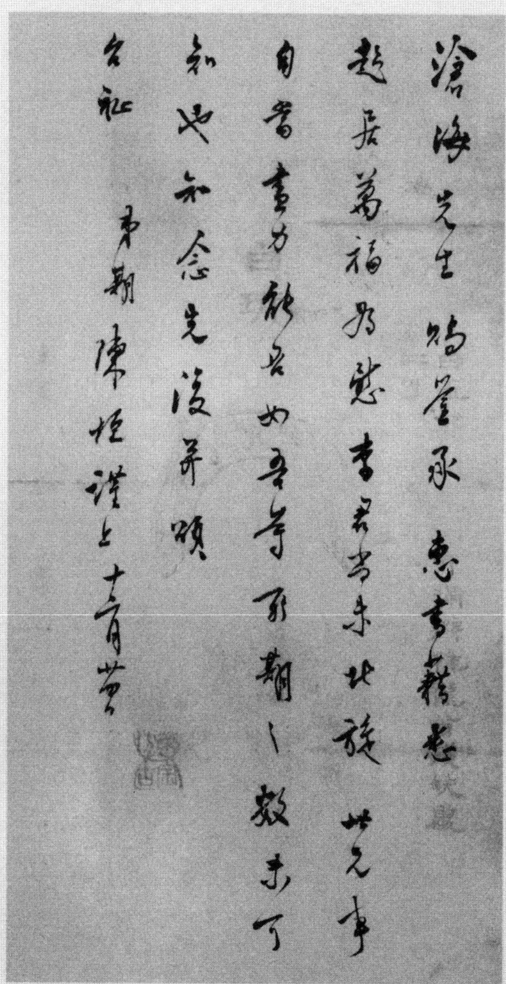

13

□13 **陳垣書札**
陳垣 撰並書
民國寫本
1通1頁 紙本
23×12cm
提要：陳垣（1880–1971），字援庵，又字圓庵，中國著名的歷史學家、宗教史學家、教育家，毛澤東主席稱他是"國寶"。與陳寅恪並稱爲"史學二陳"，二陳又與吕思勉、錢穆並稱爲"史學四大家"。曾任國立北京大學、北平師範大學導師、輔仁大學校長、北京師範大學校長，京師圖書館館長、故宫博物院圖書館館長。建國後任中國科學院歷史研究所第二所所長。
RMB 5,000-6,000

此信可能写于1920年，查点文津阁《四库全书》时。

文淵閣四庫全書排架圖

閣仿明范氏天一閣制外觀如二層其下層內又分一中層上下各六楹其西小楹為登樓處蓋取天一生水地六成之之義下層中三楹兩旁備圖書集成十二架左右二楹備經部二十架中層備史部三十三架其第十七架正對閣門上層中備子部二十二架兩旁備集部二十八架經史架高七尺四寸廣四尺深二尺每格十二函四格四十八函子集架上增加半層多二格高十尺八寸六格七十二函全書百有三架六千一百四十四函

民國十年四月陳垣識

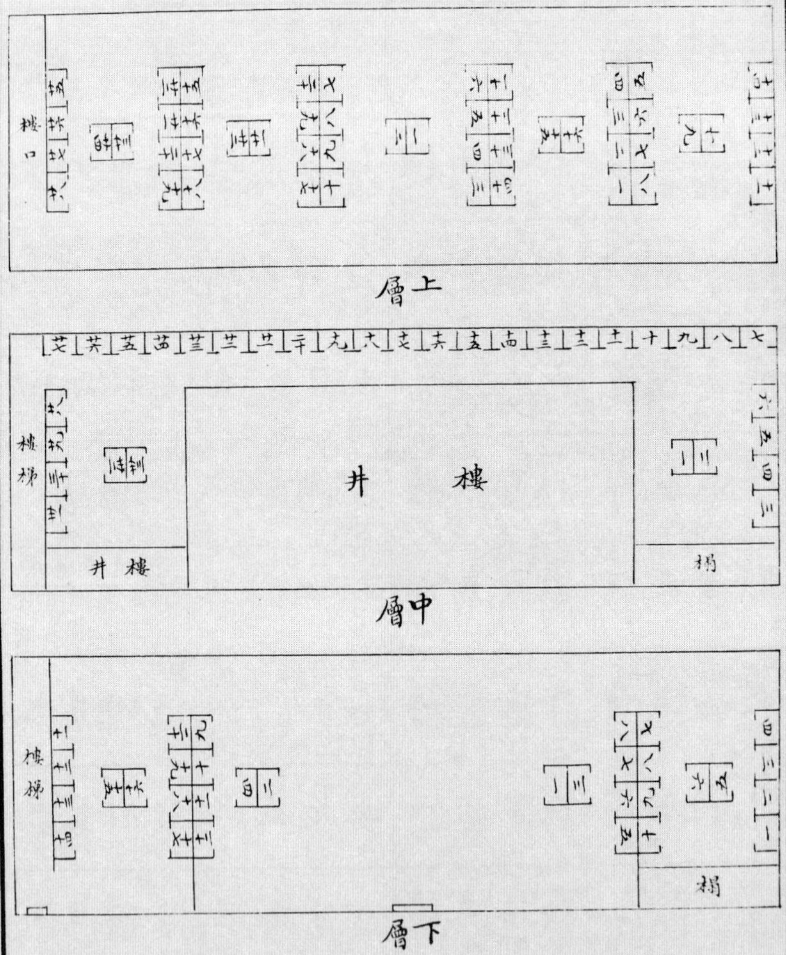

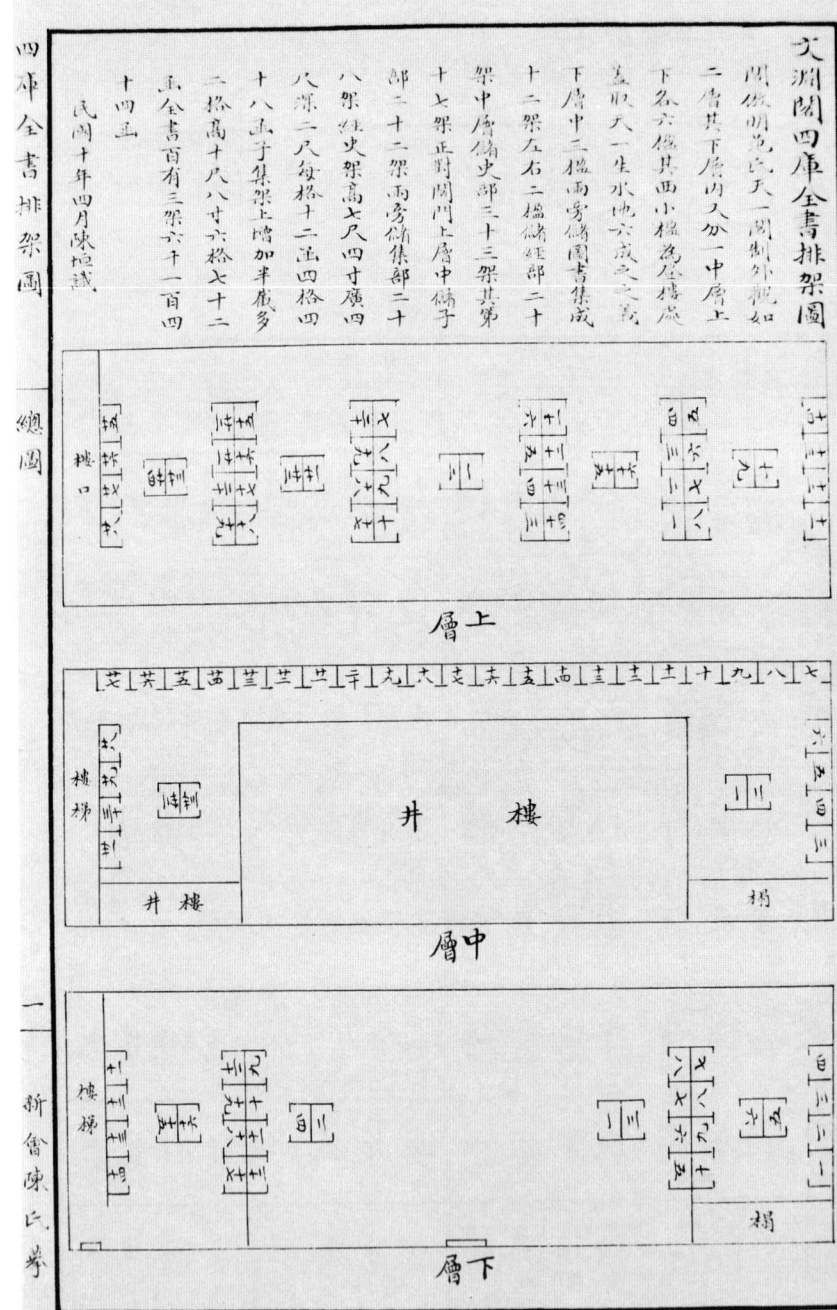

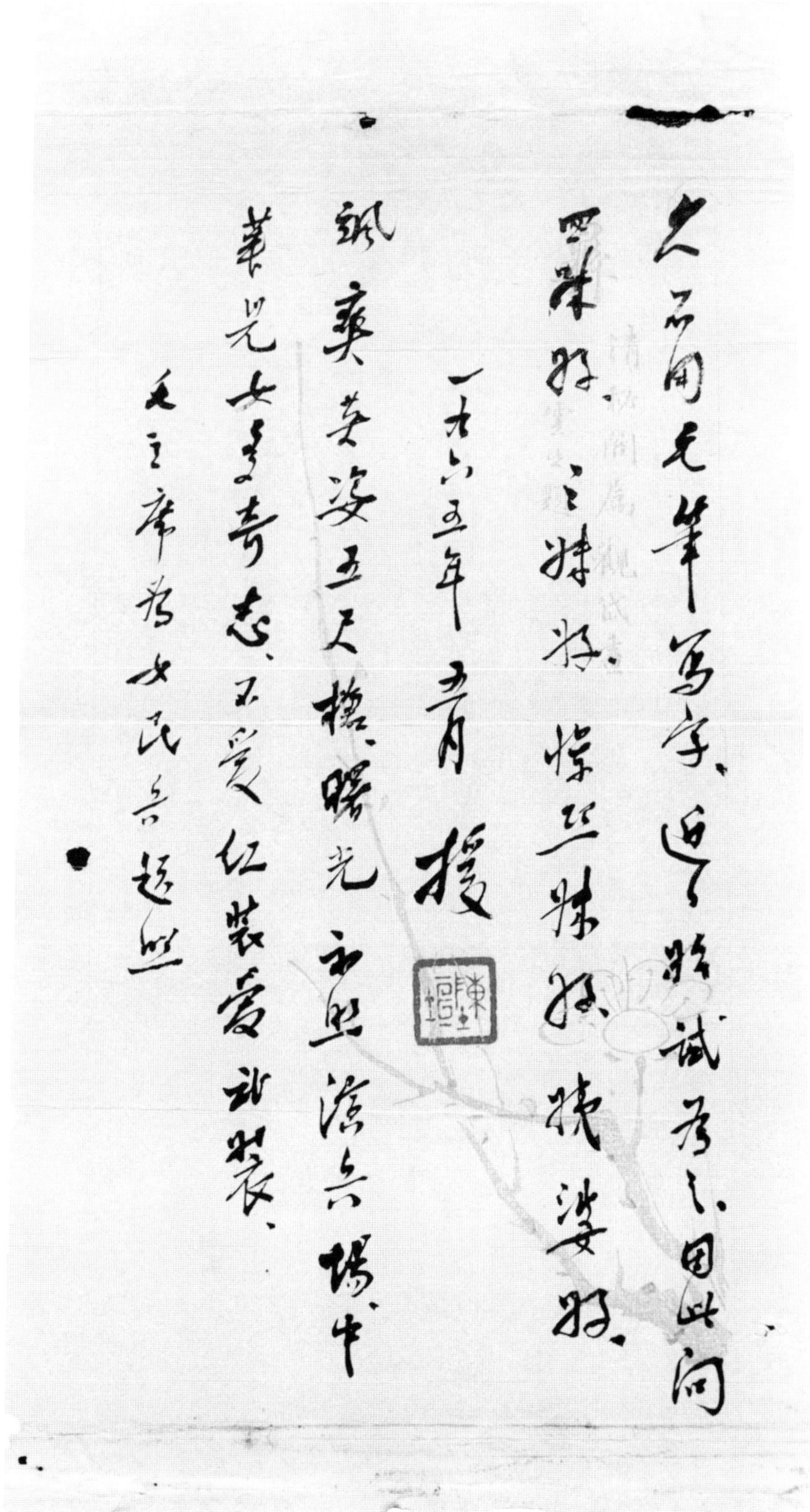

久不用毛笔写字，近将试为之，因此向四妹好，三妹好，惺丕妹好，姨婆好。

一九六五年五月　援

飒爽英姿五尺枪，曙光初照演兵场。中华儿女多奇志，不爱红装爱武装。

毛主席为女民兵题照

以下这批照片，压在刘乃和办公桌玻璃板下。刘先生逝世后，刘宗祺单独保存，标识明确。

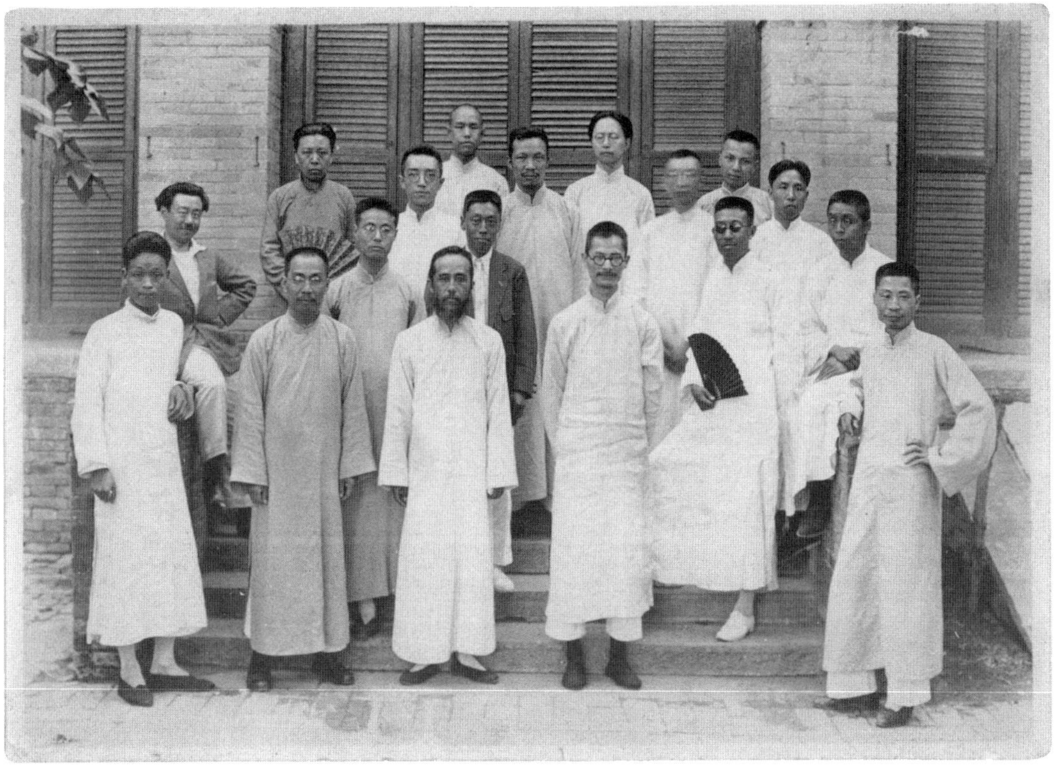

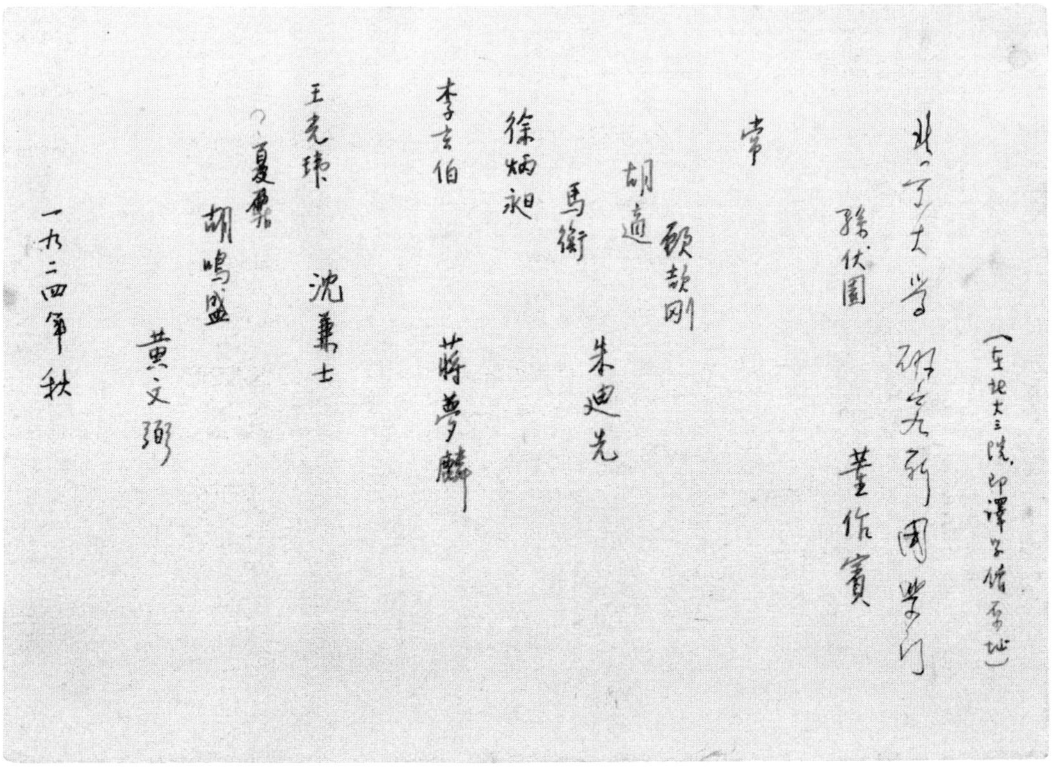

下图为照片背面，刘乃和标出各位姓名。当反方向"对号"。

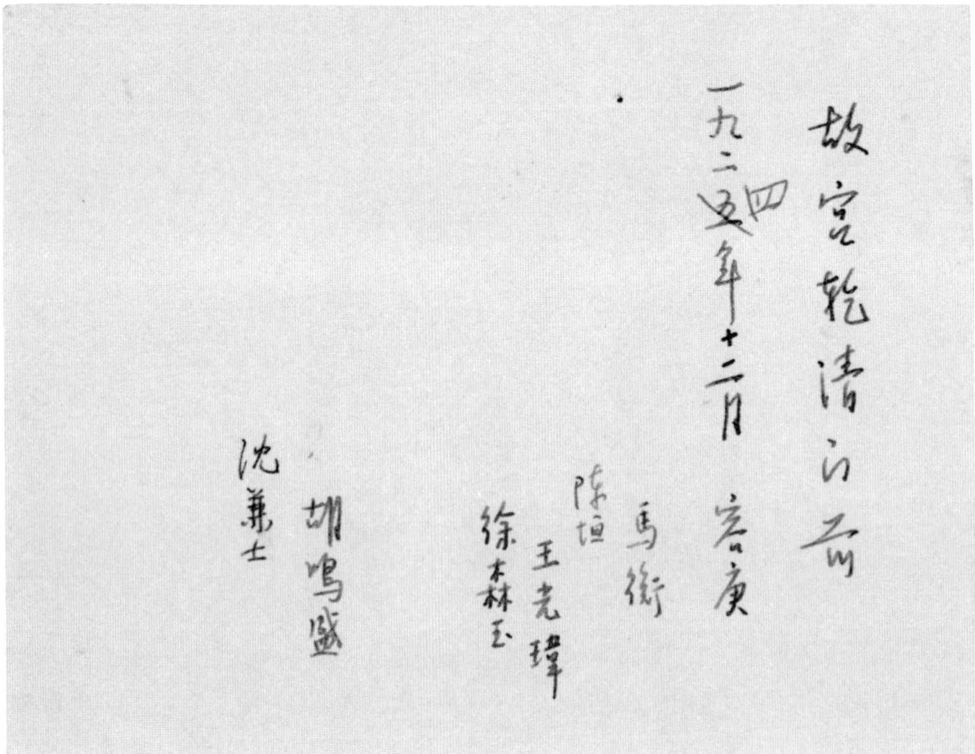

故宫乾清门前
一九二四年十二月
容庚
馬衡
陈垣
王光瑋
徐森玉
胡鳴盛
沈兼士

一九二五年十一月清室善后委员会摄于故宫养性殿之前。自右至左：黄文弼、李玄伯、马衡、陈垣、沈兼士、×××、胡鸣盛、×××、容庚。

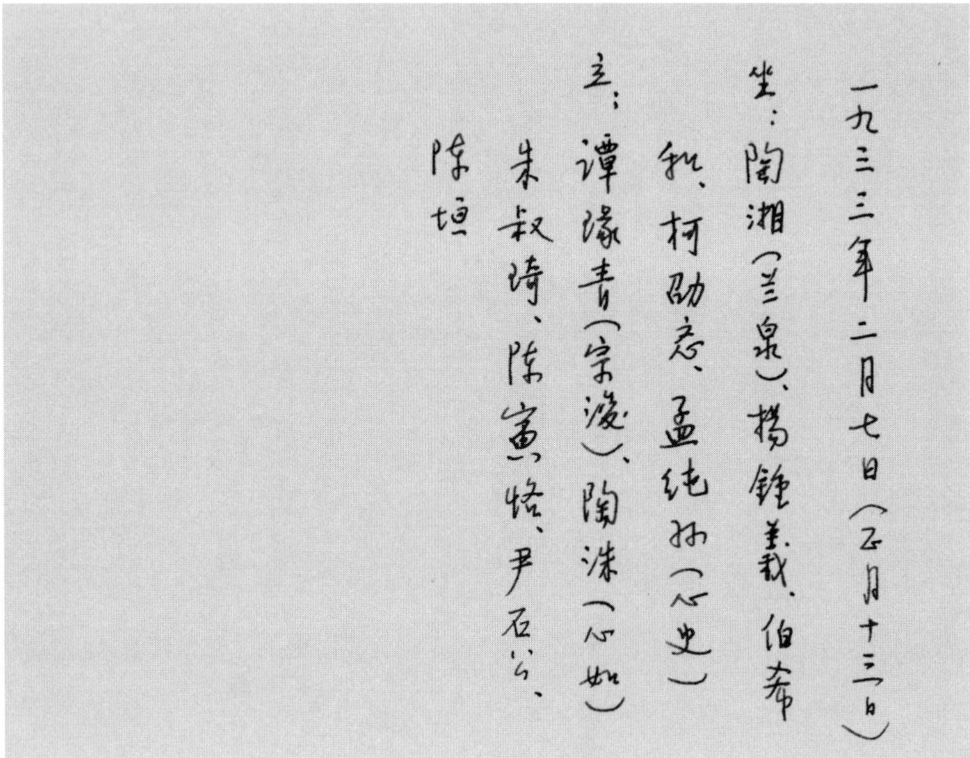
一九三三年二月七日（正月十三日）
坐：陶湘（兰泉）、楊鍾羲、伯希和、柯劭忞、孟纯孙（心史）
立：谭瑑青（宗浚）、陶洙（心如）
朱叔琦、陈寅恪、尹石公、
陈垣

石峻（右一）是陈垣身边专门抄写书稿、文献者。

陈垣说过："石峻呀石峻，你若用心，跟我这么多年，该成专家了。"——张守常说

"1939 年 7 月 16 日搬进兴化寺街",陈垣在这里住了"32 年,一直到他 1971 年逝世,约占他生命的三分之一"。

——刘乃和《历史文献研究论丛》第 210 页

The Chinese University Press
The Chinese University of Hong Kong
Shatin, N.T., Hong Kong
Telephone: ~~12-633111 Ext. 508~~ 0-6352454
Cable Address: SINOVERSITY

中文大學出版社
香港中文大學
香港・新界・沙田
電話：~~12-633111 內線：508~~
電報掛號：SINOVERSITY

In reply, please quote:

乃和教授道鉴：本社近收到题为「新史学八十年」之稿件乙份（目录附奉参考），其中第七章有关陈垣先生者约贰万三千字，以先生与陈氏关系密切，敬请代为评审，量其学术价值之高低、与有无创见等等，以为本社编辑委员会取舍之参考。兹为争取时间，未及先行徵得同意，径将文稿影印寄上，如荷同意代为评阅，幸盼知约需时若干，可以惠下审阅报告；如果不克鼎助，亦祈示知，以便另请高明，为感。不周之处，尚望海涵。专此 谨候

文安

稿务编辑
何镇中谨启
一九八四年八月七日

象徵性之审稿费当於收到评审报告后奉上。
又及。

云南大学历史系　20×15＝300　第　页

鑽中先生道鉴：八月七日函并寄来《新文学八十年》第七章稿早收到。因我于八月九日去长春开会，本月日返京才得见，迟复为歉。当时曾先上一函想必收到已达尊览。随后看完此稿后

又挂已寄上，不知收到否？

此稿所用材料，多为《励耘书屋问学记》，因此翔实可靠。因对材料有分析有概括，所以择自己见解，所以有创见，可称为佳作。题目《陈垣》用"以土法为本，以洋法为辅"尤能道出陈氏治学之方法。结尾此作又具有一定学术价值，可称佳作。有小小差误已改在原稿。

前写就评审报告，另纸随附，请查收。

又，此书作者为谁氏？全书印成，请寄赠一二部，为感。参撰此写稿费不要，谨谢！

有事请来信。专此即颂

大安！

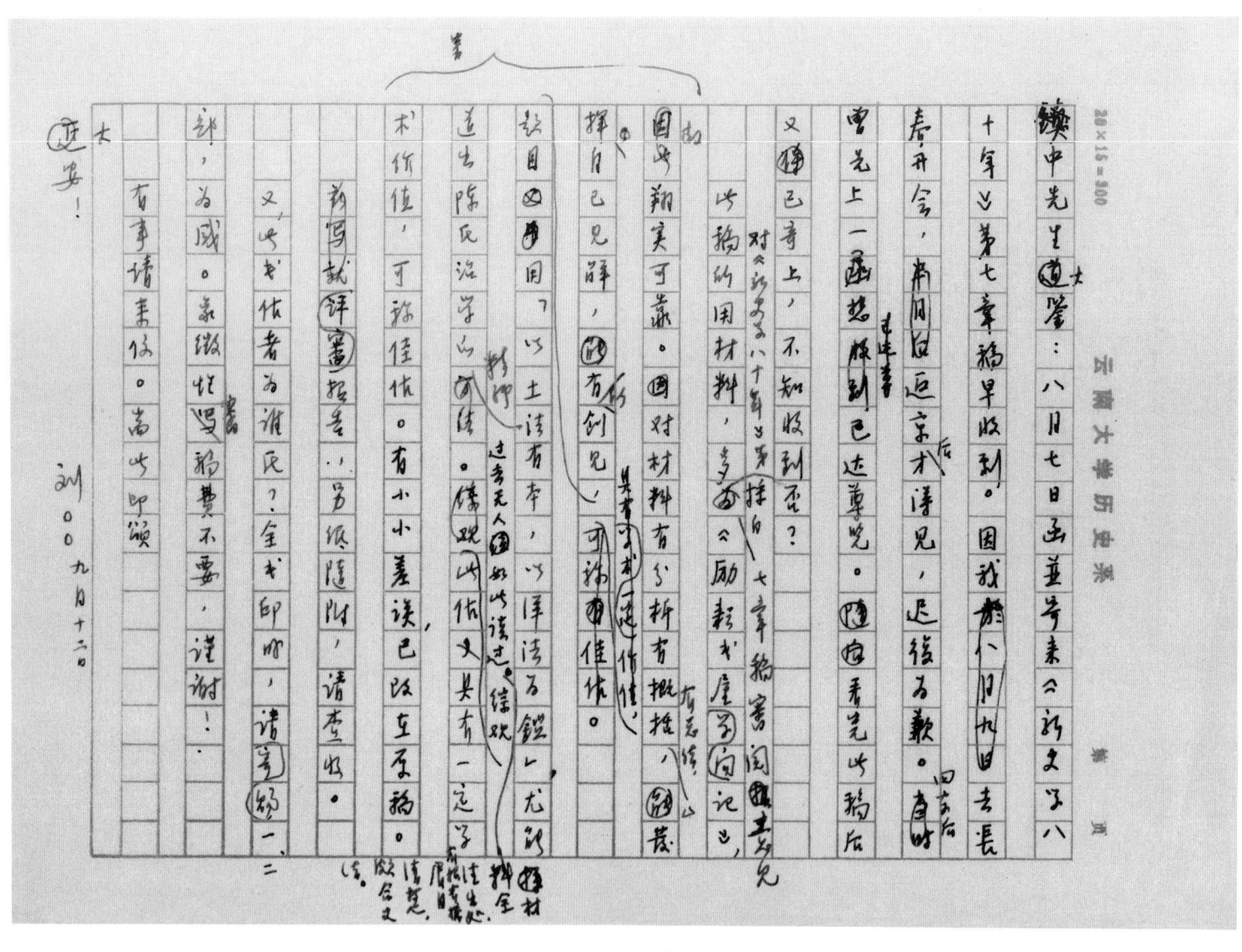

刘○○
九月十二日

（五）书法和校书

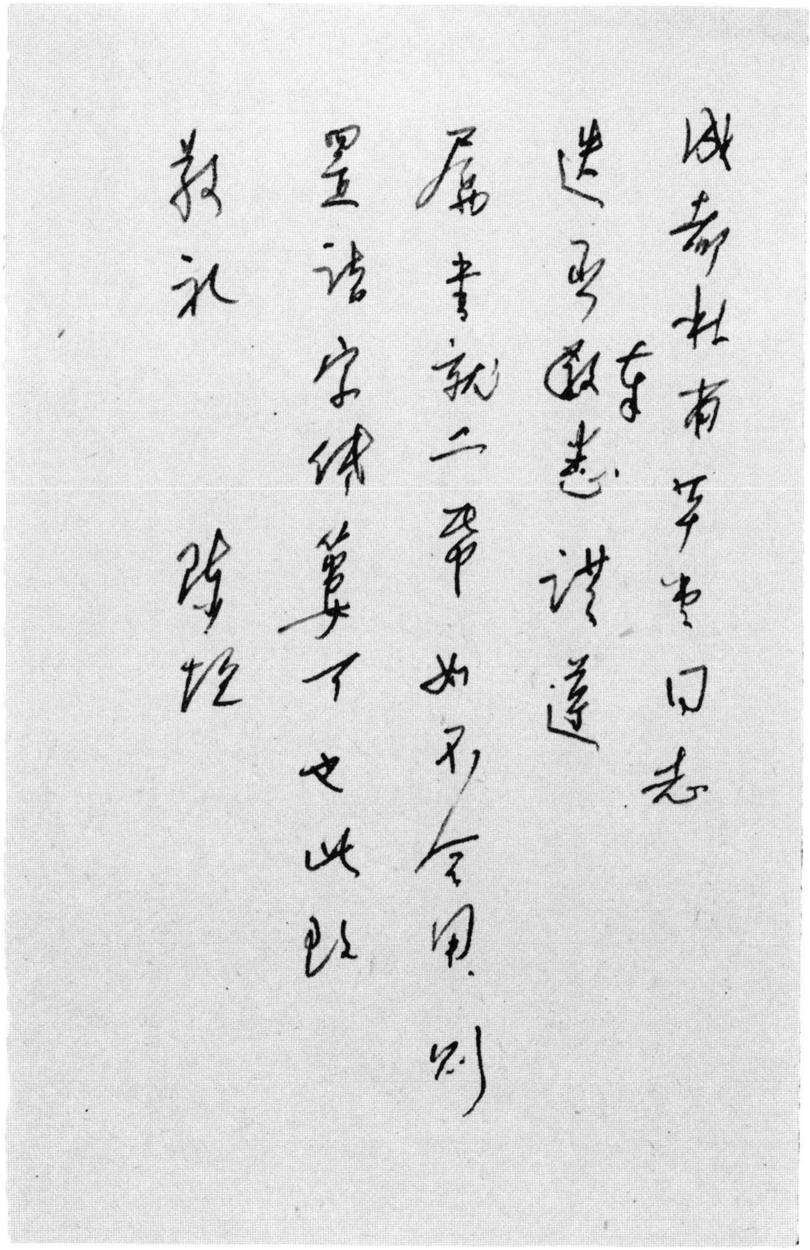
成都杜甫草堂同志
迭承致[illegible]意谨遵
属书就二幅如不合用则
置诸字纸篓可也此致
敬礼
陈垣

这是陈垣致成都杜甫草堂信稿。

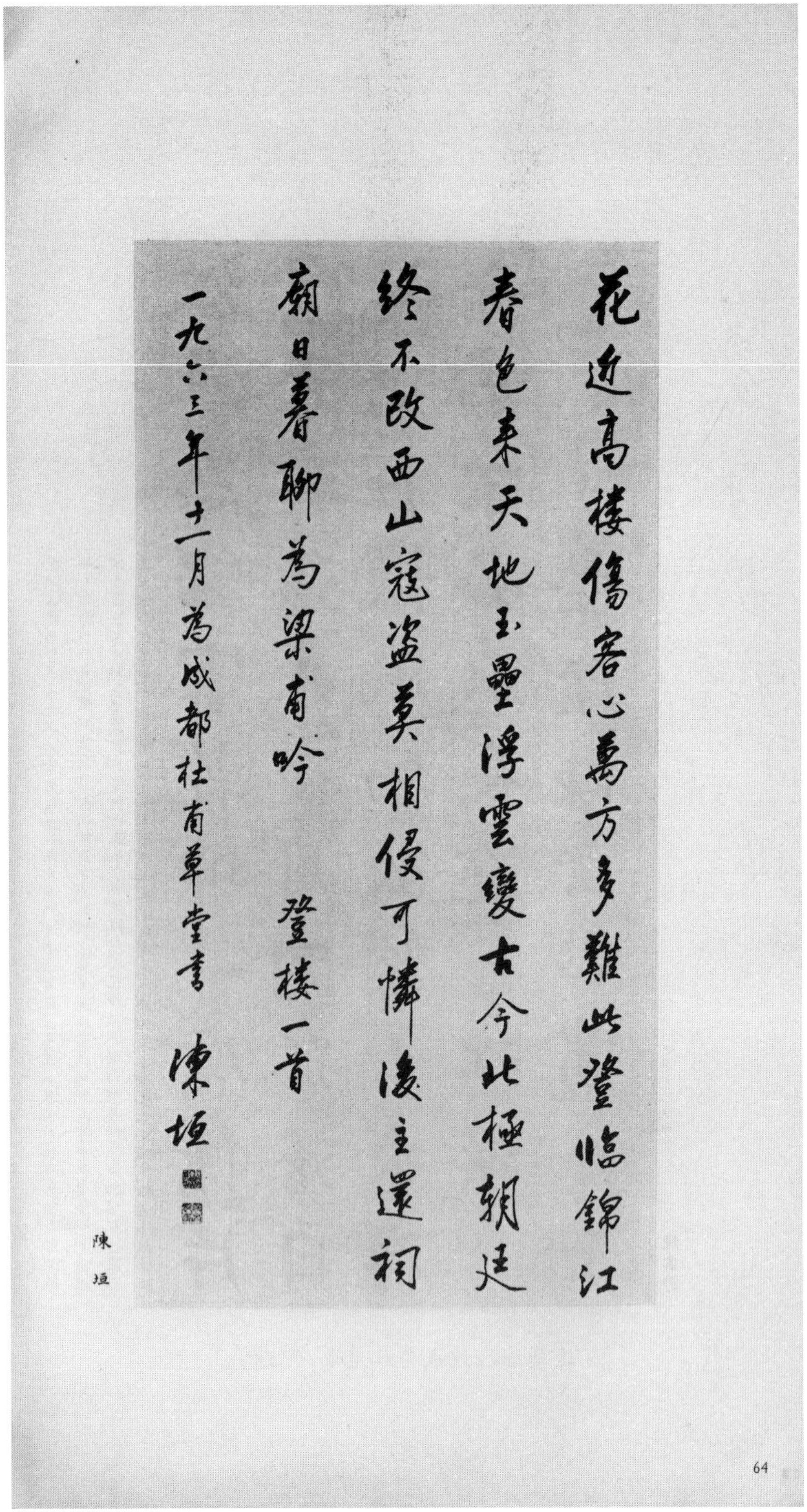

花近高楼傷客心萬方多難此登臨錦江
春色来天地玉壘浮雲變古今北極朝廷
終不改西山寇盜莫相侵可憐後主還祠
廟日暮聊為梁甫吟 登楼一首
一九六三年十一月為成都杜甫草堂書 陳垣
陳垣
64

这是刘乃和代笔，签名是陈垣。扬州大明寺亦有一幅。当时苏联专家大量向陈垣求字，且要大幅。刘乃和多有代笔。陈垣逝世以后，她不再写陈垣体。

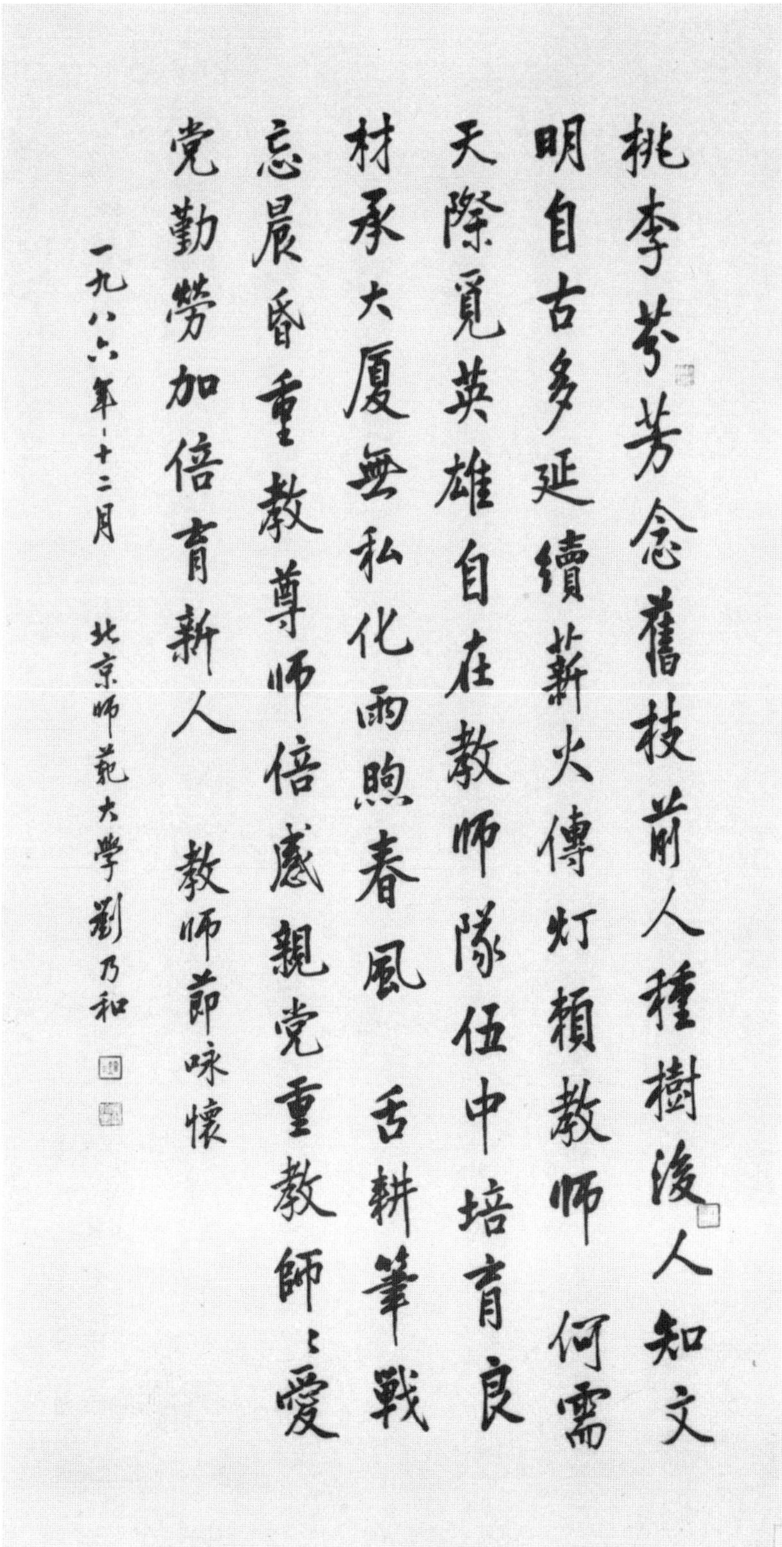
桃李芬芳念舊枝前人種樹後人知文
明自古多延續薪火傳灯賴教师何需
天際覓英雄自在教师隊伍中培育良
材承大廈無私化雨煦春風舌耕筆戰
忘晨昏重教尊师倍感親党重教師師愛
党勤勞加倍育新人
教师節咏懷
一九八六年十二月
北京师範大學劉乃和

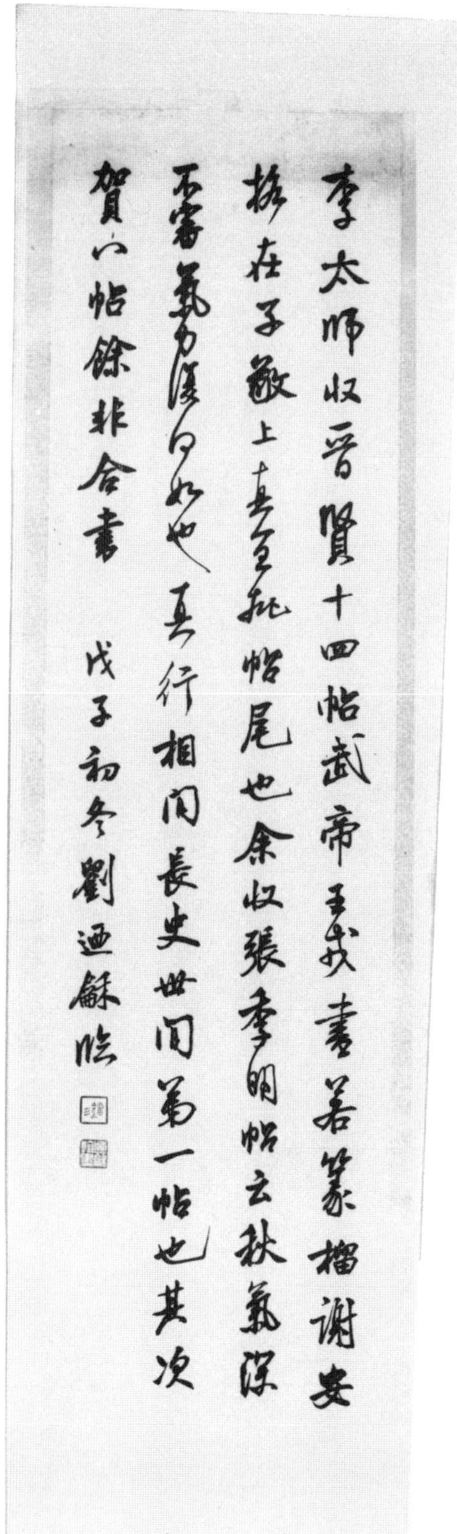
李太师收晉賢十四帖武帝王戎書若篆籀謝安
格在子敬上真可寶也余收張季明帖云秋氣深
不審氣力復何如也真行相間長史世間第一帖也其次
賀八帖餘非合書
戊子初冬劉迺龢臨

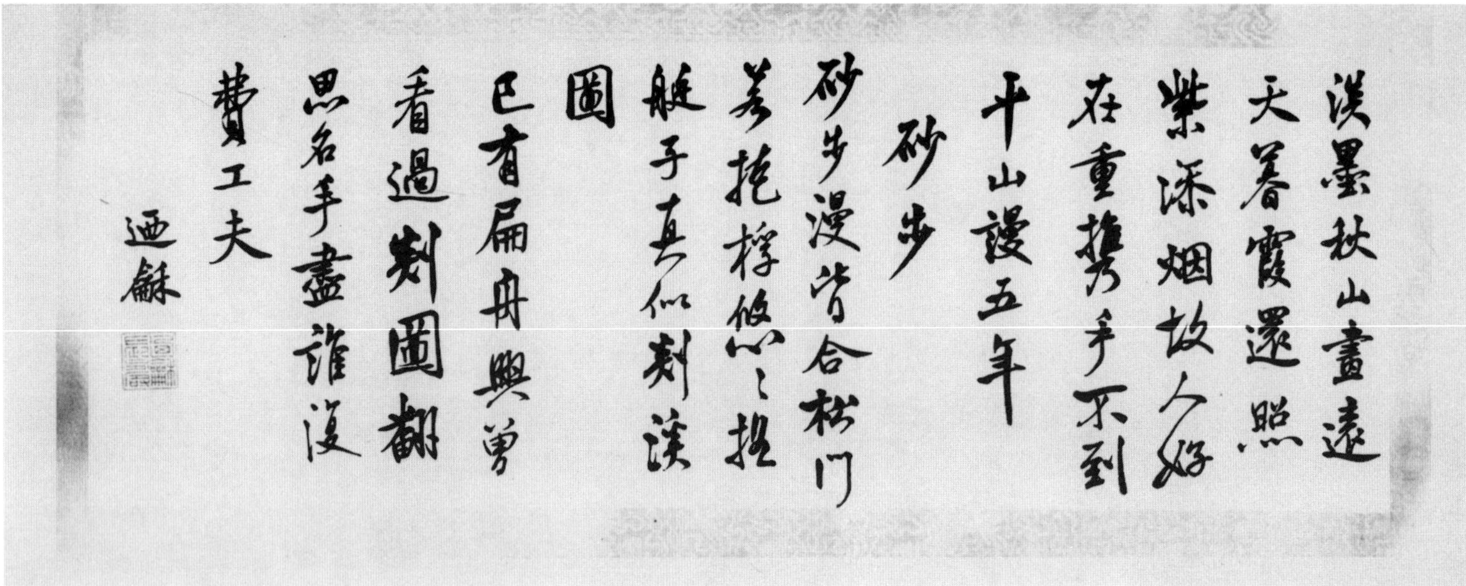
淡墨秋山畫遠
天暮霞還照
紫添烟故人好
在重携手不到
千山謾五年
砂步
砂步漫背合松门
羞挽撐悠心々拉
艇子直似對漢
圖
已有扁舟與曾
看過對圖翻
思名手畫誰復
費工夫
迺龢

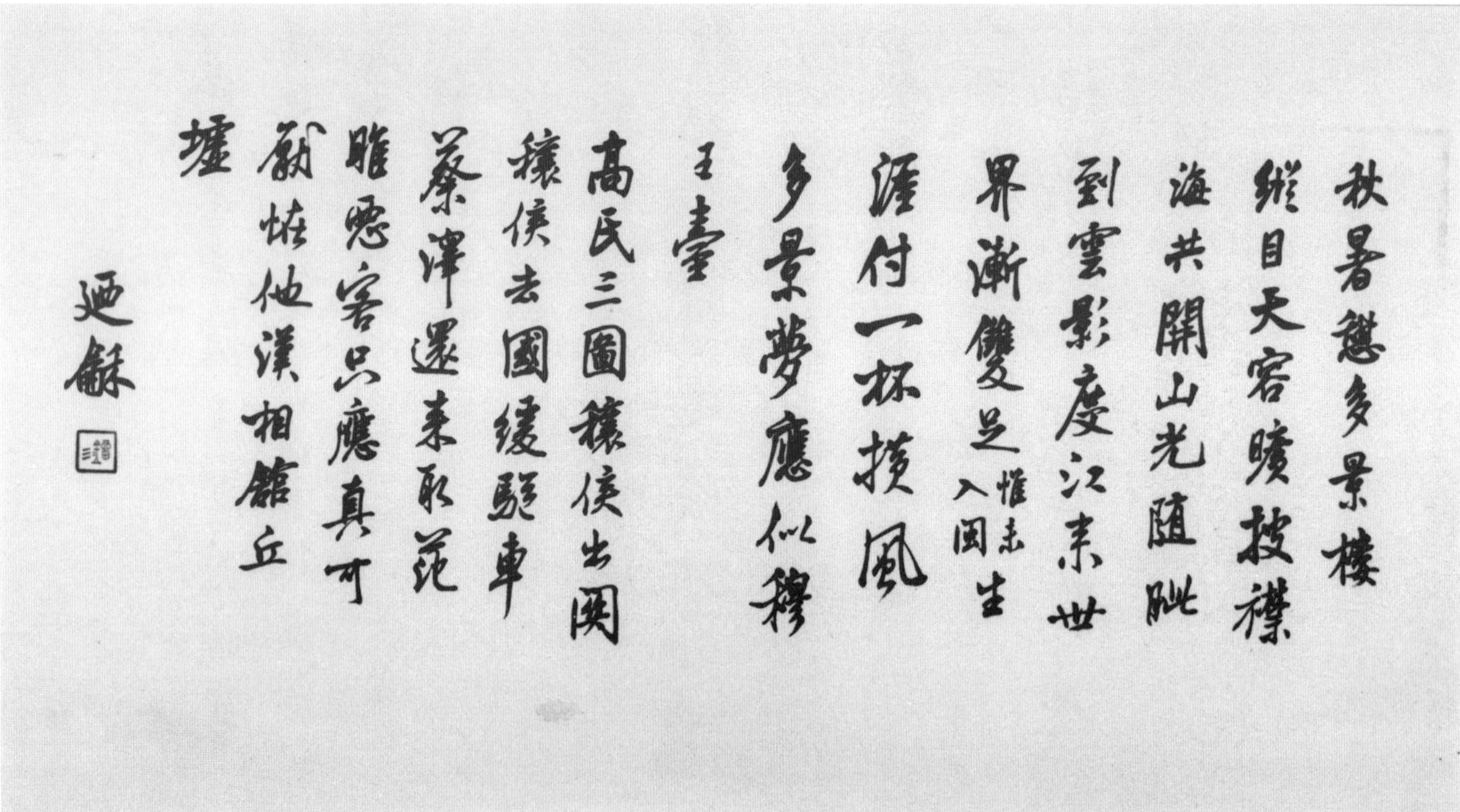
秋暑熾多景樓
縱目天容曠披襟
海共開山光隨眺
到雲影度江來世
界漸雙足惟志入閩生
涯付一杯換風
多景夢應似穆
王臺
高氏三圖穰侯出關
穰侯去國縷騑車
篆澤還來取范
睢悉容只應真可
歎怯仙漢相館丘
墟
迺龢

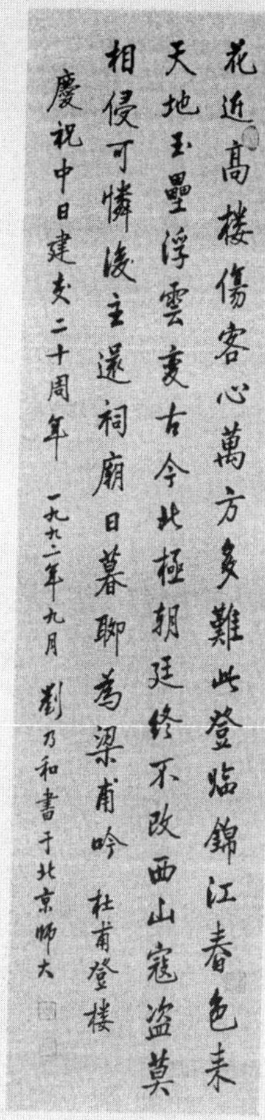
花近高楼傷客心萬方多難此登临錦江春色来
天地玉壘浮雲变古今北極朝廷終不改西山寇盗莫
相侵可憐後主還祠廟日暮聊為梁甫吟　杜甫登楼
慶祝中日建交二十周年　一九九二年九月　劉乃和書于北京師大

劉乃和（北京）

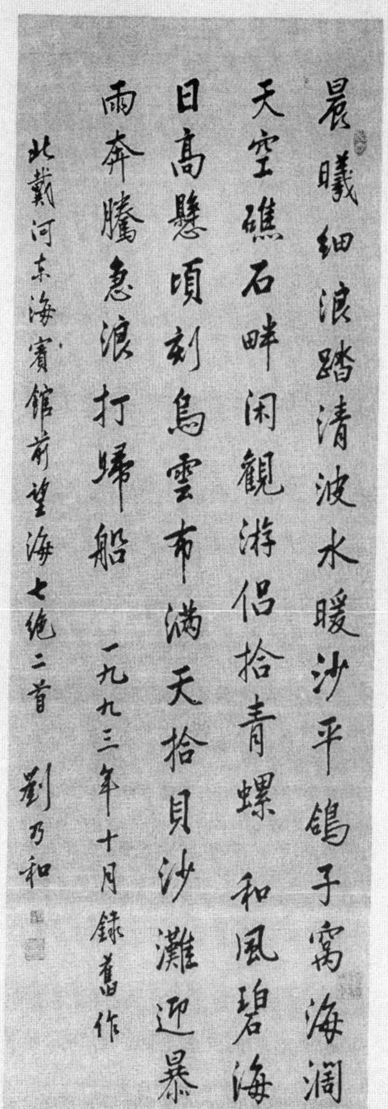
晨曦细浪踏清波水暖沙平鴿子窝海濶
天空礁石畔闲觀游侣拾青螺　和風碧海
日高懸頃刻烏雲布满天拾貝沙灘迎暴
雨奔騰急浪打歸船
北戴河东海賓館前望海七绝二首　一九九三年十月錄舊作　劉乃和

劉乃和（北京）

劉乃和（北京）

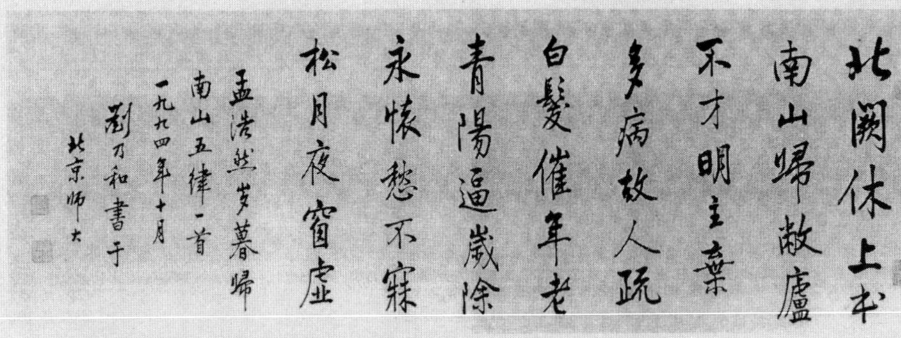
北闕休上書
南山歸敝廬
不才明主棄
多病故人疏
白髮催年老
青陽逼歲除
永懷愁不寐
松月夜窗虛
孟浩然岁暮歸
南山五律一首
一九九四年十月
劉乃和書于
北京師大

劉乃和

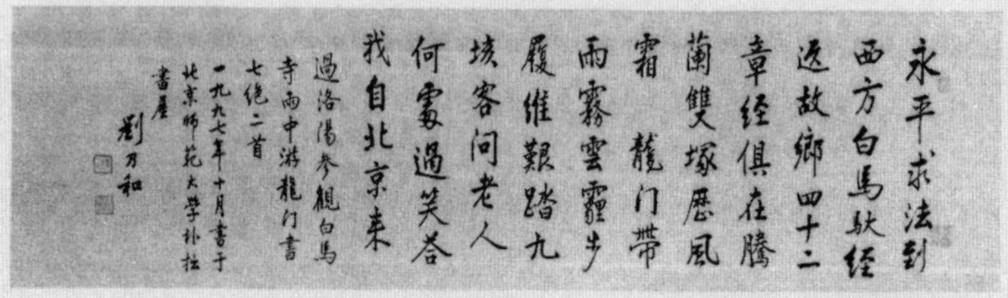
永平求法到
西方白馬馱經
返故鄉四十二
章經俱在騰
蘭雙塚歷風
霜 龍门帶
雨霧雲霾步
履維艱踏九
垓客问老人
何處過笑答
我自北京來
過洛陽參觀白馬
寺雨中游龍门書
七絕二首
一九九七年十月書于
北京師範大學补拙
書屋
劉乃和

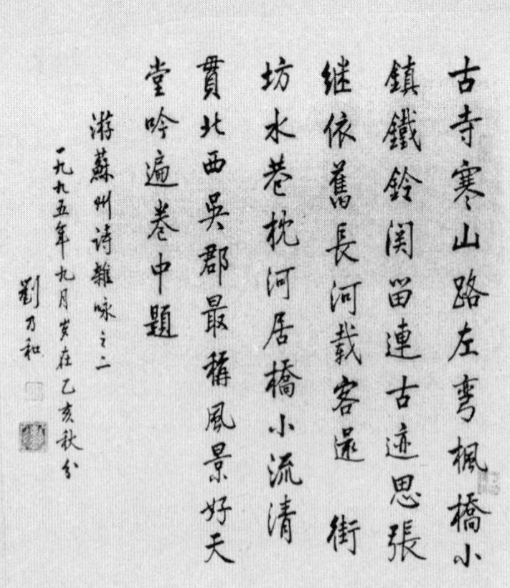
古寺寒山路左彎楓橋小
鎮鐵鈴閑留連古迹思張
繼依舊長河載客還 街
坊水巷枕河居橋小流清
貫北西吳郡最稱風景好天
堂吟遍卷中題
游蘇州詩雜咏之二
一九九五年九月 岁在乙亥秋分
劉乃和

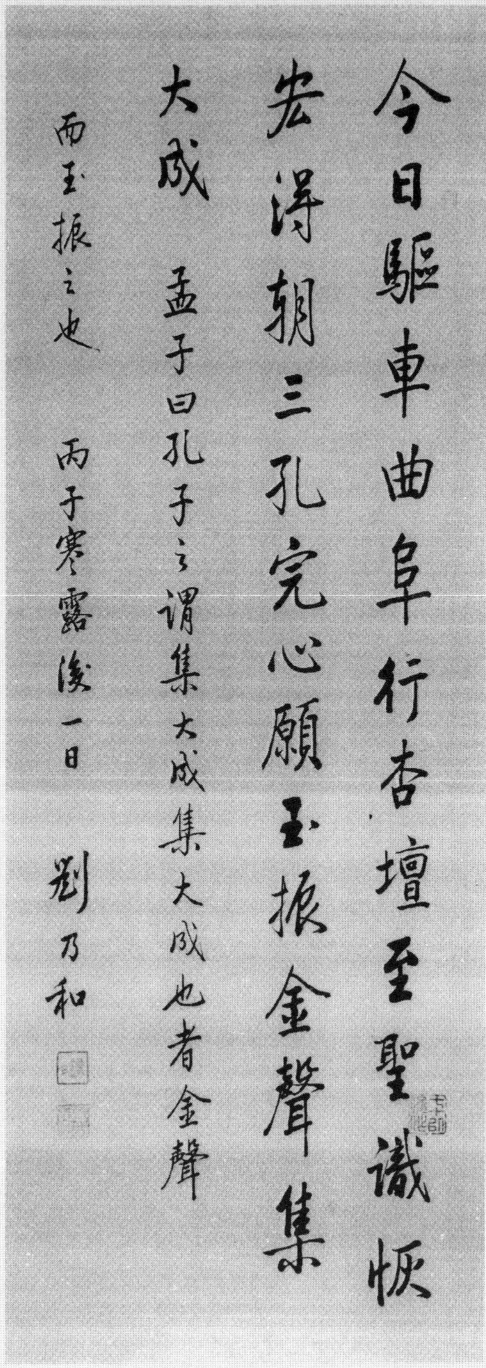
今日驅車曲阜行杏壇至聖識恢宏
得朝三孔完心願玉振金聲集大成
孟子曰孔子之謂集大成集大成也者金聲而玉振之也
丙子寒露後一日　劉乃和

文部大臣賞
劉　乃　和（北京）

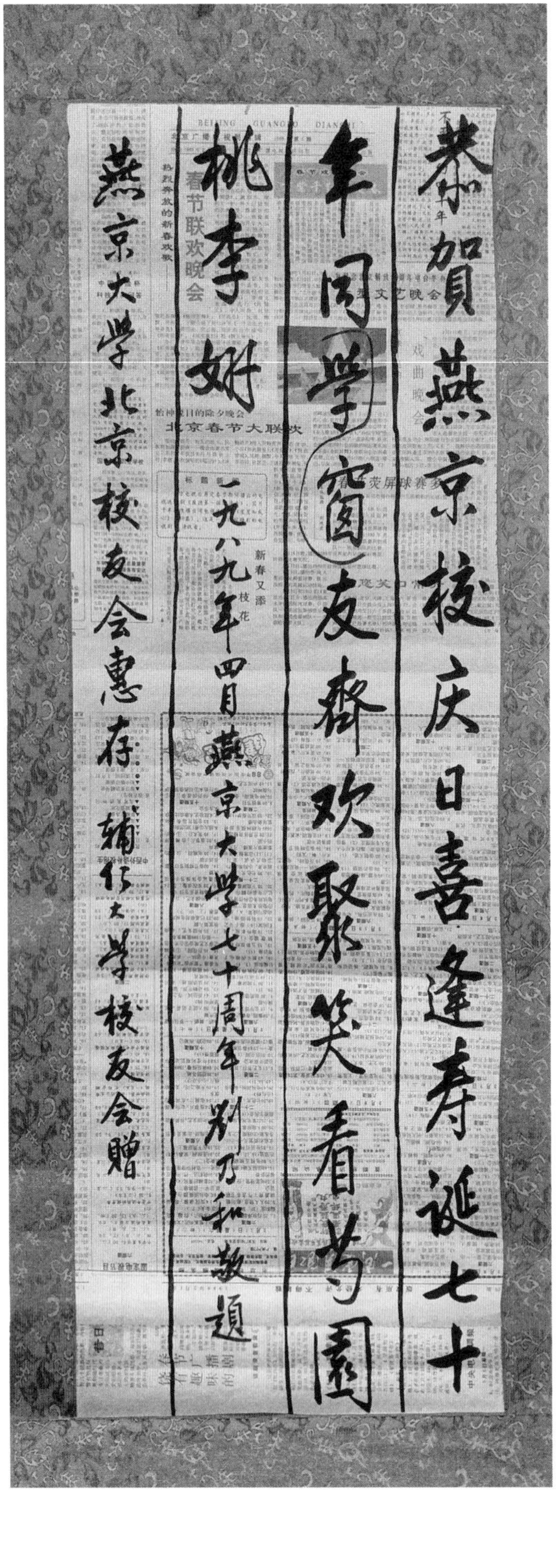

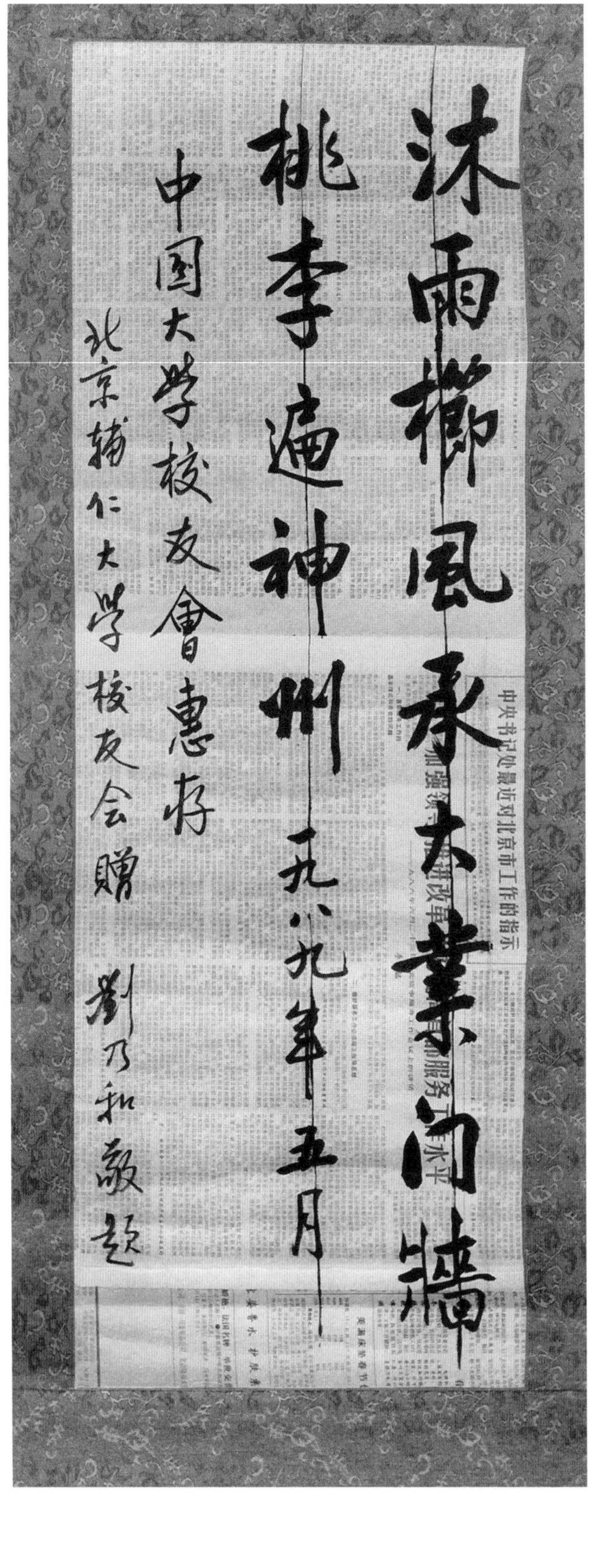

刘先生十分节俭。她把报纸粘成条幅，先试笔。逝世后，留下了大量稿纸、宣纸。

(六)陈垣著作的出版

1949 年以后，陈垣先刷印木刻本。从寻找印刷工人，到购买纸墨，都是刘乃和骑自行车满城奔走。纸墨质量，纸张大小和数量，均需要计算明白，决不是付诸出版社而了之。线装书印成后分给书商销售，计账算钱，实在琐碎。

1997 年夏，我在中国书店买到《励耘书屋丛刻》，请刘先生题字，她告诉我，这是《丛刻》各书第一次整体刷印。此前都是零散刷版。陈老自己用书，也是积累成套。新印者蓝色布套，用毛边纸；锦函用什么纸刷，我不知道。

自 1955 年起，科学出版社排印《中国佛教史籍概论》，陈垣专著由科学出版社、中华书局先后铅印出版。

刘乃和协助校书，标点、补充所利用文献，接洽编辑，传递意见，出席工作会议等。

1965 年，北京师范大学“四清”，陈垣刷印木版书受调查，刘乃和两次被工作组传唤谈话，交上书面材料，承担了“偷税”的责任。1966 年以来，她曾两次被学校组织监禁，交待“破坏国家经济秩序”和“资产阶级孝子贤孙”问题。

陈垣生前，其著作的出版，带给当事人的，并不只是欣喜和欢悦！

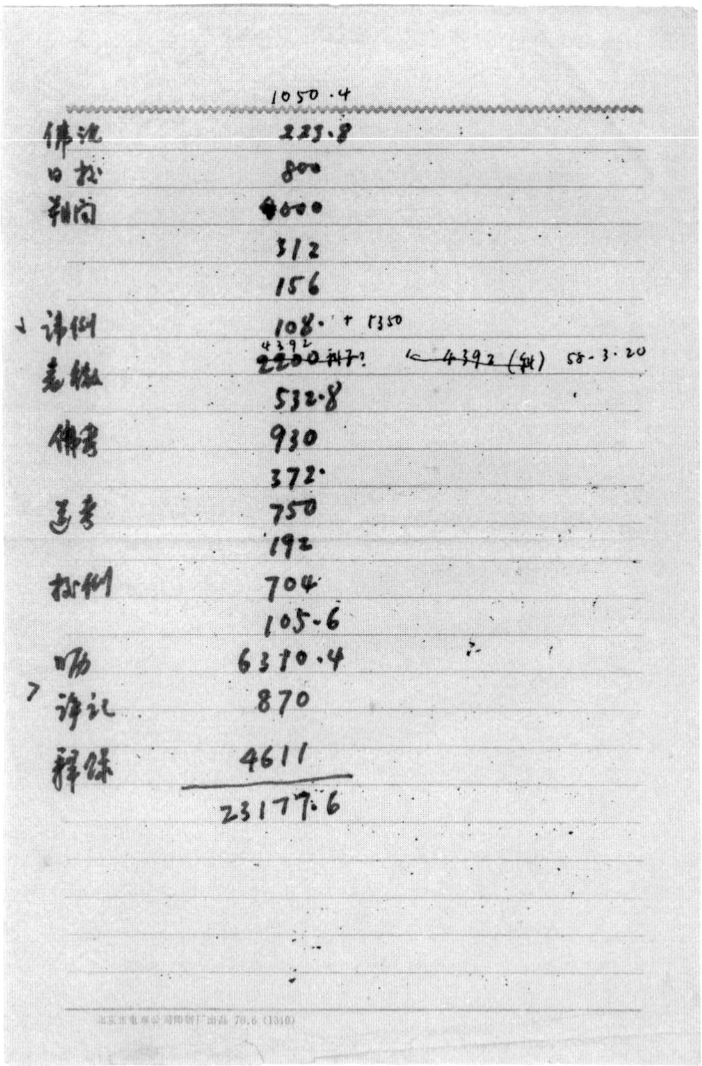
1050.4
佛论 223.8
日知 800
新闻 4000
312
156
讳例 108 + 1350
表微 2200 4392 ← 4392 58-3-20
532.8
佛考 930
372
道考 750
192
校例 704
105.6
明 6310.4
诤记 870
释氏 4611
23177.6

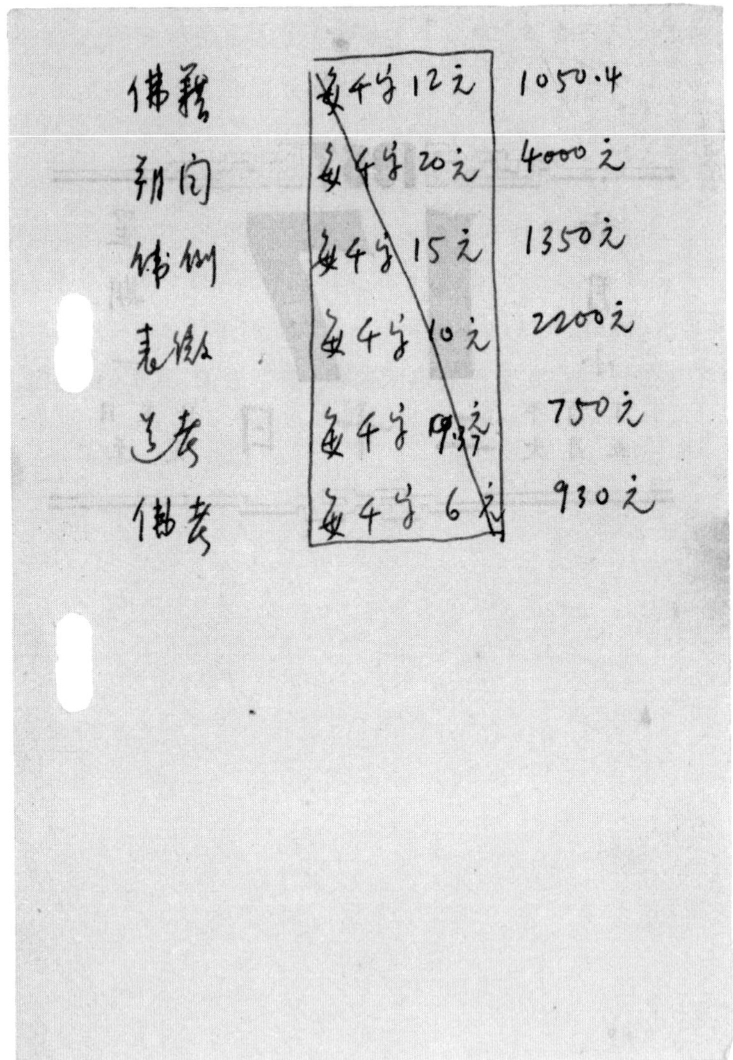
佛籍 每千字12元 1050.4
新闻 每千字20元 4000元
讳例 每千字15元 1350元
表微 每千字10元 2200元
道考 每千字 750元
佛考 每千字6元 930元

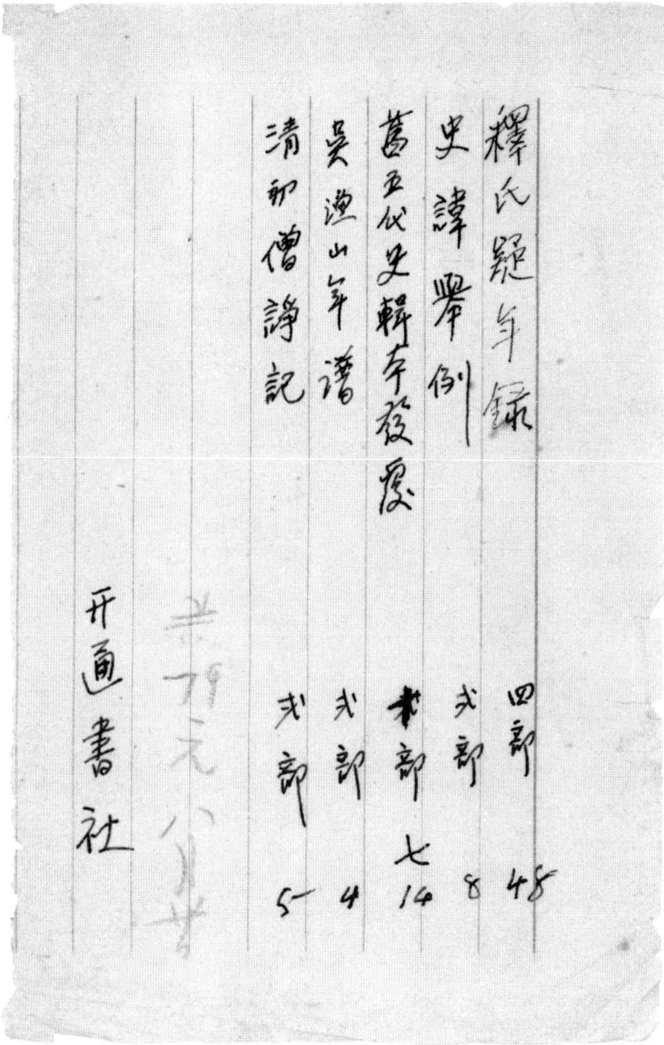
釋氏疑年錄 四部 48
史諱舉例 弍部 8
舊五代史輯本發覆 [illegible]部 七 14
吳漁山年譜 弍部 4
清初僧諍記 弍部 5

开通書社

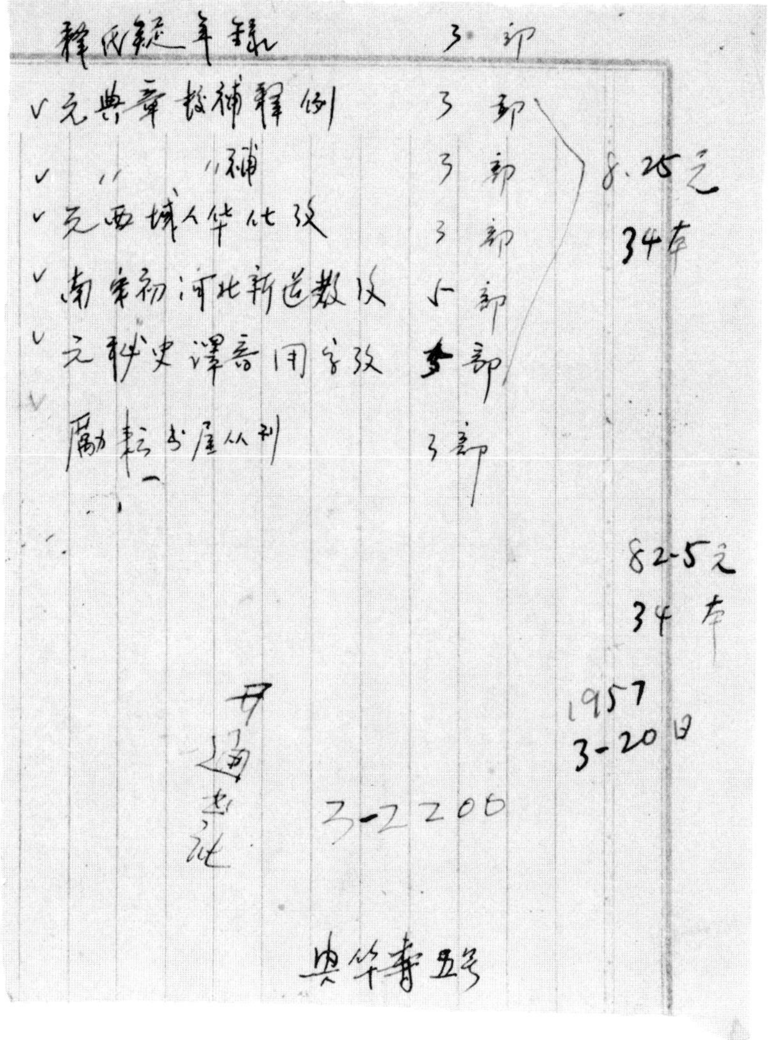
釋氏疑年錄 3部
元典章校補釋例 3部
〃 〃補 3部
元西域人華化考 3部
南宋初河北新道教考 5部
元秘史譯音用字考 3部
勵耘書屋叢刻 3部

8.25元
34本

82.5元
34本

1957
3-20日

开通書社
3-2200

代卖陈垣木板线装书帐。

			12捆
1.	元典章校补	229块（内一块后有总目）	
2.	·· ·· ·· ·· ··释例	69 ··	4捆
3.	释疑	190	10
4.	也考	80	4
5.	讳例	64	3
6.	辑覆	44	2
7.	吴谱	34	2
8.	诤记	37	2
9.	秘考	17	1
		764	
	吴谱补刻P.4	1	
		765	40捆

陈垣著书木版数量。

1、佛论	55-12	科学	87,000	
又	62-11	中华	83,000	（62-9字型）?
2、朔闰	56-3	古籍	/	（上海第一次印刷）
又	62-7	中华	130,000	
3. 讳例	58-1	科学	90,000	
又	62-7	中华		（58-1科学型）（新一版）
4. 表微	58-3	科学	222,000	
5. 道考	58-10	科学	80,000	
又	62-7	中华		（58-10科学型）（新一版）
6. 佛考	59-2	科学	155,000	
7. 校例	59-12	中华	88,000	（上海第一次印刷）
又	63-12	中华		（北京第二次印刷）
8、日历	62-6	中华	680,000	
9. 诤记	62-9	中华	50,000	
10. 释年	64-3	中华	265,000	
			1843,000字	（其中"佛论"只算中华版者）

至此皆再版。

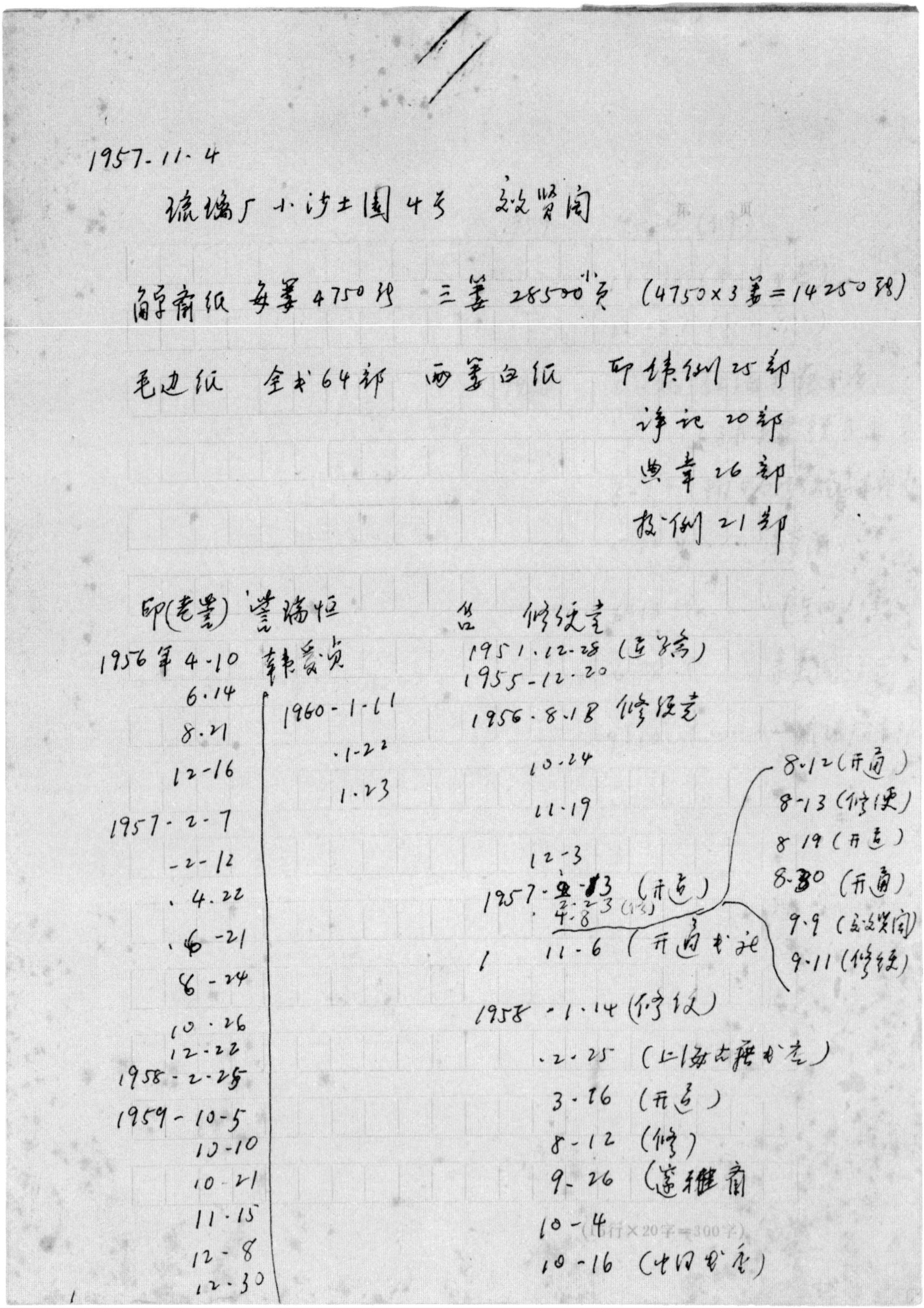
1957.11.4

琉璃厂小沙土园4号 文贤阁

白宣纸 每篓4750张 三篓28500小页 (4750×3篓=14250张)

毛边纸 全书64部 西篓白纸 印辑佚25部
净记20部
典章26部
校例21部

印(老墨) 营瑞恒
1956年4.10 韩贵
6.14
8.21
12-16
1957.2.7
.2.12
.4.22
.6.21
6.24
10.26
12.22
1958.2.25
1959.10.5
10.10
10.21
11.15
12.8
12.30

1960.1.11
.1.22
1.23

总 修绠堂
1951.12.28 (通学斋)
1955.12.20
1956.8.18 修绠堂
10.24
11.19
12.3
1957.2.13 (开通)
4.8
11.6 (开通书社)
8.12 (开通)
8.13 (修绠)
8.19 (开通)
8.30 (开通)
9.9 (文贤阁)
9.11 (修绠)
1958.1.14 (修绠)
.2.25 (上海古籍书店)
3.16 (开通)
8.12 (修)
9.26 (邃雅斋
10.4
10.16 (中国书店)

(15行×20字=300字)

励耘书版再刷印账目。

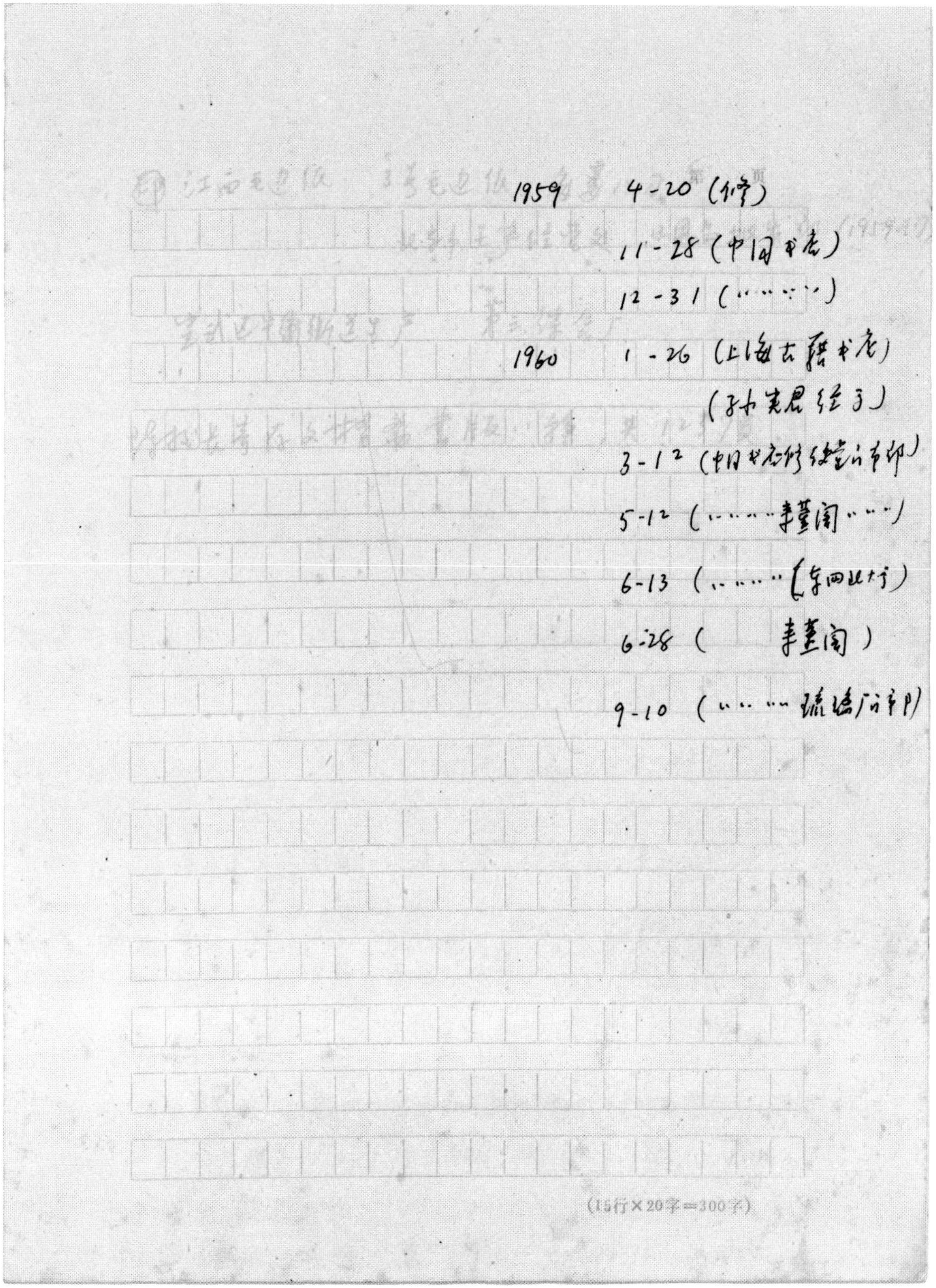

1959　4-20（付亨）
11-28（中国书店）
12-31（……）
1960　1-26（上海古籍书店）
（孙实君经手）
3-12（中国书店修绠堂门市部）
5-12（……来薰阁……）
6-13（……东四北大街）
6-28（　来薰阁　）
9-10（……琉璃厂门市部）

（15行×20字=300字）

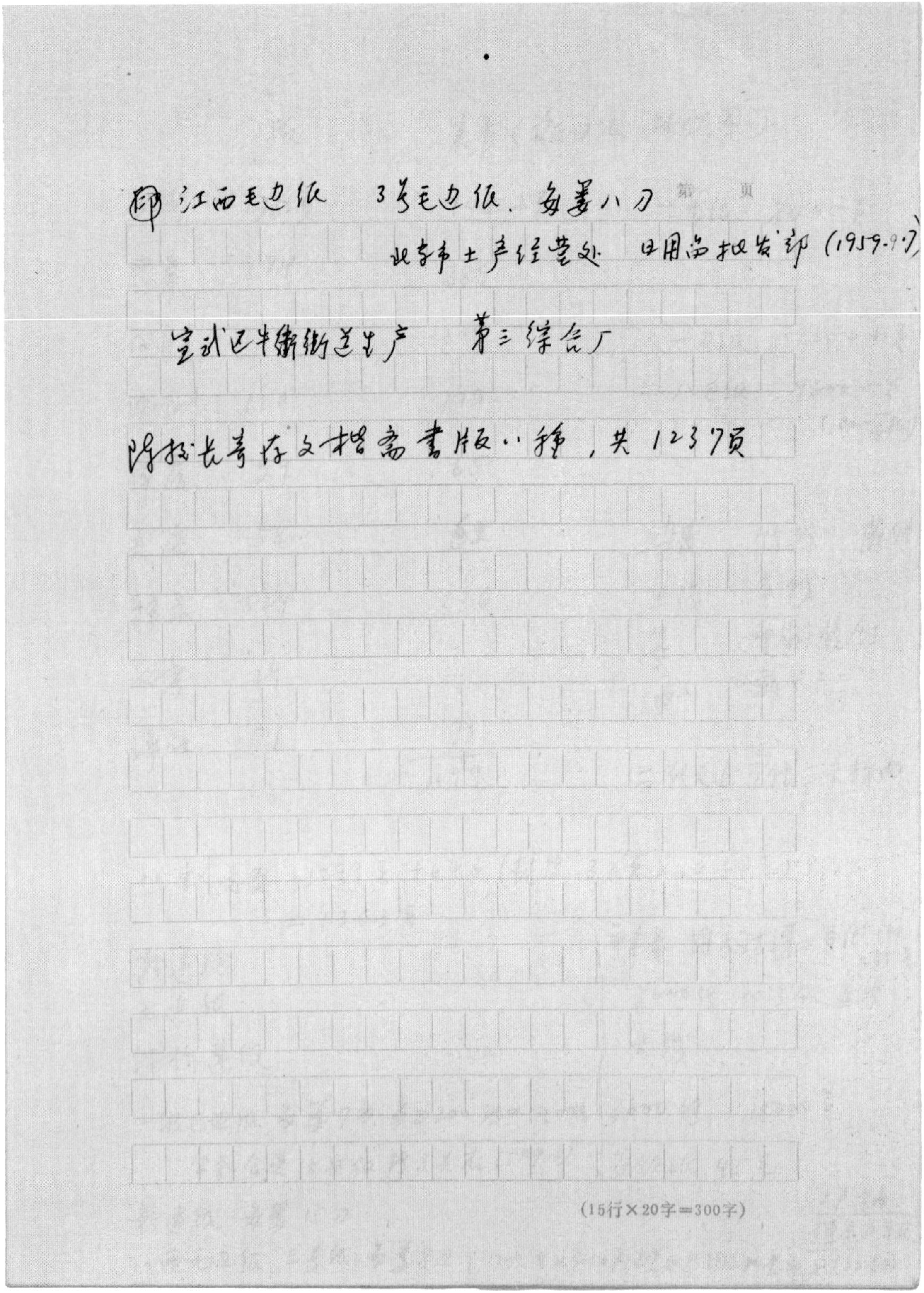
(印) 江西毛边纸　3号毛边纸．每叠八刀　第　页
北京市土产经营处　日用品批发部（1959.9.7）

宣武区牛街街道生产　第三综合厂

陈校长手存文楷斋书版八种，共1237页

(15行×20字=300字)

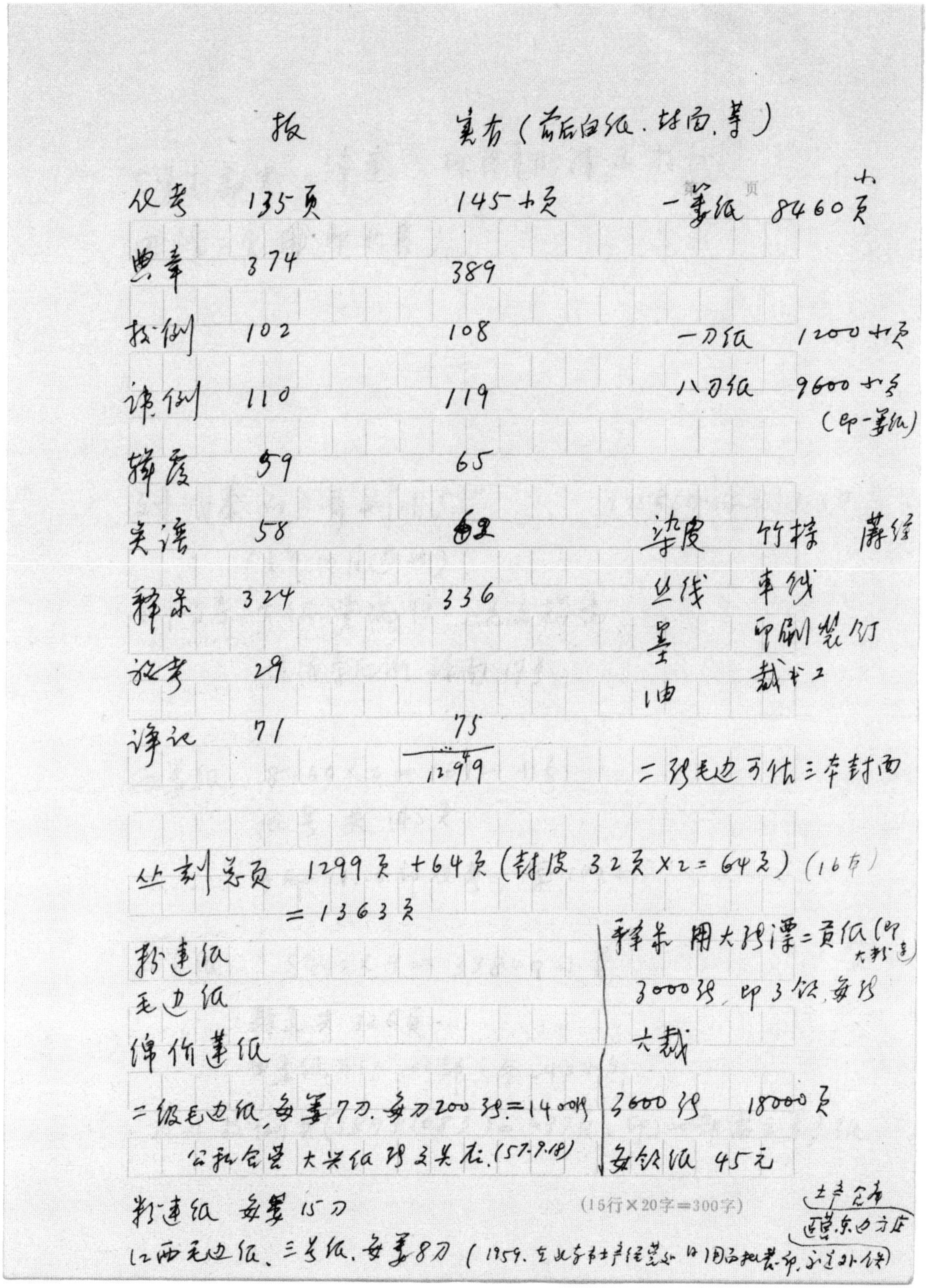

报　实有（前后白纸、封面等）

仪考 135页 145小页 一篓纸 8460小页

典章 374 389

拾例 102 108 一刀纸 1200小页

诸例 110 119 八刀纸 9600小页（即一篓纸）

辩度 59 65

类谱 58 62

释余 324 336

放考 29

净记 71 75

1299

染皮 竹楼 蒲绶

丝线 车线

墨 印刷装订

油 裁书工

二号毛边可供三本封面

丛刻总页 1299页＋64页（封皮32页×2＝64页）（16本）
＝1363页

粉连纸
毛边纸
绵竹连纸
二级毛边纸，每篓7刀，每刀200张＝1400张
公私合营大兴纸张文具店（57.9.18）

释余 用大张漂二页纸（即大粉连）
3000张，印3份，每张
六裁
3600张 18000页
每令纸 45元

粉连纸 每篓15刀

江西毛边纸、三号纸，每篓8刀（1959.在北京市土产经营公司旧用品批发部，东边外供）

土产公司
辽东边门店

（15行×20字＝300字）

精打细算刷旧版。

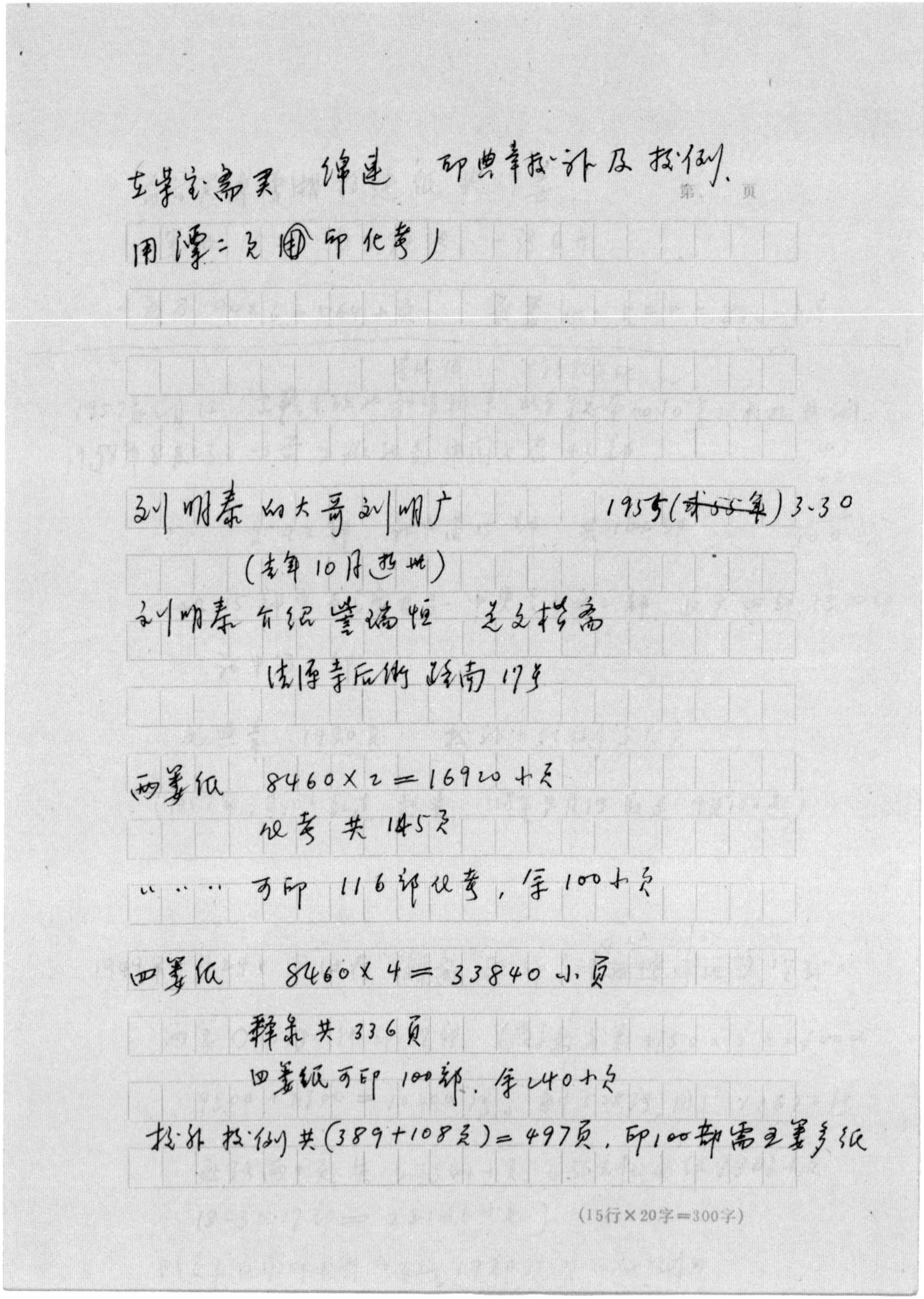

去年交商务　编述　印典章校补及校例。

第　页

用漂二页~~用~~印化考）

刘明泰的大哥刘明广　　1955(~~前55年~~)3.30

（去年10月逝世）

刘明泰介绍詹端恒　是文楷斋

法源寺后街路南17号

两裁纸　8460×2=16920小页

化考　共145页

……　可印116部化考，余100小页

四裁纸　8460×4=33840小页

释例共336页

四裁纸可印100部，余240小页

校补　校例共(389+108页)=497页，印100部需五裁多纸

（15行×20字=300字）

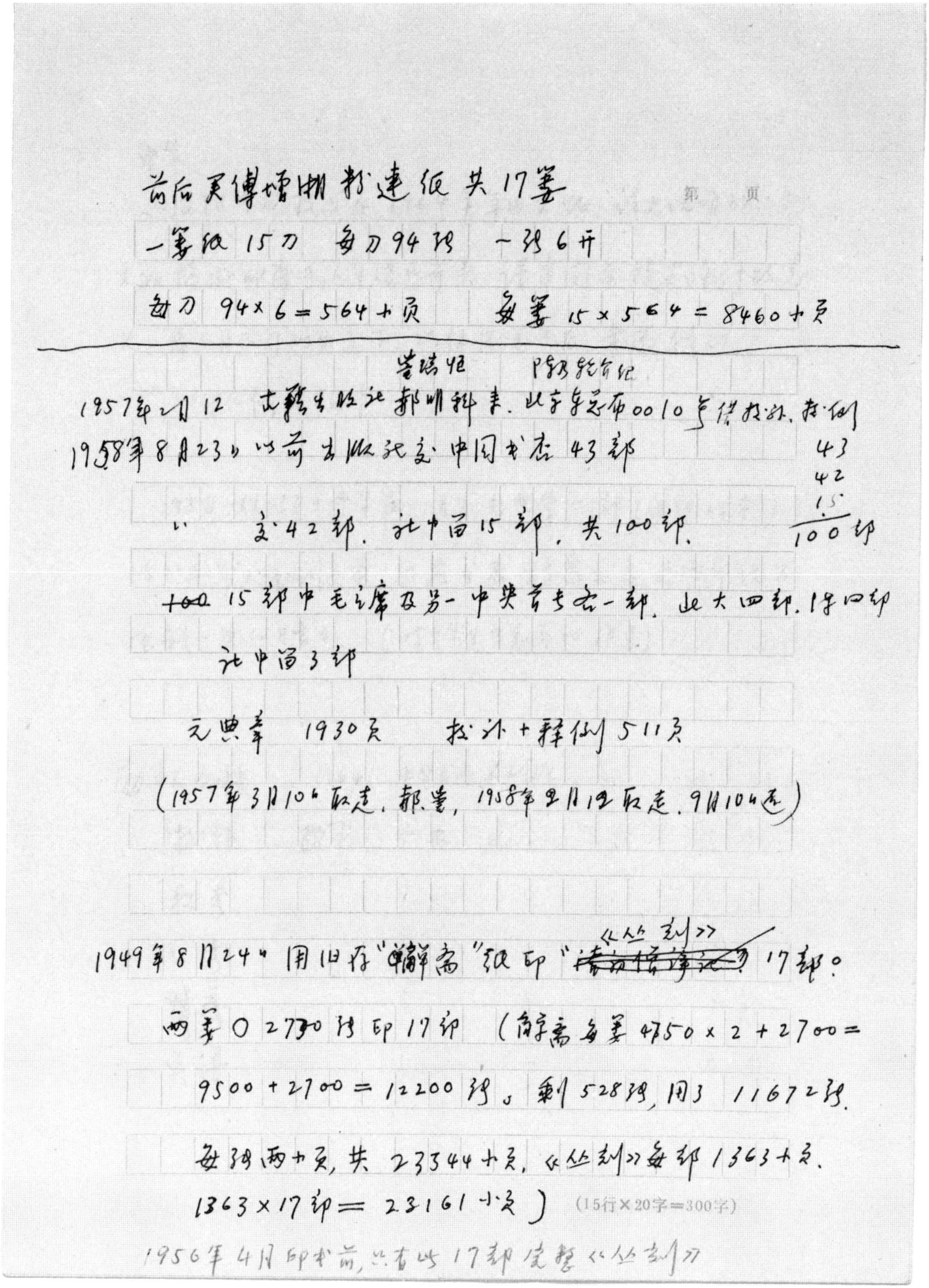

前后买傅增湘藏连纸共17篓

第　页

一篓纸15刀　每刀94张　一张6开

每刀 94×6＝564小页　　每篓 15×564＝8460小页

营琼归　陈翔鹤介绍

1957年2月12　古籍出版社郭明科来，此事系总布0010号借校补、释例

1958年8月23日 以前出版社交中国书店43部

〃　交42部，社中留15部，共100部。

43
42
15
100部

~~100~~ 15部中毛主席及另一中央首长各一部，此大四部，得四部

社中留3部

元典章　1930页　　校补＋释例 511页

（1957年3月10日取走，郭豐，1958年2月12日取走，9月10日还）

1949年8月24日 用旧存"鸿禧斋"纸印"~~[illegible]~~《丛刊》"17部。

两篓0 2730张印17部　（鸿禧斋每篓4750×2＋2700＝

9500＋2700＝12200张。剩528张，用了11672张。

每张两小页，共23344小页，《丛刊》每部1363小页。

1363×17部＝23161小页）　(15行×20字＝300字)

1956年4月印书前，只有此17部完整《丛刊》

中华

《后汉书》校点本1964年年内出版。该史说明现已拟出初稿，打印本于6月13日寄来。请审阅并提出修改意见。希6月下旬以内寄下，以便汇总之后，考虑修改。

附《修改说明》

1958-11-13日中华函，送上元典章二部（每部25本）

此书本年又重刷一次，以应书店销售需要，这两部係为重刷一次之样书。（时中华在东总布胡同10号）

励耘五種　1964　中华书局木刻版

校补　校例　5册

秘考　1

化考　2

諱舉　1

吴譜　1

(15行×20字=300字)

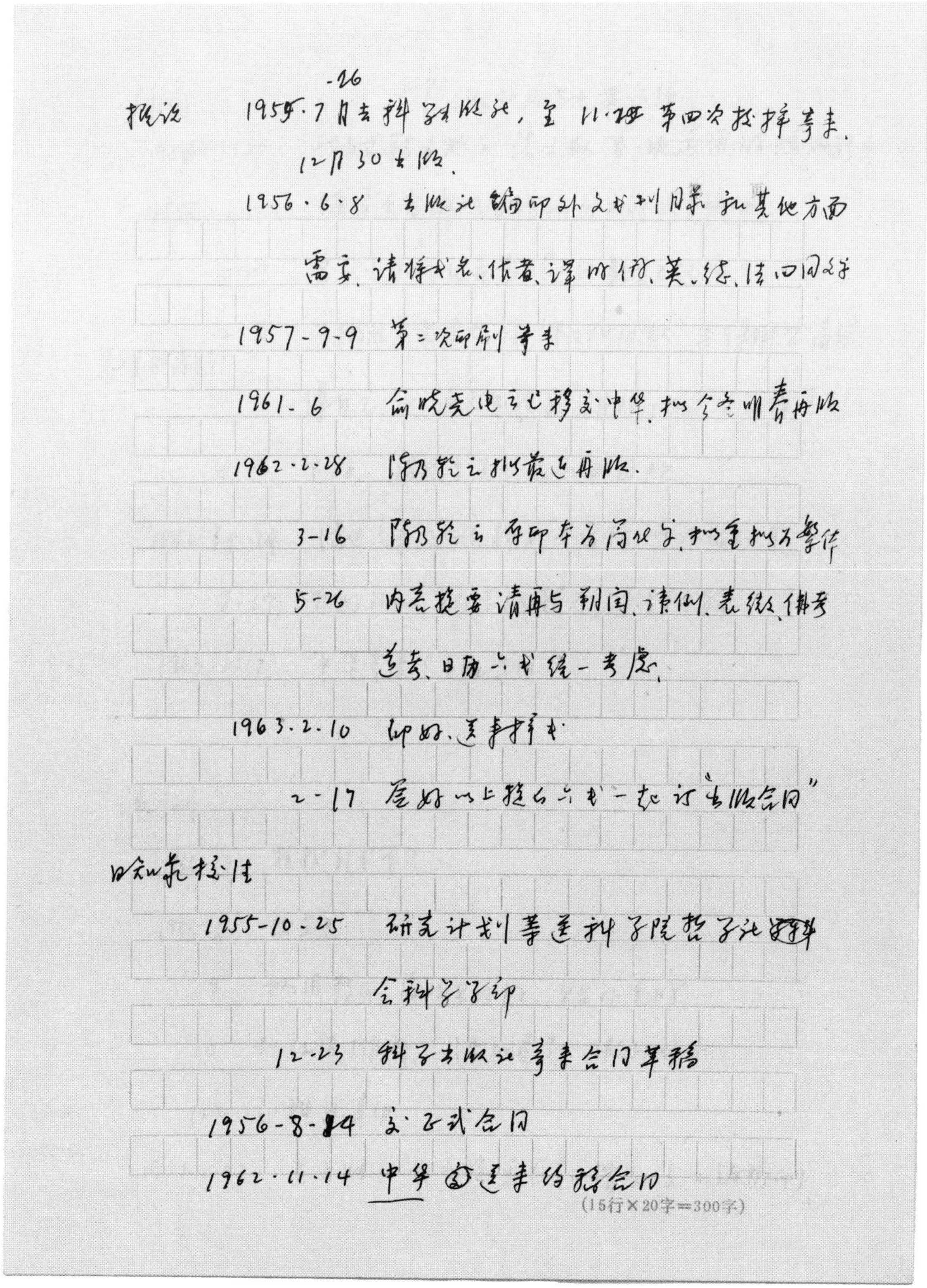

朔闰 1955.7月去科学出版社，至11.26第四次校样寄来。
12月30出版。
1956.6.8 出版社编印外文书刊目录和其他方面需要，请将书名、作者、译成俄、英、德、法四国文字
1957.9.9 第二次印刷寄来
1961.6 俞晓先电云已移交中华，拟全书重排再版
1962.2.28 陈乃乾云拟将道再版。
3-16 陈乃乾云 原印本為简化字，拟重排为繁体
5-26 内容提要请再写朔闰、读例、表徵、作考
通表、日历六书统一考虑。
1963.2.10 印好、送来样书
2-17 签好以上拟出六书一起订"出版合同"

日知录校注
1955-10-25 研究计划寄送科学院哲学社会科学部
12-23 科学出版社寄来合同草稿
1956-8-14 正式合同
1962.11.14 中华书局送来约稿合同
(15行×20字=300字)

陈垣著作铅印情况。

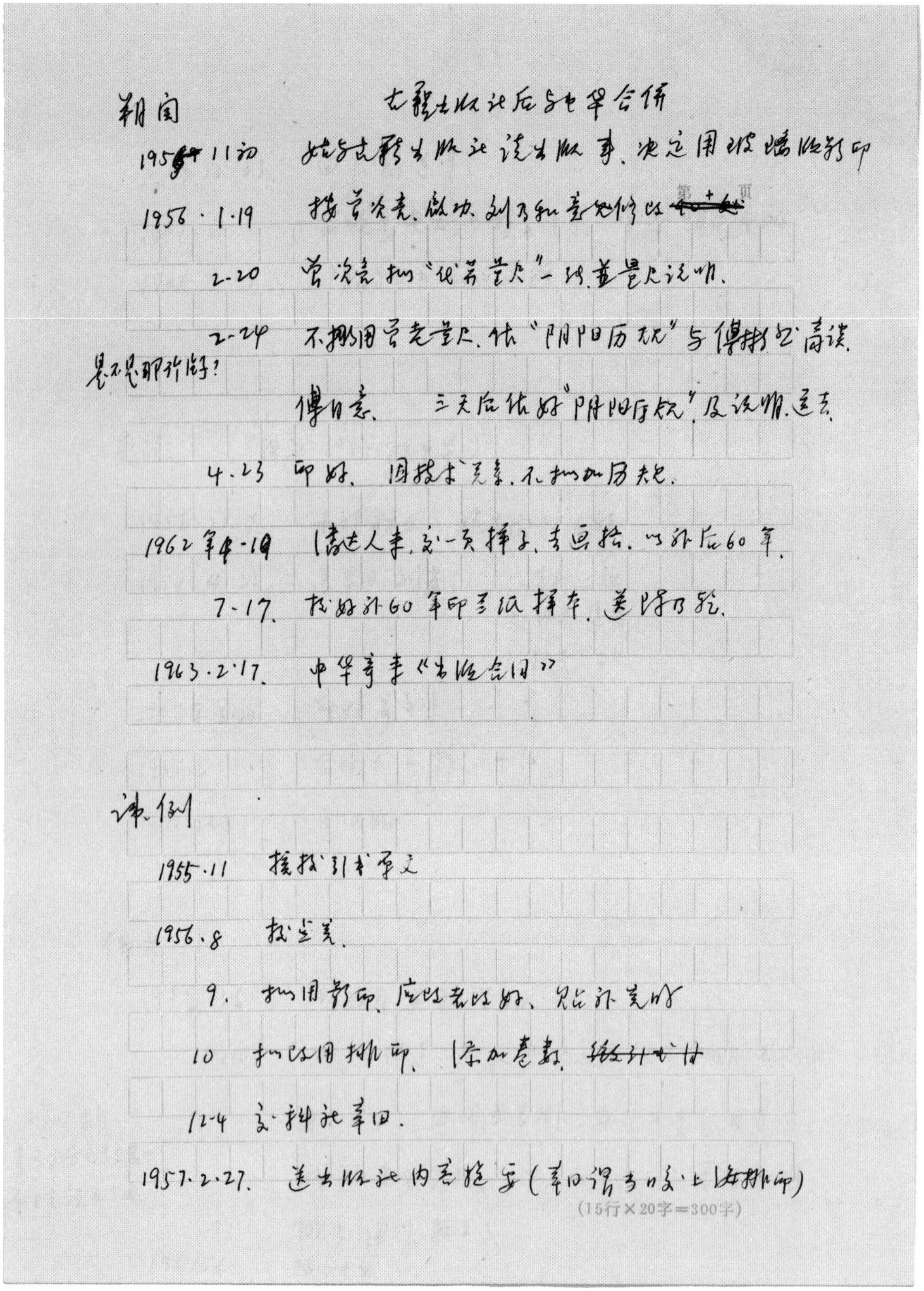

《史讳举例》，1928 年著。为纪念钱大昕诞辰二百周年，成书仓促，引书不慎，无卷数。刘乃和将引文一一核对原书，正其谬误，补出卷数，标点全书，付科学出版社排印。原木刻本剜补一新。1982 年北京师范大学为庆祝建校八十周年，影印《励耘书屋丛刻》时，不知此书已补正，仍因旧本影印。刘乃和不胜唏嘘。

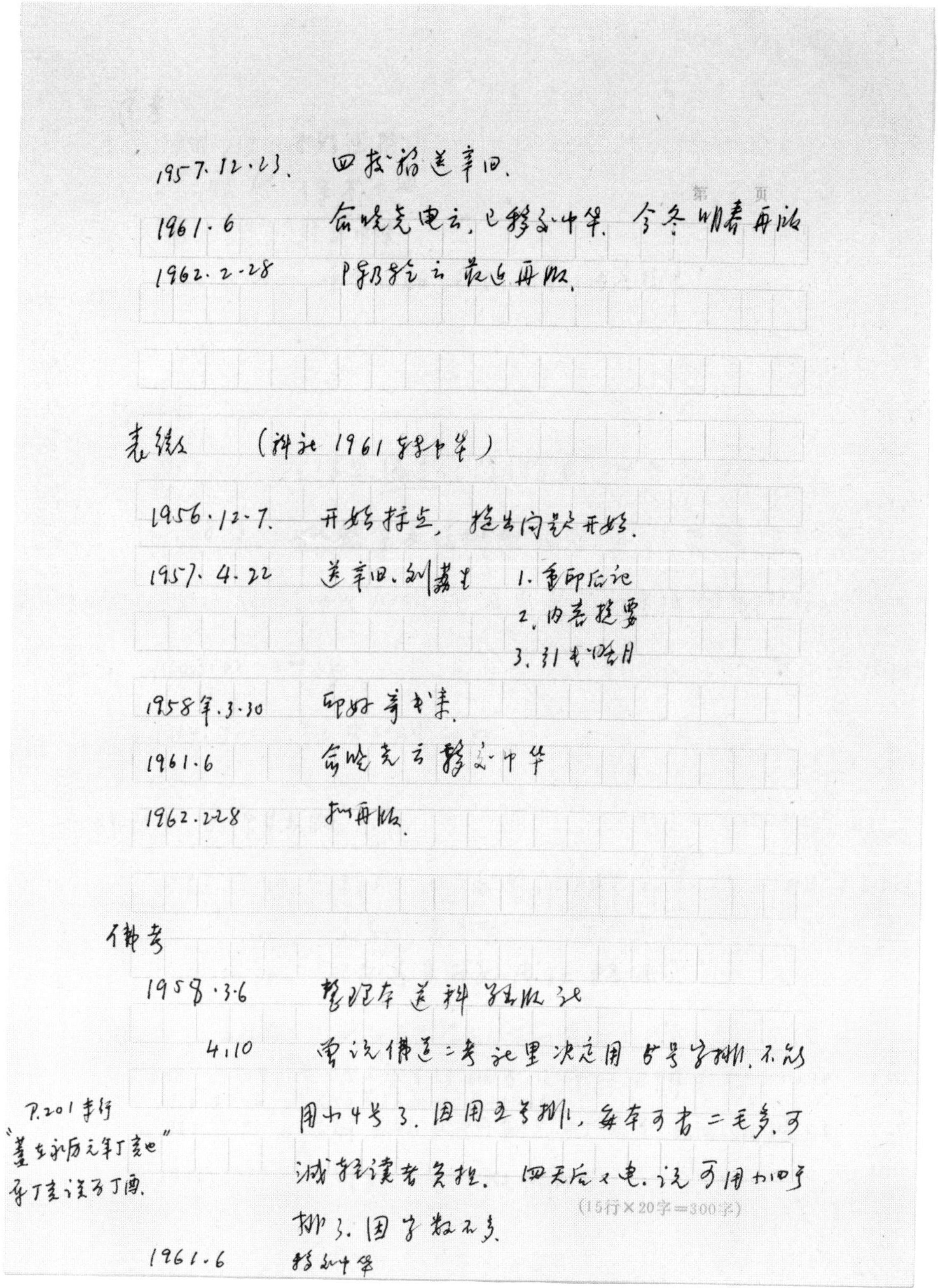
1957.12.23. 四叔稿送辛田.
第 页
1961.6 俞晓先电云, 已移交中华. 今冬明春再版
1962.2.28 陈乃乾云 最近再版.

表微 (科社 1961 移中华)

1956.12.7. 开始排定, 提出问题开始.
1957.4.22 送辛田、剑华先生 1.重印后记
2.内容提要
3.引书略目
1958年.3.30 印好寄书来.
1961.6 俞晓先云 移交中华
1962.2.28 拟再版.

佛考
1958.3.6 整理本送科学出版社
4.10 曾说佛道二考社里决定用5号字排, 不能用小4号了. 因用五号排, 每本可省二毛多, 可减轻读者负担. 四天后又电. 说可用加四字排了. 因字数不多
1961.6 移交中华

P.201 末行
"盖与和历元年丁亥也"
乎丁亥误为丁酉.

(15行×20字=300字)

刘乃和记录中华书局联系陈垣排印其著作之经历。中华书局经办人陈乃乾等。

道考

1958-3-7 开始发排
11.17 交来书十册.
1961-6 移交中华.
1962-3-26 重写出版说明，修改内容提要

第 页

校例

1959.5.1 金灿然、潘达人、陈乃乾来，拟印校例.
8-18 姚绍华来谈排印问题
12-16 去中华排版厂，校毕，据云明早纸型飞沪，付印
1960.3-22 印好
1964.3.2 第二次印刷印好.

日历 中华出版

1960-2-14 陈乃乾电，编辑部决定影印《日历》. 下午与刘拓之谈，刘以
3-11 送来日历重印
3-18 中华送来印好底样 稿纸
4-18 修订本送潘达人、陈乃乾
1961-7-19 朱士嘉送来晒兰纸底样及胶片（五包）二种
1962-2-16 兰样送样本一份及修改意见
1962-5-9 到宣外北京印刷厂四厂看修改之玻璃版.
1963-3-20 印好.（又重版修订本）

（15行×20字=300字）

诤记

1962.2.28 陈援老云拟出版，抽整理、相片与铅印本印，限31出版

3-14 交整理本。

5-31 送去内容提要、后记

吴谱

1962-5-31 送陈乃乾付印本，附《吴渔山生平》

6-12 陈电云：有高级人员提出此书若干色彩较浓，

与陈老现在政治地位不相称，尤以250年之

七、八两节，他建议暂不印此书。

释氏

1962.9.25 送来约稿合同。 适检重编。

1965.3.20 陈电云：港商释氏1000册，南台拟影印。

现拟抢在他们前面，印千余册，以取得外汇。

不给稿酬，问同意否、回同意，但有数处拟修。

3.26 送去修订本。

7-18 二次印刷本送来，印1330册

(15行×20字=300字)

工作效率高、周期较快

25.00
2500元

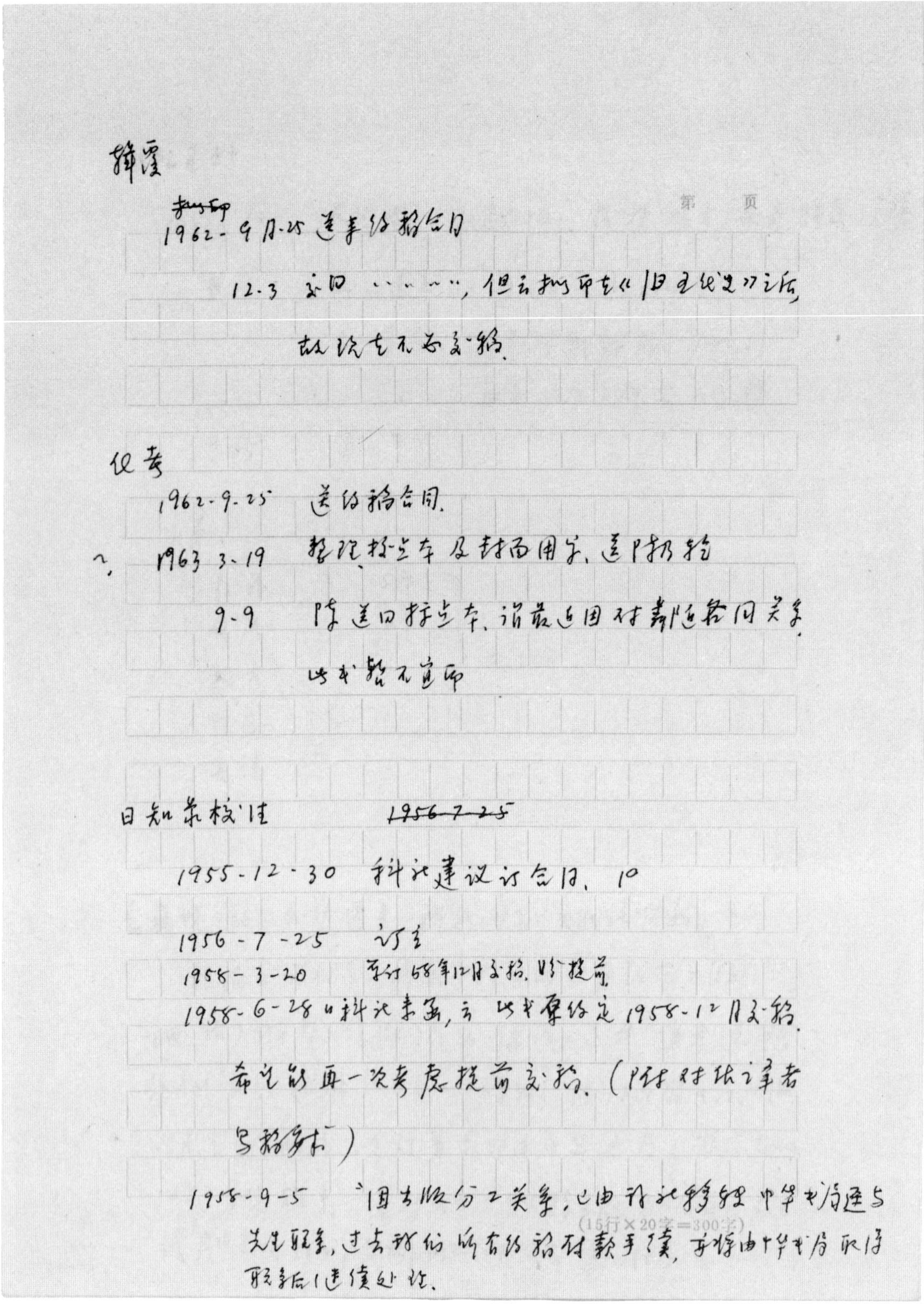

辑覆

~~抄印~~
1962-9月25 送来约稿合同

12.3 来函……，但云拟印出《旧五代史》之后，

故现在不必交稿。

佛考

1962-9-25 送约稿合同。

?、1963.3.19 整理标点本及封面用字，送陈乐素。

9.9 陈送回标点本，谓最近与国外书馆合同关系，

此书暂不宜印

日知录校注 ~~1956-7-25~~

1955-12-30 科学院建议订合同。10

1956-7-25 订立

1958-3-20 拟订58年12月交稿，能提前

1958-6-28 科学院来函，云此书原约定1958-12月交稿。

希望能再一次考虑提前交稿。（附对译者

写稿要求）

1958-9-5 "因出版分工关系，已由科学院移转中华书局与

先生联系，过去我们所有约稿付款手续，并将由中华书局取得

联系后继续处理。

第 页

（15行×20字=300字）

励耘五种

1964.2.10　老曾载　取走木板：校补、佛考、道考、讳举、吴谱

6.11　印好送来10部（旧纸线加印者）

石印书页：励耘五种封面　100张

道考　补页6种各　100张

9.15　送书五部

次第：

校补	5本	共10本
佛考	2本	
道考	1	
讳举	1	
吴谱	1	

俞筱尧1961.6.14送来　科社、中华二出版社公函：

根据上级领导的指示，我们两个单位在出版分工方面作了调整。您所编的佛论、道考、佛考、表微、讳例五书，根据新的分工的原则，应归中华书局出版，今后有关重版或修订事宜，即由中华书局（东总布胡同10号）与您联系。您对此书的转移出版如有什么意见，请于月内告诉我们，否则我们即认为您已同意了。

(15行×20字=300字)

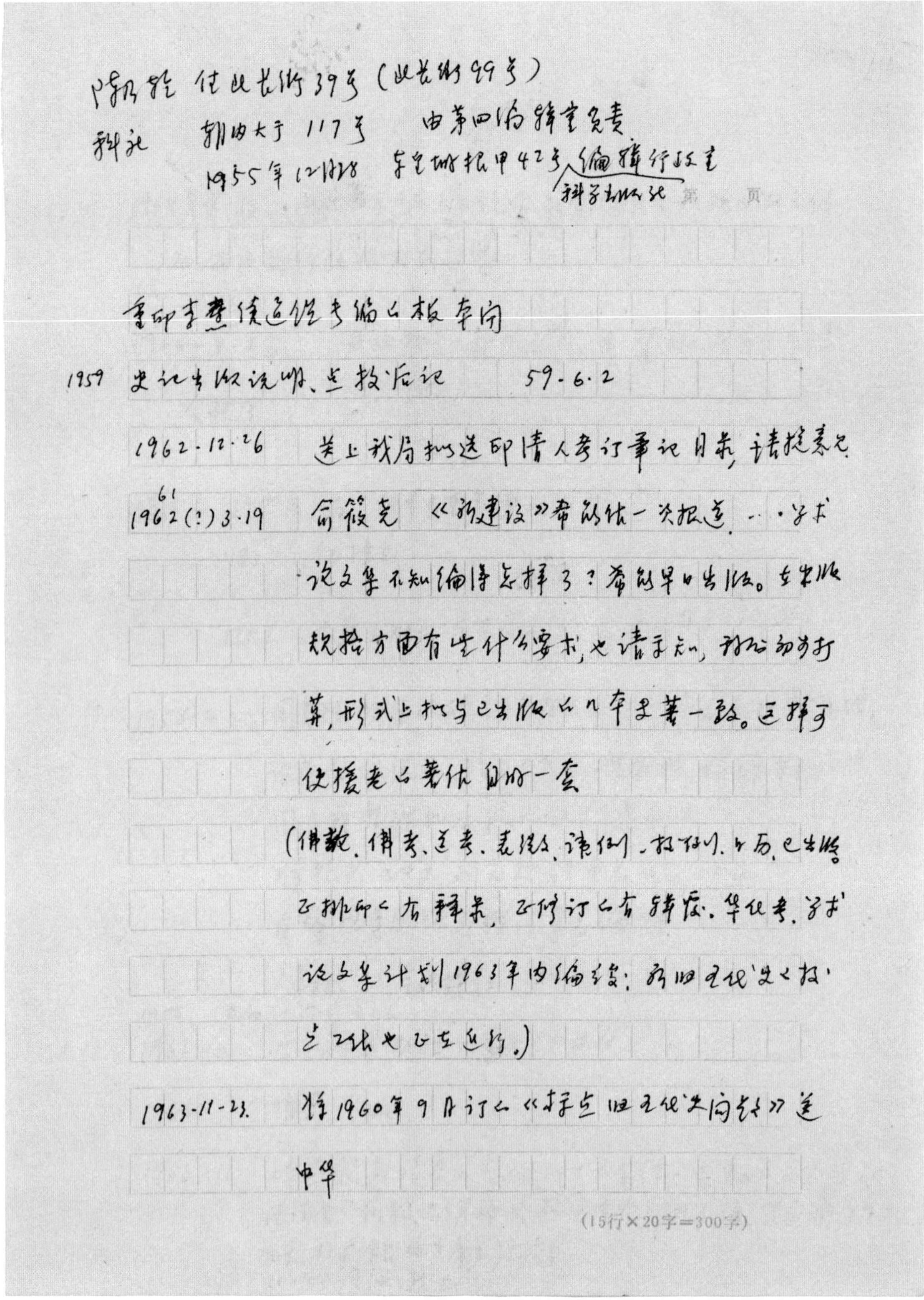

陈翔鹤 住北长街39号（北长街99号）
科社 朝阳门大街117号 由第四编辑室负责
1955年12月28日 东总布胡同甲42号 编辑行政室
科学出版社
第 页

重印李慈铭读史札记编目校本问

1959 史记出版说明、点校后记 59.6.2

1962.12.26 送上我局拟选印清人考订笔记目录，请提意见。

1962（?）3.19（61） 俞筱尧 《新建设》希能作一次报道。……学术论文集不知编得怎样了？希能早日出版。在出版规格方面有些什么要求，也请示知，我们初步打算，形式上拟与已出版的几本史著一致。这样可使援老的著作自成一套

（佛教、僧考、道考、表微、讳例、校例，均已出版。正排印的有释氏，正修订的有辑存、华化考，学术论文集计划1963年内编竣；新旧五代史的标点工作也正在进行。）

1963.11.23 将1960年9月订的《标点旧五代史问题》送中华

（15行×20字＝300字）

1964年7-15 《后汉书》出版说明和您提出意见，现已做了修改。兹再将修改稿打印送奉

1964-4-23. 廿四史标点工作座谈会。在翠微路44号二楼会议室

谭达人 1950年进局，任业务董事兼秘书长
1954 任经理
1957 古籍出版社与本局合併，迁东总布胡同10号办公

1958-2 国务院科学规划委员会成立古籍整理出版规划小组，齐燕铭任组长。指定本局为办事机构，协助办事拟定《中国古籍整理和出版的计划要点》
将整理24史，列为规划中的重点项目。
金灿然到局，任总经理兼总编辑
傅彬然、金兆梓任副〃〃〃
1959 史记、三国志出版
1961-10 迁西郊翠微路二号大院办公

1962 汉书出版

1963-11 齐燕铭邀请参加整理24史的全体人员在人大会堂举行座谈会。周扬、杨秀峰、齐燕铭在会上讲了话。范文澜、侯外庐、邓广铭也出席了座谈会。
《[illegible]》出版 影印

(15行×20字=300字)

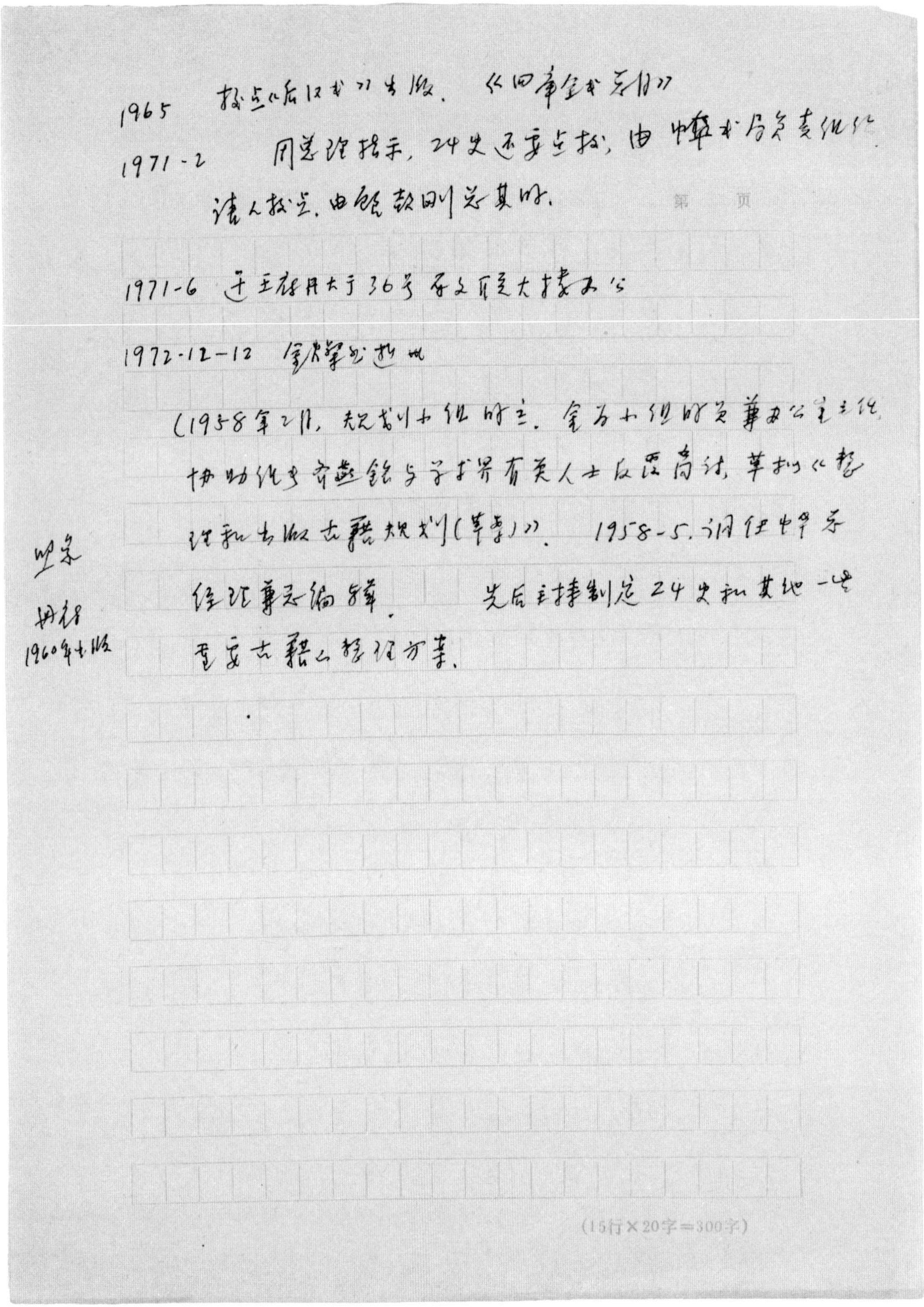

1965 标点《后汉书》出版。《四库全书总目》

1971-2 周总理指示，24史还要点校，由中华书局负责组织，请人校点，由顾颉刚总其成。

1971-6 迁王府井大街36号原文联大楼办公

1972-12-12 金灿然逝世

（1958年2月，规划小组成立，金为小组成员兼办公室主任，协助组长齐燕铭与学术界有关人士反复商讨，草拟《整理和出版古籍规划（草案）》。1958-5，调任中华书局总经理兼总编辑。先后主持制定24史和其他一些重要古籍的整理方案。

四史
排印
1960年出版

（15行×20字=300字）

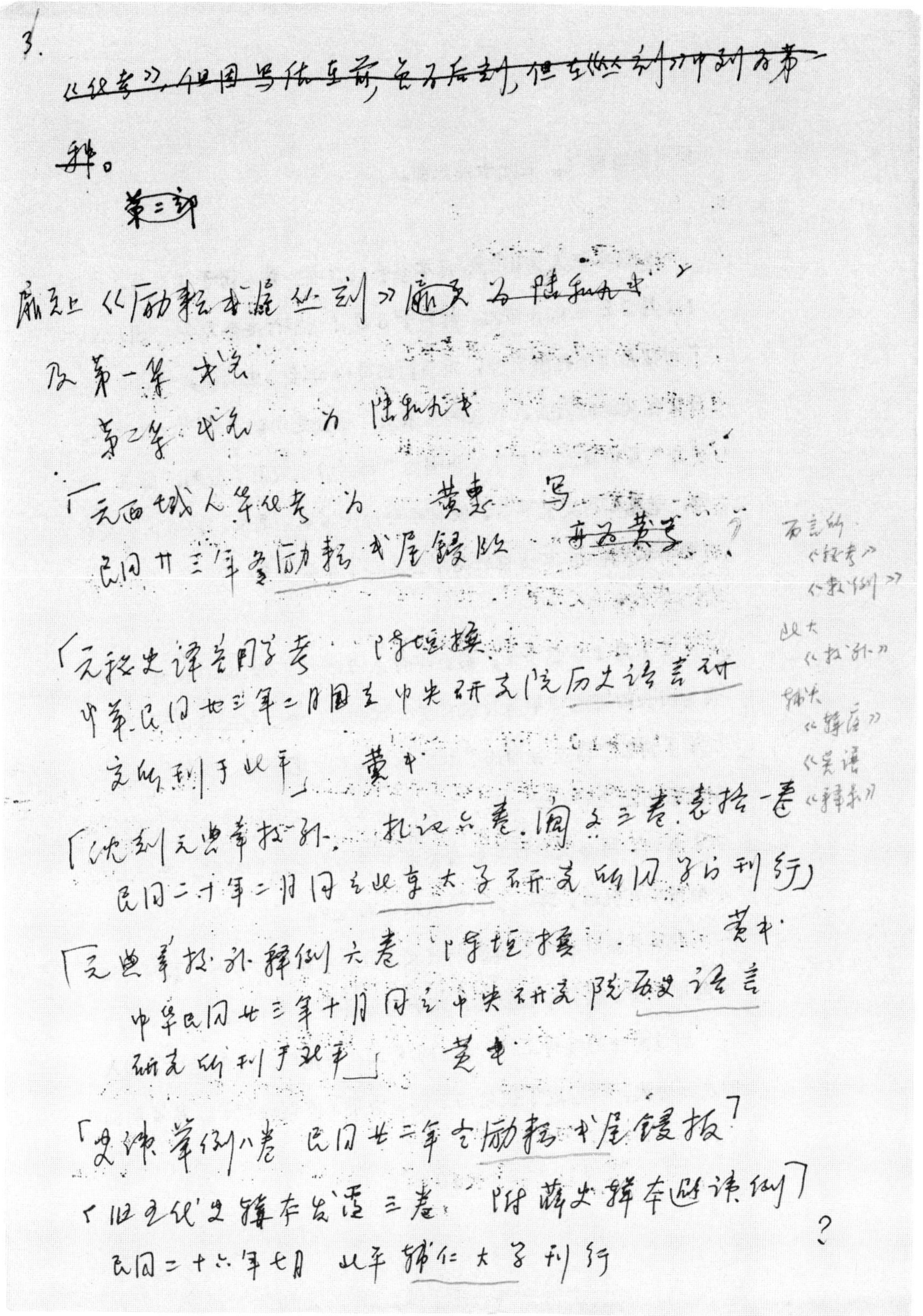
3.
~~《经考》，但因写作在前，无力后刻，但在丛刻中列为第一种。~~

第三部

扉上《励耘书屋丛刻》扉页为 ~~陆和九书~~

及第一集 书名

第二集 书名 为 陆和九书

「元西域人华化考 为 黄惠 写

民国廿三年冬励耘书屋录版 ~~再为黄宪~~ ?

「元秘史译音用字考 陈垣撰

中华民国廿三年二月国立中央研究院历史语言研究所刊于北平」 黄书

「沈刻元典章校补 札记六卷 阙文三卷 表格一卷

民国二十年二月国立北平大学研究所国学门刊行」

「元典章校补释例六卷 陈垣撰 黄书

中华民国廿三年十月国立中央研究院历史语言研究所刊于北平」 黄书

「史讳举例八卷 民国廿二年冬励耘书屋录版」

「旧五代史辑本发覆 三卷 附薛史辑本避讳例」 ?

民国二十六年七月 北平辅仁大学刊行

《励耘书屋丛刻》各部书名之题签者、刊行者一览表。

吴渔山先生年谱 附墨井集源流考

民国二十六年七月 北平辅仁大学刊行

释氏疑年录十二卷

辅仁大学丛书第五 民国廿八年冬刊刊

清初僧诤记三卷

民国卅三年夏励耘书屋锓板

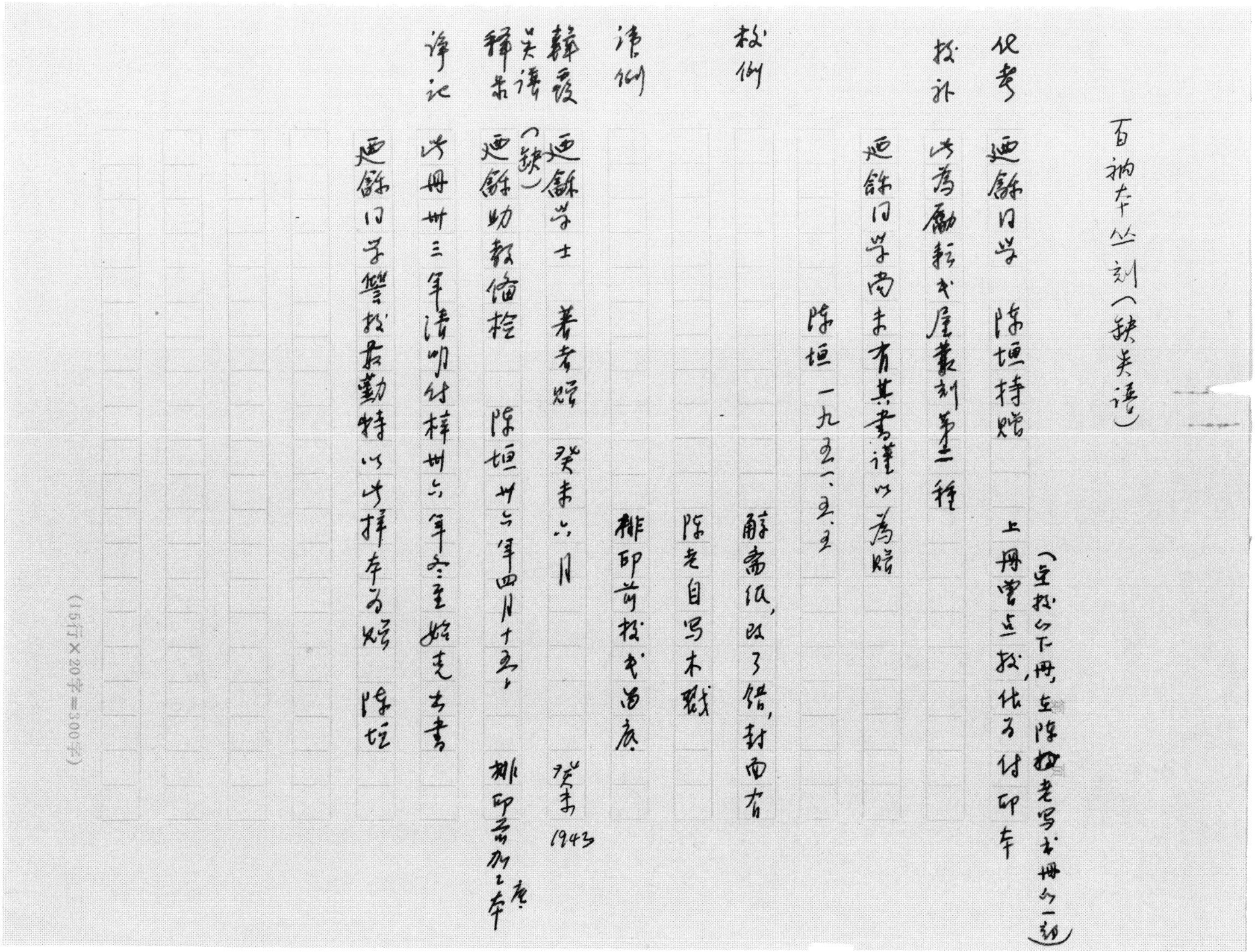

刘乃和最早校书，当为《清初僧诤记》，时在 1944 年。

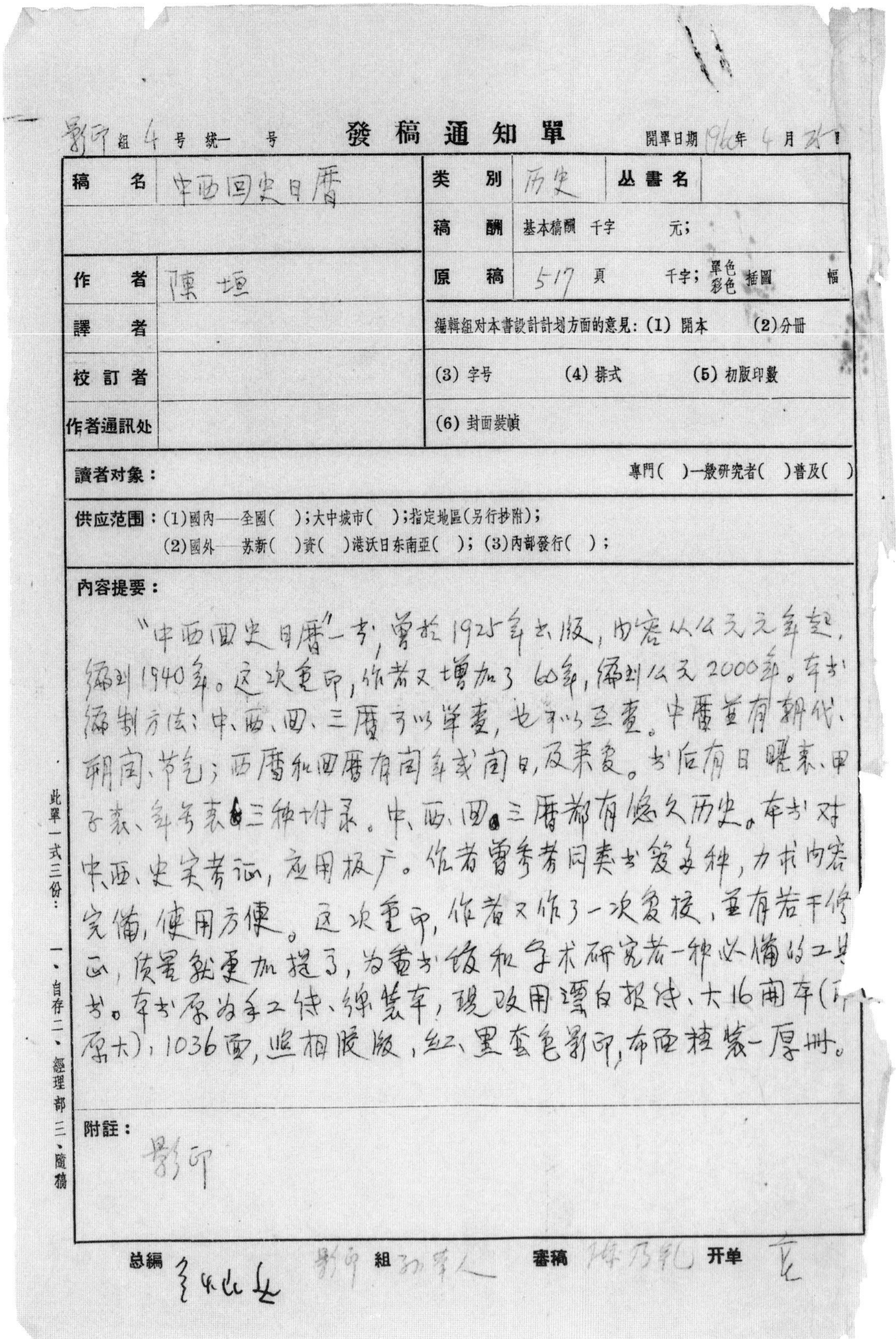

影印 組 4 号 統一 号

發稿通知單

開單日期 196 年 4 月 日

稿名	中西回史日曆	类別	历史	丛書名	
		稿酬	基本稿酬 千字 元；		
作者	陳垣	原稿	517 頁 千字；單色 彩色 插圖 幅		
譯者		編輯組对本書設計計划方面的意見：(1) 開本 (2) 分冊			
校訂者		(3) 字号 (4) 排式 (5) 初版印數			
作者通訊处		(6) 封面裝幀			

讀者对象： 專門( )一般研究者( )普及( )

供应范围：(1) 國內——全國( )；大中城市( )；指定地區(另行抄附)；
(2) 國外——苏新( )資( )港沃日东南亞( )；(3) 內部發行( )；

內容提要：

"中西回史日曆"一书，曾於1925年出版，内容从公元元年起，编到1940年。这次重印，作者又增加了60年，编到公元2000年。本书编制方法：中、西、回、三曆可以单查，也可以互查。中曆並有朝代、朔闰、节气；西曆和回曆有闰年或闰日，及来复。书后有日曜表、甲子表、年号表三种附录。中、西、回三曆都有悠久历史。本书对中西、史实考证，应用极广。作者曾参考同类书籍多种，力求内容完备，使用方便。这次重印，作者又作了一次复校，並有若干修正，质量就更加提高了，为图书馆和学术研究者一种必备的工具书。本书原为手工纸、线装本，现改用漂白报纸、大16开本（不原大），1036页，照相胶版，红、黑套色影印，布面精装一厚册。

附註：影印

此單一式三份：一、自存 二、經理部 三、隨稿

总編 影印 組 審稿 陈乃乾 开单

中华书局出版陈垣《中西回史日历》档案。

两千年中西日历 16开印1,000部

正文

460页÷8=57½印张

照相制版 460页×8.10=3,726元

拼版 115版×1.34元=154.10

上车版 115版×4.16元=478.40

印工 57.5令×3.19元=183.43

" " " =183.42

订工 464,000页×5.66元=262.62

纸张 58,650元×23.32元=1,394.12

草版纸 39.00

120克胶版纸 75.00

漆布 540.00

烫.绢 40.00

做工（壳子） 169.00

纱布 15.00

环衬纸 2.00

烫金粉 40.00

7,302.09元

定13.50（54%）

文11.30（64%）

60,5,30

每印张4装加50%=.15

29×.15+1.124=5.50元

"中西回史日历"成本核算表

用原书倍数本码开中缩影印，原大印成大16开布面精装一册，全书518页用33½×46"漂白新闻纸红黑套印，计划印1,050部，成本费用计开如下：

按实际工作约6800元 ?

制版印刷费（根据印厂估算） 1,800.00元

纸张费（72.5令） 1,939.86元

装帧费（包括订工壳子工料） 1,095.94元

环衬用纸费 64.08元

共计4,899.88元 约9800元

17.30 成本按54%定[illegible]元

64%定[illegible]元 14.60

每部成本 [illegible]4.66元

定价按成本54%计算，[illegible]为9.061元

但印厂估算制版印刷费恐有误，应照实际工作计算，俟再与工厂联系决定。

本书如按标准定价表第9表加20%胶印再加50%计算，每印张.18元，全书65印张加精装布面1元环衬.124元共12.70元，定价应为13.00元

潘经理：

报告

"两千年中西历对照表"三联版本(1955年版)在版本图书馆已见到本书。这本书是根据商务版影印的，原商务版所有的序言、例言等附件均不用，改写"引言"一篇，也是中英文对照，把"例言"也在"引言"内交代。对照表内民国部分即1912—2000，（民国元年至89年）三联版至民国37年（即1948—1949）为止，民国38年起改用公元，一直改到底，即1949—2000均改用了公元。附录部分第1至15表二种版本相同，第16表商务版以罗马拼音字母为序，三联版全部改排以中文笔划为序，但中英文对照则完全相同。又附录第17表"黄陈二书異点之考校"提到"中西回史日历"。这部书的特点是全部中英文对照，便于外国人使用。三联版也是精装一册，但改用报纸印刷。

这部书版本图书馆要求经过我们备书面由他们馆长批准，才能借出。
上述情况，我在他们那里翻阅该书了解的情况。

孙华人
1960.5.19

请送○灿然同志看看

中 19/12 華 書 局

地址：北京東總布胡同十號
電話：5.6091 電報掛號：6586

筱尧同志：

前天灿然同志要看《中西回史日历》和《两千年中西历对照表》两书比较情况的一份资料，现已找到，特再补送，是否请转灿然同志和赵琪同志阅看，请决定。

敬礼

[illegible] 12月12日

陈编"中西回史日历"
全部工价约 9,800元（印1050部）
按64%定价，每部 14.60元
薛编"两千年中西历对照表"
全部工价约 7,300元（印1000部）
按64%定价 每部 11.30元
（照相费约1,400元仍计算在内）

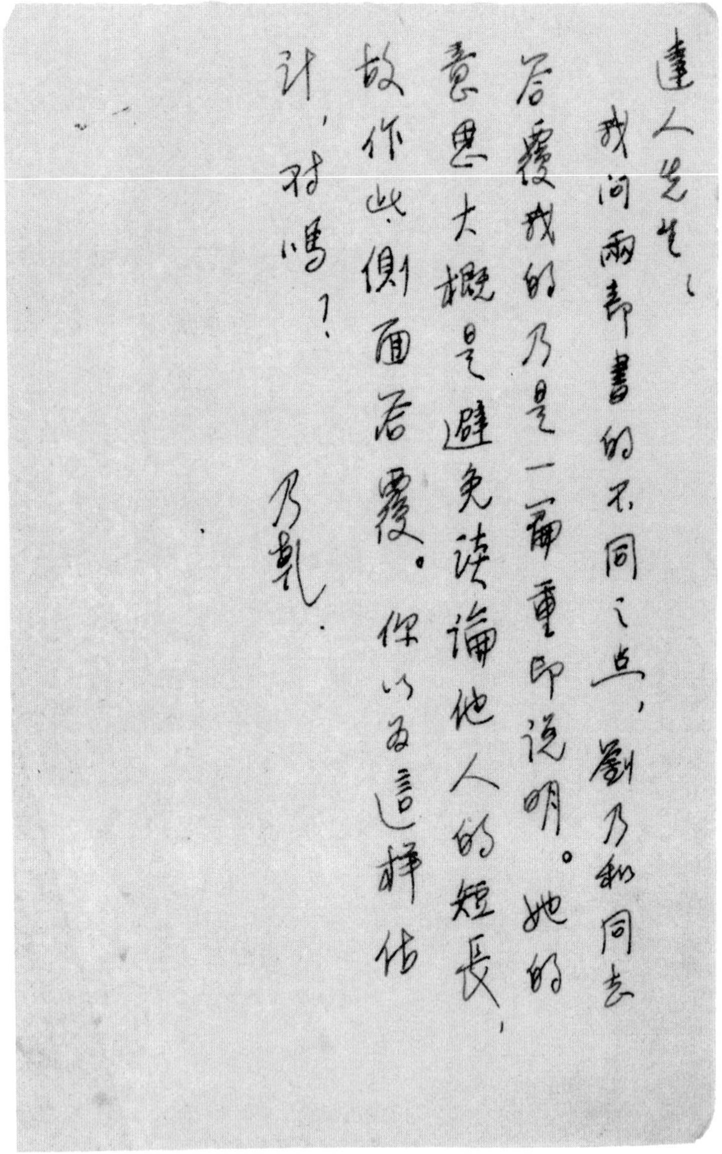

達人先生：
我问两部書的不同之点，劉乃和同志答覆我的乃是一篇重印说明。她的意思大概是避免谈论他人的短長，故作此側面答覆。你以為這樣估计，对嗎？
乃乾

两书优缺点

1、陈编有回历（重要性見陈援老補寫的"重印说明"）；字体大，双色印，可直接查出不需经过一番算式，检查方便；同一时期的几个国号年号，利用中缝及上栏一次查明，不需另找附表。以公元为主。

2、缺点在篇幅比较多。

3、薛编优点在篇幅较陈编少一半多。

4、薛编缺点是没有陈编的许多优点，它的主要目的是为供"生命统计"之用，且以阴历为纲，在编印当时是适合社会需用的，現在我国以公元纪年，微感不合。

我们的意見仍以重印陈编为好，如同时将薛编也重印一千部亦可。如何请

灿然同志核示

潘达人
3/6

印陈书，印1500如何？

灿然

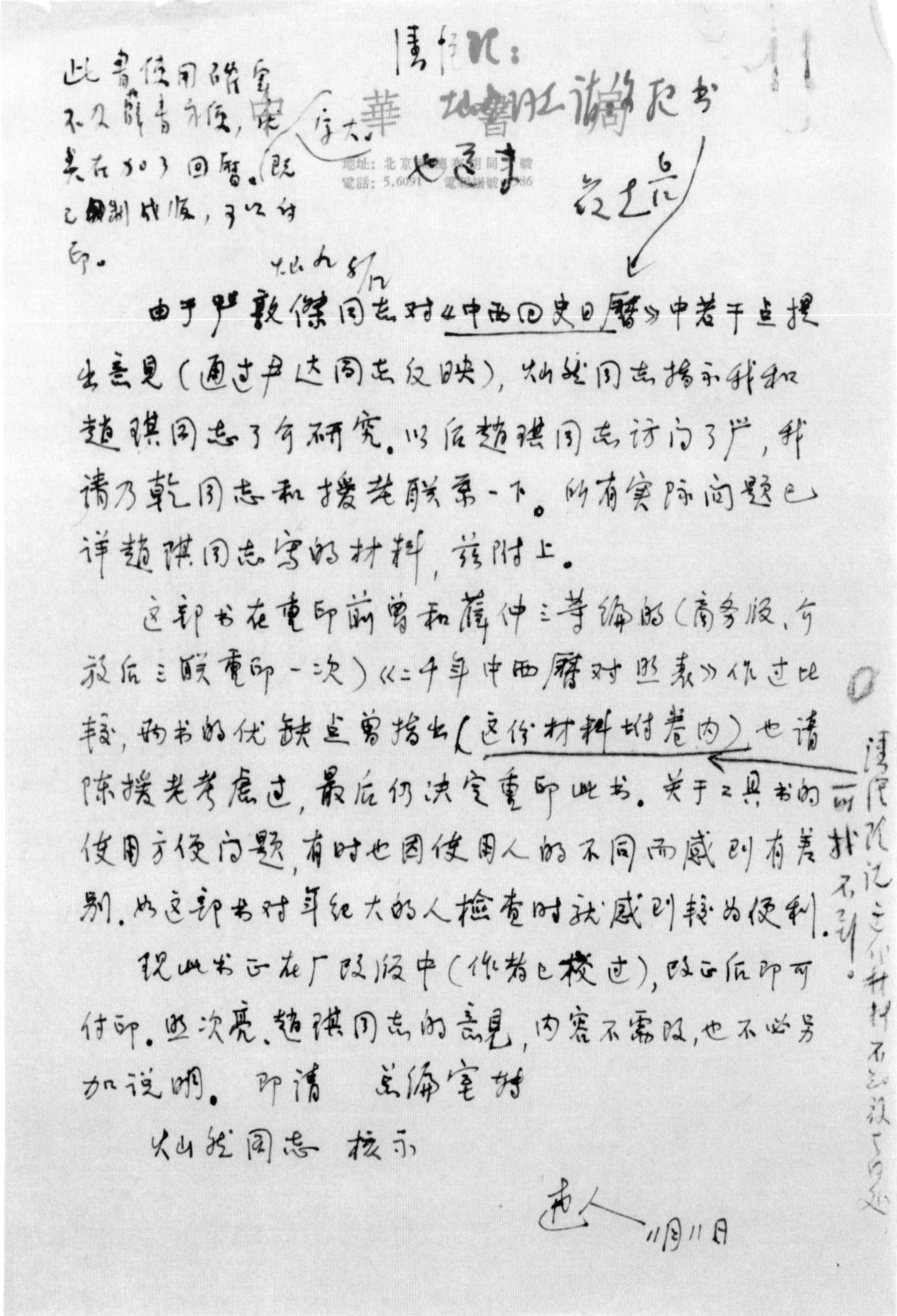

此书使用确实不太方便，宋先生加了回历。既已制成版，可以付印。
灿然 8/12

中華書局
地址：北京
電話：5,6091　電報掛號 [illegible]86

由于严敦傑同志对《中西回史日曆》中若干点提出意见（通过尹达同志反映），灿然同志指示我和赵琪同志了解研究。以后赵琪同志访问了严，我请乃乾同志和援庵联系一下。所有实际问题已详赵琪同志写的材料，兹附上。

这部书在重印前曾和薛仲三等编的（商务版，解放后三联重印一次）《二千年中西曆对照表》作过比较，两书的优缺点曾指出（这份材料附卷内）也请陈援庵考虑过，最后仍决定重印此书。关于工具书的使用方便问题，有时也因使用人的不同而感到有差别，如这部书对年纪大的人检查时就感到较为便利。

现此书正在厂改版中（作者已校过），改正后即可付印。此次严、赵琪同志的意见，内容不需改，也不必另加说明。即请　总编室转

灿然同志　核示

[illegible]　11月11日

中西回史日曆和二千年中西曆对照表兩種書，在中西曆方面必然是相同的。因為這是等於「对數表」，只要双方都沒有錯誤，不会有岐異的。

陳著包括回曆，凡歷史上有関回曆的問題，只有在這部書上可以查到。在中國人著作中談到回曆的，祇有這一部書。

現在阿拉伯國家都用回曆，這部書含有世界性參考的意義，不是單為中國人讀的書。

陳著成書在前，雖然後來人的著作有部分相同，並不能減弱他的創作價值。

因此我認為重印陳著還是有相當意義的。

今天和劉乃和同志通过一次電話，因為援老即刻要出去，所以要明後天才能給我答覆，許先把我個人的意見寫給你，轉請總編室考慮好嗎？

此致

達人先生

乃乾　三月廿二

科學院中國自然科学史研究室严敦傑同志对我局重印陳垣的"中西回史日历"提出了下列两点意见：

1."中西回史日历"每年都注有冬至日期，清代前后都用时宪历推的定冬至。清代以前的历法都采用平冬至，因此這是不合于史之用的。如欲供研究天文之用，则当用欧式历法推算的定冬至。

2.敦傑同志过去使用陈编"二十史朔闰表"时，发现其中所注西历间有换算错误之处，恐"中西回史日历"也有同样错误存在。

陈垣听了我们转告的意见后，指出在1945年时，鲁实先先生已经提出过与严的第一類意见類似的批评（见"陈氏中西回史日历冬至订误"一文，载"復旦学报"第一期）。当时陈垣的学生荊工叔提出了与鲁先生不同的看法（见"鲁著陈氏中西回史日历冬至订误发谬"一文，载"东方杂志"1945年41卷24号）。陈垣希望我们研究一下，如有问题，可用出版社名义在出版说明中另加说明。

经次亮先生和我的研究，我们认为陈著所附冬至的目的，是由此可看出儒略历比格里历后天的日数，因此严、鲁的意见不足为陈著病；且此点陈垣在例言中已有说明，无需改，也不必另加说明。

"中西回史日历"所注的回历，我检查了几年，它是根据回历的大小月及闰年，隔一定的日数注明回历各月的月首，完全是一种机械的方法，因此不会像"二十史朔闰表"那样会发生换算的错误的。

但并不是说此书没有缺点。中西对照的历表主要的有下列一些用处：①根据干支查中历的日次，②根据中历日次查干支，③根据中历年月日次或干支~~[illegible]~~查公历年月日次、星期，④根据公历年月日次查中历年月日次或干支。（陈著的优点是另外附了回历。）像这样一本大的历表，总希望查那一方面就一检即得，特别是研究中国古代史的人，希望在①、②两方面能一检即得。而陈著检查干支与星期需要另外查书末所附的日曜表与甲子表，前者有二十多页，后者也六页，这对读者说来是很不方便的，在实用上还不如薛仲三编的"二千年中西历对照表"方便，甚至还不及"二十史朔闰表"或光绪乙亥发[illegible]的"四千年气朔交食速算法"所附的阳历表方便。如在书的重印之前，仔细比较研究一下，就不必重印这本装帧笨重篇幅巨大但使用不便的历表了。

赵[illegible]

61.10.24.

25×20=500

中华书局稿纸

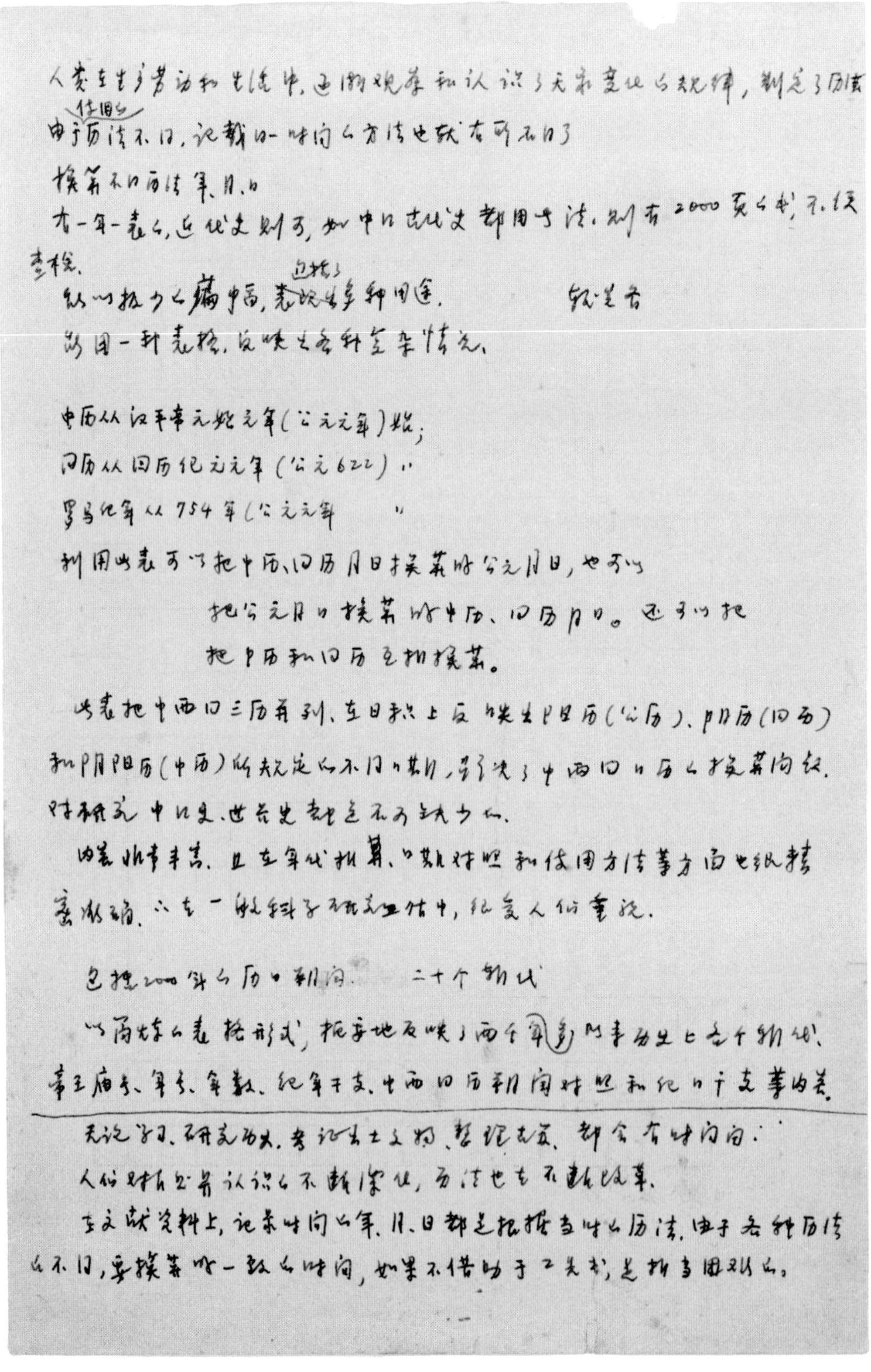
人类在生产劳动和生活中，逐渐观察和认识了天象变化的规律，制定了历法
由于历法不同，记载同一时间的方法也就有所不同了
换算不同历法年、月、日
有一年一表的，近代史则有，如中日近代史都用此法，则有2000页的书，不便查检。
所以极力的编中西，表就包括多种用途。
所用一种表格，反映出各种复杂情况。

中历从汉平帝元始元年（公元元年）始；
回历从回历纪元元年（公元622）〃
罗马纪年从754年（公元元年 〃
利用此表可以把中历、回历月日换算成公元月日，也可以把公元月日换算成中历、回历月日。还可以把中历和回历互相换算。
此表把中西回三历并列，在日期上反映出阳历（公历）、阴历（回历）和阴阳历（中历）的规定的不同日期，解决了中西回三历的换算问题，对研究中日史、世界史都是不可缺少的。
此表出书以来，且在年代推算、日期对照和使用方法等方面也很精密准确，不是一般科学研究工作中，很受人们重视。
包括2000年的历日期间　二十个朝代
以简要的表格形式，概要地反映了两千年间历史上发生七十个朝代、帝王庙号、年号、年数、纪年干支、中西回历朝间对照和纪日干支等内容。
无论学习、研究历史、考证出土文物、整理古籍，都会有时间问题：
人们对自然界认识的不断深化，方法也在不断改革。
在文献资料上，记录时间的年、月、日都是根据当时的历法。由于各种历法的不同，要换算成一致的时间，如果不借助于工具书，是相当困难的。

刘乃和讲《中西回史日历》。

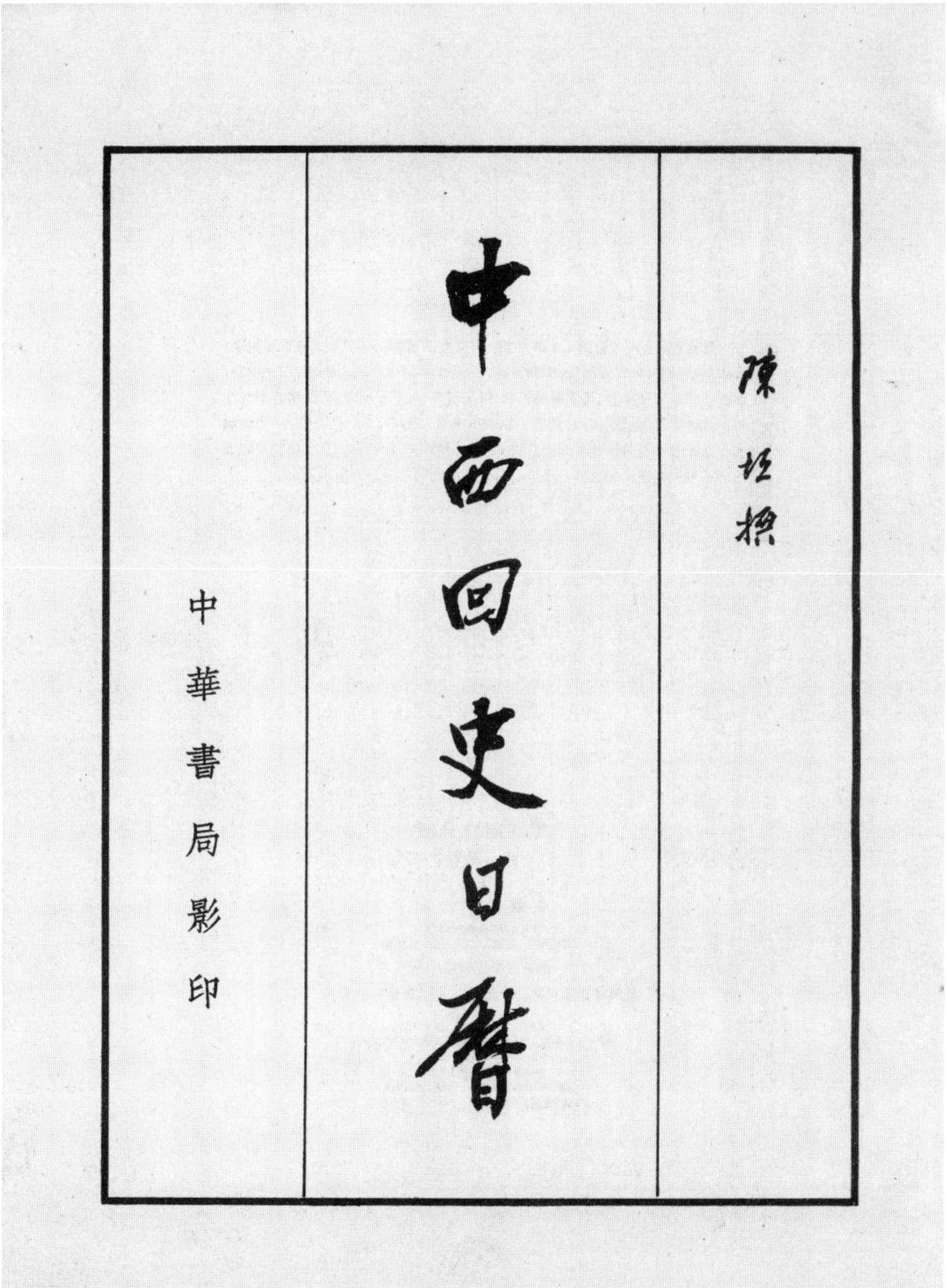
陳垣撰

中西回史日曆

中華書局影印

这部书完成于1925年7月，同时完成的还有《二十史朔闰表》。

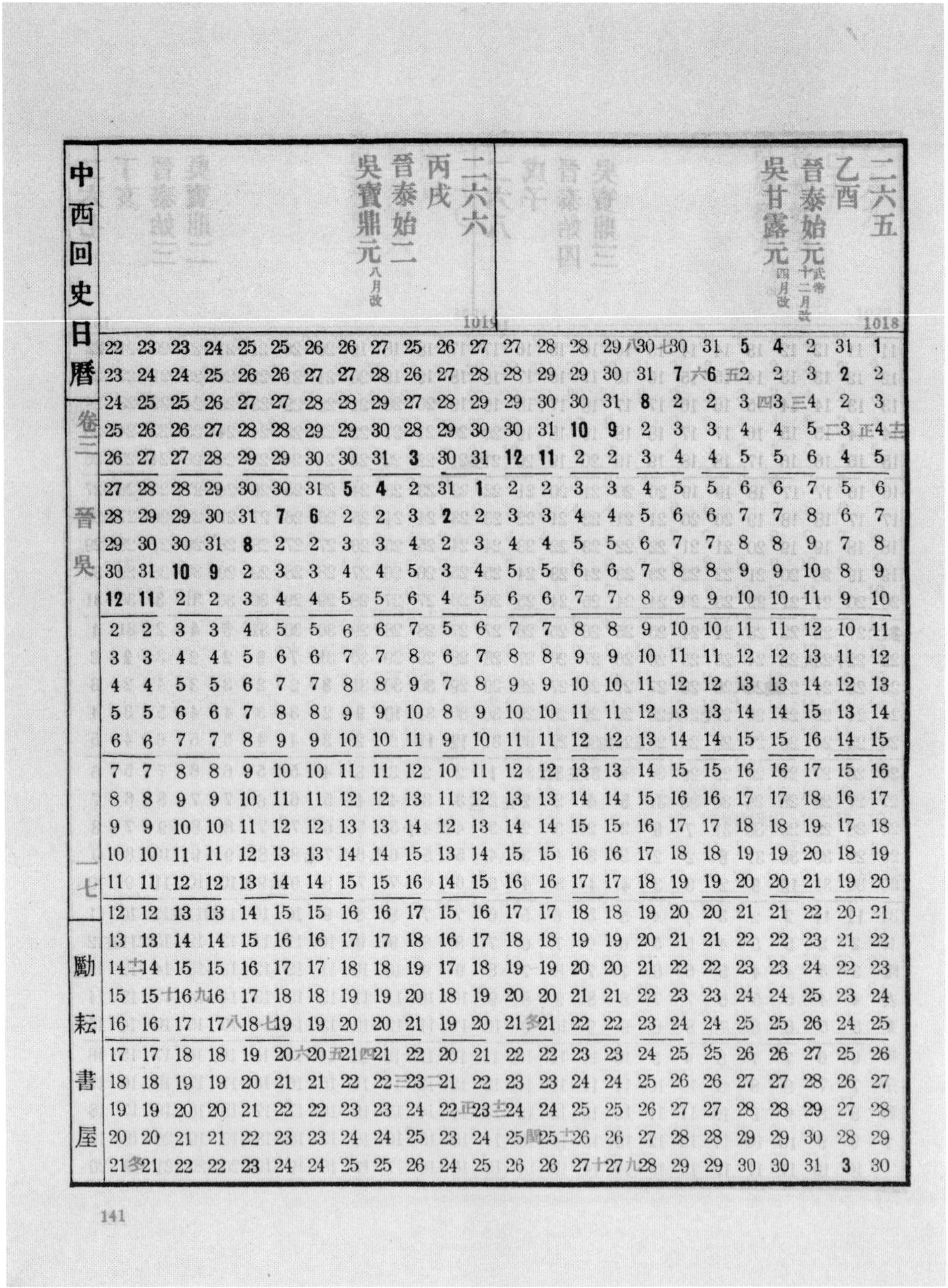

中西回史日曆 卷三 晉 吳 一七 勵耘書屋

二六五 乙酉 晉泰始元（武帝十二月改） 吳甘露元（四月改） 1018

二六六 丙戌 晉泰始二 吳寶鼎元（八月改） 1019

22	23	23	24	25	25	26	26	27	25	26	27	27	28	28	29	八30	七30	31	**5**	**4**	2	31	**1**
23	24	24	25	26	26	27	27	28	26	27	28	28	29	29	30	31	**7**	六**6**	五2	2	3	**2**	2
24	25	25	26	27	27	28	28	29	27	28	29	29	30	30	31	**8**	2	2	3	四3	三4	2	3
25	26	26	27	28	28	29	29	30	28	29	30	30	31	**10**	**9**	2	3	3	4	4	5	二3	正4 十二
26	27	27	28	29	29	30	30	31	**3**	30	31	**12**	**11**	2	2	3	4	4	5	5	6	**4**	5
27	28	28	29	30	30	31	**5**	**4**	2	31	**1**	2	2	3	3	4	5	5	6	6	7	5	6
28	29	29	30	31	**7**	**6**	2	2	3	**2**	2	3	3	4	4	5	6	6	7	7	8	6	7
29	30	30	31	**8**	2	2	3	3	4	2	3	4	4	5	5	6	7	7	8	8	9	7	8
30	31	**10**	**9**	2	3	3	4	4	5	3	4	5	5	6	6	7	8	8	9	9	10	8	9
12	**11**	2	2	3	4	4	5	5	6	4	5	6	6	7	7	8	9	9	10	10	11	9	10
2	2	3	3	4	5	5	6	6	7	5	6	7	7	8	8	9	10	10	11	11	12	10	11
3	3	4	4	5	6	6	7	7	8	6	7	8	8	9	9	10	11	11	12	12	13	11	12
4	4	5	5	6	7	7	8	8	9	7	8	9	9	10	10	11	12	12	13	13	14	12	13
5	5	6	6	7	8	8	9	9	10	8	9	10	10	11	11	12	13	13	14	14	15	13	14
6	6	7	7	8	9	9	10	10	11	9	10	11	11	12	12	13	14	14	15	15	16	14	15
7	7	8	8	9	10	10	11	11	12	10	11	12	12	13	13	14	15	15	16	16	17	15	16
8	8	9	9	10	11	11	12	12	13	11	12	13	13	14	14	15	16	16	17	17	18	16	17
9	9	10	10	11	12	12	13	13	14	12	13	14	14	15	15	16	17	17	18	18	19	17	18
10	10	11	11	12	13	13	14	14	15	13	14	15	15	16	16	17	18	18	19	19	20	18	19
11	11	12	12	13	14	14	15	15	16	14	15	16	16	17	17	18	19	19	20	20	21	19	20
12	12	13	13	14	15	15	16	16	17	15	16	17	17	18	18	19	20	20	21	21	22	20	21
13	13	14	14	15	16	16	17	17	18	16	17	18	18	19	19	20	21	21	22	22	23	21	22
14	十一14	15	15	16	17	17	18	18	19	17	18	19	19	20	20	21	22	22	23	23	24	22	23
15	15	十16	九16	17	18	18	19	19	20	18	19	20	20	21	21	22	23	23	24	24	25	23	24
16	16	17	17	八18	七19	19	20	20	21	19	20	21	冬21	22	22	23	24	24	25	25	26	24	25
17	17	18	18	19	20	六20	五21	四21	22	20	21	22	22	23	23	24	25	25	26	26	27	25	26
18	18	19	19	20	21	21	22	22	三23	二21	22	23	23	24	24	25	26	26	27	27	28	26	27
19	19	20	20	21	22	22	23	23	24	22	正23	十二24	24	25	25	26	27	27	28	28	29	27	28
20	20	21	21	22	23	23	24	24	25	23	24	25	閏25	十一26	26	27	28	28	29	29	30	28	29
21	冬21	22	22	23	24	24	25	25	26	24	25	26	26	27	十27	九28	29	29	30	30	31	**3**	30

141

此书以公历为序。本页自265年1月1日起，到266年12月21日止。十二、正、二、三表示晋泰始元年一月、二月、三月的第一天。即晋泰始元年正月初一，为公元265年2月3日。1018、1019为罗马历。罗马历于1229年公元476年结束。622年7月16日，为回历元年一月一日，中历(唐)武德五年六月三日。此历翻开，中历、西历(公元历)、回历一目了然，三历关系清白如画。全书红、黑二色套印。

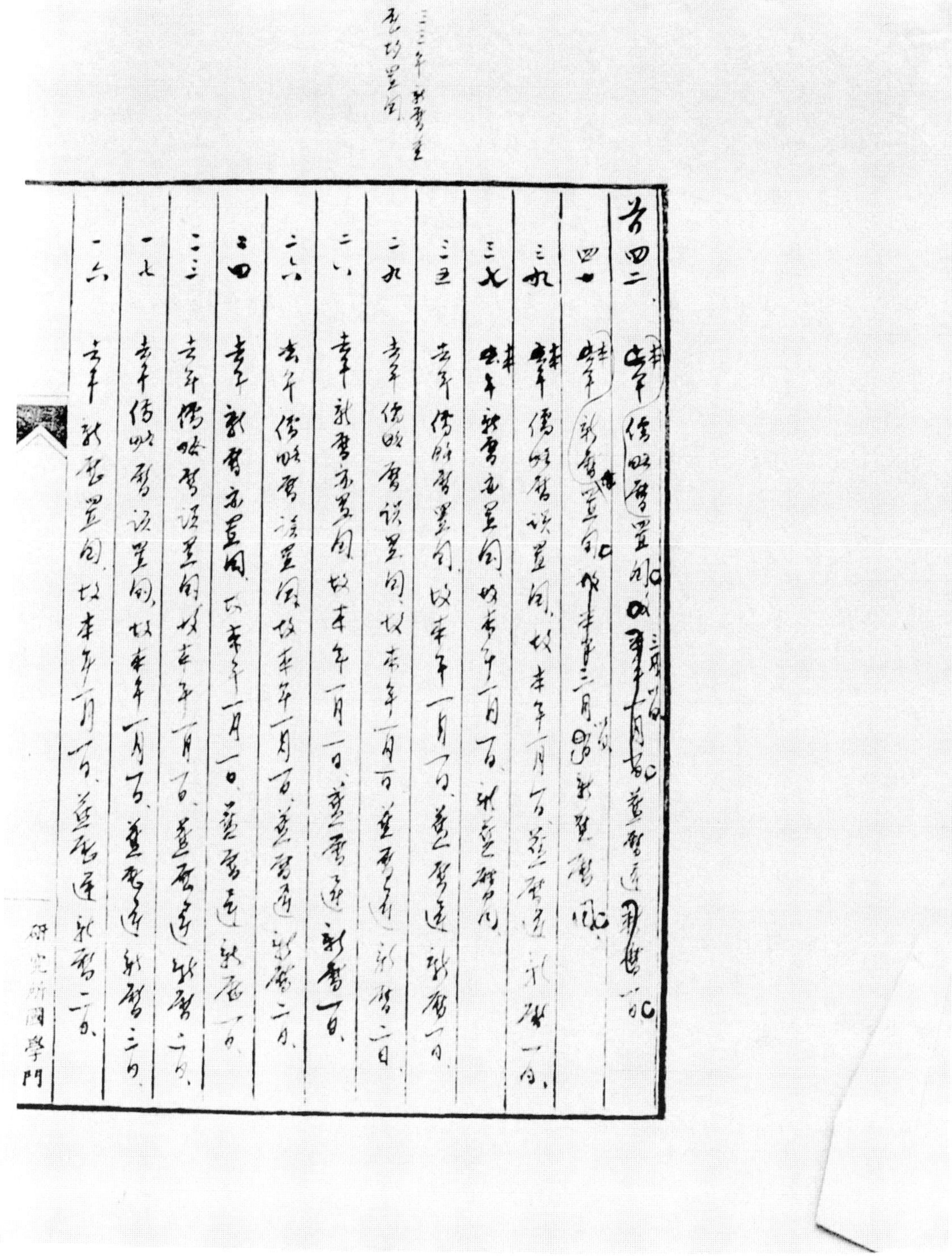

推算西历的来源。

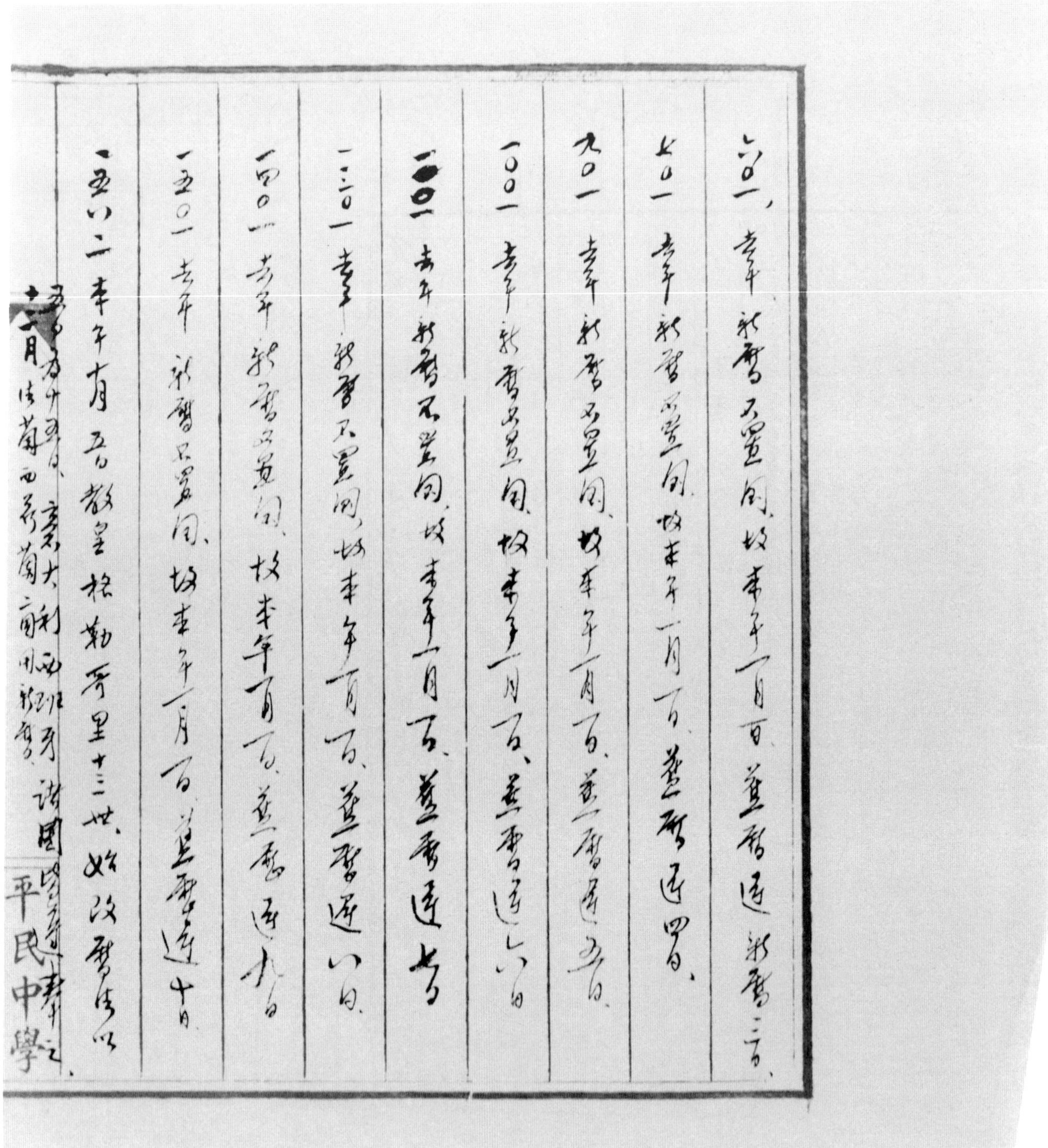

本表为西历每百年之变化。因西历计算有误，到 1582 年已实际长出九天多。故在 1582 年里去掉十天。这年十月五日，改称十月十五日。平民中学是陈垣 1921 年 9 月创办。

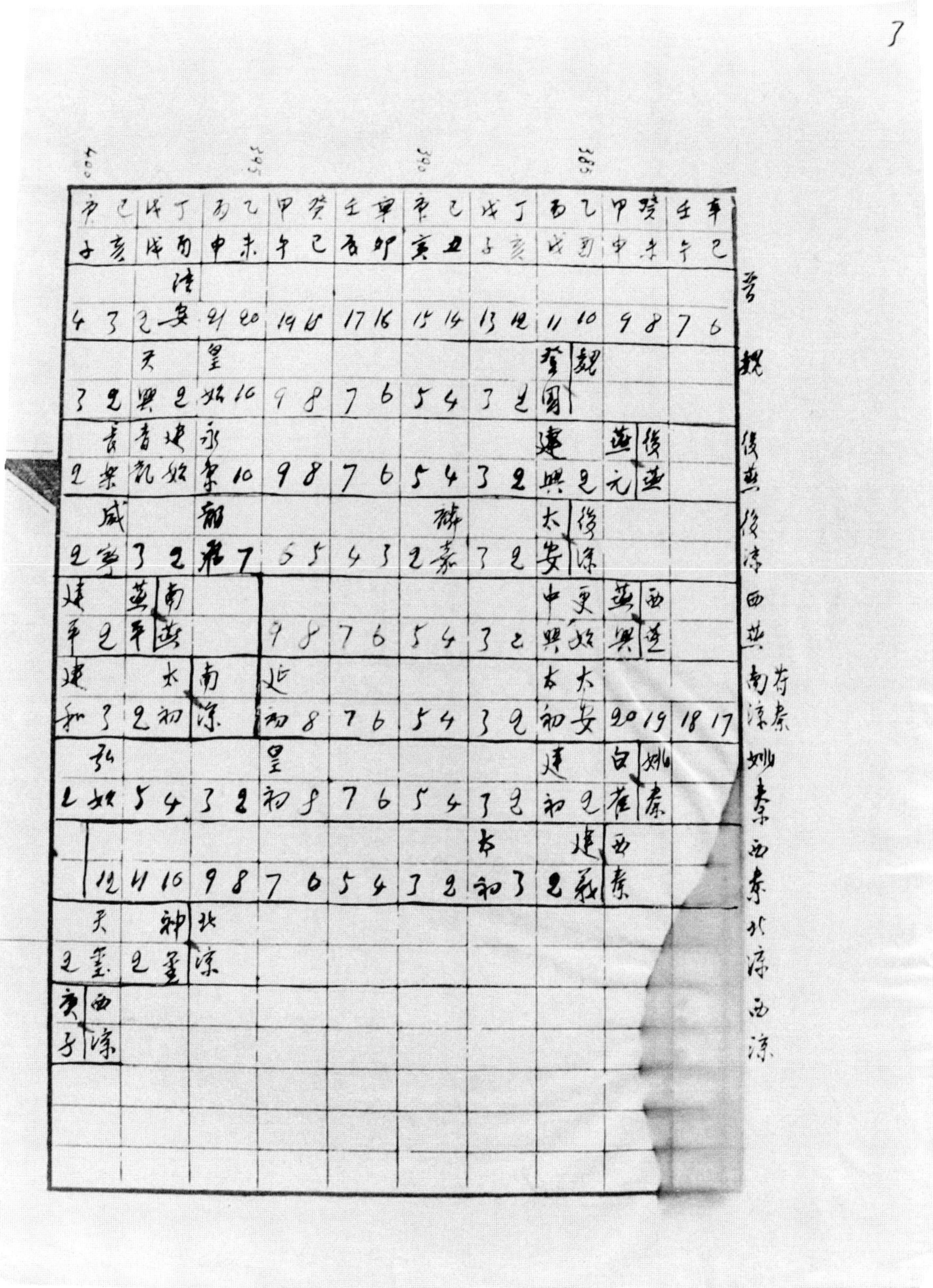

南北朝关系与公元纪年。

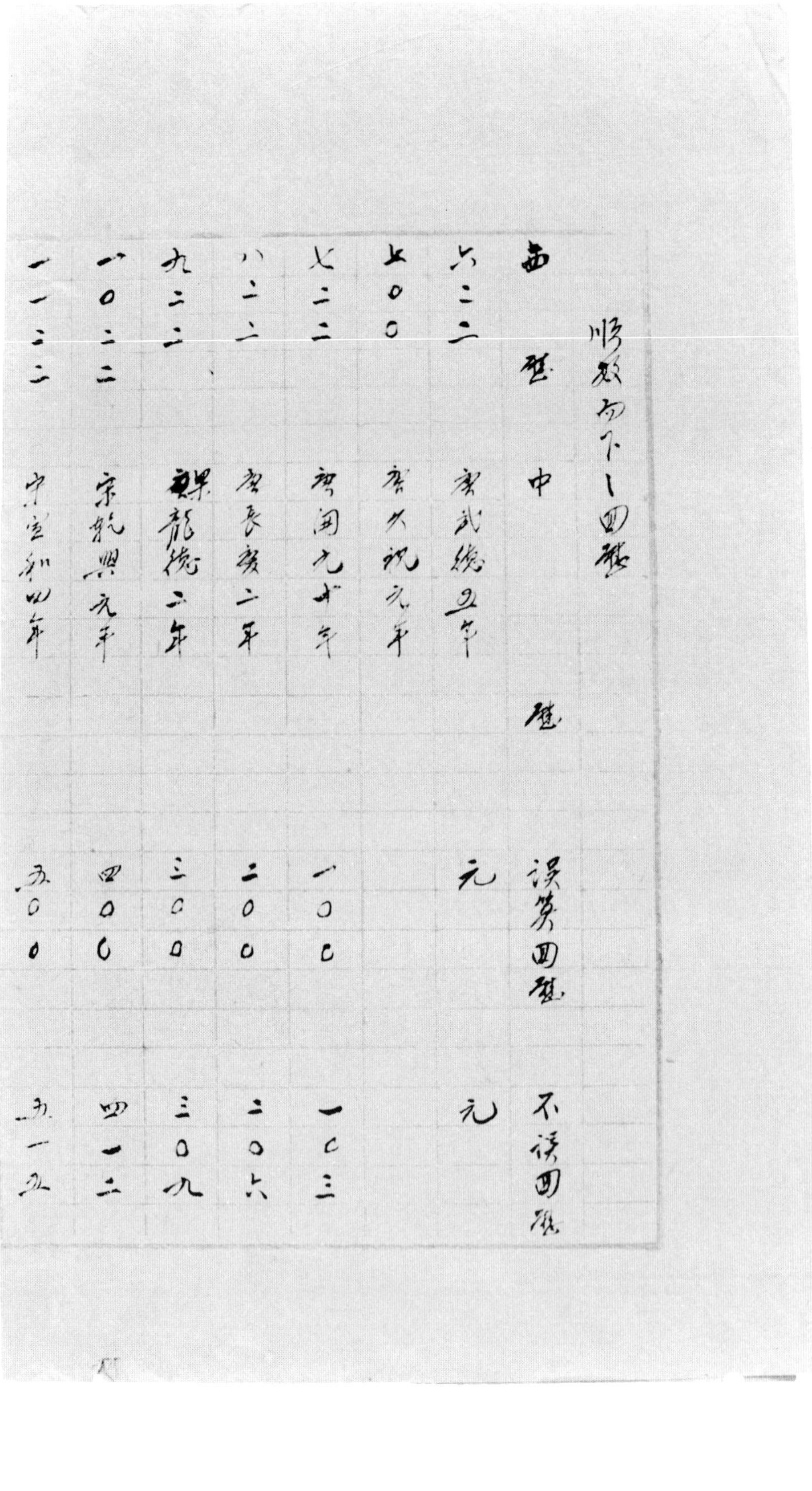

修改如下 回曆

西曆	中曆	誤算回曆	不誤回曆
六二二	唐武德五年	元	元
七〇〇	唐久視元年		
七二二	唐開元十年	一〇〇	一〇三
八二二	唐長慶二年	二〇〇	二〇六
九二二	梁龍德二年	三〇〇	三〇九
一〇二二	宋乾興元年	四〇〇	四一二
一一二二	宋宣和四年	五〇〇	五一五

回历，亦称太阴历，十二个月为一年，每年354日或355日。故33个西历年里，有34个回历年。唐开元十年不是回历100年，应为103年，中国古书对此记载有误。

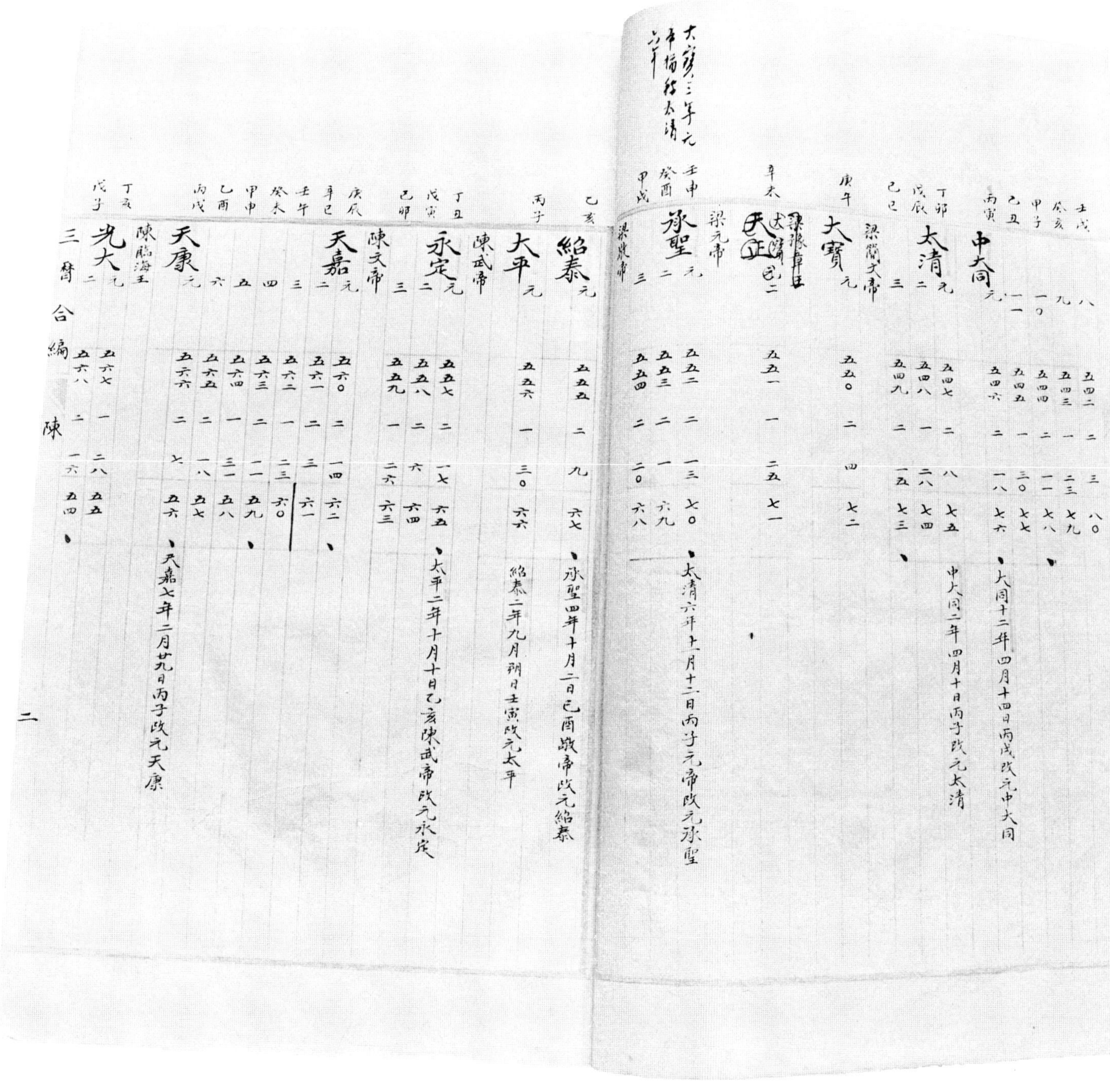

三暦合編 陳

干支	年號	年	西暦				備考
壬戌		八	五四二	二	三	八〇	
癸亥		九	五四三	一	二三	七九	
甲子		一〇	五四四	二	一一	七八	
乙丑		一一	五四五	一	一一	七七	
丙寅	中大同	元	五四六	二	一八	七六	、大同十二年四月十四日丙戌改元中大同
丁卯	太清	元	五四七	二	八	七五	中大同二年四月十日丙子改元太清
戊辰		二	五四八	一	二八	七四	
己巳		三	五四九	二	一五	七三	、
庚午	梁簡文帝 大寶	元	五五〇	二	四	七二	
辛未	梁豫章王 天正	二	五五一	一	二五	七一	
壬申	梁元帝 承聖	元	五五二	二	一三	七〇	、太清六年十一月十二日丙子元帝改元承聖
癸酉		二	五五三	二	一	六九	
甲戌		三	五五四	二	二〇	六八	
乙亥	梁敬帝 紹泰	元	五五五	二	九	六七	、承聖四年十月二日己酉敬帝改元紹泰
丙子	太平	元	五五六	一	三〇	六六	紹泰二年九月朔日壬寅改元太平
丁丑	陳武帝 永定	元	五五七	二	一七	六五	、太平二年十月十日乙亥陳武帝改元永定
戊寅		二	五五八	二	六	六四	
己卯		三	五五九	一	二六	六三	
庚辰	陳文帝 天嘉	元	五六〇	二	一四	六二	、
辛巳		二	五六一	二	三	六一	
壬午		三	五六二	一	二三	六〇	
癸未		四	五六三	二	一一	五九	
甲申		五	五六四	一	三一	五八	、
乙酉		六	五六五	二	一八	五七	
丙戌	天康	元	五六六	二	七	五六	、天嘉七年二月廿九日丙子改元天康
丁亥	陳臨海王 光大	元	五六七	一	二八	五五	
戊子		二	五六八	二	一六	五四	、

二

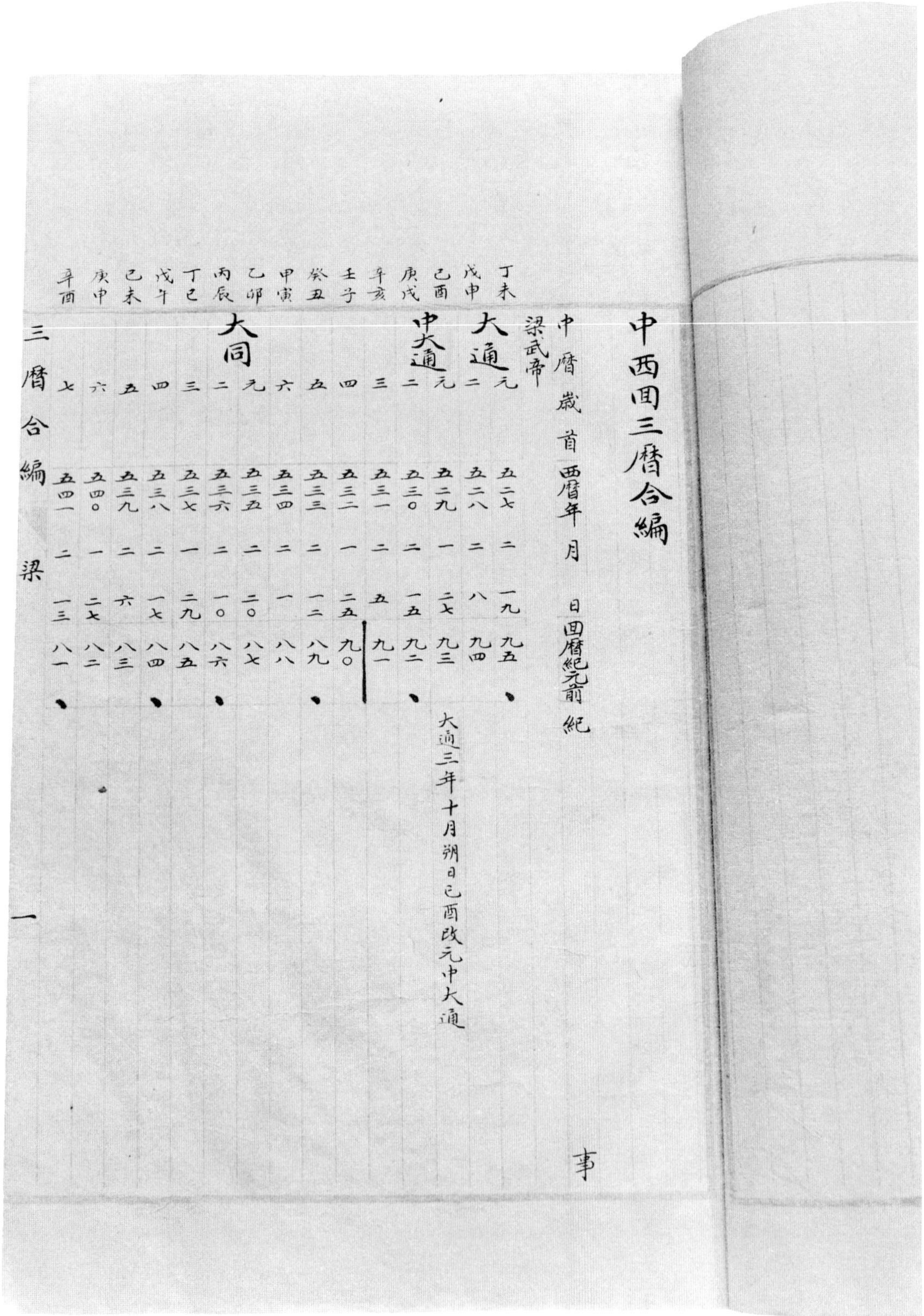
中西回三曆合編

中曆 歲首		干支	西曆年	月	日	回曆紀元前 紀
梁武帝 大通	元	丁未	五二七	二	一九	九五
	二	戊申	五二八	二	八	九四
中大通	元	己酉	五二九	一	二七	九三
	二	庚戌	五三〇	二	一五	九二
	三	辛亥	五三一	二	五	九一
	四	壬子	五三二	一	二五	九〇
	五	癸丑	五三三	二	一二	八九
	六	甲寅	五三四	二	一	八八
大同	元	乙卯	五三五	二	二〇	八七
	二	丙辰	五三六	二	一〇	八六
	三	丁巳	五三七	一	二九	八五
	四	戊午	五三八	二	一七	八四
	五	己未	五三九	二	六	八三
	六	庚申	五四〇	一	二七	八二
	七	辛酉	五四一	二	一三	八一

事

大通三年十月朔日己酉改元中大通

三曆合編 梁 一

陈垣先把中、西、回三历每年岁首对齐。此页回历尚未出现，故称“前”。与“公元前”称呼一致。

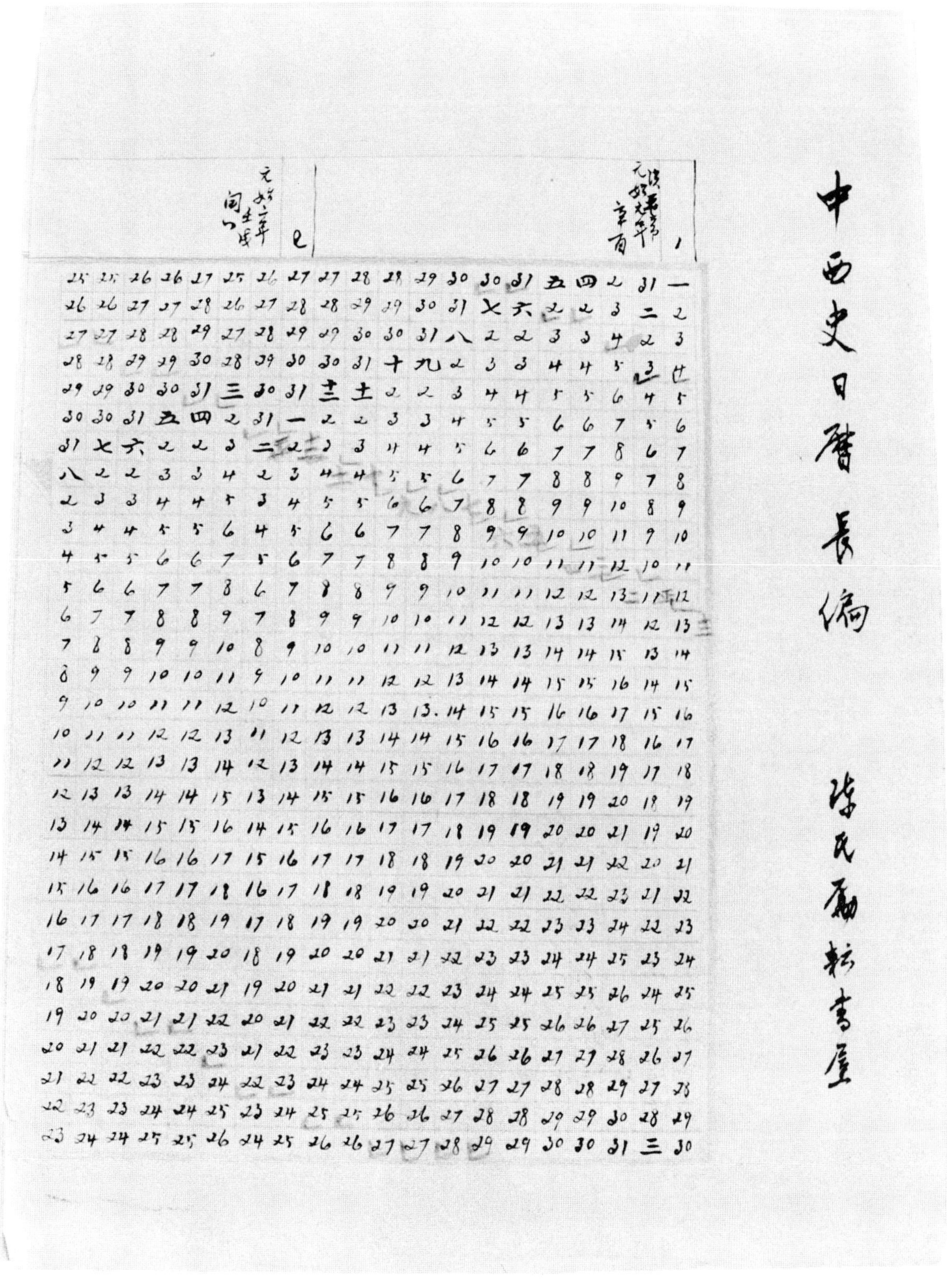

这是本书第一页初稿，是用二十行格画成。

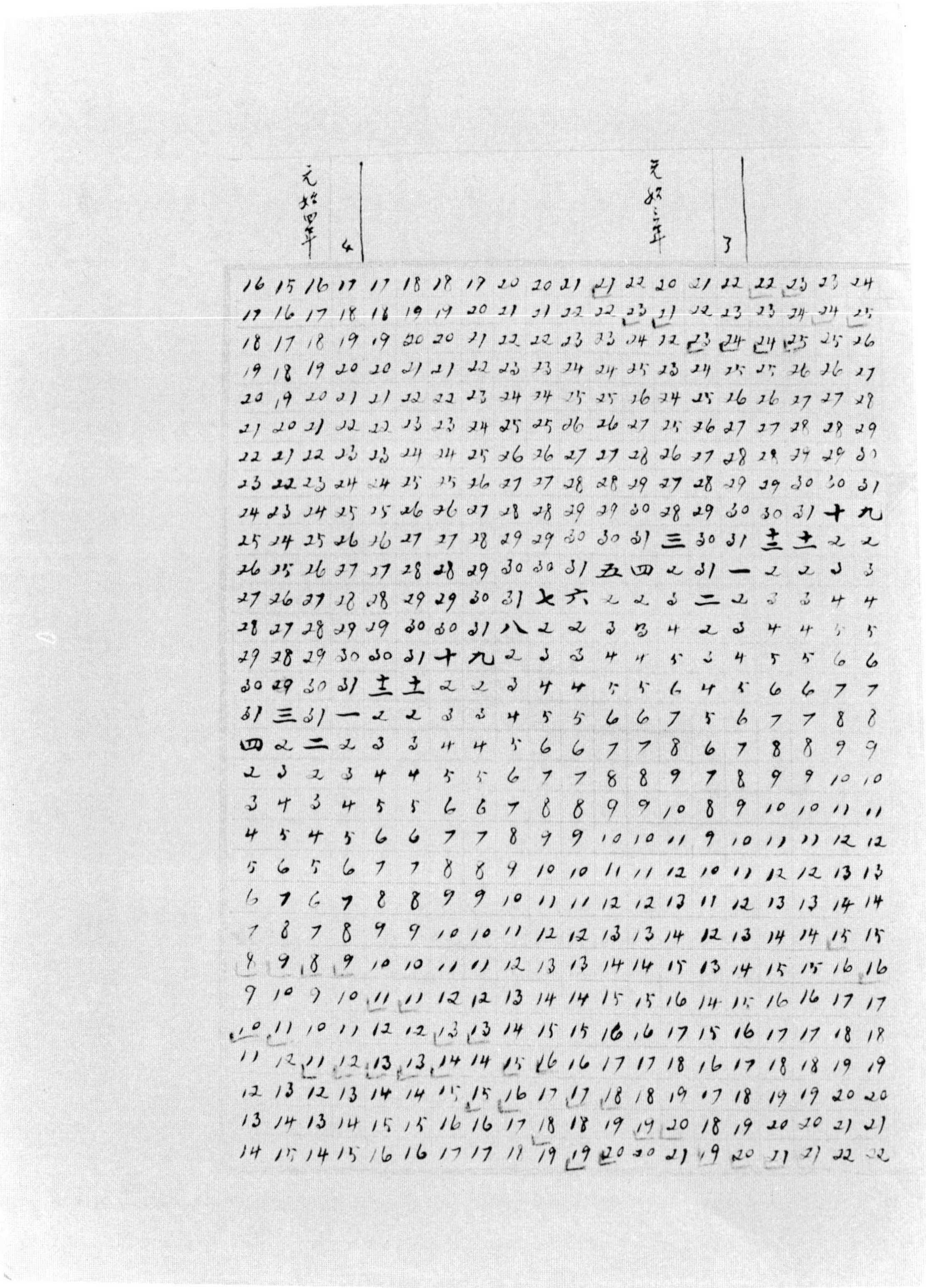

元始四年 4

元始三年 3

16	15	16	17	17	18	18	17	20	20	21	21	22	20	21	22	22	23	23	24
17	16	17	18	18	19	19	20	21	21	22	22	23	21	22	23	23	24	24	25
18	17	18	19	19	20	20	21	22	22	23	23	24	22	23	24	24	25	25	26
19	18	19	20	20	21	21	22	23	23	24	24	25	23	24	25	25	26	26	27
20	19	20	21	21	22	22	23	24	24	25	25	26	24	25	26	26	27	27	28
21	20	21	22	22	23	23	24	25	25	26	26	27	25	26	27	27	28	28	29
22	21	22	23	23	24	24	25	26	26	27	27	28	26	27	28	28	29	29	30
23	22	23	24	24	25	25	26	27	27	28	28	29	27	28	29	29	30	30	31
24	23	24	25	25	26	26	27	28	28	29	29	30	28	29	30	30	31	十	九
25	24	25	26	26	27	27	28	29	29	30	30	31	三	30	31	十二	十一	2	2
26	25	26	27	27	28	28	29	30	30	31	五	四	2	31	一	2	2	3	3
27	26	27	28	28	29	29	30	31	七	六	2	2	3	二	2	3	3	4	4
28	27	28	29	29	30	30	31	八	2	2	3	3	4	2	3	4	4	5	5
29	28	29	30	30	31	十	九	2	3	3	4	4	5	3	4	5	5	6	6
30	29	30	31	十二	十一	2	2	3	4	4	5	5	6	4	5	6	6	7	7
31	三	31	一	2	2	3	3	4	5	5	6	6	7	5	6	7	7	8	8
四	2	二	2	3	3	4	4	5	6	6	7	7	8	6	7	8	8	9	9
2	3	2	3	4	4	5	5	6	7	7	8	8	9	7	8	9	9	10	10
3	4	3	4	5	5	6	6	7	8	8	9	9	10	8	9	10	10	11	11
4	5	4	5	6	6	7	7	8	9	9	10	10	11	9	10	11	11	12	12
5	6	5	6	7	7	8	8	9	10	10	11	11	12	10	11	12	12	13	13
6	7	6	7	8	8	9	9	10	11	11	12	12	13	11	12	13	13	14	14
7	8	7	8	9	9	10	10	11	12	12	13	13	14	12	13	14	14	15	15
8	9	8	9	10	10	11	11	12	13	13	14	14	15	13	14	15	15	16	16
9	10	9	10	11	11	12	12	13	14	14	15	15	16	14	15	16	16	17	17
10	11	10	11	12	12	13	13	14	15	15	16	16	17	15	16	17	17	18	18
11	12	11	12	13	13	14	14	15	16	16	17	17	18	16	17	18	18	19	19
12	13	12	13	14	14	15	15	16	17	17	18	18	19	17	18	19	19	20	20
13	14	13	14	15	15	16	16	17	18	18	19	19	20	18	19	20	20	21	21
14	15	14	15	16	16	17	17	18	19	19	20	20	21	19	20	21	21	22	22

第二页初稿。

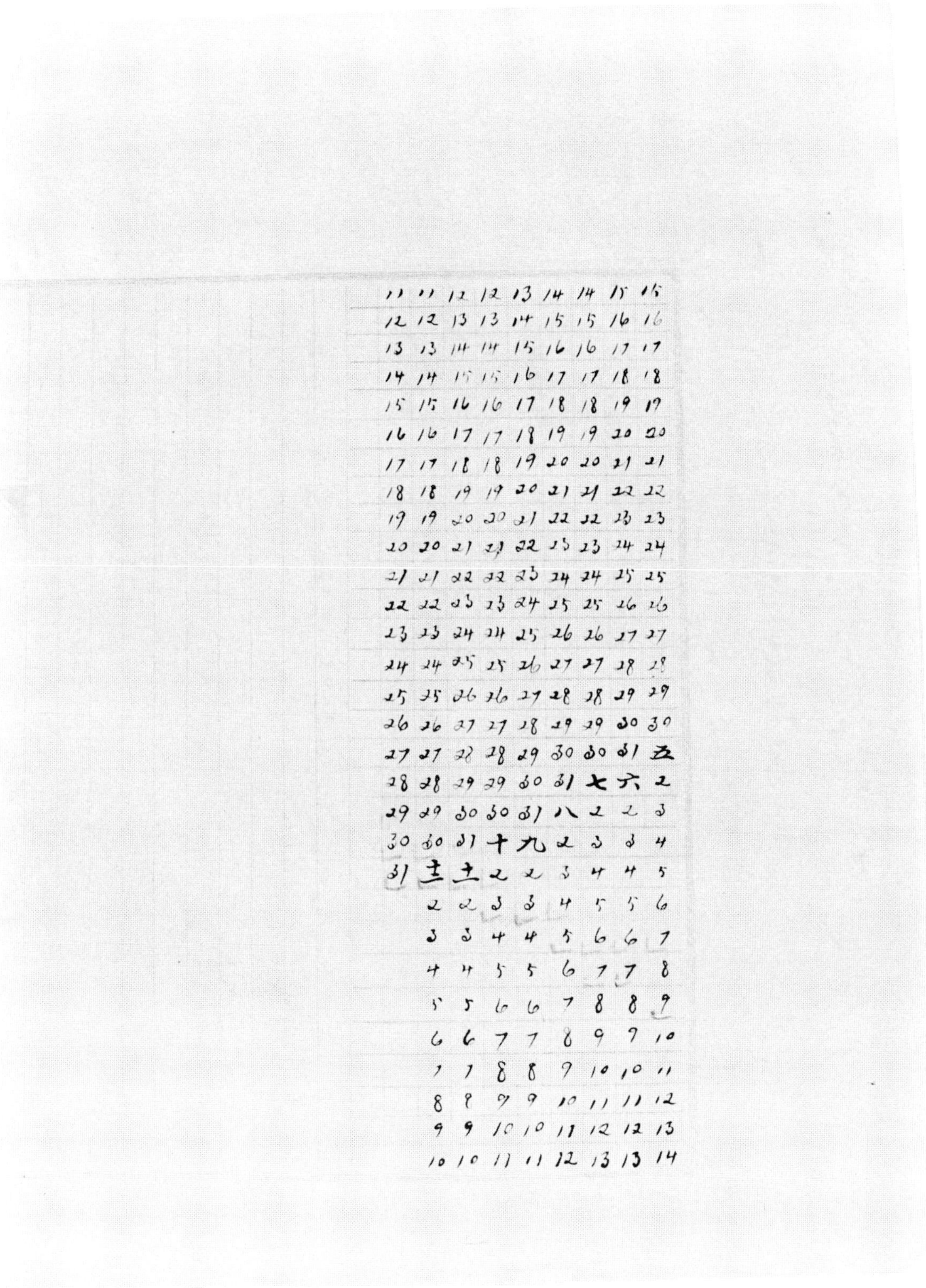

11	11	12	12	13	14	14	15	15
12	12	13	13	14	15	15	16	16
13	13	14	14	15	16	16	17	17
14	14	15	15	16	17	17	18	18
15	15	16	16	17	18	18	19	19
16	16	17	17	18	19	19	20	20
17	17	18	18	19	20	20	21	21
18	18	19	19	20	21	21	22	22
19	19	20	20	21	22	22	23	23
20	20	21	21	22	23	23	24	24
21	21	22	22	23	24	24	25	25
22	22	23	23	24	25	25	26	26
23	23	24	24	25	26	26	27	27
24	24	25	25	26	27	27	28	28
25	25	26	26	27	28	28	29	29
26	26	27	27	28	29	29	30	30
27	27	28	28	29	30	30	31	五
28	28	29	29	30	31	七	六	2
29	29	30	30	31	八	2	2	3
30	30	31	十	九	2	3	3	4
31	十二	十一	2	2	3	4	4	5
	2	2	3	3	4	5	5	6
	3	3	4	4	5	6	6	7
	4	4	5	5	6	7	7	8
	5	5	6	6	7	8	8	9
	6	6	7	7	8	9	9	10
	7	7	8	8	9	10	10	11
	8	8	9	9	10	11	11	12
	9	9	10	10	11	12	12	13
	10	10	11	11	12	13	13	14

第三页初稿。以后确定四年为一单元，制成两组，成为全书的基础，遂成二千年长历。其中红色字序为中历，兰色勾为阴（回）历，全书基本定型。这三页手稿极为珍贵，它耗费陈垣多少心血！

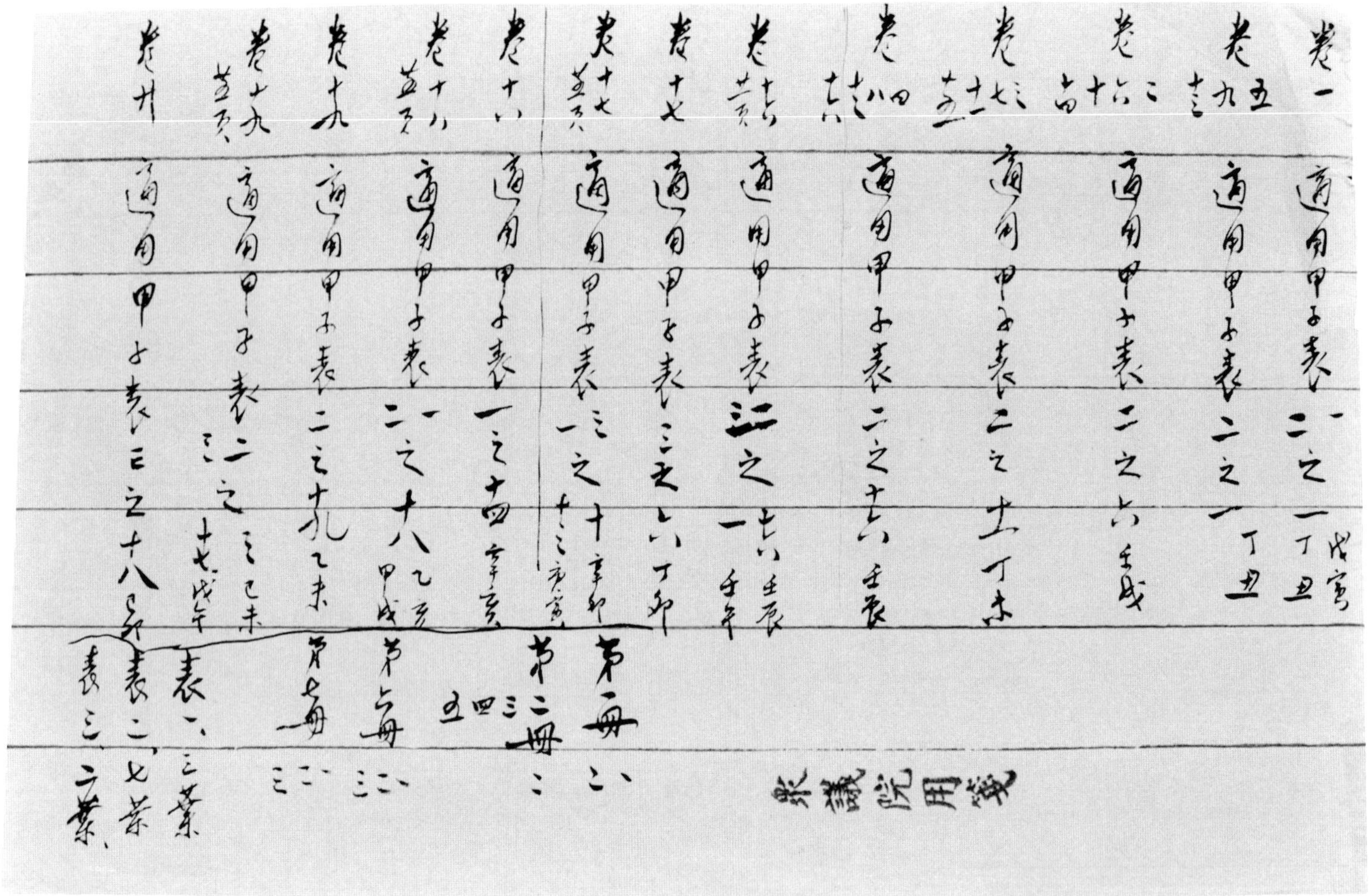

这是书后所附六十甲子表之研究。

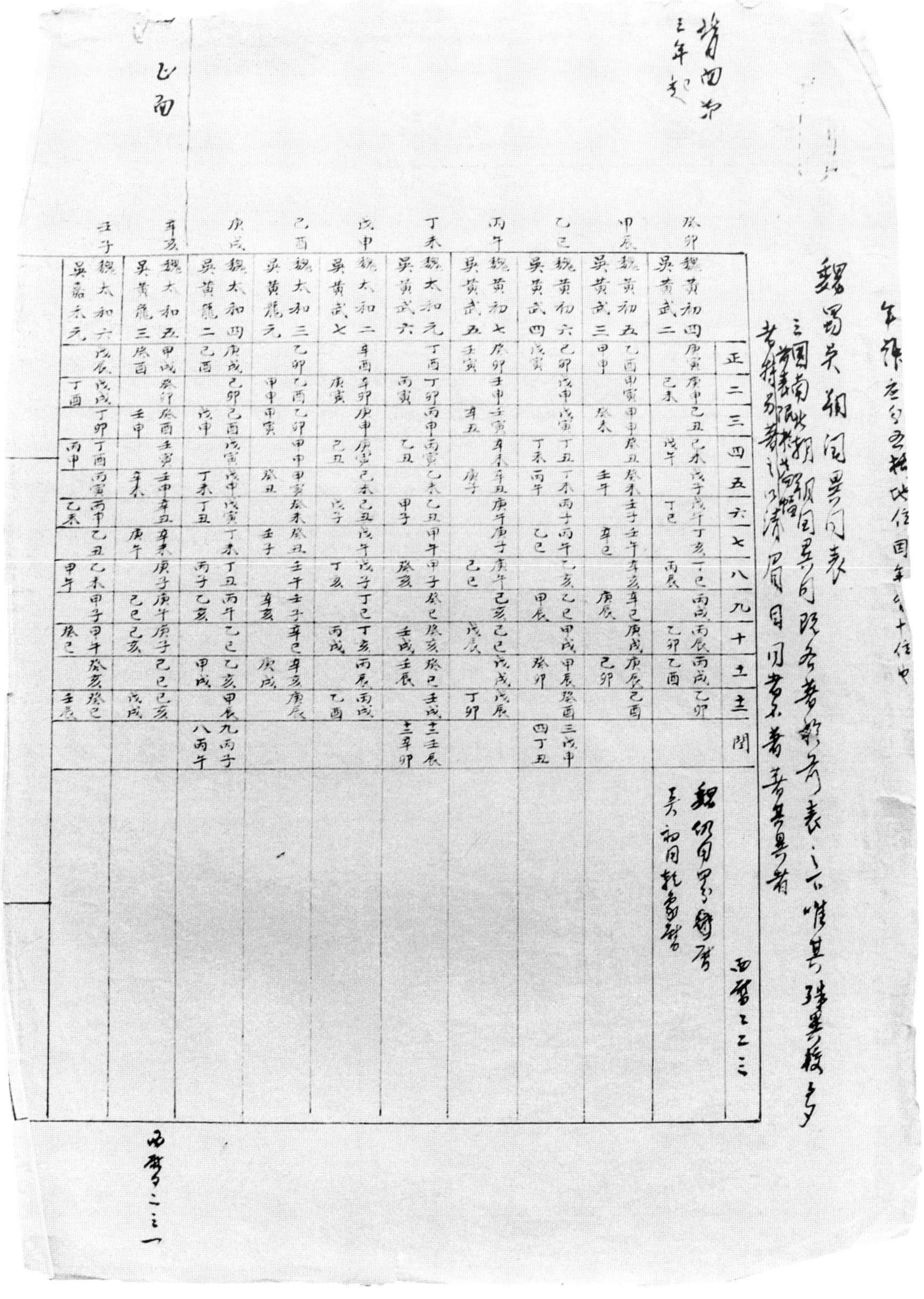

《二十史朔闰表》手稿，本页记十年。此书总页少，故早出版，以便利学者之需求。

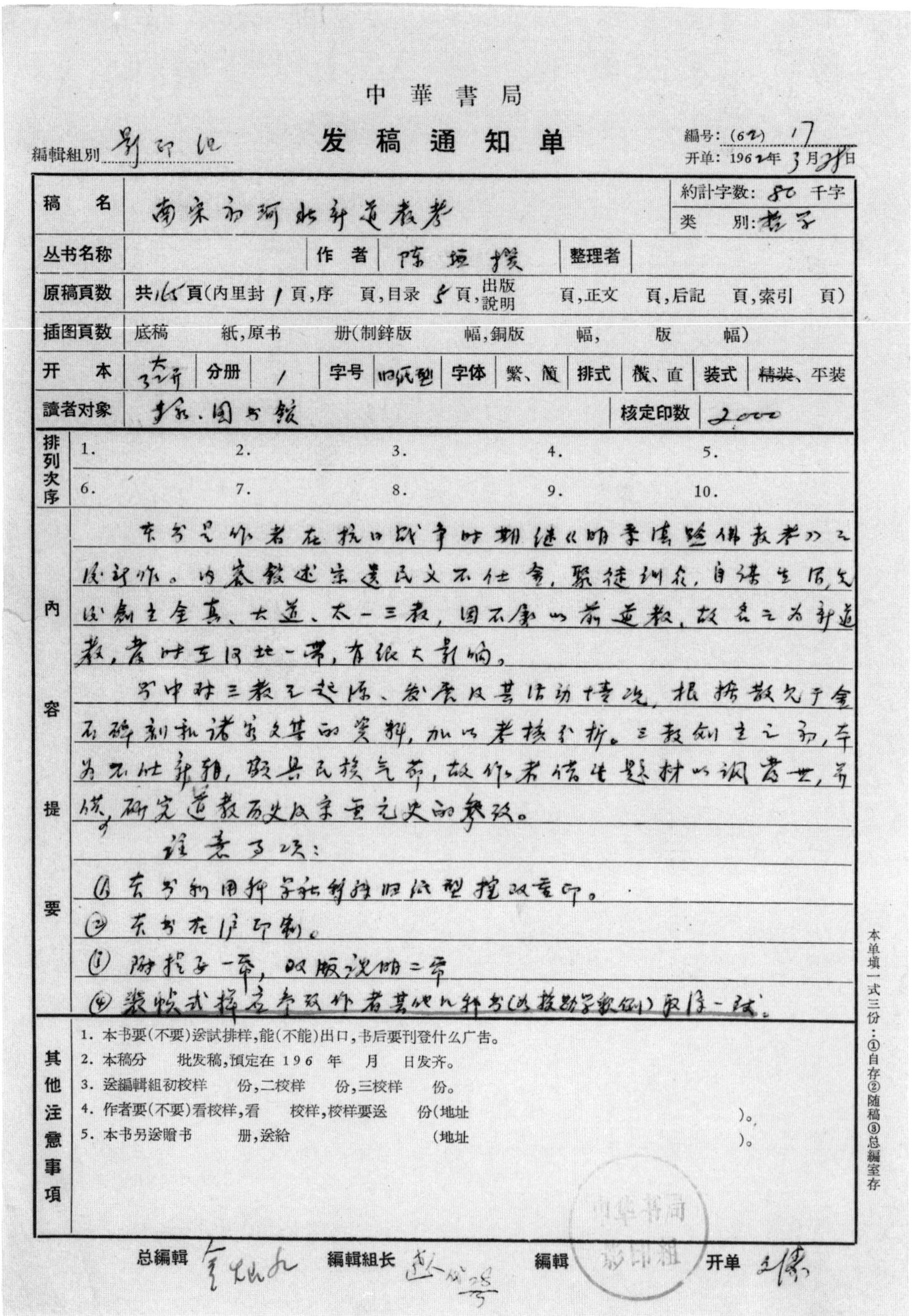

中華書局

编辑組别 影印组

发稿通知单

编号：(62) 17
开单：1962年3月28日

稿名	南宋初河北新道教考									約計字数：80千字 类别：哲学	
丛书名称		作者	陈垣撰		整理者						
原稿頁数	共164頁(内里封1頁,序 頁,目录5頁,出版說明 頁,正文 頁,后記 頁,索引 頁)										
插图頁数	底稿 紙,原书 册(制鋅版 幅,銅版 幅, 版 幅)										
开本	大32开	分册	1	字号	旧纸型	字体	繁、简	排式	横、直	装式	精装、平装
讀者对象	专家、图书馆							核定印数	2000		
排列次序	1. 2. 3. 4. 5. 6. 7. 8. 9. 10.										

内容提要

本书是作者在抗日战争时期继《明季滇黔佛教考》之后新作。内容叙述宋遗民义不仕金，聚徒训众，自谋生活，先后创立全真、大道、太一三教，因不屑以前道教，故名之为新道教，当时在河北一带，有很大影响。

书中对三教之起源、发展及其活动情况，根据散见于金石碑刻和诸家文集的资料，加以考核分析。三教创立之初，本为不仕新朝，颇具民族气节，故作者借此题材以讽当世，并供研究道教历史及宋金元史的参考。

注意事项：

①本书利用排字社新排旧纸型挖改重印。

②本书在沪印制。

③附提要一页，出版说明二页

④装帧式样应参照作者其他几种书（如校勘学释例）取得一致。

其他注意事项

1. 本书要(不要)送試排样,能(不能)出口,书后要刊登什么广告。
2. 本稿分 批发稿,預定在 196 年 月 日发齐。
3. 送編輯組初校样 份,二校样 份,三校样 份。
4. 作者要(不要)看校样,看 校样,校样要送 份(地址)。
5. 本书另送贈书 册,送給 (地址)。

总編輯 金灿然 編輯組长 赵 3/28 編輯 开单 王

中华书局 影印组

本单填一式三份：①自存②随稿③总编室存

中华书局出版陈垣《南宋初河北新道教考》档案。

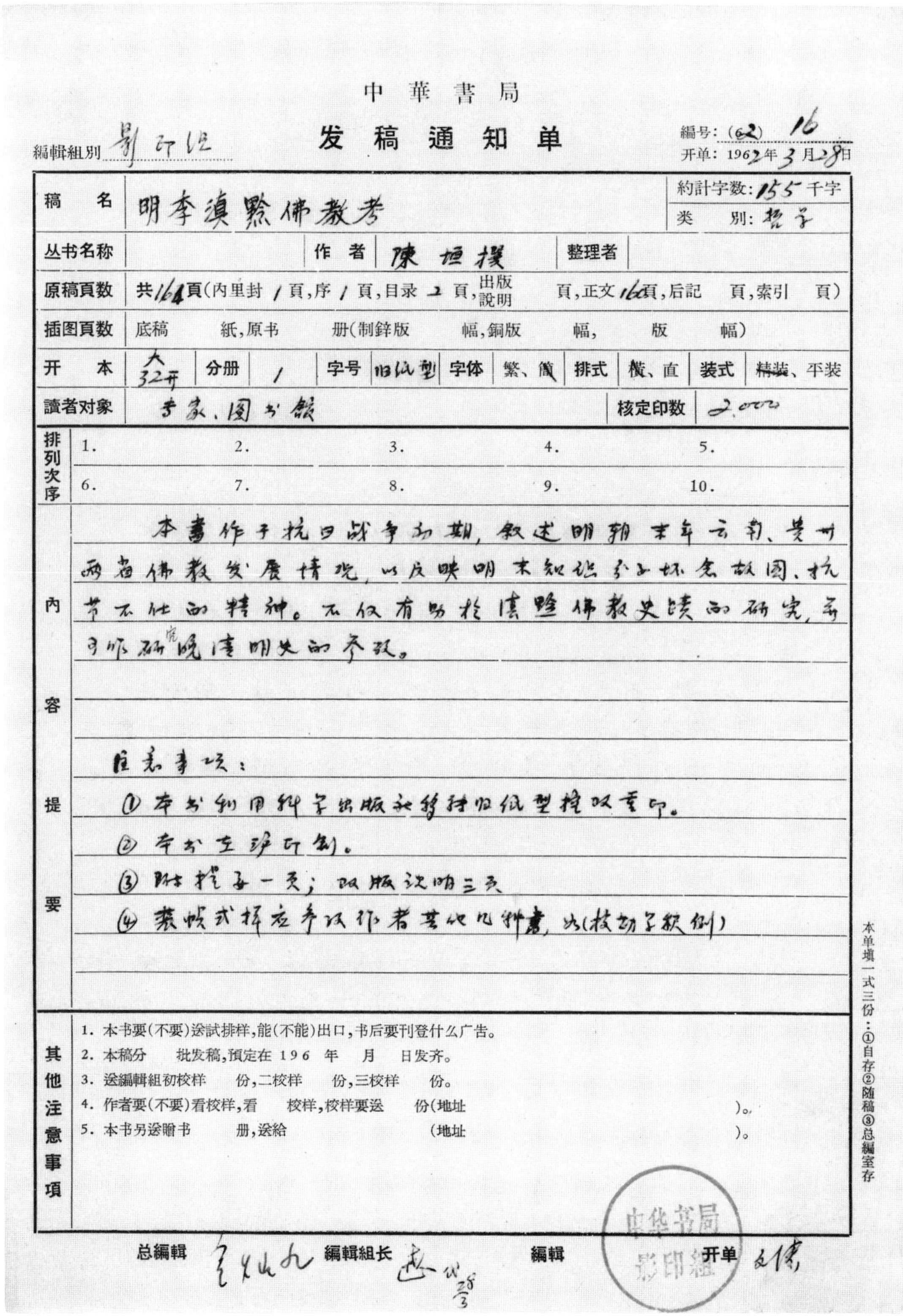

中華書局

發稿通知单

編輯組別 影印组　　編号：(62) 16　　开单：1962年3月28日

稿名	明季滇黔佛教考						約計字数：155千字	类别：哲学
丛书名称		作者	陳垣撰		整理者			
原稿頁数	共164頁(内里封1頁,序1頁,目录2頁,出版說明　頁,正文160頁,后記　頁,索引　頁)							
插图頁数	底稿　紙,原书　册(制鋅版　幅,銅版　幅,　版　幅)							
开本	大32开	分册	1	字号	旧纸型	字体	繁、簡	排式 橫、直 / 装式 精裝、平裝
讀者对象	专家、图书館					核定印数	2,000	

排列次序：1.　2.　3.　4.　5.　6.　7.　8.　9.　10.

内容提要：

本書作于抗日战争初期，叙述明朝末年云南、贵州两省佛教发展情况，以反映明末知识分子怀念故国、抗节不仕的精神。不仅有助于滇黔佛教史迹的研究，亦可作研究晚清明史的参考。

注意事项：

① 本书利用科学出版社移转旧纸型挖改重印。

② 本书在沪印制。

③ 附样子一页；出版说明二页

④ 装帧式样应参照作者其他几种书，如(校勘学释例)

其他注意事項：

1. 本书要(不要)送試排样，能(不能)出口，书后要刊登什么广告。
2. 本稿分　批发稿，預定在196　年　月　日发齐。
3. 送編輯組初校样　份，二校样　份，三校样　份。
4. 作者要(不要)看校样，看　校样，校样要送　份(地址　)。
5. 本书另送贈书　册，送給　(地址　)。

本单填一式三份：①自存②随稿③总編室存

总編輯 金灿然　編輯組長 赵守俨 28/3　編輯　开单 王伟

中华书局影印組

中华书局出版《明季滇黔佛教考》档案。

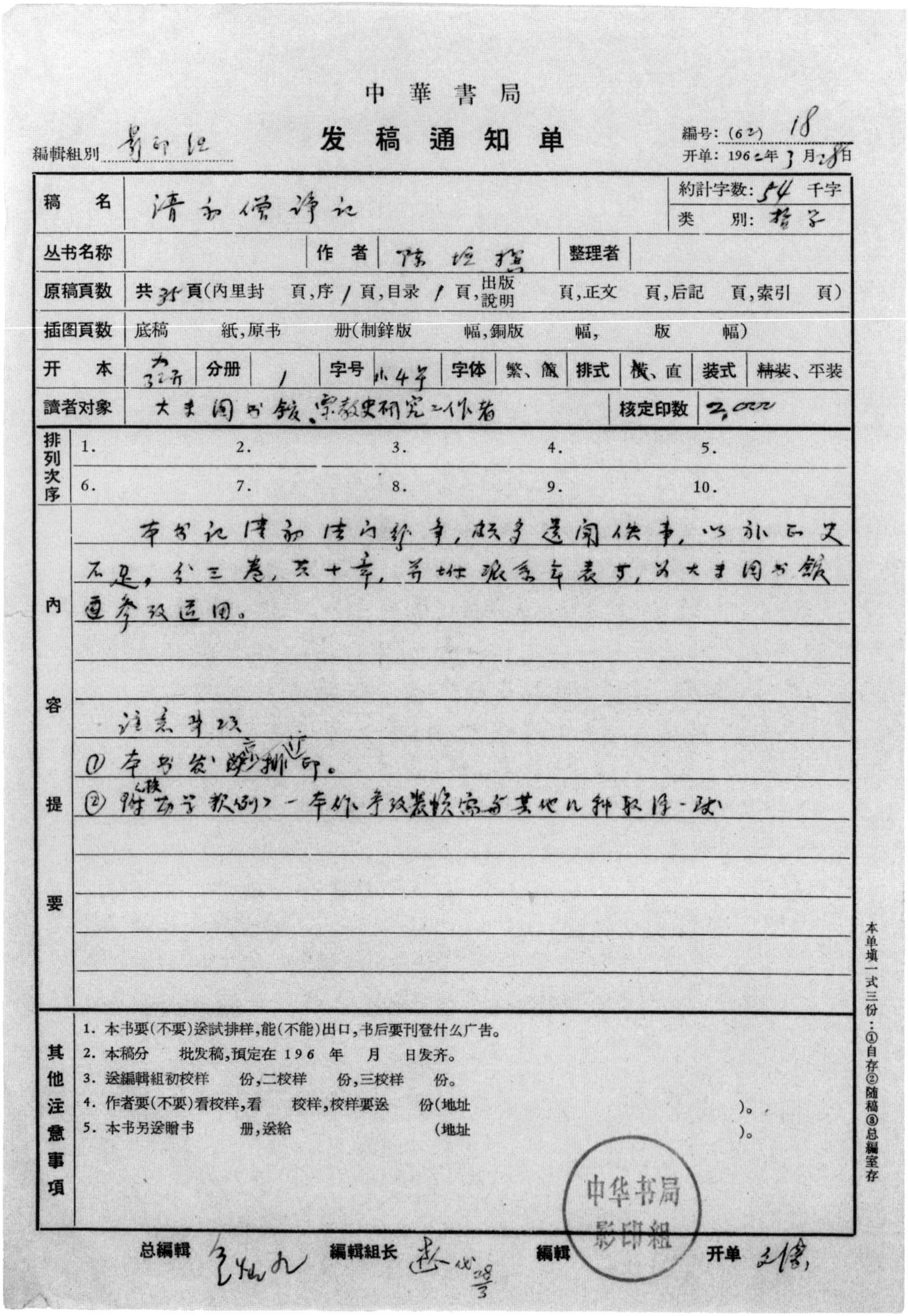

中華書局

发稿通知单

編輯組別：影印组　　編号：(62) 18　　开单：1962年3月28日

稿名	清初僧诤记							約計字数：54千字；类别：哲学	
丛书名称		作者	陈垣撰		整理者				
原稿頁数	共35頁（内里封　頁，序1頁，目录1頁，出版說明　頁，正文　頁，后記　頁，索引　頁）								
插图頁数	底稿　紙，原书　册（制鋅版　幅，銅版　幅，　版　幅）								
开本	大32开	分册	1	字号	小4号	字体	繁、簡	排式	横、直
装式	精装、平装								
讀者对象	大专图书馆、宗教史研究工作者						核定印数	2,000	

排列次序：1.　2.　3.　4.　5.　6.　7.　8.　9.　10.

内容提要：

本书记清初法门纷争，兼多遗闻佚事，以补正史不足。分三卷，共十章，并附派系年表等，为大专图书馆适参考选用。

注意事项

① 本书系直排印。

② 附《陈垣学术论例》一本作参考装帧宗系其他几种取得一致

其他注意事項：

1. 本书要（不要）送試排样，能（不能）出口，书后要刊登什么广告。
2. 本稿分　批发稿，預定在196　年　月　日发齐。
3. 送編輯組初校样　份，二校样　份，三校样　份。
4. 作者要（不要）看校样，看　校样，校样要送　份（地址　）。
5. 本书另送贈书　册，送給　（地址　）。

中华书局影印組

总編輯　金灿然　　編輯組長　赵守俨　　編輯　　开单　王雪

中华书局出版《清初僧诤记》档案。

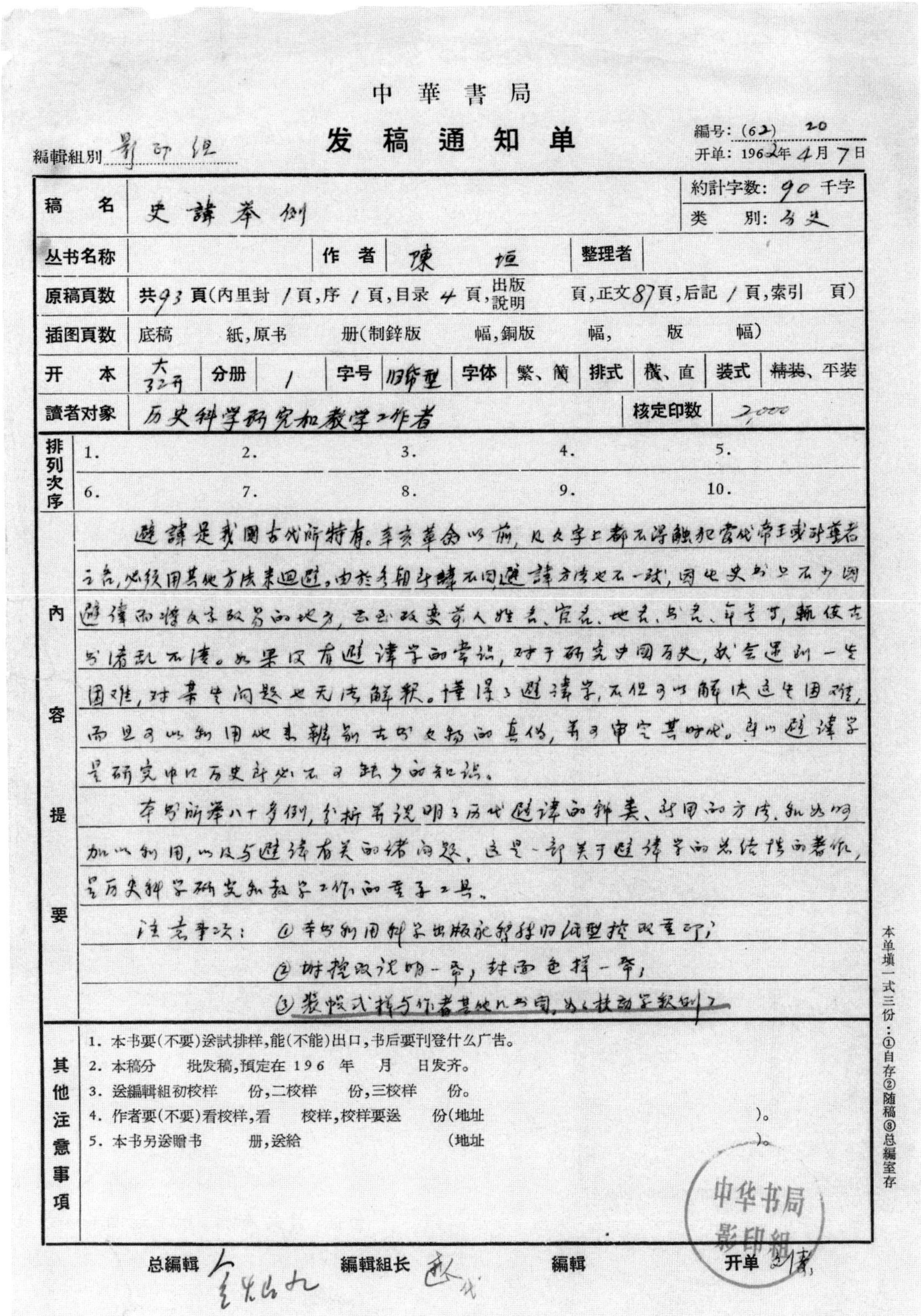

中華書局

发稿通知单

編輯組別 影印組

編号：(62) 20
开单：1962年4月7日

稿名	史諱举例									約計字数：90千字 类别：历史	
丛书名称		作者	陳垣				整理者				
原稿頁数	共93頁(内里封1頁，序1頁，目录4頁，出版說明 頁，正文87頁，后記1頁，索引 頁)										
插图頁数	底稿 紙，原书 册(制鋅版 幅，銅版 幅， 版 幅)										
开本	大32开	分册	1	字号	旧纸型	字体	繁、簡	排式	横、直	装式	~~精装~~、平装
讀者对象	历史科学研究和教学工作者							核定印数	2,000		

排列次序					
	1.	2.	3.	4.	5.
	6.	7.	8.	9.	10.

內容提要

避諱是我國古代所特有。辛亥革命以前，凡文字上都不得触犯當代帝王或所尊者之名，必須用其他方法来回避。由於各朝所諱不同，避諱方法也不一致，因此史书上不少因避諱而將文字改易的地方，如改姓名、官名、地名、书名、年号等，輒使古书淆乱不清。如果没有避諱学的常识，对于研究中国历史，就会遇到一些困难，对某些问题也无法解释。懂得了避諱学，不但可以解决这些困难，而且可以利用它来辨别古书文物的真伪，并可审定其时代。所以避諱学是研究中国历史所必不可缺少的知识。

本书所举八十多例，分析并说明了历代避諱的种类、所用的方法，和如何加以利用，以及与避諱有关的诸问题。这是一部关于避諱学的总结性的著作，是历史科学研究和教学工作的重要工具。

注意事项：①本书利用科学出版社纸型挖改重印；
②附挖改说明一份，封面色样一份；
③装帧式样与作者其他几书同，如《校勘学释例》

其他注意事項

1. 本书要(不要)送試排样，能(不能)出口，书后要刊登什么广告。
2. 本稿分 批发稿，預定在196 年 月 日发齐。
3. 送編輯組初校样 份，二校样 份，三校样 份。
4. 作者要(不要)看校样，看 校样，校样要送 份(地址)。
5. 本书另送贈书 册，送給 (地址)。

本单填一式三份：①自存②随稿③总编室存

中华书局影印組

总編輯 金灿然 編輯組长 赵 代 編輯 开单 刘

中华书局出版《史讳举例》档案。此书中华书局本为刘乃和校勘，无误。陈垣自己谈教训，引文一定要找原书，不能转引。她对我说："读《史讳举例》，一定要读中华本。"

《史讳举例》八卷，红印本。成书仓促，引文有错，且未注明出处。刘乃和校正后，剪原书以补成 善本。后之影印者当注意之。

陈垣著作陆续出版

著名历史学家、北京师范大学校长陈垣的著作十余种，近年来经校订后，陆续由中华书局出版。

《中国佛教史籍概论》是作者早年在大学里的讲稿，由将六朝以来研究历史所常参考的佛教史籍，大体上按照成书年代，分类介绍。关于每书的名目、略名、异名、撰人略历、卷数异同、版本源流和各书的内容体例等，都根据大量的历史材料，加以论述，并对《四库提要》中有关佛教史籍部分的错误，一一予以驳正。全书虽以论述佛教史籍为主，但因涉及的面比较广泛，因之对研究古代的历史和思想研究者，也有重要的参考价值。

《南宋初河北新道教考》、《明季滇黔佛教考》和《清初僧诤记》三书都是作者在抗日战争时期困居北京时所著，既是学术专著，也是寓论世之作。《南宋初河北新道教考》叙述了南宋初年在河北一带宋遗民不仕金、聚徒训众，自谋生活，先后创立全真、大道、太一三教的情况，对三教起源、发展及其活动，加以考核分析。《明季滇黔佛教考》根据嘉兴藏、径藏和藏经未收版本、写本语录等，论述了明末清初云贵两省佛教发展情形及遗民知识分子怀念故国，抗节不仕的事迹，反映了明末清初遗民知识分子的

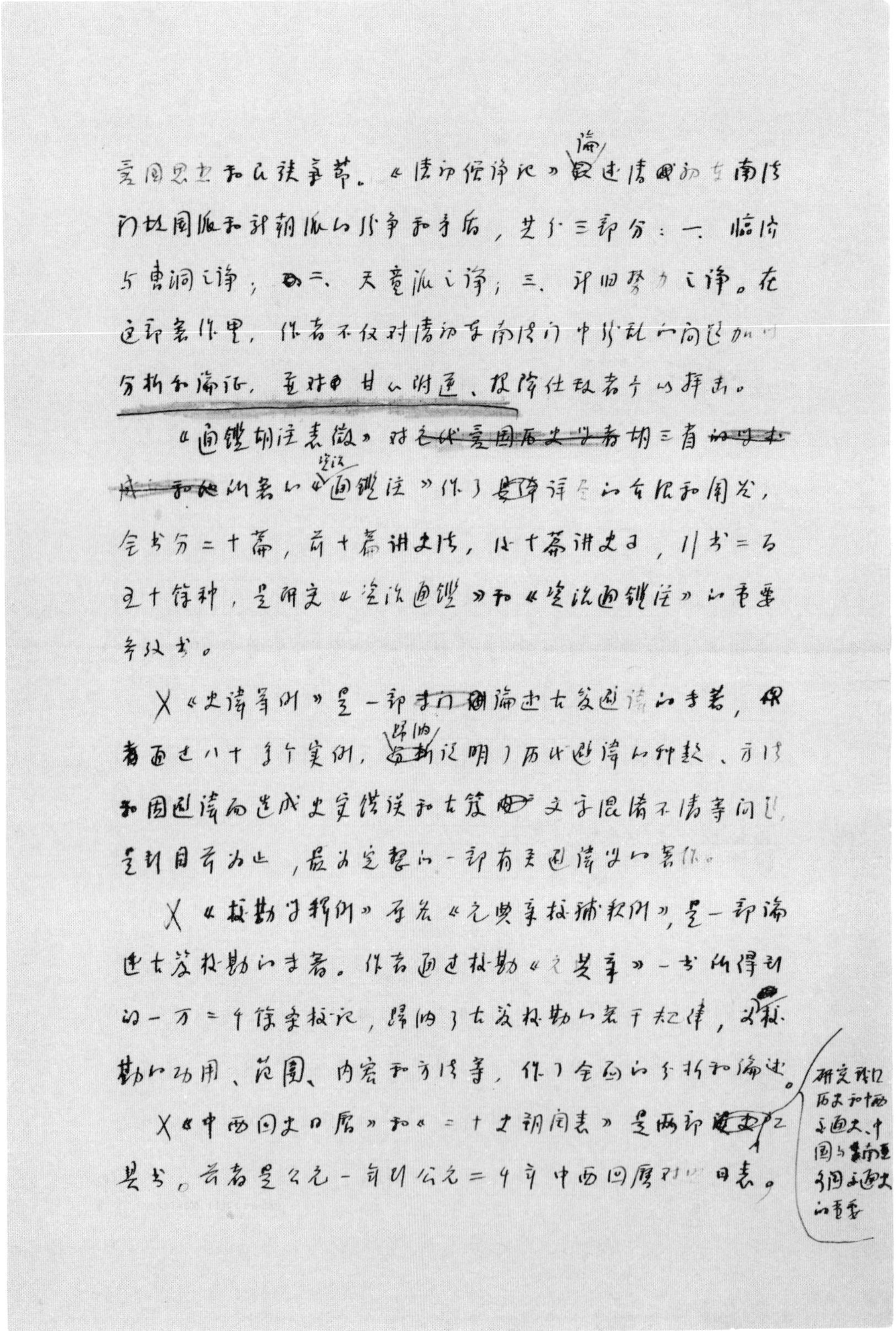

爱国思想和民族气节。《清初僧诤记》论述清初东南法门故国派和新朝派的斗争和矛盾，共分三部分：一、临济与曹洞之诤；二、天童派之诤；三、新旧势力之诤。在这部著作里，作者不仅对清初东南法门中纷乱的问题加以分析和论证，並对甘心附逆、投降仕敌者予以抨击。

《通鉴胡注表微》对胡三省所著的《资治通鉴注》作了详尽的介绍和阐发，全书分二十篇，前十篇讲史法，后十篇讲史事，引书二百五十余种，是研究《资治通鉴》和《资治通鉴注》的重要参考书。

《史讳举例》是一部论述古籍避讳的专著，作者通过八十多个实例，归纳说明了历代避讳的种类、方法和因避讳而造成史实错误和古籍文字混淆不清等问题，是到目前为止，最为完整的一部有关避讳学的著作。

《校勘学释例》原名《元典章校补释例》，是一部论述古籍校勘的专著。作者通过校勘《元典章》一书所得到的一万二千余条校记，归纳了古籍校勘的若干规律，对校勘的功用、范围、内容和方法等，作了全面的分析和论述。

《中西回史日历》和《二十史朔闰表》是两部工具书。前者是公元一年到公元二千年中西回历对照日表。

研究我国历史和中西交通史、中国与阿拉伯交通史的重要

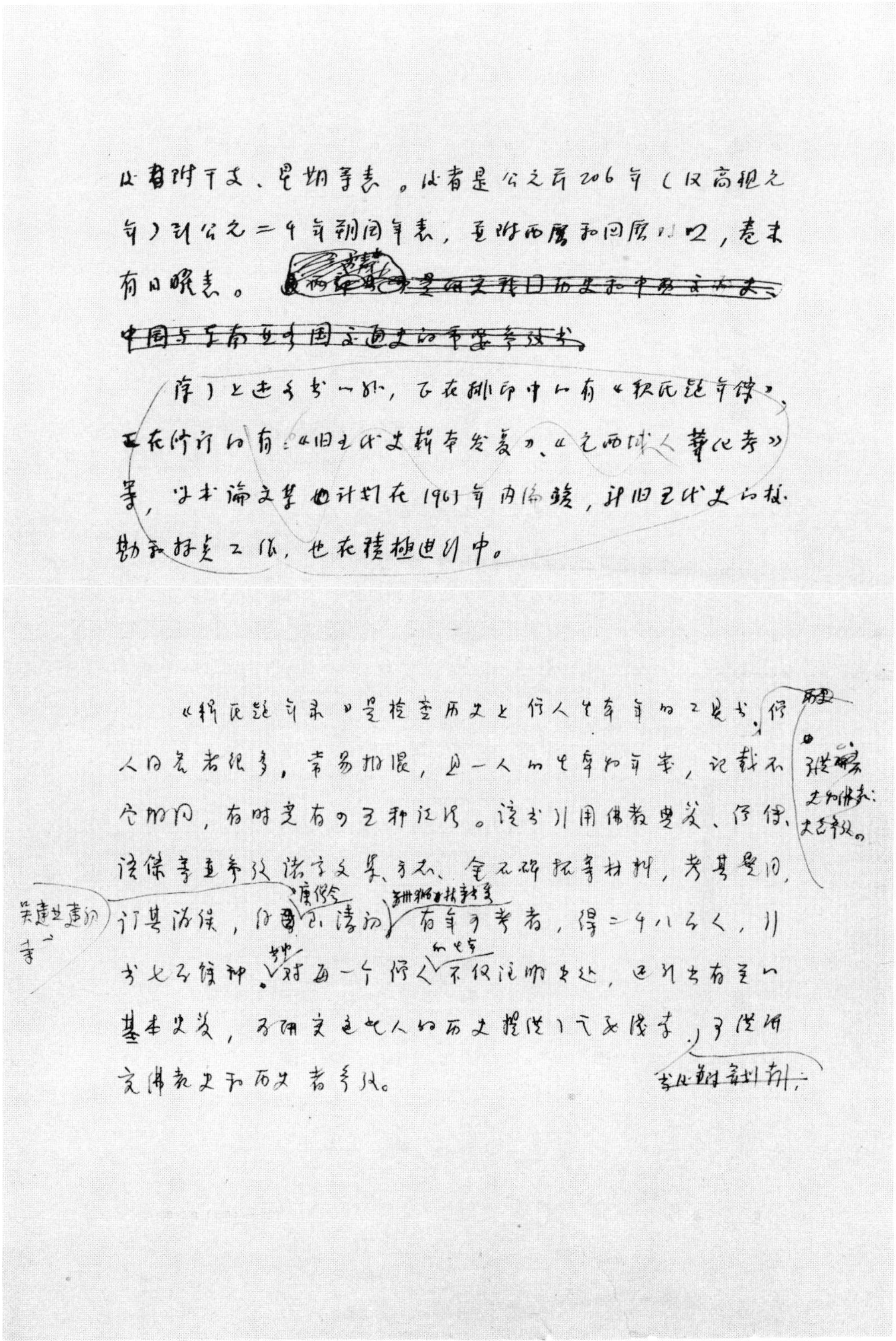

此书附下文、足期年表。此书是公元前206年（汉高祖元年）到公元二〇〇〇年朔闰年表，并附西历和回历日期，卷末有日曜表。~~……是研究我国历史和中西交通史、中国与东南亚各国交通史的重要参考书~~

除了上述各书以外，正在排印中的有《释氏疑年录》，正在修订的有：《旧五代史辑本发覆》、《元西域人华化考》等，学术论文集也计划在1963年内编辑，对旧五代史的校勘和补充工作，也在积极进行中。

《释氏疑年录》是检查历史上僧人生卒年的工具书。僧人的名号很多，常易相混，且一人的生卒和年岁，记载不尽相同，有时竟有四五种说法。该书引用佛教典籍、僧传、语录等，并参考诸家文集、方志、金石碑帖等材料，考其异同，订其讹误，从晋代至清初有年可考者，得二千八百人，全书七卷。书中对每一个僧人不仅注明出处，还列出有关的基本史实，不仅为研究这些人的历史提供了可靠线索，并提供研究佛教史和历史者参考。

第 1 頁

宋初太平兴国年间，是我国封建社会中官修书籍很有成绩的时期。太平兴国七年（九八二），《太平广记》早已完成，《太平御览》也将近定稿，宋太宗於是下令从《太平御览》的纂修人员中抽调了李昉、徐铉、宋白等将近半数的人力，加上杨徽之等一共二十多人，重新编纂一部上继《文选》的总集，这就是篇帙达一千卷的《文苑英华》。全书上起萧梁，下迄晚唐五代，选录作家近二千二百名，作品近两万篇，按刑式分为赋、诗等三十七类。其中以唐代的作品为最多，约占十分之九。

装訂線

20×25＝500

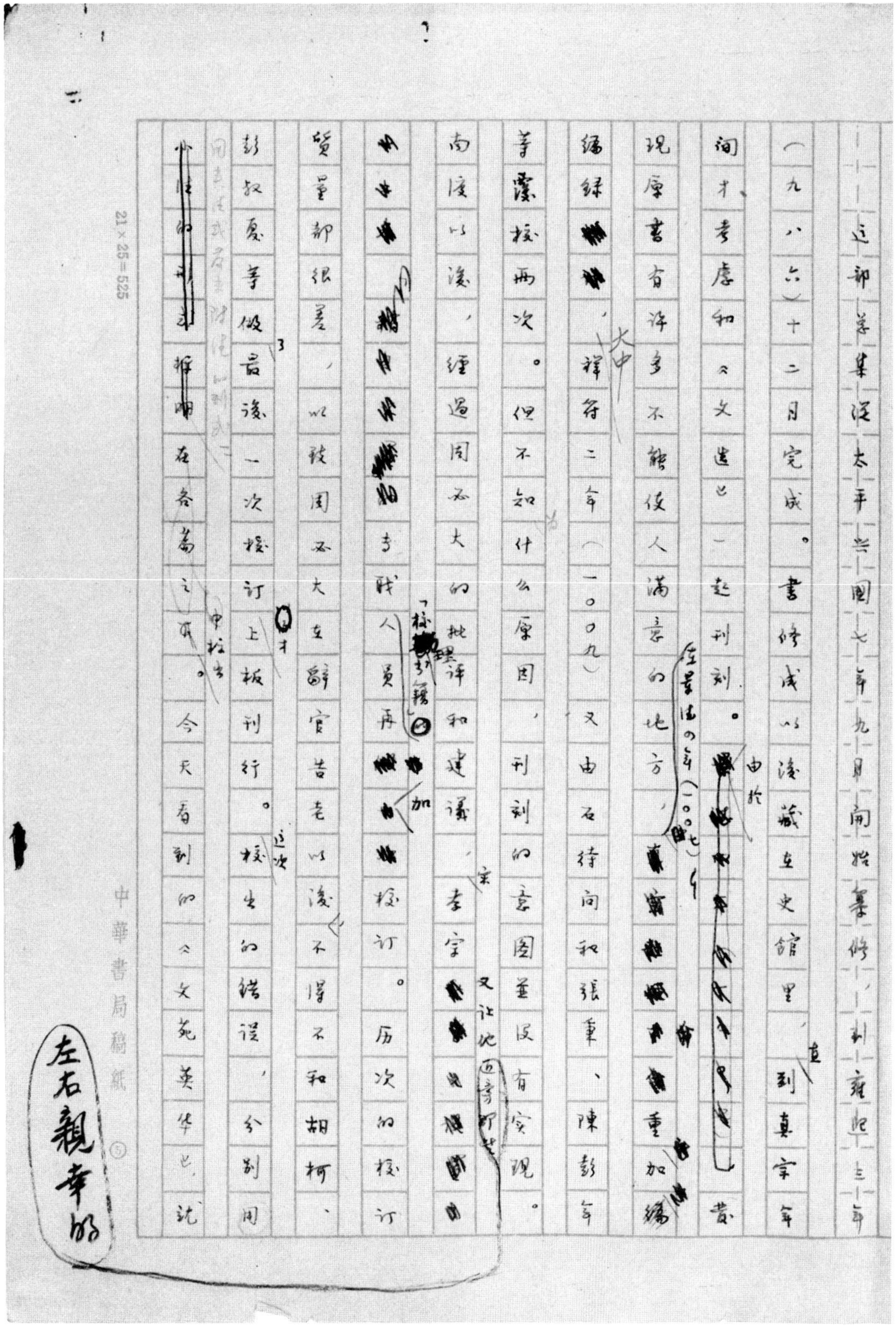
这部总集从太平兴国七年九月开始纂修，到雍熙三年（九八六）十二月完成。书修成以后藏在史馆里，到真宗年间才考虑和《文选》一起刊刻。由于发现原书有许多不能使人满意的地方，重加编录，祥符二年（一〇〇九）又由石待问和张秉、陈彭年等复校两次。但不知什么原因，刊刻的意图并没有实现。南渡以后，经过周必大的批评和建议，宋孝宗又让他选派左右亲幸的……才找人员再加校订。历次的校订，质量都很差，以致周必大在辞官告老以后，不得不和胡柯、彭叔夏等做了一次校订上板刊行。这次校出的错误，分别用小注的形式附在各篇之下。今天看到的《文苑英华》也就是这个稳定的本子。

一、

以赵匡胤为代表的军事集团收拾了五代以来乱糟糟的局面，建立了一统的北宋王朝。这位宋朝的开国皇帝从前代[illegible]覆亡的事实里得到一条教训，武将拥兵割据是造成祸乱的根源。所以他在整顿修理国家机器的时候针对这一点规定了一系列的政策。这套政策的核心就是把政权、军权集中於中央和提高文官的地位。

这个政策在北宋，特别是在北宋初，执行得是很坚决的。比起中唐以后的情形来，宋朝的文官确乎得意过一个时期。除了「宰相须用读书人」以外，连高级的军事职位也大多任用文人代替武人出任军官。文官们拿到很高的官俸，还有其他种种优待。所谓翰林学士知制诰成为地位最「清切」的职位[二]。统治集团通过科举的考试在一定范围内向中小地主阶层开放政权，选拔为自己服务的后备力量；中小地主阶层也乐于而且必须通过这样子爬进统治集团里去。

，宋朝科举考试的办法基本上沿袭唐朝而又加以改进，严密制度，扩充名额。各种科举名目里最受重视的仍然是进士考试。没有考上进士的读书人要练习做试帖诗、律赋、策论；考上进士又做了官，为替皇帝拟制诰，为他们皇帝上奏表，要写书札，要做各种应酬的诗，要为死人写谀墓之文，等

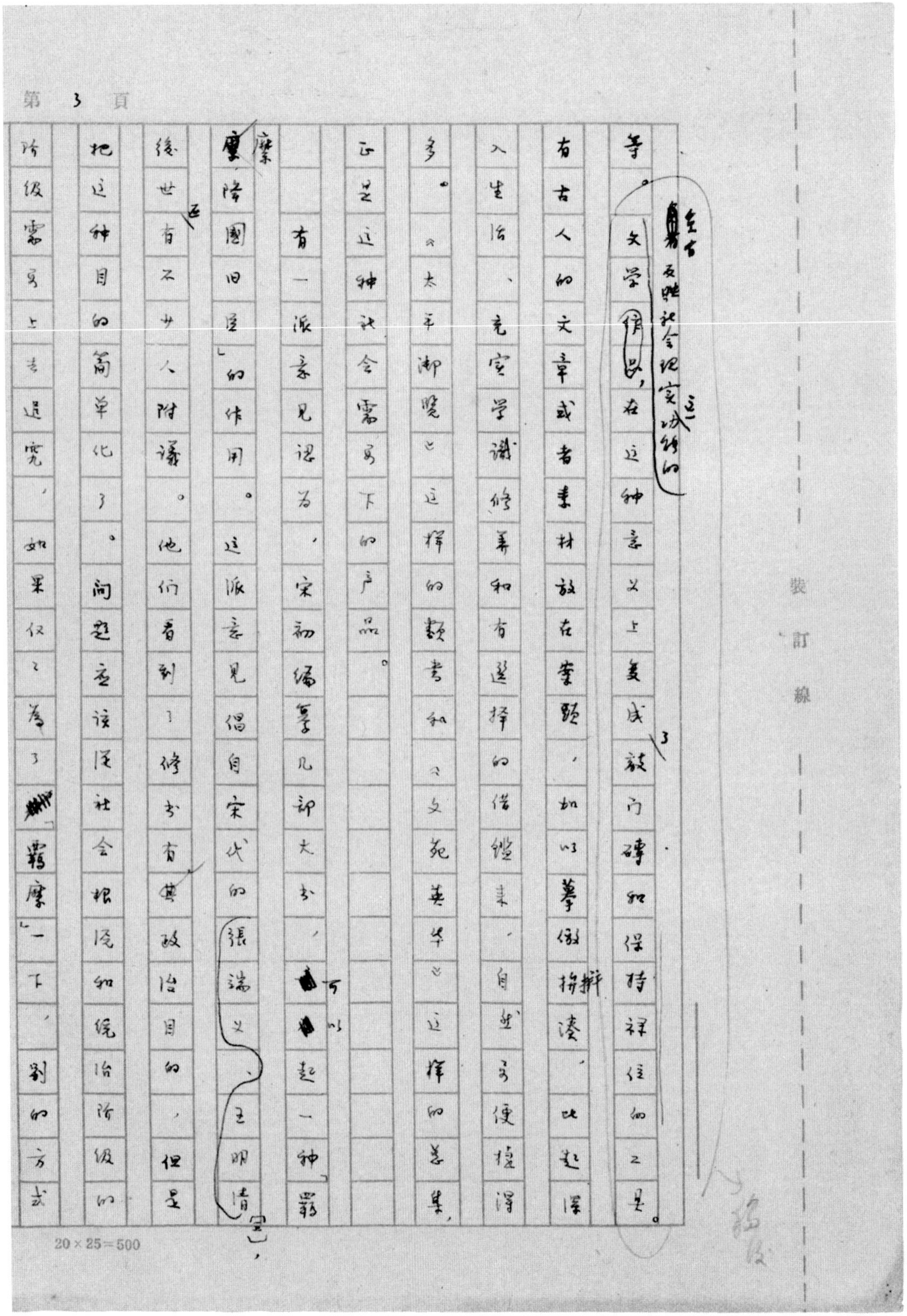

等。文学作品，在这种意义上变成敲门砖和保持禄位的工具。有古人的文章或者素材放在案头，加以摹仿拼凑，比起深入生活、充实学识修养和有选择的借鉴来，自然要便捷得多。《太平御览》这样的类书和《文苑英华》这样的总集，正是这种社会需要下的产品。

有一派意见认为，宋初编纂几部大书，可以起一种羁縻降国旧臣的作用。这派意见倡自宋代的张端义、王明清等，后世有不少人附议。他们看到了修书有其政治目的，但是把这种目的简单化了。问题应该从社会根源和统治阶级的阶级需要上去追究，如果仅仅为了羁縻一下，别的方式

装訂線

多得很，为什么单单让他们去修书，而且修这样性质的书呢？再则这种说法和历史事实也不相符合，有的研究者已经做了辩析[注三]。然而他们在批评的同时，又错误地走上了另一条岔路。他们认为历代封建帝王以武功略定天下以后总要继之以文治，无非是"点缀升平"和表示一下"右文稽古"。一定的学术文化服务于一定的经济基础，服务于集中代表经济基础利益的政治，阶级社会里不存在超阶级、超政治的"右文稽古"。试看明成祖修《永乐大典》，意在稳定夺位以后的统治集团内部，清乾隆修《四库全书》，则着眼于对书籍作一次大规模的审订：无不显示了鲜明的政治倾向。

中華書局稿紙 21×25=525

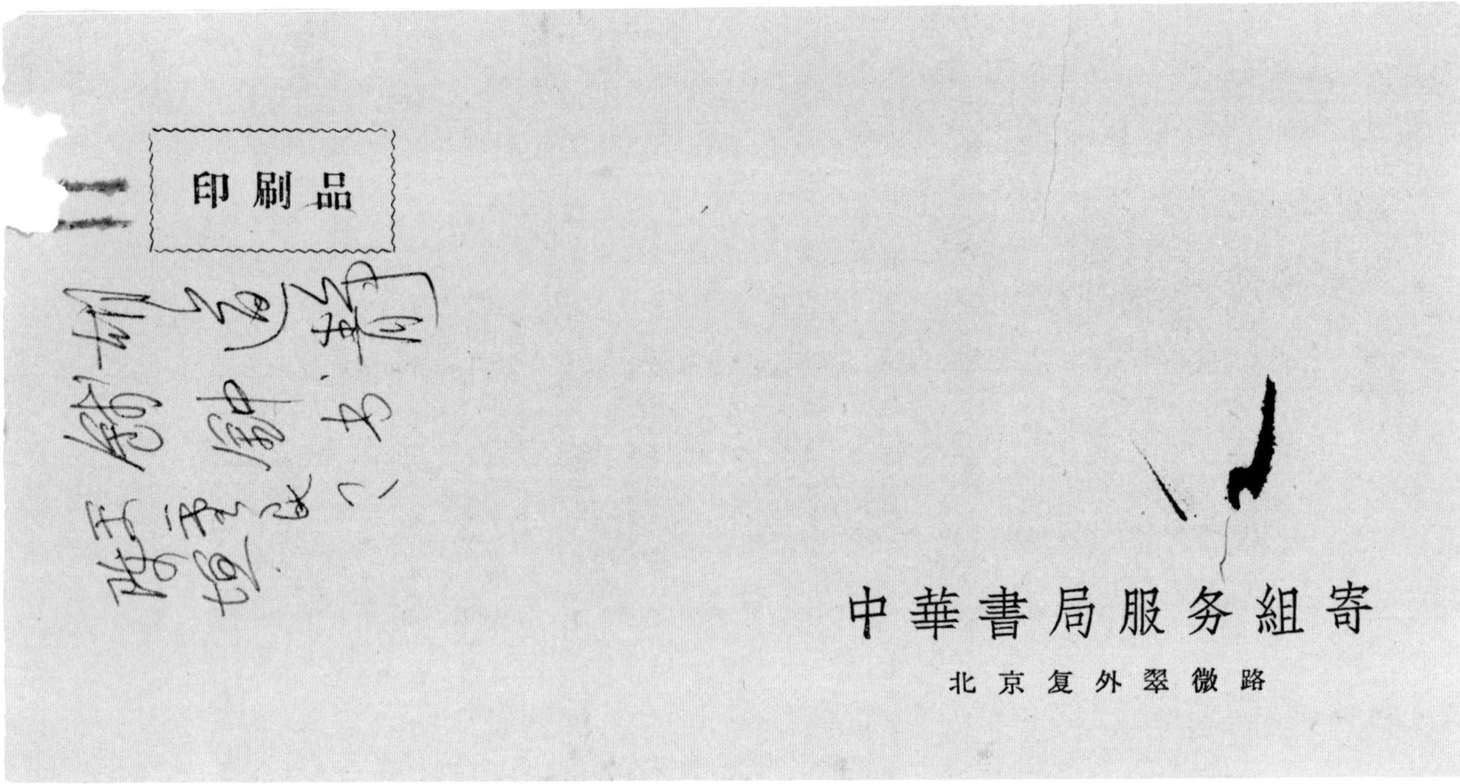
印刷品
中華書局服务組寄
北京复外翠微路

憶中華排印本
陳垣《校勘學釋例》的出版

劉　迺　和

《校勘學釋例》是陳垣1931年的著作,離現在已半個多世紀了。直到書成後二十多年的1959年,由中華書局出版,有了第一次排印本,才得以較廣泛的流傳。

此書原名《元典章校補釋例》,是陳垣繼《元典章校補》之後所寫的總結校勘經驗、指導校勘工作的專書。

《元典章》原題名《大元聖政國朝典章》,專記載元朝公文案牘、政策法令,是編集元代朝廷所發布的有關典章制度的專書。

《前集》六十卷,包括元世祖(忽必烈)、成宗、武宗、仁宗、英宗五朝;附《新集》二册,無卷數,是《前集》的繼續,只載有英宗朝的部分文件。《前集》内容分詔令(一卷)、聖政(二卷)、朝綱(一卷)、臺綱(二卷)、吏部(八卷)、户部(十三卷)、禮部(六卷)、兵部(五卷)、刑部(十九卷)、工部(三卷)十類。《新集》體例效仿《前集》,内容分國典、詔令、朝綱、吏、户、禮、兵、刑、工九類。兩集的每類之下都各分子目若干。

《前集》初刊於元成宗大德七年(1303),後隨時續增,止於仁宗延祐。《新集》目録前記説,《前集》是止於延祐四年(1317),今觀書中收有延祐七年(1320)詔令,延祐只七年,則下限即到仁宗朝。《新集》是元英宗至治二年(1322)六月刊,而書中收有至治三年事,但經援庵師校出"三"字是"二"字之誤,故《新集》只收至治二年事。此書原是地方官吏匯集編輯案牘公文,以備各地官府遵循查對之用,

从《励耘书屋丛刻》说到中华书局

——陈垣生前著作的出版情况

刘 乃 和

励耘书屋是著名史学家陈垣（字援庵）的书斋名，他的一部分著作自编为丛书，取名《励耘书屋丛刻》，是木刻本。

这部丛书是抗日战争前他主要专著的集中。最后，丛书中的大部分及他在抗战时期的著作，都转到中华书局排印出版，就是没有排印的各书，也都在中华印过木刻本。

谈到他著作的出版，需追溯到建国以前。至于建国后的印书，都是我经手办理，因此知之更详。

（一）1955 年以前未和出版社联系过

1955年以前近四十年间，援庵师从未和出版社有过联系，他过去著作出版的特点，是没有一本书是在出版社出版的。他写的第一部史学著作，是1917年写的《元也里可温考》（前此的文章都是结合医史而写，不算在内），到 1956 年，近四十年间，他的文章虽发表了不少，但大多是刊登在杂志、刊物上，较大部头的专著，有些是杂志专印的抽印本，如《开封一赐乐业教考》，是 1920 年在《东方杂志》第十七卷第五、六、七号连载，后《东方杂志》作为东方文库的第七十二种，单独印行出版；又如《摩尼教入中国考》，是 1923 年在北京大学《国学季刊》第一卷第二号的抽印本。此外的单行本，有的是北京大学研究所国学门丛书的一种，如《中西回史日历》（简称《史历》）、《二十史朔闰表》（简称《史表》）；有的是辅仁大学丛书中的一

祝贺中的回忆

——庆祝中华书局成立七十五周年

刘乃和

自中华书局从上海迁京，尤其是1957年和北京的古籍出版社合并以后，我和中华的往来逐渐多了起来。主要就是因为院系调整后，学校党委让我做我校陈垣校长的工作，我是他的学生、研究生，对他的思想、学术、道德、文章，多所了解，党委通过我做工作较方便。我做为援师的学生、助手，他对我颇为信任，很多工作都让我去办，包括他著作的出版等事，无一不是我给他联系。解放后，他的论著都转入中华书局出版，因此我与中华书局编辑部联系较多，自1958年2月后，中华书局改为专门出版整理古籍，来往和开会就更较繁多。

1958年古籍整理出版规划小组成立后，齐燕铭组长常为开展古籍整理出版等事，去拜访援师，并听取老人的意见。每次晤谈，我也在侧。有一次，因为谈到刻图章事，援师告他说我一家人都能治印，从治印又说到写篆字，从篆字谈到我祖父刘学谦曾点翰林，齐燕铭同志说他的上辈也是翰林，当即查检《词林辑要》，原来这两位前辈都在光绪丙戌十二年(1886)考中，还是同年。

这个时期，我开始和古籍整理工作有了些接触，也不断听到中华书局来的同志谈到整理古籍的论议、消息，以及今后整理工作的远大设想。知道中央领导同志对此工作的重视，援师非常兴奋，我也开阔了视听。

古籍整理出版规划小组把整理"二十四史"列为规划里的重点

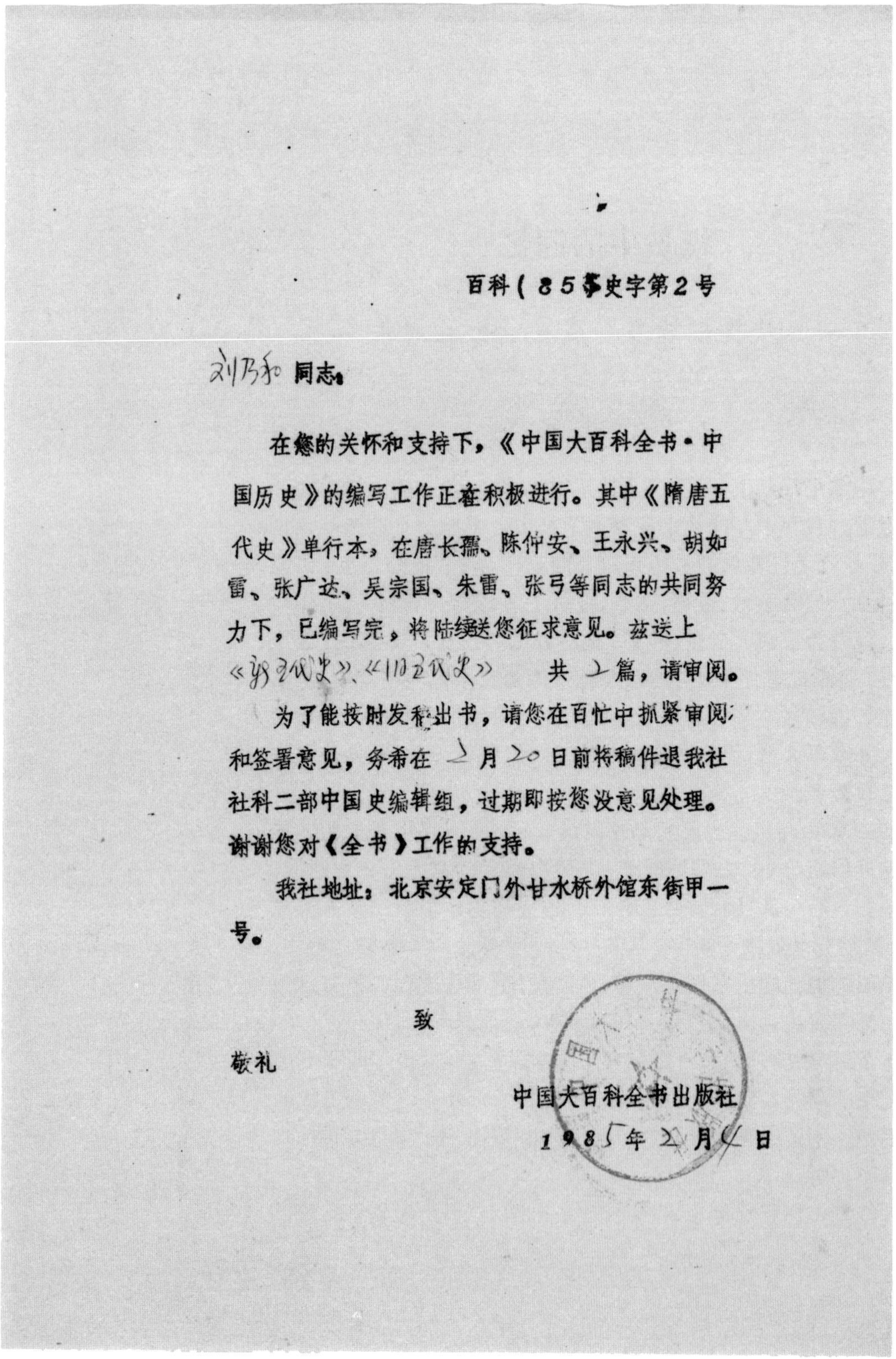

百科（85）史字第2号

刘乃和同志：

在您的关怀和支持下，《中国大百科全书·中国历史》的编写工作正在积极进行。其中《隋唐五代史》单行本，在唐长孺、陈仲安、王永兴、胡如雷、张广达、吴宗国、朱雷、张弓等同志的共同努力下，已编写完，将陆续送您征求意见。兹送上《新五代史》、《旧五代史》共2篇，请审阅。

为了能按时发稿出书，请您在百忙中抓紧审阅和签署意见，务希在2月20日前将稿件退我社社科二部中国史编辑组，过期即按您没意见处理。谢谢您对《全书》工作的支持。

我社地址：北京安定门外甘水桥外馆东街甲一号。

致

敬礼

中国大百科全书出版社

1985年2月4日

中国大百科全书出版社致刘乃和信件。

未定稿，请注意保存。 勿外传，勿转载，勿引用。	五代籍——20

《旧五代史》　纪传体史书。150卷。记载后梁、后唐、后晋、后汉、后周五代（907～960）五十四年的历史。因系五代各自为书，故原名《梁唐晋汉周书》。宋太祖开宝六年（973）命宰相薛居正监修，卢多逊、扈蒙、张澹、李穆、李昉等同修。后为区别于欧阳修撰的《新五代史记》，故称《旧五代史》。书中有本纪、列传、志三部份。十国中对五代称臣奉朔各国，如荆南、楚、吴越等，入《世袭传》，余入《潜伪传》，契丹、吐蕃等入《外国传》。人物传各归本朝，不再分类，故无传类。有天文、历、五行、礼、乐、食货、刑法、选举、职官、郡县等十志。本书取材于各朝实录及范质《五代通录》等书，文献完备；且修史时五代结束未久，编撰人对当时情况多能了解，故史料较丰富。自金章宗泰和七年（1207）明令立欧阳修《五代史记》于学官后，此书渐废，自明中叶至清乾隆约二百年间，传本不行于世。今本系清乾隆修《四库全书》时，馆臣邵晋涵等自《永乐大典》中辑出，用《册府元龟》、《太平御览》、《通鉴考异》、《五代会要》、《契丹国志》等书补充，并参考新、旧《唐书》、《东都事略》、《续通鉴长编》、《五代春秋》、《九国志》、《十国春秋》及宋人说部、文集、五代碑碣等数十种典籍，作为考异附注，大体按原书篇目编排而成，实为《旧五代史》辑本。虽非原书，但仍保留大量史料，与欧史可互相补充。辑本中凡触犯清朝避忌，遇胡、虏、夷、狄等字时，多有窜改。近人陈垣著《旧五代史辑本发覆》，叙述甚详。原印行的辑本共有三种：一、殿本，即乾隆四十九年武英殿刊本；二、熊本，1921年丰城熊氏影印南昌彭氏藏本，即《四库全书》初写本；三、刘本，1925年吴兴刘氏嘉业堂刻甬东卢氏抄藏四库原辑本，百衲本即用此本影印。1976年中华书局点

校本乃以熊本为底本，并参校其他版本和有关书籍整理而成。

〔刘乃和〕

参考文献：

陈垣：《旧五代史辑本发覆》

****
* 未定稿，请注意保存。 *
* 勿外传，勿转载，勿引用。 *
****

《新五代史》　纪传体史书。北宋欧阳修撰。共74卷。内含纪12卷，传45卷，志3卷。世家及年谱11卷，四夷附录3卷。记载后梁、后唐、后晋、后汉、后周五代（公元907～960）五十四年的历史。原名《五代史记》，为与薛居正撰《五代史》相区别，故称《新五代史》。在二十四史中，它是《唐书》以后惟一私修的史书。薛居正之书系五代分叙，此书将五代融而为一。其本纪连叙五代。诏令全删去，事迹简净。传皆用类传，有家人、死节、死事、一行、唐六臣、义儿、伶官、杂传等传目，多为此书创见。书中将专在某代为官者，列入某代的大臣传中；唐六臣传皆唐末大臣助朱温篡唐者，名为唐臣，意在讽刺。杂传指历仕各代，无类可归者，实为贬斥。十国称为世家，并有《十国世家年谱》。关于典章制度，只有司天（即天文志）、职方（即地理志）二志，较简略。全书仿效春秋笔法，多所褒贬。突出尊王思想；强调君臣、父子封建秩序，常用"呜呼"二字发端，发表感慨议论。作者是著名古文家，此书文字简洁流畅。材料多本薛居正《五代史》，加以删削，并兼采小说、笔记资料，补充了薛史之缺。有一定史料价值，可与薛史互相参考。金章宗泰和七年（1207），明令立此书于学官，从此大行于世。书原有徐无党注，多发挥义例。宋吴缜撰《五代史纂误》，为纠举《新五代史》谬误的专著，原本已佚，今辑存三卷。清彭元瑞、刘凤诰有《五代史记注》，引书二百余种，皆可作此书的补充和订正。

〔刘乃和〕

参考文献：

《新五代史》

《旧五代史》

《四库总目提要、史部、正史类、新五代史》

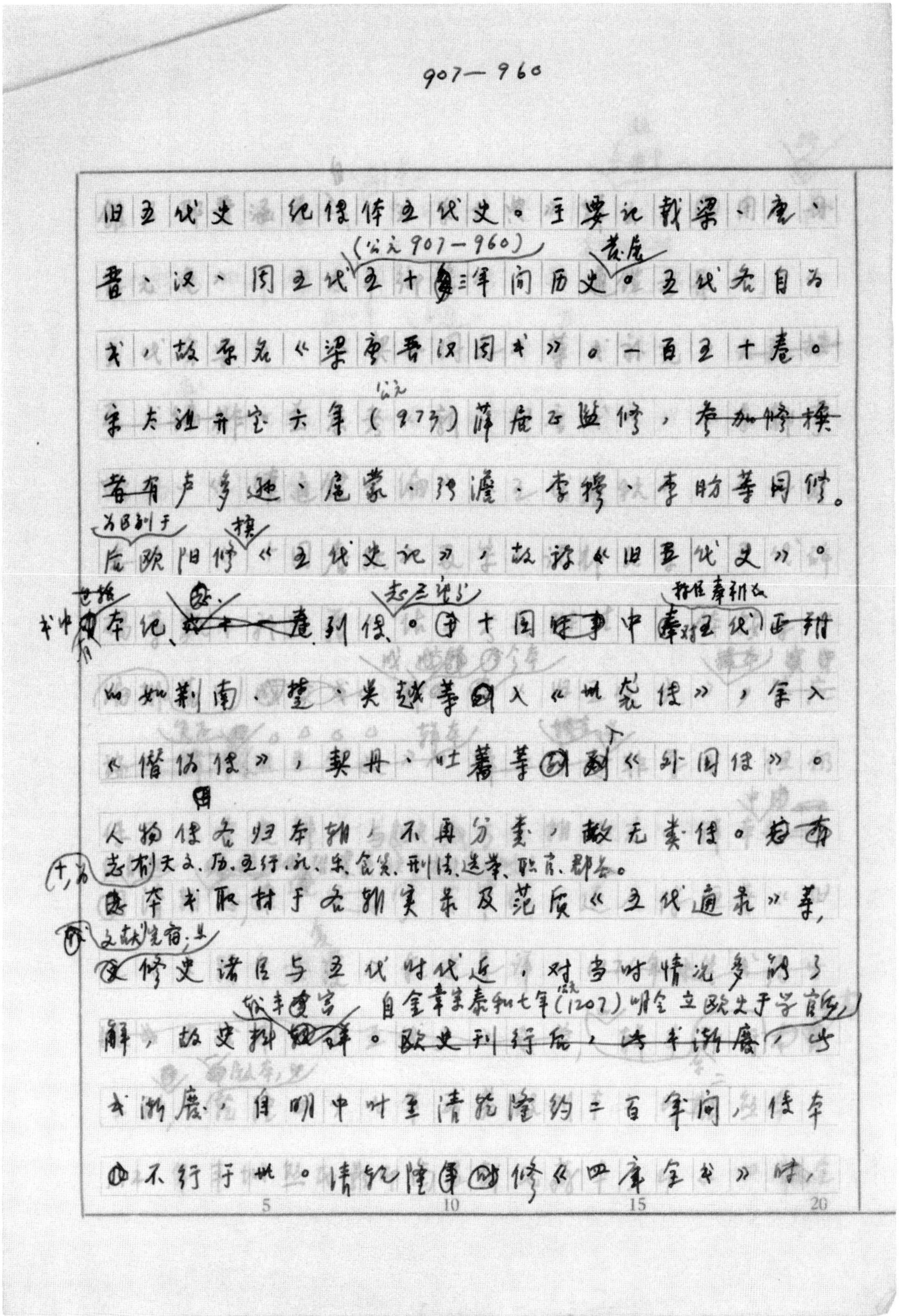
907—960

旧五代史　纪传体五代史。主要记载梁、唐、晋、汉、周五代五十三年间（公元907—960）历史。五代各自为书，故原名《梁唐晋汉周书》。一百五十卷。宋太祖开宝六年（公元973）薛居正监修，卢多逊、扈蒙、张澹、李穆、李昉等同修。后欧阳修撰《五代史记》，故称《旧五代史》。书中有本纪、志、列传。十国中割据一方者如荆南、楚、吴越等入《世袭传》，余入《僭伪传》，契丹、吐蕃等列入《外国传》。人物传各归本朝，不再分类，故无类传。志有天文、历、五行、礼、乐、食货、刑法、选举、职官、郡县。本书取材于各朝实录及范质《五代通录》等，修史诸臣与五代时代近，对当时情况多所了解，故史料较详。自金章宗泰和七年（公元1207）明令立欧史于学官，此书渐废。自明中叶至清乾隆约二百余年间，传本不行于世。清乾隆修《四库全书》时，

刘乃和《旧五代史》手稿。

馆臣邵晋涵等自《永乐大典》辑出，重用《册府元龟》、《太平御览》、《通鉴考异》、《五代会要》、《契丹国志》等书补充，并参考《新、旧唐书》、《东都事略》、《续通鉴长编》《五代春秋》、《九国志》、《十国春秋》及宋人说部文集、五代碑碣等数十种典籍，作为考异附注。大体按原书编排篇目，成为今本《旧五代史》，实为辑本。辑本虽非原书，但仍保留大量史料，与《欧史》可互相补充。辑本中凡触犯清朝忌讳、讳避的胡、虏、夷、狄等字都有窜改，近人陈垣著《旧五代史辑本发复》叙述甚详。辑本所行共有三种，①乾隆四十九年武英殿刊本；②熊本，1921年丰城熊氏影印南昌彭氏藏本，即《四库全书》的写本；三、刘本，1925年吴兴刘氏嘉业堂刻甬东卢氏抄本四库馆辑本，商务印书馆百衲本即用此本影印。1976年中华书局点校本乃以邵本为底本，并参校其他版本和有关史料书籍整理而成。（撰稿：刘乃和）

参考文献：

《旧五代史》

《新五代史》

《四库总目提要·史部·正史类·旧五代史》

陈垣：《旧五代史辑本发覆》

柴德赓：《史籍举要》

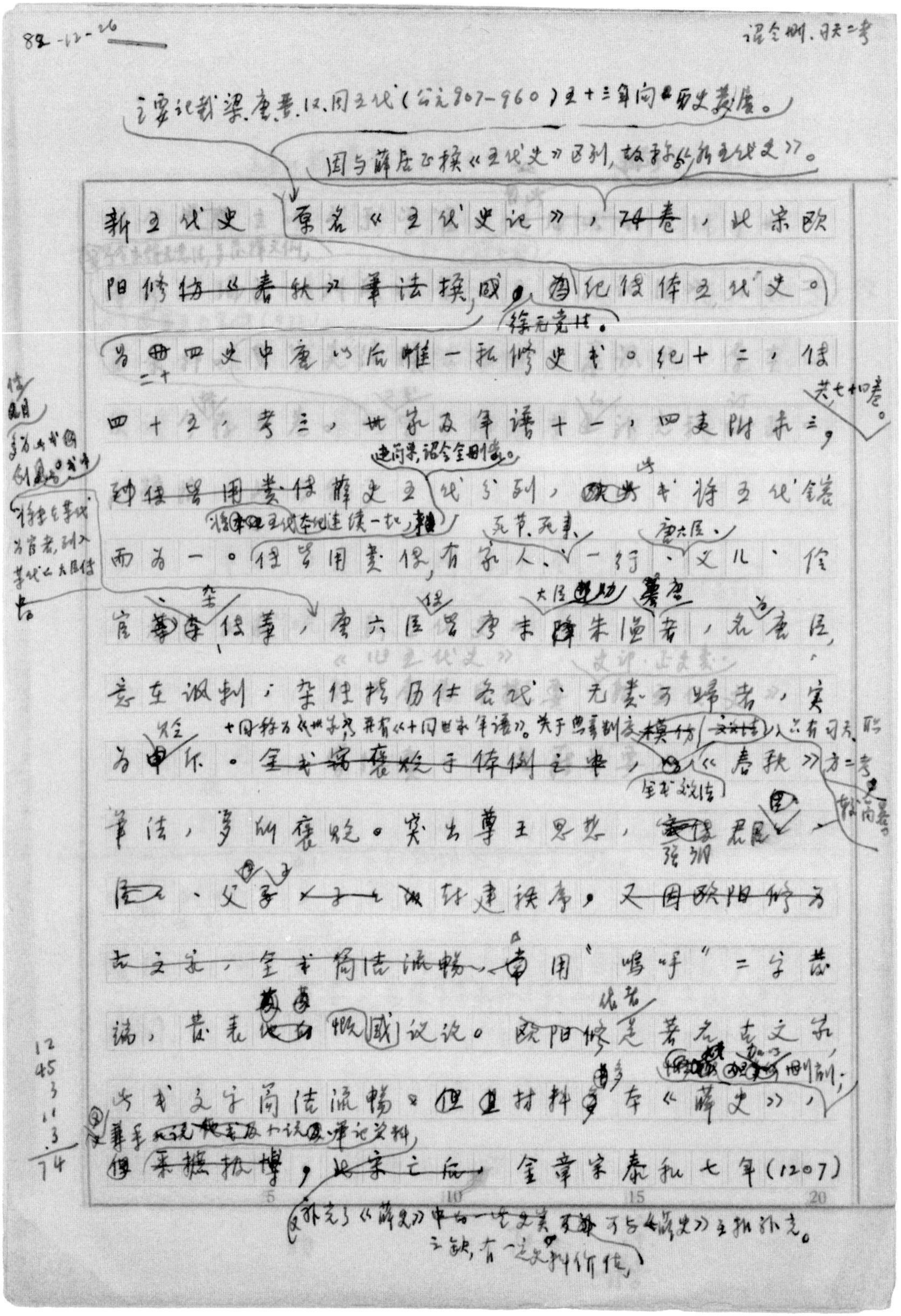
新五代史　原名《五代史记》，74卷，北宋欧
阳修仿《春秋》笔法撰成。为纪传体五代史。
为二十四史中唐以后唯一私修史书。纪十二，传
四十五，考三，世家及年谱十一，四夷附录三，
欧书将五代合
而为一。传目用类传，有家人、一行、义儿、伶
官、杂传等，唐六臣传，唐末降朱温者，名臣，
意在讽刺；杂传指历仕各代、无责可归者，实
为申斥。全书寓褒贬于体例之中，仿《春秋》之
笔法，多所褒贬。突出尊王思想，君臣、
父子、夫妇之封建伦序，又因欧阳修为
古文家，全书简洁流畅，常用“呜呼”二字发
端，发表感慨议论。欧阳修是著名古文家，
此书文字简洁流畅，但其材料多本《薛史》，
但采摭极博，北宋之后，金章宗泰和七年（1207）

刘乃和《新五代史》手稿。

明令[illegible]主此书于学官，自此大行于世。[illegible]不少学者为之注释，多[illegible]释义例，清彭元瑞注、刘凤诰存《五代史记注》，引书二百余种。宋吴缜撰《五代史纂误》，原本已佚，今辑存三卷，二书皆可作此书之补充和订正。

（撰稿：刘乃和）

参考文献：《新五代史》
《旧五代史》
《四库总目提要·史部·正史类·新五代史》

柴德赓：《史籍举要》